ATmega128 마이크로프로세서 기초 및 응용

양 오 저

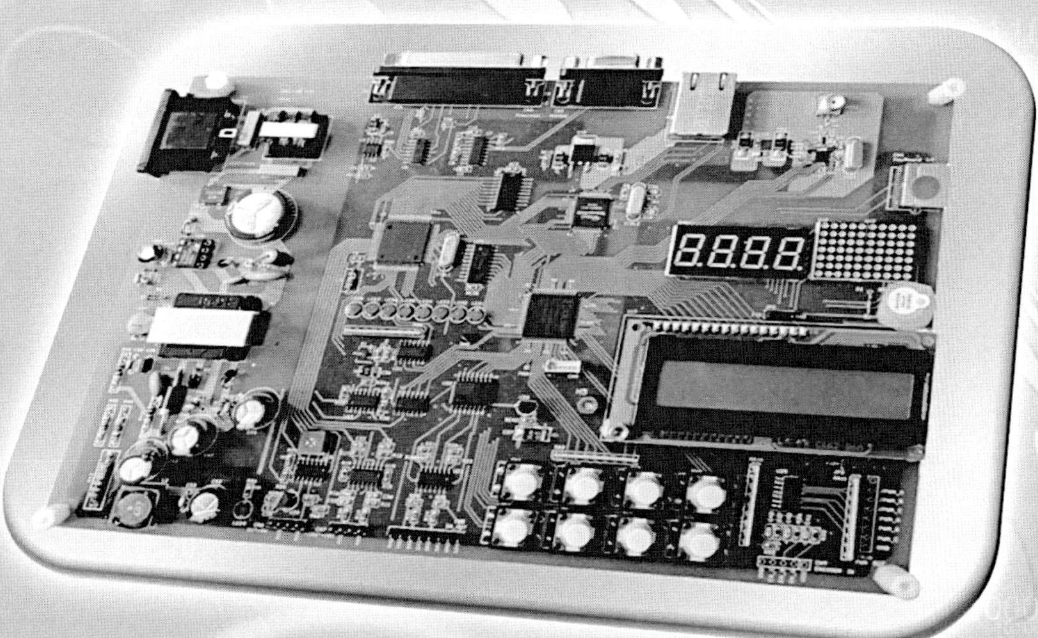

홍릉과학출판사

머 리 말

마이크로프로세서는 공장, 가정, 사무실, 자동차 등에서 널리 사용되고 있기 때문에 많은 사람들이 배우고 싶어 하는 과목중 하나이다.

그러나 본 과목은 여러 가지 학문을 하나로 집약하고 응용하기 때문에 혼자서 배우기가 어려운 것이 안타까운 현실이다. 대부분의 독자들이 처음에는 중요하고 많이 사용되기 때문에 한번 배워보자고 도전을 하지만 중간에 포기하고 막연히 어려운 과목이라고 생각하는 경우가 종종 있다. 중요한 한 가지 사실은 어려운 것을 도전해 보고 성취하였을 때 맛보는 성취감은 이루 말할 수 없이 크다.

이와 같은 성취감을 맛보기 위해서는 미리 준비해두어야 할 것이 있다. 그것은 논리회로에 대한 기본 지식을 습득해야하며 VHDL을 이용한 디지털 시스템설계에 대한 기본 지식이 있어야 한다. 아울러 펌웨어(firmware)를 작성하는데 중요한 컴퓨터 언어중 C언어에 대한 지식이 필요하다. 10여년전만해도 어셈블리 언어를 주로 사용하여 펌웨어를 작성하였으나 반도체 기술의 발달과 C언어에 최적화된 마이크로프로세서의 출현으로 대부분 펌웨어를 C언어를 사용하고 있는 추세이기도 하다.

산업현장에서는 펌웨어를 이용한 시스템 설계자의 수요가 꾸준히 증가되고 있기 때문에 본 교과에서 다루는 ATmega128을 충분히 숙지한다면 장래에 좋은 열매를 맛볼 수 있으리라 확신한다.

본 교과목의 주요 구성은 마이크로프로세서를 구동하는데 필수적으로 요구되는 SMPS의 설계방법을 다루었으며 ATmega128의 내부구조를 다루었고 펌웨어를 작성하기 위한 IAR을 사용한 컴파일 환경구축 방법을 소개하였다. 또한 작성된 프로그램을 MPU(ATmega128) 내부에 있는 128K 바이트용량을 갖는 플래시메모리의 프로그래밍과 변수모니터링과 같은 디버깅을 위해 AMC_EUML의 사용방법을 다루었다. 아울러 MPU에 대한 입출력의 사용방법과 인터럽트사용방법 및 8, 16비트 타이미의 사용과 응용 예를 다루었다.

그리고 다양한 응용을 위하여 LED, 10비트 A/D변환기와 이를 응용한 온도계측에 대한 알고리즘을 제시하여 온도제어에 응용할 수 있도록 하였다. 또한 12비트 D/A변환기, 7-세그먼트, 도트 LED, Key, 부저 등을 다루었으며 LCD의 사용방법과 응용을 추가하여 다양한 표시방법 등을 제시하였다. 아울러 최근 들어 통신에 대한 중요성이 대두되고 있기 때문에 RS232C, RS485, RS422 등을 다루었으며 기본적인 통신프로토콜을 제시하여 다양한 통신에 응용할 수 있도록 편리성을 제공하였다.

특히 초고속 통신을 위해 10/100Mbps의 이더넷 통신을 다루었고 ISM 밴드의 무선통신 등을 다루어 여러 분야에 응용할 수 있도록 구성하였다.

본 교재에서 다루고 있는 설명과 예제들을 하나하나 따라서 공부하다 보면 자신도 모르는 사이에 문제해결능력이 생길 수 있도록 교재를 구성하였다. 즉, 기본적인 프로그램에서부터 응용프로그램까지 단계별로 여러 가지 예제를 제시함으로써 다양한 분야에 응용할 수 있도록 교재를 구성하였다.

끝으로 본 교재가 완성되기까지 수고한 마이크로프로세서 응용제어 연구실 연구생들과 홍릉과학출판사 관계자 분들께 감사드립니다.

2009년 12월

저자 양 오

목 차

제 1 장 트레이닝키트 설명 및 전원설계

1.1 임베디드 네트워크 시스템의 개요

ATmega128을 이용한 임베디드 네트워크 전체 시스템에 대한 구성을 [그림 1.1]에 나타내었다. [그림 1.1]에서 보는 것처럼 임베디드 네트워크 시스템은 크게 RF 통신, RS232C 통신, 그리고 Ethernet 통신이란 3개 부분으로 되어있다. 각각의 장치들은 MMI 장치를 이용하여 무선 및 유선통신이 가능하며 그 외에도 온도 및 습도 Sensor 동작, Motor 제어, 10비트 AD변환 그리고 12비트 DA 변환의 기능을 수행하게 된다.

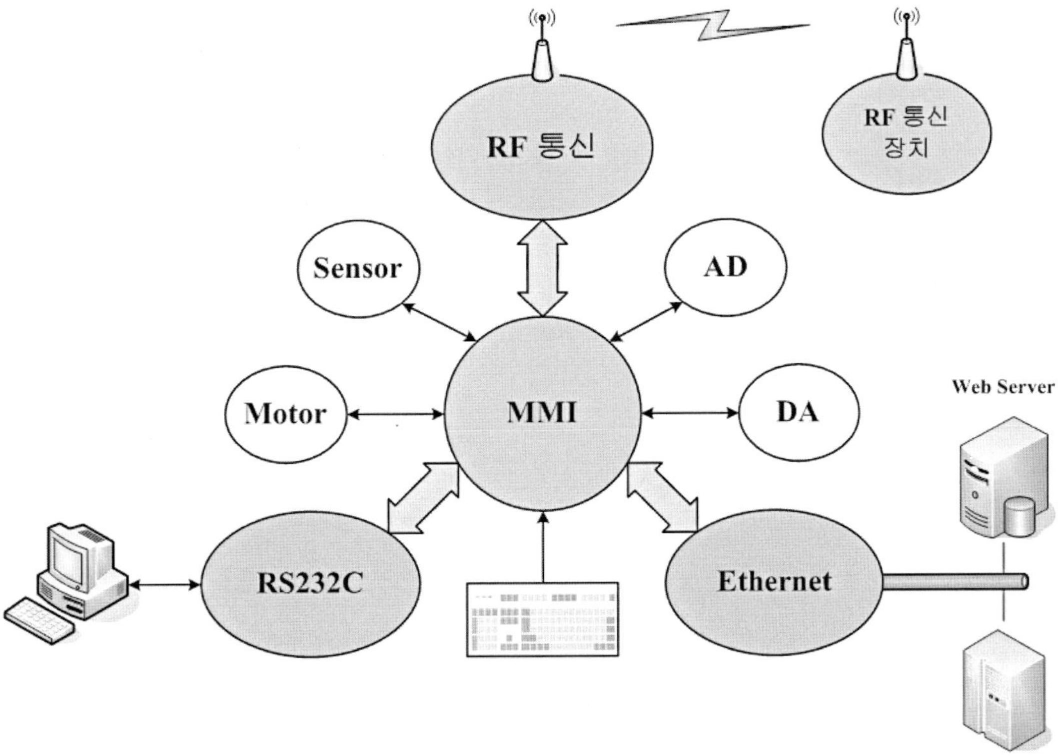

[그림 1.1] 임베디드 네트워크 시스템의 전체 구조

1.2 ATmega128을 이용한 트레이닝키트의 구성

1.2.1 전체 시스템 구성

트레이닝키트의 구성은 [그림 1.2]와 같이 크게 ATmega128 메인 CPU를 중심으로 통신, 디스플레이, Key 인터페이스, 데이터변환(Data conversion) 및 모터 제어로 구성된 Main 부분과 AC전원으로부터 각 Part들의 정상 동작에 필요한 동작 전압인 5V, ±12V 전압을 공급하는 SMPS 부분 2가지로 나눌 수 있다.

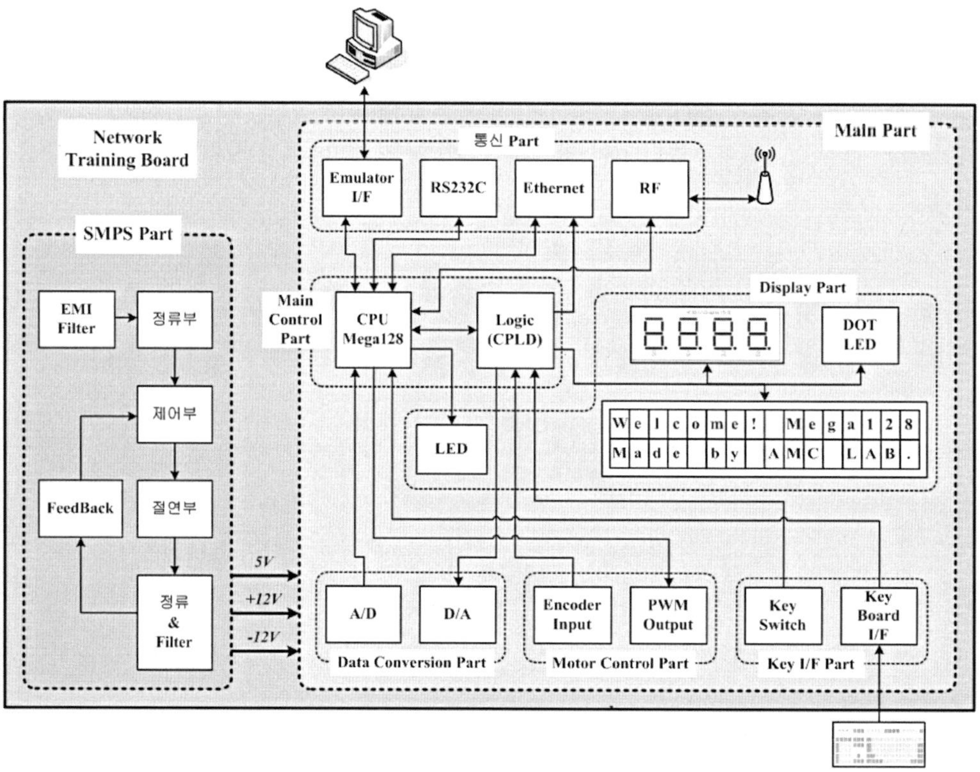

[그림 1.2] ATmega128을 이용한 트레이닝키트의 구성

1.2.2 Main Part 구성

(1) Main Control Part

[그림 1.2]에서 보는 것처럼 Main control 부분은 CPU인 ATmega128과 로직 설계용 디바이스인 CPLD로 구성되어 있다. CPU는 각 Part 내의 각 디바이스들을 제어하고 각 디바이스로부터의 입출력 데이터를 처리한다. 또한 로직 설계용 디바이스인 CPLD에는 VHDL 언어를 이용하여 CPU와 더불어 보조 제어 역할을 할 수

있는 디지털 로직들이 설계되어 있는데, 어드레스 디코딩, DAC 제어, Key 입력, 7-세그먼트의 구동, DOT LED 구동, 부저의 신호발생, LCD 인터페이스, 모터 속도 계측, 각종 제어 및 드라이브 신호 생성 기능들이 구현되어 있다. CPU 및 CPLD에 대한 기능 및 사양은 다음과 같다.

가. CPU

- ATMEL사의 8비트 RISC 프로세서인 ATmega128을 사용
- 동작 속도 : 최대 16 MHz
- 128 Kbyte Flash Memory, 4 Kbyte EEPROM, 4 Kbyte SRAM 내장
- Address 16bit, Data 8bit의 외부 인터페이스 포트
- 2개의 8비트 타이머와 2개의 16 비트 타이머 내장
- 2개의 8비트 PWM과 프로그램 가능한 6개의 PWM 내장
- 10 비트 ADC 8 채널 내장
- 2개의 USART 내장
- 53개의 입출력 포트
- 8개의 외부 인터럽트 지원
- ISP 및 JTAG 기능 지원

나. CPLD

- Xilinx사의 XC95XL144를 사용하여 다음과 같은 기능들을 구현
- Address Decoding 기능
- 12비트 4채널의 DAC 제어 기능
- 16 x 2 Text LCD 제어 기능
- 7-세그멘트 제어 기능
- DOT LED 제어 기능
- Encoder 입력의 속도 계측 기능
- Key 스위치 입력 기능
- Buzzer의 구동 기능
- BLDC 모터 제어 기능

(2) 통신 Part

통신 Part는 [그림 1.2]와 같이 4개의 서로 다른 통신채널을 제공하는데, emulator용 1채널, Serial UART 1채널, Ethernet 1채널 그리고 무선 통신 1채널로 구성되어 있다. 각 통신 채널에 대한 설명 및 사양은 다음과 같다.

가. Emulator I/F

- 외부 PC에서 컴파일된 기계어 파일을 Emulator를 통해 CPU에 프로그래밍 하도록 하는 통신 채널이다.
- 패러럴 포트(LPT)를 이용한 ISP 방식을 이용
- Emulator를 통하여 CPU에 프로그래밍뿐만 아니라 내부 변수 값의 모니터링 및 내부변수의 수정이 가능하여 프로그램의 디버깅에 사용한다.

나. UART

- RS232C 통신
- 2400bps ~ 1Mbps의 전송속도 지원

다. Ethernet

- Wiznet사의 W5100 Ethernet Controller 사용으로 다음과 같은 기능이 있다.
- 10M/100M 지원
- 하드웨어적 TCP/IP 프로토콜 : TCP, UDP, ICMP, IPv4, ARP, IGMP, PPPoE 지원
- Ethernet MAC과 PHY 내장
- Full-duplex와 Half-duplex 자동 전환 기능
- 16 Kbyte 통신 Buffer Memory 내장

라. RF 통신

- TI사의 CC1101 RF Transceiver를 사용
- 315/433/868/915MHz의 ISM band 지원
- 1.2 ~ 500Kbps 전송속도 지원

- 분리된 64byte의 RX 및 TX 데이터 FIFO 내장
- SPI 인터페이스

(3) Display Part

[그림 1.2]에서 Display Part는 사용자에게 어떠한 상태나 정보를 알 수 있게 표시해 주는 부분으로 LED, 7-Segment와 LCD 그리고 Dot LED로 구성되어 있다. 각 디바이스에 대한 사양은 다음과 같다.

가. LED
- 8bit로 구성
- 상위 4bit - 포트 D , 하위 4bit 포트 B에 연결

나. 7 Segment
- 삼광반도체 SND-440A 사용
- Common Cathode 방식

다. LCD
- 16×2 Character LCD 사용
- 12비트 DAC를 이용하여 휘도(contrast) 조절 가능하도록 회로 구성
- CPLD에서 Back light 제어

라. Dot LED
- 삼광반도체 SDM-2577 사용
- 7×5 2개로 전체 7×10 Dot LED 구성

(4) Data Conversion Part

[그림 1.2]에서 Data Conversion Part는 아날로그 값과 디지털 값 사이에 변환을 수행하는 것으로 우리가 일상생활에서 접하게 되는 것은 대부분 아날로그 물리량이고 마이크로프로세서가 처리할 수 있는 것은 디지털 값이기 때문에 이 둘 사이에

변환이 필요하게 된다. ADC는 아날로그 값을 디지털 값으로 변환하는 것으로 전압, 전류, 저항, 온도, 습도, 광량 및 마이크로 값 등을 측정하는 계측기에 응용될 수 있으며, DAC는 디지털 값을 아날로그 값으로 변환하는 것으로 액추에이터의 구동 원으로 사용되며 또한 사인파, 삼각파, 구형파 등의 함수 발생기 및 스피커 출력 등에 응용될 수 있다. 각 변환기 구성에 대한 사양은 다음과 같다.

가. ADC

- ATmega128에 내장되어 있는 10bit ADC 6채널 사용
- ±2LSB의 정확도
- Conversion Time : 13～260μs
- 최대 Sampling 속도 : 76.9kSPS
- 입력전압 범위 : 0～5V
- 0～5V 가변저항 입력 1채널
- LM35의 온도센서 입력 1채널
- 0～5V의 외부 입력 2채널
- -10～+10V의 외부 입력 2채널

나. DAC

- TI사의 DAC7614 사용
- 12bit, 4채널로 구성
- Unipolar 또는 Bipolar 출력 지원
- CPLD에서 Serial 인터페이스로 제어
- -10～+10V 출력 4채널 구성

(5) Motor Control Part

[그림 1.2]의 Motor Control Part는 ATmega128의 기능중 PWM 출력 기능을 이용한 것으로 3상의 PWM을 출력하여 간단한 DC 모터나 Step 모터 제어에 응용할 수 있도록 하였다. 또한 CPLD에서 만들어지는 제어 신호와 조합하여 BLDC 모터 제어에도 응용할 수 있으며, Encoder 입력을 통해 속도 계측을 하여 속도제어 및 위치제어에도 응용할 수 있도록 하였다. 각 부분에 대한 사양은 다음과 같다.

가. PWM 출력

- 3개의 16bit PWM 출력
- 5V 또는 12V의 출력전압 선택 가능
- DC 또는 BLDC 모터 제어 가능

나. Encoder 입력

- 3개의 입력신호로 구성
- 속도계측 로직을 설계

(6) Key 입력 Interface Part

[그림 1.2]에서 Key 입력 인터페이스 Part에는 일반적인 Tact 스위치의 입력과 함께 컴퓨터 키보드의 입력을 받아 키보드 값을 처리 할 수 있도록 하였다. 각 부분에 대한 내용은 다음과 같다.

가. 스위치 입력

- 8개의 Tact 스위치 입력(Static 방법으로 Key scan)
- CPLD의 디코더를 활용하여 0x2000번지를 읽어서 Key 상태를 check하였다.
- 스위치가 On 되면 디지털 '0', 스위치가 Off 되면 디지털 '1'이 입력된다.

나. Keyboard 입력

- Keyboard 입력을 인터페이스 할 수 있게 PS2 단자를 연결하였다.
- Keyboard는 코드화된 값이 Clock에 동기하여 Serial로 출력된다.
- Keyboard의 입력은 MPU(ATmega128)의 인터럽트 핀을 활용하였다.

1.2.3 SMPS Part 구성

(1) 정류부

- SMPS의 동작은 DC 입력에서 DC 출력을 얻는 DC-DC Conversion을 기본으로 하고 있으므로 DC Converting을 하기 위해 AC로부터 DC에 가까운 입력 전압을 만드는 과정이다.
- AC 220V의 상용전원을 입력받아 EMI Filter를 통과시킨 후 브리지 다이오드를 이용하여 전파정류 파형을 만든다.
- 전파 정류된 파형이 커패시터 평활 회로를 거치면 [그림 1.3]처럼 DC에 가까운 전압을 얻을 수 있다.

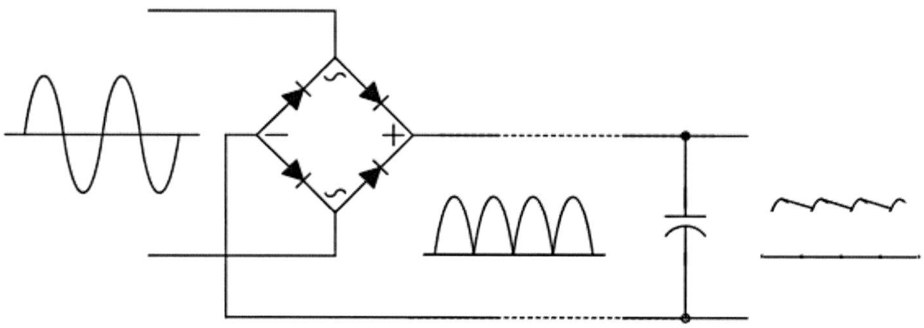

[그림 1.3] 정류부 구조

(2) 제어부

- [그림 1.4]와 같이 전력용 트랜지스터 등 반도체 소자를 스위치로 사용하여 직류 입력 전압을 일단 구형파 형태의 전압으로 변환한 후 필터를 통하여 제어된 직류 출력 전압을 얻도록 한다.
- 직류 출력 전압의 제어는 스위치의 ON/OFF 시간을 조절함으로써 이루어지므로 PWM 제어를 하게 된다.
- 스위칭 소자로 전력용 트랜지스터나 FET가 사용된다.
- PWM제어기와 FET를 포함하고 있는 단일 IC들이 널리 사용된다.

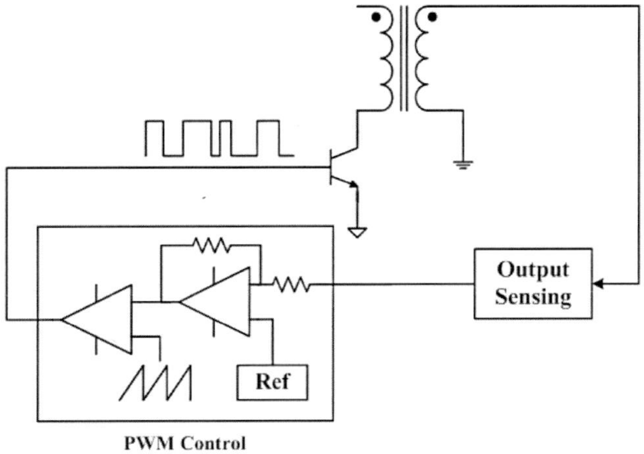

[그림 1.4] 제어부 구조

(3) 절연(Isolation)부

- 노이즈 및 감전 사고를 막기 위해 1차측과 2차측을 고주파 펄스 트랜스포머로 절연을 한다.
- 출력 전압값을 감지하여 제어량을 조절하기 위해 2차측 출력에서부터 1차측 제어기의 입력으로 Feedback되는 부분을 포토커플러(전기적 연결이 아닌 빛에 의한 신호 전달)로 절연을 한다.

(4) Feedback부

- 원하는 값의 출력전압을 얻기 위해서 출력전압을 감지하여 출력전압의 양에 따라 PWM의 양이 조절하도록 하는 신호를 만드는 부분이다.
- Feedback 되는 양에 따라 출력 전압 값을 조절할 수 있다.

(5) 정류 & Filter

- [그림 1.5]에서 보여지는 것처럼 스위칭 작용에 의해 만들어진 구형파의 높은 전압이 트랜스포머의 권선비에 따라 낮은 전압으로 변환이 되지만, 출력전압은 여전히 (+)/(-) 범위의 구형파 형태로 나타나고 있다.
- 따라서 실제 응용에서는 다이오드를 사용한 정류와 저역통과 필터를 사용하여 (-) 출력값을 제거하고 출력 전압의 리플량을 충분히 제거시켜 주어야만 한다.

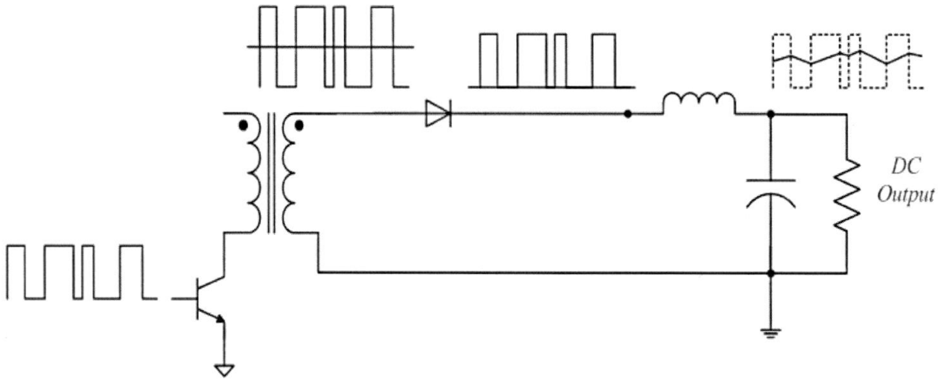

[그림 1.5] 정류 및 Filter의 구조

1.3 전원회로의 개요

전원 회로의 종류로는 크게 전압공급 장치와 전류공급 장치로 나눌 수 있으며 그 중에 전압공급 장치는 크게 다음과 같이 나눌 수 있다.

- 선형 전원 공급 장치
- 스위칭 전원 공급 장치(SMPS)

1.3.1 선형 전원 공급 장치

선형 전원 공급 장치는 출력단에 레귤레이터를 사용하지 않는 방법과 레귤레이터를 사용하는 방법으로 나눌 수 있으며 다음과 같다.

(1) Unregulated 선형 전원 공급 장치

- [그림 1.6]처럼 구조가 간단하여 가격이 싸고, 저전력을 필요로 하는 곳에서 가장 안정(저렴한 어댑터에서 주로 사용됨).
- 입력전압과 부하에 따라 출력전압(리플)이 일정치 않다.

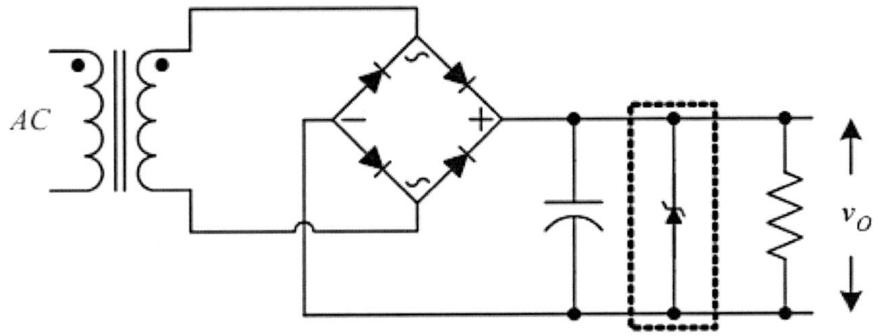

[그림 1.6] Unregulated 선형 전원 공급 장치 구조

(2) Regulated 선형 전원 공급 장치

- [그림 1.7]처럼 출력 단에 3단자 레귤레이터를 사용한다는 잃 레귤외이터를를 를를를를를를는 Unregulated 선형 전원공급 장치와 동일Xeg
- 레귤레이터에서 열로 전력소모를 하기 때문에 효율적이지 못하다.
- 출력전압은 무시할 만한 리플을 가지며 부하에 영향을 받지 않고 높은 안정성을 가지고 있다.
- 저 전력 응용회로에 이상적이다.

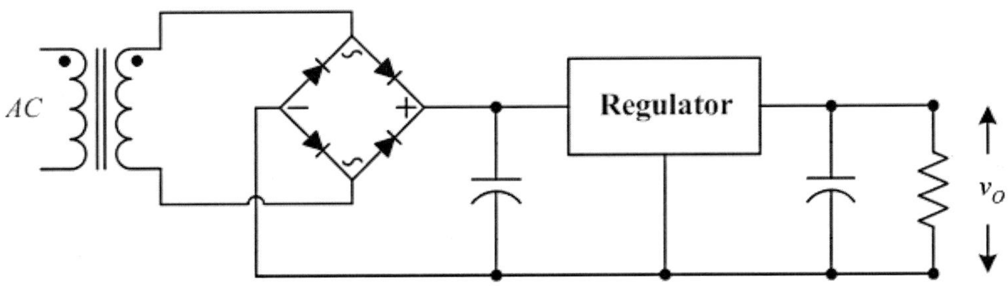

[그림 1.7] Regulated 선형 전원 공급 장치 구조

1.3.3 스위칭 전원 공급 장치(SMPS)

[그림 1.8]과 같이 SMPS(Switching Mode Power Supply)는 전력용 트랜지스터 등 반도체 소자를 스위치로 사용하여 직류 입력 전압을 일단 구형파 형태의 전압으로 변환한 후 필터를 통하여 제어된 직류 출력 전압을 얻는 장치이다.

직류 출력 전압의 제어는 스위치의 ON, OFF 시간을 제어함으로써 이루어지며, SMPS의 동작은 직류 입력에서 직류 출력으로의 변환을 기본으로 하고 있으므로 DC-DC 컨버터라 한다.

반도체 소자의 스위칭 프로세스를 이용히여 전력의 흐름을 제어하여 안정된 전원을 공급하므로 현재 거의 모든 전자, 정보, 통신기기에 이용되고 있다. 스위칭 전원은 반도체 스위치의 사용으로 인하여 저손실을 특징으로 하는 전원이지만 에너지 축적 소자인 트랜스포머, 인덕터 및 커패시터 등의 수동 소자도 필수적인 구성 요소가 된다.

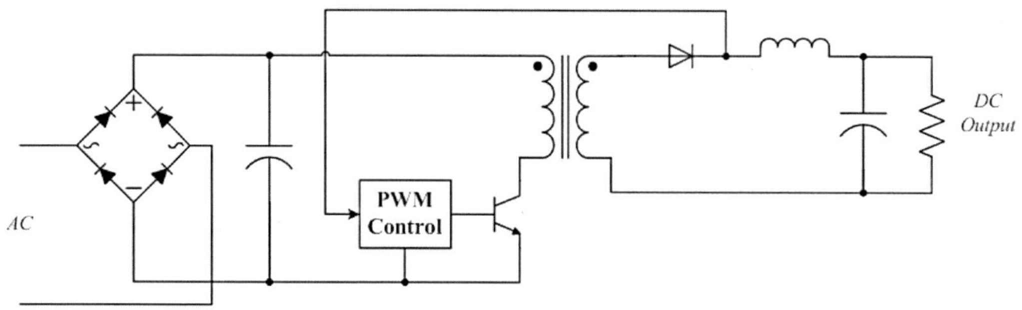

[그림 1.8] 스위칭 전원 공급 장치의 구조

(1) 스위칭 전원의 장점

- 종래의 선형 전원에 비하여 고효율.
- 스위칭 주파수의 고주파화를 통하여 수동 소자의 크기를 줄임으로서 스위칭 전원의 소형, 경량화.

(2) 스위칭 전원의 단점

- 스위칭 주파수에 의한 노이즈의 영향이 큼.

(3) 고주파 트랜스포머의 유무에 따라 다음과 같이 분류할 수 있다.

가. 비절연형

- 강압형(Buck)
- 승압형(Boost)
- 승강압형(Buck Boost)

나. 절연형

- Flyback형
- Forward형
- Bridge형

1.4 전력 변환(DC to DC)의 기본 개념

전력용 트랜지스터 등 반도체 소자를 스위치로 사용하여 직류 입력 전압을 일단 구형파 형태의 전압으로 변환한 후 필터를 통하여 제어된 직류 출력 전압을 얻는 것으로 직류 출력 전압의 제어는 스위치의 ON, OFF 시간을 제어함으로써 이루어지며, 직류 입력에서 직류 출력으로의 변환을 기본으로 하고 있으므로 DC-DC 컨버터라 한다. 반도체 소자의 스위칭 프로세스를 이용하여 전력의 흐름을 제어하여 원하는 출력 전압을 얻게 된다. 이러한 스위칭 프로세서의 기본 개념에 대하여 알아보도록 하자.

[그림 1.9]와 같은 회로에서 스위치가 일정 주기를 가지고 ON/OFF를 반복한다고 가정할 때 출력전압을 생각해 보자.

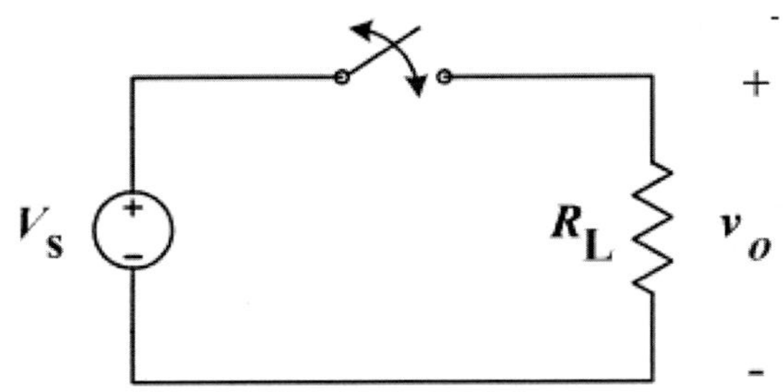

[그림 1.9] 스위치 ON/OFF에 의한 전력변화 기본원리

스위치가 ON일 때와 OFF일 때의 등가회로를 그리면 [그림 1.10] (a)와 (b)처럼 나타낼 수 있는데 이때의 출력 전압은 [그림 1.11] (a)에서와 같이 구형파의 형태로 나타난다.

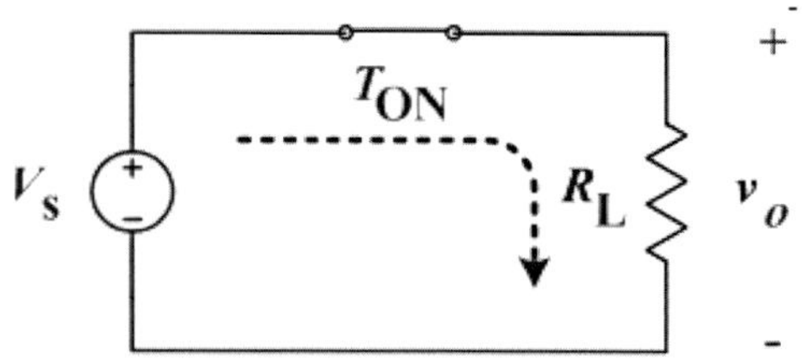

[그림 1.10] (a) 스위치 ON

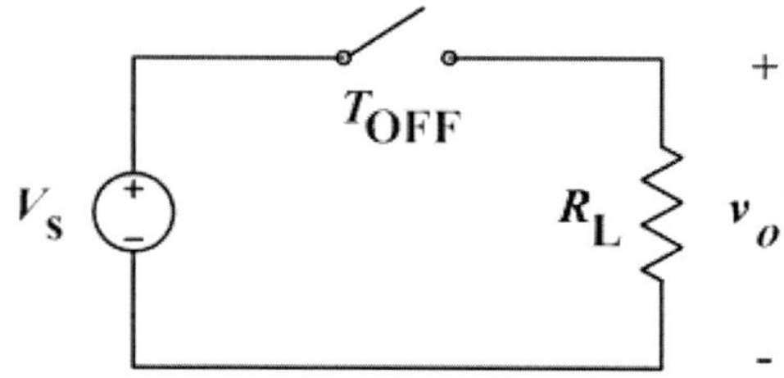

[그림 1.10] (b) 스위치 OFF

이런 구형파의 형태로 나타나는 출력전압의 크기는 ON/OFF하는 전체 시간(T_S)에 대한 평균값으로 나타낼 수 있다. 이를 수식으로 나타내면 다음과 같다.

$$V_0 = \frac{1}{T_s}\int_0^{T_s} v_{o(t)dt} = \frac{1}{T_s}\int_0^{T_s} V_s dt = V_s \frac{T_{on}}{T_s}$$

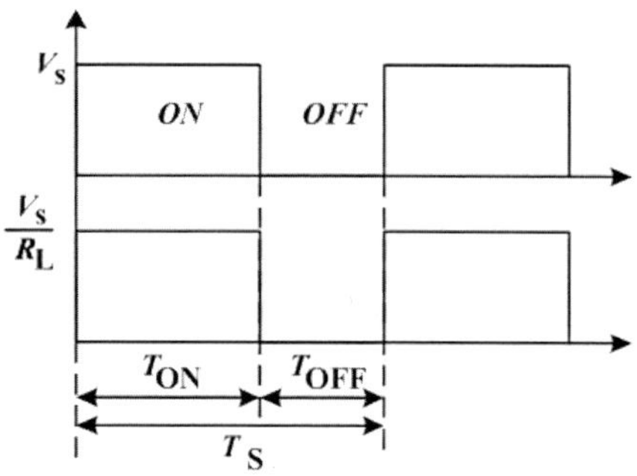

[그림 1.11] (a) 출력전압

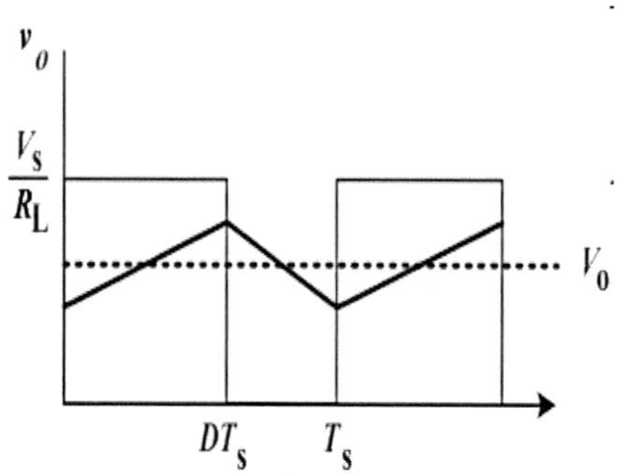

[그림 1.11] (b) 출력전압 평균

Duty는 전체 ON/OFF 전체 시간 중에 ON 되어있는 시간의 비로 정의하는데, 다음 식과 같이 정의 된다.

$D = \frac{T_{on}}{T_{on} + T_{off}} = \frac{T_{on}}{T_s}$, $T_{on} = D \cdot T_s$ 이 Duty를 평균 출력전압 값에 적용

하면

$$V_0 = V_s \frac{T_{on}}{T_s} = V_s \frac{D \cdot T_s}{T_s} = D \cdot V_s \text{ 이 된다.}$$

즉 입력 전압 값에서 ON 시키는 시간 비율만큼 평균 출력 전압의 값으로 나타난다는 것이다. 다시 말하면 스위치의 ON/OFF 비율을 조절하므로써 설계자가 원하는 출력전압 값을 얻을 수 있다.

1.5 전원(SMPS) 회로의 분석

우리가 실험에 사용하는 실험용 보드에는 AC220V/60Hz 상용전원으로부터 보드에서 필요로 하는 전원 DC 5V, +12V, -12V 전원을 공급하는 SMPS를 포함하고 있다. 이미 설계되어 있는 SMPS 회로를 기능별로 분석하여, SMPS의 동작 원리를 이해하고 설계하는 방법에 대하여 알아보도록 하자. 전원회로에 설계된 회로는 [그림 1.12]와 같다.

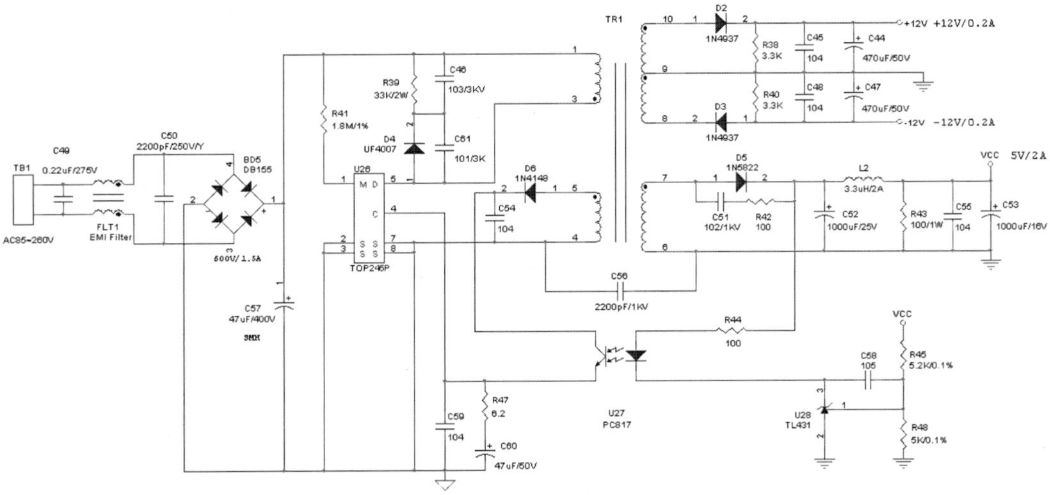

[그림 1.12] 전체적인 전원(SMPS) 회로

회로를 각 기능별로 나누어 보면 정류부, 제어부, 절연부, feedback부 그리고 출력부로 총 5부분으로 나눌 수 있으며, AC 220V의 상용전원을 입력받아 DC 전압을 만들고, DC 전압으로 부터 5V와 ±12V를 출력하도록 설계되었다.

전체적인 사양은 [표 1.1]과 같으며, SMPS의 출력전압에 대한 사양은 [표 1.2]와 같다.

[표 1.1] 전체 전원 사양

입력전압	Free Voltage (AC 85V ~ AC 260V, 50Hz/60Hz)
최대출력	20W
스위칭 주파수	132KHz
출력전압 변동율	±1%
효율	70% 이상

[표 1.2] 출력 전압에 대한 사양

전 압	전 류	용 도
+5V	2A	디지털 보드 전원용
±12V	0.2A	아날로그 전원용, DA 전원 공급용

1.5.1 정류

[그림 1.13]처럼 SMPS의 동작은 직류 입력에서 직류 출력으로의 변환을 기본으로 하고 있으므로 입력되는 교류 220V를 직류 전압에 가까운 형태로 변환하여 사용하여야 한 하고정류 부분은 다이오드의 정류작용을 이용하여 AC -> DC로 변환하는 부분이다.

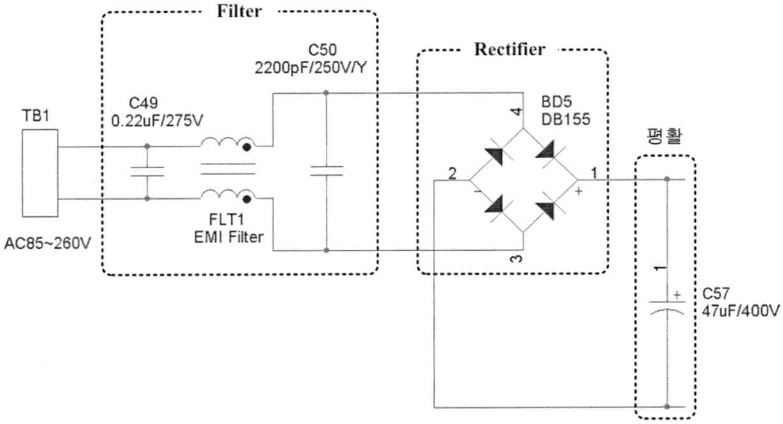

[그림 1.13] SMPS의 동작 구조

(1) Filter(여과기)

EMI를 줄이기 위해 EMI Filter를 구성하며, EMI Filter는 인덕터 또는 초크(choke)와 커패시터의 단순한 조합으로 구성할 수 있다. EMI Filter를 구성하는 커패시터와 초크에 대하여 알아보자.

가. 커패시터

- X-capacitor : AC main line 사이에 병렬로 사용한다.
- Y-capacitor : AC main이나 bridge 정류기 출력에서 새시, 실드 또는 대지 ground 사이에 사용한다.

나. 초크

- Differential mode Choke

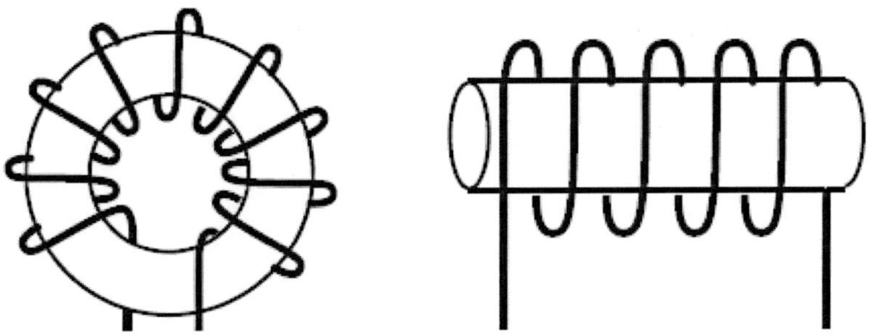

[그림 1.14] (a) Differential mode 초크 코일의 구조

- Common mode Choke

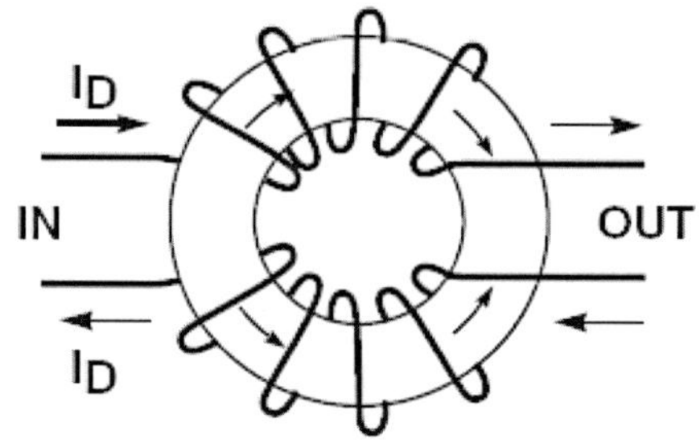

[그림 1.14] (b) Common mode 초크 코일의 구조

(2) Rectifier(정류기)

다이오드의 정류작용을 이용하여 60Hz의 AC 전원을 전파 정류하여 120Hz의 맥류파형을 만든다. 정류기에는 일반적으로 Bridge Diode가 많이 사용된다.

(3) 평활(저역통과 필터)

Bridge diode를 거쳐 만들어진 맥류파형을 커패시터 평활회로(저역통과 필터)를 통과시키면 고주파 성분이 제거 되어 DC에 가까운 파형을 만들 수 있게 된다. 이렇게 만들어진 DC 전압은 원하는 출력 전압을 만들기 위해 DC-DC 컨버터의 입력 전압으로 사용된다.

AC 220V의 상용전원으로 만들어지는 DC 전압의 크기는 220V는 실효값이므로 $220\,V_{rms} \times \sqrt{2} = 310\,V_{dc}$가 된다.

1.5.2 제어

(1) 제어기

AC/DC Boost 컨버터와 플라이백(Flyback) 컨버터의 구현에 있어서 Discrete 소자나 전용소자를 사용하는 방법들이 있으며, 본 설계에서는 기존의 회로로 구성되어야 할 많은 기능을 내장한 스마트(Smart) 스위칭 소자인 Power Integration 사의 TOP-Switch를 사용하였다.

TOP-Switch에는 Power MOSFET와 PWM Controller가 내장되어 있어 기존의 MOSFET를 이용한 Boost 컨버터 및 RCC회로 등에 비해 사용이 매우 간단하며 적은 부품수로 인해 전체 시스템 비용을 저감시킬 뿐만 아니라 출력을 150W까지 확장할 수 있는 장점을 가지고 있다.

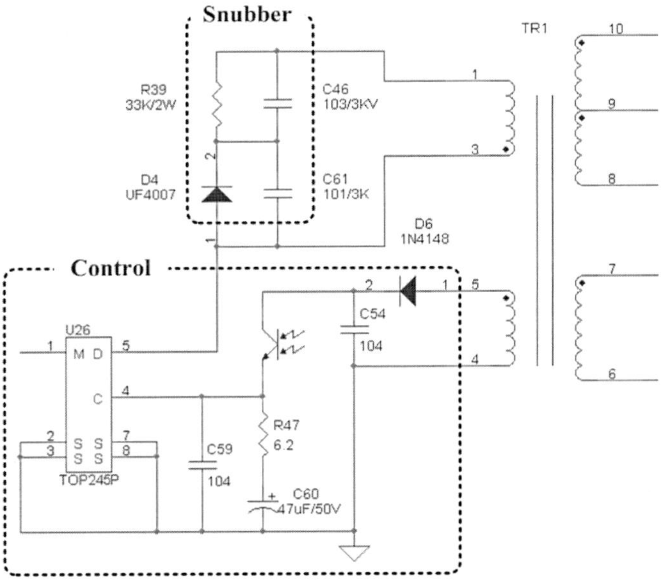

[그림 1.15] Control 및 Snubber 구조

- [그림 1.15]에 Control 부분에서 볼 수 있듯이 제어기는 Power Integration 사의 TOP245P 소자를 사용하였다.
- TOP245P는 Adapter의 경우 20~40W, Open Frame의 경우 32~85W의 용량에 응용될 수 있는 소자이다.
- 다음에서 TOP245P 소자에 대하여 간단히 알아보도록 하자.

가. 핀구성

TOP245P의 핀 구조는 [그림 1.16]과 같다.

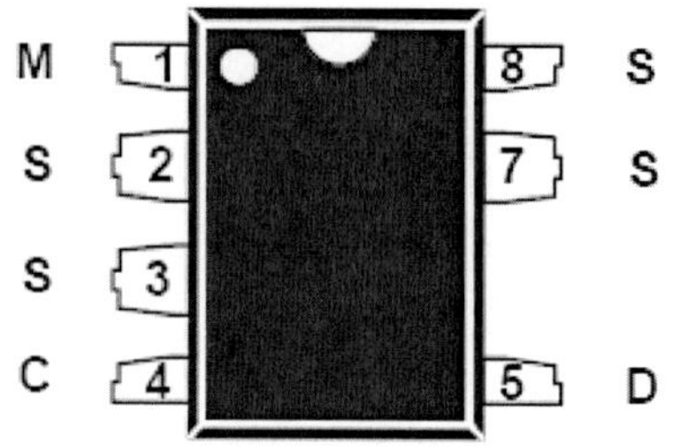

[그림 1.16] TOP245P 핀 구조

나. 핀기능

- Drain(D) : 고전압 파워 FET의 Drain 단자
- Control(C) : PWM duty 제어를 위한 Error Amplifier와 feedback 전류 입력 단자
- Multi-function(M) : 입력전압의 Over/Under voltage를 감지하는 line sensing용 입력 단자
- Source(S) : 고전압 파워 FET의 Source 단자

(2) 스너버(Snubber) 회로

Snubber란 말은 '급히 멈추는 장치', '완충기' 또는 '진동제어 장치'라는 말로 해석될 수 있는데, 트랜스포머의 누설 인덕턴스는 FET가 OFF 될 때 트랜스포머 양 단자 사이에 전압 스파이크를 발생시킨다. 이러한 전압 스파이크가 FET가 견딜 수 있는 드레인-소스사이 전압보다 커질 경우 FET가 전압 스트레스를 받게 되므로 FET의 드레인-소스 사이전압 이하로 억제시켜야만 한다. 이러한 기능을 하는 것이 스너버 회로로써 일종의 Clamp 회로이다.

스너버 회로는 다음과 같은 기능을 한다.

① Blocking Diode와 Zener Diode를 이용하여 구성할 수 있음.

② R, C, D를 이용하여 스위칭 동작에서 발생한 서지를 제거함.

본 트레이닝키트에서는 RCD를 이용하여 스너버 회로를 구성하였다.

1.5.3 절연(Isolation)

TOP245P를 이용한 SMPS를 off-line용 전원으로써 전력변환을 위해 펄스트랜스포머와 포토커플러를 사용하여 전원의 1차측과 2차측을 완전히 절연하였다. 이에 대한 구성은 [그림 1.17]과 같다.

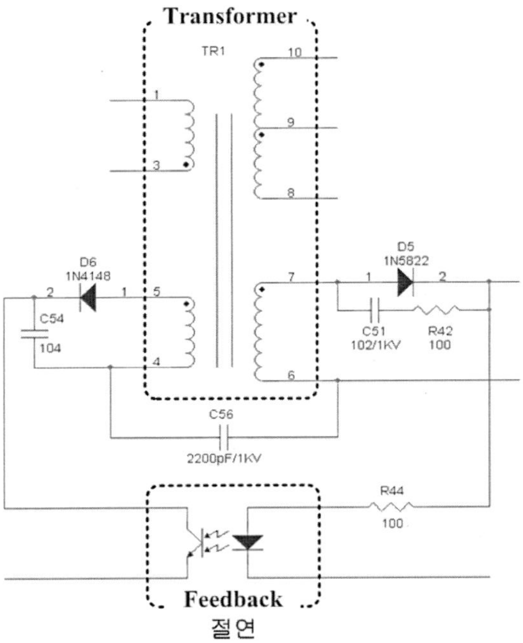

[그림 1.17] 펄스트랜스포머와 광소자를 이용한 절연 구조

◆트랜스포머

가. 펄스 트랜스포머 구성

- 코어(Core)
- 보빈(Bobbin)

나. 펄스 트랜스포머 설계

① 1차측 인덕턴스 L_P를 계산 (일반적으로 Z = 0.5)

1차측으로부터 2차 측으로 전달되는 에너지는 $\frac{1}{2} \times L_P \times I_P^2$

와 $\frac{1}{2}\times L_P\times(I_P-I_R)^2$ 의 차이 이므로 피크전류 I_P 와 P_O와의 관계식(1-1)을 이용하여 1차측 인덕턴스 L_P를 계산할 수 있다.

$$L_P = \frac{10^6\times P_O}{I_P{}^2\times K_{RP}\times\left(1-\frac{K_{RP}}{2}\right)\times f_S}\times\frac{Z\times(1-\eta)+\eta}{\eta} \quad (1\text{-}1)$$

$$= \frac{10^6\times 15}{0.53^2\times 0.64\times\left(1-\frac{0.64}{2}\right)\times 132\cdot 10^3}\times\frac{0.5\times(1-0.73)+0.73}{0.73} = 1101\mu H$$

② L_P, I_P, P_O등에 근거해 알맞은 코어와 보빈을 선택한다.

식 (1-2)를 이용하여 B_M을 계산한다.

A_e: $0.86\,cm^2$

$$B_M = \frac{100\times I_P\times L_P}{N_P\times A_e} = \frac{100\times 0.53\times 1101}{94\times 0.86} = 722\,Gauss \quad (1\text{-}2)$$

③ 제어 전원(Ns) 턴수의 결정

1차측을 제외한 각 출력의 turn수는 Ns의 turn수에 의해 결정이 된다. 1회당 전압 Vpt는 다음과 같이 정의된다.

$$V_{pt} = \frac{V_O+V_D}{N_S} \quad (1\text{-}3)$$

Vpt = volts per turn

Vo = 출력전압

V_D = 다이오드 drop 전압 (0.7V)

출력 +5V에 대한 turn수(Ns)를 4T로 하면 1턴당 유기 전압은

$$V_{pt} = \frac{V_O + V_D}{N_S} = \frac{5+0.7}{4} = 1.43[V]$$

이 된다.

이제 식(1-3)을 변형하면

$$N_S = \frac{V_O + V_D}{V_{pt}} \tag{1-4}$$

이 되고, 이 식에 의해서 각 출력에 의한 turn수를 결정할 수 있다.

예를 들어 출력 12V에 대한 turn수는 식(1-4)에 의해서 다음과 같이 계산할 수 있는데,

$$N_s = \frac{V_o + V_D}{V_{pt}} = \frac{12+0.7}{1.43} = 8.88$$

약간의 여유를 두어서 9턴(turn)으로 설계를 한다.

④ **1차, Bias 전압 턴수 N_P, N_B 계산**

출력 측 다이오드 전 방향 전압강하 $V_D = 0.5$, 바이어스 측 다이오드 전 방향 전압강하 $V_{DB} = 0.7$

식(1-5), (1-6)을 이용해 N_P와 N_S를 계산한다.

$$N_P = N_S \times \frac{V_{OR}}{V_O + V_D} = 4 \times \frac{120}{5+0.5} = 87.2 \tag{1-5}$$

$$N_B = N_S \times \frac{V_B + V_{DB}}{V_O + V_D} = 4 \times \frac{15+0.7}{5+0.7} = 11.01 \tag{1-6}$$

지금까지의 설계는 수식에 의해 값을 계산하여 다소 복잡한 생각이 들것이다. 하

지만 실제 설계상에서는 앞에서와 같이 계산에 의해 값을 구하지 않고, Power Integration사에서 제공하는 소프트웨어를 이용하면 쉽게 얻어질 수 있다.

웹사이트 http://www.powerint.com/designsoftware.htm에 방문하여 'PI Expert' 라는 소프트웨어를 다운받아 설치하면 - ① PI Expert ② PI Transformer Designer ③ PIXls Designer - 3개의 프로그램이 설치되는데 그중 3번째 PIXls Designer를 이용하여 각 파라미터 값을 입력하면 그와 상관된 트랜스포머 설계에 필요한 파라미터 값을 쉽게 얻을 수 있다.

다. 펄스 트랜스포머 제작

Power Integration 사에서 제공하는 소프트웨어(PIXls)를 이용하여 [그림 1.18]에서와 같은 펄스 트랜스포머 설계 사양 값을 구하였다.

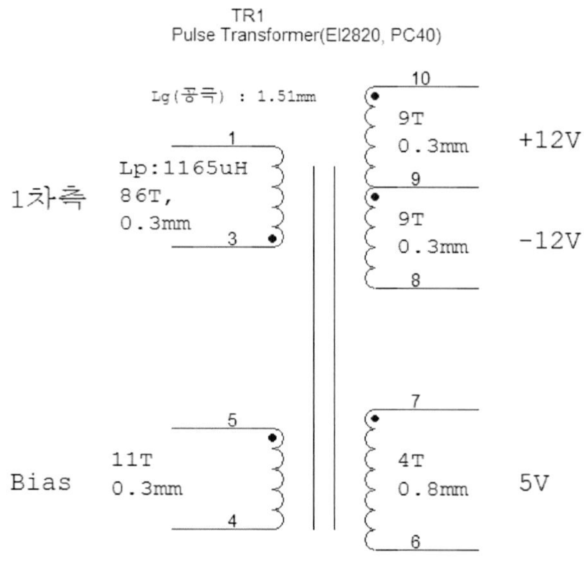

[그림 1.18] 트랜스포머 설계사양

펄스 트랜스포머의 코어는 EI2820 코어를 사용하였고 보빈은 10핀을 사용 하였다. 권선은 에나멜선을 사용한다. 보빈의 1-3번 핀은 1차측 권선이며 4-5번 핀은 보조권선으로 스위칭 IC의 제어 전원으로 사용된다. 아울러 6-7번 핀은 2차측의 주 전원이며 8~10번 핀은 2차측 보조전원으로 사용된다. 다음 순서에 따라 펄스 트랜스포머를 만들어 보자.

① 트랜스포머 제작시 각 권선의 층별 배치는 권선간의 커패시턴스가 작고 절연에 강해야 한다.

② 모든 권선은 같은 방향으로 감는 것을 원칙으로 한다.

③ 먼저 1차측(1, 3번 핀)을 감는다. 1차측 권선(turn)수는 회로에서 원하는 조건과 인덕턴스 값에 의해 결정되며 86회로 한다. 감는 방향은 왼쪽이든 오른쪽이든 상관이 없지만 dot(●)의 방향에 주의를 하여야 한다. dot는 권선의 시작점을 나타낸다. dot가 표시된 핀(핀3)에서 시작하여 한 방향으로 권선을 감아서 다른 핀 (핀1)에서 끝난다. dot의 방향은 트랜스포머에 유기되는 전압의 극성을 결정하므로 주의를 하여 꼭 맞추어야 한다.

④ 정해진 1차측의 권선을 다 감았으면 절연을 위해 절연테이프를 3회 정도 감아 충분히 절연 시킨 후 Bias인 보조권선을 감는다. 감는 방법은 1차측과 동일하며 절연 후에 2차측 주전원과 보조 전원을 감는다.

⑤ 1차측을 다 감았으면 제어전원을 위한 Bias측을 감아야 한다. dot(핀4)에서 시작하여 1차측과 같은 방향으로 11회를 감고 다른 핀(핀5)에서 끝난다. 다 감은 후에 절연 테이프로 충분히(3회 정도) 절연을 한다.

⑥ 출력 5V에 대해서도 위와 같은 방법으로 4회를 감고 절연테이프로 절연을 한다.

⑦ 출력 +12V와 -12V도 dot의 방향에 주의하여 위와 동일하게 9회를 감는다.

⑧ 권선을 모두 감았으면 보빈에 연결되어 있는 핀에 납땜을 해야 한다. 이때 에나멜선은 코팅이 되어있으므로 코팅을 벗겨낸 후에 납땜을 한다.

⑨ 보빈에 코아를 넣고 코아의 공극을 조절하여 1차측의 인덕턴스가 1165uH가 나오도록 한다. 공극을 조절하는 방법은 절연테이프를 사용하여 몇 겹을 겹쳐서 코아에 붙인 다음 코아 크기에 맞게 잘라내면 된다. LCR Meter를 사용하여 인덕턴스를 측정한 후에 공극을 조절하도록 한다.
공극의 사이가 클수록 누설 자속이 많아 인덕턴스 값은 작아진다.

⑩ 1차측의 인덕턴스가 조절이 되었으면 코어가 움직이지 않도록 테이핑을 하여 고정을 한다. 이로써 트랜스포머의 제작은 완료된다.

라. EMI를 줄이는 트랜스포머 감는 방법

- [그림 1.19]와 같이 1차측 권선은 보빈 전체 영역에 걸쳐 감지 말고 중간 안쪽에만 감는다. 즉 양쪽 끝에 어느 정도 여유 공간을 두고 감는다.

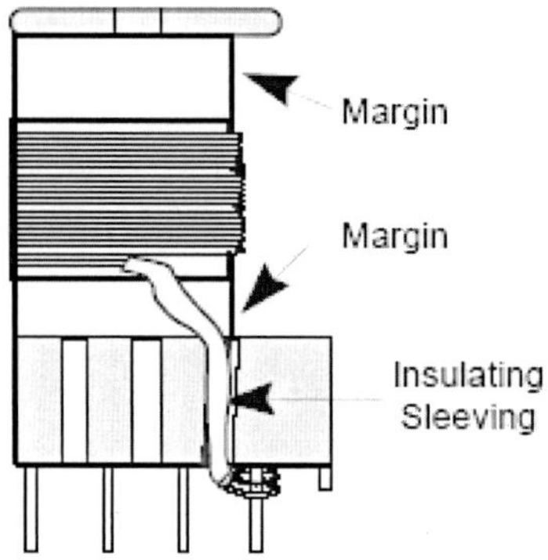

[그림 1.19] 트랜스포머 권선 방법

- FET의 Drain 단자에 연결되어 있는 핀을 1차측 권선의 시작점(Dot의 방향)으로 하여 감는다.

- Bias 권선을 1차측 권선과 2차측 권선의 사이에 감으므로 써 실드(shield) 역할을 하게 한다. 즉 [그림 1.20]과 같이 1차측 권선 -> Bias 권선 -> 2차측 권선 순서로 감는다.

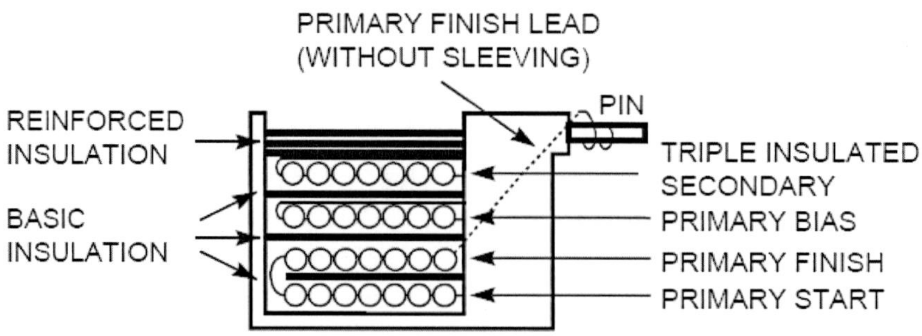

[그림 1.20] 권선 순서

1.5.4 Feedback

트랜스포머는 [그림 1.21]에서 알 수 있듯이 Shunt regulator인 TL431을 이용하여 Vcc가 5.1V가 되면 TL431핀에 의해 동작하고, 5.1V가 되지 않으면 Feedback되면서 일정한 전압 5.1V의 VCC를 만들게 된다.

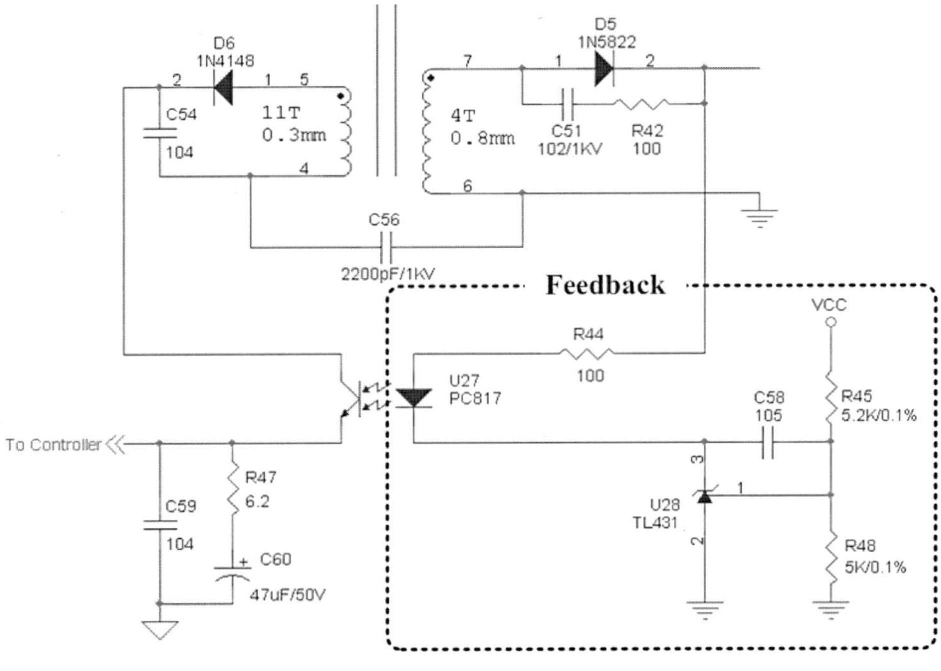

[그림 1.21] Feedback 구조

[그림 1.21]에서 C51과 R42는 스위칭 동작에서 발생하는 고주파 신호를 저감시키는 스너버이다.

또한 C56은 SMPS의 1차와 2차 사이에 존재하는 커먼모드 노이즈를 저감시키는 것으로서 2차 측에 생성되는 리플신호를 억제하는 역할을 한다.

◆ TL431의 기능

아래 [그림 1.22] (a)와 (b)에서 TL431의 구성 및 기호를 나타내었고, [그림 1.22] (c)와 (d)에서는 블록 다이어그램 및 회로의 일반적 구성을 나타내었다.

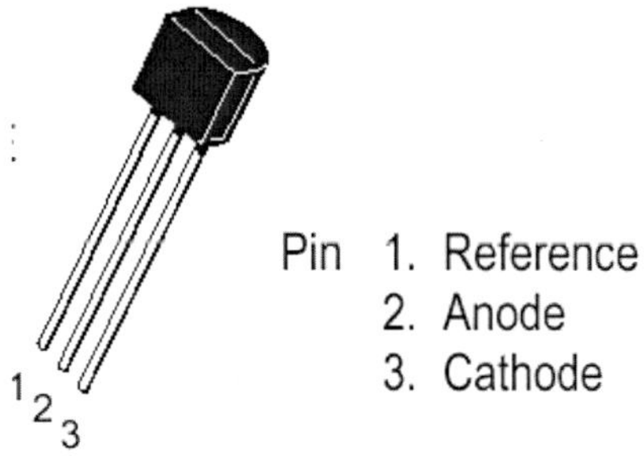

[그림 1.22] (a) TL431의 핀 구성

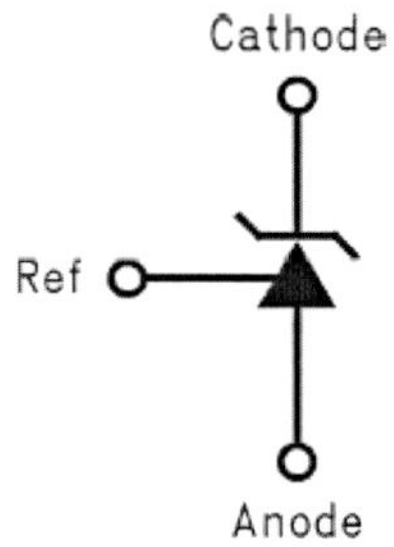

[그림 1.22] (b) TL431의 기호

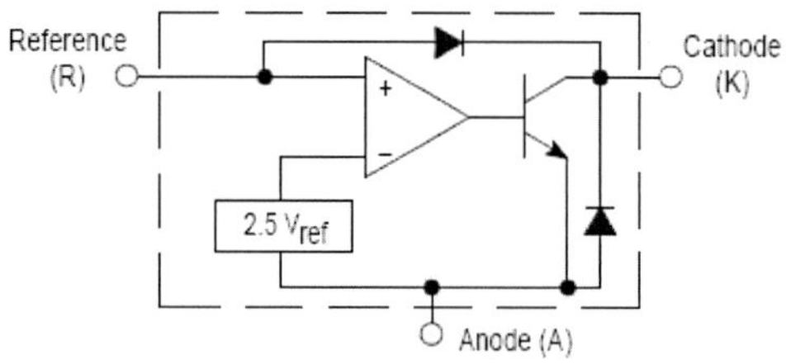

[그림 1.22] (c) 내부 블록 다이어그램

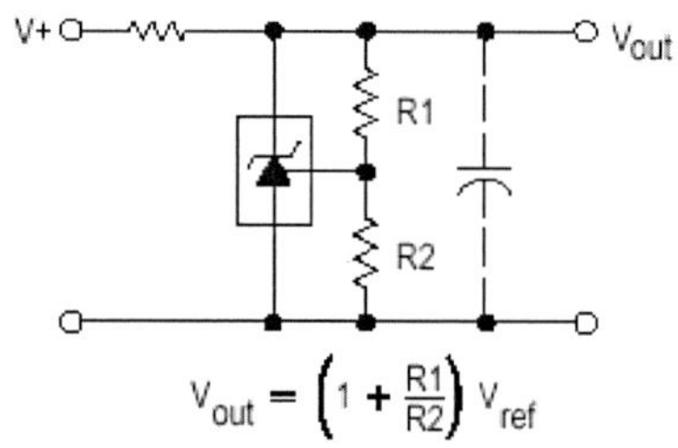

[그림 1.22] (d) 회로의 일반적인 구성

1.5.5 출력부 - 정류 및 필터

[그림 1.23]은 출력부의 정류 및 필터 구조를 보여주고 있다. 이 과정을 거쳐 정상적인 DC 전원인 ±12V와 5V가 출력되게 된다.

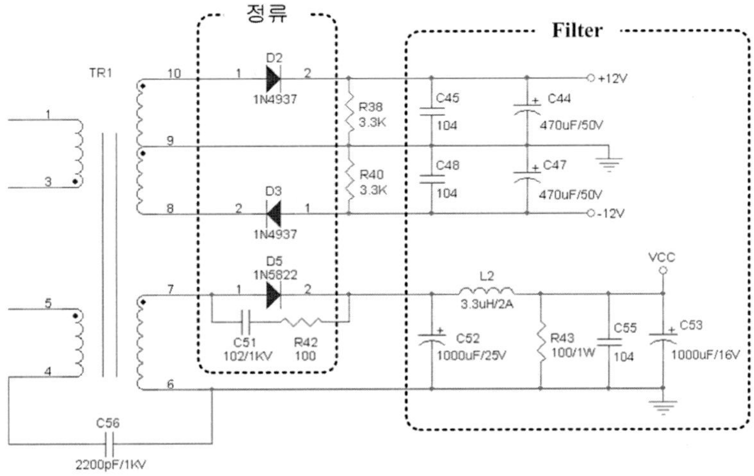

[그림 1.23] 정류 및 필터의 구조

1.5.6 전체 회로

[그림 1.24]는 SMPS의 전체 회로를 보여주고 있다.

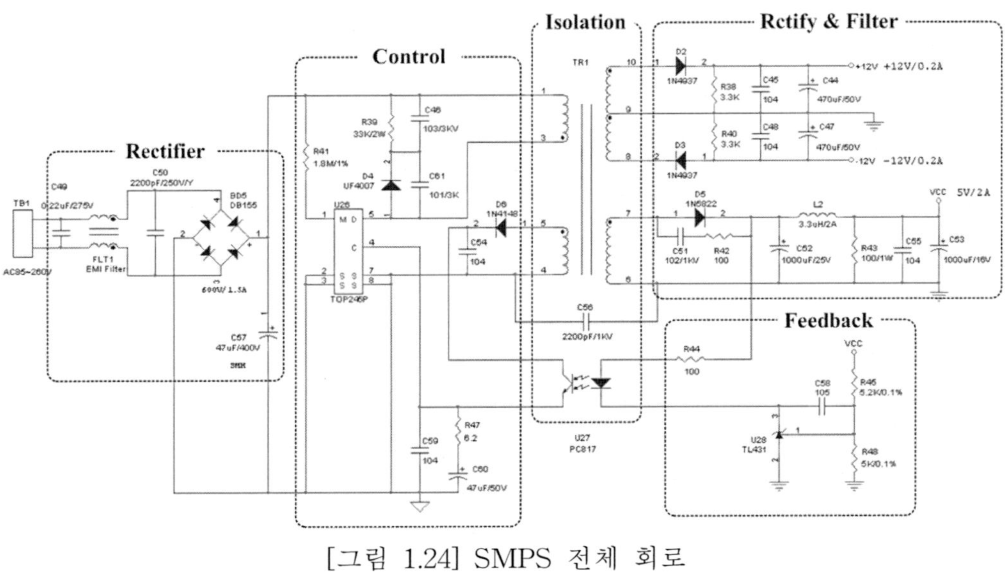

[그림 1.24] SMPS 전체 회로

학습정리

- 네트워크 시스템 보드의 구성은 크게 ATmega128 메인 CPU를 중심으로 통신, 디스플레이, Key 인터페이스, Data Conversion 및 모터 제어로 구성된 Main 부분과 AC전원으로부터 각 Part들의 정상 동작에 필요한 동작 전압인 5V, ±12V 전압을 공급하는 SMPS 부분 2가지로 나눌 수 있다.

- CPU는 각 Part 내의 각 디바이스들을 제어하고 각 디바이스로부터의 입출력 데이터를 처리한다.

- SMPS의 동작은 DC 입력에서 DC 출력을 얻는 DC-DC Conversion을 기본으로 하고 있으므로 DC Converting을 하기 위해 AC로부터 DC에 가까운 입력전압을 만드는 과정이다.

- 통신 Part는 4개의 서로 다른 통신채널을 제공하는데, emulator 용 1채널, Serial UART 1채널, Ethernet 1채널 그리고 무선 통신 1채널로 구성되어 있다.

- EMI를 줄이기 위해 EMI Filter를 구성하며, EMI Filter는 인덕터 또는 초크(choke)와 커패시터의 단순한 조합으로 구성할 수 있다.

- 스위칭 전원의 장점
  - 종래의 선형 전원에 비하여 고효율 실현으로 발열이 적다.
  - 스위칭 주파수의 고주파화를 통하여 수동 소자의 크기를 줄임으로서 스위칭 전원의 소형, 경량화가 가능하다.

- 스위칭 전원의 단점
  - 스위칭 주파수에 의한 노이즈의 영향이 크다.
  - 선형 전원에 비해 가격이 비싸다.

문제 1-1

1. 출력전압 ±12V를 만들기 위하여 2차측 턴수를 9턴으로 하였다. 만약 ±12V를 ±15V로 만들고자 한다면 이에 대한 Turn수를 계산하시오.

답: $N_S = \dfrac{V_O + V_D}{V_{pt}}$ = 15.7/1.43 = 10.9

반올림하여 11 턴으로 하면 ±15V를 얻을 수 있다.

문제 1-2

2. TL431의 Anode(A)가 2.5Vref이고 R2=5KΩ인 전원 Feedback회로에서 Vout에 5V가 나오기 위해서는 R1을 얼마로 해야 하는지 계산하시오.

답: $V_{OUT} = (1 + \dfrac{R1}{R2}) V_{ref}$

$5V = (1 + \dfrac{R1}{5K\Omega}) 2.5 V_{ref}$

$2V = (1 + \dfrac{R1}{5K\Omega})$

∴ R1 = 5KΩ

제 2 장 ATmega128의 내부구조 및 이해

2.1 ATmega128의 내부구조

2.1.1 ATmega128 핀 배치

ATmega128의 핀 배치를 [그림 2.1]에 나타내었으며 총 64핀(QFP)으로 되어있다. 아울러 각각의 핀에 대한 설명은 [표 2.1]에 나타내었다.

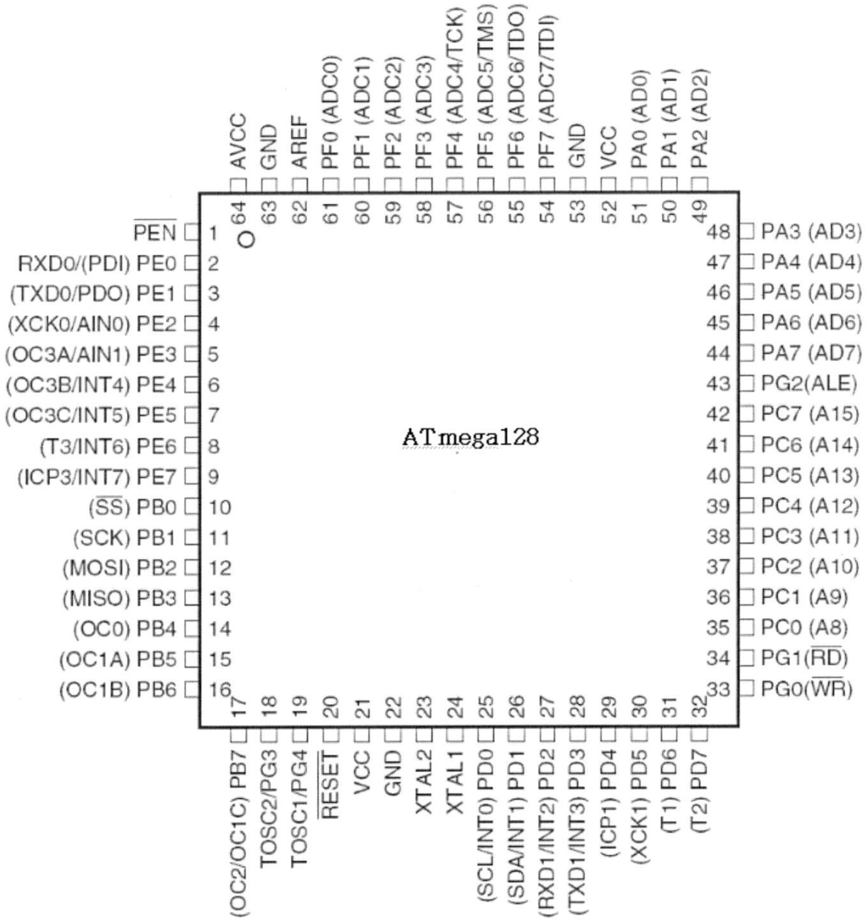

[그림 2.1] ATmega128의 핀 배치

[표 2.1] ATmega128에 대한 핀 설명

핀 이름	핀번호	설 명
VCC	21,52	디지털 공급 진입(5V)
GND	22,53, 63	접지(0V)
포트 A(PA7~PA0)	44~51	포트 A는 내부 풀업저항(25K~100KΩ)을 가진 8비트 양방향성 I/O포트, 외부 메모리를 연결할 경우에는 어드레스와 데이터 버스로 멀티플렉스 된다.
포트 B(PB7~PB0)	10~17	포트 B는 내부 풀업저항을 가진 8비트 양방향성 I/O포트, 여러 사시의 기능을 가진 포트이다.
포트 C(PC7~PC0)	35~42	포트 C는 내부 풀업저항을 가진 8비트 양방향성 I/O포트, 외부 메모리를 연결할 경우에는 상위 어드레스 버스(A15~A8)로 동작한다.
포트 D(PD7~PD0)	25~32	포트 D는 내부 풀업저항이 있는 8비트 양방향성 입출력 포트, 여러 가지의 기능을 가진 포트이다.
포트 E(PE7~PE0)	2~9	포트 E는 내부 풀업저항을 가진 8비트 양방향성 I/O포트, 외부 인터럽트 등 여러 가지 기능을 가진 포트이다.
포트 F(PF7~PF0)	54~61	포트 F는 8비트 입출력 포트로 ADC에 대한 아날로그 입력이다. 또한 JTAG 인터페이스의 기능을 제공한다.
포트 G(PG4~PG0)	18, 19, 33, 34, 43	포트 G는 내부 풀업 저항이 있는 5비트 양방향성 입출력 포트로, 여러 가지 기능을 가진 포트이다.
$\overline{\text{RESET}}$	20	리셋 입력, Active Low
XTAL1	24	반전 발진 증폭기 및 내부 클록 회로에 대한 입력
XTAL2	23	반전 발진 증폭기로부터의 출력
AVCC	64	ADC 및 포트 F에 대한 공급 전압
AREF	62	AREF는 ADC에 대한 아날로그 기준 전압
$\overline{\text{PEN}}$	1	$\overline{\text{PEN}}$은 SPI 직렬 프로그래밍 모드에 대한 프로그래밍 허가 핀, Active Low

2.1.2 블록 다이어그램

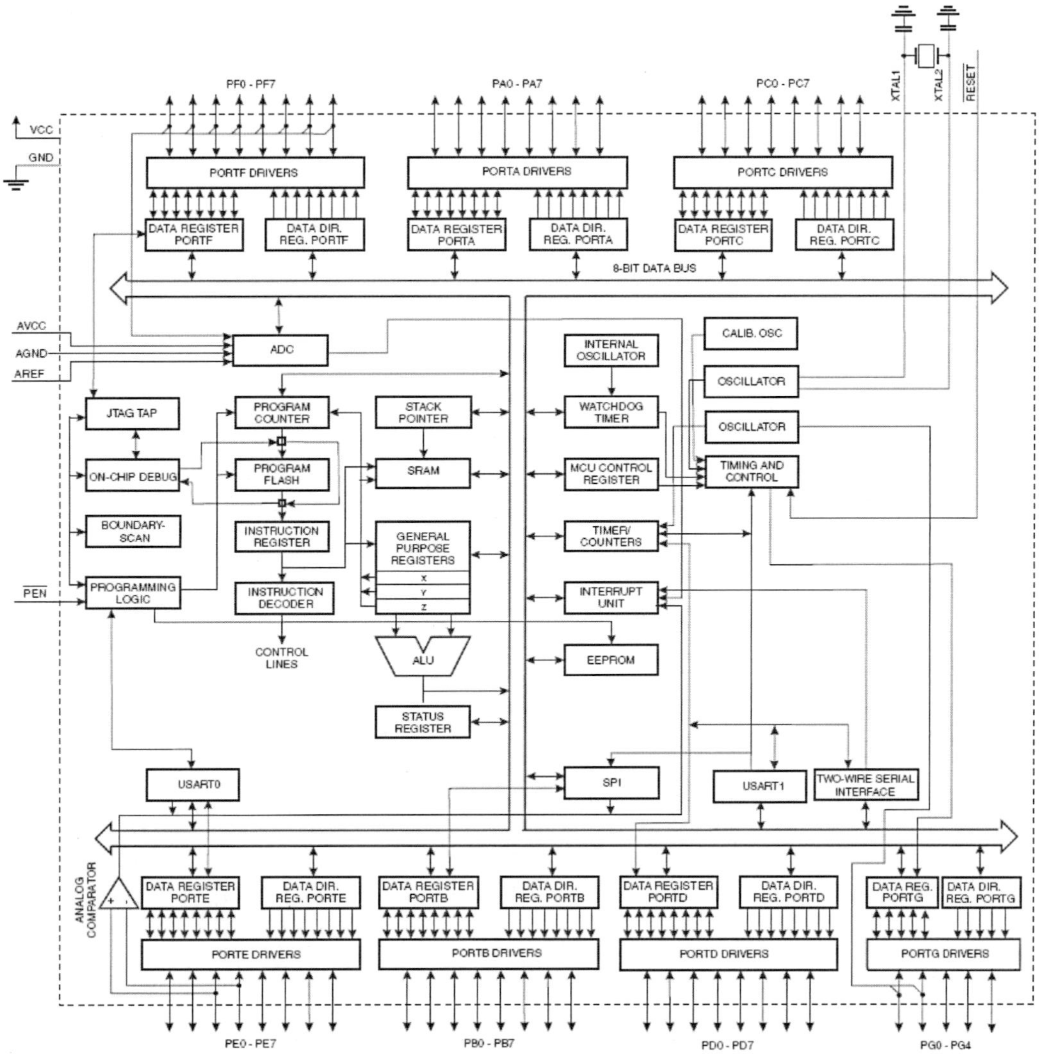

[그림 2.2] ATmega128의 내부 블록도

ATmega128은 향상된 AVR RISC 구조를 바탕으로 만들어진 8비트 CMOS형 마이크로컨트롤러이다. ATmega128은 하버드 구조(Harvard architecture)로 되어 있어서 내부적으로 프로그램 버스와 데이터 버스를 분리함으로써 동일 시간대에 프로그램 메모리와 데이터 메모리에 동시에 접근할 수 있는 장점이 있다.

AVR ATmega128의 프로그램 메모리는 64K워드의 플래시 롬으로 이루어져 있으며 이를 위한 버스도 내부에만 존재하게 된다. 내부 SRAM은 4K바이트이고, 아울러 내부 EEPROM 메모리는 4K바이트로 구성되어 있다. [그림 2.2]에 내부 블록도를 나타내었다.

2.2 레지스터(Register)

2.2.1 상태 레지스터(Status Register)

상태 레지스터는 ALU가 가장 최근에 실행한 산술연산 명령의 연산결과 상태를 표시하는 레지스터이다.

Bit	7	6	5	4	3	2	1	0	
	I	T	H	S	V	N	Z	C	SREG
Read/Write	R/W	R/W	R/W	R/W	R/W	R/W	R/W	R/W	
Initial Value	0	0	0	0	0	0	0	0	

[그림 2.3] 상태 레지스터(0x003F)

위의 [그림 2.3]에 대한 Bit 설명은 아래와 같다.

- Bit 7 – I: Global Interrupt Enable

  전체 인터럽트를 허용하도록 설정하는 비트이다. 인터럽트 처리가 시작되면 이 비트는 자동적으로 클리어 되며, 나중에 RETI 명령을 만나면 다시 원래 상태로 복구된다. 즉, 이 비트가 '1'이면 인터럽트는 허가된다.

- Bit 6 – T: Bit Copy Storage

  BST(Bit Store), BLD(Bit LoaD) 명령에 사용되는 레지스터로 비트와 어느 레지스터의 한 비트 사이에 비트 복사가 가능하다.

- Bit 5 – H: Half Carry Flag

  산술연산의 가산에서 Half carry가 발생하거나 감산에서 Half borrow가 발생하였음을 나타내며 BCD 연산에서 자주 사용된다.

- Bit 4 – S: Sign Bit, S=N⊕V
  음수 플래그 N과 오버 플래그 V의 exclusive-OR로 결정되는 값을 저장하며, 이는 부호없는 정수 및 부호있는 정수들의 크기를 판단할 때 자주 사용된다.

- Bit 3 – V: Two's Complement Overflow Flag
  2의 보수 연산에서 overflow가 발생하였음을 표시한다.

- Bit 2 – N: Negative Flag
  산술연산 또는 논리 연산의 결과가 음수라는 것을 표시한다.

- Bit 1 – Z: Zero Flag
  산술연산 또는 논리 연산의 결과가 0이 되었음을 표시한다.

- Bit 0 – C: Carry Flag
  산술연산 또는 논리 연산의 결과가 carry가 발생하였음을 나타낸다.

2.2.2 범용 레지스터 파일(General Purpose Register File)

ATmega128은 32개의 8비트 범용 레지스터 R0~R31을 가지고 있다. 이들 32개의 레지스터는 기본적인 사칙연산을 수행할 수 있으며, 일부의 연산 명령은 R26~R31에서만 수행된다. [그림 2.4]에서 보여주고 있다.

7 　　　　　　　　　 0	주소
R0	$00
R1	$01
R2	$02
...	
R13	$0D
R14	$0E
R15	$0F
R16	$10
R17	$11
...	
R26	$1A
R27	$1B
R28	$1C
R29	$1D
R30	$1E
R31	$1F

[그림 2.4] CPU의 범용 레지스터

2.2.3 X · Y · Z 레지스터

32개의 범용 레지스터 중에서 R26~R31은 각각 2개씩 합해져서 3개의 16비트 레지스터인 X 레지스터, Y 레지스터, Z 레지스터로 사용될 수 있다.
이를 [그림 2.5]에 나타내었다.

[그림 2.5] X, Y, Z 레지스터

2.2.4 스택 포인터(Stack Pointer)

스택(Stack)은 서브루틴 호출이나 인터럽트가 발생하였을 때 복귀 주소(Return Address)를 저장하며, C 언어의 지역변수 및 어셈블리의 임시 데이터를 저장하는 용도로 사용된다.

스택 포인터(Stack Pointer, SP)는 항상 스택의 상단(TOP)을 가리키는 16비트 레지스터로서, 이는 데이터 저장이 가능한 스택의 번지를 의미한다.

Bit	15	14	13	12	11	10	9	8	
	SP15	SP14	SP13	SP12	SP11	SP10	SP9	SP8	SPH
	SP7	SP6	SP5	SP4	SP3	SP2	SP1	SP0	SPL
	7	6	5	4	3	2	1	0	
Read/Write	R/W	R/W	R/W	R/W	R/W	R/W	R/W	R/W	
	R/W	R/W	R/W	R/W	R/W	R/W	R/W	R/W	
Initial Value	0	0	0	0	0	0	0	0	
	0	0	0	0	0	0	0	0	

[그림 2.6] 스택 포인터

2.3 ATmega128 메모리

2.3.1 프로그램 메모리

ATmega128의 Flash memory는 In-System reprogrammable program memory로 128 KByte의 크기를 가지고 있다. ATmega128의 명령어의 크기는 16bit 또는 32bit의 크기를 가지고 있으므로 128 KByte의 플래시 메모리는 64 KByte × 16 bit(2Byte)로 구성된다. 아래 [그림 2.7]과 같이 플래시 메모리는 크게 Boot section과 Application program section으로 구성된다.

이 플래시 메모리는 SPI 통신방식을 이용한 ISP(In-System Programming) 기능을 가지고 있어서 사용자가 작성한 프로그램을 쉽게 쓸 수 있으며, 사용자 프로그램은 플래시 메모리에 10,000번까지 프로그래밍이 가능하다.

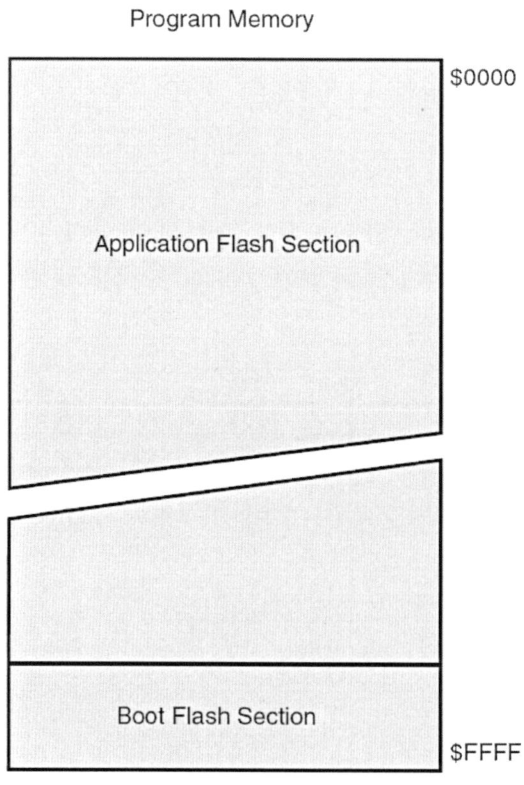

[그림 2.7] 프로그램 메모리 맵

2.3.2 데이터 메모리

(1) SRAM 데이터 메모리

[그림 2.7]과 같이 데이터 메모리는 32바이트의 레지스터 파일, 64바이트의 IO 메모리, 확장된 160바이트의 IO 메모리, 4096바이트의 내부 SRAM 등으로 이루어져 있다. 여기서 64바이트의 IO 메모리는 IN/OUT 명령어로 접근이 가능하며, 확장된 160바이트의 IO 메모리는 ST/STS/STD와 LD/LDS/LDD 명령어로 접근이 가능하다.

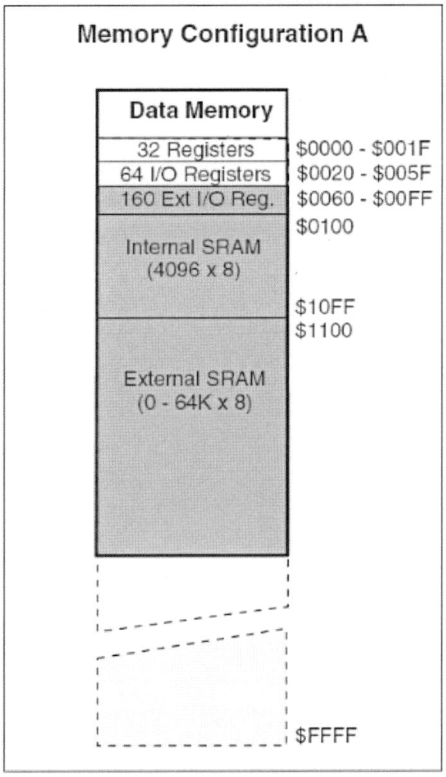

[그림 2.7] 데이터 메모리 맵

아래 [그림 2.8]은 ATmega128 내부 데이터 메모리의 실행 시간을 보여 주고 있다.

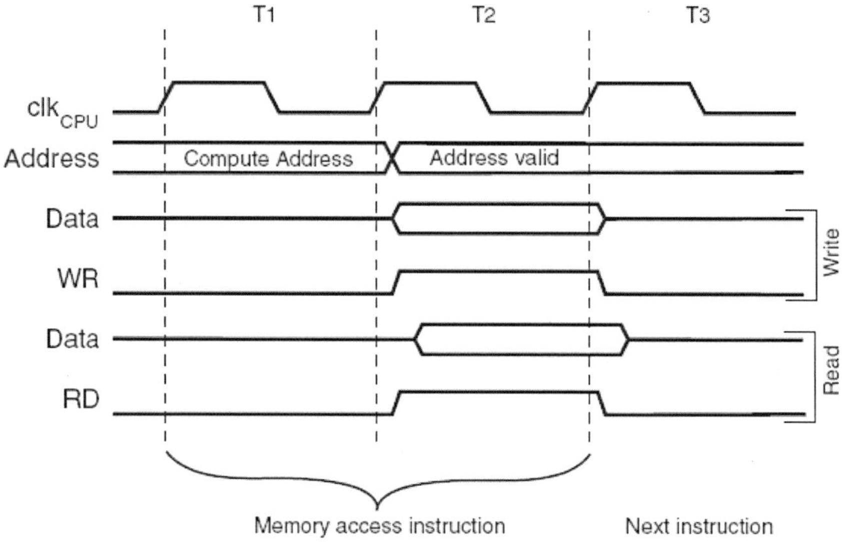

[그림 2.8] 내부 데이터 SRAM의 실행 시간

(2) EEPROM 데이터 메모리

ATmega128에는 비휘발성 데이터 메모리인 EEPROM이 4KB가 내장되어 있는데, 여기에는 플래시 메모리보다 훨씬 많은 100,000번까지 반복적으로 데이터를 저장할 수 있다.

Bit	15	14	13	12	11	10	9	8	
	–	–	–	–	EEAR11	EEAR10	EEAR9	EEAR8	EEARH
	EEAR7	EEAR6	EEAR5	EEAR4	EEAR3	EEAR2	EEAR1	EEAR0	EEARL
	7	6	5	4	3	2	1	0	
Read/Write	R	R	R	R	R/W	R/W	R/W	R/W	
	R/W	R/W	R/W	R/W	R/W	R/W	R/W	R/W	
Initial Value	0	0	0	0	X	X	X	X	
	X	X	X	X	X	X	X	X	

[그림 2.9] EEPROM 어드레스 레지스터-EEARH and EEARL(0x001E)

[그림 2.9]에서 EEPROM 어드레스 레지스터를 나타내었으며 각 비트 설명은 아래와 같다.

- BIT 15..12 - Res : 예약 비트

- BIT 11..0 - EEAR11..0 : EEPROM Address
  내부 EEPROM 4K바이트를 나타내는 어드레스이다.

Bit	7	6	5	4	3	2	1	0	
	MSB							LSB	EEDR
Read/Write	R/W	R/W	R/W	R/W	R/W	R/W	R/W	R/W	
Initial Value	0	0	0	0	0	0	0	0	

[그림 2.10] EEPROM Data Register : EEDR(0x001D)

[그림 2.10]에 EEPROM Data Register를 나타내었으며 각 비트 설명은 아래와 같다.

- BIT 7..0 - EEDR7.0 : EEPROM Data

내부 EEPROM에 데이터를 쓰고 읽을 경우에 사용하는 8비트 데이터 레지스터이다.

Bit	7	6	5	4	3	2	1	0	
	–	–	–	–	EERIE	EEMWE	EEWE	EERE	EECR
Read/Write	R	R	R	R	R/W	R/W	R/W	R/W	
Initial Value	0	0	0	0	0	0	X	0	

[그림 2.11] EEPROM 제어 레지스터 : EECR(0x001C)

[그림 2.11]에 EEPROM 제어 레지스터를 나타내었으며 각 비트 설명은 아래와 같다.

- BIT 7..4 - Res : 예약 비트
- BIT 3 - EERIE : EEPROM Ready Interrupt Enable
  EERIE(EEPROM Ready Interrupt Enable) 비트는 “1”로 설정되면 EEWE 비트가 클리어될 때 EEPROM Ready 인터럽트를 발생하는 기능을 가진다.

- BIT 2 – EEMWE : EEPROM Master Write Enable

EEMWE(EEPROM Master Write Enable) 비트는 EEWE=1로 설정할 때 EEPROM에 라이트가 가능하도록 허용할지 여부를 결정하는 기능을 수행한다. 즉, 이 비트를 “1”로 설정하면 EEWE=1로 되고 나서 4클록 사이클 이내에 해당 데이터를 지정된 EEPROM 번지에 라이트 한다. 이렇게 라이트 동작이 완료되면 EEMWE 비트는 내부에서 자동적으로 “0”이 된다.

- BIT 1 – EEWE : EEPROM Write Enable

EEWE 비트는 EEPROM에 데이터를 라이트하기 위한 스트로브 신호를 나타낸다. 먼저 EEPROM의 어드레스와 데이터 값을 지정한 후에 EEMWE을 “1”로 설정한 상태에서 이 비트를 “1”로 설정하면 라이트 동작이 수행되며, 라이트 동작이 수행되고 나면 EEWE 비트는 내부에서 자동적으로 “0”으로 클리어 된다. EEPROM 라이트 동작을 정리하면 다음과 같다.

(1) EEWE가 “0”으로 될 때까지 기다린다.
(2) SPMCSR의 SPMEN 비트가 “0”으로 될 때까지 기다린다.
(3) EEPROM 어드레스를 EEAR에 저장한다.
(4) EEPROM 데이터를 EEDR에 저장한다.
(5) EECR에서 EEWE는 “0”으로 설정하는 동안 EEMWE는 “1”로 설정한다.
(6) EEMWE 설정후 4 클록 사이클 이내에 EEWE는 “1”로 설정한다.

EEWE을 “1”로 설정하여 EEPROM 라이트 동작이 수행되고 나면 CPU는 다음 명령을 실행하기 전에 2클록 사이클 동안 멈추며, EEPROM 라이트 기능은 CPU가 플래시 메모리에 라이트를 수행하고 있을 때는 불가능하게 된다. 앞의 5와 6의 처리과정을 수행하는 사이에서 인터럽트가 발생되면 EEMWE의 동작메모한시간이 초과되므로 EEPROM 라이트 동작을 하지 못한다. 이를 방지하기 위해서 3~6의 과정을 수행하는 동안에는 상태에 라이트 SREG의 전역 인터럽트 플래그인 I 비트를 “0”으로 설정하여 인터럽트 요청을 금지시켜야만 한다.

- BIT 0 – EERE : EEPROM Read Enable

EERE(EEPROM Read Enable) 비트는 EEPROM에서 데이터를 읽기 위한 스트로브 신호를 나타낸다.

(3) I/O 메모리

모든 I/O 영역은 LD/LDS/LDD와 ST/STS/STD 명령어로 사용 가능하다. I/O 레지스터는 ATmega128에 내장된 각종 I/O 디바이스들을 제어하기 위한 레지스터로서, 이것들을 액세스하는데 IN, OUT 명령을 사용하며 32개의 범용 레지스터와 IO 영역의 내용을 제어하게 된다.

(4) 외부 메모리 인터페이스

외부 메모리 인터페이스는 SRAM, 플래시 메모리, LCD-display, A/D, D/A와 같은 주변장치와 인터페이스 할 수 있는 Address bus, Data bus, Control bus 등을 제공하며 다음과 같은 특징이 있다.

- 0~3 wait 설정
- 섹터의 크기를 설정하여 서로 다른 wait-state 설정 가능(단, 상위 및 하위 2개의 영역만 wait 설정 가능)
- 상위 어드레스 바이트를 설정하기 위하여 비트의 수를 선택할 수 있다.

외부 메모리가 설정되어 있으면, 즉 XMEM 비트가'1'로 설정되어 있으면 아래 [그림 2.12]와 같이 내부 SRAM 이외의 영역은 외부 메모리로 사용할 수 있다.

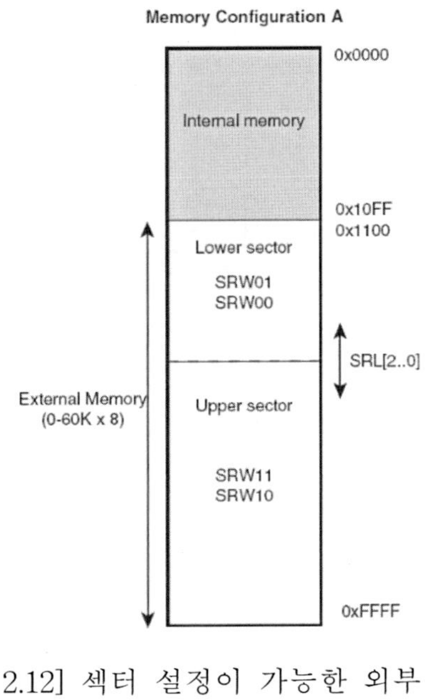

[그림 2.12] 섹터 설정이 가능한 외부 메모리

외부 메모리를 인터페이스 할 때 사용되는 라인은 아래와 같고, [그림 2.13]에 나타내었다.

인터페이스 구성:

- AD7:0 - 멀티 플렉스된 하위 어드레스 버스(A7:A0)와 데이터 버스(D7:D0)
- A15:8 - 상위 어드레스 버스
- ALE - 어드레스 래치 인에이블
- $\overline{\text{RD}}$ - 읽기 신호
- $\overline{\text{WR}}$ - 쓰기 신호

외부 메모리 인터페이스에 사용되는 레지스터는 MCU Control Register(MCUCR), External Memory Control Register A(XMCRA), 그리고 External Memory Control Register B(XMCRB) 3개의 레지스터가 있다.

XMEM이 '1'로 설정되어 있으면, 포트C에 해당하는 데이터 방향 레지스터는 동작하지 않는다. 만약에 이 XMEM이 외부로 설정되어 있으면, 어드레스, 데이터, 컨트롤 버스를 출력한다.

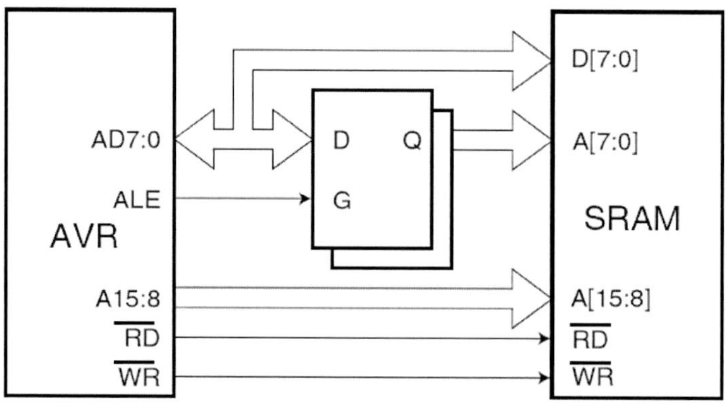

[그림 2.13] 외부 SRAM을 접속하는 경우

외부 메모리 디바이스는 세 종류의 타이밍도는 [그림 2.14~2.16]과 같고 이를 만족하기 위해 ATmega128 XMEM 인터페이스는 세 개의 서로 다른 wait-state를 제공해 준다. wait-state를 설정하기 위해서는 외부 메모리의 속도를 고려하는 것이

매우 중요하며, 이러한 속도가 바로 access time이 된다. 이 access time은 디바이스의 칩 설정으로 설정된 후에 데이터가 출력하기까지의 시간을 의미한다. 또 메모리 영역을 두 개의 섹터로 구분하여 서로 다른 wait-state를 적용할 수 있다.

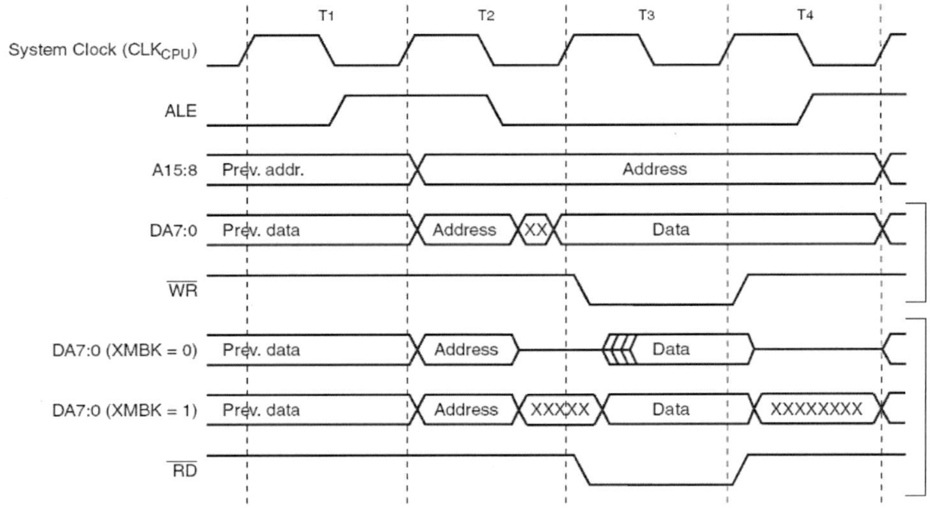

[그림 2.14] 외부 데이터 메모리 사이클 (0 wait)

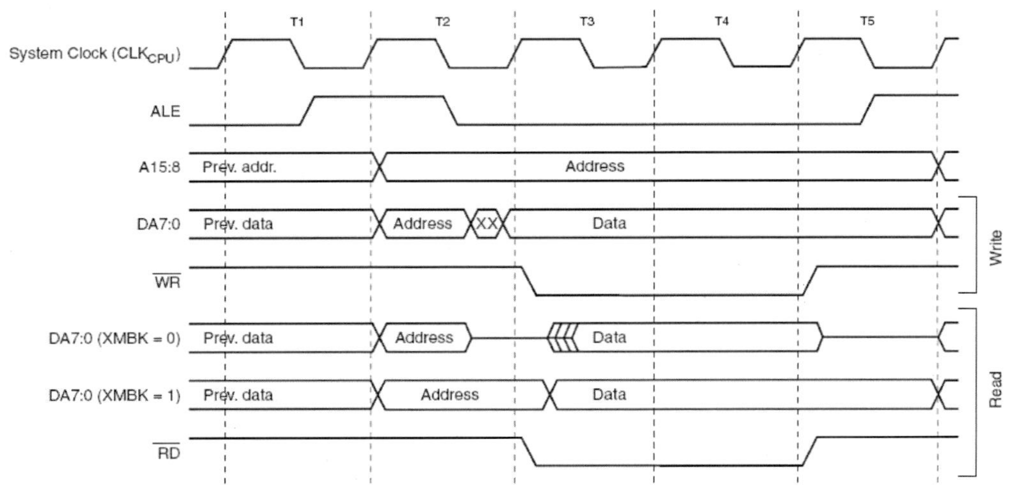

[그림 2.15] 외부 데이터 메모리 사이클 (1 wait)

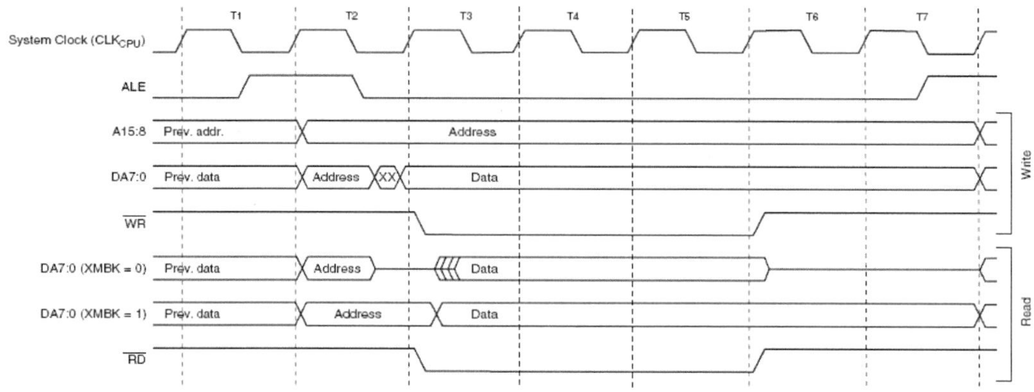

[그림 2.16] 외부 데이터 메모리 사이클 (2 wait)

◆ XMEM 관련 레지스터

MCUCR(MCU Control Register)

Bit	7	6	5	4	3	2	1	0	
	SRE	SRW10	SE	SM1	SM0	SM2	IVSEL	IVCE	MCUCR
Read/Write	R/W	R/W	R/W	R/W	R/W	R/W	R/W	R/W	
Initial Value	0	0	0	0	0	0	0	0	

[그림 2.17] MCU 제어 레지스터 : MCUCR(0x0035)

• BIT 7 : SRE(External SRAM/XMEM Enable)

SRE 비트는 AD7~AD0, A15~A8, ALE/RD/WR 등과 같은 외부 데이터 메모리 영역의 엑세스 신호들을 유효 하도록 하며, 이 비트에 “1”을 인가하면 외부 메모리를 인터페이스 할 수 있고, 이 비트에 ″0″을 쓰면 외부 메모리 인터페이스는 비활성 되어 범용 포트로 동작함과 동시에 데이터 방향 레지스터를 사용 할 수 있다.

• BIT 6 : SRW10(Wait-state Select Bit)

SRW10 비트는 외부 데이터 메모리 영역을 엑세스할 때 부여하는 웨이트 사이클 수를 지정하는 것이다. XMCRA 레지스터의 SRWn 비트와 조합해서 wait-state상태를 설정할 수 있다.

Bit	7	6	5	4	3	2	1	0	
	–	SRL2	SRL1	SRL0	SRW01	SRW00	SRW11	–	XMCRA
Read/Write	R	R/W	R/W	R/W	R/W	R/W	R/W	R	
Initial Value	0	0	0	0	0	0	0	0	

[그림 2.18] 외부 메모리 제어 레지스터 A-XMCRA(0x006D)

- BIT 7 : 예약 비트. 값은 0이다.

- BIT 6..4 : SRL2, SRL1, SRL0(Wait-state Sector Limit)

외부 메모리를 인터페이스 할 경우에 두 개의 부분으로 구분하여 wait-state를 다르게 지정가능하다. XMCRA(External Memory Control Register)

- SRL2..0의 설정

[표 2.2] SRL 2..0 의 설정

SRL2	SRL1	SRL0	Sector Limits
0	0	0	Lower sector = N/A Upper sector = 0x1100 - 0xFFFF
0	0	1	Lower sector = 0x1100 - 0x1FFF Upper sector = 0x2000 - 0xFFFF
0	1	0	Lower sector = 0x1100 - 0x3FFF Upper sector = 0x4000 - 0xFFFF
0	1	1	Lower sector = 0x1100 - 0x5FFF Upper sector = 0x6000 - 0xFFFF
1	0	0	Lower sector = 0x1100 - 0x7FFF Upper sector = 0x8000 - 0xFFFF
1	0	1	Lower sector = 0x1100 - 0x9FFF Upper sector = 0xA000 - 0xFFFF
1	1	0	Lower sector = 0x1100 - 0xBFFF Upper sector = 0xC000 - 0xFFFF
1	1	1	Lower sector = 0x1100 - 0xDFFF Upper sector = 0xE000 - 0xFFFF

- BIT 1 and BIT 6 MCUCR : SRW11, SRW10(Wait-state Select Bits for Upper Sector) SRW11과 SRW10 은 외부 메모리 상위 섹터의 wait-state를 결정한다.

- BIT 3..2 : SRW01. SRW00(Wait-state Select Bits for Lower Sector)

SRW10과 SRW00은 외부 메모리 하위 섹터의 wait-state를 결정하며, 아래 같다.

- Wait State

[표 2.3] Wait States

SRWn1	SRWn0	Wait States
0	0	No wait-states
0	1	Wait one cycle during read/write strobe
1	0	Wait two cycles during read/write strobe
1	1	Wait two cycles during read/write and wait one cycle before driving out new address

- BIT 0 : 예약 비트

XMCRB(External Memory Control Register B)

Bit	7	6	5	4	3	2	1	0	
	XMBK	–	–	–	–	XMM2	XMM1	XMM0	XMCRB
Read/Write	R/W	R	R	R	R	R/W	R/W	R/W	
Initial Value	0	0	0	0	0	0	0	0	

[그림 2.19] 외부 메모리 제어 레지스터 B-XMCRB(0x006C)

- BIT 7 : XMBK(External Memory Bus-keeper Enable)

XMBK 비트에 "1"을 쓰면 AD7~AD0 에 버스 키퍼가 활성화되고. XMBK 비트에 "0"을 쓰면 버스 키퍼 는 비활성화가 된다. XMEM 비트는 3-상태(Tri-state) 값을 유지하고 있어도 AD7~AD0 값은 이전 값을 유지하게 된다.

- BIT 6..3 : 예약 비트

- BIT 2..0 : XMM2, XMM1. XMM0(External Memory High Mask)

외부 메모리 인터페이스가 설정되면, 비트들은 포트 C와 기능을 겸하고 있는 어드레스 버스의 상위 바이트가 어느 부분까지 사용될지를 설정하는 기능을 수행한다. 이를 이용, A15~A8의 일부분만을 어드레스 버스로 사용 할 수 있으며,

나머지의 비트는 포트 C의 기능으로 사용가능하다.

만약에 전체 60KB 또는 일부만 사용된다면, 다음 표에서 주어진 대로 표준 포트 C기능을 수행한다.

- 외부 메모리 인터페이스가 설정되었을 때 포트 C 핀의 범용 포트 등장

[표 2.4] Port C pins

XMM2	XMM1	XMM0	# Bits for External Memory Address	Released Port Pins
0	0	0	8 (Full 60 KB space)	None
0	0	1	7	PC7
0	1	0	6	PC7 - PC6
0	1	1	5	PC7 - PC5
1	0	0	4	PC7 - PC4
1	0	1	3	PC7 - PC3
1	1	0	2	PC7 - PC2
1	1	1	No Address high bits	Full Port C

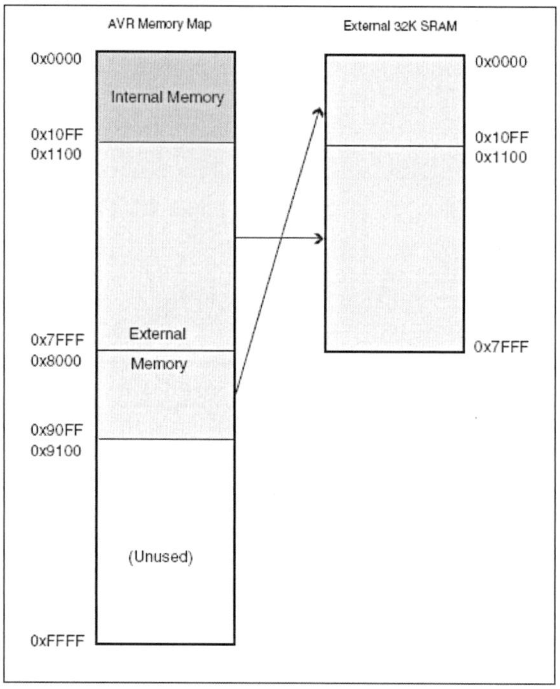

[그림 2.20] 32KB의 외부 메모리 어드레스 맵

[그림 2.20]에서 내부 메모리 바로 다음에 외부 메모리가 위치하기 때문에 데이터 공간 4,352 바이트는 외부 메모리에서 제외된다. 즉 외부 메모리의 0x0000~0x10FF 영역이 해당된다. 그러나 60KB보다 적은 32KB를 사용하면 이 영역은 0x8000~0x90FF의 영역으로 설정 가능하다. 즉, 0x0000~0x90FF 영역으로 대응된다.

2.4 시스템 클럭 및 클럭 옵션 설정

[그림 2.21]은 AVR의 기본적인 클럭 시스템과 클럭 분배를 보여주고 있다. 마이크로 컨트롤러 내부의 각 부분은 모두 동시에 클럭을 필요로 하지는 않으며, 소비전력을 감소시키기 위하여 각 부분에 별도의 클럭을 공급하고 개별적으로 Sleep Mode를 사용하여 클럭의 공급을 차단할 수 있다.

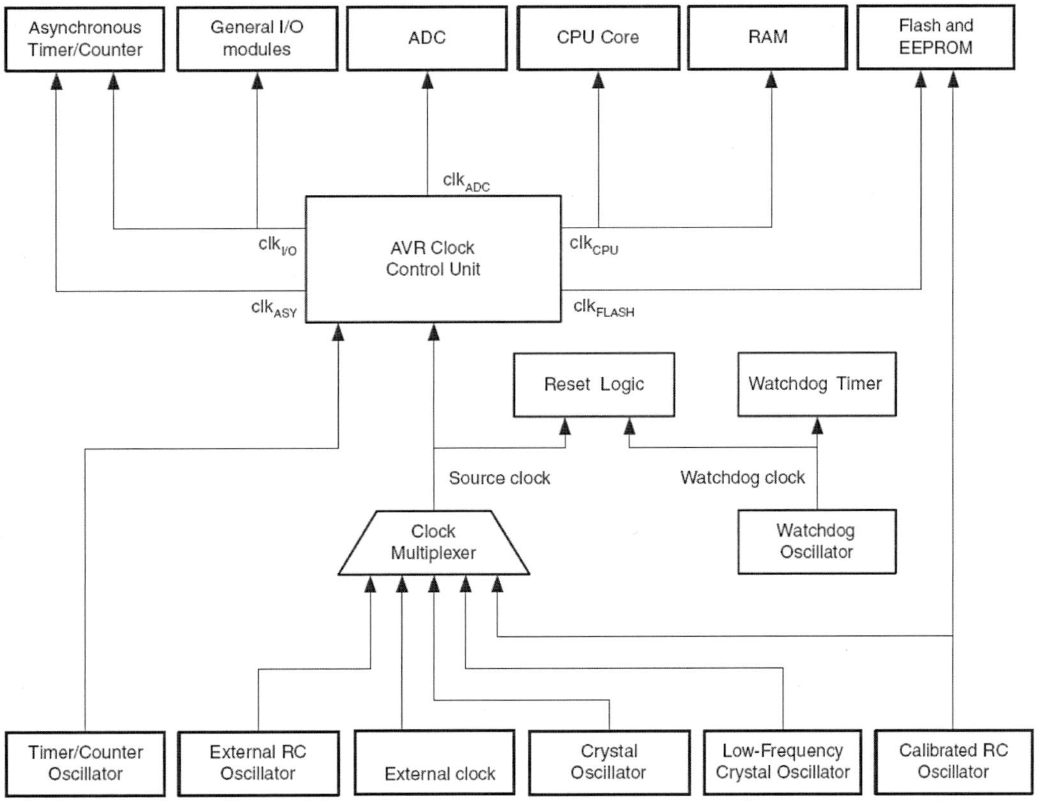

[그림 2.21] 클럭(Clock) 분배

- CPU Clock – clk_{CPU}

CPU 클럭은 AVR 코어가 동작할 때 관련된 클럭을 의미한다. 예를 들어 범용 레지스터 파일, 상태 레지스터, 데이터 메모리, 스택 포인터 등의 구동 클럭으로 사용된다.

- I/O Clock – $clk_{I/O}$

I/O 클럭은 타이머/카운터, SPI, USART 등과 같은 I/O 모듈의 클럭으로 사용된다.

- Flash Clock – clk_{FLASH}

플래쉬 메모리와 EEPROM의 인터페이스에 사용되는 클럭으로 일반적으로 CPU 클럭과 동시에 사용된다.

- Asynchronous Timer Clock - clk_{ASY}

비동기 타이머/카운터에 사용되는 클럭으로서 이는 외부 32.768KHz의 클럭이 입력되며 이 클럭을 소스로 사용한다.

- ADC Clock - clk_{ADC}

ADC에 공급되는 클럭으로 사용된다.

2.4.1 클럭 소스

ATmega128에서 사용되는 클럭 소스는 모두 5가지로 [표 2.5]에 나타낸 대로 플래시의 퓨즈비트를 이용하여 설정할 수 있다.

[표 2.5] 클럭 소스 선택표

디바이스 클럭 옵션	CKSEL3..0
외부 크리스털/세라믹 공진기	1111 - 1010
외부 낮은 주파수 크리스털	1001
외부 RC 오실레이터	1000 - 0101
내부 오실레이터	0100 - 0001
외부 클럭	0000

2.4.2 클럭 소스 초기 값

AVR 시리즈는 기본적으로 CKSEL="0001" 그리고 SUT="10"으로 설정되어 있다. 초기의 클럭 소스 설정 값은 내부 RC Oscillator이고 가장 긴 startup time으로 되어 있다.

(주의 : 외부에 크리스털을 사용할 경우에는 CKSEL3..0을 “1110”으로 설정할 것!)

2.4.3 클럭 소스의 종류

(1) Crystal Oscillator

[그림 2.22]에서 나타낸 것과 같이 XTAL1과 XTAL2는 각각 입력과 출력으로 되어 있으며, 시계 크리스털 또는 세라믹 레조네이터를 대신 연결할 수 있다.

CKSEL3~0을 올바르게 설정하면 AVR ATmega128에 내장된 발진 회로에 의하여 클럭 주파수가 발생되는데, 이때 CKOPT 비트는 발진회로 증폭기의 동작 모드를 선택한다.

즉, CKOPT 비트를 "0"으로 설정하면 발진회로의 출력전압이 커지며, 이는 노이즈가 심한 환경이나 XTAL2 단자가 또 다른 회로를 구동하는 경우에 적합하다. 그러나 CKOPT 비트를 "1"로 설정하면 발진회로의 출력전압이 작아지고 발진주파수에 제한을 받게 되지만 소비전력이 감소한다.

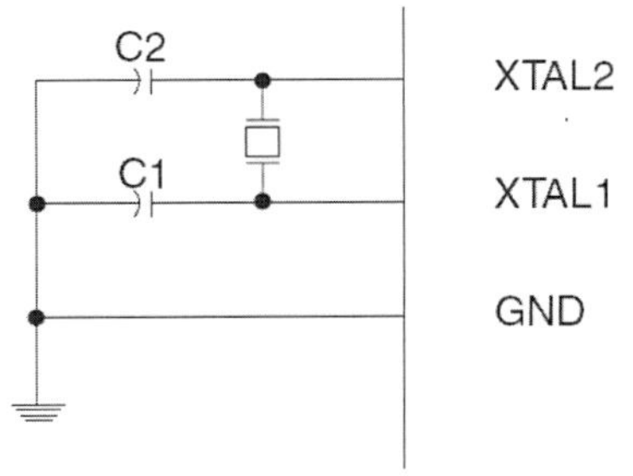

[그림 2.22] 크리스털 오실레이터의 연결

내부 발진 회로의 동작에는 3가지 모드가 있는데, 이는 CKSEL3~1 비트에 의하여 [표 2.6]과 같이 선택된다.

[표 2.6] 크리스털 오실레이터의 동작 모드

CKOPT	CKSEL3..1	주파수 범위(MHz)	콘덴서 C1과 C2(pF)
1	101	0.4 - 0.9	-
1	110	0.9 - 3.0	12 pF - 22 pF
1	111	3.0 - 8.0	12 pF - 22 pF
0	101, 110, 111	1.0 이상	12 pF - 22 pF

2.4.4 PonyProg2000

먼저 모든 창을 닫고 ATmega128 보드를 프린트 포트 LPT1에 연결하고 전원을 ON시킨다. 그리고 PonyProg2000을 설치 후 바탕화면에서 PonyProg2000 아이콘을 더블클릭하여 실행한다. 참고로 PonyProg2000은 공개버전으로 인터넷에서 쉽게 다운 받을 수 있다. 이에 대한 참고 사이트는 다음과 같다.

http://www.lancos.com/ppwin95.html

다음으로 디바이스를 설정해야 하는데 메인 메뉴 [Device]→[AVR micro]→[ATmega128] 메뉴를 선택한다. 그러면 [그림 2.23]과 같이 AVR micro와 ATmega128로 변경이 된다.

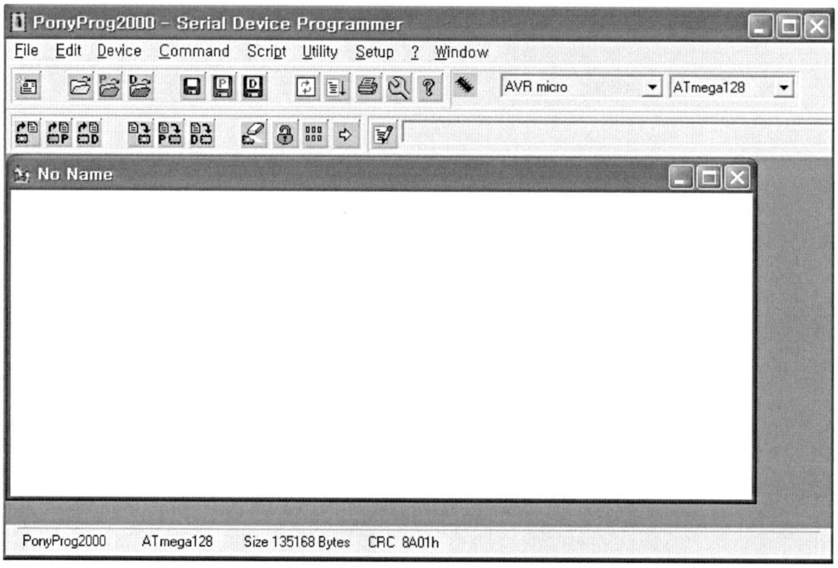

[그림 2.23] PonyProg2000 소프트웨어 툴

이제 보드와 연결하기 위한 환경 설정을 알아보면 먼저 메인 메뉴 [Setup]→[Interface Setup] 메뉴를 선택하면 [그림 2.24]와 같이 “I/O port setup” 창이 나타나고 그림과 같이 설정 후에 “Probe” 버튼을 누르면 그림에 나타나있는 “Notice”처럼 ″Test Ok″가 표시되는데 ″OK″ 버튼을 눌러 확인 후 “I/O port setup” 창에서 ″OK″ 버튼을 누르면 보드와 정상적으로 연결이 된 것이다.

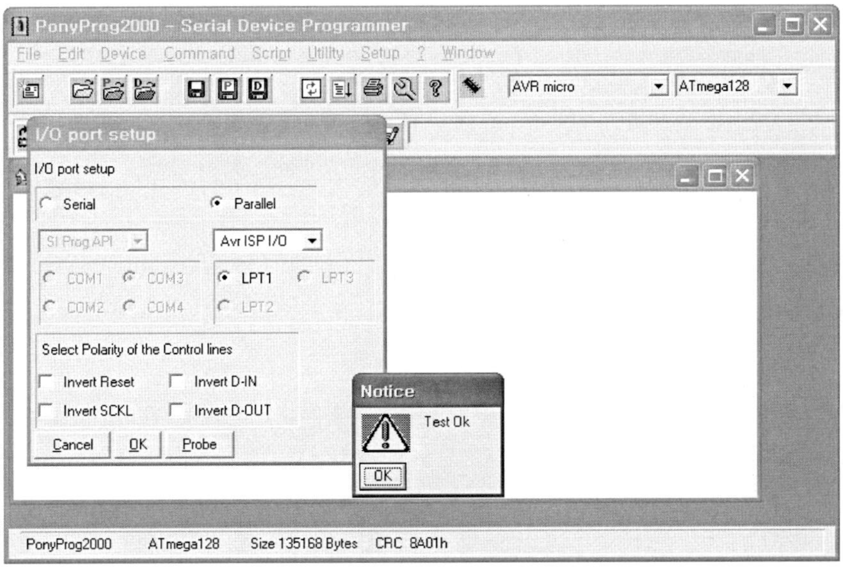

[그림 2.24] 인터페이스 셋업

이제 ATmega128에 클럭 값을 쓰면 되는데 메인 메뉴 [Command]→[Security and Configuration bits...]를 클릭하면 “Configuration and Security bits"라는 창이 뜨는데 이 창에서 "Read" 버튼을 누르면 현재 ATmega128의 입력된 값이 표시되는데 [그림 2.25]와 같이 다시 설정 후에 Write 버튼을 눌러 값을 입력한다.

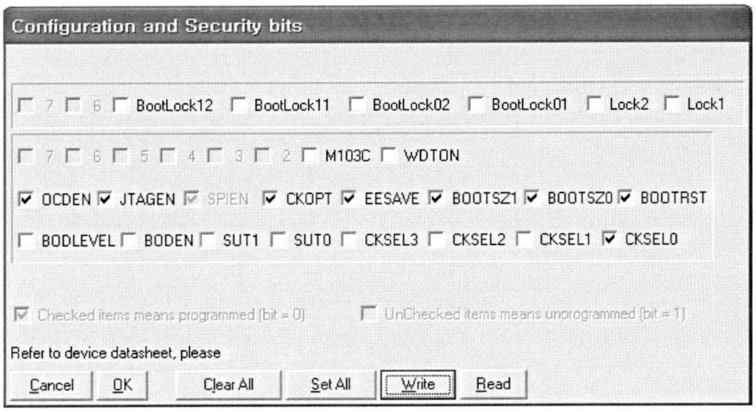

[그림 2.25] 클럭 값 쓰기

2.5 시스템 리셋 기능

ATmega128이 리셋 되면 모든 I/O 레지스터들이 초기 값으로 되고, 프로그램은 리셋 벡터로부터 시작하게 된다. 리셋 벡터에 위치한 명령어는 리셋 처리 루틴으로 JMP(absolute jump)하는 명령이다. 만약 프로그램에 인터럽트 소스가 설정되지 않으면 인터럽트 벡터는 사용되지 않고 일반적인 프로그램 코드가 이 위치에 오게 된다. [그림 2.26]에 리셋 로직을 나타냈다. [표 2.7]에서는 리셋 회로망의 전기적인 특성 값을 나타냈다.

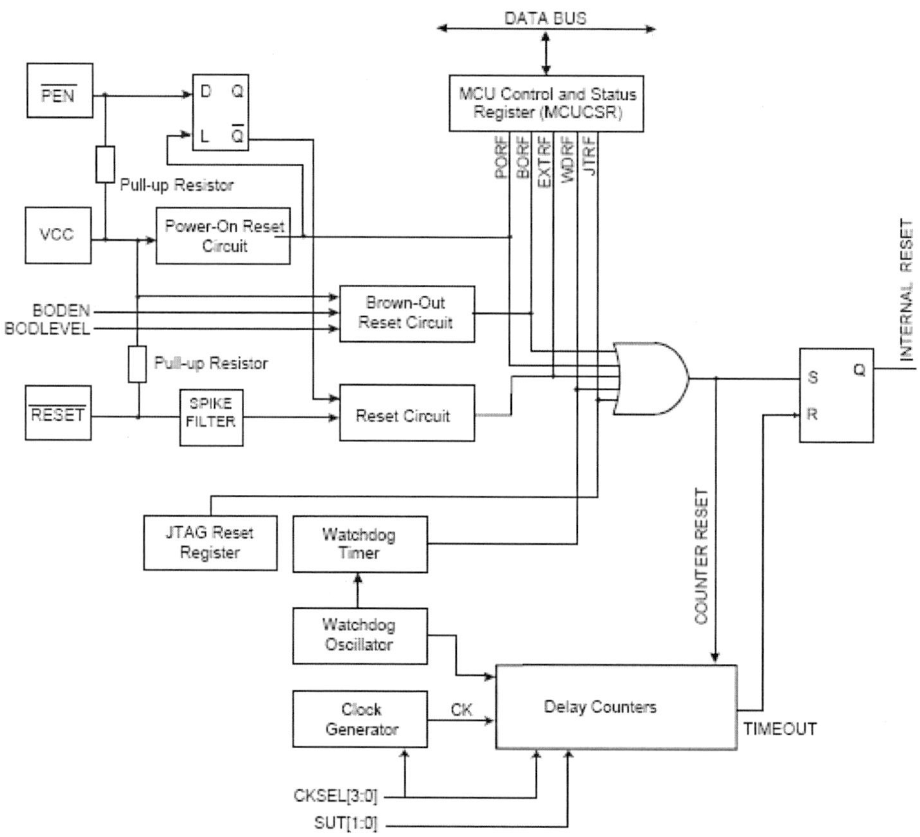

[그림 2.26] 리셋 로직

◆ ATmega128은 아래와 같은 5가지 리셋 소스를 가진다.

- Power-on Reset : 공급 전원이 Power-on Reset 임계값(V_{POT}) 이하이면 MCU는 리셋 된다.
- External Reset : $\overline{RESET}$ 핀에 로우 레벨 펄스가 지정된 최소 펄스 폭 보다 길 때 MCU는 리셋 된다.
- Watchdog Reset : 워치독이 동작되고 워치독 타이머 주기가 끝날 때 MCU는 리셋 된다.
- Brown-out Reset : Brown-out 검출기가 동작되고 공급 전원(Vcc)이 Brown-out Reset 임계값(V_{BOT}) 이하이면 MCU는 리셋 된다.
- JTAG AVR Reset : JTAG 시스템이 연결되어 있고, 리셋 레지스터에 로직 값이 있으면 MCU는 리셋 된다.

[표 2.7] 리셋 관련 전기적 특성

Symbol	Parameter	Condition	Min	Typ	Max	Units
V_{POT}	Power-on Reset Threshold Voltage (rising)			1.4	2.3	V
	Power-on Reset Threshold Voltage (falling)(1)			1.3	2.3	V
V_{RST}	$\overline{RESET}$ Pin Threshold Voltage		0.2 V_{CC}		0.85 V_{CC}	V
t_{RST}	Pulse width on $\overline{RESET}$ Pin		1.5			μs
V_{BOT}	Brown-out Reset Threshold Voltage(2)	BODLEVEL = 1	2.4	2.6	2.9	V
		BODLEVEL = 0	3.7	4.0	4.5	
t_{BOD}	Minimum low voltage period for Brown-out Detection	BODLEVEL = 1		2		μs
		BODLEVEL = 0		2		
V_{HYST}	Brown-out Detector hysteresis			100		mV

2.5.1 Power- On Reset

Power-On Reset(POR) 펄스는 내부 검출 회로에 의해 생성되며 검출 레벨은 [표 2.7]에 정의 되어 있다. Vcc가 검출 레벨 이하이면 POR은 활성화 되고 POR 회로는 Start-Up Reset을 트리거 하는데 사용되고 공급전원에 에러를 감지 할 수 있다.

Power-On Reset(POR)회로는 Power-On으로부터 장치의 리셋을 보증한다. POR 임계 전압에 도달하면 Vcc가 상승한 후에 RESET을 유지하는 지연 카운터가 생성된다. 검출 레벨 이하로 Vcc가 감소할 때 지연 없이 RESET 신호는 다시 활성화된다.

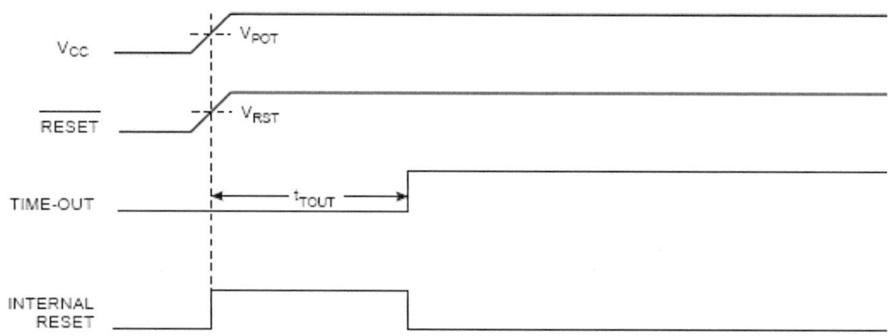

[그림 2.27] $\overline{\text{RESET}}$ 핀을 Vcc에 연결한 경우

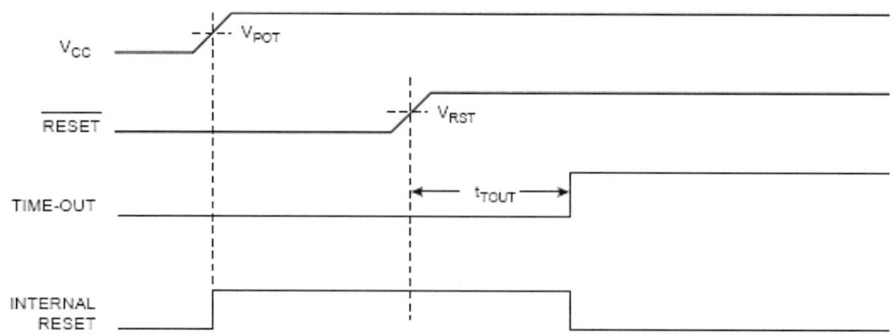

[그림 2.28] $\overline{\text{RESET}}$ 핀을 외부에 연결한 경우

2.5.2 External Reset

External Reset은 $\overline{\text{RESET}}$ 핀의 낮은 레벨 전압에 의해 발생 된다. 클럭이 발생하지 않아도 최소펄스폭 보다 긴 리셋 펄스가 발생하면 리셋이 발생한다. 상승에지에 리셋 임계 전압이 적용되면, Time-out 주기(t_{TOUT})가 끝난 후에 지연 카운터는 MCU를 실행시킨다.

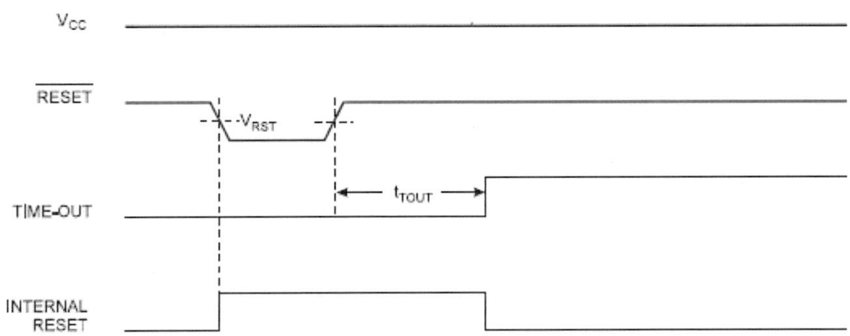

[그림 2.29] 외부 리셋

2.5.3 Brown-out Detection Reset

ATmega128의 Brown-out Reset은 MCU의 내부에 있는 Brown-out Detection(BOD) 회로가 전원 전압 Vcc를 검출하여 이것이 Brown-out Reset 임계(V_{BOT}) 전압값 이하의 레벨로 지정된 최소 시간(2us) 이상 동안 지속하면 발생하는 리셋이다. BOD는 BODLEVEL 퓨즈를 2.7V로 할지 또는 4.0V로 설정할지를 결정한다.

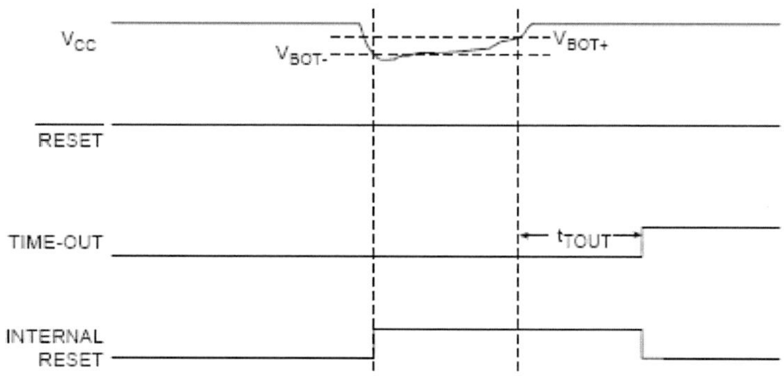

[그림 2.30] Brown-out 리셋

2.5.4 Watchdog Reset

Watchdog 타임아웃이 발생할 때 1클럭 사이클 동안 짧은 리셋 펄스가 발생하여 MCU를 리셋 시킨다. 이 펄스의 폴링 에지일 때 시간 지연 카운터의 동작이 개시되고 t_{TOUT}시간 동안 리셋이 유지된다.

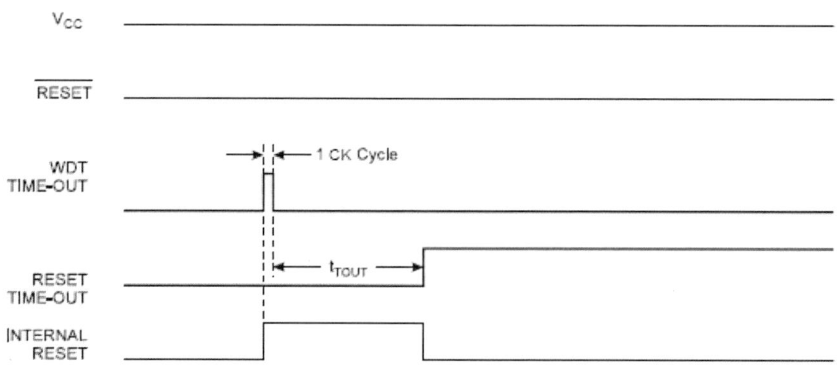

[그림 2.31] Watchdog 리셋

2.5.5 MCU Control and Status Register - MCUCSR

Bit	7	6	5	4	3	2	1	0	
	JTD	–	–	JTRF	WDRF	BORF	EXTRF	PORF	MCUCSR
Read/Write	R/W	R	R	R/W	R/W	R/W	R/W	R/W	
Initial Value	0	0	0	See Bit Description					

[그림 2.32] MCU 제어와 상태 레지스터: MCUCSR(0x0034)

- BIT 4 : JTRF(JTAG Reset Flag)
  JTAG가 리셋 되면 이 비트는 "1"로 표시된다. Power-On Reset 또는 이 비트에"0"을 써서 클리어 시킬 수 있다.

- BIT 3 : WDRF(Watchdog Reset Flag)
  Watchdog이 리셋 되면 이 비트는"1"로 표시된다. Power-On Reset 또는 이 비트에 "0"을 써서 클리어 시킬 수 있다.

- BIT 2 : BORF(Brown-out Reset Flag)
  Brown-out이 리셋 되면 이 비트는"1"로 표시된다. Power-On Reset 또는 이 비트에 "0"을 써서 클리어 시킬 수 있다.

- BIT 1 : EXTRF(External Reset Flag)
  외부 리셋이 발생되면 이 비트는"1"로 표시된다. Power-On Reset 또는 이 비트에 "0"을 써서 클리어 시킬 수 있다.

- BIT 0 : PORF(Power-on Reset Flag)
  Power-On Reset이 발생하면 이 비트는"1"로 표시된다. 이 비트에 "0"을 써서 클리어 시킬 수 있다.

학습정리

- ATmega128은 하버드 구조(Harvard architecture)로 되어 있어서 내부적으로 프로그램 버스와 데이터 버스를 별도로 분리함으로써 동일 시간대에 프로그램 메모리와 데이터 메모리에 동시에 접근할 수 있는 장점이 있다.

- 플래시 메모리는 SPI 통신방식을 이용한 ISP(In-System Programming) 기능을 가지고 있어서 사용자가 작성한 프로그램을 쉽게 쓸 수 있으며, 사용자 프로그램은 플래시 메모리에 10,000번까지 프로그래밍 할 수 있다.

- 스택(Stack)은 서브루틴 호출이나 인터럽트가 발생하였을 때 복귀 주소를 저장 하며, C 언어의 지역변수 및 어셈블리의 임시 데이터를 저장하는 용도로 사용된다.

  스택 포인터(Stack Pointer, SP)는 항상 스택의 상단(TOP)을 가리키는 16비트 레지스터로서, 이는 데이터 저장이 가능한 스택의 번지를 의미한다.

- CPU가 시스템 클록의 1싸이클에 1개의 명령을 실행하도록 함으로써 클럭 주파수 1MHz당 1MIPS(Million Instructions per Second)의 고속처리가 가능하다.

문제 2-1

ATmega128의 Port A는 Address와 Data가 공통으로 사용되는 멀티플렉스 구조로 되어있다. 이때 Address와 데이터를 분리하는 신호는 무엇인가? 또한 하위어드레스(A7~A0)를 만들기 위해 사용하는 로직게이트는 무엇인가?

답) ALE 신호, 74HC373 또는 74HC573

문제 2-2

CPU의 성능을 평가할 때 MIPS(Million Instruction Per Second)라는 단어를 사용한다. MIPS란 무엇인가? 그리고 ATmega128의 최대 MIPS는 얼마인가?

답) MIPS란 1초당 처리되는 명령어수를 표시할 때 사용하는 것으로써 1초당 몇 100만개의 명령어가 수행되는 척도이다. Atmega128은 최대동작 주파수가 16MHz이고 1사이클당 하나의 명령어가 처리되기 때문에 16MIPS 이다.

문제 2-3

ATmega128의 초기상태는 어떠한 클럭을 사용하도록 설정되어 있는가?

답) 내부 RC 오실레이터

문제 2-4

4. C언어를 이용하여 다음과 같이 변수를 선언하였다면 CPU의 어느 부분에 저장되는가?

1) int Mega_test = 3; (②)
   ① 프로그림 메모리
   ② 내부 데이터 메모리
   ③ EEPROM
   ④ 외부 데이터 메모리
2) const int test = 100; (①)
   ① 프로그림 메모리
   ② 내부 데이터 메모리
   ③ EEPROM
   ④ 외부 데이터 메모리

제 3 장 펌웨어(Firmware) 개발 환경 구축 및 메모리

3.1 펌웨어(Firmware) 환경 구축

마이크로프로세서를 이용하여 사용자가 원하는 동작을 수행하기 위해서는 하드웨어인 마이크로프로세서에 소프트웨어를 이식해야한다. 이러한 일련의 과정을 Firmware라 하며 마이크로프로세서의 실행 파일을 만들기 위해서는 Compiler, Assembler, Linker가 필요하다. 윈도우즈 환경 하에서 운용되는 통합 소프트웨어가 IAR EWAVR C 크로스 컴파일러(IAR EWAVR)이며, 이를 실행 하면 [그림 3.1]과 같은 화면이 나타난다.

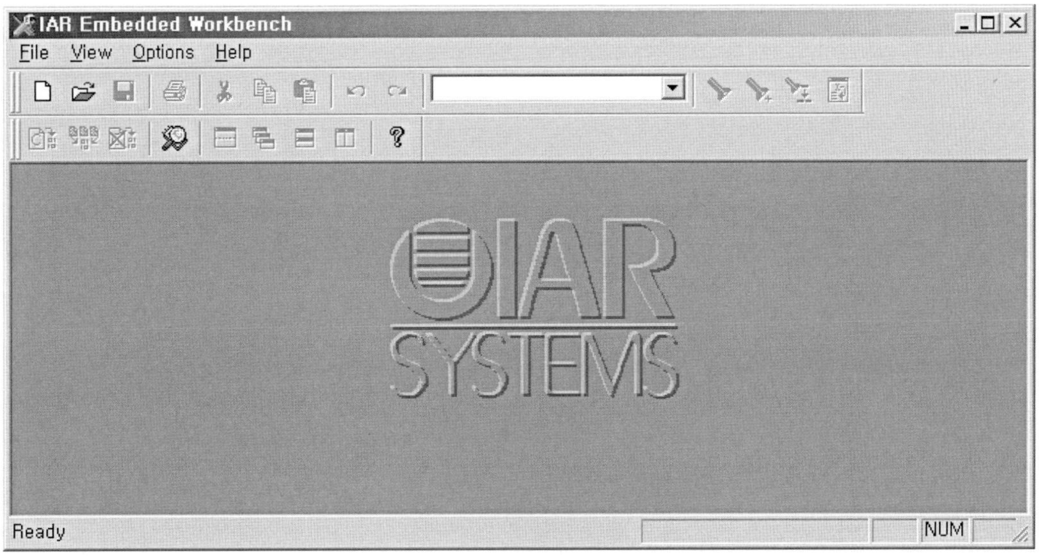

[그림 3.1] IAR Embedded Workbench 실행시 초기화면

다음으로 프로젝트를 설정하는 단계를 알아보면 IAR Embedded Workbench AVR의 메뉴 바에서 [File] → [New]를 선택하면 [그림 3.2]와 같은 "새로 만들기" 창이 나타난다.

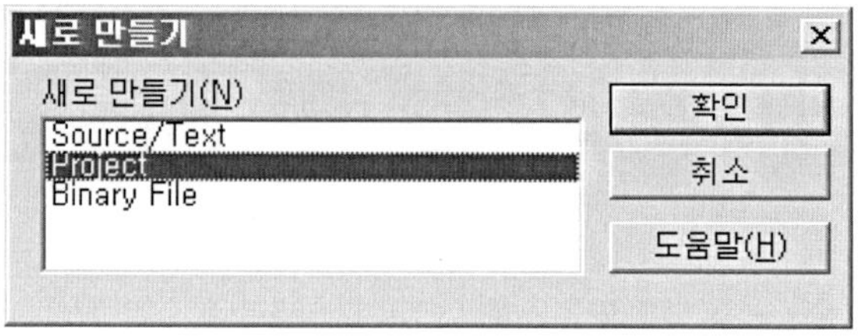

[그림 3.2] 새로 만들기 창

여기서 Project를 선택하고 확인을 누르면 [그림 3.3]과 같은 "New Project"창이 나타난다.

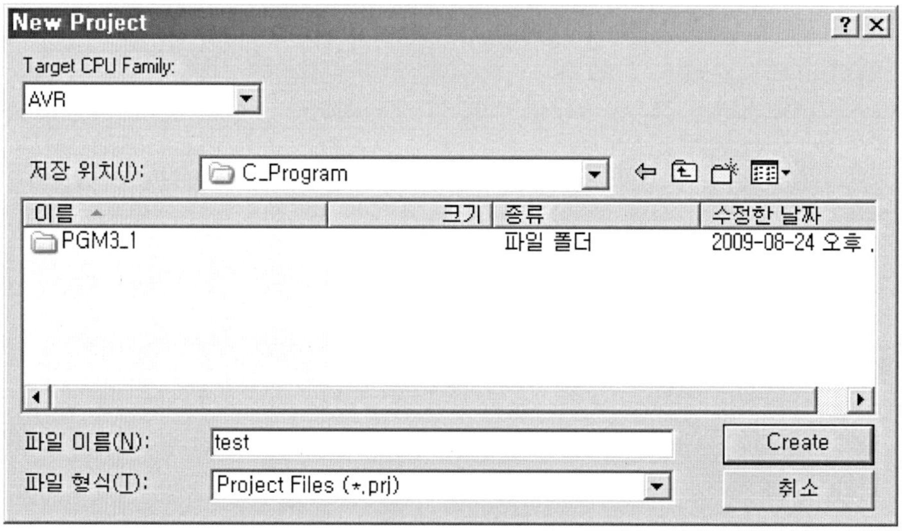

[그림 3.3] New Project 창

New Project 창에서 원하는 저장 위치에 새로운 Project 파일이 저장될 폴더 (D:\ATMega128\제3장\C_Program\PGM3_1)를 만들고 저장위치를 선택한다.

다음으로 Project 파일 이름에 "test"라고 입력한 후 "Create"버튼을 누른다. 그러면 [그림 3.4]와 같이 "test.prj"로 변경된 것을 볼 수 있다.

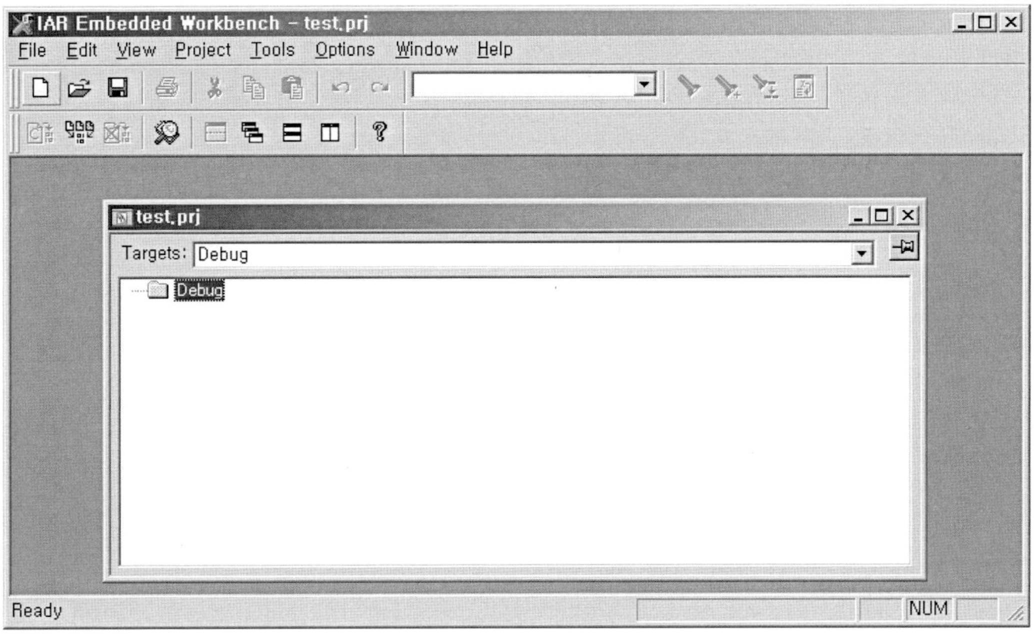

[그림 3.4] “test.prj” 작성

다음으로 새 파일을 작성해 보면 위에서 설명한 [그림 3.2]의 새로 만들기 창에서 “Source/Text”를 선택하고 확인을 누르면 "Untitled1"이라는 창이 나타난다.

이제 기본적인 소스를 [그림 3.5]와 같이 작성하고 [File] → [Save]를 선택한 후 프로그램을 저장하려는 위치(D:\ATMega128\제3장\C_Program\PGM3_1)에 “test.c" 라는 이름으로 저장한다.

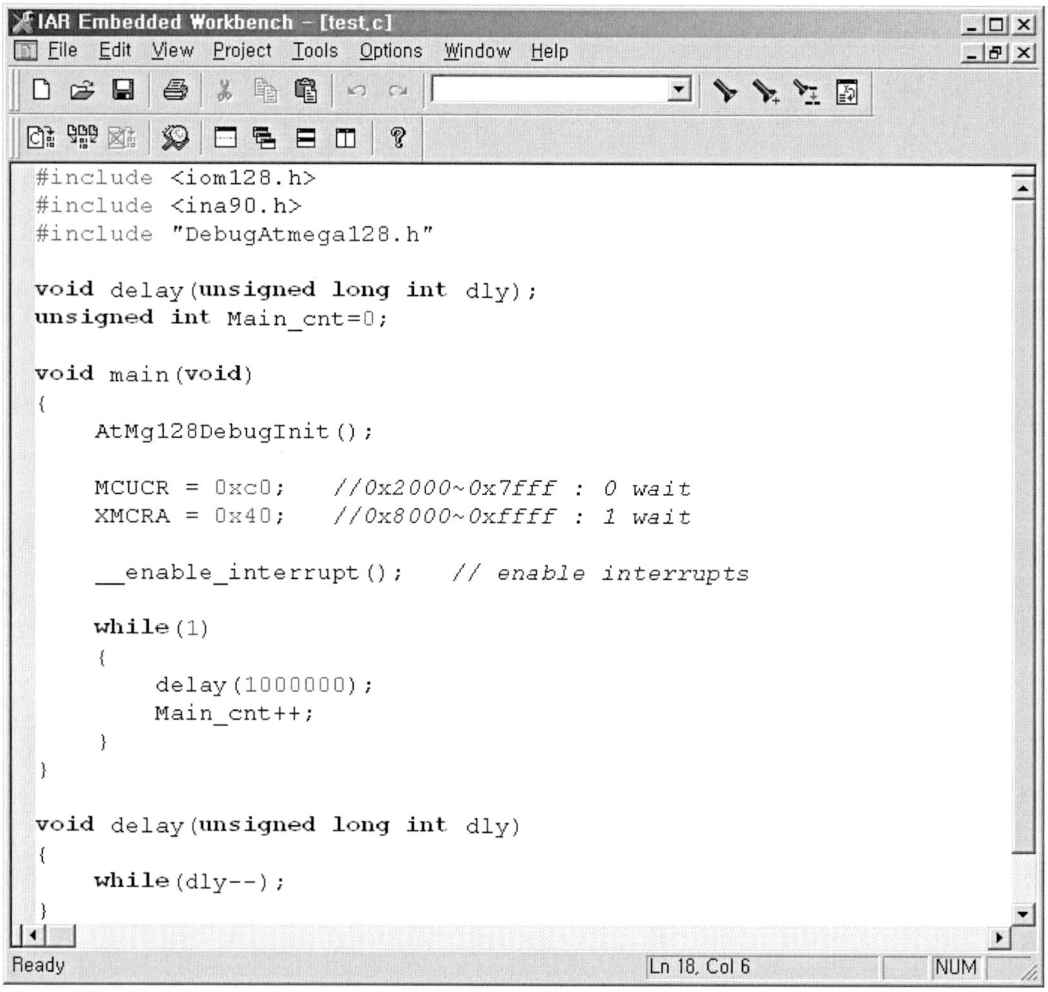

[그림 3.5] "test.c" source program 작성

다음으로 옵션을 설정해 주어야 하는데 메인 메뉴 [Project] → [Options...]을 클릭하면 [그림 3.6]과 같이 창이 나타난다.

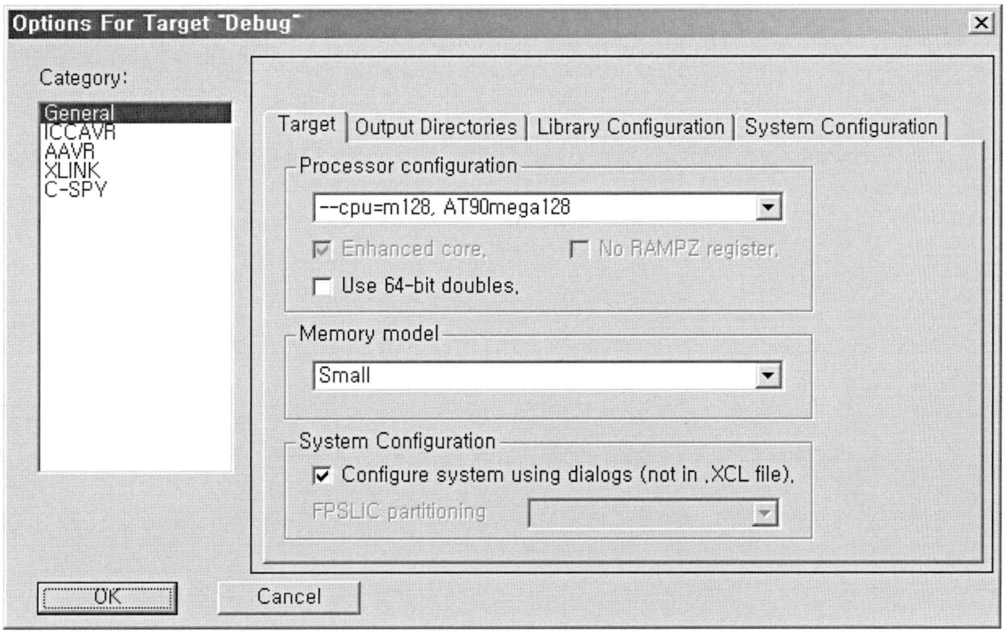

[그림 3.6] Target에 대한 Option 설정

[그림 3.6]의 Options For Target “Debug” 창을 보면, 좌측에 Category에 대한 옵션이 있으며, 다음과 같은 5종류의 서브메뉴로 구성되어 있다.

① General : AVR 디바이스 및 시스템 환경 설정

② ICCAVR : C 크로스 컴파일러의 옵션 설정

③ AAVR : 어셈블러의 옵션 설정

④ XLINK : 링커 & 로케이터 옵션 설정

⑤ C-SPY : C-SPY 시뮬레이션 옵션 설정

[그림 3.6]의 “Category:”에서 General을 선택하고 Target을 클릭하면 Processor를 설정할 수 있는 Processor configuration 메뉴가 있는데 우측의 스크롤를 사용하여 “--cpu=m128, AT90mega128” 찾아 선택한다.

다음으로 Memory model 칸에서 "Small"을 선택하고, Configure system using dialogs (not in .XCL file)을 선택한다.

또한 "Output Directories"를 클릭하여 다음 창으로 넘어간다.

"Output Directories"창에서 "Executables:", "Object files:", "List files:"칸을 [그림 3.7]과 같이 "Debug\EXE", "Debug\EXE", "Debug\EXE"의 경로를 설정한다.

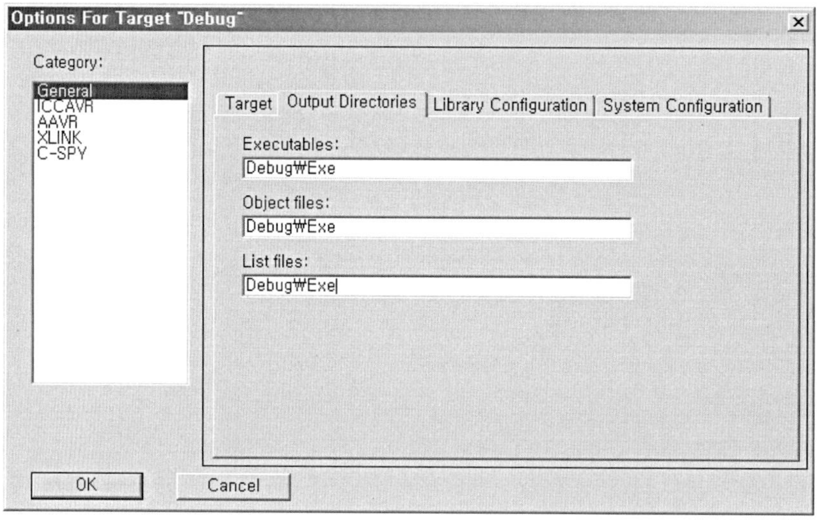

[그림 3.7] "Output Directories" 선택

그리고 Library Configuration을 클릭하여 다음 창으로 넘어간다.

Library Configuration을 클릭하면 [그림 3.8]과 같이 창이 나오는데 다음과 같이 설정한다.

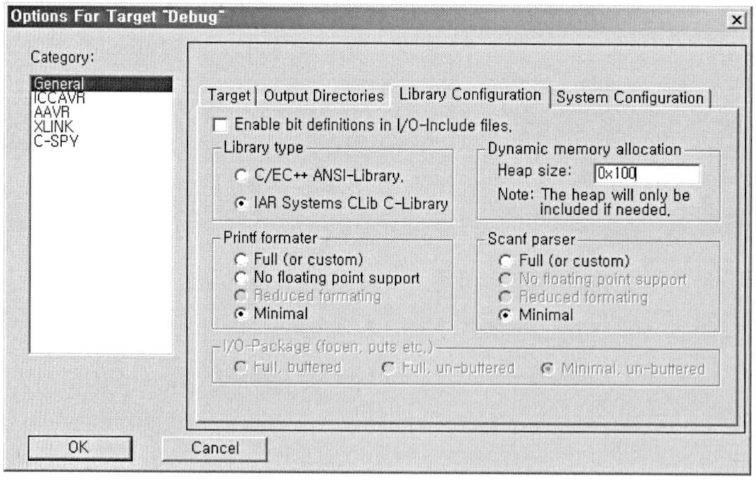

[그림 3.8] "Library Configuration" 선택

[그림 3.8]과 같이 설정한 후 “System Configuration”을 클릭한다.
“System Configuration”을 클릭하여 [그림 3.9]와 같이 설정하면 된다.

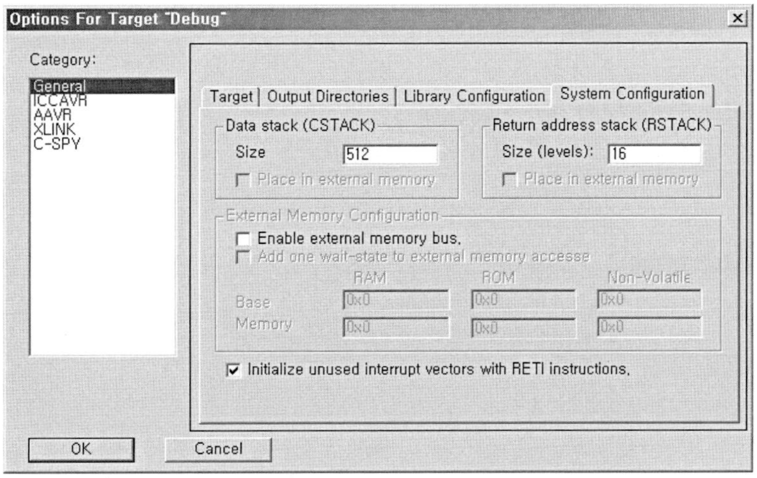

[그림 3.9] "System Configuration" 설정

다음 설정을 위해 Category:에서 ICCAVR과 AAVR은 그대로 두고 Category:에서 XLINK를 선택하고 "Output"환경을 [그림 3.10]과 같이 설정하고 List를 클릭한다.

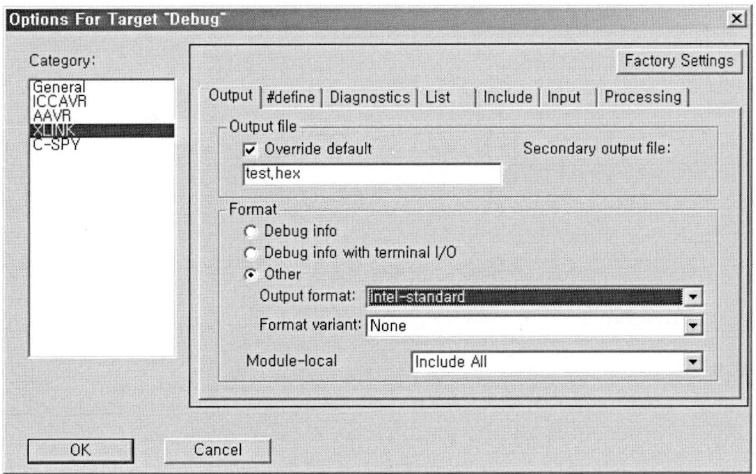

[그림 3.10] “XLINK의 Output option” 선택

[그림 3.10]에서 #define과 Diagnostics를 건너뛴다.

이제 디버깅 프로그램인 AMC EMUL을 이용하여 변수를 모니터링하기 위해 List 메뉴로 들어간다.

이때 [그림 3.11]과 같이 설정하여 map file을 만들도록 설정한다.

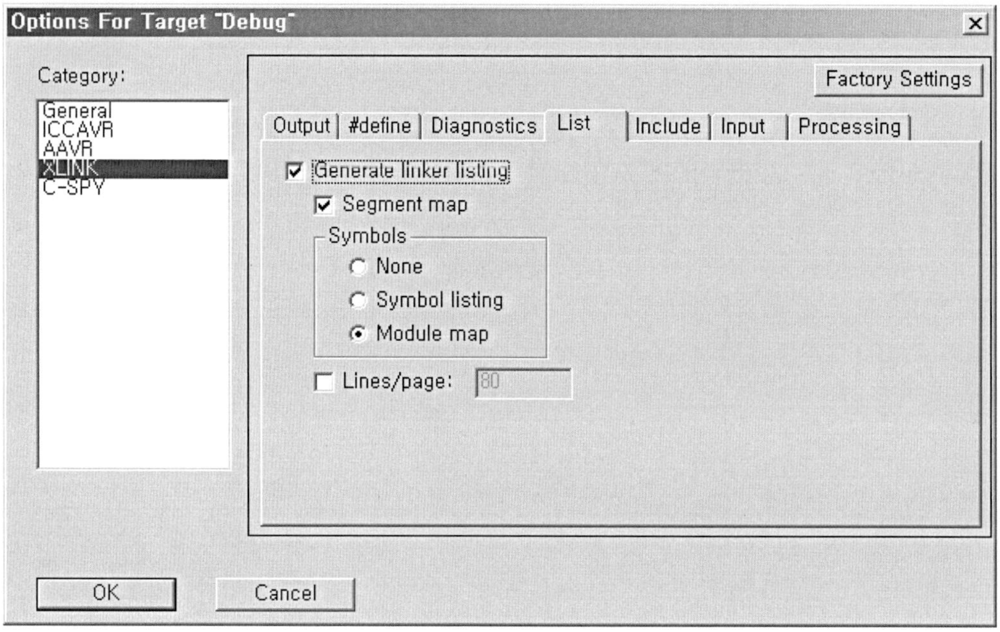

[그림 3.11] Module map file 작성

다음으로 Category:에서 C-SPY은 그대로 두고 OK 버튼을 클릭함으로써 프로젝트에 대한 옵션을 모두 선택하게 된다.

마지막으로 컴파일 하는 과정을 살펴보면 먼저 Project 파일이 저장되어 있는 폴더인 D:\ATMega128\제3장\C_Program\PGM3_1에 디버깅용 프로그램을 작성하여 "DebugAtmega128.h"로 저장한다. 본 프로그램은 프로그램 초보자나 마이크로프로세서 개발자 및 설계자를 위해 제공되는 프로그램이다.

디버깅 프로그램을 test.c 프로그램에서 호출하게 되며 사용자 프로그램을 다운로딩 하거나 작성된 변수들을 모니터링 하는 것으로써 사용자에게 편리성을 제공해준다.

```
//DebugAtmega128.h
#ifndef _DEBUG_ATMEGA128_H_
#define _DEBUG_ATMEGA128_H_

#define STX 0x02
#define ETX 0x03

unsigned char gAtEmulCmd;
unsigned int gAtEmulAddr;
unsigned char gAtEmulData[4];
char  gAtEmulDataPos;
unsigned char gAtEmulRwSize;
unsigned char gAtEmulChkSum;

void AtMg128DebugInit()
{
      UCSR0A = 0x00;

      UCSR0B = 0x00;
      UCSR0B |= 0x80; // B7:RX Interrupt Enable
      UCSR0B |= 0x40; // B7:TX Interrupt Enable
      UCSR0B |= 0x10; // B4:RX Enable
      UCSR0B |= 0x08; // B3:TX Enable

      UCSR0C = 0x00;
      UCSR0C |= 0x40; // B6:0:Async,1:Sync
      UCSR0C |= 0x06; // B2,1:11:8Bit

      gAtEmulCmd = 'Y';      // <-- Ready
      gAtEmulAddr = 0x0000; // Address
      gAtEmulRwSize = 1;     // 읽기 쓰기 Size
      gAtEmulChkSum = 0x00; //Checksum
      gAtEmulDataPos = 0;    // Tx Data Pos
}
```

```
//DebugAtmega128.h 계속
#pragma vector = USART0_RXC_vect
__interrupt void Usart0RxIsr()
{
   static int nERxPos = 0;
   unsigned char nRxDat;
   nRxDat = UDR0;
   switch(nERxPos)
   {
   case 0: gAtEmulChkSum = nRxDat; if(nRxDat != STX) nERxPos = 0; else nERxPos = 1;
           break;
   case 1: gAtEmulChkSum += nRxDat; gAtEmulCmd = nRxDat; nERxPos = 2; break;
   case 2: gAtEmulChkSum += nRxDat; gAtEmulAddr = nRxDat; nERxPos = 3; break;
   case 3: gAtEmulChkSum += nRxDat; gAtEmulAddr = (gAtEmulAddr<<8) | (nRxDat&0xFF);
           nERxPos = 4; break;
   case 4: gAtEmulChkSum += nRxDat; gAtEmulAddr = (gAtEmulAddr<<8) | (nRxDat&0xFF);
           nERxPos = 5; break;
   case 5: gAtEmulChkSum += nRxDat; gAtEmulRwSize = nRxDat; nERxPos = 6; break;
   case 6: gAtEmulChkSum += nRxDat; gAtEmulData[0] = nRxDat; nERxPos = 7; break;
   case 7: gAtEmulChkSum += nRxDat; gAtEmulData[1] = nRxDat; nERxPos = 8; break;
   case 8: gAtEmulChkSum += nRxDat; gAtEmulData[2] = nRxDat; nERxPos = 9; break;
   case 9: gAtEmulChkSum += nRxDat; gAtEmulData[3] = nRxDat; nERxPos = 10; break;
   case 10: gAtEmulChkSum += nRxDat;
           if(nRxDat != ETX) nERxPos = 0;
           else nERxPos = 11; break;
   case 11:
           if(gAtEmulChkSum == nRxDat)
           {
              switch(gAtEmulCmd)
              {
                  case 'R':
                  switch(gAtEmulRwSize)
                  {
                     default:
                          gAtEmulRwSize = 1;
                     case 1: gAtEmulData[0] = *(unsigned char *)(gAtEmulAddr);break;
                     case 2:
                          gAtEmulData[0] = *(unsigned char *)(gAtEmulAddr+1);
                          gAtEmulData[1] = *(unsigned char *)(gAtEmulAddr+0);
                          break;
                     case 4:
                          gAtEmulData[0] = *(unsigned char *)(gAtEmulAddr+3);
                          gAtEmulData[1] = *(unsigned char *)(gAtEmulAddr+2);
                          gAtEmulData[2] = *(unsigned char *)(gAtEmulAddr+1);
                          gAtEmulData[3] = *(unsigned char *)(gAtEmulAddr+0);
                          break;
                  }
```

```
  //DebugAtmega128.h 계속
                UDR0 = gAtEmulData[0];
                gAtEmulDataPos = 1;
                break;

        case 'W':
                switch(gAtEmulRwSize)
                {
                   default:
                         gAtEmulRwSize = 1;
                   case 1:
                         *(unsigned char *)(gAtEmulAddr) = gAtEmulData[3];
                         break;
                   case 2:
                         *(unsigned char *)(gAtEmulAddr+1) = gAtEmulData[2];
                         *(unsigned char *)(gAtEmulAddr) = gAtEmulData[3];
                         break;
                   case 4:
                         *(unsigned char *)(gAtEmulAddr+3) = gAtEmulData[0];
                         *(unsigned char *)(gAtEmulAddr+2) = gAtEmulData[1];
                         *(unsigned char *)(gAtEmulAddr+1) = gAtEmulData[2];
                         *(unsigned char *)(gAtEmulAddr) = gAtEmulData[3];
                         break;
                }
                break;
          }
     }
     nERxPos = 0;
     break;
   }
}

#pragma vector = USART0_TXC_vect
__interrupt void Usart0TxIsr()
{
        if(gAtEmulDataPos < gAtEmulRwSize) UDR0 = gAtEmulData[gAtEmulDataPos];

        gAtEmulDataPos++;
}
#endif
```

[그림 3.12] DebugAtmega128.h

[그림 3.12]와 같이 작성된 파일을 저장하고 메인 메뉴 [Project] → [Files...]을 클릭하여 [그림 3.13]과 같이 Files in Group에 test.c 파일을 추가한다.

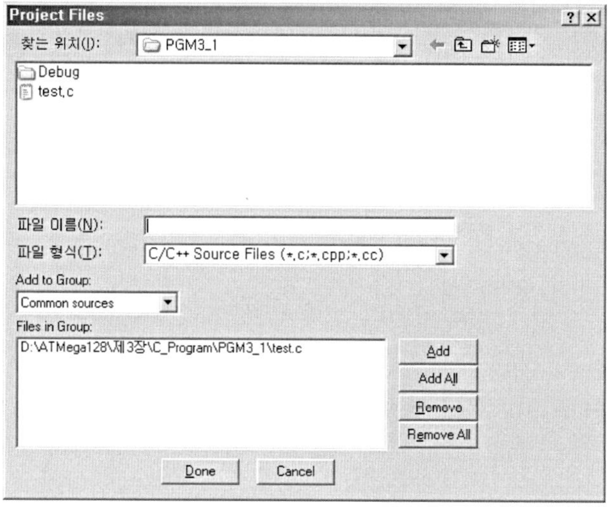

[그림 3.13] Project에 source file 추가

컴파일 하기 위해 메인 메뉴 [Project] → [Make]를 클릭하거나 F9키를 누르면 [그림 3.14]와 같이 Messages창과 프로젝트창에 헤더 파일이 포함된 것을 알 수 있으며 D:\ATMega128\제3장\C_Program\PGM3_1\Debug\Exe에 test.HEX파일이 만들어진다.

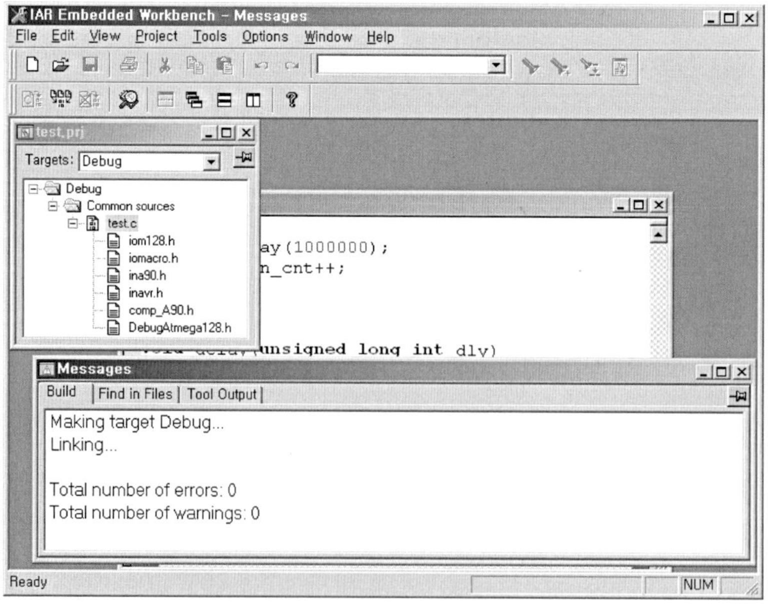

[그림 3.14] Project에 대한 Making 결과

3.2. ATmega128에 대한 메모리의 종류와 어드레스 맵

ATmega128에 대한 전반전인 메모리의 종류와 구조 및 전체 어드레스 맵에 대해 알아보도록 한다.

우선 ATmega128에 대한 전체 메모리 구조를 [그림 3.15]에 나타내었다.

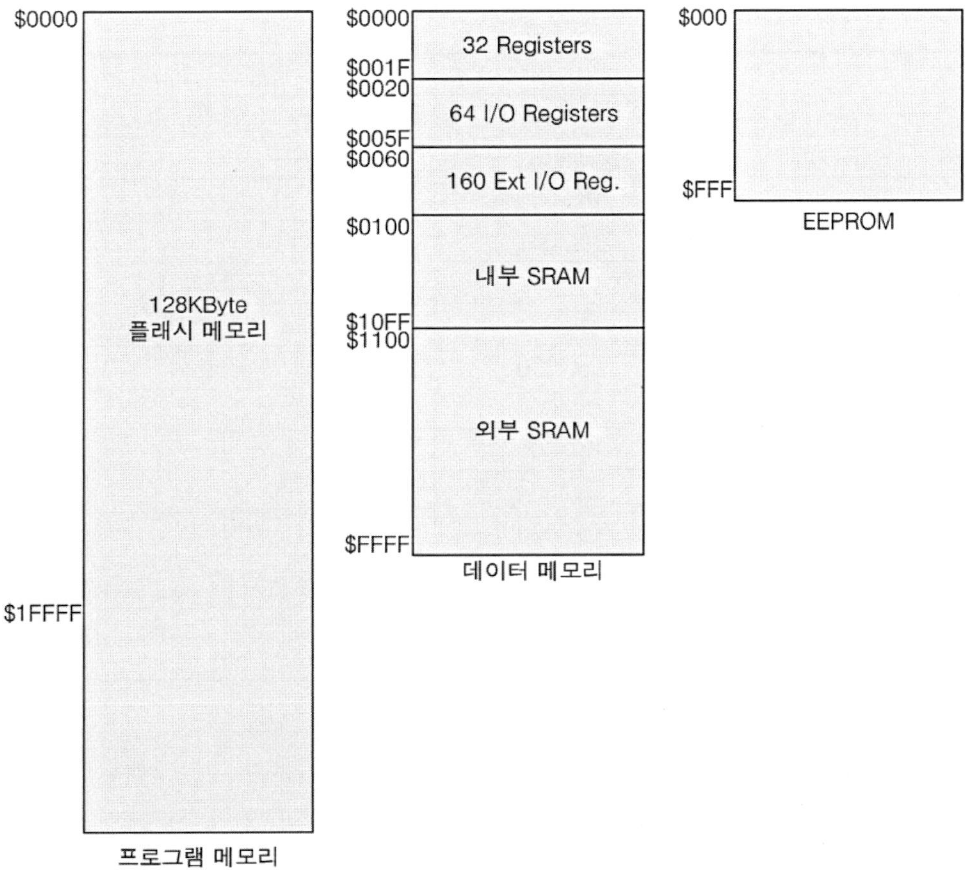

[그림 3.15] ATmega128의 전체 메모리 구조

[그림 3.15]와 같이 ATmega128의 메모리의 종류는 크게 128 Kbyte 용량을 갖는 불휘발성 프로그램 메모리와 4KByte의 용량을 갖는 휘발성 데이터 메모리와 불휘발성 메모리인 4KByte의 EEPROM으로 구성되어있다.

사용자가 작성한 프로그램은 프로그램 메모리에 저장되고 이는 128KByte 크기의 플래시 메모리로 되어있기 때문에 전원이 꺼져도 한번 저장된 사용자 프로그램은 10년간 프로그램이 지워지지 않고 그대로 보존된다. 데이터 메모리에는 내부 메모리와 외부 메모리로 구성되어 있다. 또한 ATmega128은 칩 내부에 4KByte의 EEPROM을 가지고 있으며 이는 데이터 메모리 영역과 분리되어 있다.

본 트레이닝키트에 사용된 전체 어드레스 맵은 [표 3.1]에 나타내었다.

[표 3.1] 트레이닝 키트의 전체 어드레스 맵

구분	Address 공간	비고	Wait
SW_CS	0x2001	Key 스위치	0
SEG_CS	0x2002	SEG 선택	0
DOT_CLK_CS	0x3000	DOT clock 선택	0
DOT_CS	0x3001	DOT 선택	0
RF_DOUT_CS	0x3002	RF Data out 선택	0
RF_DIN_CS	0x3003	RF Data in 선택	0
PWM_CS	0x4000	PWM Selection	0
ENC_CS	0x4002	Encoder chip 선택	0
DA_L_CS	0x4003	D/A Low data	0
DA_H_CS	0x4004	D/A High data	0
LCD_CONTROL	0x5000	LCD 제어용	0
LCD_DATA_CS	0x5001	LCD에 데이터 쓰기	0
미사용 영역	0x6000~0x7FFF	예약	0
LAN_CS	0x8000~0xFFFF	Ethernet Chip 선택	1

이제 지금까지 설명한 메모리에 읽고/쓰는 것을 알아보자. 외부 메모리를 사용할 때 ATmega128은 memory mapped I/O 방식을 사용하고 있어 외부 메모리를 사용할 수 있는 공간에 SRAM 뿐만 아니라 I/O 장치, LCD, ADC 및 DAC를 붙여 사용할 수 있다.

ATmega128의 외부 메모리 공간은 몇 개의 섹터로 나눌 수 있도록 구성되어 있어 각 섹터별로 4가지의 서로 다른 wait state를 지정할 수 있어 액세스 속도가 상이한 소자들을 붙여 사용하는데 유리하도록 구성되어 있다.

먼저 AMC Emulator프로그램을 설치 후 실행하면 [그림 3.16]과 같이 창이 뜬다.

[그림 3.16] AMC Emulator의 초기화면

AMC Emulator가 실행되면 메뉴에 있는 파일(E)을 선택한 후에 CPU선택 및 설정을 한다. [그림 3.17]은 AMC Emulator에서 CPU선택 및 설정 메뉴를 선택하는 것을 보여주고 있다.

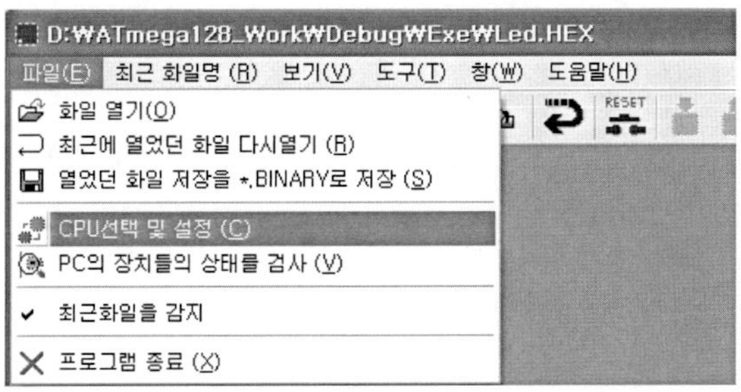

[그림 3.17] CPU 선택 및 설정 선택

[그림 3.17]과 같이 CPU선택 및 설정(C)을 실행하면 [그림 3.18]과 같이 여러 가지 CPU 및 DEVICE 설정 창이 나타난다.

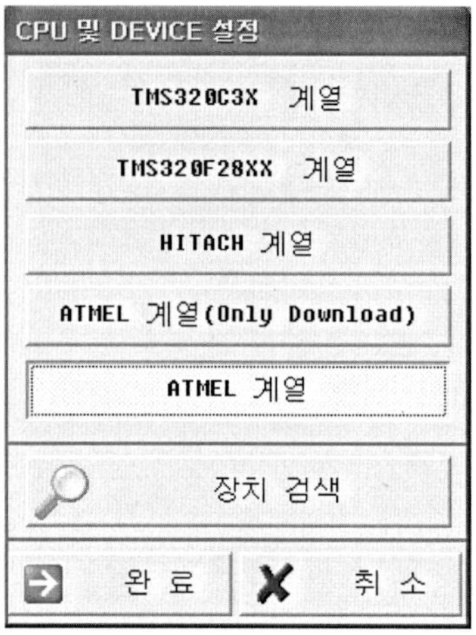

[그림 3.18] ATMEL 계열 선택

[그림 3.18]과 같이 ATMEL 계열을 선택하면 [그림 3.19]와 같은 창이 뜨는데 사용자가 사용하고 있는 프린터포트를 선택한다.

만약 사용하고 있는 프린터 포트가 LPT1이며 LPT1을 선택하고 CPU의 종류를 ATMEGA128을 선택하며 프로그램 다운로드 속도를 사용하고 있는 컴퓨터의 사양에 따라 Delay Time을 선택한다. [그림 3.19]와 같이 설정된 것을 확인 후 OK 버튼을 누르면 기본설정은 끝나게 된다.

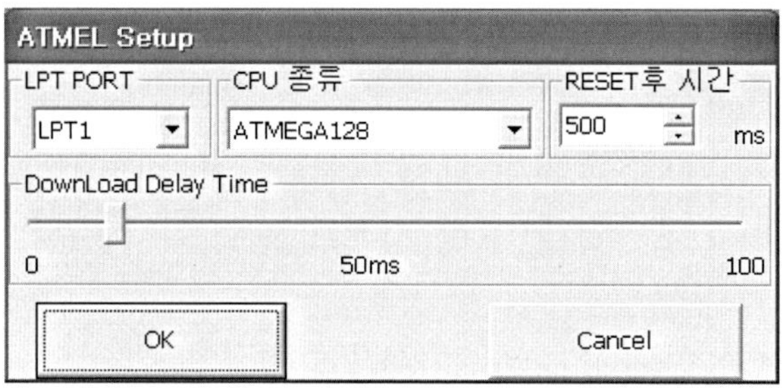

[그림 3.19] LPT 및 CPU 통신 설정

하드웨어 설정이 끝나면 원하는 실행 파일을 읽어서 다운로드 작업을 하면 된다. [그림 3.20]은 파일 열기 메뉴를 선택하는 것을 보여주고 있다.

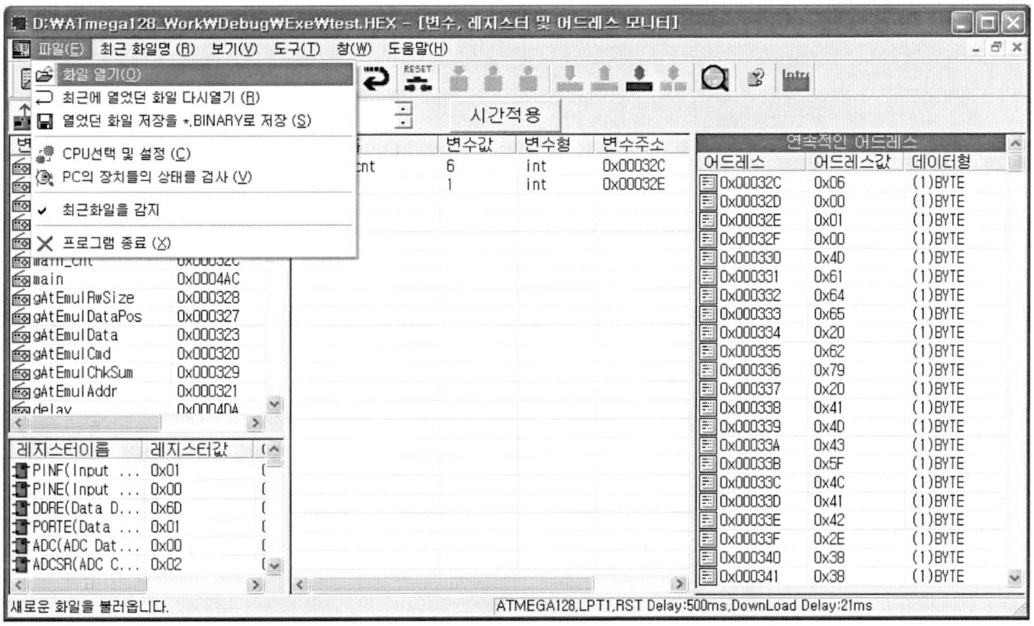

[그림 3.20] 실행 파일 불러오기 메뉴 선택

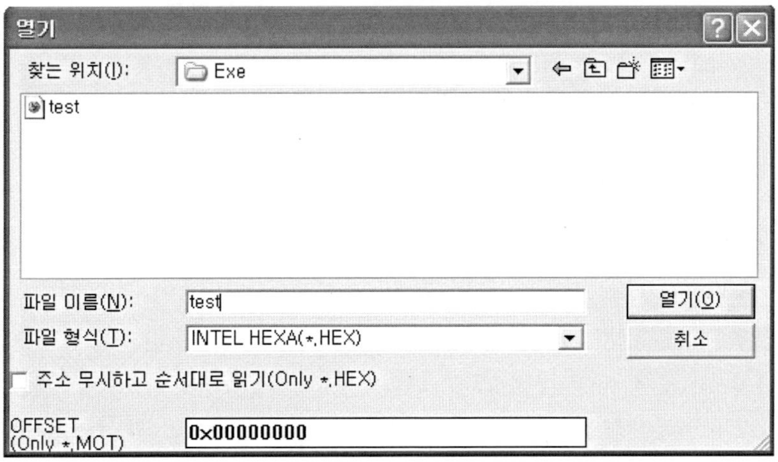

[그림 3.21] 실행 파일 불러오기 메뉴 선택

[그림 3.21]에서 실행파일을 불러올 때 주의할 점은 소프트웨어를 설계하고 있는 폴더의 위치를 잘 알고 있어야만 오류 없이 프로그램을 읽을 수 있다. 또한 컴파일과 링커를 거친 최종적인 파일이 *.hex임을 주의해야 한다.

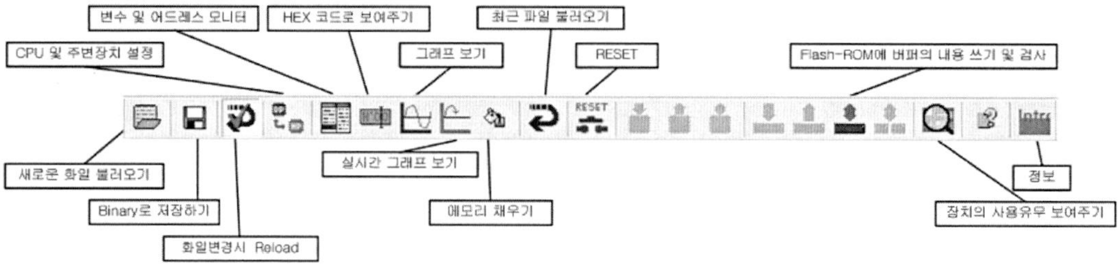

[그림 3.22] AMC Emulator의 툴바 구성

[그림 3.22]는 AMC Emulator의 툴바 구성을 나타내고 있다. [그림 3.22]를 통해서 다운로드 할 파일(HEX)이 선택되면 [그림 3.22]의 툴바에서 "**FLASH-ROM에 버퍼의 내용 쓰기 및 검사**"를 선택하면 다운로드가 시작된다.

[그림 3.23] 플래시 ROM 프로그램 다운로드 창

툴바에서 "변수 및 어드레스 모니터"를 실행하면 [그림 3.24]와 같이 변수, 레지스터, 메모리를 모니터 할 수 있는 창이 나타나고 새로 뜬 창에 있는 "변수, 어드레스 모니터"와 바로 옆에 있는 "어드레스 보여주기" 툴바를 누르면 실시간으로 변수와 레지스터, 메모리의 값을 모니터링 할 수 있으며 "데이터 읽기 주기"에 설정된 시간에 따라 ATmega128 보드로 부터 해당 데이터 값을 읽어 들인다.

프로그램에 있는 모든 Global 변수는 좌측상단 창에 리스트형식으로 나타나며 [그림 3.24]와 같이 원하는 변수명을 더블 클릭 하면 해당 변수의 값을 변경 할 수 있다. 또한 마우스로 변수를 선택하여 왼쪽 마우스로 누른 상태에서 오른쪽으로 이동하면 실시간 변수 모니터링이 가능하다.

이때 각각의 변수에 대한 크기와 변수의 형태 등을 볼 수 있다. [그림 3.24]에서 좌상단의 창은 사용자 프로그램에 있는 모든 전역변수를 보여주고 있고 좌측 하단은 CPU 내부에 있는 레지스터의 내용을 보여준다. 그리고 중앙의 화면은 글로벌 변수를 모니터링하기 위하여 등록된 창이며 우측 상단은 연속적인 어드레스의 값을 보여주고 우측 하단은 불연속 어드레스의 내용을 모니터링하고 있음을 보여준다.

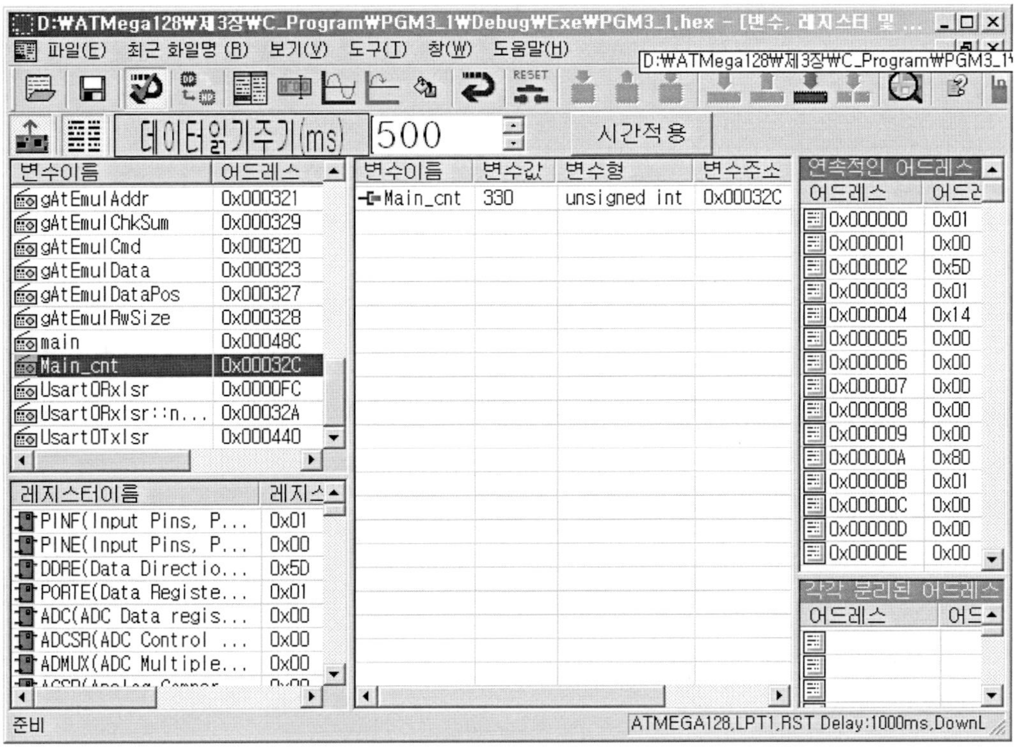

[그림 3.24] 실시간 변수 모니터링

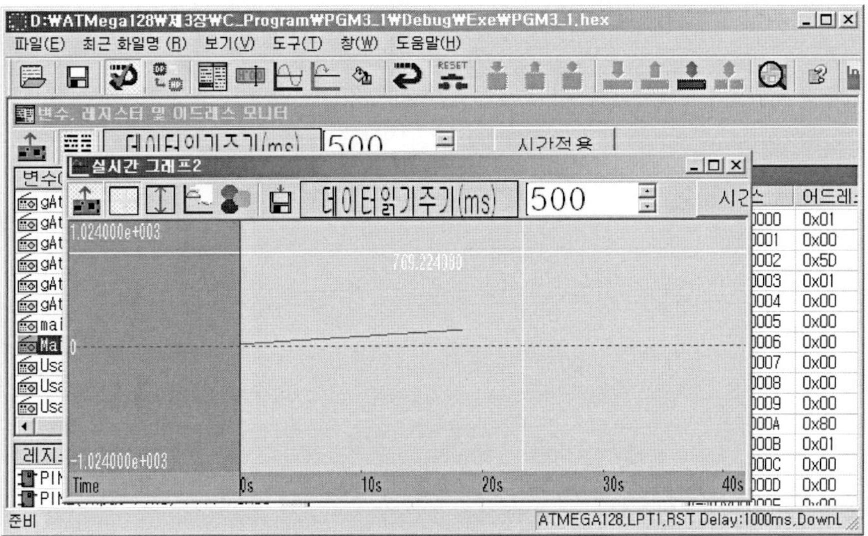

[그림 3.25] 실시간 그래프 모니터링

3.3 EEPROM의 데이터 읽기와 쓰기

ATmega128에는 비휘발성 데이터 메모리인 EEPROM이 4KByte가 내장되어 있으며, 여기에는 100,000번까지 반복적으로 데이터를 저장할 수 있다는 것과 정전이 되더라도 EEPROM에 저장된 데이터가 손실되지 않고 그대로 유지되어있기 때문에 설계자에게 편리성을 제공해준다.

다음 예제 PGM3_2.C는 EEPROM에 데이터를 읽고/쓰기 동작을 위한 소스이다.

```
//PGM3_2.C
#include <iom128.h>
#include <ina90.h>
#include "DebugAtmega128.h"

typedef unsigned char byte;
typedef unsigned int word;

int main_cnt=0;
byte EEPROM_wr=0, EEPROM_rd=0, Read_data[256], EEPROM_clr=0;

void EEPROM_write(unsigned int uiAddres, unsigned char ucData);
byte EEPROM_read(unsigned int uiAddres);

void main(void)
{
        int i;
        AtMg128DebugInit();
        MCUCR = 0xc0;           //0x2000~0x7fff : 0 wait
        XMCRA = 0x40;           //0x8000~0xffff : 1 wait
        __enable_interrupt();   // enable interrupts
```

```
//PGM3_2.C 계속
        while(1)
        {
                if(EEPROM_wr)
                {
                        EEPROM_wr = 0;
                        for(i=0; i<256; i++)
                                EEPROM_write(i, i & 0xFF);
                }
                if(EEPROM_rd)
                {
                        EEPROM_rd = 0;
                        for(i=0; i<256; i++)
                                Read_data[i]=EEPROM_read(i);
                }
                if(EEPROM_clr)
                {
                        EEPROM_clr = 0;
                        for(i=0;i<256;i++)
                        EEPROM_write(i, 0);
                }
                main_cnt++;
        }
}
```

```
//PGM3_2.C 계속
void EEPROM_write(unsigned int uiAddres, unsigned char ucData)
{
        while(EECR & 0x02);    //EEPROM이 write 중인가?
                               //write 중이면 1이고 write 완료시 0
        EEAR=uiAddres;         //총 12비트(4 Kbyte)
        EEDR=ucData;           //write할 데이터(8bit)
        EECR |= 0x04;         //Master write enable
        EECR |= 0x02;         //Write enable
}

byte EEPROM_read(unsigned int uiAddres)
{
        while(EECR & 0x02);    //EEPROM이 write 중인가?
                               //write 중이면 1이고 write 완료시 0
        EEAR=uiAddres;
        EECR |= 0x01;          //Read enable
        return(EEDR);          //EEPROM의 데이터를 읽어 return한다.
}
```

위의 소스를 EEPROM에 읽고 쓰기 위해서는 앞에서 설명한 IAR EWAVR C 크로스 컴파일러(IAR EWAVR)를 이용하여 PGM3_2.HEX 파일을 만들어서 AMC Emulator프로그램을 이용하여 HEX파일을 열고 다운로드하면 [그림 3.26]과 같은 창을 볼 수 있다.

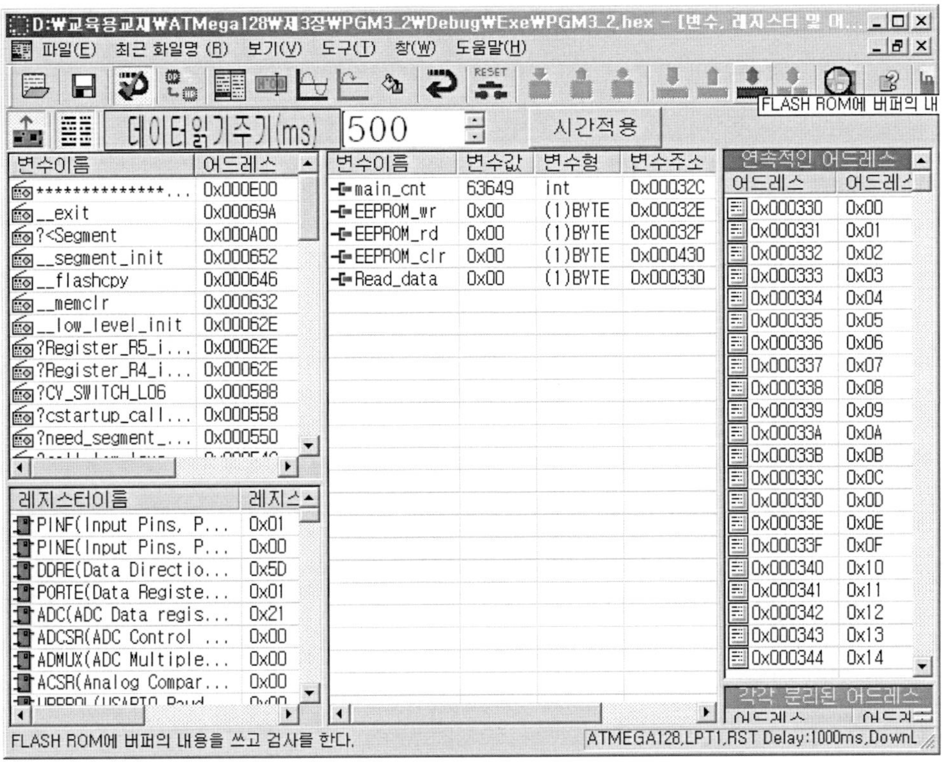

[그림 3.26] 실시간 변수 모니터링

[그림 3.26]에서 EEPROM에 쓰기 위해서 먼저 'EEPROM_wr' 변수를 더블클릭하면 [그림 3.27]과 같이 변환값에 1을 입력하고 확인을 누르면 EEPROM에 데이터가 써진다.

[그림 3.27] EEPROM에 쓰기

계속해서 유사한 방식으로 EEPROM의 데이터를 읽기 위해 [그림 3.28]과 같이 'EEPROM_rd' 변환값에 1을 입력하고 확인을 누르면 EEPROM에 입력된 값을 읽을 수 있다.

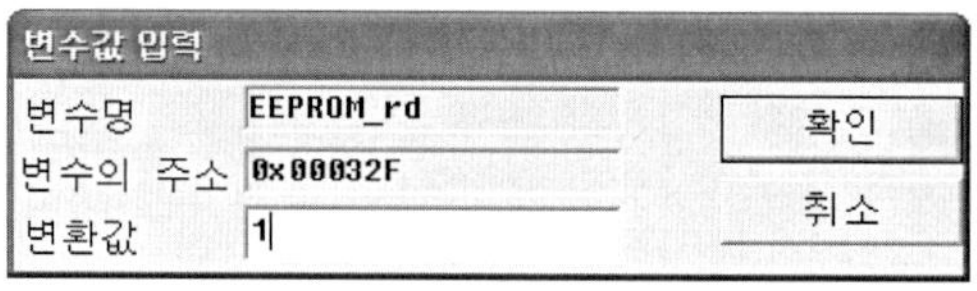

[그림 3.28] EEPROM에 읽기

그리고 [그림 3.26]과 같이 'Read_data'변수의 주소값 (0x000330)으로 이동하여 연속적인 어드레스 값을 확인하면 [그림 3.26]에서 보는 것과 같이 어드레스가 증가되면서 1씩 써진 것을 확인할 수 있다.

또한, [그림 3.29]와 같이 EEPROM_clr 변수값에 1을 입력하고 확인을 누르면 EEPROM의 써진 데이터가 0값으로 변한다. EEPROM의 특성상 쓴 데이터는 전원을 꺼도 계속 쓰여 있기 때문에 EEPROM의 내용을 0으로 초기화하기 위해 EEPROM_clr를 이용하여 지울 수 있다.

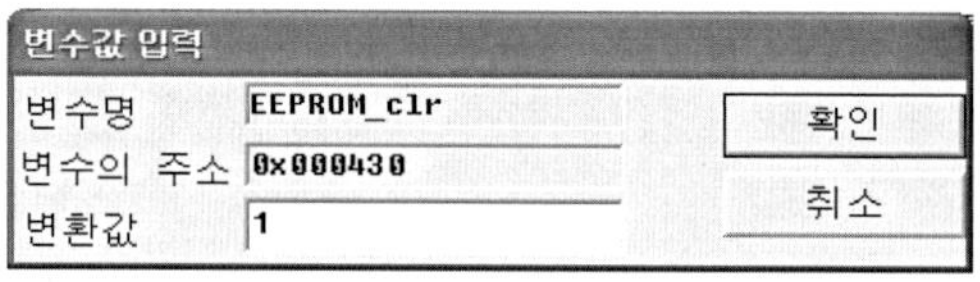

[그림 3.29] EEPROM에 쓰여진 데이터 지우기

EEPROM을 읽기 위해 [그림 3.30]과 같이 EEPROM_rd에 1을 쓰면 현재 EEPROM에 쓰여진 값을 읽게 된다.

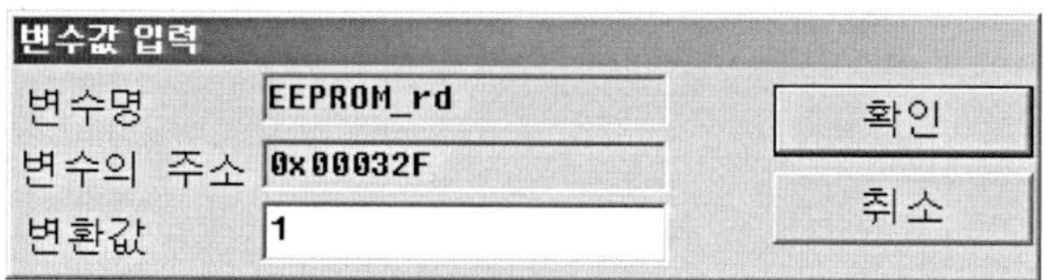

[그림 3.30] EEPROM에 써진 데이터 읽기

이제 EEPROM의 상태를 읽어본 값은 [그림 3.31]에 표시된 것과 같이 모든 데이터가 0으로 지워져 있음을 알 수 있다.

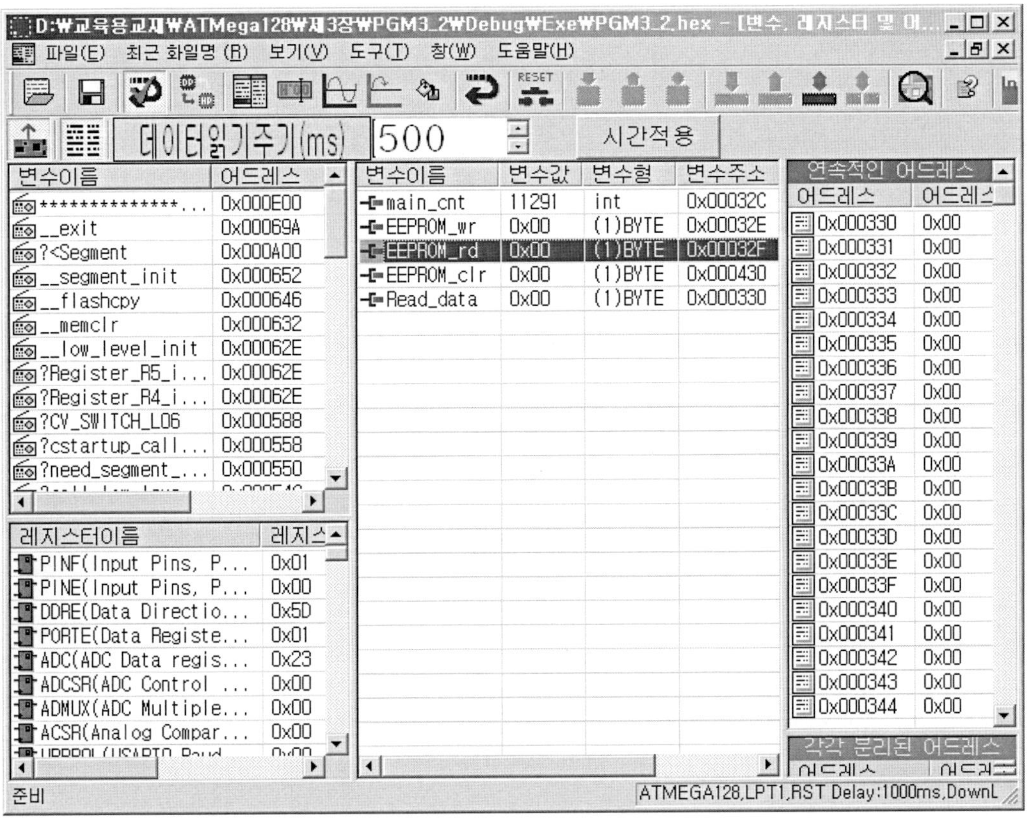

[그림 3.31] EEPROM에 0으로 write한 값을 읽은 결과

과제 3-1

delay(100000) 함수를 사용하여 시간 지연을 하고 M_cnt 정수형 변수가 0~1000까지 반복하여 증가하는 프로그램을 작성한 후 모니터링 하시오.

과제 3-2

delay(500000) 함수를 사용하여 시간 지연을 하고 Up_down_cnt 정수형 변수가 -1000~1000까지 반복하는 프로그램을 작성한 후 모니터링 하시오.

Hint :
Up_down_cnt가 -1000 → -999 ..... -1 → 0 → 1 → 2 ..... 999 → 1000 → 999 → 998 → ..... 1 → 0 → -1 → -2 ....-999 → -1000 → ....

과제 3-3

EEPROM의 임의의 번지에 임의의 데이터를 쓰고 쓴 값을 읽어 정상적으로 write 되었는지 확인하는 프로그램을 작성한 후 모니터링 하시오.

Hint :

```
unsigned int EEPROM_address=0x123;
unsigned char EEPROM_wr_data=0x5A;
unsigned char EEPROM_rd_data;
unsigned char EEPROM_wr_en=0;
unsigned char EEPROM_rd_en=0;
```

제 4 장 입출력 포트와 인터럽트

4.1 범용 입출력 포트(I/O PORT)의 기본구조

ATmega128은 모두 6개의 8비트 양방향 병렬 I/O 포트(PORTA~PORTF)와 1개의 5비트 양방향 병렬 I/O 포트(PORTG)를 가지고 있다.

ATmega128의 I/O 포트는 기본적으로 [그림 4.1]과 같이 등가회로로 나타낼 수 있으며, 일반적인 디지털 I/O는 [그림 4.2]와 같이 되어 있다.

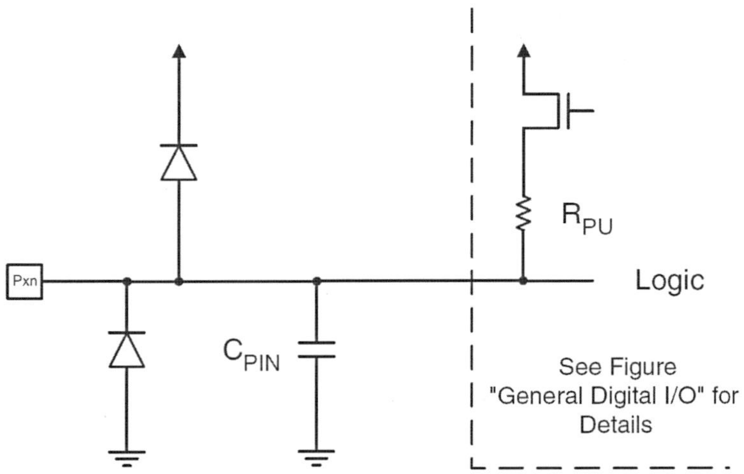

[그림 4.1] I/O 핀 등가 회로

각 I/O 핀에는 [그림 4.1]과 같이 보호용 다이오드가 붙어있으며, 내부 풀업저항의 사용 여부를 선택적으로 설정할 수 있다. 이 풀업저항 R_{PU}의 저항 값은 20[KΩ]~50[KΩ] 정도이다.

이제부터 모든 병렬 I/O 포트를 나타내는 레지스터에서 x는 포트 A~G를 나타내며, n은 각 포트의 비트 번호 0~7을 나타낸다. 즉, PORTx는 PORTA~PORTG를 나타내며, PORTB3이라고 하면 PORTB의 3번 비트를 가리킨다.

각 포트에는 3개의 I/O 레지스터 영역을 가지고 있는데, 입출력의 방향을 설정하는

DDRx 레지스터(Data Direction Register), 데이터 출력에 해당하는 PORTx 레지스터(Data Register), 포트 입력 핀에 해당하는 PINx 레지스터(Port Input Pins Register)등이 그것이다. DDRx와 PORTx는 읽고 쓰는 것이 가능하지만, PINx는 읽는 것만 가능하다.

병렬 I/O 포트의 각 핀들이 범용 I/O 핀으로 동작할 때의 기본적인 하드웨어 구조는 [그림 4.2]와 같다. 여기서 DDRxn은 방향설정 레지스터 DDRx의 각 비트로서 이것을 1로 주면 이 핀은 출력핀으로 설정되고, 0으로 주면 입력핀으로 설정된다.

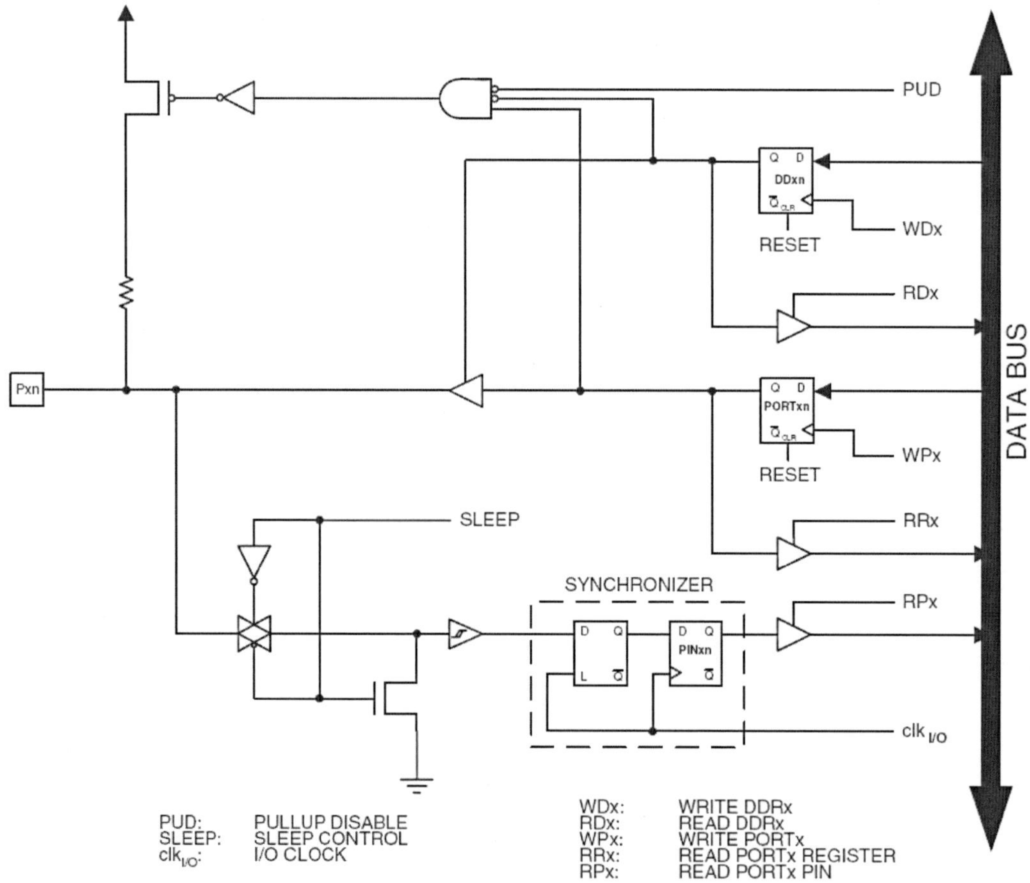

[그림 4.2] 디지털 I/O 포트

I/O포트를 제어하기 위해서 ATmega128은 두 종류의 레지스터와 하나의 핀 주소(pin address)를 준비하고 있다. 두 레지스터 중 하나는 포트의 데이터 방향을 결정하는 데이터 방향 레지스터 DDR(DDRA, DDRB, DDRC, DDRD, DDRE, DDRF, DDRG)이고, 다른 하나는 출력으로 설정된 포트라인에 데이터를 출력하는 데이터 출력 레지스터 PORT(PORTA, PORTB, PORTC, PORTD, PORTE, PORTF, PORTG)이다. 그리고 핀 주소는 입력으로 설정된 포트 핀의 High/Low 상태를 읽어 들이는 PIN(pinA, pinB, pinC, pinD, pinE, pinF, pinG)이다. 이들 레지스터 및 핀 주소는 [표 4.1]과 같이 I/O레지스터에 속하는데, DDR 레지스터는 I/O포트의 DDR 래치에 직접 매핑되어 있고, PORT 레지스터는 PORT 래치에 직접 매핑 되어 있다. 그리고 PIN은 I/O레지스터에 속하지만 그 자신이 레지스터는 아니고 물리적인 포트 입력 핀에 접근하는 주소일 뿐이다.

[표 4.1] 포트 관련 레지스터

레지스터	기 능	리셋 시의 값
DDR	포트의 데이터 방향을 결정한다. 1: 출력 0: 입력	0000 0000
PORT	DDR에 의해서 출력으로 설정되어 있는 경우에 출력을 하면 이것은 포트의 PORT 래치에 기록된다.	0000 0000
PIN	DDR에 의해서 입력으로 설정되어 있는 경우에 포트 I/O핀의 High/Low 상태를 읽어 들인다.	모두 High 임피던스

-DDR 레지스터

ATmega128에는 7개의 I/O포트가 내장되어 있는데, 이들 포트 중 포트 A~F에는 8개의 I/O핀이 있고, 포트 G에는 5개의 I/O핀이 있다. 그런데 이들 I/O핀들은 비트별로 입력으로 사용될 수도 있고, 출력으로 사용될 수도 있다.

DDR은 Data Direction Register라는 뜻으로, 이것은 I/O포트의 입출력을 비트별로 결정 한다.

DDR 레지스터의 특정 비트를 “0”으로 하면 해당 DDR 래치가 0으로 되어 Tri-state 버퍼가 High impedance로 되므로, PORT 래치의 출력은 나가지 못하므로 출력은 되지 않고 대신 아래쪽 버퍼를 통하여 입력을 할 수 있게 된다. 한편 DDR의 특정 비트를 “1”로 하면 해당 DDR 래치가 1로 되어 Tri-state 버퍼가 High impedance에서 풀리므로 래치의 출력은 포트 핀에 출력된다.

-PORT 레지스터

PORT 레지스터는 출력으로 설정된 포트라인에 디지털 데이터를 비트별로 출력하는데 사용된다. PORT 레지스터는 그 포트라인이 출력으로 설정되어 있는 경우 디지털 데이터를 출력 하는데 사용될 뿐, 입력에는 관여하지 못한다.

PORTD, DDRD, PIND 레지스터의 구성은 각각 아래 [그림 4.3]과 같다.

Bit	7	6	5	4	3	2	1	0	
	PORTD7	PORTD6	PORTD5	PORTD4	PORTD3	PORTD2	PORTD1	PORTD0	PORTD
Read/Write	R/W	R/W	R/W	R/W	R/W	R/W	R/W	R/W	
Initial Value	0	0	0	0	0	0	0	0	

Bit	7	6	5	4	3	2	1	0	
	DDD7	DDD6	DDD5	DDD4	DDD3	DDD2	DDD1	DDD0	DDRD
Read/Write	R/W	R/W	R/W	R/W	R/W	R/W	R/W	R/W	
Initial Value	0	0	0	0	0	0	0	0	

Bit	7	6	5	4	3	2	1	0	
	PIND7	PIND6	PIND5	PIND4	PIND3	PIND2	PIND1	PIND0	PIND
Read/Write	R	R	R	R	R	R	R	R	
Initial Value	N/A	N/A	N/A	N/A	N/A	N/A	N/A	N/A	

[그림 4.3] PORTD, DDRD, PIND 레지스터의 구성

(1) 포트A

포트A는 범용 I/O 포트 이외에 외부 메모리를 인터페이스하기 위하여 시분할 다중화된 데이터 버스 및 어드레스 버스의 하위 바이트로 동작한다. 이러한 시분할 다중화된 버스로부터 어드레스 버스를 분리하기 위해서는 ALE(Address Latch Enable) 신호를 사용한다. 포트A의 부수적인 기능을 요약하면 [표 4.2]와 같다.

[표 4.2] 포트A의 부수적인 기능

병렬 포트 핀	부수적인 기능
PA7	AD7(외부 메모리 인터페이스용 어드레스 A7과 D7)
PA6	AD6(외부 메모리 인터페이스용 어드레스 A6과 D6)
PA5	AD5(외부 메모리 인터페이스용 어드레스 A5과 D5)
PA4	AD4(외부 메모리 인터페이스용 어드레스 A4과 D4)
PA3	AD3(외부 메모리 인터페이스용 어드레스 A3과 D3)
PA2	AD2(외부 메모리 인터페이스용 어드레스 A2과 D2)
PA1	AD1(외부 메모리 인터페이스용 어드레스 A1과 D1)
PA0	AD0(외부 메모리 인터페이스용 어드레스 A0과 D0)

(2) 포트B

포트B는 범용 I/O 포트 이외에 타이머/카운터나 SPI 기능을 위한 신호들로 동작한다. 포트B의 부수적인 기능을 요약하면 [표 4.3]과 같다.

[표 4.3] 포트B의 부수적인 기능

병렬 포트 핀	부수적인 기능
PB7	OC2(Output Compare and PWM Output for Timer/Counter2) OC1C(Output Compare and PWM Output C for Timer/Counter1)
PB6	OC1B(Output Compare and PWM Output B for Timer/Counter1)
PB5	OC1A(Output Compare and PWM Output A for Timer/Counter1)
PB4	OC0(Output Compare and PWM Output for Timer/Counter0)
PB3	MISO(SPI Bus Master Input/Slave Output)
PB2	MOSI(SPI Bus Master Output/Slave Input)
PB1	SCK(SPI Bus Serial Clock)
PB0	SS(SPI Slave Select Input)

(3) 포트C

포트C는 범용 I/O 포트 이외에 외부 메모리를 인터페이스하기 위한 어드레스 버스의 상위 바이트로 동작한다. 이를 요약하면 [표 4.4]와 같다.

[표 4.4] 포트C의 부수적인 기능

병렬 포트 핀	부수적인 기능
PC7	A15(외부 메모리 인터페이스용 어드레스 A15)
PC6	A14(외부 메모리 인터페이스용 어드레스 A14)
PC5	A13외부 메모리 인터페이스용 어드레스 A13)
PC4	A12(외부 메모리 인터페이스용 어드레스 A12)
PC3	A11(외부 메모리 인터페이스용 어드레스 A11)
PC2	A10(외부 메모리 인터페이스용 어드레스 A10)
PC1	A9(외부 메모리 인터페이스용 어드레스 A9)
PC0	A8(외부 메모리 인터페이스용 어드레스 A8)

(4) 포트D

포트D는 범용 I/O 포트 이외에 타이머/카운터나 외부 인터럽트 또는 USART1, TWI 직렬통신 포트 기능을 위한 신호들로 동작한다. 포트D의 부수적인 기능을 요약하면 [표 4.5]와 같다.

[표 4.5] 포트D의 부수적인 기능

병렬 포트 핀	부수적인 기능
PD7	T2(Timer/Counter2 Clock Input)
PD6	T1(Timer/Counter1 Clock Input)
PD5	XCK1(USART1 External Clock Input/Output)
PD4	ICP1(Timer/Counter1 Input Capture Pin)
PD3	INT3(External Interrupt 3 Input) TXD1(USART1 Transmit Data)
PD2	INT2(External Interrupt 2 Input) RXD1(USART1 Receive Data)
PD1	INT1(External Interrupt 1 Input) SDA(TWI Serial Data)
PD0	INT0(External Interrupt 0 Input) SCL(TWI Serial Clock)

(5) 포트E

포트E는 범용 I/O 포트 이외에 타이머/카운터나 외부 인터럽트 또는 USART0 직렬 통신 포트, 아날로그 비교기, ISP 기능을 위한 신호들로 동작한다. 포트E의 부수적인 기능을 요약하면 [표 4.6]과 같다.

[표 4.6] 포트E의 부수적인 기능

병렬 포트 핀	부수적인 기능
PE7	INT7(External Interrupt 7 Input) IDP3(Timer/Counter3 Input Capture Pin)
PE6	INT6(External Interrupt 6 Input) T3(Timer/Counter3 Clock Input)
PE5	INT5(External Interrupt 5 Input) OC3C(Output Compare and PWM Output C for Timer/Counter3)
PE4	INT4(External Interrupt 4 Input) OC3B(Output Compare and PWM Output B for Timer/Counter3)
PE3	AIN1(Analog Comparator Negative Input) OC3A(Output Compare and PWM Output A for Timer/Counter3)
PE2	AIN0(Analog Comparator Positive Input) ACK0(USART0 External Clock Input/Output)
PE1	PD0(Programming Data Output) TXD0(USART0 Transmit Data)
PE0	PDI(Programming Data Input) RXD0(USART0 Receive Data)

(6) 포트F

포트F는 범용 I/O 포트 이외에 A/D 컨버터나 JTAG 인터페이스 기능을 위한 신호들로 동작한다. 포트F의 부수적인 기능을 요약하면 [표 4.7]과 같다.

[표 4.7] 포트F의 부수적인 기능

병렬 포트 핀	부수적인 기능
PF7	ADC7(ADC Input Channel 7) TDI(JTAG Test Data Input)
PF6	ADC6(ADC Input Channel 6) TDO(JTAG Test Data Output)
PF5	ADC5(ADC Input Channel 5) TMS(JTAG Test Mode Select)
PF4	ADC4(ADC Input Channel 4) TCK(JTAG Test Clock)
PF3	ADC3(ADC Input Channel 3)
PF2	ADC2(ADC Input Channel 2)
PF1	ADC1(ADC Input Channel 1)
PF0	ADC0(ADC Input Channel 0)

(7) 포트G

포트G는 8비트가 아니라 PG4~PG0의 5비트만 유효하다. 포트G는 범용 I/O 포트이외에 외부 메모리 인터페이스나 타이머/카운터 기능을 위한 신호들로 동작한다. 포트G의 부수적인 기능을 요약하면 [표 4.8]과 같다.

[표 4.8] 포트G의 부수적인 기능

병렬 포트 핀	부수적인 기능
PG4	TOSC1(RTC Oscillator Input for Timer/Counter0)
PG3	TOSC2(RTC Oscillator Output for Timer/Counter0)
PG2	ALE(Address Latch Enable to External Memory)
PG1	RD(Read Strobe to External Memory)
PG0	WR(Write Strobe to External Memory)

실험 4-1

다음 예제는 I/O 포트제어의 예로써 전체 LED 8개가 임의의 시간마다 ON/OFF를 반복하는 프로그램을 작성하여 실험하였다.

```
#include <iom128.h>
#include <ina90.h>
#include "DebugAtmega128.h"

void led_display(unsigned char led_data);

typedef unsigned char byte;
byte Led = 0x00;
unsigned long int Delay_cnt=0, Speed=100000;

void main(void)
{
    AtMg128DebugInit();
    MCUCR=0xc0;              // 0~7FFF : 0 wait
    XMCRA=0x40;              // 8000~FFFF : 1 wait

    PORTB=0x78;
    PORTD=0xf0;
    DDRB=0xff;
    DDRD=0xff;

    __enable_interrupt();    // enable interrupts

    while(1)
    {
        if(++Delay_cnt >= Speed)
        {
            Delay_cnt=0;
            Led = ~Led;
            led_display(Led);
        }
    }
}
```

```
void led_display(unsigned char led_data)
{
    byte temp;
    led_data = ~led_data;
    temp = PORTB & 0x87;
    temp |= (led_data & 0x0f) <<3;
    PORTB = temp;

    temp = PORTD & 0x0f;
    temp |= (led_data & 0xf0);
    PORTD = temp;
}
```

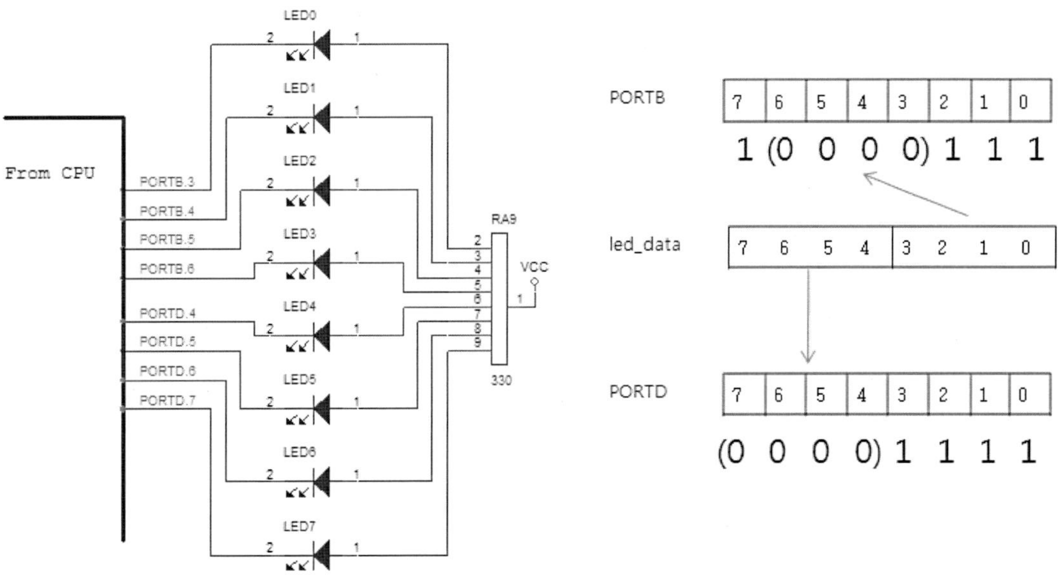

[그림 4.4] LED 회로와 비트쉬프트 원리

실험 4-2

다음 실험은 LED 한 개인 LED1을 임의의 시간마다 ON / OFF를 반복하는 프로그램을 작성하여 실험하였다.

```
#include <iom128.h>
#include <ina90.h>
#include "DebugAtmega128.h"

void led_display(unsigned char led_data);

unsigned long int Delay_cnt=0, Speed=100000;
typedef unsigned char byte;
byte Led=0, Led1_ON=1;

void main(void)
{
    AtMg128DebugInit();
    MCUCR=0xc0;            // 0~7FFF : 0 wait
    XMCRA=0x40;            // 8000~FFFF : 1 wait

    PORTB=0x78;
    PORTD=0xf0;
    DDRB=0xff;
    DDRD=0xff;

    __enable_interrupt();     // enable interrupts

    while(1)
    {
        if(++Delay_cnt >= Speed)
        {
            Delay_cnt=0;
            if(Led1_ON==1)
            {
                Led1_ON = 0;
                Led = 0x01;
            }
            else
```

```
            {
                Led = 0x00;
                Led1_ON = 1;
            }
            led_display(Led);
        }
    }
}

void led_display(unsigned char led_data)
{
    byte temp;
    led_data = ~led_data;
    temp = PORTB & 0x87;
    temp |= (led_data & 0x0f)<<3;
    PORTB = temp;

    temp = PORTD & 0x0f;
    temp |= (led_data & 0xf0);
    PORTD = temp;
}
```

(편리한 기능)

```
Led1_On ^= 0x01;
```

을 사용하면 마지막 비트만을 반전할 수 있는 편리한 기능이다.

실험 4-3

LED 1개가 반복해서 우로 이동하고 또 좌로 이동하는 프로그램을 작성하여 실험하였다.

```
#include <iom128.h>
#include <ina90.h>
#include "DebugAtmega128.h"

void led_display(unsigned char led_data);

typedef unsigned char byte;
byte Led=0x80, shift=0;

unsigned long int Delay_cnt=0, Speed=100000;

void main(void)
{
    AtMg128DebugInit();
    MCUCR=0xc0;                // 0~7FFF : 0 wait
    XMCRA=0x40;                // 8000~FFFF : 1 wait

    PORTB=0x78;
    PORTD=0xf0;
    DDRB=0xff;
    DDRD=0xff;

    __enable_interrupt();      // enable interrupts

    while(1)
    {
        if(++Delay_cnt >= Speed)
        {
            Delay_cnt=0;
            if(shift==0)
            {
                Led=Led>>1;
                if(Led == 0x01)
                    shift=1;
```

```
                }
                else
                {
                    Led=Led<<1;
                    if(Led == 0x80)
                        shift=0;
                }
                led_display(Led);
            }
        }
}

void led_display(unsigned char led_data)
{
    byte temp;
    led_data = ~led_data;
    temp = PORTB & 0x87;
    temp |= (led_data & 0x0f)<<3;
    PORTB = temp;

    temp = PORTD & 0x0f;
    temp |= (led_data & 0xf0);
    PORTD = temp;
}
```

실험 4-4

LED가 1개씩 좌로 밀고 들어가는 프로그램을 작성하여 실험하였다.

예 : 00000001 → 00000011 → 00000111 .... → 01111111 → 11111111 → 00000001 → 00000011 → 00000111 ....

```
#include <iom128.h>
#include <ina90.h>
#include "DebugAtmega128.h"

void led_display(unsigned char led_data);

typedef unsigned char byte;
byte Led=0x00, L_up=1;

unsigned long int Delay_cnt=0, Speed=100000;

void main(void)
{
    AtMg128DebugInit();
    MCUCR=0xc0;              // 0~7FFF : 0 wait
    XMCRA=0x40;              // 8000~FFFF : 1 wait

    PORTB=0x78;
    PORTD=0xf0;
    DDRB=0xff;
    DDRD=0xff;

    __enable_interrupt();    // enable interrupts

    while(1)
    {
        if(++Delay_cnt >= Speed)
        {
            Delay_cnt=0;
            if(L_up == 1)
            {
                Led=(Led<<1) | 0x01;
```

```
                if(Led == 0xff)
                    L_up=0;
            }
            else
            {
                Led=0x01;
                L_up=1;
            }
            led_display(Led);
        }
    }
}

void led_display(unsigned char led_data)
{
    byte temp;
    led_data = ~led_data;
    temp = PORTB & 0x87;
    temp |= (led_data & 0x0f)<<3;
    PORTB = temp;

    temp = PORTD & 0x0f;
    temp |= (led_data & 0xf0);
    PORTD = temp;
}
```

실험 4-5

LED가 우로 1개씩 밀고 들어가는 프로그램을 작성하여 실험하였다.

예 : 10000000 → 11000000 → 11100000 .... → 11111110 → 11111111 → 10000000 → 11000000 → ....

```
#include <iom128.h>
#include <ina90.h>
#include "DebugAtmega128.h"

void led_display(unsigned char led_data);

typedef unsigned char byte;
byte Led=0x00, R_up=1;

unsigned long int Delay_cnt=0, Speed=100000;

void main(void)
{
     AtMg128DebugInit();
     MCUCR=0xc0;                // 0~7FFF : 0 wait
     XMCRA=0x40;                // 8000~FFFF : 1 wait

     PORTB=0x78;
     PORTD=0xf0;
     DDRB=0xff;
     DDRD=0xff;

     __enable_interrupt();      // enable interrupts

     while(1)
     {
          if(++Delay_cnt >= Speed)
          {
               Delay_cnt=0;
               if(R_up==1)
               {
                    Led=(Led>>1) | 0x80;
```

```
                    if(Led == 0xff)
                        R_up=0;
                }
                else
                {
                    Led=0x80;
                    R_up=1;
                }
                led_display(Led);
            }
        }
}

void led_display(unsigned char led_data)
{
    byte temp;
    led_data = ~led_data;
    temp = PORTB & 0x87;
    temp |= (led_data & 0x0f)<<3;
    PORTB = temp;

    temp = PORTD & 0x0f;
    temp |= (led_data & 0xf0);
    PORTD = temp;
}
```

실험 4-6

LED가 좌우에서 중앙으로 밀고 들어갔다 나오는 형태로 동작하는 프로그램을 작성하여 실험하였다.
예 : 10000001 → 11000011 ... 11111111 → 11100111 ... 11000011 → 10000001...

```
#include <iom128.h>
#include <ina90.h>
#include "DebugAtmega128.h"

void led_display(unsigned char led_data);

typedef unsigned char byte;
byte L_led=0x00, R_led=0x00, mid_range=1;
unsigned long int Delay_cnt=0, Speed=100000;

void main(void)
{
    AtMg128DebugInit();
    MCUCR=0xc0;                 // 0~7FFF : 0 wait
    XMCRA=0x40;                 // 8000~FFFF : 1 wait

    PORTB=0x78;
    PORTD=0xf0;
    DDRB=0xff;
    DDRD=0xff;

    __enable_interrupt();       // enable interrupts

    while(1)
    {
        if(++Delay_cnt >= Speed)
        {
            Delay_cnt=0;
            if(mid_range == 1)
            {
                L_led=(L_led>>1) | 0x80;
```

```
                R_led=(R_led<<1) | 0x01;
                if(L_led == 0xf0)
                    mid_range=0;
            }
            else
            {
                L_led=(L_led<<1);
                R_led=(R_led>>1);
                if(L_led == 0x80)
                    mid_range=1;
            }
            led_display(L_led | R_led);
        }
    }
}

void led_display(unsigned char led_data)
{
    byte temp;
    led_data = ~led_data;
    temp = PORTB & 0x87;
    temp |= (led_data & 0x0f)<<3;
    PORTB = temp;

    temp = PORTD & 0x0f;
    temp |= (led_data & 0xf0);
    PORTD = temp;
}
```

참고) L_led:

O	O	O	O	X

R_led:

X	O	O	O	O

실험 4-7

LED 2개가 중앙을 중심으로 이동하면서 박수치는 동작을 하는 프로그램을 작성하여 실험하였다. 예 : 10000001 → 01000010 ... 00011000 → 00100100 ... 10000001 ...

```
#include <iom128.h>
#include <ina90.h>
#include "DebugAtmega128.h"

void led_display(unsigned char led_data);

typedef unsigned char byte;
byte L_led=0x80, R_led=0x01, Shift_kind=0x00;
unsigned long int Delay_cnt=0, Speed=100000;
void main(void)
{
    AtMg128DebugInit();
    MCUCR=0xc0;                // 0~7FFF : 0 wait
    XMCRA=0x40;                // 8000~FFFF : 1 wait
    PORTB=0x78;
    PORTD=0xf0;
    DDRB=0xff;
    DDRD=0xff;
    led_display(L_led|R_led);
    __enable_interrupt();      // enable interrupts

    while(1)
    {
        if(++Delay_cnt >= Speed)
        {
            Delay_cnt=0;
            if(Shift_kind == 0)
            {
                L_led=L_led>>1;
                R_led=R_led<<1;
                if(L_led == 0x10)
                    Shift_kind=1;
            }
```

```
                else
                {
                    L_led=L_led<<1;
                    R_led=R_led>>1;
                    if(L_led == 0x80)
                        Shift_kind=0;
                }
                led_display(L_led | R_led);
            }
        }
}

void led_display(unsigned char led_data)
{
    byte temp;
    led_data = ~led_data;
    temp = PORTB & 0x87;
    temp |= (led_data & 0x0f)<<3;
    PORTB = temp;

    temp = PORTD & 0x0f;
    temp |= (led_data & 0xf0);
    PORTD = temp;
}
```

참고)

1) Shift_kind=0

L_led:	O	O	O	O	X	⇨

R_led:	X	O	O	O	O	⇦

2) Shift_kind=1

L_led:	O	O	O	O	X	⇦

R_led:	X	O	O	O	O	⇨

실험 4-8

실험 4-7번과 같은 예제를 배열을 이용하여 동작하는 프로그램을 작성하여 실험하였다. 다음과 같이 배열을 이용하여 LED를 제어하면 다양한 동작을 쉽게 구현할 수 있는 장점이 있다.

```
#include <iom128.h>
#include <ina90.h>
#include "DebugAtmega128.h"

void led_display(unsigned char led_data);

typedef unsigned char byte;
byte Led=0, Value=0;
byte Led_infor_table[6] = {0x81, 0x42, 0x24, 0x18, 0x24, 0x42};

unsigned long int Delay_cnt=0, Speed=100000;

void main(void)
{

    AtMg128DebugInit();
    MCUCR=0xc0;                // 0~7FFF : 0 wait
    XMCRA=0x40;                // 8000~FFFF : 1 wait

    PORTB=0x78;
    PORTD=0xf0;
    DDRB=0xff;
    DDRD=0xff;

    __enable_interrupt();      // enable interrupts

    while(1)
    {
        if(++Delay_cnt >= Speed)
        {
            Delay_cnt=0;
            Led = Led_infor_table[Value++];
            if(Value>=6)
                Value=0;
```

```
                led_display(Led);
            }
        }
    }

    void led_display(unsigned char led_data)
    {
        byte temp;
        led_data = ~led_data;
        temp = PORTB & 0x87;
        temp |= (led_data & 0x0f)<<3;
        PORTB = temp;

        temp = PORTD & 0x0f;
        temp |= (led_data & 0xf0);
        PORTD = temp;
    }
```

참고)

Led_infor_table[6] :

1	0	0	0	0	0	0	1
0	1	0	0	0	0	1	0
0	0	1	0	0	1	0	0
0	0	0	1	1	0	0	0
0	0	1	0	0	1	0	0
0	1	0	0	0	0	1	0

4.2 인터럽트(Interrupt)

인터럽트(Interrupt)란 사전적 의미로 보면 어떤 일에 끼어들기를 말할 때 사용한다. 즉 새로운 프로그램을 수행하기 위해 기존의 프로그램을 일시중지 시키고 중단을 요청한 프로그램을 수행한 후에 기존의 프로그램을 수행하는 것을 인터럽트라고 말한다.

마이크로프로세서를 제조하는 회사마다 인터럽트를 말할 때 다른 말로 정의하는 경우가 있는데 주로 '예외처리'라는 말로 사용된다.

인터럽트 서비스 루틴은 요청한 인터럽트가 처리해야할 프로그램을 말한다. 인터럽트 서비스 루틴을 수행하여 필요한 작업이 종료되면 인터럽트가 발생하였던 지점으로 되돌아와 인터럽트 발생 이전에 처리하던 프로그램을 정상적으로 실행하게 된다.

인터럽트의 발생은 AVR의 내부동작에 의해 발생할 수도 있고 외부의 전기적 신호에 의해서 발생할 수도 있다.

(1) 인터럽트의 종류

인터럽트의 종류는 마이크로프로세서에 따라 다르고, 또한 이를 보는 관점에 따라 여러 가지 방법으로 분류할 수 있으나 일반적으로 내부 인터럽트와 외부 인터럽트가 있다.

- 내부 인터럽트

내부 인터럽트는 정의되지 않은 명령의 실행, 영(zero)으로 나눗셈을 시도하는 것과 같은 나눗셈 에러, 보호된 메모리 영역에의 접근 등의 원인에 의해 마이크로프로세서에서 내부적으로 발생되는 인터럽트이다.

- 외부 인터럽트

외부 인터럽트는 타이머에서의 지정된 시간 경과, 입력 장치에서의 서비스 요구, 출력 장치의 작업 종료, DMA 동작의 종료, 멀티프로세서간의 통신 요구등 마이크로프로세서와 독립되어 있는 외부장치에 의해 발생되는 순수한 의미에서의 인터럽트이다. 일반적으로 외부에 인터럽트 핀이 있어서 이 핀의 상승에지나 하강에지 또는 Low 레벨에 의해 인터럽트를 발생하는 것을 외부인터럽트라고 말한다.

(2) 인터럽트의 우선순위 제어

인터럽트는 CPU가 아닌 주변장치의 필요에 의하여 CPU와 비동기적으로 또는 부정기적으로 발생되는 것이 일반적이므로 우연히 2개 이상의 주변장치가 동시에 신호를 보내 인터럽트를 요청하는 경우가 존재할 수 있다. 이러한 경우에 CPU는 이들 인터럽트를 한꺼번에 처리할 수가 없으므로 한번에 1개만의 인터럽트를 선택하여 처리하게 되는데 어떤 인터럽트를 먼저 수행할지를 결정하는 것을 인터럽트 우선순위(priority)라고 한다. 우선순위가 높은 인터럽트가 처리되는 동안에 낮은 순위의 인터럽트는 대기되며, 이것은 높은 순위의 인터럽트 처리가 끝난 후에 다시 순위에 따라 차례로 처리된다.

(3) 인터럽트의 벡터 어드레스

인터럽트들은 각각 프로그램 메모리 공간 안에 있는 분리된 프로그램 벡터를 가지고 있다. 인터럽트 벡터들의 목록들을 [표 4.9]에 나타내었다. 괄호( ) 안의 어드레스가 낮으면 낮을수록 우선순위는 높아진다.

[표 4.9] 인터럽트 벡터 정의

#define	RESET_vect	(0x00)
#define	INT0_vect	(0x04)
#define	INT1_vect	(0x08)
#define	INT2_vect	(0x0C)
#define	INT3_vect	(0x10)
#define	INT4_vect	(0x14)
#define	INT5_vect	(0x18)
#define	INT6_vect	(0x1C)
#define	INT7_vect	(0x20)
#define	TIMER2_COMP_vect	(0x24)
#define	TIMER2_OVF_vect	(0x28)
#define	TIMER1_COMPA_vect	(0x2C)
#define	TIMER1_COMPB_vect	(0x30)
#define	TIMER1_OVF_vect	(0x34)
#define	TIMER0_COMP_vect	(0x38)
#define	TIMER0_OVF_vect	(0x3C)
#define	SPI_STC_vect	(0x40)
#define	USART0_RXC_vect	(0x44)
#define	USART0_UDRE_vect	(0x48)
#define	USART0_TXC_vect	(0x4C)
#define	ADC_vect	(0x50)
#define	EE_RDY_vect	(0x54)
#define	ANA_COMP_vect	(0x58)
#define	TIMER1_COMPC_vect	(0x5C)
#define	TIMER3_CAPT_vect	(0x60)
#define	TIMER3_COMPA_vect	(0x64)
#define	TIMER3_COMPB_vect	(0x68)
#define	TIMER3_COMPC_vect	(0x6C)
#define	TIMER3_OVF_vect	(0x70)
#define	USART1_RXC_vect	(0x74)
#define	USART1_UDRE_vect	(0x78)
#define	USART1_TXC_vect	(0x7C)
#define	TWI_vect	(0x80)
#define	SPM_RDY_vect	(0x84)
#define	SPM_RDY_vect	(0x88)

(4) 외부 인터럽트

ATmega128에서 외부 인터럽트라고 하면 8개의 외부핀 INT7~0을 통해 입력되는 신호에 의하여 발생하는 인터럽트를 가리킨다. [그림 4.4]에 ATmega128의 외부 인터럽트 핀을 나타내었다.

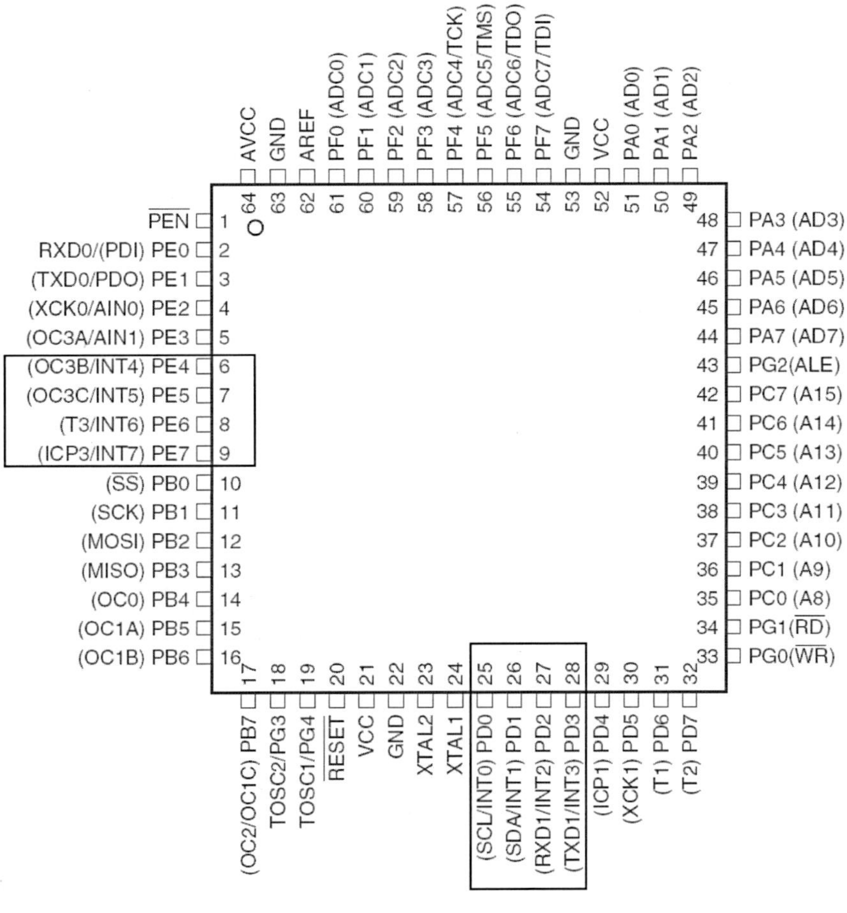

[그림 4.4] 외부 인터럽트 핀

각각의 외부 인터럽트는 L(low)의 논리레벨(low level), 하강 에지(falling edge), 상승 에지(rising edge)에 의하여 트리거(trigger)될 수 있는데, 이러한 인터럽트 트리거 방법은 외부 인터럽트 제어 레지스터 EICRA(INT3~0) 및 EICRB(INT7~4)로 설정한다. 만약 인터럽트가 허용되고 레벨 트리거 방식으로 설정되어 있다면 해당 핀에 L상태가 입력되는 동안 인터럽트가 발생된다. 모든 레벨 트리거 인터럽트와 INT3~0이 하강 또는 상승 에지 트리거 방식으로 설정된 경우에는 인터럽트가 클럭 신호에 관계없이 비동기적으로 검출되므로 이것들은 슬립모드를 해제하는 수단으로 사용할 수 있다.

그러나 INT7~4가 에지 트리거 방식으로 설정되면 이는 I/O 클럭을 필요로 하므로 이것들은 I/O 클럭이 차단되는 아이들 모드 이외의 슬립모드에서는 슬립모드를 해제하는 수단으로 사용할 수 없다. 에지 트리거로 사용하는 인터럽트 신호의 펄스폭은 최소 t_{INT} = 50ns 이상이어야 한다.

레벨 트리거로 사용되는 인터럽트가 파워다운 모드의 해제 수단으로 사용되는 경우에는 좀더 긴 인터럽트 신호가 요구되는데, 이것은 MCU가 잡음에 대하여 덜 민감하게 해주는 효과가 있다. 레벨 트리거 인터럽트 신호는 워치독 오실레이터에 의하여 2번 샘플링 되는데 L레벨이면 이는 슬립모드를 해제한다.

그러나 만약 이와 같이 슬립모드가 해제되고 나서 기동시간이 경과하기 전에 이 인터럽트 신호가 사라지면 슬립모드의 해제는 이루어지지만 인터럽트는 발생되지 않는다. 슬립모드를 해제하고 인터럽트도 발생되려면 충분히 긴 시간동안 인터럽트 신호가 L상태로 입력되어야 한다.

외부 인터럽트 제어 레지스터 EICRA(External Interrupt Control Register A)는 INT3~0 핀으로 입력되는 신호에 의하여 인터럽트가 트리거 되는 방법을 설정한다. 이는 [그림 4.5]와 [표 4.10]에 나타낸 것과 같이 레벨 트리거 방식 또는 에지 트리거 방식으로 설정할 수 있다.

7	6	5	4	3	2	1	0	
ISC31	ISC30	ISC21	ISC20	ISC11	ISC10	ISC01	ISC00	EICRA
R/W	R/W	R/W	R/W	R/W	R/W	R/W	R/W	
0	0	0	0	0	0	0	0	

[그림 4.5] 외부 인터럽트 제어 레지스터 (EICRA)

[표 4.10] 외부 인터럽트 INT3~0의 트리거 방식 설정

ISCn1	ISCn0	인터럽트 트리거 방식
0	0	INTn 핀의 L레벨 신호(low level) 입력이 인터럽트를 트리거 한다.
0	1	사용하지 않음(reserved)
1	0	INTn 핀의 하강 에지(falling edge)가 인터럽트를 비동기적으로 트리거 한다.
1	1	INTn 핀의 상승 에지(rising edge)가 인터럽트를 비동기적으로 트리거 한다.

외부 인터럽트 제어 레지스터 EICRB(External Interrupt Control Register B)는 INT7~4 핀으로 입력되는 신호에 의하여 인터럽트가 트리거 되는 방법을 설정한다. 이는 [그림 4.6]과 [표 4.11]에 나타낸 것과 같이 트리거 방식 또는 에지 트리거 방식으로 설정할 수 있다.

	7	6	5	4	3	2	1	0	
	ISC71	ISC70	ISC61	ISC60	ISC51	ISC50	ISC41	ISC40	EICRB
	R/W	R/W	R/W	R/W	R/W	R/W	R/W	R/W	
	0	0	0	0	0	0	0	0	

[그림 4.6] 외부 인터럽트 제어 레지스터 (EICRB)

[표 4.11] 외부 인터럽트 INT7~4의 트리거 방식 설정

ISCn1	ISCn0	인터럽트 트리거 방식
0	0	INTn 핀의 L레벨 신호(low level) 입력이 인터럽트를 트리거 한다.
0	1	INTn 핀의 하강 에지 또는 상승 에지가 인터럽트를 트리거 한다.
1	0	INTn 핀의 하강 에지(falling edge)가 인터럽트를 트리거 한다.
1	1	INTn 핀의 상승 에지(rising edge)가 인터럽트를 트리거 한다.

외부 인터럽트 마스크 레지스터 EIMSK(External Interrupt Mask Register)는 인터럽트 INT7~0을 개별적으로 허용하는데 사용된다. 1로 설정하면 인터럽트 허용, 0으로 설정하면 인터럽트 금지가 된다. 이렇게 개별적으로 허용된 인터럽트는 다시 SREG 레

지스터의 글로벌 인터럽트 허용 비트 I가 1로 되어야만 실제로 허용상태가 된다.

외부 인터럽트 플래그 레지스터 EIFR(External Interrupt Flag Register)는 INT7~0 핀에 인터럽트 신호가 입력되어 해당 인터럽트가 트리거 되었음을 표시하는데 사용된다. 이 비트들은 인터럽트 처리가 시작되고 마이크로콘트롤러(micro-controller)가 인터럽트 벡터를 인출하여 인터럽트 서비스 루틴으로 점프하게 되면 다시 0으로 클리어 되며, 이를 강제로 0으로 클리어하려면 해당 비트에 1을 라이트(write)해야 한다.

7	6	5	4	3	2	1	0	
INT7	INT6	INT7	INT4	INT3	INT2	INT1	INT0	EIMSK
R/W	R/W	R/W	R/W	R/W	R/W	R/W	R/W	
0	0	0	0	0	0	0	0	

[그림 4.7] 외부 인터럽트 마스크 레지스터 (EIMSK)

7	6	5	4	3	2	1	0	
INTF7	INTF6	INTF7	INTF4	INTF3	INTF2	INTF1	INTF0	EIFR
R/W	R/W	R/W	R/W	R/W	R/W	R/W	R/W	
0	0	0	0	0	0	0	0	

[그림 4.8] 외부 인터럽트 플래그 레지스터 (EIFR)

[그림 4.7]에서 비트 0의 INT0 비트가 세트("1")이면 외부 인터럽트 INT0이 인에이블 되고 만약 리셋("0")이면 외부 인터럽트 INT0이 디스에이블 된다.

예로서, 외부 인터럽트 INT0과 INT1 2개중 INT0만을 이용할 경우 EIMSK=0x01로 설정하면 된다.

INT1 비트가 세트("1")이면 외부 인터럽트 INT1이 인에이블 되고 만약 리셋("0")이면 외부 인터럽트 INT1이 디스에이블 된다. 예로서, 외부 인터럽트 INT0과 INT1 2개중 INT1만을 이용할 경우 EIMSK=0x02로 설정하면 된다.

(5) 외부인터럽트를 이용한 일반적인 프로그램 형태

-인터럽트0(INT0)

```
#pragma vector=INT0_vect
__interrupt void INT0_interrupt(void)
{
        ......................
}
```

이때 INT0_interrupt(void) 함수이름은 설계자가 자유롭게 정의하여 사용한다.

-인터럽트1(INT1)

```
#pragma vector=INT1_vect
__interrupt void INT1_interrupt(void)
{
        ......................
}
```

이때 INT1_interrupt(void) 함수이름은 설계자가 자유롭게 정의하여 사용한다.

-설정해야 할 레지스터

```
EIMSK =0x01; //INT0 개별 인터럽트 인에이블
EICRA =0x03; //INT0 상승 에지
EIFR  =0x01; //INTF0 클리어 ('1'을 쓰면 Flag가 지워짐)

EIMSK =0x01; //INT0 개별 인터럽트 인에이블
EICRA =0x02; //INT0 하강 에지
EIFR  =0x01; //INTF0 클리어 ('1'을 쓰면 Flag가 지워짐)

EIMSK =0x03; //INT0, INT1 개별 인터럽트 인에이블
EICRA =0x0A; //INT0, INT1  하강 에지
EIFR  =0x03; //INTF0, INTF1 클리어 ('1'을 쓰면 Flag가 지워짐)
```

(6) 인터럽트에 관한 예제

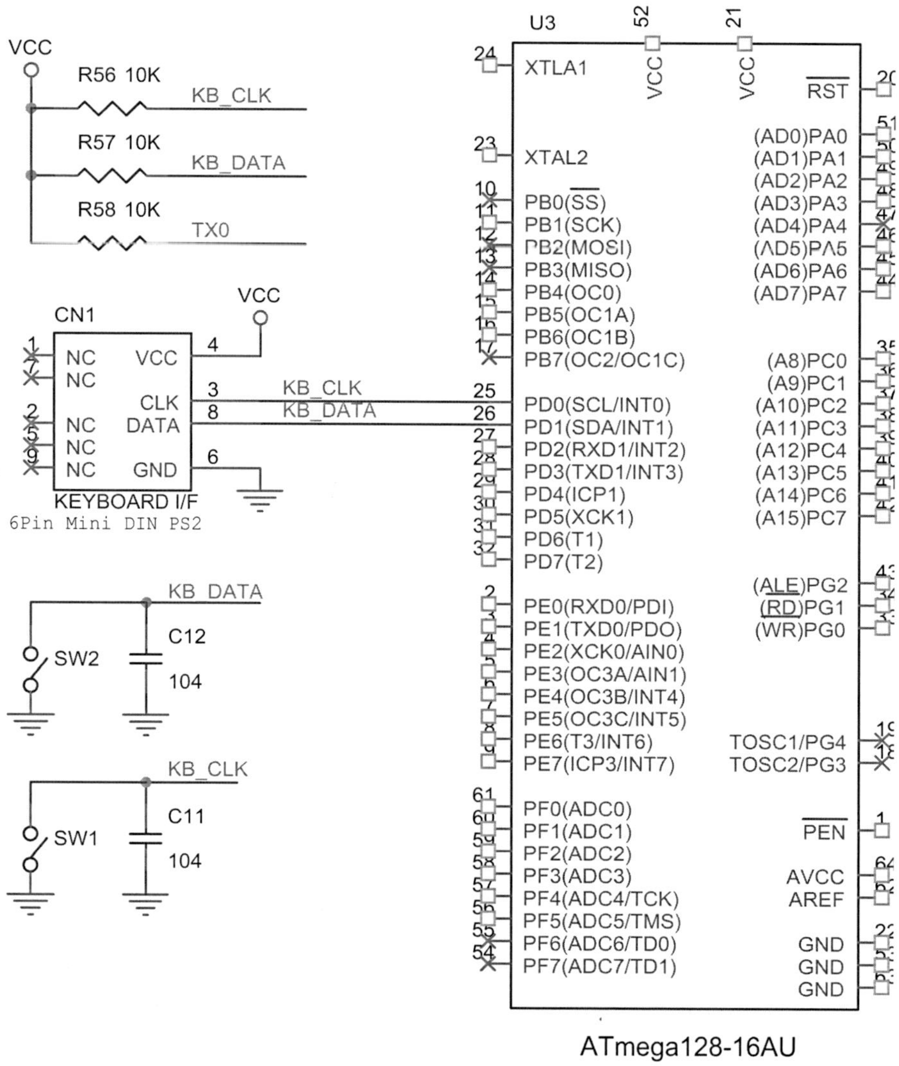

[그림 4.9] AVR ATmega128의 외부 인터럽트 회로

실험 4-9

다음 예제는 INT0(PD0) 핀에 키보드를 연결한 후에 임의의 키를 누르면 즉, 인터럽트를 발생하도록 설정한 후, 인터럽트가 발생하면 포트 B에 연결된 LED를 하나씩 이동하는 프로그램을 작성하여 실험하였다.

-INT0 상승 에지

```
#include <iom128.h>
#include <ina90.h>
#include "DebugAtmega128.h"

unsigned int data=0xFF, data_m;

void main(void)
{
    AtMg128DebugInit();

    DDRB=0xF8;

    EIMSK =0x01; //INT0 개별 인터럽트 인에이블
    EICRA =0x03; //INT0 상승 에지
    EIFR  =0x01; //INTF0 클리어
    __enable_interrupt();

    while(1)
    {
        data_m=data<<3;
        PORTB=data_m;
    }
}

int INT0_CNT=0;
#pragma vector=INT0_vect
__interrupt void INT0_interrupt(void)
{
        data--;
        INT0_CNT++;
}
```

실험 4-10

다음 예제는 INT0(PD0) 핀에 키보드를 연결한 후에 임의의 키를 누르면 즉, 인터럽트를 발생하도록 설정한 후, 인터럽트가 발생하면 포트 B에 연결된 LED를 하나씩 이동하는 프로그램을 작성하여 실험하였다.

-INT0 하강 에지

```
#include <iom128.h>
#include <ina90.h>
#include "DebugAtmega128.h"

unsigned int data=0xFF, data_m;

void main(void)
{
    AtMg128DebugInit();

    DDRB=0xF8;

    EIMSK =0x01; //INT0 개별 인터럽트 인에이블
    EICRA =0x02; //INT0 하강 에지
    EIFR  =0x01; //INTF0 클리어

    __enable_interrupt();

    while(1)
    {
        data_m=data<<3;
        PORTB=data_m;
    }
}
int INT0_CNT=0;
#pragma vector=INT0_vect
__interrupt void INT0_interrupt(void)
{
        data--;
        INT0_CNT++;
}
```

실험 4-11

다음 예제는 INT0(PD0), INT1(PD1) 핀에 스위치를 연결하고 인터럽트를 설정한 후, 인터럽트가 발생하면 스위치 1을 누르면 포트 B가 증가, 스위치 2를 누르면 포트 B가 감소되도록 프로그램을 작성하여 실험하였다.

```
#include <iom128.h>
#include <ina90.h>
#include "DebugAtmega128.h"

unsigned int data=0xFF, data_m;
void main(void)
{
    AtMg128DebugInit();
    DDRB=0xF8;
    EIMSK =0x03; //INT0, INT1 개별 인터럽트 인에이블
    EICRA =0x0A; //INT0, INT1  하강 에지
    EIFR  =0x03; //INTF0, INTF1 클리어
   __enable_interrupt();

    while(1)
    {
       data_m=data<<3;
       PORTB=data_m;
    }
}
int INT0_CNT=0;
#pragma vector=INT0_vect
__interrupt void INT0_interrupt(void)
{
       data--;
       INT0_CNT++;
}
int INT1_CNT=0;
#pragma vector=INT1_vect
__interrupt void INT1_interrupt(void)
{
       data++;
       INT1_CNT++;
}
```

학습정리

- 각 포트에 대한 I/O 메모리 어드레스는 다음과 같이 3가지로 구성되어 있다.
  ① 각 포트의 데이터 레지스터 - PORTx
  ② 각 포트의 Data Direction Register - DDRx
  ③ 포트 입력 핀 - PINx

- PORT 레지스터는 그 포트라인이 출력으로 설정되어 있는 경우 디지털 데이터를 출력 하는데 사용될 뿐, 입력에는 관여하지 못한다.

- 외부 인터럽트 제어 레지스터 EICRA(External Interrupt Control Register A)는 INT3~0 핀으로 입력되는 신호에 의하여 인터럽트가 트리거되는 방법을 설정한다. 외부 인터럽트 마스크 레지스터 EIMSK(External Interrupt Mask Register)는 인터럽트 INT7~0을 개별적으로 허용하는데 사용된다. 1로 설정하면 인터럽트 허용, 0으로 설정하면 인터럽트 금지가 된다.

- 외부 인터럽트 플래그 레지스터 EIFR(External Interrupt Flag Register)는 INT7~0 핀에 인터럽트 신호가 입력되어 해당 인터럽트가 트리거 되었음을 표시하는데 사용된다.

문제 4-1

Port B를 모두 출력으로 설정 후 "0x78"를 출력하고자 할 때 PORT, DDR을 값을 설정하시오.

정답: PORTB=0x78;
DDRB=0xff;

문제 4-2

아래의 소스는 INT0(PD0) 핀에 스위치를 연결한 후에 스위치를 누르면 즉, 상승 에지에서 인터럽트를 발생하도록 설정한 후, 인터럽트가 발생하면 포트 B에 연결된 LED를 하나씩 이동하는 동작 소스이다. 잘못된 부분을 고치시오.

```
#include <iom128.h>
#include <ina90.h>
#include "DebugAtmega128.h"
unsigned int data=0xFF, data_m;
void main(void)
{
    AtMg128DebugInit();
    DDRB=0xF8;

    EIMSK =0x02;    //INT0 개별 인터럽트 인에이블
    EICRA =0x02;    //INT0 상승 에지
    EIFR  =0x01;    //INTF0 클리어

    __enable_interrupt();

    while(1)
    {
        data_m=data<<3;
        PORTB=data_m;
    }
}

int INT0_CNT=0;
#pragma vector=INT0_vect
__interrupt void INT0_interrupt(void)
{
        data--;
        INT0_CNT++;
}
```

정답: EIMSK = 0x01; EICRA = 0x03;

문제 4-3

LED에 0에서 255까지 증가하는 값을 표시하고 다시 255에서 0으로 감소하는 값을 표시하는 프로그램을 작성하시오.

예 : 00000000 → 00000001 → 00000010 → ...... → 11111111 → 11111110 → 11111101 → 11111100 → ...... → 00000000 → 00000001 → 00000010 → ......

제 5 장 타이머와 카운터의 구조 및 응용

5.1 타이머 / 카운터의 개요

타이머란(Timer)란 시간과 관계되는 것으로서 기준 시간(1/주파수)을 나타낸다. 즉 ATmega128의 내부 클럭 소스를 입력신호로 받아 그 펄스의 개수를 세는 것을 말한다. 따라서 타이머는 일정한 시간마다 특정한 프로그램을 수행할 때 사용된다. 즉, 1msec, 10msec 또는 100msec 마다 프로그램을 수행할 때 주로 응용된다.

그러나 카운터(Counter)는 내부 클럭을 입력하는 타이머와 달리 마이크로프로세서의 외부 입력핀(T_1 T_2, T_3)에서 임의의 클럭을 입력받아 입력된 클럭을 세는 것을 말하며 주파수나 주기를 측정할 때 주로 사용된다.

즉, 카운터(Counter)는 입력 신호로 내부 클럭 소스가 아닌 외부의 어떤 사건(event)을 입력받을 때 카운터라 하며, 카운터로 사용될 때는 카운터의 값은 외부에서 일어난 사건의 횟수를 나타낸다.

예를 들어 1초 동안 마이크로프로세서의 입력핀에서 10개의 클럭이 입력되었다면 주파수가 10Hz가 된다.

ATmega128에는 모두 4개의 타이머/카운터가 있는데, 타이머와 카운터의 구조는 입력을 받아들이는 방식만 다를 뿐 내부 구조는 동일한 구조를 가진다.

타이머/카운터 0과 2는 8비트 구조이며 타이머/카운터 1과 3은 16비트 구조로 되어 있다. 이들 타이머/카운터의 기능과 특징을 비교하면 [표 5.1]과 같다.

[표 5.1] 타이머/카운터의 기능과 특징 비교

구 분	타이머/카운터 0	타이머/카운터 1	타이머/카운터 2	타이머/카운터 3
기본 구조	8 비트	16 비트	8 비트	16 비트
타이머 입력	cpu클럭(clk)	cpu클럭(clk)	cpu클럭(clk)	cpu클럭(clk)
카운터 입력	오실레이터, TOSC1	T1, IC1	T2	T3, IC3
타이머/ 프리스케일러	/1, 8, 32, 64, 128, 256, 1024	/1, 8, 64, 256, 1024	/1, 8, 64, 256, 1024	/1, 8, 64, 256, 1024
관련 레지스터	TCCR0, TCNT0, OCR0, ASSR, SFIOR, TIMSK, TIFR	TCCR1A, TCCR1B, TCCR1C, TCNT1H, TCNT1L, OCR1AH, OCR1AL, OCR1BH, OCR1BL, OCR1CH, OCR1CL, ICR1H, ICR1L, SFIOR, TIMSK, ETIMSK, TIFR, ETIFR	TCC2, TCNT2, OCR2, SFIOR, TIMSK, TIFR	TCCR3A, TCCR3B, TCCR3C, TCNT3H, TCNT3L, OCR3AH, OCR3AL, OCR3BH, OCR3BL, OCR3CH, OCR3CL, ICR3H, ECR3L, SFIOR, TIMSK, ETIMSK, TIFR, ETIFR
동작 모드	Normal, CTC, Fast PWM, Phase Correct Match	Normal, CTC, Fast PWM, Phase Correct PWM, Phase and Frequency Correct PWM	Normal, CTC, Fast PWM, Phase Correct PWM	Normal, CTC, Fast PWM, Phase Correct PWM, Phase and Frequency Correct PWM
출력신호	OC0	OC1A, OC1B, OC1C	OC2	OC3A, OC3B, OC3C
인터럽트	Overflow, Output Compare Match	Overflow, Output Compare Match A/B/C, Input Capture	Overflow, Output Compare Match	Overflow, Output Compare Match A/B/C, Input Capture

[표 5.1]에서 보면 4개의 타이머/카운터 번호가 짝수이면 8비트의 구조를 가지고 홀수의 번호의 경우에는 16비트의 구조를 가진다. 또한 타이머의 분주비도 유사한 구조를 가지고 있음을 알 수 있다. 아울러 동작모드도 CTC 모드와 PWM 모드를

각각 가지고 있기 때문에 프로그램 설계자가 용도에 적합하게 타이머와 카운터를 다양하게 응용할 수 있다.

5.2 타이머/카운터 0

타이머/카운터 0은 PWM(Pulse Width Modulation) 및 비동기 동작 모드를 가지는 8비트 업/다운 카운터로서 프리스케일을 통하여 내부 클럭을 소스로 받아서 동작하는 타이머 기능과 외부 클럭을 소스로 받아서 동작하는 카운터 기능이 있다.

타이머/카운터 0을 위한 외부 입력 핀으로 TOSC1, TOSC2가 있고 출력 핀으로 OC0가 있다. 프리스케일러에 의하여 분주비 1, 8, 32, 64, 128, 256, 1024 중의 하나로 분주될 수 있고, 클럭이 차단될 수도 있다. 만약 클럭을 차단할 경우 타이머/카운터 0의 카운터 레지스터(TCNT0)값은 증가하지 않는다.

5.2.1 Timer/Counter 0 프리스케일러(Prescaler)

Timer/Counter0은 시스템 클럭을 CSn2:0=1로 설정하여 직접 받아서 사용할 수도 있으나, 이것은 시스템 클럭 주파수(fCLK_IO)의 최고 속도를 사용하므로 상당히 빠른 주파수이다. 그래서 프리스케일러를 클럭의 입력으로 사용하는데, fCLK_IO/8, fCLK_IO/32, fCLK_IO/64, fCLK_IO/128, fCLK_IO/256, fCLK_IO/1024로 각각 사용 가능하다.

프리스케일러는 자유 증가형(free-running)으로 다른 Timer/Counter와 독립적으로 동작된다. 프리스케일러는 다른 Timer/Counter의 클럭 설정과 관계없으므로, 프리스케일러를 한번 설정하면 재설정하기까지는 그 값이 계속해서 유지된다.

ASSR 레지스터의 AS0 비트를 "1"로 설정함으로써 Timer/Counter0를 TOSC1 핀으로 입력되는 비동기 카운터를 사용할 수 있다. 즉, Timer/Counter0를 Real Time Counter(RTC)로 설정하는 것을 말한다. 이때 TOSC1과 TOSC2가 Timer/Counter0의 클럭 소스가 된다. [그림 5.1]과 같이 SFIOR 레지스터의 PSR0비트를 "1"로 설정하면 프리스케일러는 리셋 된다.

다음은 Special Function IO Register(SFIOR)의 기능을 나타낸다.

Bit	7	6	5	4	3	2	1	0	
	TSM	–	–	–	ACME	PUD	PSR0	PSR321	SFIOR
Read/Write	R/W	R	R	R	R/W	R/W	R/W	R/W	
Initial Value	0	0	0	0	0	0	0	0	

[그림 5.1] SFIOR의 구조

BIT 7 : TSM(Timer/Counter Synchronization Mode)

"1" = Timer/Counter0의 동기 모드가 된다. 이 모드에서는 PSR0와 PSR321에 쓴 값은 유지된다.

"0" - PSR0와 PSR321에 쓴 값은 하드웨어에 의해 클리어 된다.

BIT 1 : PSR0(Prescaler Reset Timer/Counter0)

"1" = Timer/Counter0의 Prescaler가 리셋 된다.

"0" = 영향 없다.

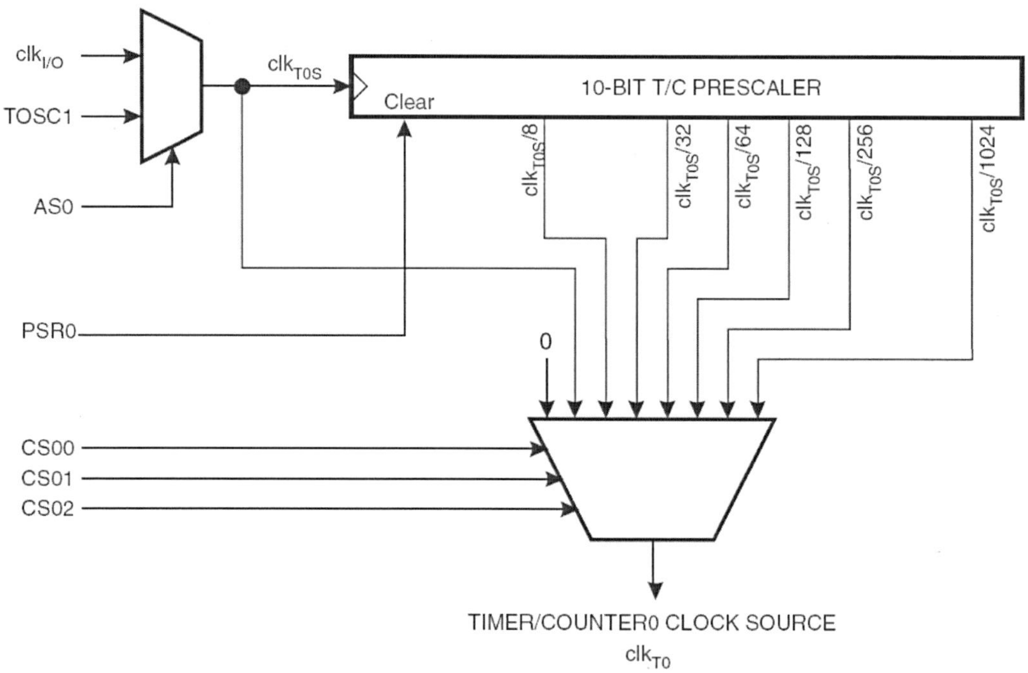

[그림 5.2] Timer/Counter 0의 프리스케일

5.2.2 Timer/Counter 0의 클럭 소스

[그림 5.3]은 8비트 Timer/Counter 0의 구조를 나타내고 있으며, 실제 IO핀은 Timer/Counter0의 핀으로 대체되었다.

Timer/Counter0의 타이머 값(TCNT0)과 Output Compare Register(OCR0)는 8비트로 되어있으며, Timer/Counter0은 내부적으로 프리스케일러를 통하여 사용할 수 있고, 외부적으로는 TOSC1, TOSC2핀으로 클럭을 사용할 수 있다.

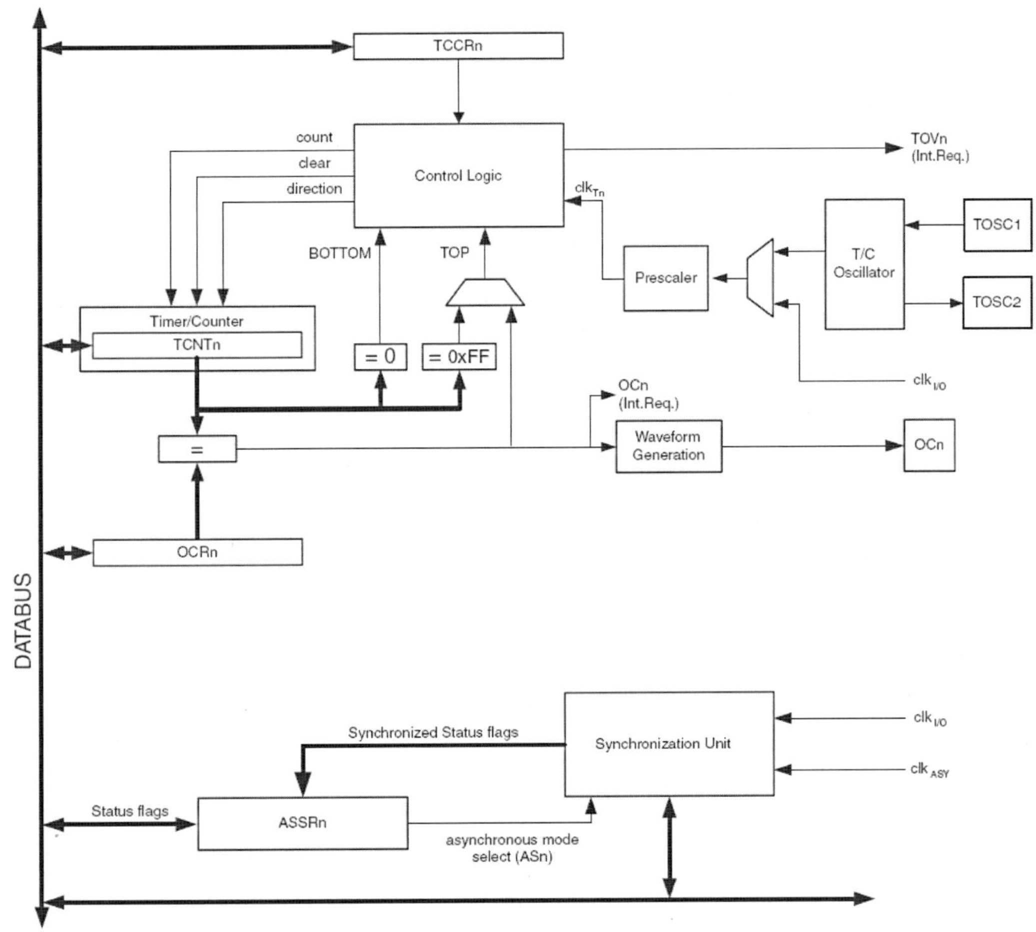

[그림 5.3] 8비트 Timer/Counter 0의 구조

8 비트 Timer/Counter0은 양방향 카운터로 [그림 5.4]에 나타냈다.

AS0를 이용해 내부 또는 외부 클럭 소스를 설정할 수 있고, 클럭 선택 비트 CS02:0을 설정하여 사용 주파수를 분주할 수 있다.

모드의 동작에 따라, 각 타이머 클럭(clkT0)에서 카운터가 증가하거나 감소하거나 클리어 된다.

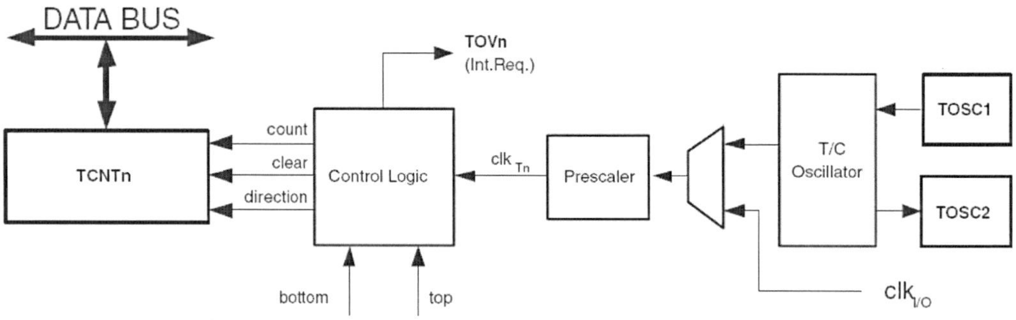

[그림 5.4] Timer/Counter 0의 블록 다이어그램

5.2.3 Timer/Counter 0의 Output Compare 장치

8비트 비교기는 연속으로 TCNT0값과 Output Compare Register(OCR0)값을 비교해 나간다. TCNT0값과 OCR0값이 같을 때마다 비교기는 match신호를 발생한다. match신호는 타이머 클럭의 다음 사이클에서 Output Compare Flag(OCF0)를 셋하고, OCIE0 비트와 SREG 레지스터의 I비트가 "1"로 셋되어 있으면, Output Compare Flag(OCF0)는 Output Compare Interrupt를 발생한다. OCF0플래그는 인터럽트가 실행이 되고 나면 자동으로 클리어 된다. 또한, OCF0비트에 "1"을 써 소프트웨어적으로 클리어 해도 된다. WGM01:0 동작 모드 비트와 COM01:0 Compare Output mode비트의 설정에 따라 출력을 만들어 내기 위하여 파형 발생장치(waveform generator)는 match 신호를 발생시킨다. [그림 5.5]에 Compare Output 장치의 구조를 나타내었다.

OCR0레지스터는 Normal mode와 CTC mode인 경우를 제외하고, PWM 모드로 동작할 경우에는 더블 버퍼(double buffer)로 동작한다. 더블 버퍼(double buffer)는 카운터 순서의 TOP 또는 BOTTOM에서 OCR0 Output Compare Register에 새로

운 값을 업데이트할 수 있게 해준다. non-PWM waveform generation mode에서, 비교기의 match output은 Force Output Compare(FOC0) 비트에 "1"을 써서 사용할 수 있다.

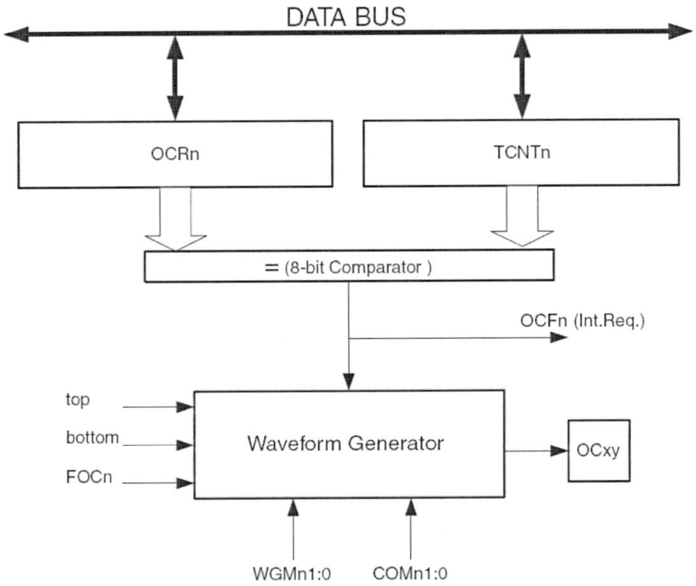

[그림 5.5] Timer/Counter0의 Compare Output 장치의 구조

5.2.4 Timer/Counter0의 Compare Match Output 장치

Compare Output mode(COM01:0)비트는 다음의 두 가지 기능이 있다. Waveform Generator는 COM01:0 비트를 다음 compare match에서 Output Compare(OC0)의 상태를 정의하기 위해 사용하고, COM01:0 비트는 OC0 핀을 출력으로 사용한다.

[그림 5.6]에 COM01:0 비트를 설정하는 방법을 나타냈다. 일반적인 I/O기능은 COM01:0 비트를 어떻게 설정하느냐에 따라서 Output Compare(OC0)에 의해서 기능이 달라지기는 하나, OC0핀의 입출력 방향은 포트의 DDR(Data Direction Register)의 설정에 따라 변경 할 수 있다. 물론 이 DDR의 방향을 출력으로 설정해야만 한다.

Waveform Generator는 COM01:0 비트를 설정함에 따라서 Normal, CTC, PWM 모드의 지정이 가능하다. COM01:0=0 으로 설정하면, Waveform Generator는 OCR0에 어떤 값도 사용할 수 없다.

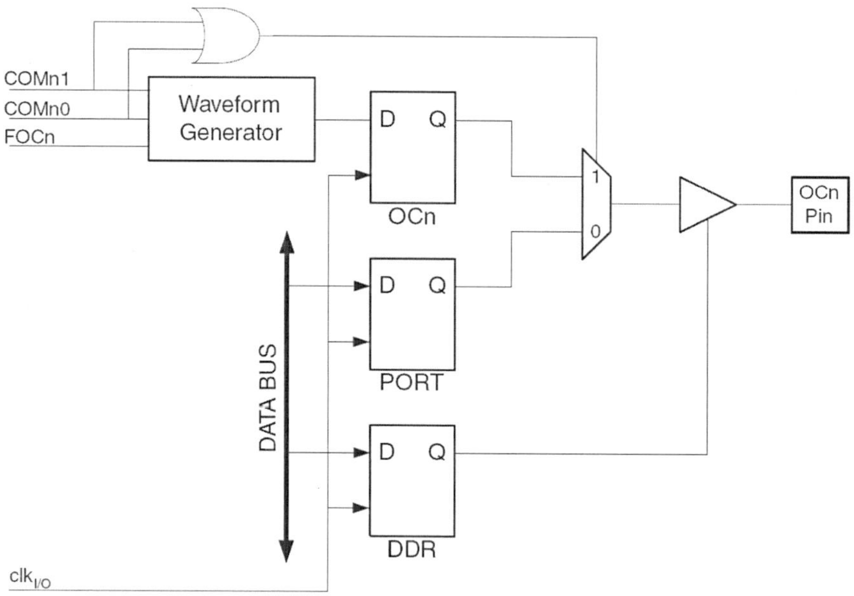

[그림 5.6] Compare Match Output 장치

5.2.5 타이머/카운터0의 레지스터

(1) TCCR0 레지스터

TCCR0(Timer/Counter Control Register) 레지스터는 [그림 5.7]에 나타내었고, 타이머/카운터0의 동작모드를 설정하고 프리스케일러의 분주비를 설정하는 기능을 수행한다.

7	6	5	4	3	2	1	0	
FOC0	WGM00	COM01	COM00	WGM01	CS02	CS01	CS00	TCCR0
W	R/W	R/W	R/W	R/W	R/W	R/W	R/W	
0	0	0	0	0	0	0	0	

[그림 5.7] 타이머/카운터0 제어 레지스터 TCCR0(0x33)

BIT 7 : FOC0(Force Output Compare)은 PWM 모드가 아닌 경우에만 사용되는 것으로 1로 설정하면 OC0단자에 출력을 내보낸다. 특별한 경우에는 사용하지 않는다.

BIT 3, 6 : WGM01~00(Waveform Generation Mode)은 카운터의 동작 모드를

결정한다.

BIT 5, 4 : COM01~00(Compare Match Output Mode)은 OC0 핀의 동작을 설정한다.

BIT 2~0 : CS02~00(Clock Select)은 클럭의 분주비를 [표 5.2]와 같이 선택한다. 분주비가 clk/32인 경우 클럭이 32번 입력이 될 때 TCNT0 값이 1 증가한다.

[표 5.2] CS02~00 비트에 의한 클록의 분주비 선택

CS02	CS01	CS00	클럭 소스의 기능
0	0	0	클럭 입력을 차단(타이머 동작하지 않음)
0	0	1	clk / 1
0	1	0	clk / 8
0	1	1	clk / 32
1	0	0	clk / 64
1	0	1	clk / 128
1	1	0	clk / 256
1	1	1	clk / 1024

(2) TCNT0 레지스터

TCNT0(Timer/Counter Register 0) 레지스터는 [그림 5.8]에 나타내었고, 타이머/카운터 0의 8비트 카운터 값을 저장하고 있는 레지스터이다. 입력되는 클럭과 분주비에 따라 카운터 값을 저장하는 레지스터이다.

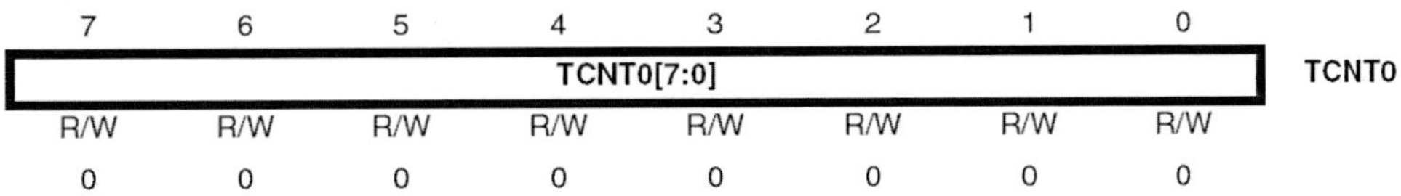

[그림 5.8] 타이머/카운터0 레지스터 TCNT0(0x88)

(3) OCR0 레지스터

OCR0(Timer/Counter Output Compare Register 0) 레지스터는 [그림 5.9]에 나타내었고, 타이머/카운터 레지스터 TCNT0값과 비교하여 OC0 단자에 출력을 발생

하기 위한 8비트 값을 저장하는 레지스터이다.

	7	6	5	4	3	2	1	0
OCR0	OCR0[7:0]							
	R/W	R/W	R/W	R/W	R/W	R/W	R/W	R/W
	0	0	0	0	0	0	0	0

[그림 5.9] 타이머/카운터0 출력비교 레지스터 OCR0(0x31)

(4) ASSR 레지스터

ASSR(Asynchronous State Register) 레지스터는 [그림 5.10]에 나타내었고, 타이머/카운터 0의 외부 클럭에 의하여 비동기 모드로 동작하는 경우에 관련된 기능을 수행한다.

	7	6	5	4	3	2	1	0
ASSR	–	–	–	–	AS0	TCN0UB	OCR0UB	TCR0UB
	R	R	R	R	R/W	R	R	R
	0	0	0	0	0	0	0	0

[그림 5.10] 비동기 상태 레지스터 ASSR(0x30)

BIT 3 : AS0(Asynchronous Timer/Counter 0)은 타이머/카운터 0의 클럭 소스를 선택하는 비트이다. 0으로 하면 내부 클럭이 선택되고 1로 하면 TOSC1 단자에 입력되는 클럭이 선택되어 비동기 모드로 동작한다.

BIT 2 : TCN0US(Timer/Count 0 Update Busy)은 타이머/카운터 0의 외부에서 TOSC1 단자로 입력되는 클럭에 의하여 비동기로 동작하고 있을 때 TCNT0 레지스터에 새로운 값을 쓰게 되면 이 비트가 1로 셋트 된다. 이 값이 임시 레지스터로부터 TCNT0 레지스터에 옮겨져서 TCNT0의 라이트가 완료되면 이 비트는 다시 자동적으로 0이 된다.

BIT 1 : OCR0UB(Output Compare Register 0 Updata Busy)은 타이머/카운터 0이 외부에서 TOSC1 단자로 입력되는 클럭에 의하여 비동기로 동작하고 있을 때 OCR0 레지스터에 새로운 값을 쓰게 되면 이 비트가 1로 셋트 된다. 그러다가 이 값이 임시 레지스터로부터 OCR0 레지스터에 옮겨져서 OCR0의 라이트가 완료되면 이 비트는 다시 자동적으로 0이 된다.

BIT 0 : TCR0UB(Timer/Counter Control Register 0 Update Busy)은 타이머/카운터 0의 외부에서 TOSC1 단자로 입력되는 클럭에 의하여 비동기로 동작하고 있을 때 TCCR0 레지스터에 새로운 값을 쓰게 되면 이 비트가 1로 셋트된다. 그리고 임시레지스터로부터 TCCR0 레지스터에 옮겨져서 TCCR0 라이트가 완료되면 이 비트는 다시 자동적으로 0이 된다.

(5) TIMSK 레지스터

TIMSK(Timer/Counter Interrupt Mask Register) 레지스터는 [그림 5.11]에 나타내었고, 타이머/카운터 0~2가 발생하는 인터럽트를 개별적으로 허용하는 기능을 수행하는 레지스터이다.

	7	6	5	4	3	2	1	0	
	OCIE2	TOIE2	TICIE1	OCIE1A	OCIE1B	TOIE1	OCIE0	TOIE0	TIMSK
	R/W	R/W	R/W	R/W	R/W	R/W	R/W	R/W	
	0	0	0	0	0	0	0	0	

[그림 5.11] 타이머/카운터 인터럽트 마스크 레지스터 TIMSK(0x37)

BIT 1 : OCIE0(Timer/Counter0 Output Compare Match Interrupt Enable)은 1로 설정되면 TCNT0와 OCR0 레지스터 값이 같을 때 인터럽트가 발생된다. 이때 타이머/카운터 0의 출력비교 인터럽트가 발생되어 TIFR 레지스터의 OCF0 비트가 1로 된다.

BIT 0 : TOIE0(Timer/Counter 0 Overflow Interrupt Enable)은 1로 설정되고 TCNT0값이 0xFF에서 0x00으로 오버플로우가 발생되면 인터럽트가 발생된다. 오버플로우 인터럽트가 발생되면 TIFR 레지스터의 TOV0 비트가 1로 된다.

(6) TIFR 레지스터

TIFR(Timer/Counter Interrupt Flag Register) 레지스터는 [그림 5.12]에 나타내었고, 타이머/카운터 0~2가 발생하는 인터럽트 플래그가 저장되는 레지스터이다.

7	6	5	4	3	2	1	0	
OCF2	TOV2	ICF1	OCF1A	OCF1B	TOV1	OCF0	TOV0	TIFR
R/W	R/W	R/W	R/W	R/W	R/W	R/W	R/W	
0	0	0	0	0	0	0	0	

[그림 5.12] 타이머/카운터 인터럽트 플래그 레지스터 TIFR(0x36)

BIT 1 : OCF0(Output Compare Match Flag 0)은 타이머/카운터0의 TCNT0 레지스터와 출력비교 레지스터 OCR0 값을 비교하여 같으면 1로 셋트 되면서 인터럽트가 요청된다. 그리고 인터럽트가 시작되면 0으로 클리어 된다.

BIT 0 : TOV0(Timer/Counter 0 Overflow Flag)은 타이머/카운터0의 TCNT0가 발생되면 1로 셋트 되고 인터럽트가 요청된다. 인터럽트가 실행되면 자동적으로 0으로 클리어 된다.

5.3 타이머/카운터 2

타이머/카운터2는 PWM(Pulse Width Modulation) 및 8비트 업/다운 카운터로서 프리스케일을 통하여 내부 클럭을 소스로 받아서 동작하는 타이머 기능과 외부 클럭을 소스로 받아서 동작하는 카운터 기능이 있다.

타이머/카운터2를 위한 외부 입력핀으로 T2가 있고 출력핀으로 OC2가 있다. 프리스케일러에 의하여 분주비 1, 8, 64, 256, 1024 중의 하나로 분주될 수 있고 클럭이 차단될 수도 있다.

5.3.1 Timer/Counter2 프리스케일러(Prescaler)

Timer/Counter2의 클럭 소스의 이름은 clkT2S이며 초기 값으로는 시스템 입출력 클럭인 clkIO로 연결되있다. Timer/Counter2의 프리스케일러는 clkT2S/8, clkT2S/64, clkT2S/256, clkT2S/1024 등이 있고 clkT2S가 "0"이면 정지된다. SFIOR 레지스터의 PSR321 비트가 "0"이면 프리스케일러는 리셋 된다.

[그림 5.12]에서 CK는 시스템 클럭으로써 16MHz가 입력된다.

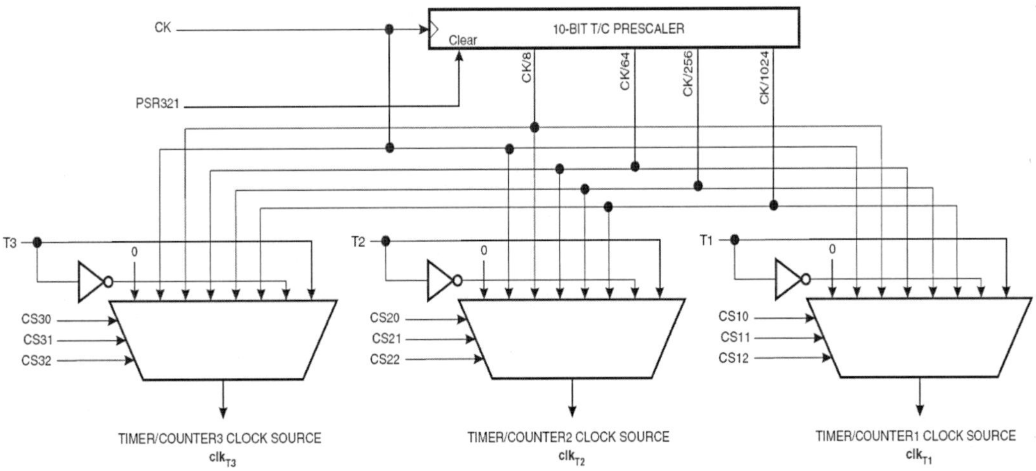

[그림 5.12] Timer/Counter2의 프리스케일러

다음은 Special Function IO Register(SFIOR)의 기능을 나타낸다.

Bit	7	6	5	4	3	2	1	0	
	TSM	–	–	–	ACME	PUD	PSR0	PSR321	SFIOR
Read/Write	R/W	R	R	R	R/W	R/W	R/W	R/W	
Initial Value	0	0	0	0	0	0	0	0	

[그림 5.13] SFIOR의 비트구성

BIT 7 : TSM(Timer/Counter Synchronization Mode)

"1" = Timer/Counter0의 동기 모드가 된다. 이 모드에서는 PSR0와 PSR321에 쓴 값은 그대로 유지된다.

“0” = PSR0와 PSR321에 쓴 값은 하드웨어에 의해서 클리어 된다.

BIT 0 : PSR321(Prescaler Reset Timer/Counter1,2,3)

"1" = Timer/Counter123의 Prescaler가 리셋 된다.

“0” = 영향 없다.

만약 Timer/Counter123이 비동기 모드에서 동작할 경우 이 비트에 특정 값을 쓰면 프리스케일러가 리셋 될 때까지 “1”의 값을 유지하게 된다.

5.3.2 Timer/Counter2의 클럭 소스

Timer/Counter2는 내부 및 외부 클럭을 클럭 소스로 사용할 수 있다. Timer/Counter2의 클럭 소스 clkIO로 연결되어 있다. 8비트 Timer/Counter2는 양방향 카운터 장치로 구성되어 있고 [그림 5.14]에 나타냈다.

[그림 5.14]에서 외부클럭 입력핀인 Tn에서 카운터 입력을 받거나 타이머의 프리스케일러의 출력 핀으로부터 clk_{T2}에서 카운터가 증가하거나 감소하거나 클리어 된다. 이때 클럭 선택 비트 CS22:0을 설정하여 클럭을 선택한다. 카운터 순서는 Timer/Counter2 Control Register TCCR2레지스터의 WGM21과 WGM20을 설정하여 결정한다. [그림 5.14]에서 top은 TCNT2가 최대값에 도달하는 값이고 bottom은

TCNT2가 최소값(0)에 도달하는 값을 각각 나타낸다.

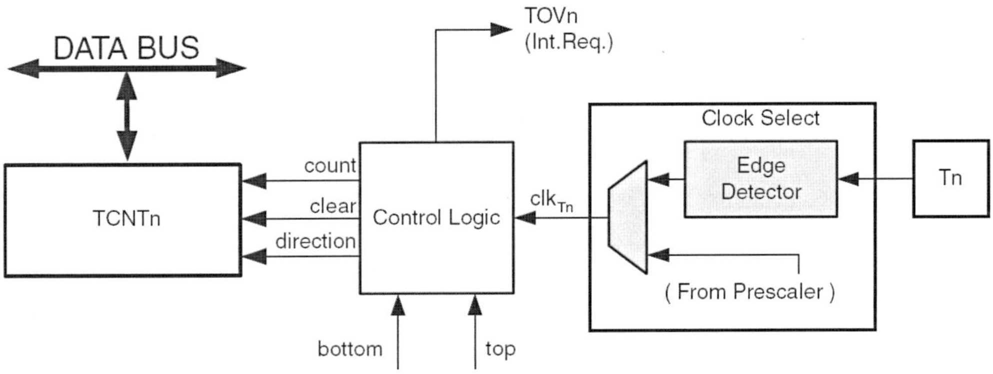

[그림 5.14] Timer/Counter2의 카운터 내부 동작(n=2)

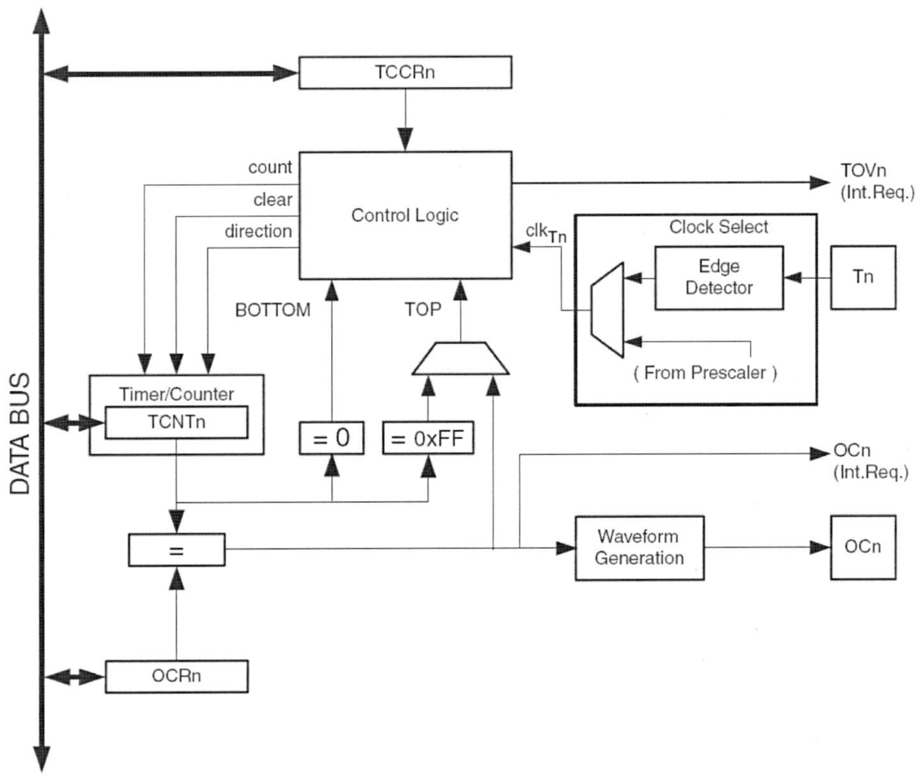

[그림 5.15] Timer/Counter2 내부 구조(n=2)

[그림 5.15]는 8비트 Timer/Counter2의 내부구조를 나타내고 있으며, 실제 IO핀은 Timer/Counter2의 핀으로 대체되었다. Timer/Counter2의 타이머 값(TCNT2)과 Output Compare Register(OCR2)는 8비트로 되어 있으며, Timer/Counter2는 내부적으로는 프리스케일러를 통해 사용 가능하고 외부적으로는 카운터 핀으로 클럭을 사용할 수 있다.

5.3.3 Timer/Counter2의 Output Compare 장치

비교기는 연속해서 TCNT2값과 Output Compare Register(OCR2) 값을 비교해 나긴다. TCNT2값과 OCR2값이 같을 때 비교기는 match 신호를 발생한다. [그림 5.16]은 Compare Output Compare 장치의 구조를 나타내고 있다.

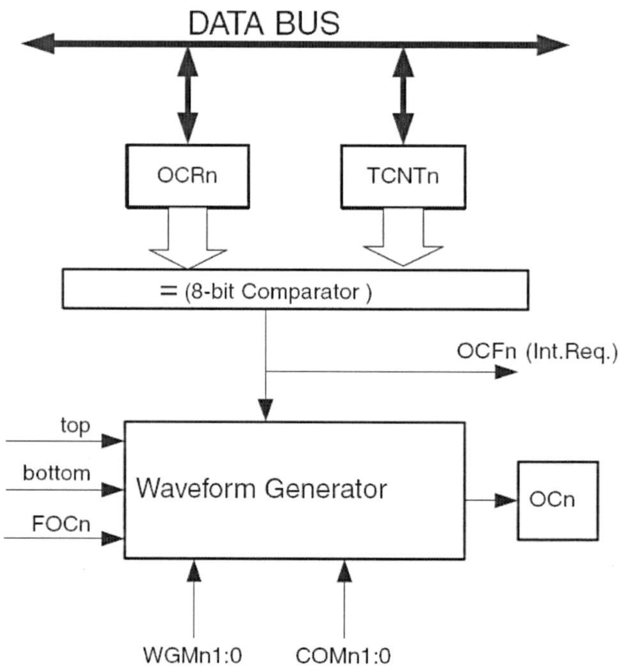

[그림 5.16] Timer/Counter2 Output Compare 장치

일치(match) 신호는 타이머 클럭의 다음 사이클에서 Output Compare Flag(OCF2)를 셋하고, OCIE2비트와 SREG레지스터의 I 비트가 각각 “1”로 셋 되어 있으면,

Output Compare Flag(OCF2)는 Output Compare Interrupt를 발생한다.

OCF2플래그는 인터럽트가 실행이 되고 나면 자동으로 클리어 된다. 또한 OCF2 비트에 "1"을 write하면 소프트웨어적으로 클리어 된다.

WGM21:0동작 모드 비트와 COM21:0 Compare Output mode 비트의 설정에 따라 출력 파형 발생장치(waveform generator)는 match 신호를 발생시킨다.

OCR2레지스터는 Normal mode와 CTC mode인 경우를 제외하고, PWM모드로 동작할 경우 더블 버퍼(double buffer)로 동작한다. 더블 버퍼는 카운터 순서의 TOP 또는 BOTTOM에서 OCR2Output Compare Register에 새로운 값의 업데이트를 할 수 있게 한다. non-PWM waveform generation mode에서, 비교기의 비교출력(match output)은 Force Output Compare2(FOC2)비트에 "1"을 써서 사용한다.

5.3.4 Timer/Counter2의 Compare Match Output 장치

Compare Output mode(COM21:0) 비트는 다음과 같은 두 가지 기능이 있다. Waveform Generator는 COM21:0 비트를 다음 compare match에서 Output Compare(OC2)의 상태를 정의하기 위해 사용하고, COM21:0 비트는 OC2핀을 출력으로 사용한다.

[그림 5.17]에 COM21:0비트를 설정하는 방법이 나타나 있다. 일반적인 I/O기능은 COM21:0 비트를 어떻게 설정하느냐에 따라서 Output Compare(OC2)에 의해서 기능이 달라지기는 하나, OC2핀의 입출력 방향은 포트의 DDR(Data Direction Register)의 설정에 따라 변경 할 수 있다. 물론 이 DDR의 방향을 출력으로 설정해야 한다.

Waveform Generator는 COM21:0 비트를 설정함에 따라서 Normal, CTC, PWM 모드의 지정을 선택할 수 있다. COM21:0=0으로 설정하면, Waveform Generator는 OCR2에 어떤 값도 사용 할 수 없게 된다.

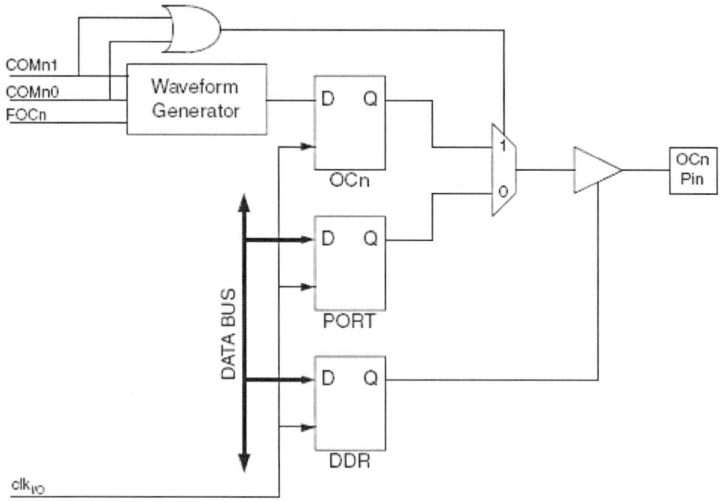

[그림 5.17] Compare Match Output 장치

5.3.5 타이머/카운터2의 레지스터

(1) TCCR2 레지스터

TCCR2(Timer/Counter Control Register) 레지스터는 [그림 5.18]에 나타내었고, 타이머/카운터 2의 동작모드를 설정하고 프리스케일러의 분주비를 설정하는 기능을 수행한다.

	7	6	5	4	3	2	1	0
TCCR2	FOC2	WGM20	COM21	COM20	WGM21	CS22	CS21	CS20
	W	R/W	R/W	R/W	R/W	R/W	R/W	R/W
	0	0	0	0	0	0	0	0

[그림 5.18] 타이머/카운터2 제어 레지스터 TCCR2

BIT 7 : FOC2(Force Output Compare)은 PWM 모드가 아닌 경우에만 사용되는 것으로 1로 설정하면 OC2단자에 출력을 내보낸다. 그리고 이 출력신호는 OCM21~20 비트의 설정에 의하여 결정된다. 특별한 경우에는 사용하지 않는다.

BIT 3, 6 : WGM21~20(Waveform Generation Mode)은 카운터의 동작 모드를 결정한다.

BIT 5, 4 : COM21~20(Compare Match Output Mode)은 OC2 핀의 동작을 설정한다.

BIT 2~0 : CS22~20(Clock Select)은 클럭의 분주비를 [표 5.3]과 같이 선택한다. 분주비가 clk/8인 경우 클럭이 8번 입력이 될 때 TCNT2 값이 1 증가한다.

[표 5.3] CS02~00 비트에 의한 클럭의 분주비 선택

CS22	CS21	CS20	클럭 소스의 기능
0	0	0	클럭 입력을 차단(타이머 동작하지 않음)
0	0	1	clk / 1
0	1	0	clk / 8
0	1	1	clk / 64
1	0	0	clk / 256
1	0	1	clk / 1024
1	1	0	T2 핀에서 입력되는 외부클럭(하강에지에서동작)
1	1	1	T2 핀에서 입력되는 외부클럭(상승에지에서동작)

(2) TCNT2 레지스터

TCNT0(Timer/Counter Register 2) 레지스터는 [그림 5.19]에 나타내었고, 타이머/카운터 0의 8비트 카운터값을 저장하고 있는 레지스터이다. 입력되는 클럭과 분주비에 따라 카운터 값을 저장하는 레지스터이다.

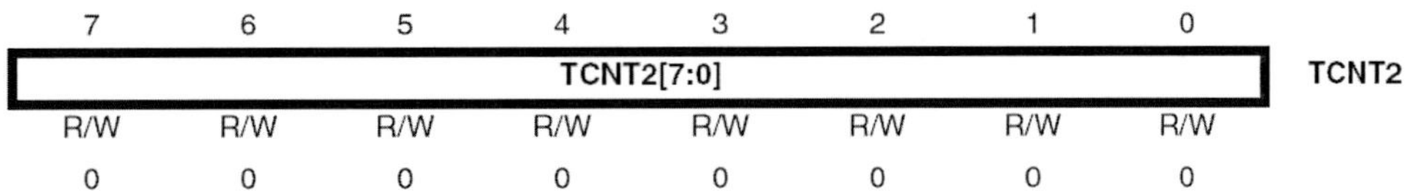

[그림 5.19] 타이머/카운터2 레지스터 TCNT2

(3) OCR2 레지스터

OCR2(Timer/Counter Output Compare Register 2) 레지스터는 [그림 5.20]에 나타내었고, 타이머/카운터 레지스터 TCNT2값과 비교하여 OC2 단자에 출력을 발생하기 위한 8비트 값을 저장하는 레지스터이다.

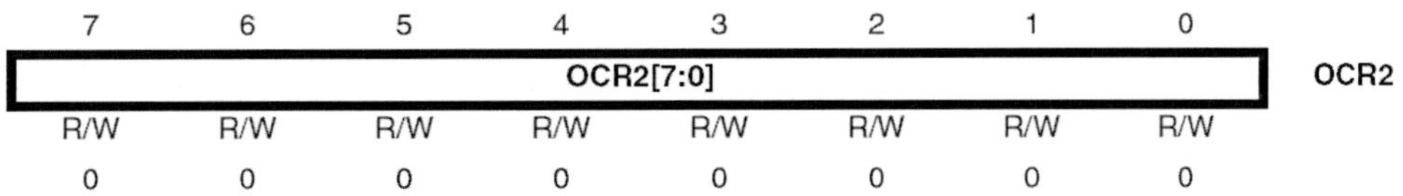

[그림 5.20] 타이머/카운터2 출력비교 레지스터 OCR2

(4) TIMSK 레지스터

TIMSK(Timer/Counter Interrupt Mask Register) 레지스터는 [그림 5.21]에 나타내었고, 타이머/카운터 0~2가 발생하는 인터럽트를 개별적으로 허용하는 기능을 수행하는 레지스터이다.

	7	6	5	4	3	2	1	0
TIMSK	OCIE2	TOIE2	TICIE1	OCIE1A	OCIE1B	TOIE1	OCIE0	TOIE0
	R/W	R/W	R/W	R/W	R/W	R/W	R/W	R/W
	0	0	0	0	0	0	0	0

[그림 5.21] 타이머/카운터 인터럽트 마스크 레지스터 TIMSK

BIT 7 : OCIE2(Timer/Counter0 Output Compare Match Interrupt Enable)는 1로 설정되면 TCNT2와 OCR2 레지스터 값이 같아지면 인터럽트가 발생된다. 이때 타이머/카운터 0의 출력비교 인터럽트가 발생되어 TIFR 레지스터의 OCF2 비트가 1로 된다.

BIT 6 : TOIE2(Timer/Counter 0 Overflow Interrupt Enable)는 1로 설정되고 TCNT2값이 0xFF에서 0x00으로 오버플로우가 발생되면 인터럽트가 발생된다. 오버플로우 인터럽트가 발생되면TIFR 레지스터의 TOV2 비트가 1로 된다.

(5) TIFR 레지스터

TIFR(Timer/Counter Interrupt Flag Register) 레지스터는 [그림 5.22]에 나타내었고, 타이머/카운터 0~2가 발생하는 인터럽트 플래그가 저장되는 레지스터이다.

	7	6	5	4	3	2	1	0
TIFR	OCF2	TOV2	ICF1	OCF1A	OCF1B	TOV1	OCF0	TOV0
	R/W	R/W	R/W	R/W	R/W	R/W	R/W	R/W
	0	0	0	0	0	0	0	0

[그림 5.22] 타이머/카운터 인터럽트 플래그 레지스터 TIFR

BIT 7 : OCF2(Output Compare Match Flag 2)는 타이머/카운터2의 TCNT2 레지스터와 출력비교 레지스터 OCR2 값을 비교하여 같으면 1로 셋 되면서 인터럽트가 요청된다. 그리고 인터럽트가 시작되면 0으로 클리어 된다.

BIT 6 : TOV2(Timer/Counter 2 Overflow Flag)는 타이머/카운터2의 TCNT2가 발생되면 1로 셋 되고 인터럽트가 요청된다. 인터럽트가 실행되면 자동적으로 0으로 클리어 된다.

5.4 타이머/카운터 1, 3

타이머/카운터1과 3은 각각 3개씩(OC1A, OC1B, OC1C, OC3A, OC3B, OC3C)의 PWM 출력 및 캡처 기능을 가지는 16비트 업/다운 카운터로서 프리스케일을 통하여 내부 클럭을 소스로 받아서 동작하는 타이머 기능과 외부 클럭을 소스로 받아서 동작하는 카운터 기능이 있다. 프리스케일러에 의하여 분주비 1, 8, 64, 256, 1024 중의 하나로 분주되거나 클럭이 차단될 수도 있다.

5.4.1 Timer/Counter1,3의 프리스케일러(Prescaler)

Timer/Counter1와 Timer/Counter2, Timer/Counter3은 동일한 프리스케일러를 사용하지만, 프리스케일러를 설정하는 방법은 다르다. Timer/Counter는 시스템 클럭을 CSn2:0=1로 설정하여 직접 받아서 사용할 수도 있으나, 이것은 시스템 클럭 주파수(fCLK_IO)의 최고 속도를 그대로 사용하므로 상당히 빠른 주파수가 된다. 그래서 프리스케일러를 클럭의 입력으로 사용하는데, fCLK_IO/8, fCLK_IO/64, fCLK_IO/256, fCLK_IO/1024로 각각 사용 가능하다.

프리스케일러는 자유 증가형(free-running)으로 Timer/Counter와는 별개로 독립적으로 동작하나, Timer/Counter1과 Timer/Counter2, Timer/Counter3은 함께 사용된다. 프리스케일러는 Timer/Counter의 클럭 설정과 상관없으므로, 프리스케일러를 한번 설정하면 재설정하기까지는 그 값을 계속해서 유지한다.

T1/T2/T3핀에 입력되는 외부 클럭 소스는 Timer/Counter의 클럭(clkT1, clkT2, clkT3)으로 사용될 수 있다. T1/T2/T3핀의 클럭은 시스템 클럭의 매 사이클에서 핀 동기가 이루어진다. [그림 5.23]은 T1/T2/T3핀의 동기 로직과 에지 검출 장치를 나타내었다. 이 에지 검출 장치는 CSn2:0=7이면 상승 에지, CSn2:0=6이면 하강에지에서 검출한다.

동기장치와 에지 검출 장치는 T1/T2/T3핀에 클럭이 입력되고 나서 2.5~3.5시스템 클럭만큼의 지연시간이 걸린다. 에지 검출 장치는 샘플링을 사용하기 때문에 외부 최대 주파수는 샘플 주파수의 절반 이상을 넘기면 안 된다. [그림 5.24]에 Timer/Counter1과 Timer/Counter2, Timer/Counter3의 프리스케일러를 나타냈다.

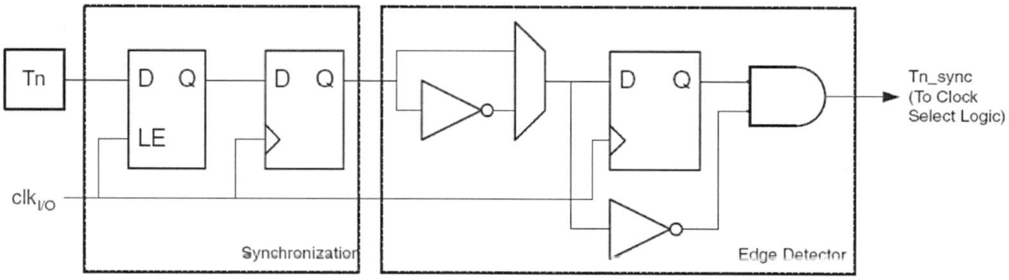

[그림 5.23] T1/T2/T3핀 샘플링 구조

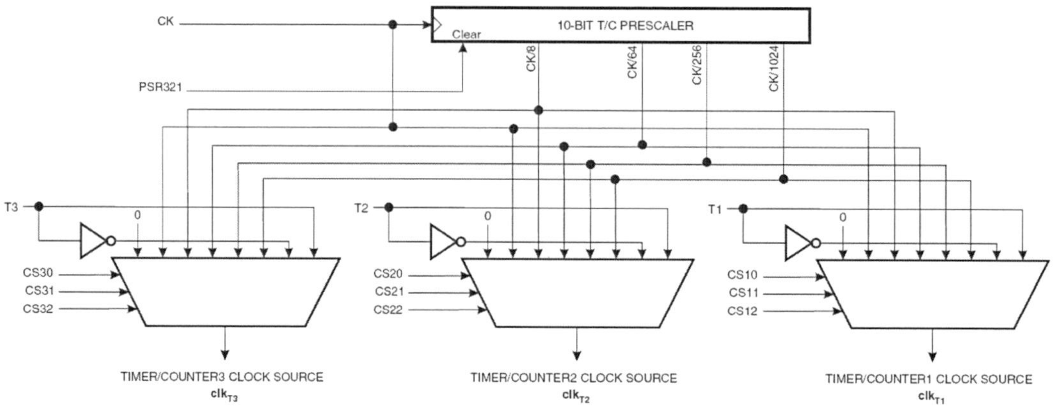

[그림 5.24] Timer/Counter1 Timer/Counter2, Timer/Counter3의 프리스케일러

다음은 Special Function IO Register(SFIOR)의 기능을 나타낸다.

Bit	7	6	5	4	3	2	1	0	
	TSM	–	–	–	ACME	PUD	PSR0	PSR321	SFIOR
Read/Write	R/W	R	R	R	R/W	R/W	R/W	R/W	
Initial Value	0	0	0	0	0	0	0	0	

[그림 5.25] Special Function IO Register(SFIOR)의 기능

BIT 7 : TSM(Timer/Counter Synchronization Mode)

"1" = Timer/Counter0의 동기 모드가 된다. 이 모드에서는 PSR0와 PSR321에 쓴 값은 그대로 유지된다.

"0" = PSR0와 PSR321에 쓴 값은 하드웨어에 의해서 클리어 되어 진다.

BIT 0 : PSR321(Prescaler Reset Timer/Counter1,2,3)

"1" = Timer/Counter123의 Prescaler가 리셋 된다.

"0" = 영향 없다.

만약 Timer/Counter123이 비동기 모드에서 동작할 경우 이 비트에 특정 값을 쓰면 프리스케일러가 리셋 될 때까지 "1"의 값을 유지하게 된다.

5.4.2 Timer/Counter1, 3의 클럭 소스

Timer/Counter1, 3은 내부 및 외부의 클럭 소스를 사용하여 클럭으로 사용한다. 이 클럭 소스는 TCCRnB레지스터의 클럭 소스 선택 비트(CSn2:0)를 설정하여 사용 가능하며, Timer/Counter1, 3은 양 방향 카운터로 [그림 5.26]에 나타냈다.

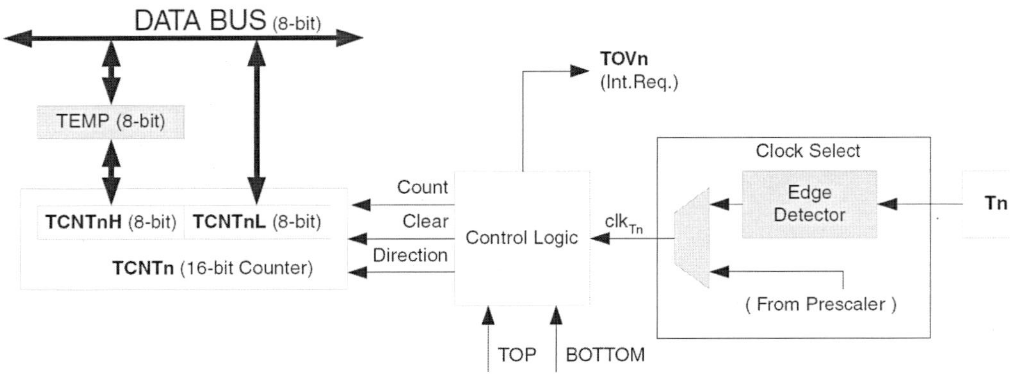

[그림 5.26] Timer/Counter1, 3의 카운터 내부 동작

모드의 동작에 따라서 각 타이머 클럭(clkTn)에서 카운터가 증가하거나 감소하거나 클리어된다. clkTn는 내부 또는 외부 클럭 소스를 발생할 수 있고, 클럭 선택 비트 CSn2:0를 설정하여 사용 할 수 있다. 카운터 순서는 Timer/Counter1 Control Register TCCRn레지스터의 WGMn1과 WGMn0을 설정하여 결정한다.

[그림 5.27]은 16비트 Timer/Counter1, 3의 구조를 나타내며, 실제 IO핀은

Timer/Counter1, 3의 핀으로 대체되었다.

Timer/Counter1, 3의 타이머 값(TCNTn)과 Output Compare Register(OCRn)는 16비트로 되어 있고, Timer/Counter1, 3은 내부적으로는 프리스케일러를 통하여 사용할 수 있고, 외부적으로는 T1 또는 T3핀으로 클럭을 사용 가능 하다.

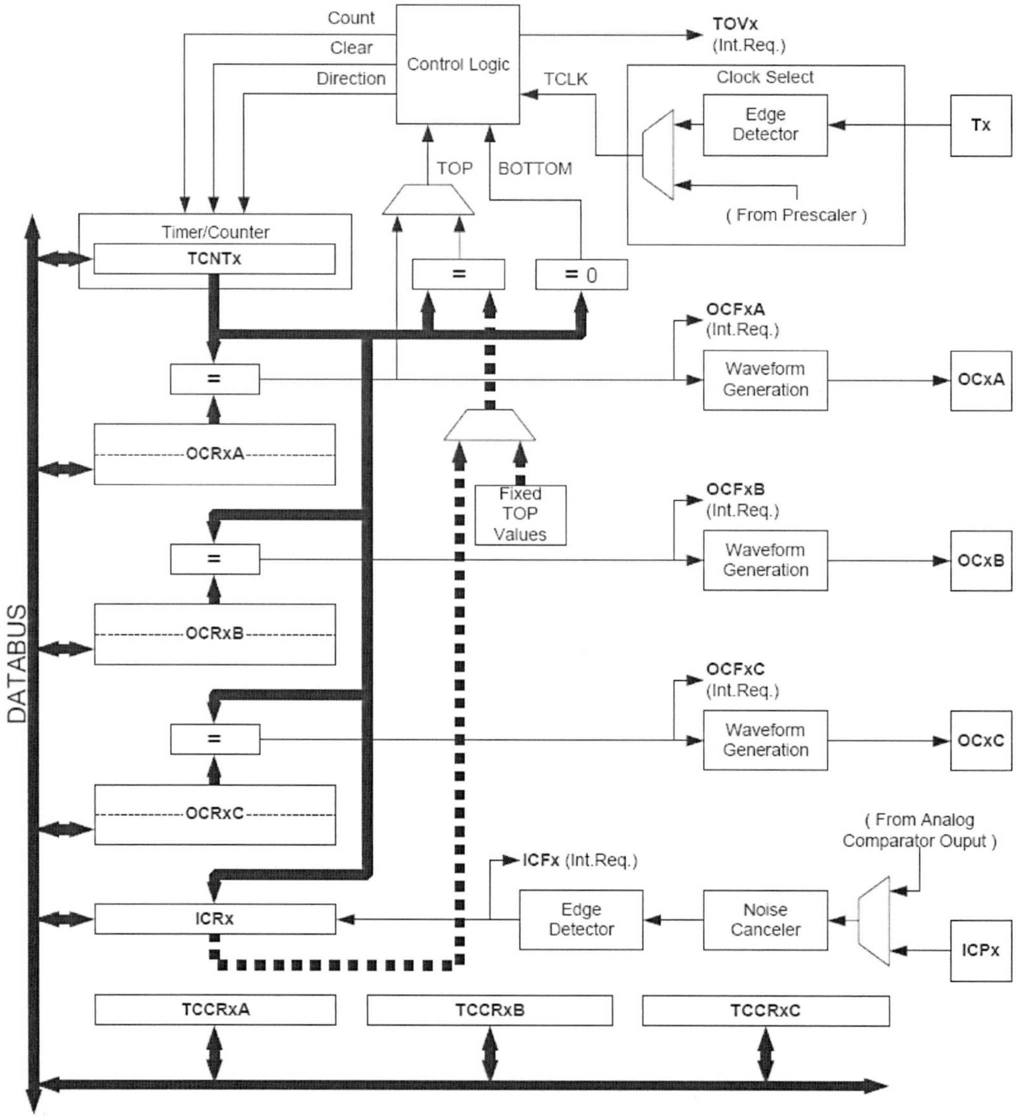

[그림 5.27] 16비트 Timer/Counter1, 3의 내부구조

5.4.3 Timer/Counter1, 3의 input Capture 장치

Timer/Counter1, 3에는 Input Capture 장치가 내장되어 있어서 외부 이벤트를 검출하여 사건이 발생된 시간을 저장할 수 있다. 하나의 신호 및 다양한 신호로 발생되는 외부 신호는 ICPn핀 또는 Analog Comparator를 통하여 접근 할 수 있다. 이 기능을 이용하여 신호의 주파수 및 듀티비를 계산할 수 있다. 입력 캡처 핀(ICPn) 또는 아날로그 비교기의 출력(ACO)에서 발생된 신호 변화를 신호 검출기에서 검출하여 캡처가 이루어진다. 캡처가 발생되면 16비트 카운터 값(TCNTn)은 입력 캡처 레지스터(ICRn)에 저장되고, 이와 동시에 입력 캡처 플래그(ICFn)는 "1"로 셋된다. 만약 SREG의 I비트가 "1"로 설정되어 있고, TICIEn=1로 설정되어 있으면 입력캡처 인터럽트가 발생한다. 이 인터럽트가 실행이 되면 ICFn은 자동으로 "0"으로 클리어 된다. 또한 ICFn에 직접 "1"을 써서 클리어 시킬 수 있다.

입력 캡처 레지스터(ICRn)를 읽을 경우에는 하위 바이트(ICRnL)를 먼저 읽고 난 후에 상위 바이트(ICRnH)를 읽어야 하고, 하위 바이트를 읽을 때 상위 바이트는 임시 저장 레지스터에 저장된다.

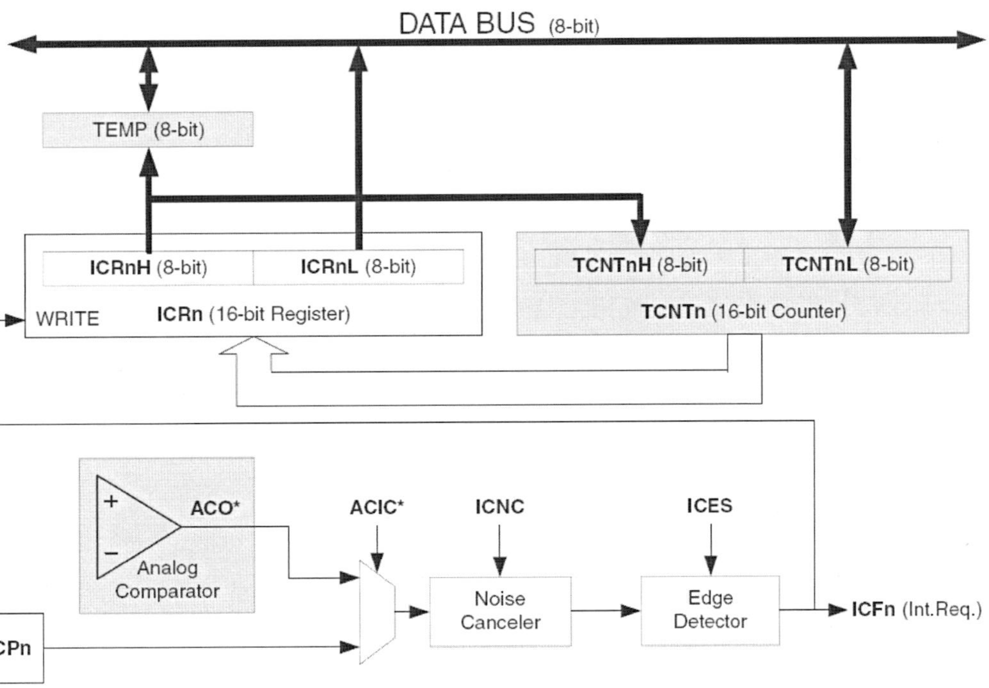

[그림 5.28] Timer 1,3의 Input Capture 구조

ICRn 레지스터는 카운터의 TOP값을 설정할 때 사용되는 Waveform Generation mode에서만 적용된다. 이 경우에 Waveform Generation mode(WGMn3:0) 비트는 TOP값이 ICRn레지스터에 쓰기 전에 설정해야만 한다. ICRn 레지스터에 값을 쓸 경우에는 읽을 때와는 반대로 상위 바이트(ICRnH)를 먼저 쓰고 하위 바이트(ICRnL)를 써야만 한다.

Input Capture장치의 주요 트리거 소스는 입력 캡처 핀(ICPn)에 의해서 이루어지며, 타이머/카운터1은 Input Capture장치를 아날로그 비교기의 출력(ACO)을 대신 이용할 수도 있다. ACSR레지스터의 Analog Comparator Input Capture(ACIC)비트를 설정하여 선택 가능하다. 트리거 소스를 변경하려면 Input Capture flag를 "0"으로 클리어한 후에 바꾸어야 하고, Input Capture 핀(ICPn)과 Analog Comparator Output(ACO)입력은 Tn핀의 동일한 시점에서 샘플링되며, 에지 검출기도 마찬가지이다. 그러나 노이즈 제거기가 설정되면, 에지 검출기 앞에 추가 로직이 삽입되는데 이로 인해서 4개의 사이클이 늘어난다.

노이즈 제거기는 간단한 디지털 필터를 통하여 입력해 들어오는 펄스의 노이즈를 제거한다. 이 때 4개를 샘플하여 동일한 경우에만 그 값을 인정하게 된다. 노이즈 제거기를 설정하기 위해서는 TCCRnB레지스터의 Input Capture Noise Canceler(ICNC) 비트를 "1"로 설정함으로써 가능하다.

5.4.4 Timer/Counter1, 3의 Output Compare장치

16비트 비교기는 연속해서 TCNTn 값과 Output Compare Register(OCRnx) 값을 비교한다. TCNTn값과 OCRnx값이 같을 때마다 비교기는 match신호를 발생한다. match신호는 타이머 클록의 다음 사이클에서 Output Compare Flag(OCFnx)를 셋하고, OCIEnx비트와 SREG레지스터의 I비트가 "1"로 셋되어 있으면, Output Compare Flag(OCFnx)는 Output Compare Interrupt를 발생한다. OCFnx플래그는 인터럽트가 실행이 되고 나면 자동으로 클리어 된다. 또 다른 방법은 OCFnx비트에 "1"을 써 넣어 소프트웨어적으로 클리어 할 수 도 있다. WGMn3:0동작 모드 비트와 COMnx1:0 Compare Output mode비트의 설정에 따라서 출력을 만들어 내기 위하여 파형 발생장치(waveform generator)는 match신호를 발생시킨다. [그림 5.29]에 Compare Output 장치의 구조를 나타내었다.

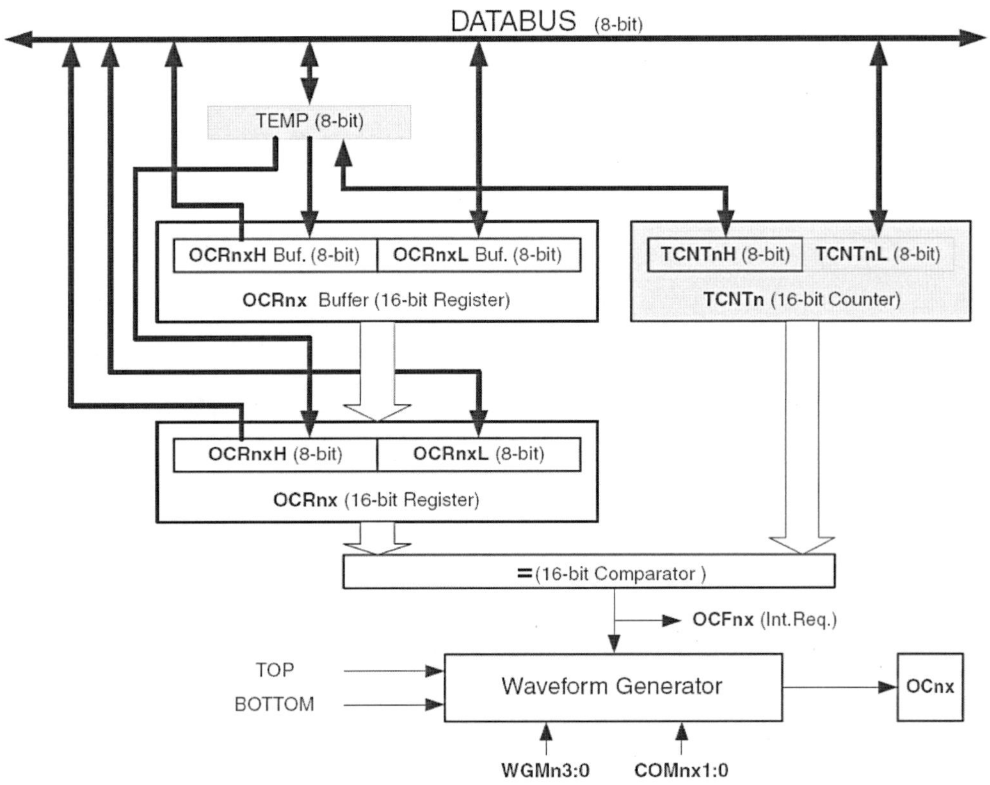

[그림 5.29] Timer 1, 3의 Compare Output 장치의 구조

여기서 n=1 또는 3을 각각 나타내고 x는 A, B, C를 각각 나타낸다.

OCRnx레지스터는 Normal mode, CTC mode인 경우를 제외하고, PWM 모드로 동작할 경우에는 더블 버퍼(double buffer)로 동작한다. 더블 버퍼(double buffer)는 카운터 순서의 TOP 또는 BOTTOM에서 OCR1x Output Compare Register에 새로운 값의 업데이트를 가능하게 한다. non-PWM waveform generation mode에서, 비교기의 match output은 Force Output Compare(FOCnx)비트에 "1"을 써서 사용 가능하다.

5.4.5 Timer/Counter1, 3의 Compare Match Output장치

Compare Output mode(COMnx1:0)비트는 다음과 같은 두 가지 기능이 있다. Waveform Generator는 COMnx1:0비트는 OCnx핀을 출력으로 사용한다. [그림 5.30]에 COMnx1:0비트를 설정하는 방법을 나타냈다. 일반적인 I/O기능은 COMnx1:0 비트를 어떻게 설정하느냐에 따라서 Output Compare(OCnx)에 의해서 기능이 달라지기는 하나, OCn핀의 입출력 방향은 포트의 DDR(Data Direction Register)의 설정에 따라 변경 가능하다. 물론 이 DDR의 방향을 출력으로 설정하여야만 한다. Waveform Generator는 COMnx1:0비트를 설정함에 따라서 Normal, CTC, PWM모드의 지정이 가능해진다. COMnx1:0=0으로 설정하면, Waveform Generator는 OCRnx에 어떤 값을 사용할 수 없게 된다.

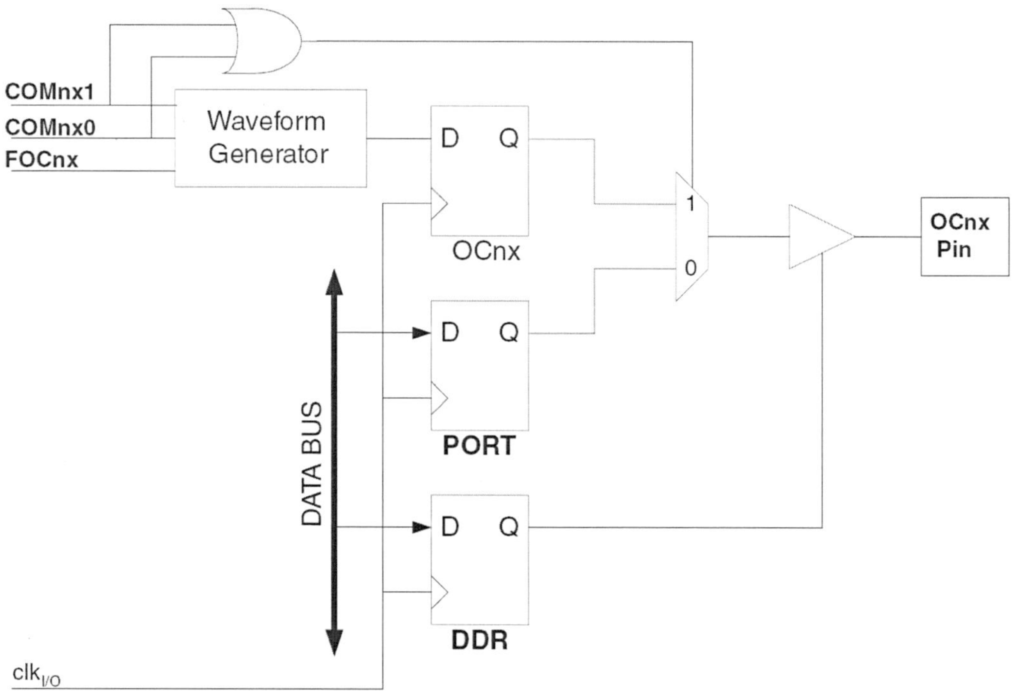

[그림 5.30] Compare Match Output 장치

5.4.6 타이머/카운터1, 3의 레지스터

(1) TCCR1A, TCCR3A 레지스터

TCCR1A, TCCR3A(Timer/Counter1 or 3 Control Register A) 레지스터는 [그림 5.31], [그림 5.32]에 나타내었고, 타이머/카운터 1, 3의 동작모드를 설정하고 출력비교 단자의 파형 발생에 관한 동작을 지정하는 등의 기능을 수행한다.

7	6	5	4	3	2	1	0	
COM1A1	COM1A0	COM1B1	COM1B0	COM1C1	COM1C0	WGM11	WGM10	TCCR1A
R/W	R/W	R/W	R/W	R/W	R/W	R/W	R/W	
0	0	0	0	0	0	0	0	

[그림 5.31] 타이머/카운터1 제어 레지스터 TCCR1A

7	6	5	4	3	2	1	0	
COM3A1	COM3A0	COM3B1	COM3B0	COM3C1	COM3C0	WGM31	WGM30	TCCR3A
R/W	R/W	R/W	R/W	R/W	R/W	R/W	R/W	
0	0	0	0	0	0	0	0	

[그림 5.32] 타이머/카운터3 제어 레지스터 TCCR3A

BIT 1, 0(WGMn1, WGMn0)는 각각 TCCR1B, TCCR3B의 WGMn3, WGMn2와 결합하여 타이머/카운터 1, 3의 동작모드를 결정한다.

BIT7, 6(COMnA1, COMnA0)과 BIT5, 4 (COMnB1, COMnB0) 그리고 BIT3, 2 (COMnC1, COMnC0)는 각각 OCnA, OCnB, OCnC 핀의 동작을 설정한다.

(2) TCCR1B, TCCR3B 레지스터

TCCR1B, TCCR3B(Timer/Counter1 or 3 Control Register B) 레지스터는 [그림 5.33], [그림 5.34]에 나타내었고, 타이머/카운터1, 3의 입력 캡쳐에 관련된 기능을 설정하거나 프리스케일러의 분주비를 설정하는 기능과 TCCR1A, TCCR3A와 같이 동작모드를 결정하는 기능을 한다.

7	6	5	4	3	2	1	0	
ICNC1	ICES1	–	WGM13	WGM12	CS12	CS11	CS10	TCCR1B
R/W	R/W	R	R/W	R/W	R/W	R/W	R/W	
0	0	0	0	0	0	0	0	

[그림 5.33] 타이머/카운터1 제어 레지스터 TCCR1B

7	6	5	4	3	2	1	0	
ICNC3	ICES3	–	WGM33	WGM32	CS32	CS31	CS30	TCCR3B
R/W	R/W	R	R/W	R/W	R/W	R/W	R/W	
0	0	0	0	0	0	0	0	

[그림 5.34] 타이머/카운터3 제어 레지스터 TCCR3B

BIT 7의 ICNC1, ICNC3(Input Capture Noise Canceler 1 or 3)은 입력 캡쳐 각각 단자 IC1, IC3로 입력되는 캡처신호를 위한 노이즈 제어회로가 작동하도록 설정한다. 이를 1로 설정하면 노이즈 제거회로가 작동하여 신호가 필터링 되며 입력캡쳐 신호가 시스템 클럭의 4주기만큼 지연되어 동작하게 된다.

BIT 6의 ICES1, ICES3(Input Capture Edge Select1 or 3)은 입력캡처 단자 IC1, IC3로 입력되는 신호의 에지를 선택한다. 1로 설정하면 캡처신호가 상승에지일 때 캡쳐가 수행되고 0으로 설정하면 캡처신호가 하강에지일 때 캡처가 수행된다. 캡처신호가 입력되면 현재의 TCNT1, TCNT3값이 ICR1, ICR3에 저장되며 입력캡처 인터럽트가 요청된다.

BIT 4, 3은 WGMn3, WGMn1으로 TCCRnA와 결합하여 모드를 결정한다.

BIT 2~0의 CSn2~CSn0은 클럭 소스 또는 프리스케일러의 분주비를 [표 5.4]와 같이 선택한다.

[표 5.4] CSn2~0 비트에 의한 클럭의 분주비 선택

CSn2	CSn1	CSn0	클럭 소스의 기능
0	0	0	클럭 입력을 차단(타이머 동작하지 않음)
0	0	1	clk / 1
0	1	0	clk / 8
0	1	1	clk / 64
1	0	0	clk / 256
1	0	1	clk / 1024
1	1	0	Tn 핀에서 입력되는 외부클럭(하강에지에서동작)
1	1	1	Tn 핀에서 입력되는 외부클럭(상승에지에서동작)

(3) TCCR1C, TCCR3C 레지스터

TCCR1C, TCCR3C(Timer/Counter1 or 3 Control Register C) 레지스터는 [그림 5.35], [그림 5.36]에 나타내었고, 타이머/카운터1, 3의 비교출력 단자와 관련된 기능

을 설정하는데 사용한다.

	7	6	5	4	3	2	1	0	
	FOC1A	FOC1B	FOC1C	–	–	–	–	–	TCCR1C
	W	W	W	R	R	R	R	R	
	0	0	0	0	0	0	0	0	

[그림 5.35] 타이머/카운터1 제어 레지스터 TCCR1C

	7	6	5	4	3	2	1	0	
	FOC3A	FOC3B	FOC3C	–	–	–	–	–	TCCR3C
	W	W	W	R	R	R	R	R	
	0	0	0	0	0	0	0	0	

[그림 5.36] 타이머/카운터3 제어 레지스터 TCCR3C

(4) TCNT1H/L, TCNT3H/L 레지스터

TCNT1, TCNT3(Timer/Counter Register1, 3) 레지스터는 [그림 5.37], [그림 5.38]에 각각 나타내었고, 타이머/카운터1, 3의 16비트 카운터 값을 저장하고 있는 레지스터로서 8비트씩 2차례로 나누어 엑세스해야 한다. TCNT1, TCNT3를 읽을 경우에는 먼저 TCNT1L, TCNT3L을 먼저 읽고 다음에 TCNT1H, TCNT3H를 읽어야 한다. 그리고 TNCT1, TCNT3에 쓸 경우에는 먼저 TCNT1H, TCNT3H에 먼저 쓰고 다음에 TCNT1L, TCNT3L에 써야 한다.

7	6	5	4	3	2	1	0	
TCNT1[15:8]								TCNT1H
TCNT1[7:0]								TCNT1L
R/W	R/W	R/W	R/W	R/W	R/W	R/W	R/W	
0	0	0	0	0	0	0	0	

[그림 5.37] 타이머/카운터1 레지스터 TCNT1

7	6	5	4	3	2	1	0	
TCNT3[15:8]								TCNT3H
TCNT3[7:0]								TCNT3L
R/W	R/W	R/W	R/W	R/W	R/W	R/W	R/W	
0	0	0	0	0	0	0	0	

[그림 5.38] 타이머/카운터3 레지스터 TCNT38

(5) TIMSK, ETIMSK 레지스터

TIMSK(Timer/Counter Interrupt Mask Register) 레지스터와 ETIMSK(Extended Timer/Counter Interrupt Mask Register)는 타이머/카운터 0~2가 발생하는 인터럽트를 개별적으로 허용하는 기능을 수행하는 레지스터이다. TIMSK는 타이머/카운터 0~2 인터럽트 모두를 설정하지만 ETIMSK는 타이머/카운터 1,3 인터럽트를 설정한다. 각각의 레지스터에 대한 설명을[그림 5.39], [그림 5.40]에 나타내었다.

7	6	5	4	3	2	1	0	
OCIE2	TOIE2	TICIE1	OCIE1A	OCIE1B	TOIE1	OCIE0	TOIE0	TIMSK
R/W	R/W	R/W	R/W	R/W	R/W	R/W	R/W	
0	0	0	0	0	0	0	0	

[그림 5.39] 타이머/카운터 인터럽트 마스크 레지스터 TIMSK

BIT 5 : TCIE1(Timer/Counter1 Input Capture Interrupt Enable)은 1로 설정되면 입력캡처 인터럽트가 허용된다.

BIT 4 , 3 : OCIE1A, OCIE1B이 1로 설정되면 타이머/카운터1의 출력비교 인터럽트 A, B가 허용된다. OCIE1C는 ETIMSK 레지스터에서 설정한다.

BIT 2 : TOIE1이 1로 설정되면 타이머/카운터 1의 오버플로우 인터럽트가 허용된다.

7	6	5	4	3	2	1	0	
–	–	TICIE3	OCIE3A	OCIE3B	TOIE3	OCIE3C	OCIE1C	ETIMSK
R	R	R/W	R/W	R/W	R/W	R/W	R/W	
0	0	0	0	0	0	0	0	

[그림 5.40] 타이머/카운터 인터럽트 마스크 확장 레지스터 ETIMSK

BIT 5 : TCIE3(Timer/Counter1 Input Capture Interrupt Enable)은 1로 설정되면 입력캡처 인터럽트가 허용된다.

BIT 4, 3, 1 : OCIE1A, OCIE1B, OCIE3C가 1로 설정되면 타이머/카운터3의 출력비교 인터럽트 A, B, C가 허용된다.

BIT 2 : TOIE3이 1로 설정되면 타이머/카운터3의 오버플로우 인터럽트가 허용 된다.

BIT 0 : OCIE1C가 1로 설정되면 타이머/카운터1의 출력비교 인터럽트 C가 허용된다.

(6) TIFR, ETIFR 레지스터

TIFR(Timer/Counter Interrupt Flag Register) 레지스터는 [그림 5.41]에 나타내었고, 타이머/카운터 0~2가 발생하는 인터럽트 플래그가 저장되는 레지스터이다. ETIFR(Extended Timer/Counter Interrupt Flag Register) 레지스터는 [그림 5.42]에 나타내었고, 타이머/카운터1, 3이 발생하는 인터럽트 플래그가 저장되는 레지스터이다.

	7	6	5	4	3	2	1	0
TIFR	OCF2	TOV2	ICF1	OCF1A	OCF1B	TOV1	OCF0	TOV0
	R/W	R/W	R/W	R/W	R/W	R/W	R/W	R/W
	0	0	0	0	0	0	0	0

[그림 5.41] 타이머/카운터 인터럽트 플래그 레지스터 TIFR

BIT 5 : ICF1(Input Capture Flag 1)은 타이머/카운터1의 입력캡처 신호 또는 아날로그 비교기로부터의 신호에 의하여 캡처동작이 수행될 때 이 비트가 1로 셋되면서 입력캡처 인터럽트가 요청된다. 또한 ICR1 레지스터가 TOP으로 사용되는 동작모드에서는 TCNT1의 값이 TOP으로 될 때 이 인터럽트가 발생한다. 이 인터럽트가 처리되기 시작하면 자동적으로 0으로 클리어 된다.

BIT 4, 3 : OCF1x(Timer/Counter 1 Output Compare A, B Match Flag)은 타이머/카운터1 TCNT1 레지스터와 출력비교 레지스터 OCR1x 값을 비교하여 같으면 1로 셋 되면서 인터럽트가 요청된다. 그리고 인터럽트가 시작되면 0으로 클리어 된다.

BIT 2 : TOV1(Timer/Counter 1 Overflow Flag)은 타이머/카운터1의 TCNT1이 오버플로우가 발생되면 1로 셋 되고 인터럽트가 요청된다. 인터럽트가 실행되면 자동적으로 0으로 클리어 된다. 위상교정 PWM 모드에서는 타이머/카운터1이 0x00에서 계수방향을 바꿀 때 이 비트가 셋트 된다.

	7	6	5	4	3	2	1	0
ETIFR	–	–	ICF3	OCF3A	OCF3B	TOV3	OCF3C	OCF1C
	R/W	R/W	R/W	R/W	R/W	R/W	R/W	R/W
	0	0	0	0	0	0	0	0

[그림 5.42] 타이머/카운터 인터럽트 플래그 확장 레지스터 ETIFR

BIT 5 : ICF3(Input Capture Flag 3)은 타이머/카운터3의 입력캡처 신호에 의하여 캡처동작이 수행될 때 이 비트가 1로 셋 되면서 입력캡처 인터럽트가 요청된다. 또한 ICR3 레지스타가 TOP으로 사용되는 동작모드에서는 TCNT3의 값이 TOP으로 될 때 이 인터럽트가 발생한다. 이 인터럽트가 처리되기 시작하면 자동적으로 0으로 클리어 된다.

BIT 4, 3, 1 : OCF3x(Timer/Counter 3 Output Compare A, B, C Match Flag)는 타이머/카운터3 TCNT3 레지스터와 출력비교 레지스터 OCR3x 값을 비교하여 같으면 1로 셋 되면서 인터럽트가 요청된다. 그리고 인터럽트가 시작되면 0으로 클리어 된다.

BIT 2 : TOV3(Timer/Counter 3 Overflow Flag)은 타이머/카운터3의 TCNT1이 오버플로우가 발생되면 1로 셋 되고 인터럽트가 요청된다. 인터럽트가 실행되면 자동적으로 0으로 클리어 된다. 위상교정 PWM 모드에서는 타이머/카운터 3이 0x00에서 계수방향을 바꿀 때 이 비트가 셋 된다.

BIT 0 : OCF1C(Timer/Counter 1 Output Compare C Match Flag)는 타이머/카운터1 TCNT1레지스터와 출력비교 레지스터 OCR1C 값을 비교하여 같으면 1로 셋 되면서 인터럽트가 요청된다. 그리고 인터럽트가 시작되면 0으로 클리어 된다.

5.5 타이머와 카운터의 동작모드

5.5.1 타이머/카운터 0의 동작모드

타이머/카운터 0에서는 TCCR0 레지스터의 WGM01~00 비트에 의하여 동작모드가 결정되고 COM01~00 비트에 의하여 출력신호의 동작이 지정됨으로써 OC0 단자에 어떤 파형을 출력하게 될지를 결정할 수 있게 된다.

아래[표 5.5]는 TCCR0 레지스터의 WGM01~WGM00 값에 따른 타이머/카운터 0의 모드를 보여준다.

[표 5.5] 타이머/카운터 0의 동작모드

모드	WGM01	WGM00	동작모드
0	0	0	Normal
1	0	1	Phase Correct PWM
2	1	0	CTC
3	1	1	Fast PWM

(1) 일반모드

타이머/카운터 0의 일반모드(Normal Mode)는 TCNT0 레지스터가 항상 증가하는 카운터로만 동작하고 0x00~0xFF의 값을 계속해서 반복 수행한다. 인터럽트는 TCNT0값이 0xFF에서 0x00으로 될 때 발생되는 오버플로우 인터럽트나 TCNT0와 OCR0 레지스터의 값이 같아질 때 발생되는 출력비교 인터럽트를 사용할 수 있다.

(2) CTC 모드

CTC 모드(Clear Timer on Compare Match Mode)는 WGM01:00 =10으로 설정하는데 이 모드에서는 타이머/카운터 레지스터 TCNT0의 값이 출력비교 레지스터 OCR0의 값과 일치하면 TCNT0의 값은 계속 증가하지 않고 다음 클럭 사이클에서 0으로 클리어 되어 다시 증가하게 된다. 인터럽트는 TNCT0가 OCR0 값과 같아지면 인터럽트가 발생된다.

CTC 모드가 일반모드와 다른점은 TNCT0의 값이 0x00 ~ OCR0의 값을 갖는다는 것이다. [그림 5.43]에 CTC 모드를 나타냈다.

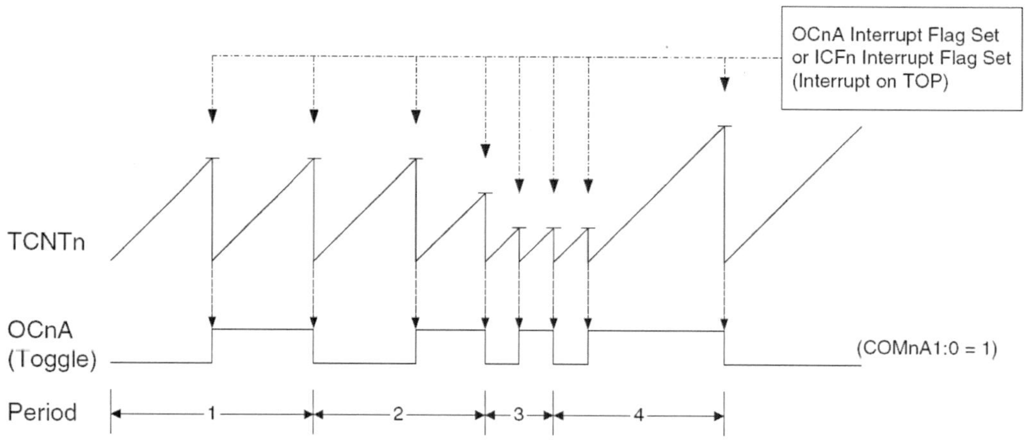

[그림 5.43] CTC 모드

(3) 고속 PWM 모드

고속 PWM 모드(Fast PWM Mode)는 WGM01:00 =11로 설정하는데 높은 주파수의 PWM 출력 파형을 발생하는데 유용하다. 이 동작모드에서는 타이머/카운터 레지스터 TCNT0가 항상 0x00~0xFF의 범위에서 증가하는 방향으로만 반복적으로 수행한다. TCNT0와 OCR0의 값이 일치할 경우 OC0핀으로 데이터가 출력되고 0xFF로 값이 될 경우 다시 OC0 핀으로 데이터가 출력된다. 그래서 0x00~0xFF의 한 주기 동안에 OC0핀으로 2번의 데이터가 출력된다.

COM01:00=10으로 설정되면 TCNT0와 OCR0의 값이 일치할 경우 OC0 출력신호가 0으로 클리어 되고 0xFF가 될 때 OC0 출력신호가 1로 셋 된다.

COM01:00=11로 설정되면 TCNT0과 OCR0의 값이 일치할 경우 OC0 출력신호가 1로 셋 되고 0xFF가 될 때 OC0 출력신호가 0으로 클리어 된다.

[그림 5.44]에 Fast PWM 모드를 나타냈다.

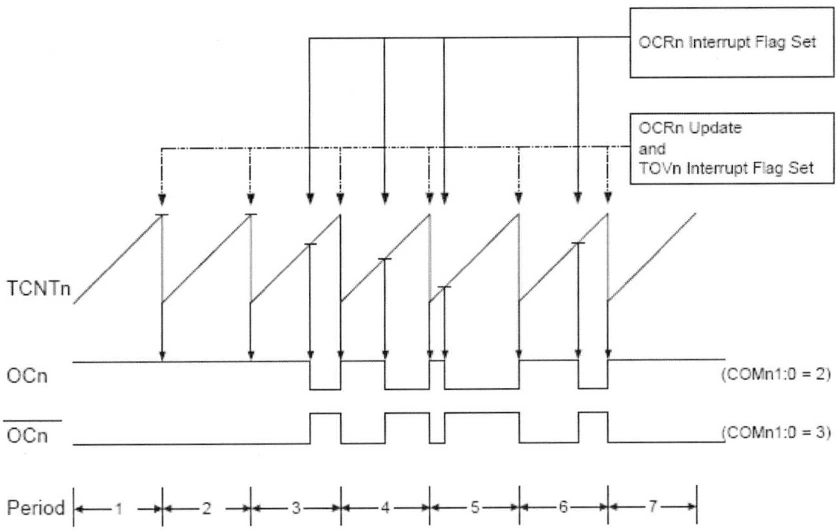

[그림 5.44] Fast PWM 모드

(4) 위상교정 PWM 모드

위상교정 PWM 모드(Phase Correct PWM Mode)는 WGM01:00 = 01로 설정하는데 높은 분해능의 PWM 출력 파형을 발생하는데 유용하다. 이 동작모드에서는 타이머/카운터 레지스터 TCNT0는 상향 카운터로서 0x00~0xFF의 범위에서 증가하였다가 다시 하향 카운터로서 0xFF~0x00으로 감소하는 동작을 반복적으로 수행한다. 이 동작과정에서 TCNT0와 OCR0의 값이 일치하면 상향 카운터로 동작할 경우와 하향 카운터로 동작할 경우에 각각 OC0 핀을 통하여 신호를 출력한다.

COM01:00=10일 경우에 상향카운터로 동작중일 때는 TCNT0와 OCR0가 일치하면 OC0이 0으로 출력되고 하향 카운터로 동작중일 때는 1로 출력된다. COM01:00=11일 경우에 상향카운터로 동작중일 때는 TCNT0와 OCR0가 일치하면 OC0이 1로 출력되고 하향 카운터로 동작중일 때는 0으로 출력된다. [그림 5.45]에 Phase Correct PWM 모드를 나타냈다.

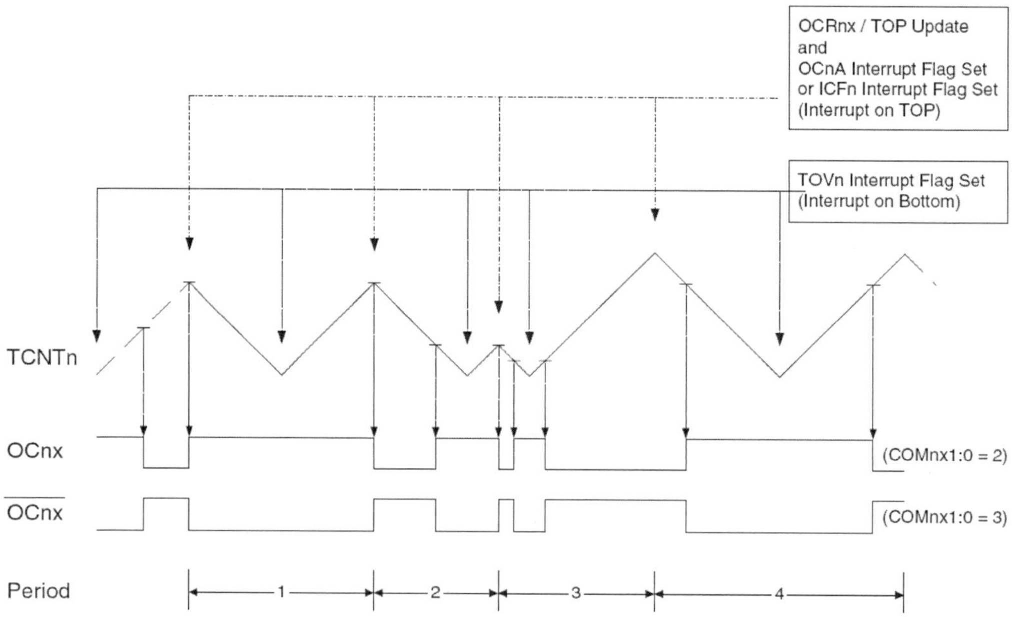

[그림 5.45] Phase Correct PWM 모드

5.5.2 타이머/카운터 2의 동작모드

타이머/카운터 2에서는 TCCR2 레지스터의 WGM21~20 비트에 의하여 동작모드가 결정되고 COM21~20 비트에 의하여 출력신호의 동작이 지정됨으로써 OC2 단자에 어떤 파형을 출력하게 될지를 결정할 수 있게 된다.

아래 [표 5.6]은 TCCR2 레지스터의 WGM21~WGM20 값에 따른 타이머/카운터2의 모드를 보여준다.

[표 5.6] 타이머/카운터 2의 동작모드

모드	WGM21	WGM20	동작모드
0	0	0	Normal
1	0	1	Phase Correct PWM
2	1	0	CTC
3	1	1	Fast PWM

(1) 일반모드

타이머/카운터 2의 일반모드(Normal Mode)는 TCNT2 레지스터가 항상 증가하는 카운터로만 동작하고 0x00~0xFF의 값을 계속해서 반복 수행한다. 인터럽트는 TCNT2값이 0xFF에서 0x00으로 될 때 발생되는 오버플로우 인터럽트나 TCNT2와 OCR2 레지스터 값이 같을 때 발생되는 출력비교 인터럽트를 사용할 수 있다.

(2) CTC 모드

CTC 모드(Clear Timer on Compare Match Mode)는 WGM21:20 =10으로 설정하는데 이 모드에서는 타이머/카운터 레지스터 TCNT2의 값이 출력비교 레지스터 OCR2의 값과 일치하면 TCNT2의 값은 계속 증가하지 않고 다음 클럭 사이클에서 0으로 클리어 되어 다시 증가하게 된다. 인터럽트는 TNCT2가 OCR2 값과 같아지면 인터럽트가 발생된다.

CTC 모드와 일반모드와 다른점은 TNCT2의 값이 0x00 ~ OCR2의 값을 갖는다는 것이다.

(3) 고속 PWM 모드

고속 PWM 모드(Fast PWM Mode)는 WGM21:20 =11로 설정하는데 높은 주파수의 PWM 출력 파형을 발생하는데 유용하다. 이 동작모드에서는 타이머/카운터 레지스터 TCNT2가 항상 0x00~0xFF의 범위에서 증가하는 방향으로만 반복적으로 수행한다. TCNT2와 OCR2의 값이 일치할 경우 OC2핀으로 데이터가 출력되고 값이 0xFF 될 경우 다시 OC2 핀으로 데이터가 출력된다. 그래서 0x00~0xFF의 한 주기동안에 OC2핀으로 2번의 데이터가 출력된다.

COM21:20=10으로 설정되면 TCNT2와 OCR2의 값이 일치할 경우 OC2 출력신호가 0으로 클리어 되고 0xFF가 될 때 OC2 출력신호가 1로 셋 된다.
COM21:20=11로 설정되면 TCNT2와 OCR2의 값이 일치할 경우 OC2 출력신호가 1로 셋되고 0xFF가 될 때 OC2 출력신호가 0으로 클리어 된다.

(4) 위상교정 PWM 모드

위상교정 PWM 모드(Phase Correct PWM Mode)는 WGM21:20 = 01로 설정하는데 높은 분해능의 PWM 출력 파형을 발생하는데 유용하다. 이 동작모드에서는 타이머/카운터 레지스터 TCNT2는 상향 카운터로서 0x00~0xFF의 범위에서 증가하였다가 다시 하향 카운터로서 0xFF~0x00으로 감소하는 동작을 반복적으로 수행한다. 이 동작과정에서 TCNT2와 OCR2의 값이 일치하면 상향 카운터로 동작할 경우와 하향 카운터로 동작할 경우에 각각 OC2 핀을 통하여 신호를 출력한다.

COM21:20=10일 경우에 상향카운터로 동작중일 때는 TCNT2와 OCR2가 일치하면 OC2가 0으로 출력되고 하향 카운터로 동작중일 때는 1로 출력된다.
COM21:20=11일 경우에 상향카운터로 동작중일 때는 TCNT2와 OCR2가 일치하면 OC2가 1로 출력되고 하향 카운터로 동작중일 때는 0으로 출력된다.

5.5.3 타이머/카운터1, 3의 동작모드

타이머/카운터1, 3에서는 [표 5.7]에서 보는 것처럼 TCCRnA와 TCCRnB 레지스터의 WGMn3~0 비트에 의하여 동작 모드가 결정되고 COMnx1~COMnx0 비트에 의하여 출력신호의 동작이 지정됨으로써 OCnx 단자에 어떤 파형을 출력하게 될지를 결정할 수 있게 된다.

[표 5.7] 타이머/카운터 1, 3의 동작모드

모드	WGMn3	WGMn2	WGMn1	WGMn0	동작모드	TOP	OCRnX 레지스터의 업데이트 시점	TOVn 플래그의 셋트 시점
0	0	0	0	0	Normal	0xFFFF	Immediate	MAX
1	0	0	0	1	PWM, Phase Correct, 8-BIT	0x00FF	TOP	BOTTOM
2	0	0	1	0	PWM, Phase Correct, 9-BIT	0x01FF	TOP	BOTTOM
3	0	0	1	1	PWM, Phase Correct, 10-BIT	0x03FF	TOP	BOTTOM
4	0	1	0	0	CTC	OCRnA	Immediate	MAX
5	0	1	0	1	Fast PWM, 8-BIT	0x00FF	BOTTOM	TOP
6	0	1	1	0	Fast PWM, 9-BIT	0x01FF	BOTTOM	TOP
7	0	1	1	1	Fast PWM, 10-BIT	0x03FF	BOTTOM	TOP
8	1	0	0	0	PWM, Phase and Frequency Correct	ICRn	BOTTOM	BOTTOM
9	1	0	0	1	PWM, Phase and Frequency Correct	OCRnA	TOP	BOTTOM
10	1	0	1	0	PWM, Phase Correct	ICRn	TOP	BOTTOM
11	1	0	1	1	PWM, Phase Correct	OCRnA	Immediate	MAX
12	1	1	0	0	CTC	ICRn		
13	1	1	0	1	(Reserved)	-	-	-
14	1	1	1	0	Fast PWM	ICRn	BOTTOM	TOP
15	1	1	1	1	Fast PWM	OCRnA	BOTTOM	TOP

(1) 일반모드

타이머/카운터1, 3의 일반모드(Normal Mode)는 TCNTn 레지스터가 항상 증가하는 카운터로만 동작하고 0x0000~0xFFFF의 값을 계속해서 반복 수행한다. 인터럽트는 TCNTn값이 0xFFFF에서 0x0000으로 될 때 발생되는 오버플로우 인터럽트나 TCNTn와 OCRnx 레지스터값이 같아질 때 발생되는 출력비교 인터럽트를 사용할 수 있다. 그리고 입력캡쳐 동작은 일반 모드에서 사용하는 것이 편리하다.

(2) CTC 모드

CTC 모드(Clear Timer on Compare Match Mode)는 WGMn3~0 =4 또는 12로 설정하는 2가지 동작 모드를 가진다.

모드 4에서는 타이머/카운터 레지스터 TCNTn의 값이 출력비교 레지스터 OCRnA의 값과 일치하면 TCNTn의 값은 계속 증가하지 않고 다음 클럭 사이클에서 0으로 클리어 되어 다시 증가하게 된다. 인터럽트는 TNCTn이 OCRnA 값과 같아지면 인터럽트가 발생된다.

모드 12에서는 타이머/카운터 레지스터 TCNTn의 값이 입력 캡쳐 레지스터 ICRn의 값과 일치하면 그 다음 클럭 사이클에서 0으로 클리어 되므로 이 모드에서는 클럭 입력에 의하여 항상 0x0000~ICRn의 값으로 계수 동작이 반복하여 수행된다. [그림 5.46]에 CTC 모드를 나타냈다.

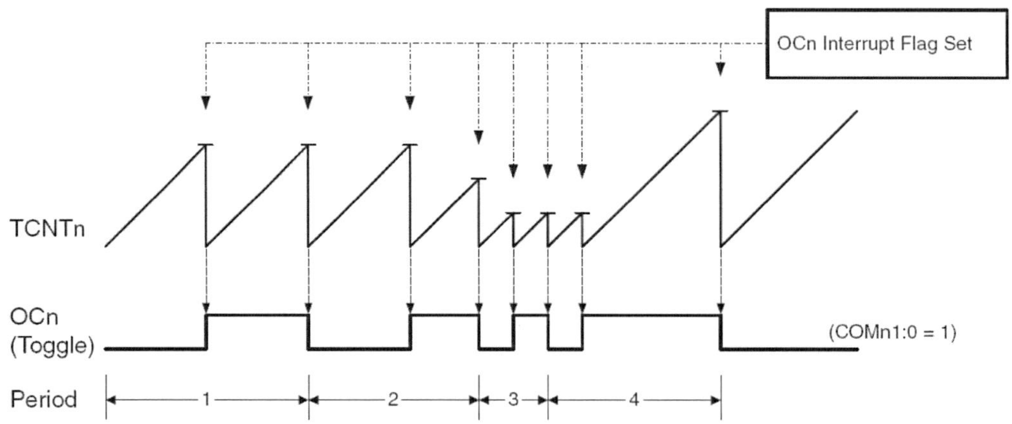

[그림 5.46] CTC 모드

(3) 고속 PWM 모드

고속 PWM 모드(Fast PWM Mode)는 WGMn3~0=5, 6, 7, 14, 15로 설정하는데 높은 주파수의 PWM 출력파형을 발생하는데 유용하다. 이 동작 모드에서는 타이머/카운터 레지스터 TCNTn의 계수 동작이 항상 0x0000~TOP의 범위에서 증가하는 방향으로만 반복적으로 수행되며 TCNTn의 값은 항상 출력비교 레지스터 OCRnx의 값과 비교되어 일치하면 OCnx 출력신호가 0으로 클리어 되고 TCNTn의 값이 TOP->0x0000으로 오버플로우되면 OCnx 출력신호가 1로 셋된다. TOP의 값은 모드에 따라서 0x00FF, 0x01FF, 0x03FF, ICRn, OCRnA 등으로 지정된다.

COMn1:n0=10으로 설정되면 OCnx 출력신호가 0으로 클리어 되고 0xFF가 될 때 OC2 출력신호가 1로 셋 된다. COMn1:n0=11로 설정되면 OCnx 출력신호가 1로 셋 되고 0xFF가 될 때 OC2 출력신호가 0으로 클리어 된다. [그림 5.47]에 고속 PWM 모드를 나타냈다.

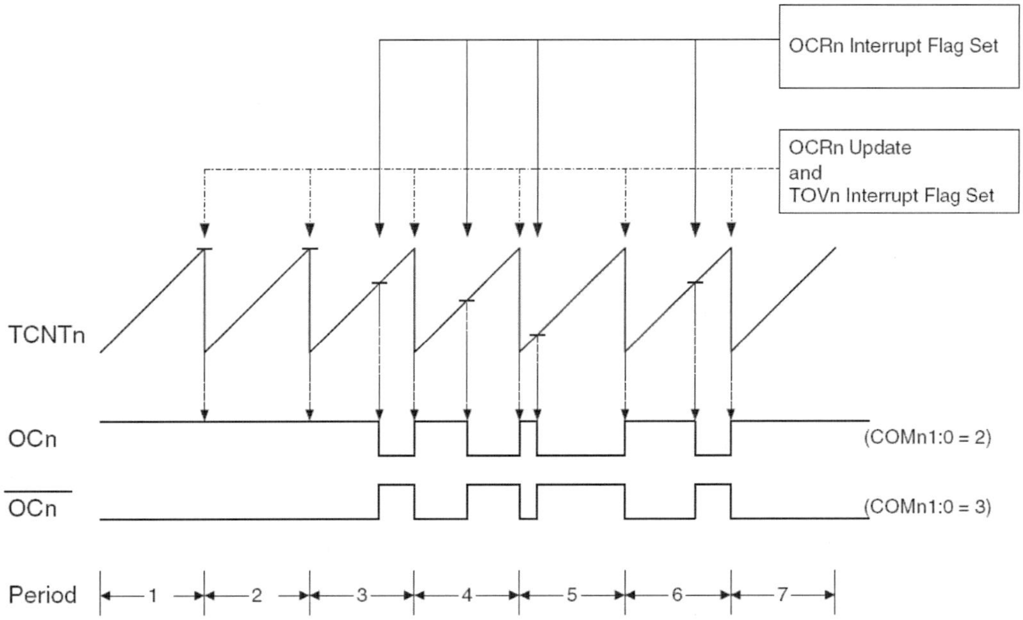

[그림 5.47] 고속 PWM 모드

(4) 위상교정 PWM 모드

위상교정 PWM 모드(Phase Correct PWM Mode)는 WGMn3~0 = 1, 2, 3, 10, 11로 설정하는데 높은 분해능의 PWM 출력 파형을 발생하는데 유용하다. 이 동작 모드에서는 타이머/카운터 레지스터 TCNTn은 상향 카운터로서 0x0000~TOP의 범위에서 증가하였다가 다시 하향 카운터로서 TOP~0x0000으로 감소하는 동작을 반복적으로 수행한다. 이 동작과정에서 TCNTn와 OCRnx의 값이 일치하면 상향 카운터로 동작할 경우 출력 신호가 OCn이 0으로 클리어 되고 하향 카운터로 동작할 경우 OCn 출력신호가 1로 셋 된다. TOP의 값은 동작 모드에 따라서 0x00FF, 0x01FF, 0x03FF, ICRn, OCRnA 등으로 지정된다.

COMnx1:0 = 10으로 설정되면 OCnx 단자는 상향 카운터 일 때는 0이 출력되고 하향 카운터 일 때는 1로 출력되지만 COMnx1:0 = 11로 설정하면 상향 카운터 일 때는 1이 출력되고 하향 카운터 일 때는 0으로 출력된다.

[그림 5.48]에 위상교정 PWM 모드를 나타내었다.

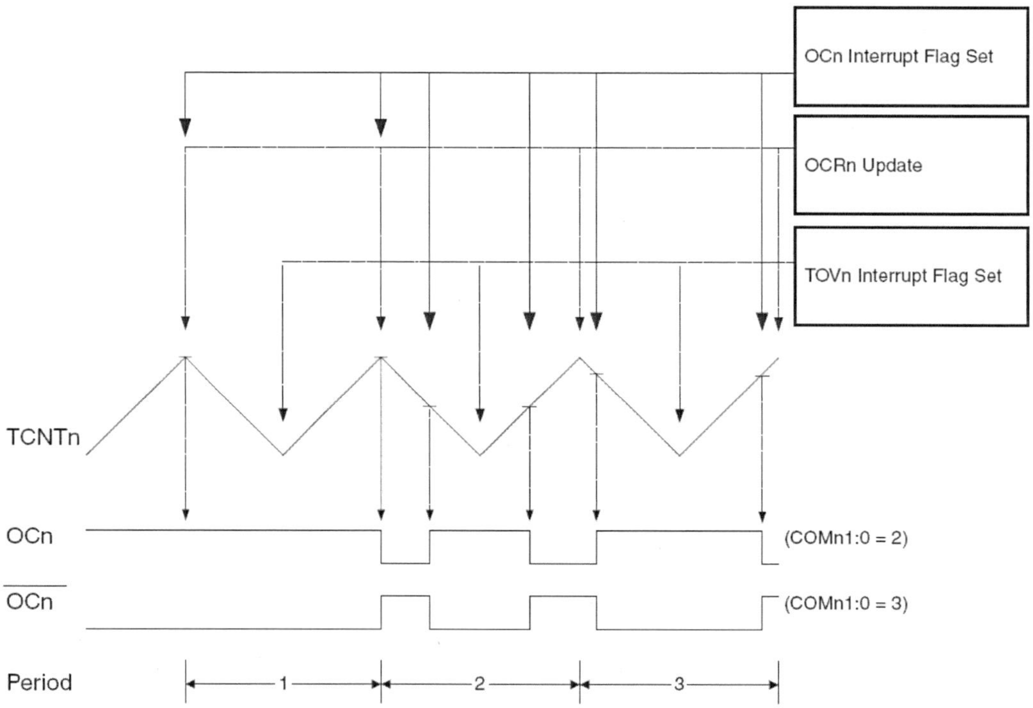

[그림 5.48] 위상교정 PWM 모드

(5) 위상 및 주파수 교정 PWM 모드

위상 및 주파수 교정 PWM모드(Phase and Frequency Correct PWM Mode)는 WGMn3~0 = 8, 9로 설정하며 높은 분해능의 PWM 출력파형을 발생하는데 이용하다. 이 동작 모드에서는 타이머/카운터 레지스터 TCNTn의 계수동작이 상향 카운터로서 0x0000~TOP의 범위에서 증가하였다가 다시 하향 카운터로서 TOP~0x0000으로 감소하는 동작을 반복적으로 수행한다. 이 때 TNCTn의 값은 항상 출력비교 레지스터 OCRnx의 값과 비교되어 상향 카운터로 동작할 때 그것이 일치하면 OCnx 출력 신호가 0으로 클리어 되고 하향 카운터로 동작할 때 OCnx 출력 신호가 1로 셋 된다.

위상 및 주파수 교정 PWM 모드가 위상교정 PWM 모드와 다른점은 TOP의 값을 ICRn과 OCRnA의 2가지만 지정할 수 있다는 점과 이것을 새로운 값으로 갱신할 때 TNCTn의 값이 TOP의 값과 같아지는 순간에 갱신되는 것이 아니라 TCNTn이 0x0000으로 되는 순간에 갱신된다는 점이다. 이렇게 함으로써 TNCTn의 동작 주기를 0x0000에서 그 다음의 0x0000으로 볼 때 PWM 파형이 완벽한 대칭 동작을 하게 된다. 그러나 위상교정 PWM 모드에서 TOP값이 변하는 주기에서는 과도적으로 비대칭의 PWM 파형을 출력한다. 결과적으로 위상 및 주파수 교정 PWM 모드는 시스템의 동작중에 TOP값을 수시로 변화시킴으로써 주파수가 가변되는 PWM의 경우에 사용하면 위상교정 PWM 모드에 비하여 유리하다.

COMnx1:0 = 10으로 설정되면 OCnx 단자는 상향 카운터 일 때는 0이 출력되고 하향 카운터 일 때는 1로 출력되지만 COMnx1:0 = 11로 설정하면 상향 카운터 일 때는 1이 출력되고 하향 카운터 일 때는 0으로 출력된다. [그림 5.49]에 위상 및 주파수 교정 PWM 모드를 나타냈다.

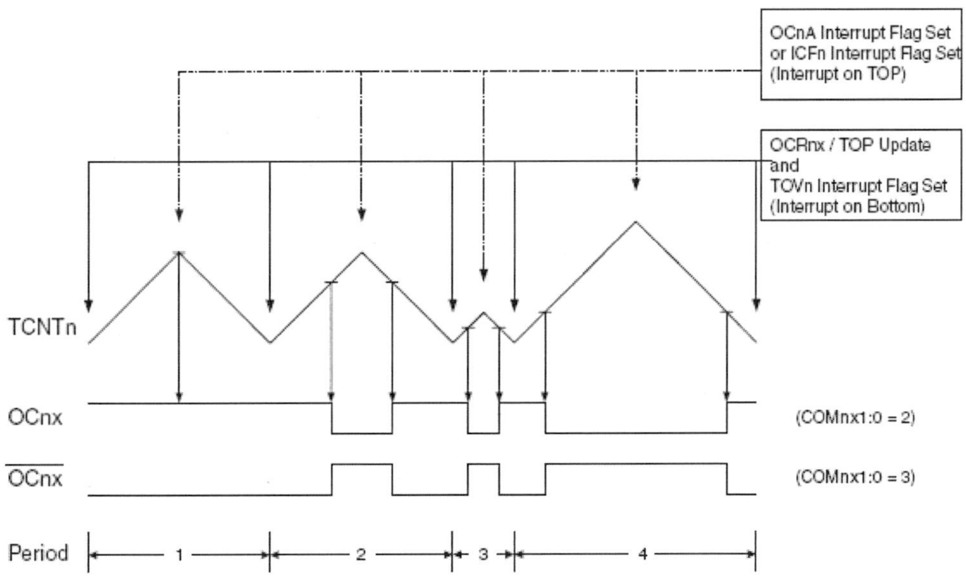

[그림 5.49] 위상 및 주파수 교정 PWM 모드

5.6 타이머와 카운터에 대한 인터럽트 프로그램 형태

```
//타이머 0 인터럽트 프로그램 예
#pragma vector = TIMER0_COMP_vect
__interrupt void TIMER0_int(void)
{
    //여기에 인터럽트 프로그램을 작성
}

//타이머 1 인터럽트 프로그램 예
#pragma vector = TIMER1_COMPA_vect
__interrupt void TIMER1_int(void)
{
    //여기에 인터럽트 프로그램을 작성
}

//설정해야 할 레지스터
//Timer 0(8BIT) mode set
 TCCR0 = 0x0D;        //Clk(16MHz)/128=125KHz
 OCR0 = 125-1;        //16MHZ/128/1000=>1ms
 TIMSK = 0x02;        //Output Compare Match interrupt enable

//Timer 1(16BIT) mode set
 TCCR1B = 0x0B;       //Clk(16MHz)/64=250KHz
 OCR1A = 2500-1;      //16MHz/64/100=>10ms
 TIMSK = 0x10;        //Output Compare A Match interrupt enable
 TIFR  = 0x10;        //Output Compare A Match Flag
```

실험 5-1

다음 예제는 타이머 0 출력비교 인터럽트를 사용하여 1ms타이머를 이용해 포트 B와 D에 연결된 LED로 박수치는 동작하는 프로그램을 작성하여 실험하였다.

```
#include <iom128.h>
#include <ina90.h>
#include "DebugAtmega128.h"
void led_display(unsigned char test);
typedef unsigned char byte;
unsigned char test, L_Shift, R_Shift;
unsigned int T1sec=0,T1m_cnt=0, T_test=100;

void main(void)
{
    AtMg128DebugInit();
    MCUCR=0xc0;              // 0~7FFF : 0 wait
     XMCRA=0x40;             // 8000~FFFF : 1 wait

    PORTB=0x78;
    PORTD=0xf0;
    DDRB=0xff;
    DDRD=0xff;

    L_Shift=0x01;
    R_Shift=0x80;

    //Timer 0(8BIT) mode set
    TCCR0 = 0x0D;           //clk(16MHz)/128 = 125KHz
    OCR0 = 125-1;           //16M/128/1000=>1ms
    TIMSK = 0x02;           //Output Compare Match interrupt enable
    __enable_interrupt();   // enable interrupts
```

```
while(1)
{
        if(T1sec)
        {
            T1sec=0;
            if(R_Shift==0x10)
                R_Shift=0x80;
            else
                R_Shift=R_Shift>>1;

            if(L_Shift==0x08)
                L_Shift=0x01;
            else
                L_Shift=L_Shift<<1;

            test=L_Shift | R_Shift;
            led_display(test);
        }
}
}
void led_display(unsigned char test)
{
    byte temp;
    test=~test;
    temp=PORTB & 0x87;
    temp |=(test & 0x0f)<<3;
    PORTB=temp;

    temp=PORTD & 0x0f;
    temp |=(test & 0xf0);
    PORTD=temp;
}
#pragma vector = TIMER0_COMP_vect
__interrupt void TIMER0_int(void)
{
    if(++T1m_cnt >= T_test)
    {
        T1m_cnt=0;
        T1sec=1;
    }
}
```

실험 5-2

다음 예제는 10ms 타이머1 인터럽트를 이용해 좌측과 우측 각각의 LED 1개씩 가운데로 반복하여 이동하는 프로그램으로 작성하여 실험하였다.

```
#include <iom128.h>
#include <ina90.h>
#include "DebugAtmega128.h"
void led_display(unsigned char test);
typedef unsigned char byte;
unsigned char test, L_Shift, R_Shift;
unsigned int T1sec=0,T10m_cnt=0, T_test=10;

void main(void)
{
    AtMg128DebugInit();
    MCUCR=0xc0;              // 0~7FFF : 0 wait
    XMCRA=0x40;              // 8000~FFFF : 1 wait

    PORTB=0x78;
    PORTD=0xf0;
    DDRB=0xff;
    DDRD=0xff;

    L_Shift=0x01;
    R_Shift=0x80;

    //Timer 1(16BIT) mode set
    TCCR1B = 0x0B;          //Clk(16MHz)/64=250KHz
    OCR1A = 2500-1;         //16MHz/64/100=>10ms
    TIMSK = 0x10;           //Output Compare A Match interrupt enable
    TIFR  = 0x10;           //Output Compare A Match Flag
    _enable_interrupt();    // enable interrupts
```

```
while(1)
{
        if(T1sec)
        {
            T1sec=0;
            if(R_Shift==0x10)
                R_Shift=0x80;
            else
                R_Shift=R_Shift>>1;

            if(L_Shift==0x08)
                L_Shift=0x01;
            else
                L_Shift=L_Shift<<1;

            test=L_Shift | R_Shift;
            led_display(test);
        }
}
}
void led_display(unsigned char test)
{
    byte temp;
    test=~test;
    temp=PORTB & 0x87;
    temp |=(test & 0x0f)<<3;
    PORTB=temp;

    temp=PORTD & 0x0f;
    temp |=(test & 0xf0);
    PORTD=temp;
}
#pragma vector = TIMER1_COMPA_vect
__interrupt void TIMER1_int(void)
{
    if(++T10m_cnt >= T_test)
    {
        T10m_cnt=0;
        T1sec=1;
    }
}
```

실험 5-3

다음 예제는 타이머 1 출력비교 인터럽트를 사용하여 100ms 타이머 인터럽트를 이용해 LED 1개를 좌우로 이동하는 프로그램으로 작성하여 실험하였다.

```
#include <iom128.h>
#include <ina90.h>
#include "DebugAtmega128.h"

void led_display(unsigned char test);

typedef unsigned char byte;
byte LED=0x80, R_Shift=1;
unsigned int T1sec=0, T100m_cnt=0, T_test=1;

void main(void)
{
    AtMg128DebugInit();
    MCUCR=0xc0;              // 0~7FFF : 0 wait
     XMCRA=0x40;             // 8000~FFFF : 1 wait

    PORTB=0x78;
    PORTD=0xf0;
    DDRB=0xff;
    DDRD=0xff;

   //Timer 1(16BIT) mode set
    TCCR1B = 0x0B;     //Clk(16MHz)/64=250KHz
    OCR1A = 25000-1;   //16MHz/64/10=>100ms
    TIMSK = 0x10;      //Output Compare A Match interrupt enable
    TIFR  = 0x10;      //Output Compare A Match Flag
    __enable_interrupt(); // enable interrupts
    led_display(LED);
```

```
while(1)
{
        if(T1sec)
        {
            T1sec=0;
            if(R_Shift == 1)
            {
                    LED = LED>>1;
                    if(LED == 0x01)
                        R_Shift=0;
            }
            else
            {
                    LED = LED<<1;
                    if(LED == 0x80)
                        R_Shift=1;
            }
            led_display(LED);
        }
}
}
void led_display(unsigned char test)
{
    byte temp;
    test=~test;
    temp=PORTB & 0x87;
    temp |=(test & 0x0f)<<3;
    PORTB=temp;

    temp=PORTD & 0x0f;
    temp |=(test & 0xf0);
    PORTD=temp;
}
#pragma vector = TIMER1_COMPA_vect
__interrupt void TIMER1_int(void)
{
    if(++T100m_cnt >= T_test)
    {
        T100m_cnt=0;
        T1sec=1;
    }
}
```

실험 5-4

다음 프로그램은 타이머 1 출력비교 인터럽트를 사용하여 1000ms 타이머 인터럽트를 이용해 포트 B와 D에 연결된 LED를 우측으로 밀고 들어가는 프로그램으로 작성하여 실험하였다.

```
#include <iom128.h>
#include <ina90.h>
#include "DebugAtmega128.h"

void led_display(unsigned char test);

typedef unsigned char byte;
byte LED=0x00, R_Shift=1;
unsigned int T1sec=0, T1000m_cnt=0, T_test=1;

void main(void)
{
    AtMg128DebugInit();
    MCUCR=0xc0;              // 0~7FFF : 0 wait
    XMCRA=0x40;              // 8000~FFFF : 1 wait
    PORTB=0x78;
    PORTD=0xf0;
    DDRB=0xff;
    DDRD=0xff;

   //Timer 1(16BIT) mode set
    TCCR1B = 0x0C;         //Clk(16MHz)/256=62500KHz
    OCR1A = 62500-1;       //16MHz/256/1=>1000ms=1s
    TIMSK = 0x10;          //Output Compare A Match interrupt enable
    TIFR  = 0x10;          //Output Compare A Match Flag
    __enable_interrupt();  // enable interrupts
```

```
while(1)
{
        if(T1sec)
        {
            T1sec=0;
            if(R_Shift==1)
             {
                    LED = (LED>>1) | 0x80;
                    if(LED==0xff)
                        R_Shift=0;
            }
            else
            {
                    LED = 0x80;
                    R_Shift=1;
            }
            led_display(LED);
        }
}
}
void led_display(unsigned char test)
{
    byte temp;
    test=~test;
    temp=PORTB & 0x87;
    temp |=(test & 0x0f)<<3;
    PORTB=temp;

    temp=PORTD&0x0f;
    temp |=(test & 0xf0);
    PORTD=temp;
}
#pragma vector = TIMER1_COMPA_vect          //1sec interrupt routine

__interrupt void TIMER1_int(void)
{
    if(++T1000m_cnt >= T_test)
    {
        T1000m_cnt=0;
        T1sec=1;
    }
}
```

학습정리

- 타이머란(Timer)란 시간과 관계되는 것으로서 기준 시간(1/주파수)을 나타내는 클럭 소스를 입력신호로 받아 그 개수를 세는 카운터를 타이머라 한다.

- ATmega128에는 모두 4개의 타이머/카운터가 있는데. 그중에서 타이머/카운터 0과 2는 8비트 구조이며 타이머/카운터 1과 3은 16비트 구조로 되어 있다.

- 타이머/카운터0은 PWM(Pulse Width Modulation) 및 비동기 동작 모드를 가지는 8비트 업/다운 카운터로서 프리스케일을 통하여 내부 클럭을 소스로 받아서 동작하는 타이머 기능과 외부 클럭을 소스로 받아서 동작하는 카운터 기능이 있다.

- 타이머/카운터0을 위한 외부 입력 핀으로 TOSC1, TOSC2가 있고 출력 핀으로 OC0가 있다. 프리스케일러에 의하여 분주비 1, 8, 32, 64, 128, 256, 1024 중의 하나로 분주될 수 있다.

- 타이머/카운터2를 위한 외부 입력핀으로 T2가 있고 출력핀으로 OC2가 있다. 프리스케일러에 의하여 분주비 1, 8, 64, 256, 1024 중의 하나로 분주될 수 있다.

- 타이머/카운터1과 3은 각각 3개씩(OC1A, OC1B, OC1C, OC3A, OC3B, OC3C)의 PWM 출력 및 캡쳐 기능을 가지는 16비트 업/다운 카운터로서 프리스케일을 통하여 내부 클럭을 소스로 받아서 동작하는 타이머 기능과 외부 클럭을 소스로 받아서 동작하는 카운터 기능이 있다. 프리스케일러에 의하여 분주비 1, 8, 64, 256, 1024 중의 하나로 분주될 수 있다.

과제 5-1

10ms 타이머 0 인터럽트를 이용하여 LED를 5초마다 하나씩 증가시키는 프로그램을 작성하시오.
예) 00000001 → 00000010 → 00000011 → 00000100 → 00000101 → ...

과제 5-2

1ms 타이머 1 인터럽트를 이용하여 LED를 1초마다 하나씩 감소시키는 프로그램을 작성하시오.
예) 11111111 → 11111110 → 11111101 → 11111100 → 11111011 → ...

과제 5-3

1초마다 Up/Down Counter동작을 하는 프로그램을 각각 작성하시오.

과제 5-4

타이머 0을 사용하여 LED0~LED3까지는 1초에 한 번씩 우 쉬프트 하고 타이머1을 사용하여 LED4~LED7까지는 2초에 한 번씩 좌 쉬프트 하는 프로그램을 작성하시오. 단, 타이머 0과 타이머 1은 각각 1ms, 50ms 인터럽트를 사용하시오.

제 6 장 ATmega128의 A/D 컨버터의 원리와 응용

6.1 ADC의 기본 개념

디지털 신호처리(digital signal processing)를 실시간으로 하려면 먼저 빠른 속도로 아날로그 신호를 디지털 값으로 변환(A/D : analog to digital conversion)하여야 한다. 또한 처리된 결과가 아날로그 신호로 출력되려면 반대로 디지털 데이터를 아날로그 변환(D/A : digital to analog conversion)하여야 한다. 이와 같이 A/D변환이나 D/A변환은 매우 복잡한 회로를 필요로 한다. 또한 요즘은 변환속도가 매우 빠르며, 분해능이 높은 A/D 및 D/A컨버터 소자가 개발되고 있다. 본 장에서는 ATmega128에 내장된 A/D 변환의 기본적인 개념과 인터페이스 회로와 이에 사용되는 프로그램에 대하여 기술한다.

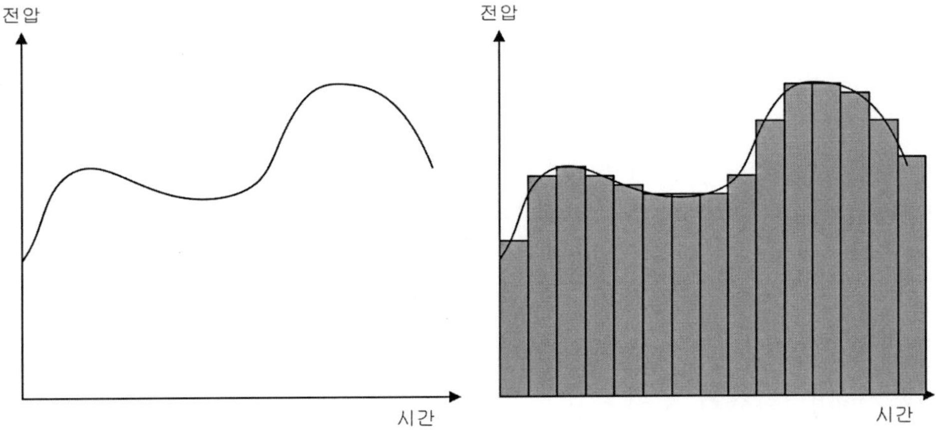

[그림 6.1] 아날로그 신호와 이에 대응하는 디지털 데이터

전압, 전류, 온도, 습도, 압력, 유량, 속도, 가속도 등과 같은 아날로그 물리량을 측정하여, 컴퓨터로 제어 또는 분석하려면 디지털 값으로 변환하여 읽어 들여야 하는데 이러한 장치를 DAS(Data acquisition system)라고 하고, DAS는 센서, A/D 컨버터, 컴퓨터 등으로 구성된다. 센서는 측정하려는 물리량을 전압, 전류 또는 주파수와 같은 전기량으로 변환하는 소자이며, A/D 컨버터는 이를 컴퓨터가 읽을 수 있는 병렬 또는 직렬 데이터로 변환하여 주는 장치이다. 대부분의 경우에는 센서와 A/D 컨버터의 사이에 잡음을 제거하고 필요한 신호만을 증폭하기 위한 필터나 신호를 적절한 크기로 바꾸기 위한 증폭 회로가 사용된다.

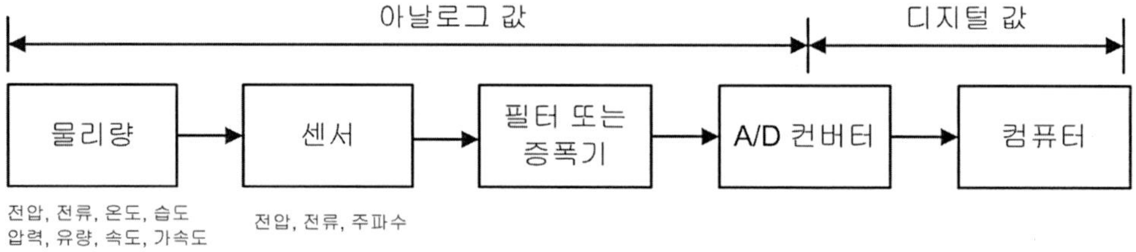

[그림 6.2] Data Acquisition System의 기본구성

A/D컨버터를 이용한 DAS설계는 센서와 필터/증폭회로에서 아날로그 신호가 올바르게 처리되어 A/D컨버터에 공급되는 것이 중요하다. 따라서 이를 위해서는 다음과 같은 사항에 유의하여야 한다.

▶ 변환시간(Conversion time) 또는 샘플링 속도(Sampling rate)

한번 A/D변환을 수행하는데 필요한 시간을 변환시간(conversion time)이라고 하며 A/D변환을 수행하기 위한 아날로그 값을 1초당 입력받은 회수를 샘플링 속도(sampling rate)라고 한다. 샘플링 속도는 주파수 단위(Hz)로 나타내며, 샘플링 속도가 100Hz라는 것은 초당 100개의 아날로그 값을 입력받아 변환한다는 의미이다. A/D 변환기가 변환시간에 따라 가격이 크게 달라지므로 응용 목적에 적절한 변환시간을 갖는 모델을 선정하는 것은 매우 중요하다. 예를 들어 디지털로 음성이나 영상신호를 처리하는 시스템에서는 고속형이 사용되어야 하지만, 온도나 수위측정에 사용되는 것은 변환시간이 긴 저속형 모델을 사용하여도 무방하다.

▶ 분해능(Resolution)

A/D 변환기에서 분해능(resolution)이란 디지털 출력을 한 등급만큼 변화시키기 위한 아날로그 입력의 최소변화를 말한다. 이것은 A/D변환기가 표현할 수 있는 최소 아날로그 값을 나타내는데, n-bit A/D변환기의 경우 디지털 출력 데이터 범위는 0~(2^n-1)이 되며, 이때 분해능은 Full scale을 2^n으로 나눈 값이 된다.

예를 들어 0~10V의 Full scale을 갖는 전압을 4-bit의 A/D변환기를 이용하여 A/D 변환할 경우 분해능은 $10/2^4$ [V] = 0.625 [V]로 표시할 수 있다. 따라서 A/D변환기의 비트 수가 커질수록 정밀도는 향상된다.

▶ Sample/Hold 또는 Track/Hold

A/D 변환기가 아날로그 신호를 디지털 데이터로 변환하는 동안에 입력전압이 변동하면 변환된 디지털 출력 값이 정확하지 않을 수 있다. 이를 방지하기 위하여 A/D 컨버터의 입력 단에 S/H(sample/hold) 또는 T/H(track/hold) 회로를 사용한다.

특히, 축차 비교형(successive approximation) A/D 변환기는 변환기간 중에 아날로그 입력전압이 일정하게 유지되어야 하므로, 샘플/홀드 기능이 꼭 필요하다. A/D 변환기에는 이러한 샘플/홀드 회로를 내장하고 있는 모델도 있고 외부에 별도로 연결해 주어야 하는 모델도 있다. 그러나 이러한 샘플링 동작 때문에 전체 변환시간이 길어지며, 멀티 채널형 A/D 변환기의 경우에는 일반적으로 아날로그 멀티플렉서(analog multiplexer)가 사용되므로 이것의 동작 및 안정시간으로 인하여 전체적인 변환시간은 훨씬 증가한다.

샘플/홀드 회로는 아날로그 스위치, 커패시터, 버퍼 등으로 구성된다. 스위치는 샘플링 시간동안 닫혀 있어서 커패시터 양단의 전압이 입력전압과 동일하게 되도록 충전되고, 이후에는 스위치가 열려서 일정한 전압이 유지되면서 이 전압이 버퍼를 통하여 비교기로 입력되어 변환이 수행된다.

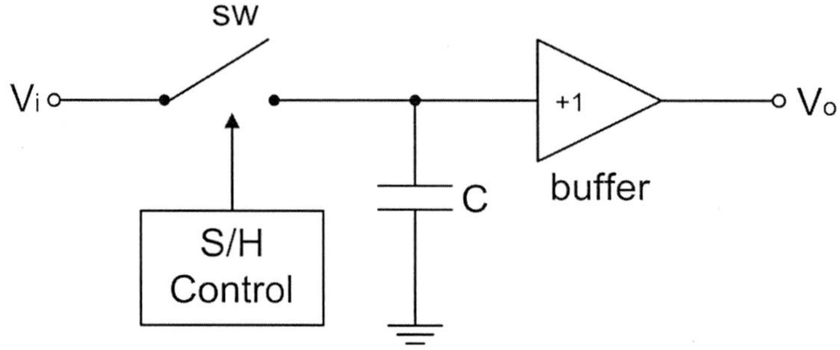

[그림 6.3] 샘플/홀드 회로

6.2 ADC의 종류

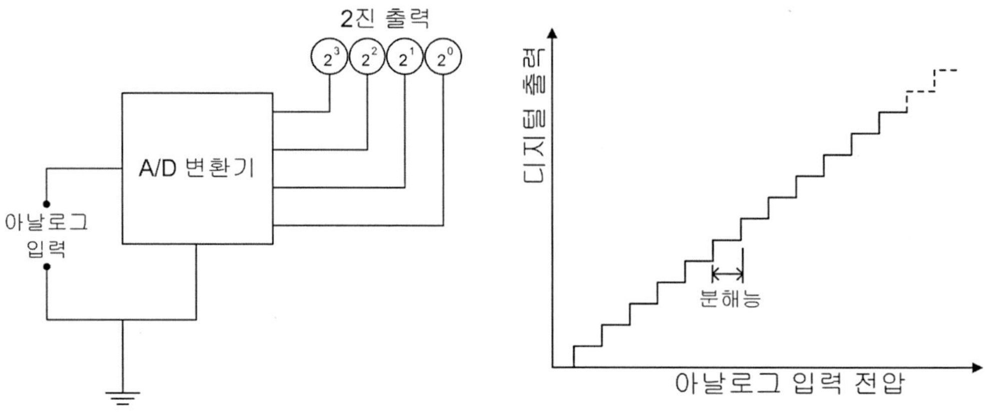

[그림 6.4] ADC변환기의 기본 개념

아날로그 디지털 변환기(A/D 컨버터)는 센서와 같은 소자에서 들어오는 아날로그 값을 디지털 값으로 변경하는 기능을 가지고 있으며, 실제 제어기를 구성할 때 없어서는 안 될 소자이다.

ADC는 아날로그 신호를 디지털 신호로 변환시키는 디바이스이며, 기본 개념은 [그림 6.4]와 같다. 아날로그 신호를 디지털 신호로 변환시키는 ADC의 종류에는 아래와 같은 종류가 있다

▶ 계수 비교형 ADC

계수비교형 A/D 변환기는 내부에서 D/A변환기로 발생시킨 전압이 아날로그 입력전압보다 커질 때까지 비교하는 방식으로, D/A 변환기의 출력을 만들기 위한 계수기를 사용하며, 이 계수기는 변환을 시작할 때 리셋되고 각 클럭 사이클마다 1씩 증가되는 구조를 갖는다. 비교기는 D/A 변환기의 출력이 아날로그 입력전압을 초과하는 순간 계수기의 동작을 정지키시며, 이 마지막의 계수 값이 디지털로 변환된 출력 값이 된다.

이 방식의 장단점은 아래와 같다.

- 회로가 비교적 간단함.
- 변환시간이 길고 입력신호의 크기(amplitude)에 따라서 변환시간이 달라짐 : 즉, n-bit변환기의 경우 입력신호가 Full scale이면 변환시간이 가장 길어져서 2^n 클럭 주기가 필요하게 된다.

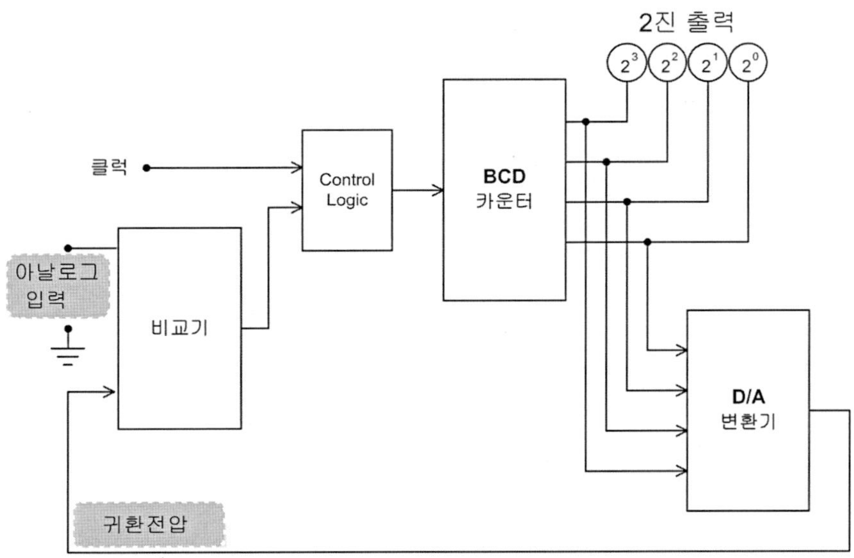

[그림 6.5] 계수 비교형 ADC

▶ 축차 근사형 ADC

축차 비교형 또는 축차 근사형 A/D 변환기(successive approximation ADC)는 계수형과 유사해 보이나 계수기 대신에 SAR(successive approximation register)를 사용하여 이를 순차적으로 증가시키는 것이 아니라 최상위 비트부터 순서대로 하위 비트쪽으로 수정하여 가는 방법으로 DAC의 출력을 훨씬 빨리 아날로그 입력전압에 근사 시킨다. [그림 6.6] (b)와 같이 100→110→111→110의 과정으로 최종적인 디지털 변환 출력 110을 얻는다.

따라서 변환시간이 빠르고 회로도 간단하여 현재 저가형이면서 분해능이 높은 범용 A/D 변환기에 가장 널리 사용되고 있다. 그러나 변환 중에 아날로그 입력 전압이 일정하게 유지되어야 하므로 샘플/홀드 회로가 반드시 필요하다.

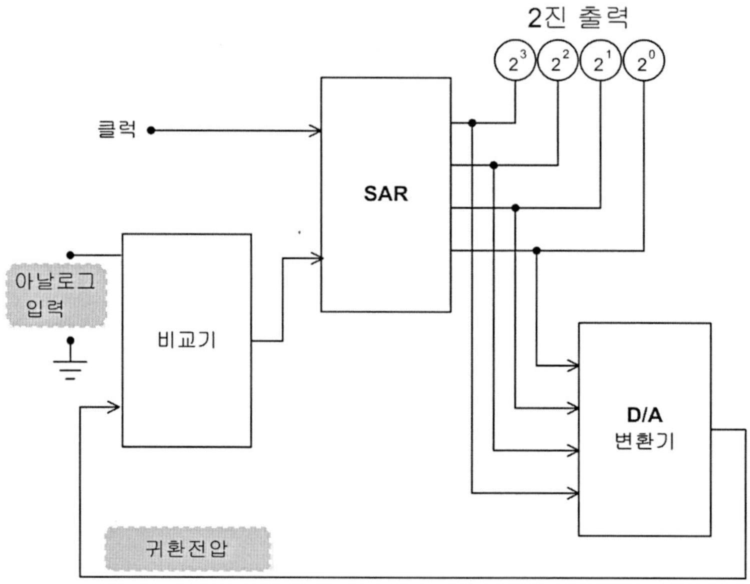

[그림 6.6] (a) 축차 근사형 ADC

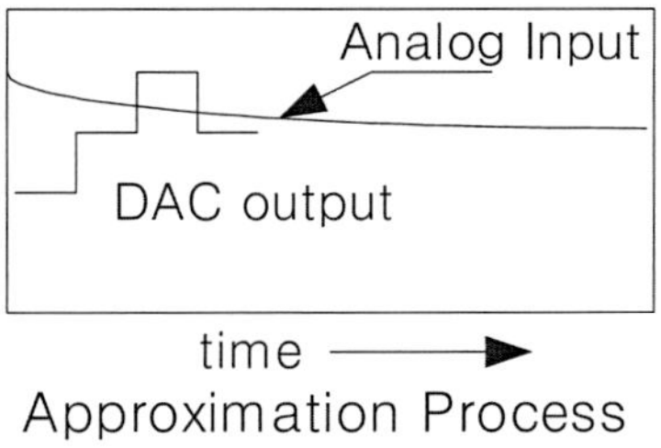

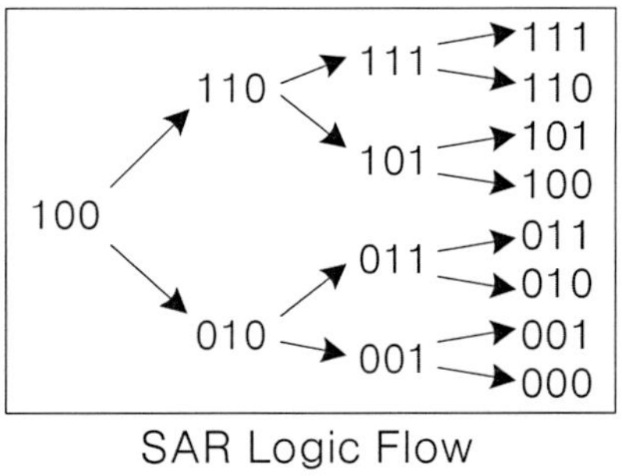

[그림 6.6] (b) 축차 근사형 ADC

▶ 이중 적분형 ADC

이중 적분형 A/D 컨버터(dual-slope integrating ADC)는 일정한 시간 t_1동안 아날로그 입력신호 Vin을 적분하고 나서 계수기를 리셋한 후에 다시 기준전압 Vref를 적분기의 출력이 0이 될 때까지 적분하여 그 시간 t_2를 측정한다. 그러면 앞의 적분시간 동안의 충전 전하량과 뒤의 적분시간 동안의 방전 전하량은 같아야 하므로

$$t_1 \text{ Vin} = t_2 \text{ Vref}$$

이 되고, 이로부터 입력전압은 다음과 같이 계산된다.

$$\text{Vin} = \frac{t_2}{t_1}\text{Vref}$$

이것은 t_1동안 아날로그 입력신호를 적분하므로 입력신호의 잡음에 대하여도 안정된 변환 특성을 가지나, 두 번의 적분시간 때문에 변환시간이 늦어지는 것이 단점이다. 따라서 이 방식은 디지털 멀티미터(DMM, Digital Multi-Meter)나 디지털 온도계와 같이 매우 저속으로 동작하는 시스템에 많이 사용된다.

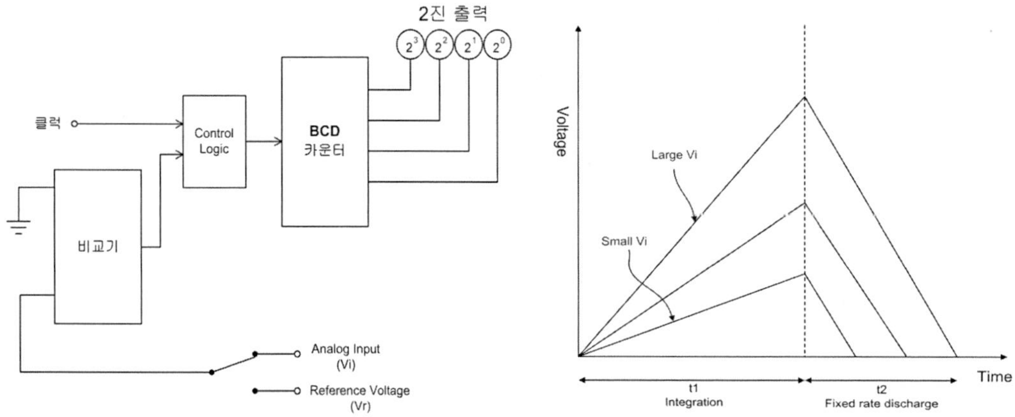

[그림 6.7] 이중 적분형 A/D 변환기

▶ 병렬 비교형 ADC

병렬 비교형 ADC(parallel ADC) 또는 플래시형 ADC(flash ADC)는 아날로그 입력 신호를 여러 개의 사다리형태의 저항배치로 기준전압을 배분한 값과 각각의 비교기로 비교하는 방식을 사용하므로 한 단계로 비교가 완료되어 매우 빠른 변환시간을 갖는다. 그러나 높은 분해능을 갖게 하려면 정밀저항 회로와 비교기의 수가 많아져 회로가 복잡해지고 가격이 비싸지는 것이 단점이다.

이 방식은 가격이 높더라도 매우 빠른 처리속도가 요구되는 영상신호처리, 디지털 메모리 오실로스코프, 레이더 분야에 사용된다.

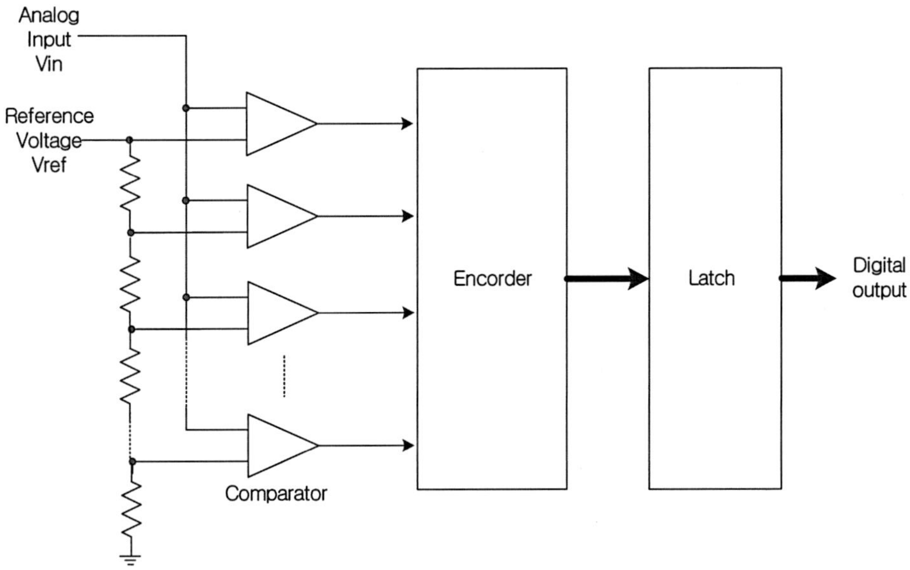

[그림 6.8] 병렬비교형 A/D 변환기

[표 6.1] 주요 ADC의 특성 비교

	이중적분형	추적비교형	축차비교형	병렬비교형
변환시간	가장 늦다	늦다	빠르다	가장 빠르다
분 해 능	중간	낮다	높다	가장 낮다
회로구성	간단	가장 간단	복잡	가장 복잡
가 격	중간	가장 낮다	높다	가장 높다

▶ A/D 변환 오차

- 양자화 오차(Quantization error)

- 1비트의 디지털 값의 변화를 일으키는 아날로그 값의 한계
- 항상 ±0.5LSB로서 일정하며 A/D 컨버터가 가지는 불가피한 오차
- 대처방안 : 분해능 높은 A/D 사용

▪ 오프셋 오차(Offset error)

- 이상적인 디지털 값에서 일정한 양만큼 벗어나는 오차
- 대처방안 : 일정치를 빼거나 더함으로써 S/W적으로 보정

▪ 이득 오차(Gain error)

- 이상적인 값에서 일정한 비율만큼 벗어나는 것인데, 이는 디지털 값이 최대치인 경우의 아날로그 입력과 최대 아날로그 입력인 VREF의 차이로 표현
- 대처방안 : 디지털 값에서 일정치를 곱하거나 나눔으로써 S/W적으로 쉽게 보정

▪ 비선형 오차(INL ; integral non-linearity error)

- 오프셋 오차나 이득 오차를 보상한 후에 디지털 값이 이상적인 값에서 가장 크게 벗어남
- 대처방안 : A/D 컨버터의 사용자가 보정하기 어려움

▪ 차동 비선형 오차(DNL ; differential non-linearity error)

- 1비트의 변화를 발생하는 아날로그 값이 이상적인 경우에서 가장 크게 벗어나는 양

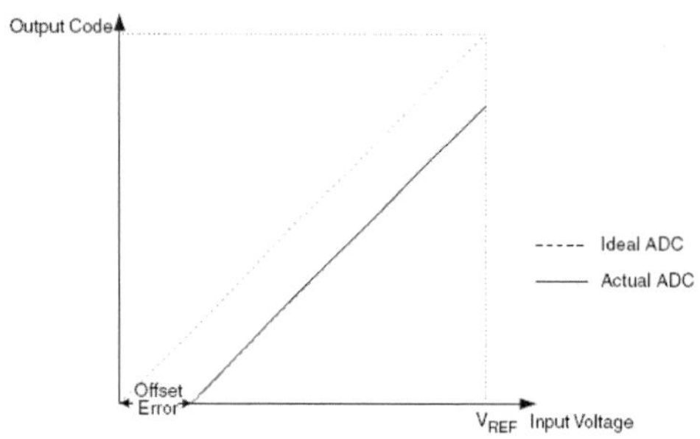

(a) Offset Error

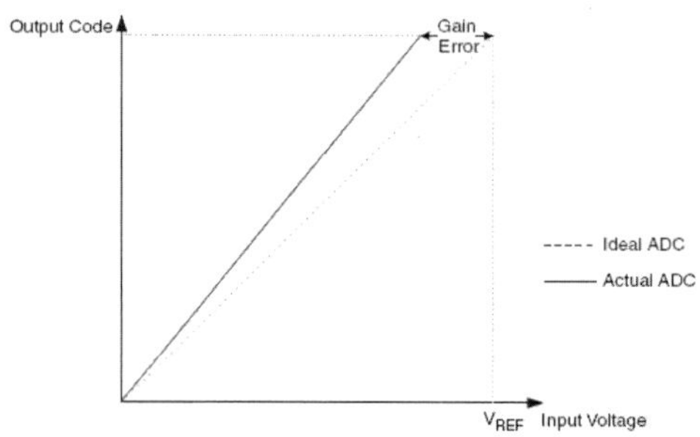

(b) Gain Error

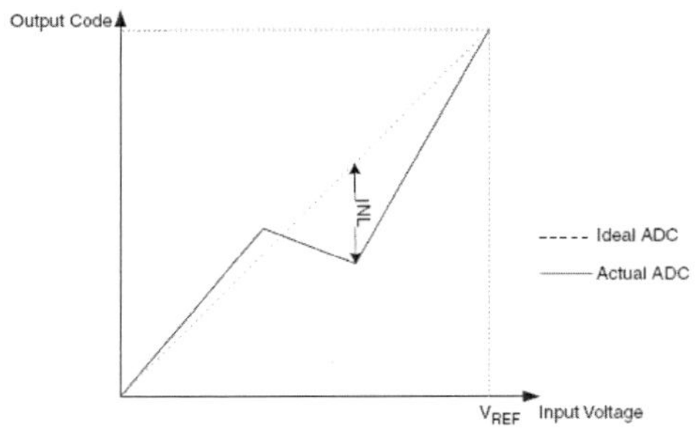

(c) INL Error

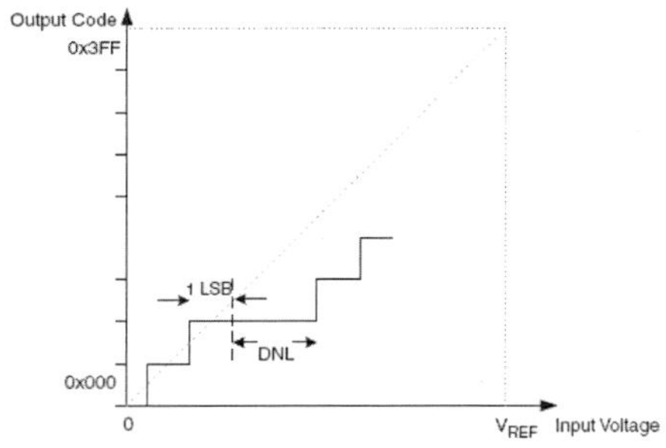

(d) DNL Error

[그림 6.9] AD 변환오차

6.3 ATmega128의 ADC

▶ ADC 특성

- 8채널 10비트 분해능의 축차비교형(successive approximation) A/D 컨버터 (ADC0~ADC7)
- 포트F와 동일한 단자를 사용
- 변환시간(13us~260us - 50KHz~200KHz)
- A/D 컨버터는 한 개이며 채널을 바꿔가며 아날로그 신호를 입력 받음(내부의 멀티플렉서 사용)
- A/D컨버터의 앞단에는 샘플/홀드 회로를 가지고, A/D변환이 수행되는 동안에는 아날로그 전압을 일정하게 유지
- 각 채널은 8개의 단극성(single ended) 아날로그 입력으로 사용될 수도 있고, 1개의 지정된 핀을 기준으로 하는 7개의 차동(differential) 입력으로 사용될 수도 있다.

- 2가지의 차동입력에 대해서는 입력된 아날로그 신호를 MCU내부에서 10배 또는 200배 증폭하여 A/D 변환할 수도 있다.

- ADC 정확도 성능 향상을 위한 독립 전원 구성
  - AVCC : Analog Supply Voltage
  - AGND : Analog Ground(반드시 GND와 연결)
  - AREF : Analog Reference Voltage

- 입력 전압의 범위
  - 일반 모드 입력전압의 범위(0V～Vref)
  - 차동입력 모드 입력전압의 범위(-Vref ～ Vref)

- Vref의 범위
  - 전원전압 VCC를 초과할 수 없다.
  - VREF=VGND～VCC
  - 내부기준전압 2.56V

▶ ADC 구성 블록도

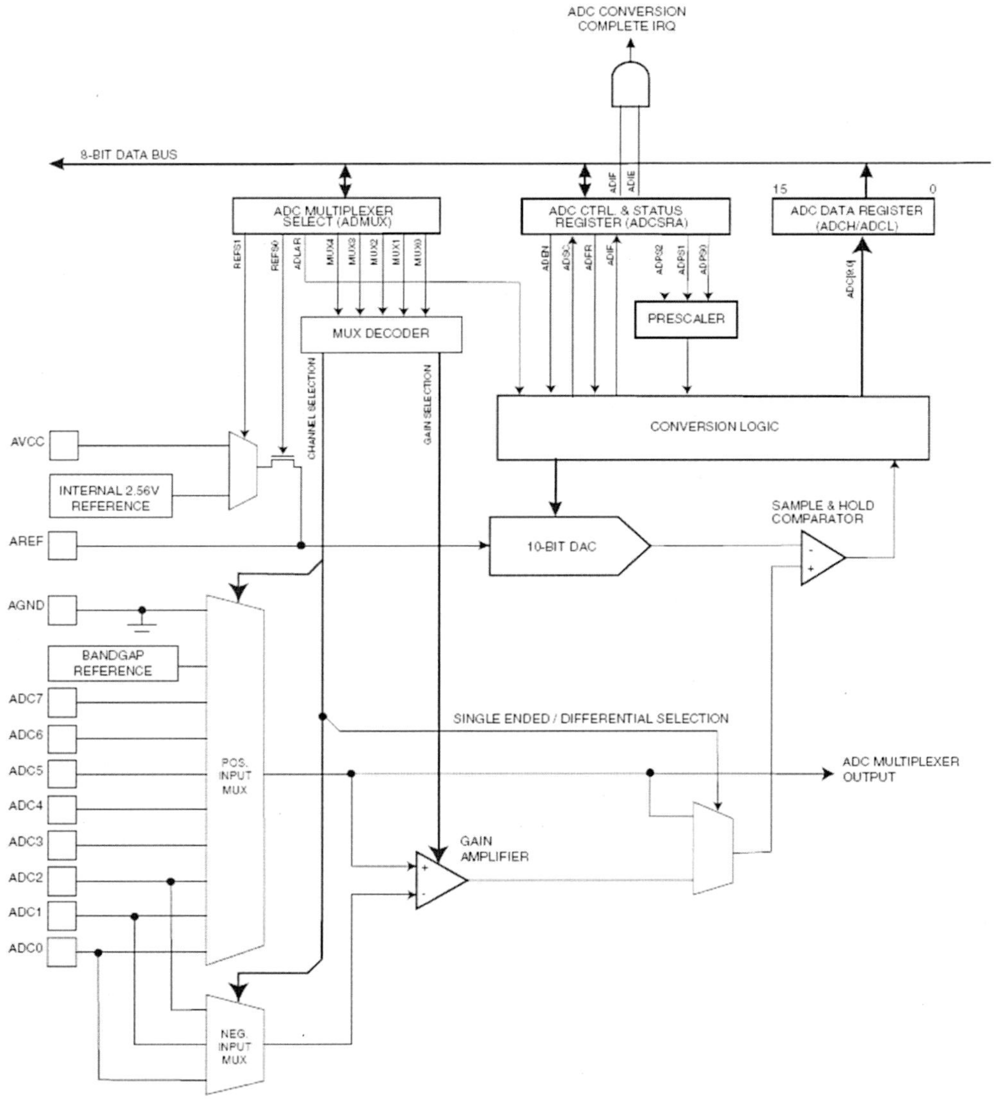

[그림 6.10] A/D 블록 다이어그램

[그림 6.10]의 왼쪽을 보면 아날로그 입력단자로 8개의 채널이 있으며 8채널 멀티플

렉스 아날로그 스위치(multiplex analog swtch)는 ADC Multiplexer의 MUX DECODER에 의해 채널이 선택된 하나의 채널을 선택하여 8-비트 CONVERSION LOGIC 블록으로 전달되어 Successive approximation 방식에 의해 10-비트 디지털 값이 선택된다. 이 디지털 값은 ADC DATA REGISTER에 저장되어 출력단자를 통해 출력된다.

▶ ADC 제어

A/D 컨버터를 제어하기 위해서는 ADC 관련 레지스터(ADMUX, ADCSR, ADCH/L)의 사용법을 알아야 하며, 관련 레지스터로는 아날로그 디지털 멀티플렉서 선택 레지스터(ADMUX)와 아날로그 디지털 컨버터 제어 상태 레지스터(ADCSR)가 있고, ADC의 변환결과를 저장하는 아날로그 디지털 데이터 레지스터(ADCH/L)가 있다. ADMUX는 A/D 신호를 입력받을 채널 0에서 7까지 선택한다. 그리고, 변환 채널이 선택되면 ADCSR을 설정하여 컨버전 프리스케일러 설정, 컨버터 완료 인터럽트를 설정한다. 모든 설정이 끝나면 전역 인터럽트 플래그를 'SET'하여 인터럽트를 활성화한다. 아날로그 디지털 변환 완료 인터럽트 처리 루틴을 구성한 후, ADCSR의 6번 비트를 SET시켜 A/D 변환을 시작하게 한다.

- ADMUX : 아날로그 입력 채널 선택, 기준전압 소스 선택, 변환결과 저장 형식을 지정하는 기능을 수행

- ADCSR : A/D 컨버터의 동작 설정 및 동작 상태를 표시

- ADCH/L : ADC의 변환결과를 저장

- A/D 컨버터 멀티플렉서 선택 레지스터(ADMUX) :
  - A/D 컨버터의 아날로그 입력 채널을 선택
  - A/D 컨버터의 기준 전압 소스를 선택하거나 변환결과 레지스터의 데이터 저장 형식을 지정

Bit	7	6	5	4	3	2	1	0	
	REFS1	REFS0	ADLAR	MUX4	MUX3	MUX2	MUX1	MUX0	ADMUX
Read/Write	R/W	R/W	R/W	R/W	R/W	R/W	R/W	R/W	
Initial Value	0	0	0	0	0	0	0	0	

- REFS1 ~ 0 (Reference Selection Bit) : A/D 컨버터에서 사용하는 기준전압 선택

[표 6.2] A/D 컨버터에서 사용하는 기준전압

REFS1	REFS0	기준전압
0	0	AREF 단자로 입력된 전압을 사용
0	1	AVCC 단자로 입력된 전압을 사용
1	0	미사용(예약)
1	1	내부의 기준전압 2.56V를 사용

- ADLAR (ADC Left Adjust Result) : 변환 결과가 ADC 데이터 레지스터에 저장될 때 좌측으로 끝을 맞추어 저장된다.
- MUX4 ~ 0 (Analog Channel and Gain Selection Bit) : 아날로그 입력 채널 선택 단일 전압 입력

MUX4..0	Single Ended Input	Positive Differential Input	Negative Differential Input	Gain
00000	ADC0	N/A		
00001	ADC1			
00010	ADC2			
00011	ADC3			
00100	ADC4			
00101	ADC5			
00110	ADC6			
00111	ADC7			
01000		ADC0	ADC0	10x
01001		ADC1	ADC0	10x

MUX4..0	Single Ended Input	Positive Differential Input	Negative Differential Input	Gain
01010	N/A	ADC0	ADC0	200x
01011		ADC1	ADC0	200x
01100		ADC2	ADC2	10x
01101		ADC3	ADC2	10x
01110		ADC2	ADC2	200x
01111		ADC3	ADC2	200x
10000		ADC0	ADC1	1x
10001		ADC1	ADC1	1x
10010		ADC2	ADC1	1x
10011		ADC3	ADC1	1x
10100		ADC4	ADC1	1x
10101		ADC5	ADC1	1x
10110		ADC6	ADC1	1x
10111		ADC7	ADC1	1x
11000		ADC0	ADC2	1x
11001		ADC1	ADC2	1x
11010		ADC2	ADC2	1x
11011		ADC3	ADC2	1x
11100		ADC4	ADC2	1x
11101		ADC5	ADC2	1x
11110	1.23V (V_{BG})	N/A		
11111	0V (GND)			

- A/D 컨버터 제어 및 상태 레지스터(ADCSR) :
  - A/D 컨버터의 동작을 설정하거나 동작 상태를 표시하는 기능

Bit	7	6	5	4	3	2	1	0	
	ADEN	ADSC	ADFR	ADIF	ADIE	ADPS2	ADPS1	ADPS0	ADCSRA
Read/Write	R/W	R/W	R/W	R/W	R/W	R/W	R/W	R/W	
Initial Value	0	0	0	0	0	0	0	0	

- ADEN (ADC Enable) : A/D 컨버터 작동유무 지정
- ADSC (ADC Start Conversion) : 1로 설정 시 A/D 컨버터 변환을 시작하고 변환이 완료되면 0으로 클리어 됨.

- ADFR (ADC Free Running Select) : 프리런닝 모드 설정, ADSC = 1 로 설정하면 한번만 변환을 시작하고 나면 그 다음부터는 자동 반복적으로 변환동작을 수행한다.
- ADIF (ADC Interrupt Flag) : A/D 변환이 완료되어 A/D 컨버터 데이터 레지스터 값이 갱신되고 나면 이것이 1로 SET되면서 변환완료 인터럽트를 요청
- ADIE (ADC Interrupt Enable) : A/D 변환완료 인터럽트를 개별적으로 허용
- ADPS2~0(ADC Prescaler Select Bit) : A/D 컨버터의 변환시간 설정을 위한 Prescaler설정

[표 6.3] ADC Prescaler 설정 표

분주비	ADPS2	ADPS1	ADPS0
2	0	0	0
2	0	0	1
4	0	1	0
8	0	1	1
16	1	0	0
32	1	0	1
64	1	1	0
128	1	1	1

▪ A/D 컨버터 데이터 레지스터 (ADCH, ADCL):
- A/D converter의 변환 결과를 저장
- 단극성 입력: 10비트 양의정수 (0~1023)
- 차동 입력: 10비트 2의 보수 (-512 ~ 511)
- 하위바이트(ADCL) 먼저 읽고, 상위바이트(ADCH) 나중에 읽음

- ADMUX 레지스터의 ADLAR = 0 인 경우

Bit	15	14	13	12	11	10	9	8	
	–	–	–	–	–	–	ADC9	ADC8	ADCH
	ADC7	ADC6	ADC5	ADC4	ADC3	ADC2	ADC1	ADC0	ADCL
	7	6	5	4	3	2	1	0	
Read/Write	R	R	R	R	R	R	R	R	
	R	R	R	R	R	R	R	R	
Initial Value	0	0	0	0	0	0	0	0	
	0	0	0	0	0	0	0	0	

- ADMUX 레지스터의 ADLAR = 1 인 경우

Bit	15	14	13	12	11	10	9	8	
	ADC9	ADC8	ADC7	ADC6	ADC5	ADC4	ADC3	ADC2	ADCH
	ADC1	ADC0	–	–	–	–	–	–	ADCL
	7	6	5	4	3	2	1	0	
Read/Write	R	R	R	R	R	R	R	R	
	R	R	R	R	R	R	R	R	
Initial Value	0	0	0	0	0	0	0	0	
	0	0	0	0	0	0	0	0	

- A/D 컨버젼 설정 순서
  - ADMUX로 A/D 신호를 입력받을 채널 0에서 7까지 선택
  - ADCSR로 컨버젼 프리스케일러 설정, AD변환 완료 인터럽트를 설정
  - 전역 인터럽트 플래그를 'SET'하여 인터럽트 활성화
  - 아날로그 디지털 변환 완료 인터럽트 처리 루틴을 구성한 후 ADCSR의 6번 비트를 셋하여 A/D 변환을 시작
  - 변환 완료 플래그를 주기적으로 점검하거나 아날로그 디지털 컨버젼 완료 인터럽트를 이용하여 A/D컨버젼 이후의 데이터 처리 루틴을 구성
  - 반드시 ADCL(하위 데이터)를 먼저 읽어서 저장한 다음에 ADCH(상위 데이터)를 저장

- ADC 변환결과
  - 단극성 입력

    V_IN: 멀티플렉서로 선택된 단극성 아날로그 입력전압

    V_REF: 선택된 기준전압

    10비트 양의정수: 0(0x0000)~1023(0x03FF)

    0x0000: V_IN = V_GND

    0x03FF: V_IN = V_REF -1 LSB

$$ADC = \frac{V_{IN} \cdot 1024}{V_{REF}}$$

  - 차동 입력

    V_POS/V_NAG : 멀티블렉서로 선택된 차동 아날로그 입력의 양극성/음극성 단자 전압

    GAIN: 아날로그 전압의 이득 (1, 20, 200)

    10비트 2의 보수법: -512(0x0200) ~ 511(0x01FF)

    GAIN 1인 경우, 0x0000: V_IN = V_GND(0)

    0x01FF: V_IN = V_REF -1 LSB

    0x0200: V_IN = -V_REF

$$ADC = \frac{(V_{POS} - V_{NAG}) \cdot GAIN \cdot 512}{V_{REF}}$$

- 잡음 제거 방법
  - 아날로그 입력은 최소한으로 짧게 하고 잡음의 영향이 없도록 회로를 구성한다.
  - 아날로그 전원단자 AVCC(아날로그 전원)에 VCC(디지털 전원)를 인가 할 때는 LC필터를 거쳐 안정화 시킨다.

- 아날로그 회로의 모든 접지는 AGND(아날로그 접지)에 접지하여 한 포인트에서만 GND(디지털 접지)와 접속한다.
- ADC 동작 중에는 병렬 I/O포트의 논리 상태를 스위칭하지 않는다.
- 잡음에 민감한 아날로그 소자의 ADC의 경우에는 ADC Noise Reduction mode를 사용한다.
- 잡음이 심하여 결과 값의 변동이 심하면 디지털 필터를 사용하거나 평균치를 구하여 사용한다.

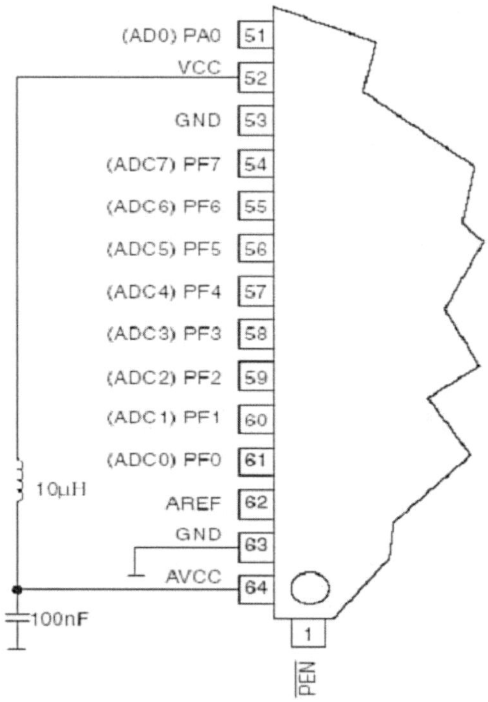

[그림 6.11] AVCC의 LC필터를 통한 VCC인가 방법

▶ 외부전압을 ADC변환을 통해 표현

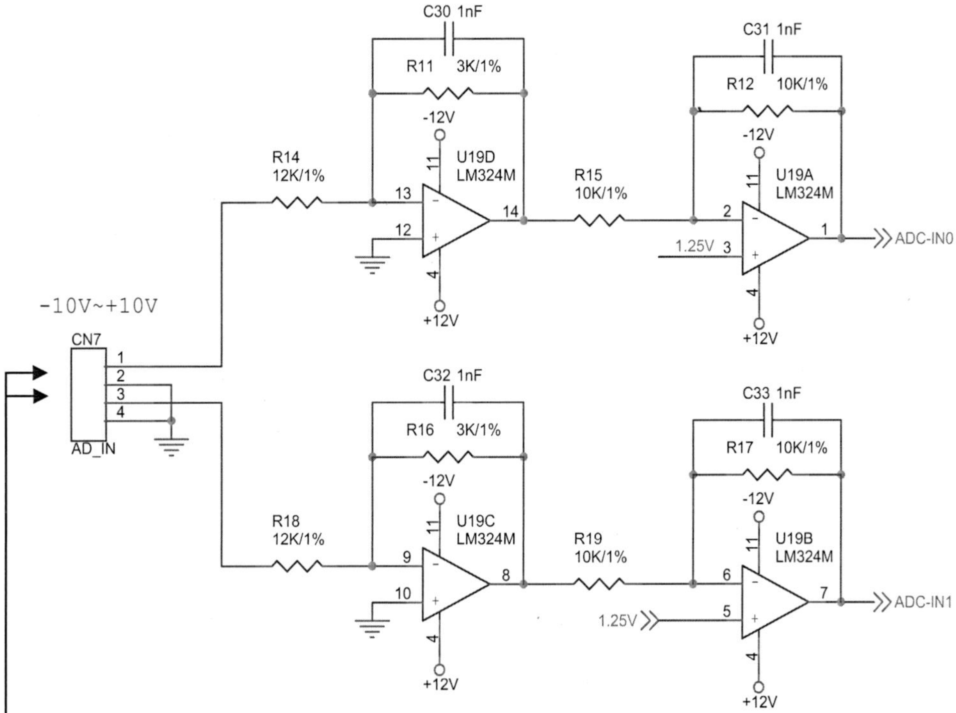

[그림 6.12] ADC0, ADC1번 입력 회로

외부전압을 입력 하는 곳(CN7 1번과 2번으로 외부전압 입력)

- CN7의 1,2번에 입력된 전압이 ADC-IN0을 통해 ATmega128에 입력되어서 ADC를 통해 표현된 값을 LED와 모니터링을 통해 표시하고자 한다.
- AD변환 값을 이용하여 실제 전압값 구하는 식을 알아보면 입력전압 값은 -10 ~ +10V이고 10비트로 AD변환을 하기 때문에 0부터 1023까지 변환 된다. 그러므로 x축이 0일 때 y축은 -10V이고 x축이 1023일 때 y축은 +10V이다. 식은 다음과 같다.

$$Actual = Adresult \times \frac{20.0}{1023.0} - 10$$

실험 6-1

ADC의 0번 채널에 -10V~+10V의 전압이 입력되었을 때 A/D변환후의 전압을 LED와 실제 아날로그 입력전압을 모니터링 할 수 있는 프로그램이다.

```
#include <iom128.h>
#include "DebugAtmega128.h"

typedef unsigned char BYTE;
float Actual=1.0;
float Scale=1.12359;
BYTE Ad_ok=0, Led=0, Temp=0;
unsigned int Ad_result=0;

void main(void)
{
        AtMg128DebugInit();
        MCUCR=0xc0;              // 0~7FFF : 0 wait
        XMCRA=0x40;              // 8000~FFFF : 1 wait

        DDRB = 0x78;
        DDRD = 0xf0;
        ADMUX = 0x40; //ADC0번 입력채널 선택
        ADCSR = 0xcf; //ADC 모듈 enable, AD변환 시작, ADC interrupt enable, 분주비:128

        __enable_interrupt();    // enable interrupts
```

```
        while(1)
         {
           if(Ad_ok)
           {
             Ad_ok = 0;
             Actual = (((float)Ad_result) * 20.0/1023.0-10.) * Scale; //-10V~+10V

             Led = ~Ad_result >> 2; //상위 8bit를 LED로 출력
             Temp = 0x87 & PORTB;
             PORTB = Temp|((Led & 0x0f) << 3);

             Temp = 0x0f & PORTD;
             PORTD = Temp | (Led & 0xF0);
           }
        }
}

#pragma vector = ADC_vect
__interrupt void ADC_conversion_done(void)
{
        Ad_result = ADC;
        Ad_ok=1;
        ADCSR |= 0x40;      //AD변환 시작
}
```

실험 6-2

ADC의 0번 채널(CN7의 1, 2번)에 -10V～+10V의 전압이 입력되었을 때 A/D변환후의 전압을 LED와 변수값을 모니터링 할 수 있는 프로그램이다. (ADC 평균값처리)

```
#include <iom128.h>
#include "DebugAtmega128.h"

typedef unsigned char BYTE;
float Actual=1.0;
float Scale=1.143726666;
BYTE Ad_ok=0, Led=0, Temp=0;
unsigned int Ad_cnt=0, Ad_result=0;
unsigned long int Ad_sum=0;

void main(void)
{
      AtMg128DebugInit();
      MCUCR=0xc0;               // 0~7FFF : 0 wait
      XMCRA=0x40;               // 8000~FFFF : 1 wait

      DDRB = 0x78;
      DDRD = 0xf0;
      ADMUX = 0x40; //ADC0번 입력채널 선택
      ADCSR = 0xcf; //ADC 모듈 enable, AD변환 시작, ADC interrupt enable, 분주비:128

      __enable_interrupt();      // enable interrupts
```

```
while(1)
{
            if(Ad_ok)
            {
              Ad_ok = 0;
              Actual = (((float)Ad_result) * 20.0/1023.0-10.) * Scale;//-10V~+10V

              Led = ~Ad_result >> 2;    //상위 8bit를 LED로 출력
              Temp = 0x87 & PORTB;
              PORTB = Temp | ((Led & 0x0f) << 3);
              Temp = 0x0f & PORTD;
              PORTD = Temp | (Led & 0xf0);
             }
}
}
#pragma vector = ADC_vect
__interrupt void ADC_conversion_done(void)
{
      Ad_sum += ADC;
      if(++Ad_cnt>=1024)
      {
              Ad_cnt=0;
              Ad_result = Ad_sum>>10; //1024;
              Ad_sum = 0;
              Ad_ok=1;
       }
       ADCSR |= 0x40;      //AD변환 시작
}
```

▶ 가변저항에 의한 전압변화를 A/D변환

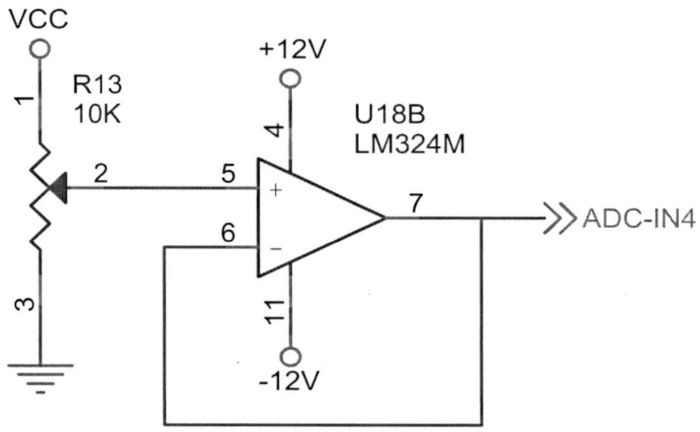

[그림 6.13] ADC4번 입력 회로

- 가변저항을 통해 변하는 전압값을 ADC-IN4의 입력으로 ATmega128에 입력되어서 ADC를 통해 표현된 값을 LED와 모니터링을 통해 표시하고자 한다.

- AD변환값을 이용하여 실제 전압 값 구하는 식을 알아보면 입력전압 값은 0~+5V이고 10비트로 AD변환을 하기 때문에 0부터 1023까지 변환 된다. 그러므로 x축이 0일 때 y축은 0V이고 x축이 1023일 때 y축은 +5V이다. 식은 다음과 같다.

$$Actual = ADresult \times \frac{5.0}{1023.0}$$

실험 6-3

AD의 4번 채널에 가변저항을 통해 입력된 전압이 0V～+5V이고 ADC후의 전압을 LED와 변수값을 모니터링 할 수 있는 프로그램이다.(ADC 평균값처리)

```
#include <iom128.h>
#include "DebugAtmega128.h"

typedef unsigned char BYTE;
float Actual=1.0;
float Scale=1.000978557;
BYTE Ad_ok=0, Led=0, Temp=0;
unsigned int Ad_cnt=0, Ad_result=0;
unsigned long int Ad_sum=0;

void main(void)
{
    AtMg128DebugInit();
    MCUCR=0xc0;              // 0~7FFF : 0 wait
    XMCRA=0x40;              // 8000~FFFF : 1 wait

    DDRB = 0x78;
    DDRD = 0xf0;
    ADMUX = 0x44; //ADC4번 입력채널 선택
    ADCSR = 0xcf; //ADC 모듈 enable, AD변환 시작, ADC interrupt enable, 분주비:128

    __enable_interrupt();    // enable interrupts

    while(1)
    {
      if(Ad_ok)
      {
```

```
                Ad_ok = 0;
                Actual = ((float)Ad_result) * 5.0/1023.0 * Scale;//가변저항

                Led = ~Ad_result >> 2; //상위 8bit를 LED로 출력
                Temp = 0x87 & PORTB;
                PORTB = Temp | ((Led & 0x0f) << 3);

                Temp = 0x0f & PORTD;
                PORTD = Temp | (Led & 0xf0);
            }
        }
}

#pragma vector = ADC_vect
__interrupt void ADC_conversion_done(void)
{
        Ad_sum += ADC;
        if(++Ad_cnt>=1024)
        {
                Ad_cnt=0;
                Ad_result = Ad_sum>>10;    //1024;
                Ad_sum = 0;
                Ad_ok=1;
        }
        ADCSR |= 0x40;     //AD변환 시작
}
```

6.4 온도센서

온도 센서는 가전제품에 있어서 에어컨, 건조기, 냉장고, 레인지 등에 사용되고 있으며, 또한 자동차 엔진 제품에 있어서 수온, 흡기온의 측정에 쓰이고 있고, 화학공장의 용액이나 기체의 온도를 검지하는 데에도 사용되고 있다. 온도를 측정하는 원리는 금속선이나 반도체의 저항 값이 온도에 따라 변화하는 성질을 이용하고, 또는 종류가 다른 금속선의 결합 접점을 가열하면 기전력을 발생하는 현상이 발생하는데 이러한 성질을 이용하여 저항이나 기전력을 측정하여 온도를 측정한다.

==> 온도 ≒ 저항
==> 온도 ≒ 기전력

▶온도센서의 종류
온도센서는 크게 접촉식과 비접촉식으로 분류한다. 접촉식은 측정대상물과의 접촉을 통해 온도를 측정하는 방식으로 백금저항온도센서, 서미스터, 열전대, 바이메탈등 대부분의 센서가 이에 해당하고 비접촉식에는 방사온도계, 광고온도계가 있다.

가. 백금저항 온도센서
온도에 따라 백금의 저항치가 변하는 원리를 이용한 것으로 온도 센서 중 가장 정확도가 높아 -260～630℃ 영역에서는 표준온도센서로 사용된다. 대부분 절연물질이 충전된 보호관에 넣어 사용하며 정밀한 측정이 요구되는 염색, 화학공업이나 프로세서제어용으로 많이 사용하고 있으나 가격이 다소 비싼 단점이 있다.

백금저항 온도 센서는 저항 대 온도 출력을 나타내며 수동적 기구이므로 가동하는데 1mA 정도만 필요하며, 알파 상수(온도 선형계수 - 온도센서의 성능을 구별하기 위해 특정 온도구간에서의 평균 기울기 : 백금의 경우는 0～100℃ 사이의 평균 기울기 값으로 정의)는 0.00385 Ohm/℃이고, 0℃에서의 저항 값은 100 Ohm이다. 알파상수를 수식으로 표현하면 아래와 같다.

$$\alpha = (R_{100} - R_0)/R_0 \times T_{100}$$

여기서, R_{100}은 100℃ 저항, R_0은 0℃ 저항이다.

일반적으로 DIN(독일 국가 규격) 이나 IEC(국제 표준 규격)에서는 α가 0.00385 Ohm/℃인 Pt 100Ω 센서를 사용하고, JIS(일본 공업 규격)에서는 화학적으로 좀 더 순도 있는 α가 0.00392 Ohm/℃를 사용한다.

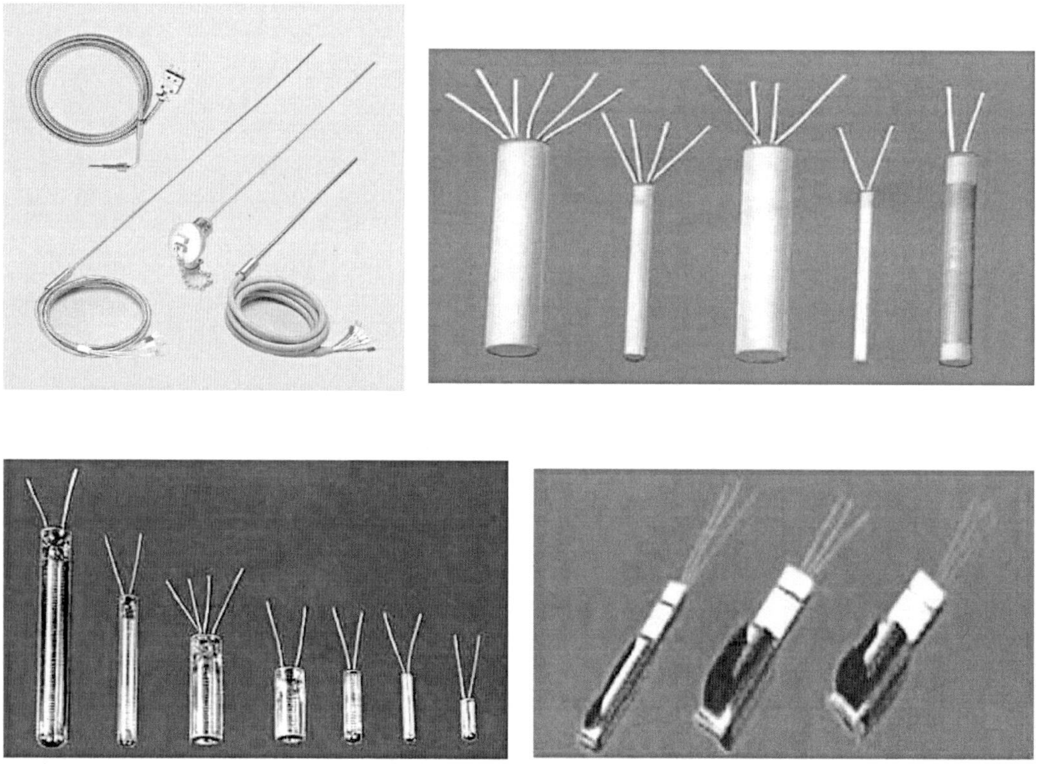

[그림 6.14] 백금 저항 온도센서의 종류

나. 서미스터(Thermistor)

열에 민감한 저항체 (Thermally Sensitive Resistor)라는 것이며, 금속 산화물을 녹는점 이하로 가열하여 산화물이 서로 밀착하며 고결하면서 만들어지고, 온도에 따라 저항치가 변하는 특성을 이용한 것으로 부특성(NTC - Negative Temperature Coefficient) 서미스터, 정특성(PTC - Positive Temperature Coefficient) 서미스터로 나누어진다. 또한 CTR(Critical Temperature Resistor)로서 음(-)의 온도계수를 가지고 있지만 일반적인 NTC와 달리 특정한 온도에서 저항 값이 급변하는 써미스터도 있다.

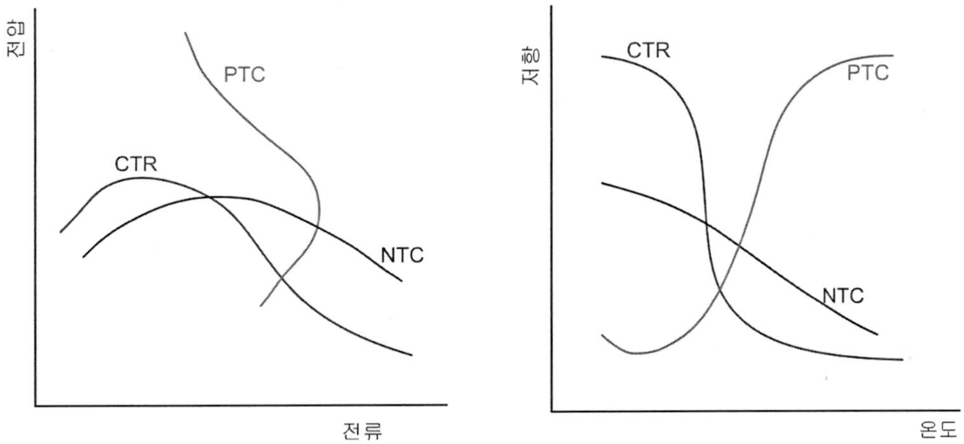

[그림 6.15] 서미스터의 특성 곡선

현재 온도센서로 가장 많이, 그리고 널리 사용되고 있으며 값이 싸고 소형이지만 직선성, 감도, 기준 온도 등이 문제가 된다. NTC 서미스터(온도가 증가함에 따라 저항 값이 급격히 감소)는 주로 온도감지, 온도보상, 액위, 풍속, 진공검출, 돌입전류방지, 지연 소자 등으로 사용되고 있으며, PTC 서미스터(온도가 증가함에 따라 저항 값이 급격히 증가)는 모터기동, 자기소거, 정온발열, 과전류보호용으로 사용된다. 최근에는 기술개발의 진보로 극저온, 저온, 고온용의 서미스터들이 개발되어 사용 중에 있으며 응용범위도 폭넓게 확대되고 있다.

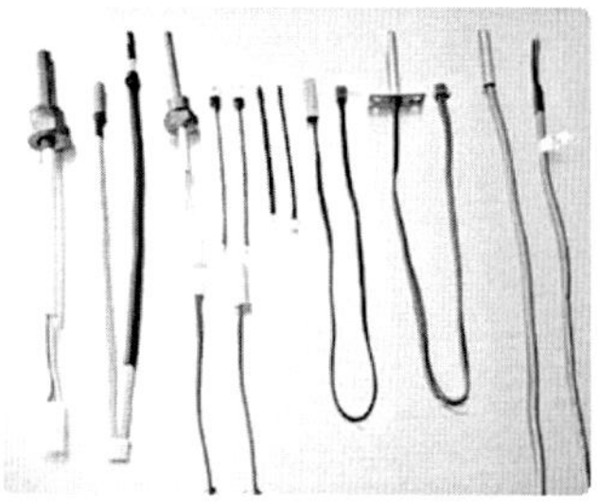
(a) 온도 센서용

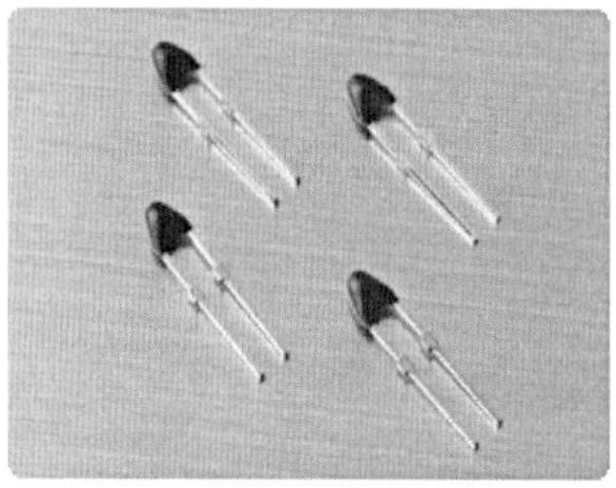
(b) 온도 감지용 서미스터

(c) 돌입전류 제한 서미스터

[그림 6.16] 서미스터의 종류

다. 열전대 (Thermocouple)

두 종류 금속선의 접합점 양단에서 발생하는 기전력변화를 이용한 것으로 철강, 발전소, 중화학등 공업용으로 많이 사용되고 있으나 대체로 백금저항 온도센서나 복사온도계에 비해 정확도가 떨어진다.

그러나 열전대는 IPTS(국제실용온도측도)에서 630∼1064.43℃ 까지 표준온도측정기로 사용토록 규정되어 있으며, 열전대의 백금선과 로듐선에 보호관을 씌워 산화되지 않도록 하여 사용하며, 아주 고온에서 주로 사용된다. 또한 열전대의 출력신호가 아주 미약하여 항상 증폭기를 필요로 하며, 전기적 외란에 민감한 단점을 가지고 있으며, 일반적으로 사용되는 열전대는 다음과 같이 구분하고 있으며 [그림 6.17]은 한국히터의 열전대 온도 센서의 종류를 보여주고 있다.

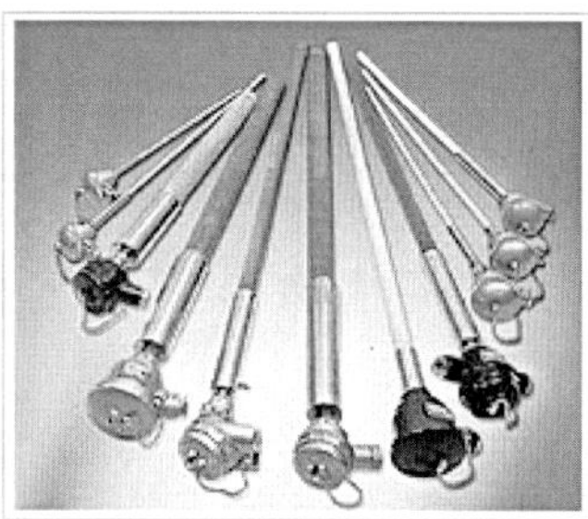
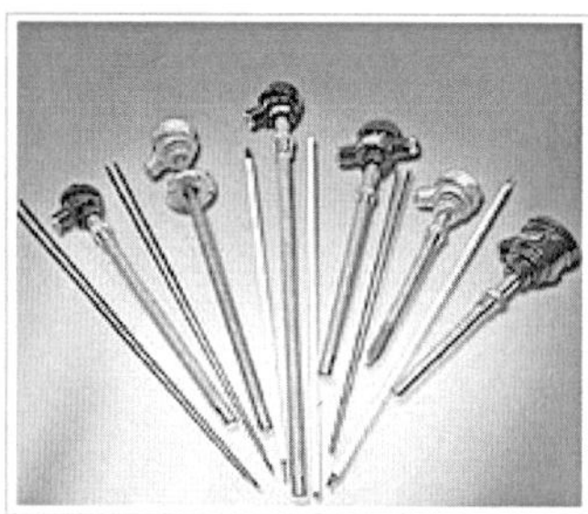
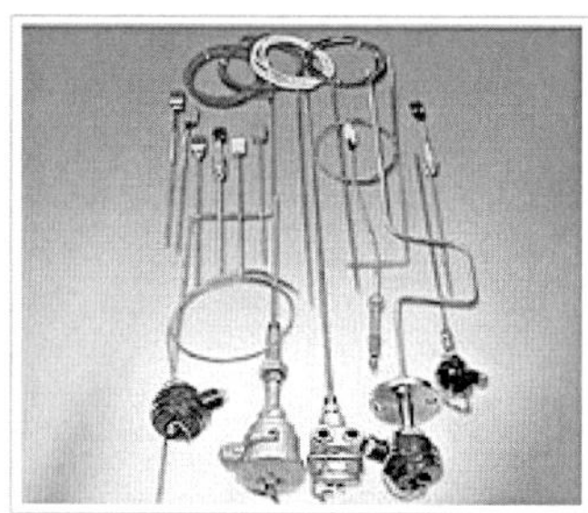

[그림 6.17] 열전대 온도센서의 종류

[표 6.4] 열전대의 종류와 특징

열전대의 종류 및 기호	구성재료		특징	결점
	+	-		
B	로듐30% 나머지 백금	로듐60% 나머지 백금	1.1700℃까지의 고온 측정기능2.R에 비해 안정성 양호 3.R에 비해 환원성 분위기 중에서의 열화가 작음 4.보상도선이 불필요	1.R에 비해 딱딱하고 가공이 어렵다. 2.고가
R	로듐13% 나머지 백금	백금	1.정밀도가 높고 분산이나 열화도 적다. 2.내약품성 내산화성 양호 3.표준형으로서 사용가능 4.1000℃ 이상의 고온측정이 가능 5.전기 저항이 약하다	1.강도가 좋지 않다 2.기전력특성의 직선성이 좋지 않다 3.환원성분위기에 약하다 4.0℃ 이하의 저온측정 불가능 5.고가
S	로듐10% 나머지 백금	백금		
K(CA)	크롬10% 나머지 니켈 (크로멜)	알루미늄,망간, 규소등 소량 나머지 니켈 (알루멜)	1.열기전력특성의 직선성이 좋다 2.1000℃ 이하에서의 내산화성 양호 3.비금속 열전쌍으로서는 안전성 양호	1.환원성분위기에 약하다 2.귀금속 열전쌍과 비교해서 경시변화 3.비금속 열전쌍으로서는 고가 4.전기저항이 높다
E(CRC)	크롬10% 나머지 니켈 (크로멜)	니켈45% 나머지 동 (콘스탄탄)	1.강도가 현용 열전쌍중에서 최고 2.J와 비교해서 내식내열성 양호 3.K와 비교해서 가격이 저렴 4.양각비자성(兩脚非磁性)	1.환원성분위기에 약하다 2.전기저항이 높다
J(IC)	철	니켈45% 나머지 동 (콘스탄탄)	1.환원성분위기에서 사용가 2.K보다 20%정도 강도가 높다 3.K,E와 비교해서 가격이 저렴	1.특성에 편차가 심하다 2.철이 녹슬기 쉽다
T(CC)	동	니켈45% 나머지 동 (콘스탄탄)	1.가격이 저렴하고 입수가 용이 2.극저온측정이 가능 3.세션가공이 용이	1.최고 사용온도가 높다. 2.동이 산화하기 쉽다. 3.전기저항이 +, -에서 크게 다르다

라. IC 온도센서

서미스터나 열전대의 단점인 직선성, 감도, 기준 온도 등을 보완한 것이 IC형 온도센서이다. 이에 대한 크기 및 핀 구성은 [그림 6.18]과 같다.

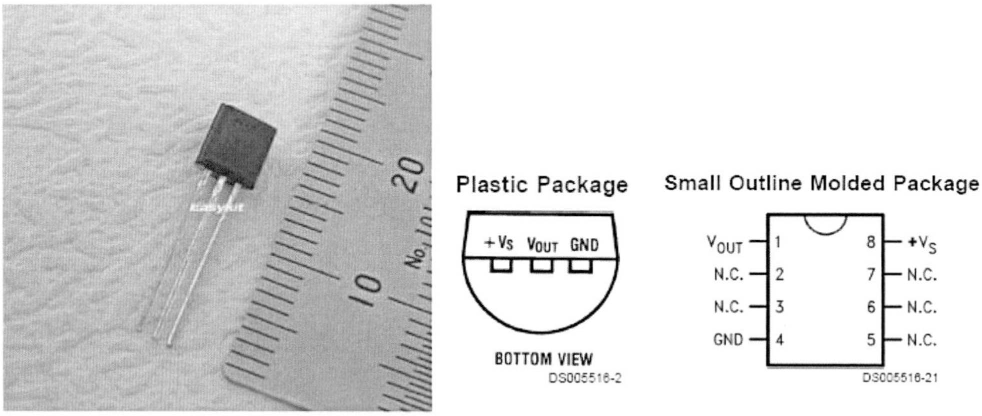

[그림 6.18] IC형 온도센서의 크기와 핀 구성

마. 기타

바이메탈, 감온페라이트, 유리온도계, 수정온도계, NQR 온도계등 많은 종류가 있으나 정밀도가 떨어지고 응용범위가 제한되어 있다. 다만, 수정온도계는 매우 고감도이므로 아직은 특수용도로 많이 사용되고 있다.

▶온도센서의 응용

가. 전자 체온기

서미스터를 이용한 전자 체온계는 측정 시에 3(V)의 전압을 가해 전류의 온도에 의한 변화를 읽고 1분 동안에 측정된다.

나. 거짓말 탐지기

식은땀에 의한 저항의 변화뿐만 아니라 땀 이외의 체내 반응을 조사하는 것도 조합시켜 거짓말을 발견하는 방법이 취해지고 있다. 거짓말을 하면 호흡이 빨라지고 거칠어지거나, 숨의 내쉼과 들이마심의 간격이 변화 하는 것을 서미스터를 사용하여 검지한다.

다. 연료잔량경보

자동차의 가솔린이 10ℓ 밖에 남아 있지 않으면 10ℓ 액면 각각의 위치에 서미스터를 고정해 두면 가솔린이 10ℓ 이상일 때는 서미스터가 냉각되어 있으나 10ℓ 이하로 되면 서미스터가 공기 중에 노출하게 되어 온도가 올라가서 전류가 많이 흘러 경고등이 켜진다.

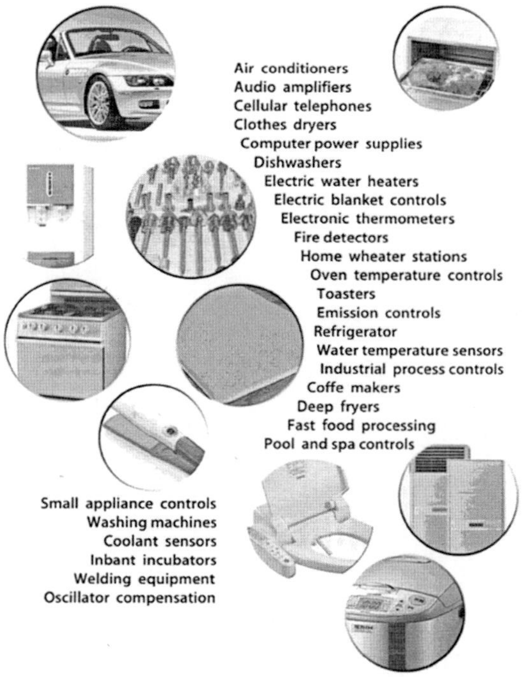

[그림 6.19] 온도센서의 응용

▶ LM35DZ

가. 특 징

- 직접적으로 섭씨온도 측정
- 선형적 +10mV/℃ 전압출력
- 상온(25℃)에서 0.5℃ 정밀도 보증
- -55℃～+150℃ 범위 온도 측정

- 웨어퍼층 조정으로 인한 저비용
- 4~30V에서 작동
- 전류 드레인이 60μA 보다 적음
- 공기 중에 낮은 열(0.08℃) 발생
- 단지 ±1/4℃의 전형적인 비선형성
- 1mA에 대한 낮은 임피던스 출력 0.1Ω 부하

나. 전기적 특성

Parameter	Conditions	LM35			LM35C, LM35D			Units (Max.)
		Typical	Tested Limit (Note 4)	Design Limit (Note 5)	Typical	Tested Limit (Note 4)	Design Limit (Note 5)	
Accuracy, LM35, LM35C (Note 7)	T_A=+25°C	±0.4	±1.0		±0.4	±1.0		°C
	T_A=−10°C	±0.5			±0.5		±1.5	°C
	T_A=T_{MAX}	±0.8	±1.5		±0.8		±1.5	°C
	T_A=T_{MIN}	±0.8		±1.5	±0.8		±2.0	°C
Accuracy, LM35D (Note 7)	T_A=+25°C				±0.6	±1.5		°C
	T_A=T_{MAX}				±0.9		±2.0	°C
	T_A=T_{MIN}				±0.9		±2.0	°C
Nonlinearity (Note 8)	T_{MIN}≤T_A≤T_{MAX}	**±0.3**		**±0.5**	**±0.2**		**±0.5**	°C
Sensor Gain (Average Slope)	T_{MIN}≤T_A≤T_{MAX}	**+10.0**	**+9.8, +10.2**		**+10.0**		**+9.8, +10.2**	mV/°C
Load Regulation (Note 3) 0≤I_L≤1 mA	T_A=+25°C	±0.4	±2.0		±0.4	±2.0		mV/mA
	T_{MIN}≤T_A≤T_{MAX}	**±0.5**		**±5.0**	**±0.5**		**±5.0**	mV/mA
Line Regulation (Note 3)	T_A=+25°C	±0.01	±0.1		±0.01	±0.1		mV/V
	4V≤V_S≤30V	**±0.02**		**±0.2**	**±0.02**		**±0.2**	mV/V
Quiescent Current (Note 9)	V_S=+5V, +25°C	56	80		56	80		µA
	V_S=+5V	**105**		**158**	**91**		**138**	µA
	V_S=+30V, +25°C	56.2	82		56.2	82		µA
	V_S=+30V	**105.5**		**161**	**91.5**		**141**	µA
Change of Quiescent Current (Note 3)	4V≤V_S≤30V, +25°C	0.2	2.0		0.2	2.0		µA
	4V≤V_S≤30V	**0.5**		**3.0**	**0.5**		**3.0**	µA
Temperature Coefficient of Quiescent Current		**+0.39**		**+0.7**	**+0.39**		**+0.7**	µA/°C
Minimum Temperature for Rated Accuracy	In circuit of *Figure 1*, I_L=0	+1.5		+2.0	+1.5		+2.0	°C
Long Term Stability	T_J=T_{MAX}, for 1000 hours	±0.08			±0.08			°C

다. 주요 특성 그래프

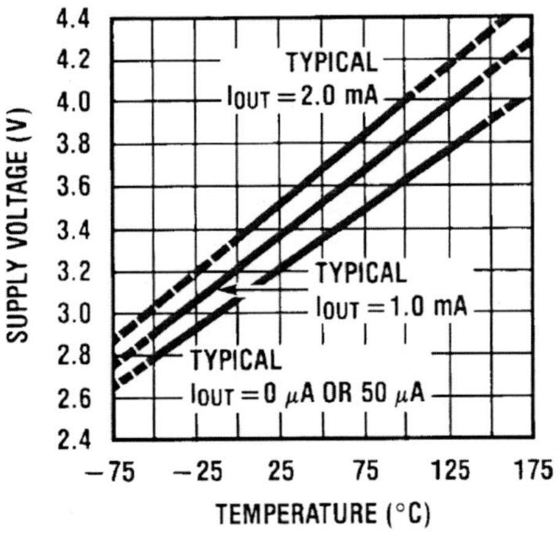

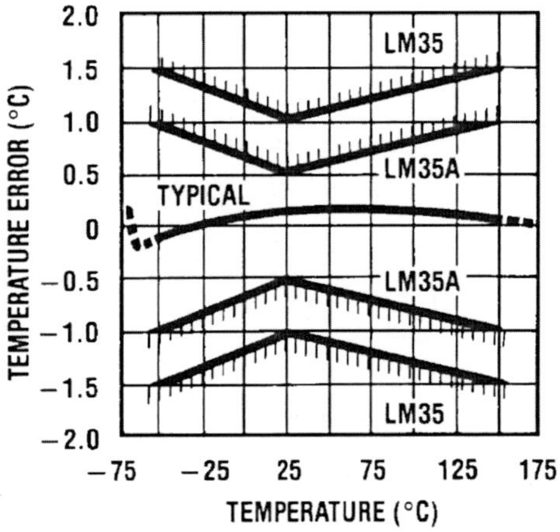

⇨ 첫 번째 그래프에선 온도에 따른 공급 전압이 선형임을 알 수 있고, 두 번째 그래프에선 전형적으로 온도 에러가 ±0.5℃임을 알 수 있다.

▶ 온도센서에 의한 온도변화를 ADC변환을 통해 표현

- [그림 6.20]과 같이 온도센서(LM35D)를 통해 ADC_IN5로 들어오는 신호를 AD 컨버터로 읽어서 보드에 연결된 LED에 출력하는 실험을 하고자 한다.
  (ADC 변환이 완료된 후, 인터럽트를 사용하여 온도 값을 측정한다. 그리고 LED0~3은 Port B의 3~6bit에 연결되어 있고, LED 4~7은 Port D의 4~7 bit에 연결되어 있다.)

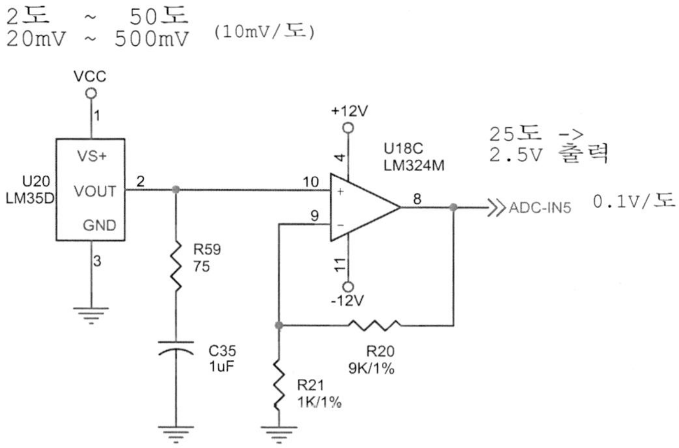

[그림 6.20] ADC5번 입력 회로

- AD변환 값을 이용하여 실제 온도 값 구하는 식을 알아보자.

1℃당 0.1V의 출력 전압 값이 변하므로 2℃~50℃의 온도를 측정하기 위하여 OPAMP(LM324M)를 사용하여 10배 증폭함으로써 온도센서는 0.2V~+5V의 전압이 출력되도록 하였다.

AD변환 값은 10비트로 AD변환을 하기 때문에 0부터 1023까지 변환 된다. 그러므로 x축이 0일 때 y축은 0℃ 이고, x축이 1023일 때 y축은 +50℃이다. 이에 대한 직선의 방정식은 다음과 같다.

$$Actual = ADresult \times \frac{50.0}{1023.0}$$

실험 6-4

본 실험은 ADC와 온도센서를 활용해 ADC결과 값을 LED에 표시하고 온도 값을 AMC EMUL로 모니터링 하는 프로그램으로 작성하여 실험하였다.

```
#include <iom128.h>
#include "DebugAtmega128.h"

typedef unsigned char BYTE;
float Actual=1.0;
float Scale=1.0;
BYTE Ad_ok=0, Led=0, Temp=0;
unsigned int Ad_cnt=0,  Ad_result=0;
unsigned long int Ad_sum=0;

void main(void)
{
      AtMg128DebugInit();
      MCUCR=0xc0;              // 0~7FFF : 0 wait
      XMCRA=0x40;              // 8000~FFFF : 1 wait

      DDRB = 0x78;
      DDRD = 0xf0;
      ADMUX = 0x45; //ADC5번 입력채널 선택
      ADCSR = 0xcf; //ADC 모듈 enable, AD변환 시작, ADC interrupt enable, 분주비:128
      __enable_interrupt();    // enable interrupts
      while(1)
      {
```

```
        if(Ad_ok)
        {
          Ad_ok = 0;
          Actual = ((float)Ad_result) * 50.0/1023.0 * Scale;   //온도센서

          Led = ~Ad_result >> 2;   //상위 8bit를 LED로 출력
          Temp = 0x87 & PORTB;
          PORTB = Temp | ((Led & 0x0f) << 3);

          Temp = 0x0f & PORTD;
          PORTD = Temp|(Led & 0xf0);
        }
      }
}
#pragma vector = ADC_vect
__interrupt void ADC_conversion_done(void)
{
      Ad_sum += ADC;
      if(++Ad_cnt>=1024)
      {
              Ad_cnt=0;
              Ad_result = Ad_sum>>10;   //평균값처리(1024회)
              Ad_sum = 0;
              Ad_ok=1;
      }
    ADCSR |= 0x40;     //AD변환 시작
}
```

학습정리

- 디지털 신호처리를 실시간으로 하려면 먼저 빠른 속도로 아날로그 신호를 디지털 값으로 변환(A/D : analog to digital conversion)하여야 하며, 이때 사용되는 디바이스를 ADC(Analog to digital converter)라고 한다. 또한 처리된 결과가 아날로그 신호로 출력되려면 반대로 디지털 데이터를 아날로그 변환(D/A : digital to analog conversion) 하여야 하며, 이때 사용되는 디바이스를 DAC(Digital to analog converter)라고 한다.

- ADC의 종류에는 계수 비교형 ADC, 축차 근사형 ADC, 이중 적분형 ADC, 병렬 비교형 ADC가 있다.

- Analog to Digital 변환 오차에는 양자화 오차(Quantization error), 오프셋 오차(Offset error), 이득 오차(Gain error), 비선형 오차(INL ; integral non-linearity error), 차동 비선형 오차(DNL ; differential non-linearity error)가 있다.

- ATmega128 ADC는 8채널 10비트 분해능의 축차비교형, 13us~260us의 변환 시간을 가지며, 8개의 단극성(single ended) 아날로그 입력으로 사용될 수도 있고, 1개의 지정된 핀을 기준으로 하는 7개의 차동(differential) 입력으로 사용할 수 있다.

- ATmega128 A/D 컨버터를 제어하기 위해서는 ADC 관련 레지스터(ADMUX, ADCSR, ADCH/L)의 사용법을 알아야 하며, 관련 레지스터로는 아날로그 디지털 멀티플렉서 선택 레지스터(ADMUX)와 아날로그 디지털 컨버터 제어 상태 레지스터(ADCSR)가 있고, ADC의 변환결과를 저장하는 아날로그 디지털 데이터 레지스터(ADCH/L)가 있다.

과제 6-1

ADC의 1번 채널에 -10V ~ +10V의 전압이 입력되었을 때 A/D 변환후의 전압을 LED와 변수값 모니터링으로 확인 할 수 있는 프로그램을 작성하시오.

과제 6-2

ADC의 2번 채널에 0V ~ +5V의 전압이 입력되었을 때 A/D변환후의 전압을 LED와 변수값 모니터링으로 확인 할 수 있는 프로그램을 작성하시오.

과제 6-3

ADC의 3번 채널에 0V ~ +5V의 전압이 입력되었을 때 A/D변환후의 전압을 LED와 변수값 모니터링으로 확인 할 수 있는 프로그램을 작성하시오.

제 7 장 7-세그먼트와 DOT LED의 응용

공장자동화(FA)라고 하면 로봇(Robot)을 연상하게 된다. 그러나 로봇(Robot)만으로는 완전한 공장자동화를 이룰 수 없으며, 공장자동화 시스템을 완성하기 위해서는 로봇, 컨베이어(Conveyor), 자동창고 및 그 외에 수많은 기계들을 움직일 수 있는 제어시스템과 이 시스템들을 통합하는 네트워크(Network), 표시장치(7-세그먼트, DOT LED 등) 및 소프트웨어(Software)가 필요하게 된다.

제어시스템들 중 가장 대표적인 것으로 PLC(Programmable Logic Controller), NC(Numeric Controller), DCS(Distributed Control System) 등이 있으며, 이들 시스템의 연결을 위하여 여러 가지의 Industrial Network 들이 개발되어 있다.

이와 같이 MMI(Man Machine Interface)는 사람과 기계의 대화를 도와주는 장치 또는 기능을 말하는데, 여기서는 제어 시스템과 각각의 기기들이 통신 하면서 사람이 기계를 조작하고, 그 상태를 파악 하도록 보여주거나 기록하고, 경고하는 등의 기능을 갖는 컴퓨터 및 프로그램과 주변장치를 통틀어 MMI라 한다.

본 7장에서는 표시 장치로 널리 사용되고 있는 7-Segment 그리고 DOT matrix LED를 이용한 MMI의 기본적인 개념에 대해서 알아보도록 한다.

특히 7-Segment는 일상생활에서 널리 사용되고 있다. 즉, 전자시계, 전자저울, 냉장고, 세탁기, 에어컨, 증권회사에서 주가 동향 및 주식에 대한 다량의 정보를 표시할 때 널리 사용된다. 이러한 세븐 세그먼트는 밝은 곳에서는 잘 표시되지 않기 때문에 세븐세그먼트 위에 약간 어두운 아크릴을 이용하여 표시하면 밝은 상태에서도 표시의 상태를 선명하게 읽을 수 있다. 아울러 최근들어 LED 표시에 대한 관심도가 고조되면서 도트 LED를 이용하여 광고 등의 표시나 다량의 도트 LED를 이용하여 대형 전광판을 만들에 표시의 다양성을 제공해주는 편리한 표시기 이다.

7.1 7-Segment 구조와 응용

7-Segment LED는 FND라고도 하는 것으로, 도트(DP)를 포함하여 LED 8개가 공통 Anode(양극) 또는 Cathode(음극)의 형태로 결선되어 있는 표시장치이다.

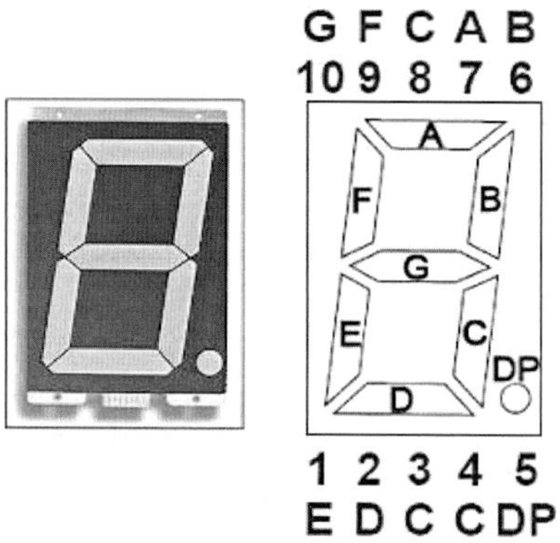

(a) 7-Segment의 외형

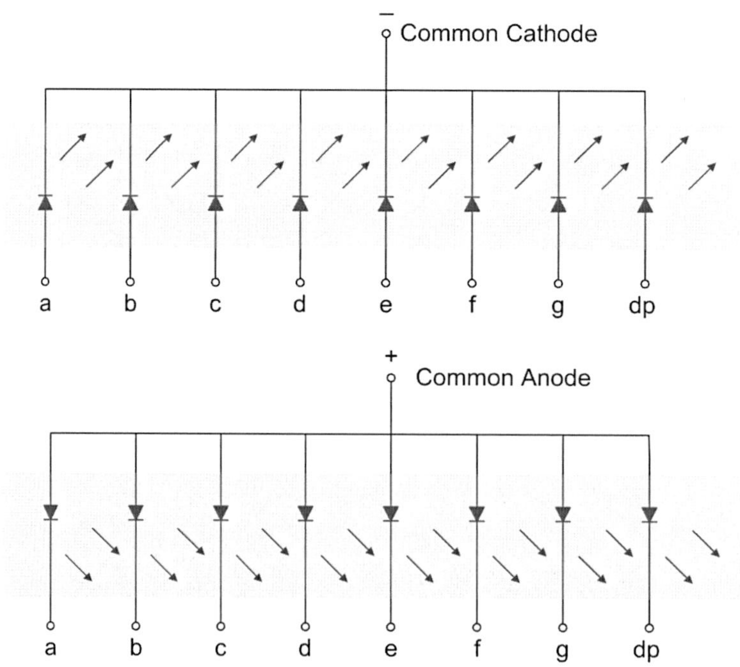

(b) 7-Segment의 내부 회로도

해당 포트	D7	D6	D5	D4	D3	D2	D1	D0
해당 LED	DP	G	F	F	D	C	B	A

(c) 7-Segment의 표시 데이터

[그림 7.1] 7-segment의 구성

[그림 7.1]의 (a)에서는 7-Segment의 외형모습을 보여주고 있다. 또한, [그림 7.1]의 (b)에서는 실제 공통 양극(Common anode)형태와 공통 음극(Common cathode) 형태의 구조를 보여주고 있으며, 공통 음극 형은 공통단자에 접지가 연결되고, 공통 양극 형은 공통단자에 Vcc를 인가하여 LED를 표시할 수 있는 구조이다.

본 장에서 사용된 7-Segment는 공통 음극(Common cathode) 형을 사용하여 회로를 구성하고 있다. 공통 음극형의 경우, 7-Segment LED에 숫자 '0'이 켜지게 하기 위해서는 G와 DP만을 제외한 모든 LED에 불이 켜져야 하므로, 2진수 0011 1111(0x3F)을 연결포트에 출력해야 한다.

[표 7.1]은 이러한 방법으로 만든 표시 숫자와 출력데이터 간의 관계이고, [그림 7.2]는 실제 실험키트에서 사용된 회로도를 나타낸다.

[표 7.1] 표시할 숫자와 포트에 출력할 값

표시할 숫자	공통 ANODE형의 경우 포트에 출력해야 하는 값	공통 CATHODE형의 경우 포트에 출력해야 하는 값
0	C0	3F
1	F9	06
2	A4	5B
3	B0	4F
4	99	66
5	92	6D
6	82	7D
7	F8	07
8	80	7F
9	90	6F
A	88	77
B	83	7C
C	A7	58
D	A1	5E
E	86	79
F	8E	71

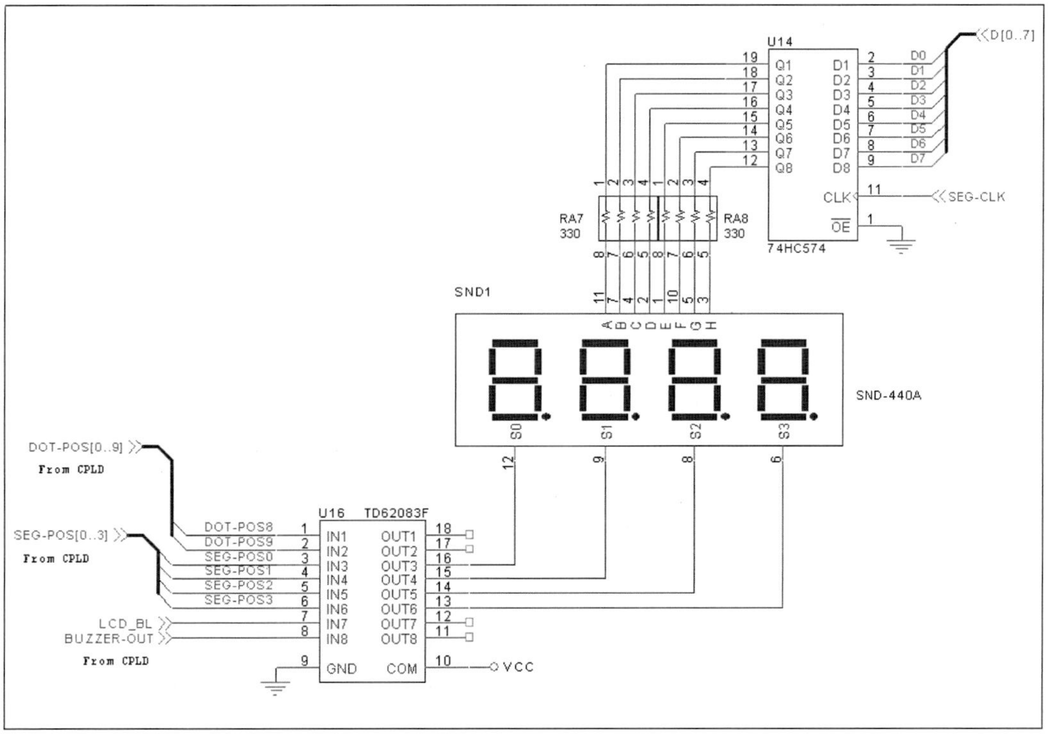

[그림 7.2] 7-Segment 구동 회로도

[그림 7.2]에서 D0~D7은 MPU(ATmega128)의 데이터 버스이며 74HC574(Non inverting D-type Flip/Flop)로 입력이 되고 CPLD에서 발생되는 SEG-CLK신호를 트리거 신호로 입력하면 데이터 버스의 데이터가 플립플롭에 래치 된다. 이때 래치된 출력은 전류제한용 저항(33Ω)인 RA8을 거쳐 7-Segment의 데이터 신호로 보내게 된다. 또한 SEG-POS0에서부터 SEG-POS3이 달링턴 트랜지스터가 8개 들어가 있는 TD62083F에 입력되고 증폭된 전류가 세븐 세그먼트를 구동하게 된다.

결국 7-Segment에 원하는 문자를 발생하기 위해서는 포인터형 변수를 이용하여 0x2002에 쓰면 SEG-CLK에 데이터를 보내게 되고 74HC574를 통해서 데이터가 래치 된다. 아울러 0x2001에 위치하고 있는 SEG_POS에 쓰고자 하는 7-Segment를 선택하게 되면, 원하는 데이터를 원하는 7-Segment에 쓸 수 있게 된다.

7.2 DOT LED의 구조와 응용

도트(DOT) LED란 LED를 행렬(매트릭스)의 형태로 나열한 것으로, 대표적으로 5×7, 8×8, 16×16 등의 매트릭스로 이루어진 것과 칼라 수에 따라 싱글(single, 단색) 또는 멀티(multi, 다색)라고 불리고 있다. 이러한 LED를 사용한 디스플레이 장치는 다른 디스플레이 장치에 비해 고 휘도이면서 수명이 길다는 장점이 있다.

[그림 7.3]은 일반적인 Dot matrix의 내부 구조를 보여주고 있으며, x축과 y축을 갖고 각각의 교차점에 LED 소자가 접속되어 있다.

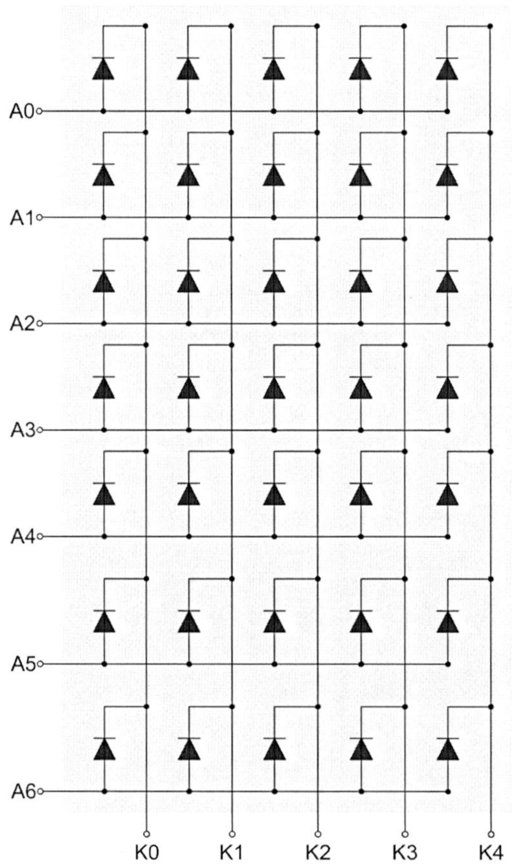

(a) 내부 구조

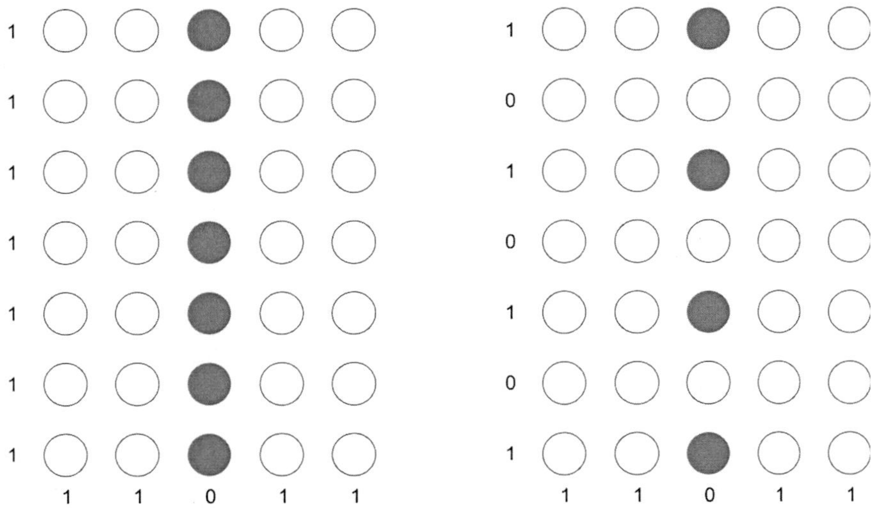

(b) 동 작

[그림 7.3] 5x7 Dot matrix의 내부 구조와 동작

도트 매트릭스를 구동시키는 방법에는 스태틱 구동(static drive)과 다이나믹 구동(dynamic drive)의 2가지 방법이 있다.

스태틱 구동의 경우는 시프트 레지스터의 비트를 LED 개수만큼 준비하고 여기에 데이터를 보내어 점등하는 방식으로 한 번에 모든 LED를 ON/OFF 한다.

그러나 다이나믹 구동은 도트 매트릭스를 1행씩 스캔하면서 LED를 ON/OFF 하는 방식으로 LCD 모니터의 표시방법과 유사한 방법으로 구동하게 되는 것이다.

[그림 7.3]의 예와 같이 스캔라인과 데이터라인으로 구성되어 스캔라인에 의해 각 행 또는 열을 1행씩 스캔하면서 데이터라인에 의해 동기된 데이터를 출력하는 방식이다.

[그림 7.3]의 (b)는 A축에 데이터라인(A0~A6)에 "1111111"을 주고, K2축에 '0'을 주면 K축 상에서 A축에 1에 해당하는 LED에 불이 들어오게 되므로 K2축 상에 있는 모든 LED에 불이 들어오게 된다. 또한, A축에 데이터 "1010101"을 주고, K2축에 '0'을 주면 K2축 상에 있는 A0, A2, A4, A6의 LED에 불이 들어오게 된다.

[그림 7.4]는 실제 실험키트에 사용된 회로도를 보여주고 있다.

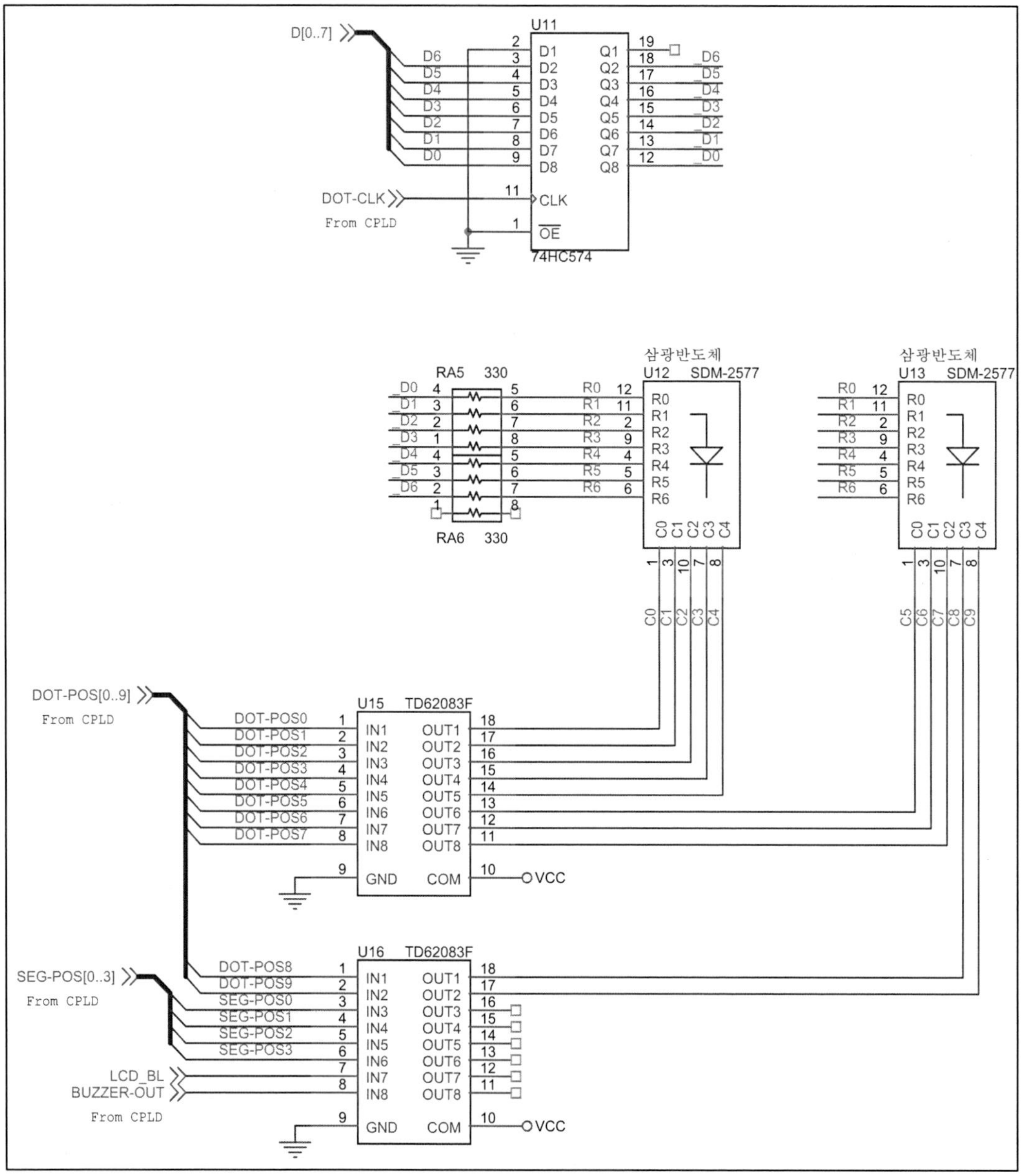

[그림 7.4] Dot LED와 ATmega128과의 연결 회로도

데이터 신호 D0~D7은 74C574(Non inverting D-type Flip/Flop)로 입력이 되고 CPLD에서 발생되는 DOT-CLK신호를 트리거 신호로 DOT-matrix에 실제 데이터 신호를 보내게 된다. 결국 DOT-matrix에 원하는 문자를 발생하기 위해서는 먼저 0x3000에 위치하고 있는 DOT_CLK에 데이터를 보내게 되면 74HC574를 통해서 데이터가 유지되고, 0x3001에 위치하고 있는 DOT_POSITION에 쓰고자 하는 DOT_POSITION의 위치를 선택하게 되면, 원하는 데이터를 원하는 DOT_POSITION에 쓸 수 있게 된다.

예를 들어 0x7F라는 데이터를 보내고, CPLD를 통해서 DOT_POS0에 1이라는 신호가 들어오고 나머지 DOT_POS1~DOT_POS9에는 0이라는 신호가 들어오게 되며 첫 번째 열에 해당하는 DOT-matrix에 불이 들어오게 되고, 나머지는 불이 들어오지 않게 된다.

아래에는 7-세그먼트와 DOT LED의 구동을 위한 VHDL 코드이다.

```
process(A15_A12, A3_A0)
variable vSEG_CLK_CS   : std_logic;
variable vDOT_CLK_CS   : std_logic;
variable vPWM_CS       : std_logic;
variable vENC_CS       : std_logic;
variable vSEG_CS       : std_logic;
variable vDOT_CS       : std_logic;
variable vSW_CS        : std_logic;
variable vLCD_CONTROL  : std_logic;
variable vLCD_DATA_CS  : std_logic;
variable vDA_L_CS, vDA_H_CS    : std_logic;
variable vLAN_CS       : std_logic;
variable vRF_DOUT_CS   : std_logic;
variable vRF_DIN_CS    : std_logic;

begin
        vSEG_CLK_CS     := '1';
        vDOT_CLK_CS     := '1';
        vPWM_CS         := '1';
        vENC_CS         := '1';
        vSEG_CS         := '1';
```

```
        vDOT_CS          := '1';
        vSW_CS           := '1';
        vLCD_CONTROL     := '1';
        vLCD_DATA_CS     := '1';

        vDA_L_CS         := '1';
        vDA_H_CS         := '1';
        vLAN_CS          := '1';
        vRF_DOUT_CS      := '1';
        vRF_DIN_CS       := '1';
if A15_A12(3 downto 0) = "0010" then        --0x2000 ~ 0x2FFF
        if A3_A0 = "0000" then      --0x2000
                vSW_CS := '0';
        elsif A3_A0 = "0001" then   --0x2001
                vSEG_CS := '0';
        elsif A3_A0 = "0010" then   --0x2002
                vSEG_CLK_CS := '0';
        end if;
elsif A15_A12(3 downto 0) = "0011" then     --0x3000~ 0x3FFF
        if A3_A0 = "0000" then                  --0x3000
                vDOT_CLK_CS := '0';
        elsif A3_A0 = "0001" then   --0x3001
                vDOT_CS := '0';
        elsif A3_A0 = "0010" then   --0x3002
                vRF_DOUT_CS := '0';
        elsif A3_A0 = "0011" then   --0x3003
                vRF_DIN_CS := '0';
        end if;
elsif A15_A12(3 downto 0) = "0100" then     --0x4000~ 0x4FFF
        if A3_A0 = "0000" then                  --0x4000
                vPWM_CS := '0';
        elsif A3_A0 = "0010" then   --0x4002
                vENC_CS := '0';
        elsif A3_A0 = "0011" then   --0x4003
                vDA_L_CS := '0';
        elsif A3_A0 = "0100" then   --0x4004
                vDA_H_CS := '0';
```

```
        end if;
        elsif A15_A12(3 downto 0) = "0101" then         --0x5000~ 0x5FFF
                if A3_A0 = "0000" then      --0x5000
                        vLCD_CONTROL  := '0';
                elsif A3_A0 = "0001" then   --0x5001
                        vLCD_DATA_CS  := '0';
                end if;

        elsif A15_A12(3) = '1' then --0x8000 ~ 0xFFFF
                vLAN_CS := '0';
        end if;
        --Variable을 Signal로 출력한다.
        SEG_CLK_CS      <= vSEG_CLK_CS;
        DOT_CLK_CS      <= vDOT_CLK_CS;

        PWM_CS          <= vPWM_CS;
        ENC_CS          <= vENC_CS;
        SEG_CS          <= vSEG_CS;
        DOT_CS          <= vDOT_CS;
        SW_CS           <= vSW_CS;

        LCD_CONTROL     <= vLCD_CONTROL;
        LCD_DATA_CS     <= vLCD_DATA_CS;
        DA_L_CS         <= vDA_L_CS;
        DA_H_CS         <= vDA_H_CS;

        LAN_CS          <= vLAN_CS;
        RF_DOUT_CS      <= vRF_DOUT_CS;
        RF_DIN_CS       <= vRF_DIN_CS;
    end process;
--<< DOT LED Control >>--
process(RSTB, WR, DOT_CS, DATA, DOT_POSITION)
begin
        if RSTB = '0' then
                DOT_POSITION   <= "1111";
        elsif WR = '1' and WR'event then
                if DOT_CS = '0' then        --0x3001
```

```
                        DOT_POSITION  <= DATA(3 downto 0);
                end if;
        end if;
        if DOT_POSITION = "0000" then
                DOT_POS <= "0000000001";--K0(맨왼쪽)만 Display
        elsif DOT_POSITION = "0001" then
                DOT_POS <= "0000000010";--K1(왼쪽의 두번째)만 Display
        elsif DOT_POSITION = "0010" then
                DOT_POS <= "0000000100";--K2(왼쪽의 세번째)만 Display
        elsif DOT_POSITION = "0011" then
                DOT_POS <= "0000001000";--K3(왼쪽의 네번째)만 Display
        elsif DOT_POSITION = "0100" then
                DOT_POS <= "0000010000";--K4(왼쪽의 다섯번째)만 Display
        elsif DOT_POSITION = "0101" then
                DOT_POS <= "0000100000";--K5(왼쪽의 여섯번째)만 Display
        elsif DOT_POSITION = "0110" then
                DOT_POS <= "0001000000";--K6(왼쪽의 일곱번째)만 Display
        elsif DOT_POSITION = "0111" then
                DOT_POS <= "0010000000";--K7(왼쪽의 여덜번째)만 Display
        elsif DOT_POSITION = "1000" then
                DOT_POS <= "0100000000";--K8(왼쪽의 아홉번째)만 Display
        elsif DOT_POSITION = "1001" then
                DOT_POS <= "1000000000";--K9(왼쪽의 열번째)만 Display
        else
                DOT_POS <= "1111111111";--ALL ON
        end if;
end process;
process(RSTB, WR, SEG_CS, DATA)
begin
        if RSTB='0' then
                SEG_POS <= "0000";
        elsief WR='1' and WR'event then
                if SEG_CS='0' then --0x2001
                        SEG_POS <= DATA(3 downto 0);
                end if;
        end if;
end process;
```

실험 7-1

7-Segment의 제일 오른쪽 Segment에 숫자 " 0 "을 표시하는 프로그램을 작성하여 실험하였다.

```
#include <iom128.h>
#include <ina90.h>
#include "DebugAtmega128.h"

#define SEG_POS  *(char *)0x2001   //7-Segment Position
#define SEG_CLK  *(char *)0x2002   //7-Segment Data

unsigned char Time_Cnt1=0, T_100ms_Flag=0, T_Rate=100;

void main(void)
{
        AtMg128DebugInit();
        MCUCR=0xc0;              // 0~7FFF : 0 wait
        XMCRA=0x40;              // 8000~FFFF : 1 wait

        TCCR0 = 0x0D;            //CTC, 128분주
        OCR0 = 125-1;            //16Mhz/128/125 = 1000 (1ms)
        TIMSK = 0x02;            //Timer0 비교매치 인터럽트 enable
        __enable_interrupt();    // enable interrupts;

        while(1)
        {
            SEG_CLK = 0x3F;  //0x3F 는 숫자 0을 나타냄
            SEG_POS = 0x08;  //4번째 7-Segment 자리
        }
}
```

```
//1msec interrupt
#pragma vector = TIMER0_COMP_vect
__interrupt void TIMER0_COMP(void)
{
        if(++Time_Cnt1 >= T_Rate)
        {
                Time_Cnt1=0;
                T_100ms_Flag=1;
        }
}
```

Hint :

1) *(char *)0x2001=0x01; //SEG_POS0만 '1'이고 나머지는 '0'이 출력된다.
결국 7-segment중 왼쪽 첫 번째만 표시된다.

2) *(char *)0x2001=0x02; //SEG_POS1만 '1'이고 나머지는 '0'이 출력된다.
결국 7-segment중 왼쪽 두번째만 표시된다.

3) *(char *)0x2001=0x04; //SEG_POS2만 '1'이고 나머지는 '0'이 출력된다.
결국 7-segment중 왼쪽 세번째만 표시된다.

4) SEG_POS0=0x08; //오른쪽만 표시된다.

실험 7-2

7-Segment의 제일 왼쪽 Segment에서부터 숫자 " 1 2 3 4 "를 표시하는 프로그램을 작성하여 실험하였다.

```
#include <iom128.h>
#include <ina90.h>
#include "DebugAtmega128.h"

#define SEG_POS *(char *)0x2001   //7-Segment Position
#defineSEG_CLK *(char *)0x2002   //7-Segment Data

unsigned char num4[4] = {0x06, 0x5b, 0x4f, 0x66};          //1~4번
unsigned char Time_Cnt=0, T_Rate=3, Position = 0x01 ;

void main(void)
{
        AtMg128DebugInit();
        MCUCR=0xc0;              // 0~7FFF : 0 wait
        XMCRA=0x40;              // 8000~FFFF : 1 wait
        TCCR0 = 0x0D;            //CTC, 128분주
        OCR0 = 125-1;            //16MHz/128/1000 = 125 (1ms)
        TIMSK = 0x02;            //Timer0 비교매치 인터럽트 enable
        __enable_interrupt();    // enable interrupts

        while(1)
        {
                SEG_POS = Position;
                switch(Position)
                {
                        case 0x01: SEG_CLK = num4[0];
```

```
                                        break;
                                        // 첫 번째 Segment에 1출력
                        case 0x02: SEG_CLK = num4[1];
                                        break;
                                        // 두 번째 Segment에 2출력
                        case 0x04: SEG_CLK = num4[2];
                                        break;
                                        // 세 번째 Segment에 3출력
                        case 0x08: SEG_CLK = num4[3];
                                        break;
                                        // 네 번째 Segment에 4출력
                        default : break;
                }
        }
}

//1ms interrupt
#pragma vector = TIMER0_COMP_vect
__interrupt void TIMER0_COMP(void)
{
        //T_Rate Time을 많이 주면 깜박거림이 생기므로 T_Rate를 3으로 한다.
        if(++Time_Cnt >= T_Rate)
        {
                Time_Cnt =0;
                Position = Position << 1;       //좌측으로 1씩 쉬프트

                if(Position == 0x10)      Position = 0x01; //1, 2, 4, 8
        }
}
```

실험 7-3

7-Segment 4자리 모두를 표시하고 100ms마다 UP COUNTER하는 프로그램을 작성하여 실험하였다.

```
#include <iom128.h>
#include <ina90.h>
#include "DebugAtmega128.h"

#define SEG_POS *(char *)0x2001        //7-Segment Position
#define SEG_CLK *(char *)0x2002        //7-Segment Data

unsigned char num4[10] = {0x3f, 0x06, 0x5b, 0x4f, 0x66,
                          0x6d, 0x7d, 0x07, 0x7f, 0x6f};  //0~9번
unsigned char pos = 0x01, T3m_Sec=0, T3m_Flag=0, T100m_Sec=0, T100m_Flag=0;
unsigned char SegView1=0, SegView2=0, SegView3=0, SegView4=0;
unsigned int UpCount_Cnt=0, UpCount_Flag=0, UpCount_Flag1=0;
unsigned int Test_Cnt=0, UpCount_Cnt=0;

void UpCount(void);
void Seg_Display(void);

void main(void)
{
        AtMg128DebugInit();
        MCUCR=0xc0;             // 0~7FFF : 0 wait
        XMCRA=0x40;             // 8000~FFFF : 1 wait

        TCCR0 = 0x0D;           //CTC, 128분주
        OCR0 = 125-1;           //16Mhz/128/125 = 1000 (1ms)
        TIMSK = 0x02;           //Timer0 비교매치 인터럽트 enable
```

```
        __enable_interrupt();       // enable interrupts
        while(1)
        {
                Test_Cnt++;
                Seg_Display();
                UpCount();
        }
}

void Seg_Display(void)
{
        if(T3m_Flag)
        {
                T3m_Flag=0;

                SEG_POS = pos;
                if(pos == 0x08)         SEG_CLK = num4[SegView1];
                else if(pos == 0x04)    SEG_CLK = num4[SegView2];
                else if(pos == 0x02)    SEG_CLK = num4[SegView3];
                else if(pos == 0x01)    SEG_CLK = num4[SegView4];

                //0x08에서 0x01로 데이터 입력으로써 숫자가 지속적으로 표시
                if(pos == 0x08)
                        pos = 0x01;
                else
                        pos <<= 1;
        }
}

void UpCount(void)
{
        if(T100m_Flag)
        {
                T100m_Flag=0;
```

```
            ++UpCount_Cnt;

            //9999가 되면 0으로 다시 시작 된다.
            if(UpCount_Cnt >= 9999)
                UpCount_Cnt=0;

            SegView4 = UpCount_Cnt/1000;
            UpCount_Flag = UpCount_Cnt%1000;
            SegView3 = UpCount_Flag/100;
            UpCount_Flag1 = UpCount_Flag%100;
            SegView2 = UpCount_Flag1/10;
            SegView1 = UpCount_Flag1%10;
        }
}

#pragma vector = TIMER0_COMP_vect
__interrupt void TIMER0_COMP(void)
{
        //3ms Time를 많이 주면 깜박거림이 많이 생기므로 3ms로 하였다.
        if(++T3m_Sec >= 3)          //3ms
        {
            T3m_Sec=0;
            T3m_Flag=1;
        }

        if(++T100m_Sec >= 100)      //100ms
        {
            T100m_Sec=0;
            T100m_Flag=1;
        }
}
```

실험 7-4

7-Segment를 이용하여 디지털시계의 기본 프로그램을 작성하여 실험하였다.
(단, 왼쪽 두 번째 7-segment의 Dot가 0.5초마다 깜빡이게 한다.)

```
#include <iom128.h>
#include <ina90.h>
#include "DebugAtmega128.h"

#define SEG_POS *(char *)0x2001      //7-Segment Position
#define SEG_CLK *(char *)0x2002     //7-Segment Data

unsigned char num4[10] = {0x3F, 0x06, 0x5B, 0x4F, 0x66,
                          0x6D, 0x7D, 0x07, 0x7F, 0x6F};  //0~9번
unsigned char pos = 0x01, T3m_Sec=0, T3m_Flag=0, T1000m_Flag=0;
unsigned char SegView1=0, SegView2=0, SegView3=0, SegView4=0;
unsigned char Clock_Sec=0, Clock_Min=0, Dot=0x80;
unsigned int  T1000m_Sec=0, T500m_Sec=0, DotFlag=0;

void UpCount(void);
void Seg_Display(void);
void Dig_Clock(void);

void main(void)
{
        AtMg128DebugInit();
        MCUCR=0xc0;              // 0~7FFF : 0 wait
        XMCRA=0x40;              // 8000~FFFF : 1 wait

        TCCR0 = 0x0D;            //CTC, 128분주
        OCR0 = 125-1;            //16MHz/128/125 = 1000 (1ms)
```

```
	TIMSK = 0x02;		//Timer0 비교매치 인터럽트 enable
	__enable_interrupt();	// enable interrupts

	while(1)
	{
		Seg_Display();
		Dig_Clock();
	}
}
void Dig_Clock(void)
{
	if(T1000m_Flag)			//1000ms
	{
		T1000m_Flag=0;

		++Clock_Sec;

		//60초가 넘으면 분을 증가
		if(Clock_Sec >= 60)
		{
			Clock_Sec = 0;
			if(++Clock_Min>60)
			{
				Clock_Min=0;
			}
		}
	}
	SegView4=Clock_Min/10;		//10분 단위
	SegView3=Clock_Min%10;		//1분 단위

	SegView2=Clock_Sec/10;		//10초 단위
	SegView1=Clock_Sec%10;		//1초 단위
}
```

```
void Seg_Display(void)
{
        if(T3m_Flag)
        {
                T3m_Flag=0;

                SEG_POS = pos;
                if(pos == 0x08)         SEG_CLK = num4[SegView1];
                else if(pos == 0x04)    SEG_CLK = num4[SegView2];
                else if(pos == 0x02)    SEG_CLK = num4[SegView3] + Dot;
                //" . " 표시
                else if(pos == 0x01)    SEG_CLK = num4[SegView4];

                if(pos == 0x08)    pos = 0x01;
                else               pos <<= 1;
        }
}

//1ms interrupt program
#pragma vector = TIMER0_COMP_vect
__interrupt void TIMER0_COMP(void)
{
        //3ms Flag Set
        if(++T3m_Sec >= 3)
        {
                T3m_Sec=0;
                T3m_Flag=1;
        }
        //500ms Flag Set
        if(++T500m_Sec >= 500)          //" . " 이 0.5초마다 점등
        {
                T500m_Sec=0;
                DotFlag = ~DotFlag;
```

```
          if(DotFlag)
                    Dot = 0x00;
          else
                    Dot = 0x80;
     }

     if(++T1000m_Sec >= 1000)          //1000ms
     {
               T1000m_Sec=0;
               T1000m_Flag=1;
     }
}
```

실험 7-5

DOT LED의 제일 왼쪽 한 줄만 디스플레이 하는 프로그램을 작성하여 실험하였다.

```
#include <iom128.h>
#include <ina90.h>
#include "DebugAtmega128.h"

#define DOT_R  *(char *)0x3000       //DOT LED 행
#define DOT_C  *(char *)0x3001       //DOT LED 열

typedef unsigned char     BYTE;
typedef unsigned int      WORD;
typedef unsigned long int   DWORD;

void main(void)
{
        AtMg128DebugInit();
        MCUCR=0xc0;              // 0~7FFF : 0 wait
        XMCRA=0x40;              // 8000~FFFF : 1 wait
        __enable_interrupt();     // enable interrupts

        while(1)
        {
                DOT_R = 0xFF;   //모든 행을 '1'로 한다.
                DOT_C = 0x00;   //제일 왼쪽 라인이 선택 된다.
        }
}
```

표시 예)

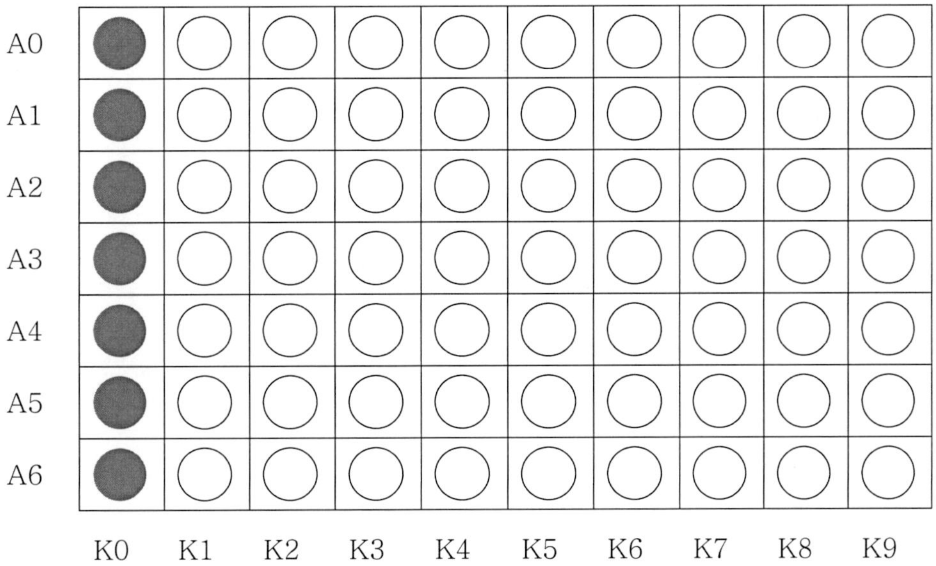

실험 7-6

DOT LED를 좌측부터 열 단위로 점등하여 우측으로 100ms 마다 이동하는 프로그램을 작성하여 실험하였다.

```
#include <iom128.h>
#include <ina90.h>
#include "DebugAtmega128.h"

#define DOT_R   *(char *) 0x3000      //DOTLED 행
#define DOT_C   *(char *) 0x3001      //DOTLED 열

typedef unsigned char           BYTE;
typedef unsigned int            WORD;
typedef unsigned long int       DWORD;

BYTE Time_Cnt1=0, T_100ms_Flag=0, Pulse_Cnt=0;

void main(void)
{
        AtMg128DebugInit();
        MCUCR=0xc0;             // 0~7FFF : 0 wait
        XMCRA=0x40;             // 8000~FFFF : 1 wait

        TCCR0 = 0x0D;          //CTC, 128분주
        OCR0 = 125-1;          //16Mhz/128/125 = 1000(1ms)
        TIMSK = 0x02;          //Timer0 비교매치 인터럽트 enable

        __enable_interrupt();   // enable interrupts

        while(1)
        {
                DOT_R = 0xFF;      //모든 행이 선택이 된다.
                if(T_100ms_Flag)
```

```
                {
                        T_100ms_Flag=0;

                        DOT_C = Pulse_Cnt;  //100ms 마다 열이 바뀜

                        Pulse_Cnt++;          //100ms 마다 Plus_Cnt를 더해준다.
                        if(Pulse_Cnt>=10)
                                Pulse_Cnt=0;
                        //Pulse_Cnt가 10이 넘을 경우 다시 0으로 초기화 해준다.
                }
        }
}

//1msec interrupt
#pragma vector = TIMER0_COMP_vect
__interrupt void TIMER0_COMP(void)
{
        if(++Time_Cnt1 >= 100)              //100ms
        {
                Time_Cnt1=0;
                T_100ms_Flag=1;
        }
}
```

실험 7-7

DOT LED의 제일 윗줄에 있는 10개의 도트 LED만 ON 하는 프로그램을 작성하여 실험하였다.

```
#include <iom128.h>
#include <ina90.h>
#include "DebugAtmega128.h"

#define DOT_R  *(char *)0x3000      //DOTLED 행
#define DOT_C  *(char *)0x3001      //DOTLED 열

typedef unsigned char         BYTE;
typedef unsigned int          WORD;
typedef unsigned long int     DWORD;

void main(void)
{
        AtMg128DebugInit();
        MCUCR=0xc0;              // 0~7FFF : 0 wait
        XMCRA=0x40;              // 8000~FFFF : 1 wait
        __enable_interrupt();    // enable interrupts

        while(1)
        {
                DOT_C = 0x7F;          //모든 열이 선택이 된다.
                DOT_R = 0x01;          //제일 윗줄만 선택 된다
        }
}
```

표시 예)

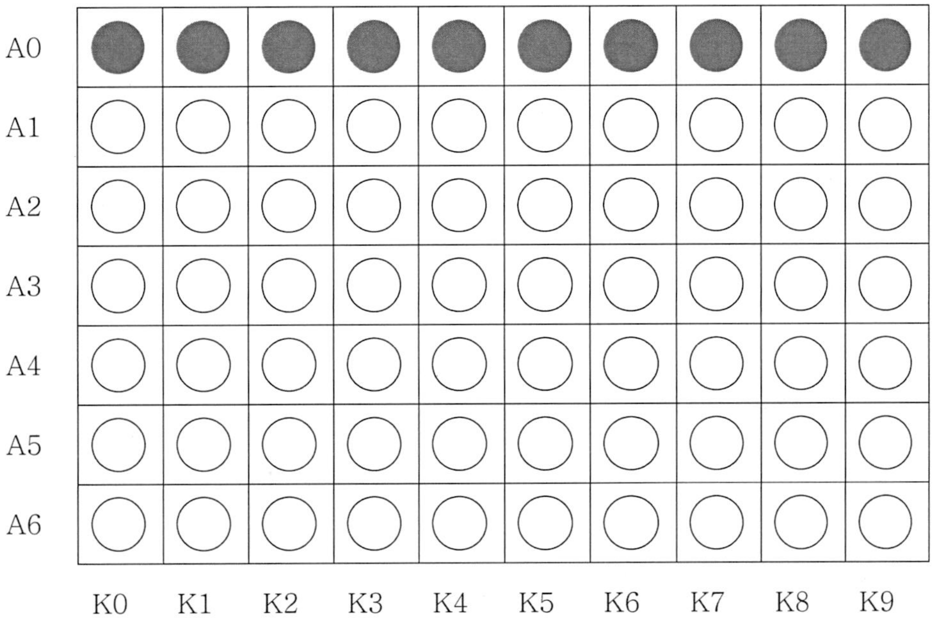

실험 7-8

DOT LED를 윗줄에 있는 10개의 LED가 100ms 마다 아래로 반복하여 이동하는 프로그램을 작성하여 실험하였다.

```
#include <iom128.h>
#include <ina90.h>
#include "DebugAtmega128.h"

#define DOT_R  *(char *) 0x3000     //DOTLED 행
#define DOT_C  *(char *) 0x3001     //DOTLED 열

typedef unsigned char          BYTE;
typedef unsigned int           WORD;
typedef unsigned long int      DWORD;

BYTE Time_Cnt1=0, T_100ms_Flag=0, Plus_Cnt=0;
BYTE Dotstr[7] = {0x01, 0x02, 0x04, 0x08, 0x10, 0x20, 0x40};   //좌측부터 모든 행

void main(void)
{
        AtMg128DebugInit();
        MCUCR=0xc0;          // 0~7FFF : 0 wait
        XMCRA=0x40;          // 8000~FFFF : 1 wait

        TCCR0 = 0x0D;        //CTC, 128분주
        OCR0 = 125-1;        //16Mhz/128/1000 = 125
        TIMSK = 0x02;        //Timer0 비교매치 인터럽트 enable
        __enable_interrupt();   // enable interrupts

        while(1)
        {
                DOT_C = 0x7F;      //모든 열이 선택 된다
```

```
                if(T_100ms_Flag)
                {
                        T_100ms_Flag=0;
                        DOT_R = Dotstr[Plus_Cnt];

                        Plus_Cnt++;          //100ms 마다 Plus_Cnt를 증가
                        if(Plus_Cnt>=7)
                                Plus_Cnt=0;
                        //Plus_Cnt가 7을 넘을 경우 다시 0으로 초기화 해준다.
                }

        }
}

//1msec interrupt
#pragma vector = TIMER0_COMP_vect
__interrupt void TIMER0_COMP(void)
{
        if(++Time_Cnt1 >= 100)
        {
                Time_Cnt1=0;
                T_100ms_Flag=1;
        }
}
```

실험 7-9

DOT LED를 이용하여 정지된 " ♡ " 모양을 만들어 디스플레이 하는 프로그램을 작성하여 실험하였다.

```
#include <iom128.h>
#include <ina90.h>
#include "DebugAtmega128.h"

#define DOT_R  *(char *)0x3000      //DOTLED 행
#define DOT_C  *(char *)0x3001      //DOTLED 열

typedef unsigned char    BYTE;

void Seg_Display(void);

BYTE   Dot_Col=0, T2ms_Cnt=0, T2ms_Flag=0;
BYTE Dotstr[10] = {0x00, 0x0e, 0x1f, 0x3f, 0x7e, 0x7e, 0x3f, 0x1f, 0x0e, 0x00};
                                                                //" ♡ " 모양

void main(void)
{
        AtMg128DebugInit();
        MCUCR=0xc0;          // 0~7FFF : 0 wait
        XMCRA=0x40;          // 8000~FFFF : 1 wait

        TCCR0 = 0x0D;         //CTC, 128분주
        OCR0 = 125-1;        //16Mhz/128/1000 = 125
        TIMSK = 0x02;        //Timer0 비교매치 인터럽트 enable

        __enable_interrupt();   // enable interrupts

```

```
        while(1)
        {
                Seg_Display();
        }
}

void Seg_Display(void)
{
        if(T2ms_Flag)
        {
                T2ms_Flag=0;

                DOT_C = Dot_Col;
                DOT_R = Dotstr[Dot_Col];

                ++Dot_Col;

                if(Dot_Col >=10)
                      Dot_Col=0;
                           //DOT 10번째 줄이 지나면 다시 처음 줄을 입력한다.
        }
}

//1msec interrupt
#pragma vector = TIMER0_COMP_vect
__interrupt void TIMER0_COMP(void)
{
        if(++T2ms_Cnt >= 2)       //2ms
        {
                T2ms_Cnt=0;
                T2ms_Flag=1;
        }
}
```

표시 예)

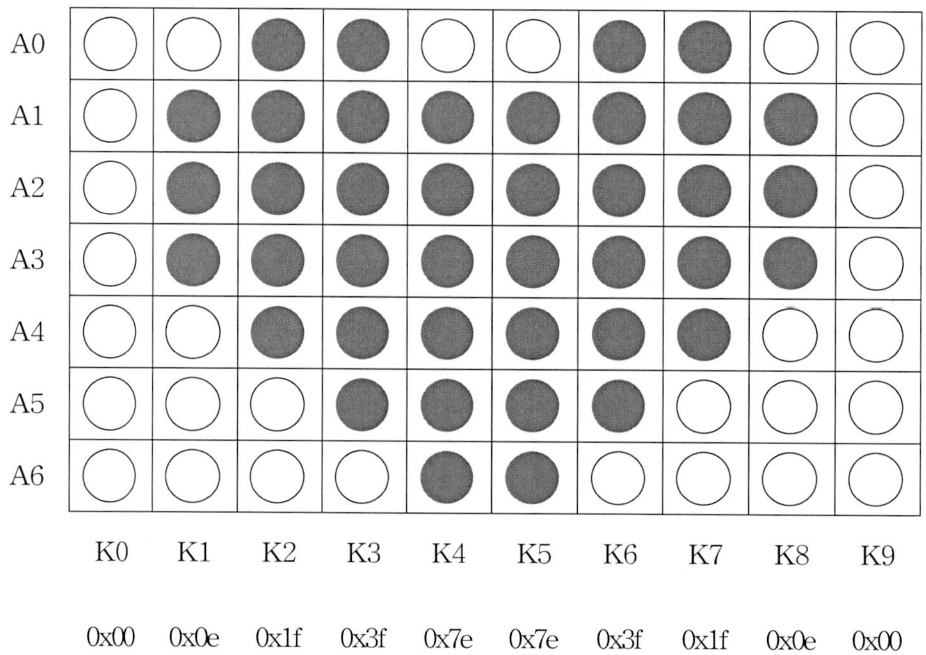
A0
A1
A2
A3
A4
A5
A6
K0 K1 K2 K3 K4 K5 K6 K7 K8 K9
0x00 0x0e 0x1f 0x3f 0x7e 0x7e 0x3f 0x1f 0x0e 0x00

실험 7-10

DOT LED를 이용하여 정지된 " 청 "이란 글씨를 만들어 디스플레이 하는 프로그램을 작성하여 실험하였다.

```
#include <iom128.h>
#include <ina90.h>
#include "DebugAtmega128.h"

#define DOT_R  *(char *) 0x3000     //DOTLED 행
#define DOT_C  *(char *) 0x3001     //DOTLED 열

typedef unsigned char    BYTE;

void DOT_Display(void);

BYTE  Time_Cnt1=0, T_2ms_Flag=0, T_2ms=2, dot_col=0;
BYTE dotstr[7] = { 0x00, 0x2A, 0x57, 0x5A, 0x54, 0x2F, 0x00 };
                                                    //  '청' 으로 표시

void main(void)
{
        AtMg128DebugInit();
        MCUCR=0xc0;              // 0~7FFF : 0 wait
        XMCRA=0x40;              // 8000~FFFF : 1 wait

        TCCR0 = 0x0D;            //CTC, 128분주
        OCR0 = 125-1;            //16MHz/128/1000 = 125
        TIMSK = 0x02;            //Timer0 비교매치 인터럽트 enable

        __enable_interrupt();     // enable interrupts
```

```
        while(1)
        {
                DOT_Display();
        }
}

void DOT_Display(void)
{
        if(T_2ms_Flag)
        {
                T_2ms_Flag=0;

                DOT_C = dot_col;
                DOT_R = dotstr[dot_col];

                ++dot_col;
                if(dot_col >=7)
                        dot_col=0;
                //DOT 7번째 줄이 지나면 다시 처음 줄을 입력한다.
        }
}

//1msec interrupt
#pragma vector = TIMER0_COMP_vect
__interrupt void TIMER0_COMP(void)
{
        if(++Time_Cnt1 >= T_2ms)        //2ms
        {
                Time_Cnt1=0;
                T_2ms_Flag=1;
        }

}
```

실험 7-11

DOT LED를 이용하여 "청주대"라는 글씨가 좌측으로 쉬프트 되는 프로그램을 작성하여 실험하였다.

```
#include <iom128.h>
#include <ina90.h>
#include "DebugAtmega128.h"

#define DOT_R  *(char *)0x3000    //DOTLED 행
#define DOT_C  *(char *)0x3001    //DOTLED 열

typedef unsigned char    BYTE;

void DOT_Display(void);

BYTE   Time_Cnt1=0, Time_Cnt2=0, T_2ms_Flag=0, T_100ms_Flag=0,
       T_2ms=2, T_100ms= 100, dot_data= 0, dot_slide=0, dot_col=0;
BYTE dotstr[20] = { 0x00, 0x2A, 0x57, 0x5A, 0x54, 0x2F, 0x00,
                    0x19, 0x15, 0x73, 0x15, 0x19, 0x00, 0x1E,
                    0x12, 0x12, 0x00, 0x7F, 0x08, 0x7F};  // '청주대' 로 표시

void main(void)
{
       AtMg128DebugInit();
       MCUCR=0xc0;              // 0~7FFF : 0 wait
       XMCRA=0x40;              // 8000~FFFF : 1 wait

       TCCR0 = 0x0D;            //CTC, 128분주
       OCR0 = 125-1;            //16MHz/128/1000 = 125
       TIMSK = 0x02;            //Timer0 비교매치 인터럽트 enable
       __enable_interrupt();    // enable interrupts
```

```
        while(1)
        {
                DOT_Display();
        }
}

void DOT_Display(void)
{

        if(T_2ms_Flag)
        {
                T_2ms_Flag=0;

                dot_data = dot_col + dot_slide ;
                if( dot_data >= 20)
                        dot_data -= 20 ;
                //DOT가 20보다 크게 되면 20을 빼줌(총 폰트수)

                DOT_C = dot_col;              // 0~9
                DOT_R = dotstr[dot_data];     //7bit data

                ++dot_col;
                if(dot_col >=10)
                         dot_col=0;
                //DOT 10번째 줄이 지나면 다시 처음 줄을 입력한다.
        }
        if(T_100ms_Flag)
        {
                T_100ms_Flag=0;
                if(++dot_slide >= 20)
                        dot_slide = 0;
                // DOT가 좌측으로 쉬프트 된다.
        }
}
```

```
//1msec interrupt
#pragma vector = TIMER0_COMP_vect
__interrupt void TIMER0_COMP(void)
{
        if(++Time_Cnt1 >= T_2ms)        //2ms
        {
                Time_Cnt1=0;
                T_2ms_Flag=1;
        }

        if(++Time_Cnt2 >= T_100ms)      //100ms
        {
                Time_Cnt2=0;
                T_100ms_Flag=1;
        }
}
```

표시 예)

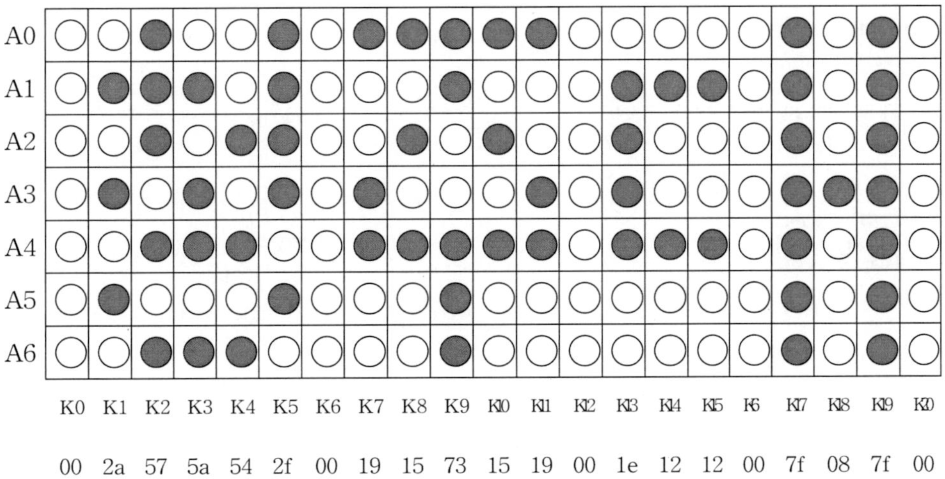

과제 7-1

7-Segment 4자리 모두를 표시하고 왼쪽 세그먼트에서 오른쪽 세그먼트로 10ms씩 UP COUNT하는 프로그램을 작성 하시오.

과제 7-2

7-Segment가 0.1초마다 0~9999까지 UP DOWN 되도록 프로그램을 작성하시오

과제 7-3

7-Segment를 이용하여 가장 낮은 단위가 시, 분 단위인 시계를 작성해 보시오. (단, 왼쪽 두 번재 세그먼트의 Dot가 0.5초마다 깜빡이게 한다.)

과제 7-4

DOT LED를 좌측부터 열 단위로 점등이 되면서 100ms 마다 이동하는 프로그램을 작성 하시오.

과제 7-5

DOT LED를 이용하여 " ◆◆ " 모양을 만들어 ON/OFF되도록 프로그램을 작성하시오.

과제 7-6

DOT LED를 이용하여 자신의 이름을 표시하고 100ms마다 좌측으로 쉬프트 되는 프로그램을 작성 하시오.

제 8 장 LCD의 Display와 응용

8.1 LCD(Liquid Crystal Display)

보통 LCD는 액정 표시기(Liquid Crystal Display)의 약자로서, 산업용 표시장치에 많이 사용된다. 산업용 표시장치로는 도트 매트릭스(Dot matrix), LED(Light emitted diode) 모듈 그리고 7-segment가 주로 사용되었지만, 산업이 고도화됨에 따라 많은 정보를 유연성 있게 표시해야 하기 때문에 LCD가 주로 사용되고 있다. 그러나 LCD는 다른 소자에 비해서 고가이고, 프로그램 작성이 까다롭다는 단점이 있다.

LCD는 LCD 표시부와 LCD 제어부를 하나로 한 LCD모듈로서 시판되고 있다. LCD 모듈은 그 자체에 문자발생기(character generator)를 내장하고 있고, 모든 표시 기능이 명령(instruction)으로 제어된다. LCD 모듈은 5x7 도트를 이용하여 하나의 문자를 표시한다. 또한 표시되는 문자의 수와 줄의 수에 따라 8문자/1라인, 16문자/2라인, 20문자/2라인 등의 여러 가지의 종류가 있으며, 본장에서는 16문자/2라인의 LCD를 사용하기로 한다.

[그림 8.1]은 범용적으로 사용되고 있는 LCD 모듈의 내부구조를 보여주고 있다.

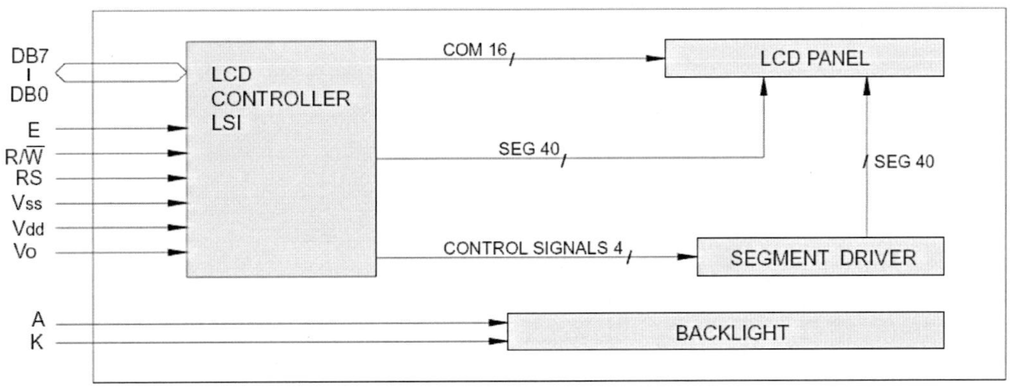

[그림 8.1] LCD모듈의 내부구조

LCD컨트롤러에는 여러 가지가 있으나 대부분 유사하므로, 여기서는 일반적으로 가장 많이 사용되는 Hitachi사의 HD44780을 중심으로 LCD의 특징에 대해서 설명한다. HD44780의 특징은 다음과 같다.

⇒ 4비트 또는 8비트 마이크로 컨트롤러와 용이하게 인터페이스가 가능.
⇒ 80×8비트의 DDRAM(Display Data RAM)을 내장.
⇒ 5×7 dot 또는 5×10 dot의 두 문자 폰트가 있다.
⇒ 5×7 dot 폰트는 160문자, 5×10 dot 폰트는 32문자를 수용하는 CG ROM(Character Generator ROM)을 내장.

아래의 [표 8.1]은 일반적인 LCD 모듈의 외부 핀의 번호와 기능을 나타내고 있다.

[표 8.1] LCD의 핀 구성

PIN ASSIGNMENT		
Pin no.	Symbol	Function
1	Vss	Power supply(GND)
2	Vdd	Power supply(+)
3	Vo	Contrast Adjust
4	RS	Register select signal
5	R/$\overline{W}$	Data read / write
6	E	Enable signal
7	DB0	Data bus line
8	DB1	Data bus line
9	DB2	Data bus line
10	DB3	Data bus line
11	DB4	Data bus line
12	DB5	Data bus line
13	DB6	Data bus line
14	DB7	Data bus line
15	A	Power supply for LED B/L (+)
16	K	Power supply for LED B/L (–)

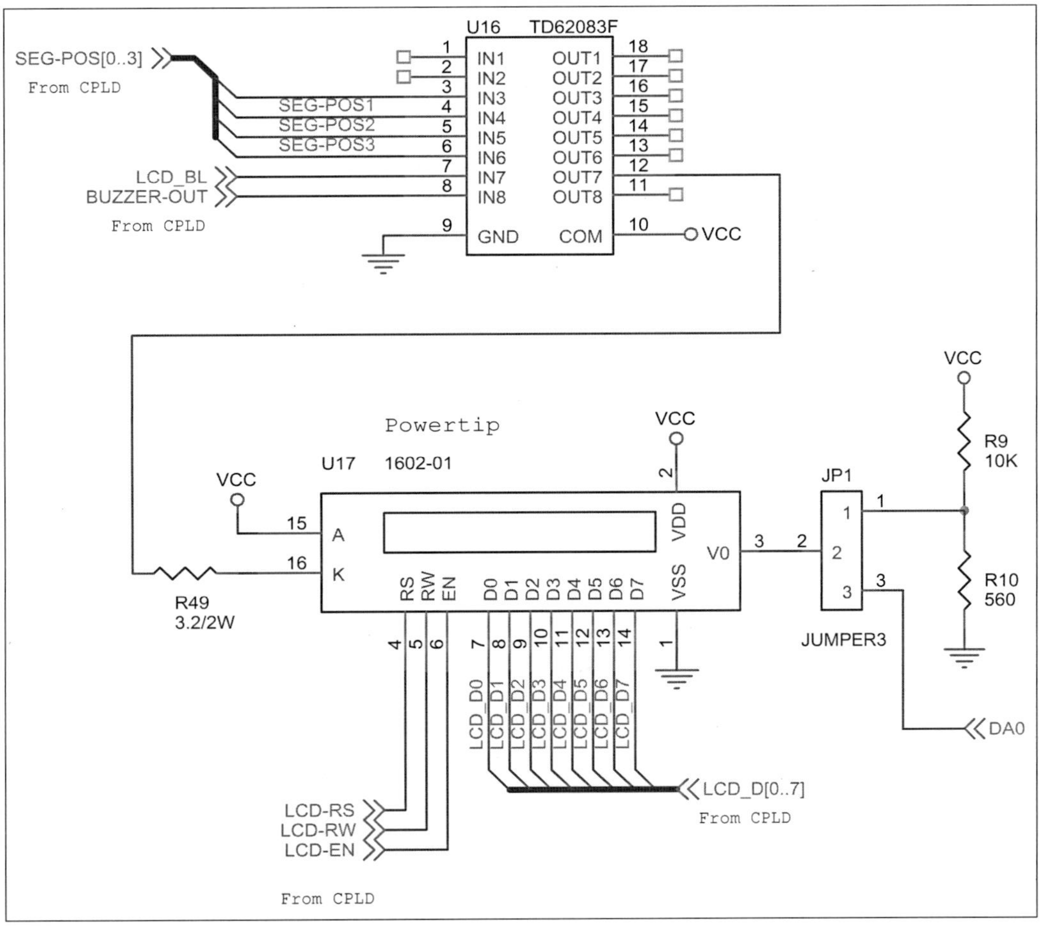

[그림 8.2] LCD와 ATmega128과의 연결

- ▶ 핀 번호 1과 2는 VSS(0V)와 VDD(+5V)로써 전원을 나타낸다.
- ▶ 3번 핀 Vo는 LCD의 휘도(contrast)를 조절하고, 5V 전원과 GND사이에 가변 저항을 연결해 휘도를 조절한다.
- ▶ RS는 내부레지스터 선택용 신호이며, 이 핀이 Low이면 명령 레지스터(IR : Instruction register)가 선택되고, High이면 데이터 레지스터(DR:Data register)가 선택된다. 결국 명령모드(Instruction Mode)로 할 것인지 데이터 모드(Data mode)로 할 것인지를 결정한다. RS는 외부의 CPLD에서 나오는 신호를 이용하여 제어한다.

▶ R/$\overline{W}$는 Read/Write 핀이다. 외부의 CPLD를 통하여 제어신호를 발생하며, 일반적으로 Write모드로 사용하게 된다.

▶ E는 chip enable 핀이다. 외부의 CPLD를 통하여 제어신호를 발생한다.

▶ DB0~DB7 데이터 버스이며, 4bit 인터페이스의 경우에는 DB4~DB7만 사용된다. 외부의 CPLD를 통하여 데이터 신호를 발생한다.

▶ A, K는 back-light용 LED이다. CPLD를 통해서 발생되는 LCD_BL신호에 의해서 back light의 전원이 ON(LCD_BL='1')이나 OFF(LCD_BL='0')가 된다.

[그림 8.3]과 [그림 8.4] 및 [표 8.2]에 읽기 동작과 쓰기 동작에 대한 LCD의 Timing도를 나타내었으므로 이 조건에 맞도록 LCD를 사용해야 한다.

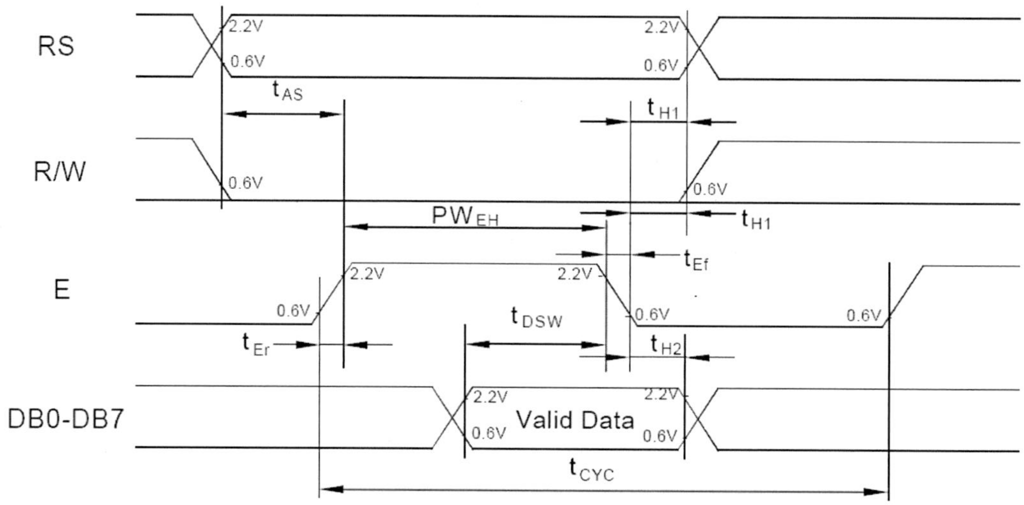

[그림 8.3] LCD의 쓰기 동작에 대한 타이밍도(Timing Diagram)

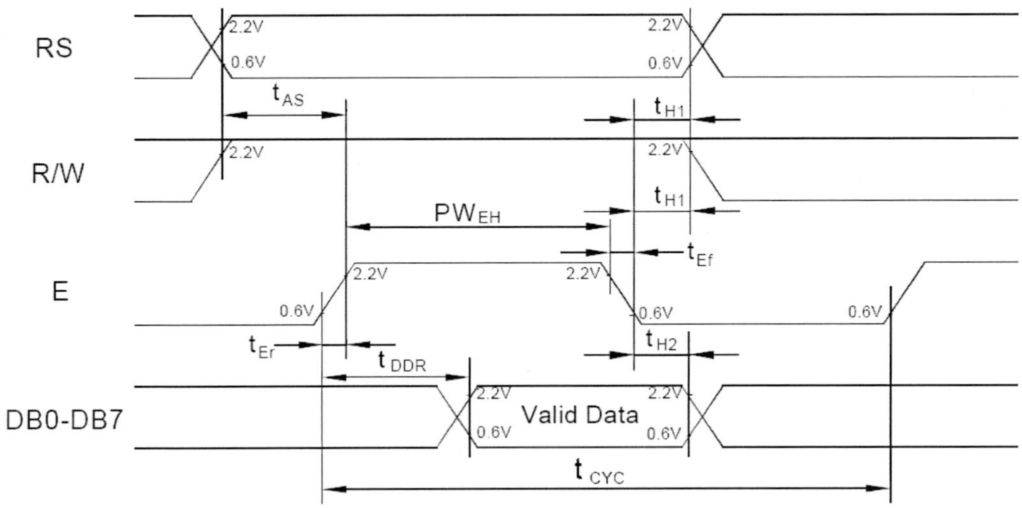

[그림 8.4] LCD의 읽기 동작에 대한 타이밍도(Timing Diagram)

[표 8.2] LCD 모듈(Module)의 AC 특성

항　　목	기 호	시 간			단 위
		최소	표준	최대	
Enable Cycle 시간	t_{CYC}	500	-	-	ns
Enable Pulse 폭	PW_{EH}	220	-	-	ns
Address setup 시간	t_{AS}	140	-	-	ns
Data 지연 시간	t_{DDR}	-	-	320	ns
Data setup 시간	t_{DSW}	195	-	-	ns
Data hold 시간	t_{H}	10	-	-	ns
Address hold 시간	t_{AH}	20	-	-	ns

8.2 LCD 인스트럭션 설정

8.2.1 LCD의 Set 설정 방법

가. 화면 지우기(Clear Display)

LCD를 지우기 위해서는 모든 DDRAM 어드레스에 20H를 쓴다. 여기서 문자 코드 20H는 blank 패턴을 의미한다. 그 후 어드레스 카운터로 DDRAM 어드레스 0으로 설정하며 표시된 문자는 사라지고 커서와 깜박임의 위치는 가장 왼쪽으로 옮겨간다. 또한 entry 모드에서 I/D=1로 되고 S는 변하지 않는다.

RS	R/$\overline{W}$	D7	D6	D5	D4	D3	D2	D1	D0
0	0	0	0	0	0	0	0	0	1

-실행 시간: 1.64ms

나. 리턴 홈(Return Home)

Return Home은 어드레스 카운터에 DDRAM 어드레스를 0으로 설정하며 DDRAM은 변하지 않는다. 커서와 깜박임의 위치는 가장 왼쪽으로 옮겨간다.

RS	R/$\overline{W}$	D7	D6	D5	D4	D3	D2	D1	D0
0	0	0	0	0	0	0	0	1	*

-실행 시간: 1.64ms

-*는 Dot't care로 편의상 0으로 한다.

다. 엔트리 모드 셋(Entry Mode Set)

커서를 움직이는 방향과 디스플레이 쉬프트를 결정한다. 이런 동작은 데이터 읽기, 쓰기 동안에 수행된다.

RS	R/$\overline{W}$	D7	D6	D5	D4	D3	D2	D1	D0
0	0	0	0	0	0	0	1	I/D	S

-실행 시간: 64μs

· 데이터를 읽거나(Read), 쓸 때(Write) I/$\overline{D}$=1은 어드레스 카운터를 증가시키고, I/$\overline{D}$=0이면 어드레스 카운터를 감소시킨다.
· S=1 이고 I/$\overline{D}$=1 이면 커서의 위치가 왼쪽으로 쉬프트 한다.
· S=1 이고 I/$\overline{D}$=0 이면 커서의 위치는 오른쪽으로 쉬프트 된다.
· S=0 이면 디스플레이는 쉬프트 되지 않는다.

라. 표시 On/Off 제어 (Display On/Off Control)

D: D=1일 때 LCD가 On 되고 D=0일 때 LCD가 Off 된다. Off 되어 있더라도 DDRAM에 데이터는 남아 있고 D=1에 의하여 다시 LCD에 표시될 수 있다.
C: C=1일 때 커서가 표시되고 C=0일 때 커서가 표시되지 않는다. 커서가 사라지더라도 I/D 기능과 다른 특성은 데이터를 표시하는 동안 변하지 않는다. 커서는 5x8 도트 문자 폰트일 경우에는 8번째 줄에 5x10 도트 문자 폰트일 경우에는 11번째 줄에 표시된다.
B: B=1일 때 커서의 깜박거림에 의하여 문자를 가리킨다. 깜박거림은 공백 도트와 문자 사이에 번갈아 가면서 표시된다. 깜박거림의 속도는 LCD 모듈에 사용된 클럭 주파수에 의해 결정된다.

RS	R/$\overline{W}$	D7	D6	D5	D4	D3	D2	D1	D0
0	0	0	0	0	0	1	D	C	B

- 실행 시간: 40μs

마. 커서, 표시 쉬프트 (Cursor or Display Shift)

커서 또는 쉬프트 표시는 커서의 위치 또는 표시할 데이터의 읽기 또는 쓰기 없이 오른쪽/왼쪽으로 이동된다. 2줄 표시를 할 경우에는 커서는 첫 번째 줄에서 40번째를 넘어갈 경우 두 번째 줄로 이동한다. 주의해야 할 것은 첫 번째 줄과 두 번째 줄이 동시에 이동된다. 계속적으로 수평으로 데이터를 쉬프트 하더라도 두 번째 줄의 데이터는 첫 번째 줄에 표시될 수 없다. 쉬프트를 해도 어드레스 카운터(AC)는 변하지 않는다.

RS	R/$\overline{W}$	D7	D6	D5	D4	D3	D2	D1	D0
0	0	0	0	0	1	S/$\overline{C}$	R/$\overline{L}$	*	*

-실행 시간: 40μs

S/$\overline{C}$	R/$\overline{L}$	동 작
0	0	커서는 왼쪽으로 쉬프트 된다.(어드레스 카운터 하나 감소)
0	1	커서는 오른쪽으로 쉬프트 된다.(어드레스 카운터 하나 증가)
1	0	전체 디스플레이와 커서를 왼쪽으로 쉬프트 시킨다.
1	1	전체 디스플레이와 커서를 오른쪽으로 쉬프트 시킨다.

디스플레이의 쉬프트 동작만 할 때는 어드레스 카운터는 변하지 않는다.

바. 기능 설정 (Function Set)

DL : 인터페이스 할 데이터 길이를 설정한다. DL=1로 할 경우 8비트 데이터(DB7~DB0) 길이로 보내거나 받고 DL=0으로 할 경우 4비트 데이터(DB7~DB4)길이로 보내거나 받는다. 4비트 데이터 길이로 선택할 경우 데이터는 2번에 거쳐서 보내거나 받아야 한다.

N: 표시 줄의 숫자. (0: 1줄, 1: 2줄)

F: 문자의 폰트 설정. (0: 5x7, 1: 5x10)

Function Set은 busy flag와 어드레스 명령을 제외한 다른 명령이 실행되기 전에 프로그램의 앞부분에서 실행해야 한다.

RS	R/$\overline{W}$	D7	D6	D5	D4	D3	D2	D1	D0
0	0	0	0	1	DL	N	F	*	*

-실행 시간: 40μs

N	F	디스플레이 라인	글자 폰트	듀티비	참 고
0	0	1	5*7 도트	1/8	
0	1	1	5*10 도트	1/11	
1	*	2	5*7 도트	1/16	5*10도트는 2라인 디스플레이가 안 됨

사. CGRAM 어드레스 (Set CGRAM Address) : 문자를 만들 때 사용하는 Address

CGRAM 어드레스 설정은 어드레스 카운터에 CGRAM 어드레스를 2진수 6비트(AAAAAA)로 설정한다. 그 후 MPU로부터 CGRAM으로 데이터를 쓰거나 읽는다.

Return Home은 어드레스 카운터에 DDRAM 어드레스를 0으로 설정하고 만약 쉬프트 되었다면 원래의 상태로 표시한다. DDRAM은 변하지 않는다. 커서와 깜박임의 위치는 가장 왼쪽으로 옮겨간다.

RS	R/$\overline{W}$	D7	D6	D5	D4	D3	D2	D1	D0
0	0	0	1	AC(Address Counter)					

-실행시간: 40μs

*AC(Address Counter)는 6비트이므로 CGRAM 어드레스는 6비트까지 설정 가능하다.

아. DDRAM 어드레스 (Set DDRAM Address)

DDRAM어드레스를 설정할 수 있다. 어드레스 설정 후 CGRAM에 데이터를 읽고 쓸 수 있다. DDRAM 어드레스 설정은 어드레스 카운터에 DDRAM 어드레스를 2진수 7비트(AAAAAAA)로 설정한다. 그 후 데이터는 MPU에 의해 DDRAM에 쓰이거나 DDRAM으로부터 읽혀진다. 그러나 LCD가 1줄(N=0)로 표시 될 때 2진수 7비트(AAAAAAA)은 00H~4FH를 나타낼 수 있고 LCD가 2줄(N=1)로 표시 될 때 2진수 7비트(AAAAAAA)은 첫 번째 줄에 00H~27H를, 두 번째 줄에 40H~67H를 나타낼 수 있다.

RS	R/$\overline{W}$	D7	D6	D5	D4	D3	D2	D1	D0
0	0	1	Address						

-실행 시간: 40μs

자. 비지체크와 어드레스 (Read Busy Flag and Address)

LCD 내부의 동작 상태를 알아볼 수 있는 비지 플래그(busy flag)와 어드레스 카운터의 내용을 읽어볼 수 있다.

Busy Flag와 어드레스를 읽는 것은 LCD 컨트롤러가 이전에 받은 명령어에 의하여 지금 내부적으로 동작중 인지를 알려주는 busy flag(BF)를 읽는다. BF=1이면 내부적으로 동작중인 것을 나타내고 BF=0이 될 때까지 다음 명령을 받을 수 없다는 것을 알려준다. 그래서 다음 명령어를 보내기 전에 반드시 busy flag(BF)를 체크해야 한다. BF(DB7)를 읽을 때 어드레스카운터(DB6~DB0)값도 읽혀진다. 이 어드레스 카운터는 CGRAM과 DDRAM 어드레스로 사용된다.

즉, BF가 1이면 대기해야 하며 0일 때 다음동작을 실행할 수 있다.

RS	R/$\overline{W}$	D7	D6	D5	D4	D3	D2	D1	D0
0	1	BF	Address Counter						

-실행 시간: 40μs

차. 데이터 쓰기 (Write Data to CGRAM or DDRAM)

CGRAM 또는 DDRAM에 데이터를 쓸 때 2진수 8비트(DB7~DB0)데이터 형태로 쓴다. CGRAM 또는 DDRAM에 데이터를 쓰기 위해서 어드레스를 결정하고 결정된 어드레스에 데이터를 쓴다. 쓰기 동작이후에 어드레스 카운터는 Entry Mode set의 I/D의 설정에 의해 1씩 증가하거나 감소한다.

RS	R/$\overline{W}$	D7	D6	D5	D4	D3	D2	D1	D0
1	0	Address Counter							

-실행 시간: 40μs

카. 데이터 읽기 (Read Data from CGRAM or DDRAM)

CGRAM 또는 DDRAM에서부터 8비트 데이터를 읽는다. 읽기 동작에 들어가기 이전에 반드시 DDRAM 또는 CGRAM 어드레스 설정 명령을 실행하여야 된다.

만약 어드레스 설정 명령이 읽기 동작 전에 실행되지 않으면 처음에 읽히는 데이터는 이상한 값으로 읽히게 되므로 처음 읽는 데이터는 버려야 한다. 그리고 두 번째 읽히는 데이터부터 유효한 데이터로 활용할 수 있다.

커서 쉬프트 명령에 의해서 커서를 쉬프트 시킨 후에는 어드레스 설정 명령이 "읽기" 명령 바로 전에 실행될 필요는 없다. 왜냐하면 커서 쉬프트 명령은 DDRAM 어드레스 설정 명령과 같기 때문이다.

읽기 명령이 실행된 후에 엔트리 모드(Entry Mode)에 따라서 어드레스가 +1 또는 -1이 된다.

RS	R/$\overline{W}$	D7	D6	D5	D4	D3	D2	D1	D0
1	0	Read Data							

-실행 시간: 40μs

타. CGROM 문자 코드와 5×7도트의 경우 CGRAM 작성, LCD 인스트럭션 설정방법

Higher 4 bits / Lower 4 bits	0000	0010	0011	0100	0101	0110	0111	1010	1011	1100	1101	1110	1111
××××0000	CG RAM (1)		0	@	P	`	p		ー	タ	ミ	α	p
××××0001	(2)	!	1	A	Q	a	q	。	ア	チ	ム	ä	q
××××0010	(3)	"	2	B	R	b	r	「	イ	ツ	メ	β	θ
××××0011	(4)	#	3	C	S	c	s	」	ウ	テ	モ	ε	∞
××××0100	(5)	$	4	D	T	d	t	、	エ	ト	ヤ	μ	Ω
××××0101	(6)	%	5	E	U	e	u	・	オ	ナ	ユ	σ	ü
××××0110	(7)	&	6	F	V	f	v	ヲ	カ	ニ	ヨ	ρ	Σ
××××0111	(8)	'	7	G	W	g	w	ァ	キ	ヌ	ラ	g	π
××××1000	(1)	(	8	H	X	h	x	ィ	ク	ネ	リ	√	x̄
××××1001	(2)	)	9	I	Y	i	y	ゥ	ケ	ノ	ル	⁻¹	y
××××1010	(3)	*	:	J	Z	j	z	ェ	コ	ハ	レ	j	千
××××1011	(4)	+	;	K	[	k	{	ォ	サ	ヒ	ロ	ˣ	万
××××1100	(5)	,	<	L	¥	l	|	ャ	シ	フ	ワ	¢	円
××××1101	(6)	-	=	M	]	m	}	ュ	ス	ヘ	ン	£	÷
××××1110	(7)	.	>	N	^	n	→	ョ	セ	ホ	゛	ñ	
××××1111	(8)	/	?	O	_	o	←	ッ	ソ	マ	゜	ö	█

[그림 8.5] CGROM 문자 코드

Character Code (DDRAM data)								CGRAM Address						CGRAM Data								Pattern number
D7	D6	D5	D4	D3	D2	D1	D0	A5	A4	A3	A2	A1	A0	P7	P6	P5	P4	P3	P2	P1	P0	
0	0	0	0	x	0	0	0	0	0	0	0	0	0	x	x	x	0	1	1	1	0	Pattern 1
											0	0	1				1	0	0	0	1	
											0	1	0				1	0	0	0	1	
				⋮						⋮	0	1	1			⋮	1	1	1	1	1	
											1	0	0				1	0	0	0	1	
											1	0	1				1	0	0	0	1	
											1	1	0				1	0	0	0	1	
											1	1	1				0	0	0	0	0	
				⋮						⋮							⋮					⋮
0	0	0	0	x	1	1	1	0	0	0	0	0	0	x	x	x	1	0	0	0	1	Pattern 8
											0	0	1				1	0	0	0	1	
											0	1	0				1	0	0	0	1	
				⋮						⋮	0	1	1			⋮	1	1	1	1	1	
											1	0	0				1	0	0	0	1	
											1	0	1				1	0	0	0	1	
											1	1	0				1	0	0	0	1	
											1	1	1				0	0	0	0	0	

[그림 8.6] 5×7도트의 경우 CGRAM 작성

[그림 8.6]에서 특수문자를 만들 때 사용한 문자 코드는 다음과 같다.

```
unsinged char spc_font_A[8]={0x0E, 0x11, 0x11, 0x1F, 0x11, 0x11, 0x11, 0x00};
unsinged char spc_font_H[8]={0x11, 0x11, 0x11, 0x1F, 0x11, 0x11, 0x11, 0x00};
```

명령	명령	데이터										설명	실행 시간
		RS	R/W	DB7	DB6	DB5	DB4	DB3	DB2	DB1	DB0		
명령 쓰기	화면지우기	0	0	0	0	0	0	0	0	0	1	화면지우기, 커서홈	1.52ms
	커서홈	0	0	0	0	0	0	0	0	1	-	커서 처음 위치로 이동	1.52ms
	엔트리 모드 셋	0	0	0	0	0	0	0	1	I/D	S	어드레스자동증가/감소(I/D) 표시 쉬프트(S)	37us
	표시 On/Off 제어	0	0	0	0	0	0	1	D	C	B	디스플레이(D), 커서(C), 깜박임(B) On/Off	37us
	표시, 커서 쉬프트	0	0	0	0	0	1	S/C	R/L	-	-	표시, 커서 이동	37us
	기능 셋	0	0	0	0	1	DL	N	F	-	-	인터페이스라인(DL), 라인수(N), 문자폰트(F)	37us
	CGRAM 어드레스	0	0	0	1	CGRAM 어드레스(ACG)						CGRAM 어드레스 설정	37us
	DDRAM 어드레스	0	0	1	DDRAM 어드레스(ADD)							DDRAM 어드레스 설정	37us
명령 읽기	비지체크, 어드레스	0	1	BF	어드레스 카운터(AC)							비지플래그 읽기 어드레스 카운터 읽기	0us
데이터 쓰기	데이터 쓰기	1	0	write data								CGRAM 또는 DDRAM에 데이터 쓰기	37us
데이터 읽기	데이터 읽기	1	1	read data								CGRAM 또는 DDRAM에서 데이터 읽기	37us

I/D=1 : 어드레스 자동증가	I/D=0 : 어드레스 자동감소	DDRAM : 표시 데이터 RAM
S=1 : 전체 쉬프트	S=0 : 쉬프트 하지 않음	CGRAM : 폰트 제작 RAM
S/C=1 : 표시 쉬프트	S/C=0 : 커서 이동	ACG : CGRAM 어드레스
R/L=1 : 오른쪽으로 쉬프트	R/L=0 : 왼쪽으로 쉬프트	ADD : DDRAM 어드레스
DL=1 : 8비트	DL=0 : 4비트	AC : 어드레스 카운터
N=1 : 2라인	N=0 : 1라인	(DDRAM, CGRAM 어드레스)
F=1 : 5x10 dots	F=0 : 5x8 dot	
BF=1 : 내부 동작중	BF=0 : 명령/데이터 받기 가능	

[그림 8.7] LCD 인스트럭션 설정

아래 프로그램은 LCD를 구동하기 위해서 CPLD에 프로그램된 VHDL 코드이다.

```
process(A15_A12, A3_A0)
variable vSEG_CLK_CS       : std_logic;
variable vDOT_CLK_CS       : std_logic;
variable vPWM_CS           : std_logic;
variable vENC_CS           : std_logic;
variable vSEG_CS           : std_logic;
variable vDOT_CS           : std_logic;
variable vSW_CS            : std_logic;
variable vLCD_CONTROL      : std_logic;
variable vLCD_DATA_CS      : std_logic;
variable vDA_L_CS, vDA_H_CS : std_logic;
variable vLAN_CS           : std_logic;
variable vRF_DOUT_CS       : std_logic;
variable vRF_DIN_CS        : std_logic;

begin
        vSEG_CLK_CS       := '1';
        vDOT_CLK_CS       := '1';
        vPWM_CS           := '1';
        vENC_CS           := '1';
        vSEG_CS           := '1';
        vDOT_CS           := '1';
        vSW_CS            := '1';
        vLCD_CONTROL      := '1';
        vLCD_DATA_CS      := '1';
        vDA_L_CS          := '1';
        vDA_H_CS          := '1';
        vLAN_CS           := '1';
        vRF_DOUT_CS       := '1';
        vRF_DIN_CS        := '1';

        if A15_A12(3 downto 0) = "0010" then     --0x2000 ~ 0x2FFF
                if A3_A0 = "0000" then           --0x2000
                        vSW_CS := '0';
                elsif A3_A0 = "0001" then        --0x2001
                        vSEG_CS := '0';
```

```
            elsif A3_A0 = "0010" then       --0x2002
                    vSEG_CLK_CS := '0';
            end if;
    elsif A15_A12(3 downto 0) = "0011" then --0x3000~ 0x3FFF
            if A3_A0 = "0000" then          --0x3000
                    vDOT_CLK_CS := '0';
            elsif A3_A0 = "0001" then       --0x3001
                    vDOT_CS := '0';
            elsif A3_A0 = "0010" then       --0x3002
                    vRF_DOUT_CS := '0';
            elsif A3_A0 = "0011" then       --0x3003
                    vRF_DIN_CS := '0';
            end if;
    elsif A15_A12(3 downto 0) = "0100" then --0x4000~ 0x4FFF
            if A3_A0 = "0000" then          --0x4000
                    vPWM_CS := '0';
            elsif A3_A0 = "0010" then       --0x4002
                    vENC_CS := '0';
            elsif A3_A0 = "0011" then       --0x4003
                    vDA_L_CS := '0';
            elsif A3_A0 = "0100" then       --0x4004
                    vDA_H_CS := '0';
            end if;
    elsif A15_A12(3 downto 0) = "0101" then --0x5000~ 0x5FFF
            if A3_A0 = "0000" then          --0x5000
                    vLCD_CONTROL := '0';
            elsif A3_A0 = "0001" then       --0x5001
                    vLCD_DATA_CS := '0';
            end if;

    elsif A15_A12(3) = '1' then     --0x8000 ~ 0xFFFF
            vLAN_CS := '0';
    end if;

    --Variable을 Signal로 출력한다.
    SEG_CLK_CS          <= vSEG_CLK_CS;
```

```
        DOT_CLK_CS      <= vDOT_CLK_CS;
        PWM_CS          <= vPWM_CS;
        ENC_CS          <= vENC_CS;
        SEG_CS          <= vSEG_CS;
        DOT_CS          <= vDOT_CS;
        SW_CS           <= vSW_CS;

        LCD_CONTROL     <= vLCD_CONTROL;
        LCD_DATA_CS     <= vLCD_DATA_CS;
        DA_L_CS         <= vDA_L_CS;
        DA_H_CS         <= vDA_H_CS;

        LAN_CS          <= vLAN_CS;
        RF_DOUT_CS      <= vRF_DOUT_CS;
        RF_DIN_CS       <= vRF_DIN_CS;
    end process;

--<< LCD Control >>--
 process(RSTB, WR, LCD_CONTROL, DATA)
 begin
        if RSTB = '0' then
                LCD_EN  <= '0';
                LCD_RS  <= '0';
                LCD_RW  <= '0';
                BUZZER  <= '0';
                LCD_BL  <= '0';
        elsif WR = '1' and WR'event then
                if LCD_CONTROL = '0' then               --0x5000
                        LCD_EN  <= DATA(0);
                        LCD_RS  <= DATA(1);
                        LCD_RW  <= DATA(2);
                        LCD_BL  <= DATA(4);
                        BUZZER  <= DATA(7);

                end if;
        end if;
 end process;
```

```
process(LCD_RW, WR, LCD_DATA_CS, DATA)
begin
        if LCD_RW = '1' then           --읽을 때 1, LCD에 쓸 때는 LCD_RW가 0이다.
                LCD_D <= (others => 'Z');
        elsif WR = '1' and WR'event then
                if LCD_DATA_CS = '0' then   --0x5001
                        LCD_D <= DATA;
                end if;
        end if;
end process;
```

실험 8-1

LCD 위의 라인에는 "Welcome! Atmega1"을 표시하고 아래의 라인에는 " Hello NewWorld "라는 글씨를 표시하여 실험하였다.

```
#include <iom128.h>
#include <ina90.h>
#include "DebugAtmega128.h"

#define LCD_CONTROL        *(char *)0x5000       //BZ(7)..BL(4) RW(2) RS(1) EN(0)
#define LCD_DA             *(char *)0x5001

typedef unsigned char BYTE;
typedef unsigned int  WORD;

BYTE Lcd_ini[7] = {0x38, 0x38, 0x38, 0x08, 0x01, 0x06, 0x0c};
BYTE Disp_data1[19] = {"Welcome! Atmega128 "};
BYTE Disp_data2[16] = {" Hello NewWorld "};

unsigned int Time_cnt=0, Time_Rate=100;
unsigned char LCD_Disp=0;

void Lcd_init(void);
void Busy(void);
void Lcd_write(BYTE line, BYTE disp_data[]);

void main(void)
{
        AtMg128DebugInit();
        MCUCR=0xc0;              // 0~7FFF : 0 wait
        XMCRA=0x40;              // 8000~FFFF : 1 wait

        Lcd_init();
        LCD_CONTROL = 0x10;       //Back light ON

        TCCR0 = 0x0d;            //CTC, 128분주
        OCR0 = 125-1;            //16MHz/128/1000 = 125
```

```
        TIMSK = 0x02;   //timer0 비교매치 인터럽트 enable
        __enable_interrupt();       // enable interrupts
        while(1)
        {
            if(LCD_Disp)        //100 msec마다 1로 됨.
            {
                    LCD_Disp=0;
                    Lcd_write(1, Disp_data1);           //1번 라인 Disp_data1출력
                    Lcd_write(2, Disp_data2);           //2번 라인 Disp_data2출력
            }
        }
}
void Lcd_init(void)
{
        BYTE i;
        for(i = 0; i < 7; i++)
        {
                Busy();
                LCD_CONTROL |= 0x01;        //EN <---1
                LCD_DA = Lcd_ini[i];
                LCD_CONTROL &= 0xFE;      //EN <---0
        }
}

long int Busy_cnt=0;
void Busy(void)
{
    Busy_cnt=0;
    LCD_CONTROL |= 0x05; //BZ(7)..BL(4) RW(2) RS(1) EN(0) // busy check mode
    do
    {
        if(++Busy_cnt>=1000000) break;    //LCD가 비정상 동작할 경우 exit하기 위함.
    }   while(LCD_DA & 0x80);             //MSB가 1이면 busy상태이므로 wait...
    LCD_CONTROL &= 0xF0;  //BZ(7)..BL(4) RW(2) RS(1) EN(0)
                                    // DR access mode
}
```

```
//line :1 => 첫번째 Line, 2: => 두번째 Line
void Lcd_write(BYTE line, BYTE disp_data[])
{
        BYTE i;
        Busy();
        LCD_CONTROL |= 0x01;     //BZ(7)..BL(4) RW(2) RS(1) EN(0)
        if(line == 1)
                LCD_DA = 0x80;
        else
                LCD_DA = 0xc0;
        LCD_CONTROL &= ~0x01;     //BZ(7)..BL(4) RW(2) RS(1) EN(0)

        for(i = 0; i <16; i++)
        {
                Busy();
                LCD_CONTROL |= 0x03;
                //BZ(7)..BL(4) RW(2) RS(1) EN(0) : DR write & enable mode

                LCD_DA = disp_data[i];

                LCD_CONTROL &= 0xF0;
                //BZ(7)..BL(4) RW(2) RS(1) EN(0) : DR write & disable mode
        }
}
//1ms interrupt
#pragma vector = TIMER0_COMP_vect
__interrupt void TIMER0_COMP(void)
{
        if(++Time_cnt >= Time_Rate) //100ms
        {
                Time_cnt = 0;
                LCD_Disp = 1;
        }
}
```

실험 8-2

위 라인 "Welcome! Atmega1"과 아래 라인 " Hello NewWorld "를 타이머를 이용하여 1초마다 위아래 라인이 교대로 표시하도록 실험하였다.

```
#include <iom128.h>
#include <ina90.h>
#include "DebugAtmega128.h"

#define LCD_CONTROL        *(char *)0x5000     //BZ(7)..BL(4) RW(2) RS(1) EN(0)
#define LCD_DA             *(char *)0x5001

typedef unsigned char BYTE;
typedef unsigned int  WORD;

BYTE Lcd_ini[7] = {0x38, 0x38, 0x38, 0x08, 0x01, 0x06, 0x0c};
BYTE Disp_data1[19] = {"Welcome! Atmega128"};
BYTE Disp_data2[16] = {" Hello NewWorld "};
BYTE Shift = 0, Change=0;
unsigned int Time_cnt=0, Time_Rate=1000;
int Scan_loop=0;

void Lcd_init(void);
void Busy(void);
void Lcd_write(BYTE line, BYTE disp_data[]);

void main(void)
{
        AtMg128DebugInit();
        MCUCR=0xc0;              // 0~7FFF : 0 wait
        XMCRA=0x40;              // 8000~FFFF : 1 wait
        Lcd_init();
        LCD_CONTROL = 0x10;      //Back light ON

        TCCR0 = 0x0d;        //CTC, 128분주
        OCR0 = 125-1;        //16MHz/128/1000 =125
```

```
        TIMSK = 0x02; //timer0 비교매치 인터럽트 enable
        __enable_interrupt();        // enable interrupts
        while(1)
        {
                Scan_loop++;
                if(Shift)          //1초마다 1로 됨.
                {
                        Shift=0;
                        Change++;          //디버깅을 위해 사용됨

                        if(Change & 0x01)
                        {
                                Lcd_write(1, Disp_data1);
                                Lcd_write(2, Disp_data2);
                        }
                        else
                        {
                                Lcd_write(2, Disp_data1);
                                Lcd_write(1, Disp_data2);
                        }
                }
        }
}

void Lcd_init(void)
{
        BYTE i;
        for(i = 0; i < 7; i++)
        {
                Busy();
                LCD_CONTROL |= 0x01;        //EN <---1
                LCD_DA = Lcd_ini[i];
                LCD_CONTROL &= 0xFE;     //EN <---0
        }
}
```

```
long int Busy_cnt=0;
void Busy(void)
{
        Busy_cnt=0;
        LCD_CONTROL |= 0x05;   //BZ(7)..BL(4) RW(2) RS(1) EN(0) : busy check mode
        do
        {
                if(++Busy_cnt>=1000000)
                        break;
        } while(LCD_DA & 0x80);
        LCD_CONTROL &= 0xF0;   //BZ(7)..BL(4) RW(2) RS(1) EN(0) : DR access mode
}


//line :1 => 첫번째 Line, 2: => 두번째 Line
void Lcd_write(BYTE line, BYTE disp_data[])
{
        BYTE i;
        Busy();
        LCD_CONTROL |= 0x01;                //BZ(7)..BL(4) RW(2) RS(1) EN(0)
        if(line == 1)
                LCD_DA = 0x80;
        else
                LCD_DA = 0xc0;
        LCD_CONTROL &= ~0x01;               //BZ(7)..BL(4) RW(2) RS(1) EN(0)

       for(i = 0; i <16; i++)
        {
                Busy();
                LCD_CONTROL |= 0x03;            //RS=1, EN=1
                //BZ(7)..BL(4) RW(2) RS(1) EN(0) : DR write & enable mode

                LCD_DA = disp_data[i];

                LCD_CONTROL &= 0xF0;
                //BZ(7)..BL(4) RW(2) RS(1) EN(0) : DR write & disable mode
```

```
        }
}
//1ms interrupt
#pragma vector = TIMER0_COMP_vect
__interrupt void TIMER0_COMP(void)
{
        if(++Time_cnt >= Time_Rate)      //1000ms
        {
                Time_cnt = 0;
                 Shift = 1;
        }
}
```

실험 8-3

위 라인 "Welcome! Atmega128"과 아래 라인에 "Hello NewWorld"를 타이머 카운터를 이용하여 1초마다 왼쪽으로 이동(Left Shift) 시키도록 실험하였다.

```
#include <iom128.h>
#include <ina90.h>
#include "DebugAtmega128.h"

#define LCD_CONTROL     *(char *)0x5000     //BZ(7)..BL(4) RW(2) RS(1) EN(0)
#define LCD_DA          *(char *)0x5001

typedef unsigned char BYTE;
typedef unsigned int  WORD;

BYTE Lcd_ini[7] = {0x38, 0x38, 0x38, 0x08, 0x01, 0x06, 0x0c};
BYTE Disp_data1[19] = {"Welcome! Atmega128 "};
BYTE Disp_data2[16] = {" Hello NewWorld "};
BYTE Shift = 0, Change=0;
unsigned int Time_cnt=0, Time_Rate=1000;
int Scan_loop=0;

void Lcd_init(void);
void Busy(void);
void Lcd_write(BYTE line, BYTE disp_data[]);

void main(void)
{
        BYTE i, j, temp_data1, temp_data2 ;
        AtMg128DebugInit();
        MCUCR=0xc0;             // 0~7FFF : 0 wait
        XMCRA=0x40;             // 8000~FFFF : 1 wait

        Lcd_init();
        LCD_CONTROL = 0x10;     //Back light ON

        TCCR0 = 0x0d;           //CTC, 128분주
```

```
        OCR0 = 125-1;       //16Mhz/128/125 = 1000(1ms)
        TIMSK = 0x02;       //timer0 비교매치 인터럽트 enable

        __enable_interrupt();        // enable interrupts

        while(1)
        {
            Scan_loop++;
            if(Shift)       //1000 msec마다 1로 됨.
            {
                Shift=0;
                Change++;
                temp_data1 = Disp_data1[0] ;
                temp_data2 = Disp_data2[0] ;

                for(i=0; i<18; i++)
                    Disp_data1[i]=Disp_data1[i+1];     // 1번라인 좌쉬프트
                Disp_data1[i]=temp_data1;
                for(j=0; j<15; j++)
                   Disp_data2[j]=Disp_data2[j+1];     // 2번라인 우쉬프트
                Disp_data2[j]=temp_data2;

                Lcd_write(1, Disp_data1);
                Lcd_write(2, Disp_data2);
            }
        }
}

void Lcd_init(void)
{
        BYTE i;
        for(i = 0; i < 7; i++)
        {
                Busy();
                LCD_CONTROL |= 0x01;       //EN <---1
                LCD_DA = Lcd_ini[i];
                LCD_CONTROL &= 0xFE;      //EN <---0
```

```
        }
}

long int Busy_cnt=0;
void Busy(void)
{
        Busy_cnt=0;
        LCD_CONTROL |= 0x05;    //BZ(7)..BL(4) RW(2) RS(1) EN(0) : busy check mode
        while(1)
        {
                if(++Busy_cnt>=1000000) break;
                if((LCD_DA & 0x80)==0)  break;
        }
        LCD_CONTROL &= 0xF0;    //BZ(7)..BL(4) RW(2) RS(1) EN(0) : DR access mode
}

//line :1 => 첫번째 Line, 2: => 두번째 Line
void Lcd_write(BYTE line, BYTE disp_data[])
{
        BYTE i;
        Busy();
        LCD_CONTROL |= 0x01;     //BZ(7)..BL(4) RW(2) RS(1) EN(0)
        if(line == 1)
                LCD_DA = 0x80;
        else
                LCD_DA = 0xc0;
        LCD_CONTROL &= ~0x01;    //BZ(7)..BL(4) RW(2) RS(1) EN(0)

        for(i = 0; i <16; i++)
        {
                Busy();
                LCD_CONTROL |= 0x03;
                //BZ(7)..BL(4) RW(2) RS(1) EN(0) : DR write & enable mode

                LCD_DA = disp_data[i];
                LCD_CONTROL &= 0xF0;
                //BZ(7)..BL(4) RW(2) RS(1) EN(0) : DR write & disable mode
```

```
        }
}

//1ms interrupt
#pragma vector = TIMER0_COMP_vect
__interrupt void TIMER0_COMP(void)
{
        if(++Time_cnt >= Time_Rate)     //1000ms
        {
                Time_cnt = 0;
                 Shift = 1;
        }
}
```

실험 8-4

LCD 위의 라인에는 " Welcome! Atmega128 "을 Left Shift 시키고, 아래 라인에는 타이머 0을 이용하여 디지털시계를 작성하여 실험하였다.

```
#include <iom128.h>
#include <ina90.h>
#include "DebugAtmega128.h"

#define LCD_CONTROL     *(char *)0x5000        //BZ(7)..BL(4) RW(2) RS(1) EN(0)
#define LCD_DA          *(char *)0x5001

typedef unsigned char BYTE;
typedef unsigned int  WORD;

char SecFlag=0, MinFlag=0, HourFlag=0, TimeFlag=0;
BYTE Lcd_ini[7] = {0x38, 0x38, 0x38, 0x08, 0x01, 0x06, 0x0c};
BYTE Disp_data1[19] = {"Welcome! Atmega128 "};
BYTE Disp_data2[16] = {"Clock  M  :  :  "};
BYTE Shift = 0, Change=0;
BYTE Sec=0, Min=0, Hour=0;

unsigned int Time_1000cnt=0, Time_500cnt=0 ;
unsigned int Time_Rate=1000, Time_Rate2=500;
int Scan_loop=0;

void Lcd_init(void);
void Busy(void);
void Lcd_write(BYTE line, BYTE disp_data[]);
void Clock_Display(void);
void main(void)
{
        BYTE i, temp_data1 ;
        AtMg128DebugInit();
```

```
        MCUCR=0xc0;                 // 0~7FFF : 0 wait
        XMCRA=0x40;                 // 8000~FFFF : 1 wait

        Lcd_init();
        LCD_CONTROL = 0x10;     //Back light ON

        TCCR0 = 0x0d;           //CTC, 128분주
        OCR0 = 125-1;           //16MHz/128/125 = 1000(1ms)
        TIMSK = 0x02;           //timer0 비교매치 인터럽트 enable
        __enable_interrupt();       // enable interrupts
        Lcd_write(2, Disp_data2);

        while(1)
        {
              Scan_loop++;

              if(Shift)          //500 msec마다 1로 됨.
              {
                    Shift=0;
                    Change++;
                    temp_data1 = Disp_data1[0] ;   //임시로 저장

                    for(i=0; i<18; i++)
                          Disp_data1[i]=Disp_data1[i+1];
                    Disp_data1[i]=temp_data1;       //저장된 것을 마지막에 write
              }
              Lcd_write(1, Disp_data1);
              Clock_Display();
        }
}
void Clock_Display(void)
{
    if(TimeFlag)
```

```
    {
        TimeFlag=0;

        Sec++;
        if(Sec > 59)              // 59초가 넘으면,
        {
            Sec=0;                // 초단위 초기화
            SecFlag=1;            // 분단위 START
        }

        if(SecFlag)
        {
            SecFlag=0;            // 분단위 STOP
            Min++;                // 분단위 증가
        }

        if(Min > 59)              // 59분이 넘으면,
        {
            Min=0;                // 분단위 초기화
            MinFlag=1;            // 시간단위 START
        }

        if(MinFlag)
        {
            MinFlag=0;            // 시간단위 STOP
            Hour++;               // 시간단위 증가
        }

        if(Hour > 11)             // 11시가 넘으면,
        {
            Hour=0;               // 시간단위 초기화
            HourFlag = ~HourFlag;       // AM,PM Switching
        }
```

```
            if(HourFlag)                Disp_data2[6] = 'P';
            else                        Disp_data2[6] = 'A';

            Disp_data2[8] = Hour/10 + 0x30;     // ASCII CODE 변환
            Disp_data2[9] = Hour%10 + 0x30;

            Disp_data2[11] = Min/10 + 0x30;
            Disp_data2[12] = Min%10 + 0x30;

            Disp_data2[14] = Sec/10 + 0x30;
            Disp_data2[15] = Sec%10 + 0x30;

            Lcd_write(2, Disp_data2);
        }
}

void Lcd_init(void)
{
        BYTE i;
        for(i = 0; i < 7; i++)
        {
                Busy();
                LCD_CONTROL |= 0x01;        //EN <---1
                LCD_DA = Lcd_ini[i];
                LCD_CONTROL &= 0xFE;      //EN <---0
        }
}
long int Busy_cnt=0;
void Busy(void)
{
        Busy_cnt=0;
        LCD_CONTROL |= 0x05;
```

```
        //BZ(7)..BL(4) RW(2) RS(1) EN(0) : busy check mode

        while(1)
        {
                if(++Busy_cnt>=1000000)   break;
                if((LCD_DA & 0x80)==0)  break;
        }
        LCD_CONTROL &= 0xF0;
        //BZ(7)..BL(4) RW(2) RS(1) EN(0) : DR access mode
}

//line :1 => 첫번째 Line, 2: => 두번째 Line
void Lcd_write(BYTE line, BYTE disp_data[])
{
        BYTE i;
        Busy();
        LCD_CONTROL |= 0x01;        //BZ(7)..BL(4) RW(2) RS(1) EN(0)
        if(line == 1)
                LCD_DA = 0x80;
        else
                LCD_DA = 0xc0;
        LCD_CONTROL &= ~0x01;       //BZ(7)..BL(4) RW(2) RS(1) EN(0)

        for(i = 0; i <16; i++)
        {
                Busy();
                LCD_CONTROL |= 0x03;
                        //BZ(7)..BL(4) RW(2) RS(1) EN(0) : DR write & enable mode
                LCD_DA = disp_data[i];
                LCD_CONTROL &= 0xF0;
                        //BZ(7)..BL(4) RW(2) RS(1) EN(0) : DR write & disable mode
        }
}
```

```
//1ms interrupt
#pragma vector = TIMER0_COMP_vect
__interrupt void TIMER0_COMP(void)
{
        if(++Time_1000cnt >= Time_Rate) //1000ms
        {
                Time_1000cnt = 0;
                TimeFlag=1;
        }
        if(++Time_500cnt >= Time_Rate2) //500ms
        {
                Time_500cnt = 0;
                Shift = 1;
        }
}
```

Hint :

0	1	2	3	4	5	6	7	8	9	10	11	12	13	14	15
C	l	o	c	k		A (P)	M	H	h	:	M	m	:	S	s

실험 8-5

LCD에 위의 라인에는 " Welcome Atmega "와 아래 라인에는 " AMC_LAB, 8440! "을 만들어보고 1초가 지난 후에는 아래와 같은 특수 폰트를 디스플레이 하여 1초마다 반복되는 프로그램을 작성하여 실험하였다.

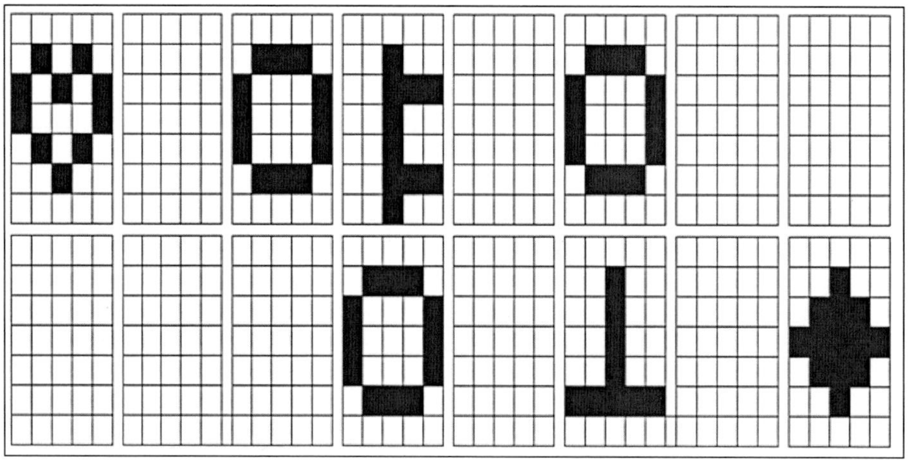

♡모양 0번	0 모양 1번	ㅑ 모양 2번	ㅗ 모양 3번	◆ 모양 4번
0X00	0X00	0X00	0X00	0X00
0X0A	0X0E	0X04	0X04	0X04
0X15	0X11	0X07	0X04	0X0E
0X11	0X11	0X04	0X04	0X1F
0X0A	0X11	0X04	0X04	0X0E
0X04	0X0E	0X07	0X1F	0X04
0X00	0X00	0X04	0X00	0X00
0X00	0X00	0X00	0X00	0X00

```
BYTE FONT_DATA[40] =
    {   0xBYTE FONT_DATA[40] =
    {   0x00, 0x0A, 0x15, 0x11, 0x0A, 0x04, 0x00, 0x00,     // ♡ font
        0x00, 0x0E, 0x01, 0x11, 0x11, 0x0E, 0x00, 0x00,     // ○ font
        0x00, 0x04, 0x07, 0x04, 0x04, 0x07, 0x04, 0x00,     // ㅑ font
        0x00, 0x04, 0x04, 0x04, 0x04, 0x1F, 0x00, 0x00,     // ㅗ font
        0x00, 0x04, 0x0E, 0x1F, 0x0E, 0x04, 0x00, 0x00 };   // ◆ font00, 0x0A, 0x15, 0x11,
0x0A, 0x04,
```

```
#include <iom128.h>
#include <ina90.h>
#include "DebugAtmega128.h"

#define LCD_CONTROL        *(char *)0x5000    //BZ(7)..BL(4) RW(2) RS(1) EN(0)
#define LCD_DA             *(char *)0x5001
```

```
#define LCD_EN_0 LCD_CONTROL &= 0xFE     //LCD disable
#define LCD_EN_1 LCD_CONTROL |= 0x01     //LCD enable

typedef unsigned char BYTE;
typedef unsigned int  WORD;

BYTE Lcd_ini[7] = {0x38, 0x38, 0x38, 0x08, 0x01, 0x06, 0x0C};
BYTE FONT_DATA[40] =
    {  0x00, 0x0A, 0x15, 0x11, 0x0A, 0x04, 0x00, 0x00,     // ♡ font
       0x00, 0x00, 0x0E, 0x11, 0x11, 0x0E, 0x00, 0x00,     // ○ font
       0x00, 0x04, 0x07, 0x04, 0x04, 0x07, 0x04, 0x00,     // ㅑ font
       0x04, 0x04, 0x1F, 0x00, 0x00, 0x00, 0x00, 0x00,     // ㅗ font
       0x00, 0x04, 0x0E, 0x1F, 0x0E, 0x04, 0x00, 0x00 };   // ◆ font

BYTE Disp_data1[16] = {" Welcome Atmega "};
BYTE Disp_data2[16] = {" AMC_LAB, 8440! "};
BYTE Disp_data3[16] = {0x20,0x20,0x20,0x20, 0x00, 0x20, 0x01, 0x02,
                       0x20, 0x01, 0x20,0x20,0x20,0x20,0x20,0x20};
BYTE Disp_data4[16] = {0x20,0x20,0x20,0x20,0x20,0x20,0x20, 0x01,
                       0x20, 0x03, 0x20, 0x04, 0x20,0x20,0x20,0x20};
unsigned int Time_cnt=0, Time_Rate=1000;
unsigned char LCD_Disp=0;

void Lcd_init(void);
void Busy(void);
void Lcd_write(BYTE line, BYTE disp_data[]);
void Make_font(void);
void Special_Font_display(void);

BYTE Kind=0;

void main(void)
{
     AtMg128DebugInit();

     //mcu_initial for wait setting
     MCUCR = 0xc0;          //0x2000~0x7fff : 0 wait
```

```
    XMCRA=0x40;             //0x8000~0xffff : 1 wait

    LCD_CONTROL = 0x10;      //Back light ON, RW, RS, EN is Low
    Lcd_init();

    Make_font();
    Special_Font_display();

    TCCR0 = 0x0D;           //CTC, 128분주
    OCR0 = 125-1;           //16MHz/128/125 = 1000(1ms)
    TIMSK = 0x02;           //Timer0 비교매치 인터럽트 enable
    __enable_interrupt();   //Enable interrupt

    while(1)
    {
        if(LCD_Disp)            //1000 msec마다 1로 됨.
        {
            LCD_Disp=0;
            if(Kind++ & 0x01)     //홀수
            {
                Lcd_write(1, Disp_data1);   //1번 라인에 Disp_data1 출력
                Lcd_write(2, Disp_data2);   //2번 라인에 Disp_data2 출력
            }
            else
            {
                Lcd_write(1, Disp_data3);   //1번 라인에 Disp_data3 출력
                Lcd_write(2, Disp_data4);   //2번 라인에 Disp_data4 출력
            }
        }
    }
}

void Lcd_init(void)
{
    BYTE i;
    for(i = 0; i < 7; i++)
    {
```

```
            Busy();
            LCD_EN_1;
            LCD_DA = Lcd_ini[i];
            LCD_EN_0;
      }
}

void Make_font(void)
{
        unsigned char i;

        Busy();

        LCD_EN_1;
        LCD_DA = 0x40;   //0x40 <=특수문자를 만들기 위한 CGRAM Address 설정
        LCD_EN_0;

        for(i=0;i<40;i++)
        {
                Busy();

                LCD_CONTROL |= 0x03;          //RW(2) RS(1) EN(0) <---011
                LCD_DA = FONT_DATA[i];
                LCD_CONTROL &= 0xF8;         //RW(2) RS(1) EN(0) <---000
        }
        LCD_CONTROL &= 0xF8;                  //RW, RS, EN is Low
}

void Special_Font_display(void)
{
        Busy();
        LCD_EN_1;
        LCD_DA = 0x01;              //Clear display
        LCD_EN_0;

        //♡ display
        Busy();
```

```
LCD_EN_1;
LCD_DA = 0x84;          //첫번째 Line의 5번째 칸에 표시자리를 설정
LCD_EN_0;

Busy();
LCD_CONTROL |= 0x03;    //RW(2) RS(1) EN(0) <---011
LCD_DA = 0x00;          //첫번째 Line의 5번째 칸에 ♡ font display
LCD_CONTROL &= 0xF8;    //RW(2) RS(1) EN(0) <---000

//ㅇ display
Busy();
LCD_EN_1;
LCD_DA = 0x86;          //첫번째 Line의 7번째 칸에 표시자리를 설정
LCD_EN_0;

Busy();
LCD_CONTROL |= 0x03;    //RW(2) RS(1) EN(0) <---011
LCD_DA = 0x01;          //첫번째 Line의 7번째 칸에 ㅇ font display
LCD_CONTROL &= 0xF8;    //RW(2) RS(1) EN(0) <---000

//ㅑ display
Busy();
LCD_CONTROL |= 0x03;    //RW(2) RS(1) EN(0) <---011
LCD_DA = 0x02;          //첫번째 Line의 8번째 칸에 ㅑ font display
LCD_CONTROL &= 0xF8;    //RW(2) RS(1) EN(0) <---000

//ㅇ display
Busy();
LCD_EN_1;
LCD_DA = 0x89;          //첫번째 Line의 10번째 칸에 표시자리를 설정
LCD_EN_0;

Busy();
LCD_CONTROL |= 0x03;    //RW(2) RS(1) EN(0) <---011
LCD_DA = 0x01;          //첫번째 Line의 10번째 칸에 ㅇ font display
LCD_CONTROL &= 0xF8;    //RW(2) RS(1) EN(0) <---000
```

```
        //ㅇ display
        Busy();
        LCD_EN_1;
        LCD_DA = 0xC7;             //두번째 Line의 8번째 칸에 표시자리를 설정
        LCD_EN_0;

        Busy();
        LCD_CONTROL |= 0x03;       //RW(2) RS(1) EN(0) <---011
        LCD_DA = 0x01;             //두번째 Line의 8번째 칸에 ㅇ font display
        LCD_CONTROL &= 0xF8;       //RW(2) RS(1) EN(0) <---000

        //ㅗ display
        Busy();
        LCD_EN_1;
        LCD_DA = 0xC9;             //두번째 Line의 10번째 칸에 표시자리를 설정
        LCD_EN_0;

        Busy();
        LCD_CONTROL |= 0x03;       //RW(2) RS(1) EN(0) <---011
        LCD_DA = 0x03;             //두번째 Line의 10번째 칸에 ㅗ font display
        LCD_CONTROL &= 0xF8;       //RW(2) RS(1) EN(0) <---000

        //◆ display
        Busy();
        LCD_EN_1;
        LCD_DA = 0xCB;             //두번째 Line의 12번째 칸에 표시자리를 설정
        LCD_EN_0;

        Busy();
        LCD_CONTROL |= 0x03;       //RW(2) RS(1) EN(0) <---011
        LCD_DA = 0x04;             //두번째 Line의 12번째 칸에 ◆ font display
        LCD_CONTROL &= 0xF8;       //RW(2) RS(1) EN(0) <---000
}

long int Busy_cnt=0;
void Busy(void)
{
```

```
        Busy_cnt=0;
        while(1)
        {
            LCD_CONTROL |= 0x05;            //RW(2) RS(1) EN(0) => 101
            if((LCD_DA & 0x80)==0)  break;
                LCD_CONTROL &= 0xF8;        //RW(2) RS(1) EN(0) => 000

            if(++Busy_cnt>=1000000) break;      //LCD고장시 break
        }
        LCD_CONTROL &= 0xF8;
        //RW(2) RS(1) EN(0) => 000 [BZ(7)..BL(4) RW(2) RS(1) EN(0)]
}

//line :1 => 첫번째 Line, 2: => 두번째 Line
void Lcd_write(BYTE line, BYTE disp_data[])
{
        BYTE i;
        Busy();
        LCD_CONTROL |= 0x01;        //BZ(7)..BL(4) RW(2) RS(1) EN(0)
        if(line == 1)
                LCD_DA = 0x80;
        else
                LCD_DA = 0xc0;
        LCD_CONTROL &= ~0x01;       //BZ(7)..BL(4) RW(2) RS(1) EN(0)

        for(i = 0; i <16; i++)
        {
                Busy();
                LCD_CONTROL |= 0x03;
                        //BZ(7)..BL(4) RW(2) RS(1) EN(0) : DR write & enable mode
                LCD_DA = disp_data[i];
                LCD_CONTROL &= 0xF8;
                        //BZ(7)..BL(4) RW(2) RS(1) EN(0) : DR write & disable mode
        }
}

//1ms interrupt
```

```
#pragma vector = TIMER0_COMP_vect
__interrupt void TIMER0_COMP(void)
{
      if(++Time_cnt >= Time_Rate) //1000ms
      {
            Time_cnt = 0;
            LCD_Disp = 1;
      }
}
```

Hint :

0	1	2	3	4	5	6	7	8	9	10	11	12	13	14	15
	W	e	l	c	o	m	e		A	t	m	e	g	a	
	A	M	C	_	L	A	B	,		8	4	4	0	!	

0	1	2	3	4	5	6	7	8	9	10	11	12	13	14	15
				♡		ㅇ	ㅑ		o						
							o		ㅗ		◆				

과제 8-1

LCD 첫 번째 라인에 자신의 영문이름을 표시하고 두 번째 라인에는 자신의 학번을 표시하는 프로그램을 설계하시오.

과제 8-2

LCD에 자신의 학번과 영문이름을 표시하고, 왼쪽으로 1칸씩 쉬프트 하는 프로그램을 작성하시오.

과제 8-3

특수 폰트를 이용하여 자신의 이름을 한글로 LCD에 표시해 보시오.

제 9 장 Key, Keyboard, Buzzer의 구조와 응용

9.1 Key의 구조

아래의 [그림 9.1]은 트레이닝 키트에 사용된 Key의 회로도 이다.

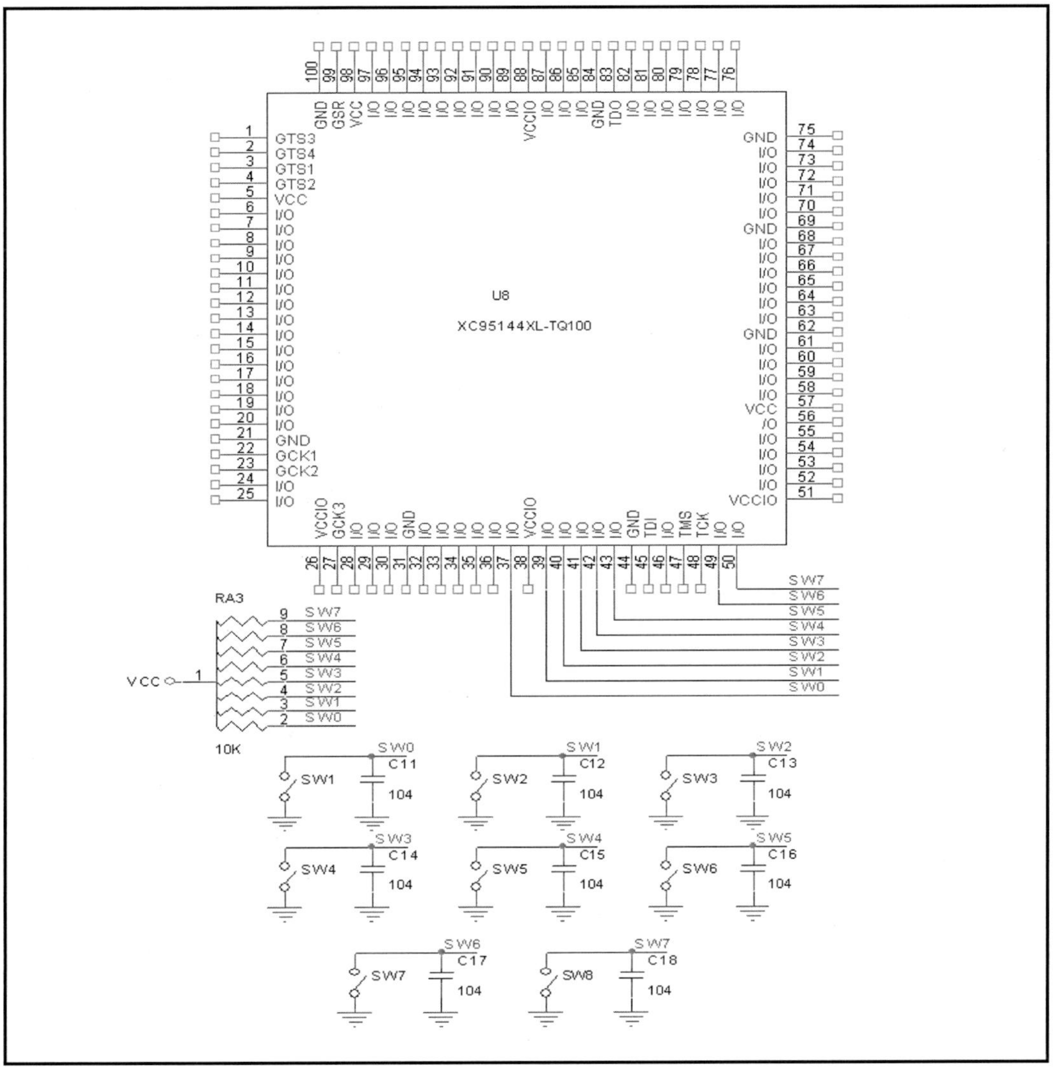

[그림 9.1] Key의 구성 회로도

9.2 Keyboard

9.2.1. 키보드의 개요

키보드는 5핀 DIN과 6핀 미니 DIN 2개의 연결 커넥터로 되어 있고 6핀 DIN 커넥터를 더 많이 사용하고 있다. Mini-DIN 커넥터는 핀의 개수에 있어서 DIN 커넥터보다 하나가 더 많지만 6개 가운데 한개는 사용하지 않고 있으며 실질적으로 거의 동일한 신호체계를 가진다.

일반적으로 5핀 DIN을 'AT'라 부르며, 6핀 미니 DIN을 'PS/2'라 부른다. PC와 연결되는 현재의 키보드들은 PS/2, AT, USB 등이 있다.

우리가 키보드에 있는 키를 누르면 이에 대한 성보는 케이블과 커넥터를 통해서 PC로 전달되는데 그 형식은 직렬 통신으로 이루어진다. XT와 AT용의 키보드가 서로 호환이 안 되는 이유는 이 시리얼통신 방식이 달라서이다. AT의 키보드 정보는 한번에 11 비트씩 전달되고 XT의 키보드 정보는 한번에 9 비트씩 전달되기 때문에 서로 통신을 할 수 없다.

키보드의 연결 케이블의 길이는 약 1.8M이고, 차폐되어 감싸 있는 마일러 박의 얇은 층으로 둘러싸여 6개의 전선으로 이루어져 있다. 커넥터의 구조를 보면 다음 [표 9.1]과 같다.

[표 9.1] 커넥터의 구조

AT Computer	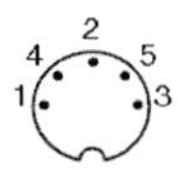	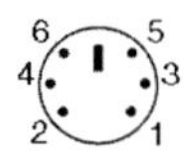
Signals	**DIN41524, Female at Computer, 5-pin DIN 180°**	**6-pin Mini DIN PS2 Style Female at Computer**
Clock	1	5
Data	2	1
nc	3	2,6
GND	4	3
+5V	5	4
Shield	Shell	Shell

① 클럭 신호선 : 1, 5 번으로 키보드를 눌렀을 경우 클럭신호가 발생한다.

② 데이터 : 2, 1 번으로 키보드가 눌렀을 경우 데이터 신호가 보내진다.

③ Vcc는 +5V를 연결한다.

④ GND는 접지(0V)로 연결한다.

9.2.2 키보드 데이터 전송 타이밍

키보드의 모든 데이터는 1바이트로 송신할 수 있으며, 각 프레임은 11비트로 이루어져 있다.

데이터 전송 프레임에 대한 타이밍도는 [그림 9.2]와 같다.

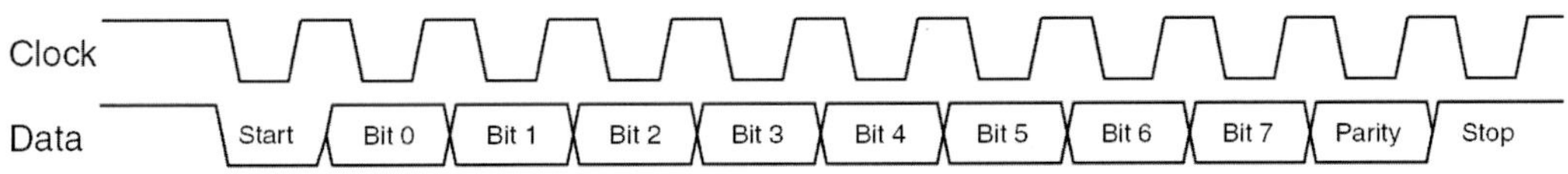

[그림 9.2] 키보드의 타이밍도

즉, 키보드의 데이터 전송 프레임은 [그림 9.2]와 같이 1개의 Start 비트, 8개의 DATA 비트, 1개의 Parity비트, 1개의 Stop 비트로 구성되어 있다.

패리티 비트가 홀수로 설정되어 있고, 데이터의 "1"의 비트수가 짝수라 하면 초기화가 된 후 패리티 비트는 "1"로 된다. 데이터 비트의 "1"의 수와 패리티 비트를 더한 수가 홀수가 되어야 한다. 이는 오류를 감지하기 위해 사용한다.

키보드는 비트를 수신하여 오류가 발생한 경우 무효한 입력을 받은 것과 같이 응답하여야 한다. 컴퓨터를 호스트라 하고, 키보드를 장치라 할 경우, 장치에서 호스트로 보내지는 데이터는 클럭신호(Clock)의 하강에지(falling edge) 신호에 맞추어 전송되고 호스트에서 장치로 보내지는 데이터는 클럭신호의 상승에지(rising edge) 신호에 맞추어 전송된다.

키보드는 항상 클럭 신호를 생성하고 호스트는 항상 통신에 대한 컨트롤을 한다.

9.2.3 키보드 인터페이스

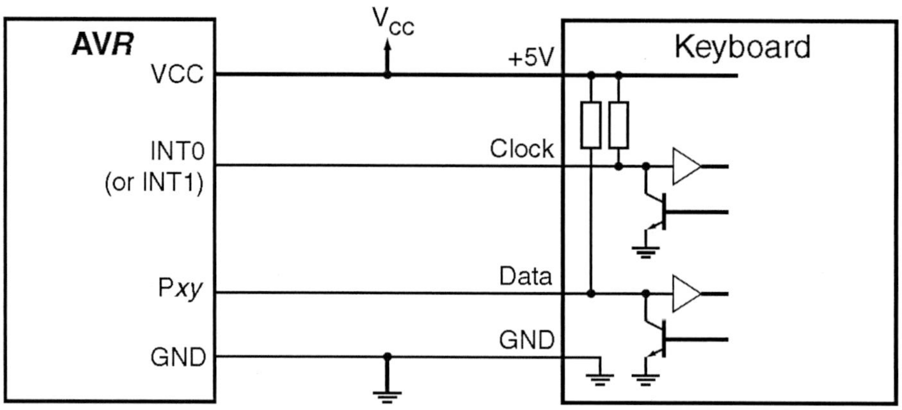

[그림 9.3] 키보드 인터페이스

ATmega128을 사용하여 PC의 키보드를 응용하기 위한 회로도는 [그림 9.3]과 같다. MPU의 INT0에 클럭(Clock) 신호선이 연결되어 있으며 범용포트에 데이터 신호선이 연결되어 있다. 나머지 VCC는 +5V, GND는 접지로 연결되어 있다.

INT0는 외부 인터럽트 0번으로 사용 될 수 있는 입출력 포트로서 키보드데이터가 전송되면 키보드 클럭 신호 선에 의해서 외부 인터럽트 0이 발생한다.

또한 Pxy 포트는 PD1에 연결되어 있다. 키보드의 데이터 신호선이 연결되어 있는 포트로 키

보드가 눌러지거나 떼어지면 해당 데이터가 클럭에 동기되어 PD1에 전송된다.

9.2.4. 키보드 Break 코드, Break 코드

ASCII 코드처럼 각 문자나 숫자, 특수기호 등에 특정한 숫자가 정해져 있는 것과 같이 키보드에도 마찬가지로 각각의 키에 대한 코드 값이 존재한다.

각각 키에 대한 코드 값으로 어떤 키보드가 눌러 졌는지 아니면 떼어 졌는지를 확인할 수 있다. 그 값이 바로 Make 코드와 Break 코드 이다.

'Make 코드'는 키가 눌러졌을 때 발생하는 코드이고 반대로 'Break 코드'는 키가 떼어졌을 때 발생하는 코드이다.

키보드 Make 코드와 Break 코드는 서로 같지 않으며 Make 코드와 Break 코드

를 입력받아 ASCII 값으로 변환해서 처리해야 한다.

(키보드 데이터 전송 예)

키보드 A키를 눌렀을 때(Make code) = 0x1C 키보드 A키를 떼었을 때(Break code) = 0xF0 0x1C 키보드가 A를 눌렀을 경우 Make 코드 0x1C 가 데이터 비트에 전송이 된다. 키보드 A키를 떼었을 때를 구분하기 위해 Break 코드 0xF0 코드가 전송된 후 바로 0x1C 가 전송된다.

-일반적으로 많이 사용하고 있는 PS/2 키보드에 대한 스캔코드는 다음 [표 9.2], [표 9.3], [표 9.4]와 같다.

[표 9.2] 스캔코드 1

KEY	Make 코드	Break 코드
A	1C	F0,1C
B	32	F0,32
C	21	F0,21
D	23	F0,23
E	24	F0,24
F	2B	F0,2B
G	34	F0,34
H	33	F0,33
I	43	F0,43
J	3B	F0,3B
K	42	F0,42
L	4B	F0,4B
M	3A	F0,3A
N	31	F0,31
O	44	F0,44
P	4D	F0,4D
Q	15	F0,15
R	2D	F0,2D

S	1B	F0,1B
T	2C	F0,2C
U	3C	F0,3C
V	2A	F0,2A
W	1D	F0,1D
X	22	F0,22
Y	35	F0,35
Z	1A	F0,1A
0	45	F0,45
1	16	F0,16
2	1E	F0,1E
3	26	F0,26
4	25	F0,25
5	2E	F0,2E
6	36	F0,36
7	3D	F0,3D
8	3E	F0,3E

[표 9.3] 스캔코드 2

KEY	Make 코드	Break 코드
9	46	F0,46
`	0E	F0,0E
-	4E	F0,4E
=	55	FO,55
\	5D	F0,5D
BKSP	66	F0,66
SPACE	29	F0,29
TAB	0D	F0,0D
CAPS	58	F0,58

L SHFT	12	FO,12
L CTRL	14	FO,14
L GUI	E0,1F	E0,F0,1F
L ALT	11	F0,11
R SHFT	59	F0,59
R CTRL	E0,14	E0,F0,14
R GUI	E0,27	E0,F0,27
R ALT	E0,11	E0,F0,11
APPS	E0,2F	E0,F0,2F
ENTER	5A	F0,5A
ESC	76	F0,76
F1	05	F0,05
F2	06	F0,06
F3	04	F0,04
F4	0C	F0,0C
F5	03	F0,03
F6	0B	F0,0B
F7	83	F0,83
F8	0A	F0,0A
F9	01	F0,01
F10	09	F0,09
F11	78	F0,78
F12	07	F0,07
PRNT SCRN	E0,12, E0,7C	E0,F0, 7C,E0
SCROLL	7E	F0,7E
PAUSE	E1,14,77, E1,F0,14, F0,77	-NONE-

[표 9.4] 스캔코드 3

KEY	Make 코드	Break 코드
[	54	FO,54
INSERT	E0,70	E0,F0,70
HOME	E0,6C	E0,F0,6C
PG UP	E0,7D	E0,F0,7D
DELETE	E0,71	E0,F0,71
END	E0,69	E0,F0,69

PG DN	E0,7A	E0,F0,7A
U ARROW	E0,75	E0,F0,75
L ARROW	E0,6B	E0,F0,6B
D ARROW	E0,72	E0,F0,72
R ARROW	E0,74	E0,F0,74
NUM	77	F0,77
KP /	E0,4A	E0,F0,4A
KP *	7C	F0,7C
KP -	7B	F0,7B
KP +	79	F0,79
KP EN	E0,5A	E0,F0,5A
KP .	71	F0,71
KP 0	70	F0,70
KP 1	69	F0,69
KP 2	72	F0,72
KP 3	7A	F0,7A
KP 4	6B	F0,6B
KP 5	73	F0,73
KP 6	74	F0,74
KP 7	6C	F0,6C
KP 8	75	F0,75
KP 9	7D	F0,7D
]	5B	F0,5B
;	4C	F0,4C
'	52	F0,52
,	41	F0,41
.	49	F0,49
/	4A	F0,4A

9.2.5 PS/2 키보드 데이터 처리 순서

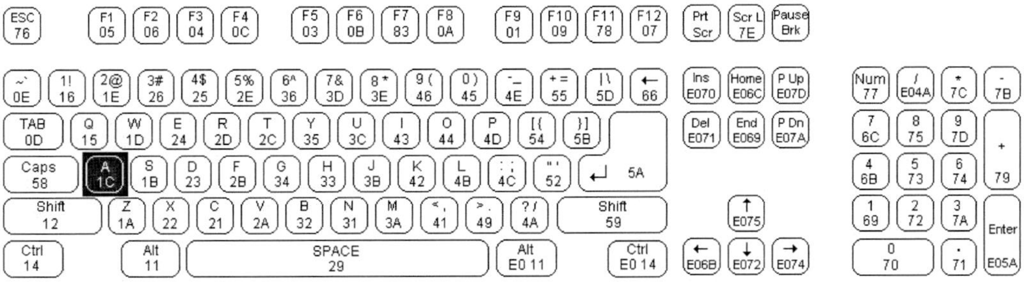

[그림 9.4] PS/2 키보드 Make 코드

위 그림은 PS/2 키보드에 대한 Make 코드를 간략하게 나타낸 그림이다.

① 키보드 A 버튼을 누르면 키보드와 ATmega128 키트로 연결된 Clock신호 선에 의해서 외부 인터럽트(INT0)가 발생된다.

② 발생된 외부 인터럽트 신호에 의해 인터럽트 서비스 루틴이 실행되면서 data 신호 선에서 들어오는 값을 받아들인다.

③ 키보드는 클럭 시그널에 맞춰서 총 11비트(스타트 비트 1, 데이터비트 8 패리티 비트 1 스톱비트 1)를 내보내기 때문에 총 11번의 외부 인터럽트가 발생되면서 해당 데이터 비트를 받는다.

④ 총 11비트 데이터 중에서 실제로 필요한 것은 데이터 비트이기 때문에 받은 11비트 중에서 데이터 비트(비트2~9)부분만 필터링 하여 처리한다.

9.3 외부 인터럽트

9.3.1. 외부 인터럽트 개요

외부 인터럽트는 타이머에서의 지정된 시간 경과, 입력 장치에서의 서비스 요구, 출력 장치의 작업 종료, DMA 동작의 종료, 멀티프로세서간의 통신 요구 등 마이크로프로세서와 독립되어 있는 외부장치에 의해 발생되는 순수한 의미에서의 인터럽트이다. 일반적으로 인터럽트라고 하면 대부분 이것을 말한다.

대부분의 마이크로프로세서에서 사용하고 있는 인터럽트에는 INT 및 NMI 인터럽트가 있다. ATmega128에서도 차단 불가능의 NMI와 8개의 차단 가능한 외부 인터럽트 INT0 ~ INT7을 가지고 있다.

9.3.2 인터럽트의 우선순위 제어

인터럽트는 CPU에 연결된 주변장치의 필요에 의하여 CPU와 비동기적으로 또는 부정기적으로 발생되는 것이 일반적이므로 우연히 2개 이상의 주변장치가 동시에 신호를 보내 인터럽트를 요청하는 경우가 존재할 수 있다. 이러한 경우에 CPU는 이들 인터럽트를 한꺼번에 처리할 수가 없으므로 한번에 1개만의 인터럽트를 선택하여 처리하게 되는데 이를 인터럽트 우선순위라고 한다. 우선순위가 높은 인터럽트가 처리되는 동안에 낮은 순위에 인터럽트는 대기되며, 이것은 높은 순위의 인터럽트가 처리가 끝난 후에 다시 순위에 따라 차례로 처리된다.

9.3.3 인터럽트의 처리 과정

인터럽트의 처리과정은 마이크로프로세서의 종류에 따라 상당히 다르고 또한 하나의 마이크로프로세서에서도 인터럽트의 종류에 따라 처리과정이 달라지는 경우가 있지만 전체적인 처리 과정은 매우 유사하다. 일반적인 인터럽트의 처리 과정을 대략적으로 요약하면 [표 9.5]와 같다.

[표 9.5] 인터럽트의 일반적인 처리 과정

1. 인터럽트 요청 신호의 검출	CPU는 모든 명령 사이클에 한 번씩 또는 모든 머신 사이클에 한 번씩 지정된 순간에 인터럽트를 샘플링 하여 주변장치의 인터럽트 요청을 검출한다. (ATmega128에는 모든 인터럽트마다 이에 대응되는 인터럽트 Flag 레지스터를 가지고 있어서 인터럽트가 검출되면 이 Flag가 1로 set된다. 이 Flag 비트는 해당 인터럽트의 벡터가 인출되어 인터럽트 서비스 루틴의 실행이 개시되면 자동으로 0으로 클리어 된다.)
2. 인터럽트 우선순위 제어 및 허용 여부 판단	CPU가 인터럽트를 허용할 수 있는 조건이 만족되는지를 판단하고 우선순위를 결정하여 인터럽트를 허용한다. 외부에서 인터럽트 벡터를 읽어 들이는 방식에서는 이를 위한 인터럽트 인정 사이클을 수행한다. (ATmega128에서는 각 인터럽트에 해당되는 인터럽트 마스크 레지스터와 SREG 레지스터의 글로벌 인터럽트 허용 비트를 보고 인터럽트 허용 여부를 판단한다.)

3. 인터럽트 처리루틴의 시작 번지 확인	CPU가 인터럽트를 요청한 주변장치에 대응하는 인터럽트 서비스 루틴의 시작번지를 확인한다. 각 인터럽트의 종류에 따라 이 벡터가 지정되어 있는 번지가 미리 정해져 있는 경우도 있고, 또 다른 방식에서는 주변장치로부터 읽어 들인 인터럽트 벡터가 이 서비스 루틴의 시작번지를 결정하는 자료로 사용된다. (ATmega128에서는 각 인터럽트별로 인터럽트 벡터의 번지가 미리 정해져 있어서 여기에 사용자가 인터럽트 서비스 루틴의 시작번지나 또는 그곳으로의 점프 명령을 저장하여 두어야 한다.)
4. 복귀주소 및 레지스터를 저장	CPU가 인터럽트 서비스 루틴을 종료하고 되돌아 올 수 있도록 복귀주소(현재의 PC값)를 스택에 저장하고, 마이크로프로세서에 따라서는 현재의 레지스터 값을 자동으로 스택에 저장하는 것도 있다. 또한 대부분의 경우 하나의 인터럽트가 서비스되고 있는 동안에는 다른 인터럽트가 허용되지 못하도록 일시적으로 인터럽트 금지 상태로 설정된다. (ATmega128은 복귀주소만을 스택에 저장하며 다른 레지스터는 저장하지 않는다.)
5. 인터럽트 서비스 루틴을 실행	CPU가 해당 인터럽트 서비스 루틴으로 점프하여 프로그램을 실행한다. 만약, 현재의 인터럽트 서비스 루틴이 실행되는 동안에 어떤 인터럽트를 이용하도록 하려면 여기서 그 인터럽트 설정을 새로 해주어야 한다.
6. 인터럽트 서비스 루틴을 종료하고 원래의 주프로그램으로 복귀	CPU가 인터럽트 서비스 루틴의 실행 중에 리턴 명령을 만나면 스택에서 복귀주소를 되찾아 프로그램 카운터에 로드함으로써 원래 위치로 되돌아온다. 이때 복귀주소와 함께 레지스터를 저장하는 방식이면 이 레지스터들의 값도 되찾으며, 일시적으로 인터럽트 금지 상태로 설정되었던 것도 원상태로 되돌려진다. (ATmega128의 경우에는 RETI 명령을 만나면 해당 인터럽트를 종료하고 주프로그램으로 복귀한다.)

9.3.4 ATmega128의 외부 인터럽트

ATmega128에서 외부 인터럽트라고 하면 8개의 외부핀 INT7~0을 통해 입력되는 신호에 의하여 발생하는 인터럽트를 가리킨다. 외부 인터럽트는 이 핀들을 출력으로 설정하더라도 발생되는데, 따라서 이를 이용하면 병렬 I/O포트에 소프트웨어적으로 데이터를 출력하여 인터럽트를 요구할 수 있다.

각각의 외부 인터럽트는 Low의 논리레벨, 하강에지, 상승에지에 의하여 인터럽트를 발생하는데, 이러한 인터럽트는 인터럽트 제어 레지스터 EICRA(INT3~0) 및 EICRB(INT7~4)로 설정한다. 만약 인터럽트가 허용되고 레벨 트리거 방식으로 설정되어 있디면 해당 핀에 Low 상태가 입력되는 동안 인터럽트가 발생된다.

외부 인터럽트 제어 레지스터 EICRA는 INT3~0 핀으로 입력되는 신호에 의하여 인터럽트가 발생 되는 방법을 설정한다. 이는 [그림 9.5]와 [표 9.6]에 나타낸 것과 같이 레벨 트리거 방식 또는 에지 트리거 방식으로 설정할 수 있다.

Bit	7	6	5	4	3	2	1	0	
	ISC31	ISC30	ISC21	ISC20	ISC11	ISC10	ISC01	ISC00	EICRA
Read/Write	R/W	R/W	R/W	R/W	R/W	R/W	R/W	R/W	
Initial Value	0	0	0	0	0	0	0	0	

[그림 9.5] 외부 인터럽트 제어 레지스터 (EICRA)

[표 9.6] 외부 인터럽트 INT3~0의 트리거 방식 설정

ISCn1	ISCn0	인터럽트 트리거 방식
0	0	INTn핀의 L레벨 신호 입력이 인터럽트를 발생 한다.
0	1	사용하지 않는다.
1	0	INTn핀의 하강 에지가 인터럽트를 비동기적으로 발생 한다.
1	1	INTn핀의 상승 에지가 인터럽트를 비동기적으로 발생 한다.

외부 인터럽트 제어 레지스터 EICRB는 INT7~4핀으로 입력되는 신호에 의하여 인터럽트가 트리거 되는 방법을 설정한다. 이는 [그림 9.6]과 [표 9.7]에 나타낸 것과 같이 레벨 트리거 방식 또는 에지 트리거 방식으로 설정할 수 있다.

Bit	7	6	5	4	3	2	1	0	
	ISC71	ISC70	ISC61	ISC60	ISC51	ISC50	ISC41	ISC40	EICRB
Read/Write	R/W	R/W	R/W	R/W	R/W	R/W	R/W	R/W	
Initial Value	0	0	0	0	0	0	0	0	

[그림 9.6] 외부 인터럽트 제어 레지스터 (EICRB)

[표 9.7] 외부 인터럽트 INT7~4의 트리거 방식 설정

ISCn1	ISCn0	인터럽트 트리거 방식
0	0	INTn핀의 L레벨 신호 입력이 인터럽트를 발생 한다.
0	1	INTn핀의 하강 에지 또는 상승 에지가 인터럽트를 발생 한다.
1	0	INTn핀의 하강 에지가 인터럽트를 트리거 한다.
1	1	INTn핀의 상승 에지가 인터럽트를 트리거 한다.

외부 인터럽트 마스크 레지스터 EIMSK는 인터럽트 INT7~0을 개별적으로 허용/금지 하는데 사용된다. 1로 설정하면 인터럽트 허용, 0으로 설정하면 인터럽트 금지가 된다. 인터럽트 처리가 시작되고 마이크로컨트롤러가 인터럽트 벡터를 인출하여 인터럽트 서비스 루틴으로 점프하게 되면 다시 0으로 클리어 되며, 이를 강제로 0으로 클리어 하려면 해당 비트에 1을 써야 한다.

Bit	7	6	5	4	3	2	1	0	
	INT7	INT6	INT5	INT4	INT3	INT2	INT1	INT0	EIMSK
Read/Write	R/W	R/W	R/W	R/W	R/W	R/W	R/W	R/W	
Initial Value	0	0	0	0	0	0	0	0	

[그림 9.7] 외부 인터럽트 마스크 레지스터 (EIMSK)

Bit	7	6	5	4	3	2	1	0	
	INTF7	INTF6	INTF5	INTF4	INTF3	INTF2	INTF1	INTF0	EIFR
Read/Write	R/W	R/W	R/W	R/W	R/W	R/W	R/W	R/W	
Initial Value	0	0	0	0	0	0	0	0	

[그림 9.8] 외부 인터럽트 플래그 레지스터 (EIFR)

9.4 Buzzer 구동

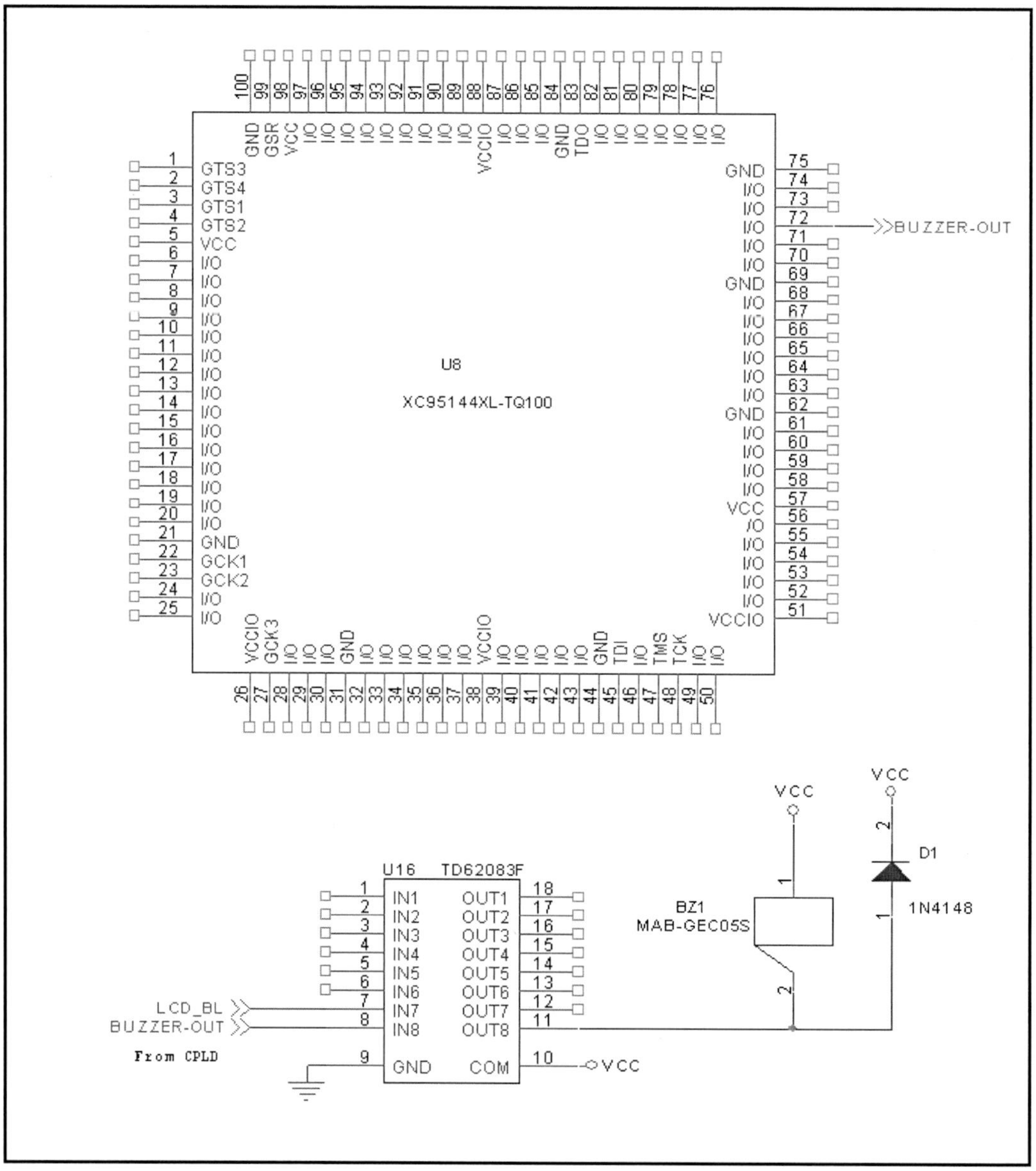

[그림 9.9] Buzzer 구동회로

본 트레이닝키트에 사용된 DC Buzzer의 구동 회로도는 [그림 9.9]와 같다.

실험 9-1

SW1~SW8번까지 응용하는 프로그램으로써, SW1~SW4번 까지는 Buzzer가 1번 울리고 SW5~SW8번 까지는 Buzzer가 4번 울리게 만들고, 스위치에 대응하여 LED를 점등시켜 보는 프로그램으로 작성하여 실험하였다.

```
#include <iom128.h>
#include "DebugAtmega128.h"
#include <ina90.h>

typedef unsigned char byte;
#define KEY               *(byte *)0x2000
#define LCD_CONTROL       *(byte *)0x5000
#define SW1        0x01
#define SW2        0x02
#define SW3        0x04
#define SW4        0x08
#define SW5        0x10
#define SW6        0x20
#define SW7        0x40
#define SW8        0x80
#define PI         0x02
#define PI4        0xAA

void led_display(unsigned char test);

unsigned char Led_data=0, Key_Value=0, Buzzer=0, Buzzer_cnt=0;
void main(void)
{
    AtMg128DebugInit();

    //ATMEGA128_1WAIT
    MCUCR = 0xC0;     //0x2000~0x7fff : 0 wait
    XMCRA = 0x40;     //0x8000~0xffff : 1 wait

    PORTB=0x78;
```

```
    PORTD=0xF0;
    DDRB=0x78;
    DDRD=0xF0;

    //Timer 1(16bit) mode set
    TCCR1B = 0x0B;      //Clk(16MHz)/64=250KHz
    OCR1A = 2500-1;     //16MHz/64/2500=>100Hz(10ms)
    TIMSK = 0x10;       //Output Compare A Match interrupt enable
    TIFR  = 0x10;       //Output Compare A Match Flag

    __enable_interrupt();

    while(1)
    {
        switch(Key_Value)
        {
            case SW1 :
            case SW2 :
            case SW3 :
            case SW4 :
                Buzzer = PI;
                Led_data = Key_Value;
                led_display(Led_data);
                Key_Value = 0;       //반복동작을 피하기 위해서 0
                break;

            case SW5 :
            case SW6 :
            case SW7 :
            case SW8 :
                Buzzer = PI4;
                Led_data = Key_Value;
                led_display(Led_data);
                Key_Value = 0;       //반복동작을 피하기 위해서 0
            default : break;
        }
    }
```

```
}
void led_display(unsigned char test)
{
    byte temp;
    test = ~test;
    temp = PORTB;
    temp &= 0x87;
    temp |= (test & 0x0f)<<3;
    PORTB = temp;

    temp = PORTD;
    temp &= 0x0f;
    temp |= (test & 0xF0);
    PORTD = temp;
 }

//10msec interrupt routine
#pragma vector = TIMER1_COMPA_vect
__interrupt void TIMER1_int(void)
{
    static char BF_key =0, BFBF_key=0;

    //key control
    if(KEY == BF_key)    //Key de-bounce check
    {
        if(BF_key != BFBF_key)    //New key input?
        {
                        //SW1~8 : 1,2,4,8,0x10,0x20,0x40,0x80
            Key_Value = KEY ^ 0xFF;
        }
    }

    BFBF_key = BF_key;    //이전과거 <= 과거
    BF_key = KEY;         //과거 <= 현재

    //Buzzer driving
    if(++Buzzer_cnt >=5)    //5*10msec
```

```
    {
        Buzzer_cnt=0;
        if(Buzzer & 0x01)
        {
            LCD_CONTROL |= 0x80;        //Buzzer ON
        }
        else
        {
            LCD_CONTROL &= ~0x80;   //Buzzer OFF
        }
        Buzzer = Buzzer>>1;
    }
}
```

실험 9-2

SW1~SW8을 누를 때마다 스위치 번호만큼 Buzzer가 울리게 프로그램 한다. 또한 스위치 번호에 대응되는 LED를 표시하는 프로그램으로 작성하여 실험하였다.

```
#include <iom128.h>
#include "DebugAtmega128.h"
#include <ina90.h>

typedef unsigned char byte;
#define KEY              *(byte *)0x2000
#define LCD_CONTROL      *(byte *)0x5000
#define SW1  0x01
#define SW2  0x02
#define SW3  0x04
#define SW4  0x08
#define SW5  0x10
#define SW6  0x20
#define SW7  0x40
#define SW8  0x80

#define PI1    0x0002
#define PI2    0x000A
#define PI3    0x002A
#define PI4    0x00AA
#define PI5    0x02AA
#define PI6    0x0AAA
#define PI7    0x2AAA
#define PI8    0xAAAA

void led_display(unsigned char test);
unsigned char Led_data=0,Key_Value=0,Buzzer_cnt=0;
unsigned int Buzzer=0;
void main(void)
{
     AtMg128DebugInit();
```

```
//ATMEGA128_1WAIT
MCUCR = 0xC0;  //0x2000~0x7fff : 0 wait
XMCRA = 0x40;  //0x8000~0xffff : 1 wait

PORTB=0x78;
PORTD=0xF0;
DDRB=0x78;
DDRD=0xF0;

//Timer 1(16bit) mode set
TCCR1B = 0x0B;    //Clk(16MHz)/64=250KHz
OCR1A = 2500-1;   //16MHz/64/100=>10ms
TIMSK = 0x10;     //Output Compare A Match interrupt enable
TIFR  = 0x10;     //Output Compare A Match Flag

__enable_interrupt();

while(1)
{
    switch(Key_Value)
    {
        case SW1 :
            Buzzer = PI1;
            Led_data = Key_Value;
            led_display(Led_data);
            Key_Value = 0;    //반복동작을 피하기 위해서 0으로 clear
            break;

        case SW2 :
            Buzzer = PI2;
            Led_data = Key_Value;
            led_display(Led_data);
            Key_Value = 0;    //반복동작을 피하기 위해서 0으로 clear
            break;

        case SW3 :
```

```
        Buzzer = PI3;
        Led_data = Key_Value;
        led_display(Led_data);
        Key_Value = 0;    //반복동작을 피하기 위해서 0으로 clear
        break;

    case SW4 :
        Buzzer = PI4;
        Led_data = Key_Value;
        led_display(Led_data);
        Key_Value = 0;    //반복동작을 피하기 위해서 0으로 clear
        break;

    case SW5 :
        Buzzer = PI5;
        Led_data = Key_Value;
        led_display(Led_data);
        Key_Value = 0;    //반복동작을 피하기 위해서 0으로 clear
        break;

    case SW6 :
        Buzzer = PI6;
        Led_data = Key_Value;
        led_display(Led_data);
        Key_Value = 0;    //반복동작을 피하기 위해서 0으로 clear
        break;

    case SW7 :
        Buzzer = PI7;
        Led_data = Key_Value;
        led_display(Led_data);
        Key_Value = 0;    //반복동작을 피하기 위해서 0으로 clear
        break;

    case SW8 :
        Buzzer = PI8;
        Led_data = Key_Value;
```

```
                    led_display(Led_data);
                    Key_Value = 0;   //반복동작을 피하기 위해서 0으로 clear
                    break;
          }
     }
}

void led_display(unsigned char test)
{
     byte temp;
     test = ~test;
     temp = PORTB;
     temp &= 0x87;
     temp |= (test & 0x0f)<<3;
     PORTB = temp;

     temp = PORTD;
     temp &= 0x0f;
     temp |= (test & 0xF0);
     PORTD = temp;
 }

//10msec interrupt routine
#pragma vector = TIMER1_COMPA_vect
__interrupt void TIMER1_int(void)
{
     static char BF_key=0, BFBF_key=0;

     //key control
     if(KEY == BF_key)     //Key de-bounce check
     {
          if(BF_key != BFBF_key)     //New key input check
          {
               Key_Value = KEY ^ 0xFF;
                                             //SW1~8 : 1,2,4,8,0x10,0x20,0x40,0x80
          }
     }
```

```
    BFBF_key = BF_key;  //이전과거 <= 과거
    BF_key = KEY;       //과거 <= 현재

    //Buzzer driving
    if(++Buzzer_cnt >=5)  //5*10msec
    {
        Buzzer_cnt=0;
        if(Buzzer & 0x01)
        {
            LCD_CONTROL |= 0x80;   //Buzzer ON
        }
        else
        {
            LCD_CONTROL &= ~0x80; //Buzzer OFF
        }
        Buzzer = Buzzer>>1;
    }
}
```

Hint : PI PI PI PI음을 내기 위한 Timing chart

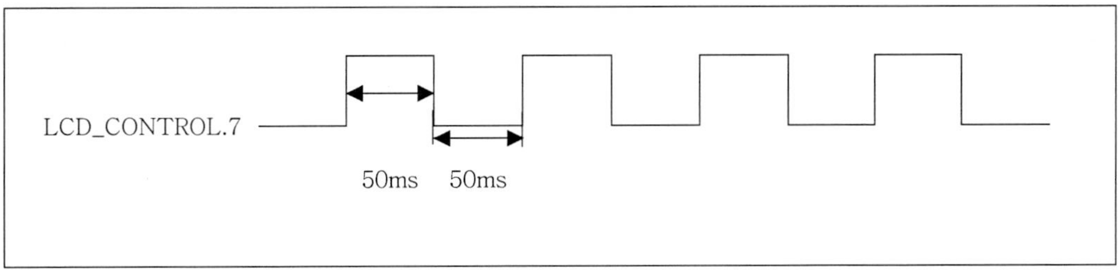

실험 9-3

SW1~SW8을 이용하여 DOT LED를 제어하는 것으로써 SW1을 누르면 우측으로 DOT LED의 열 단위로 우측으로 쉬프트 되고 SW3을 누르면 좌측으로 DOT LED가 쉬프트 되며 SW2를 누르면 DOT LED가 정지되는 프로그램으로 작성하여 실험하였다. (단, 16비트 인터럽트를 사용 100ms 마다 쉬프트 작동을 하도록 하였다.)

```
#include <iom128.h>
#include "DebugAtmega128.h"
#include <ina90.h>

#define DOT_R          *(char *)0x3000
#define DOT_C          *(char *)0x3001
#define KEY            *(byte *)0x2000
#define LCD_CONTROL      *(byte *)0x5000
#define SW1       0x01
#define SW2       0x02
#define SW3       0x04

#define PI1       0x02
#define R_RUN     0x01
#define STOP      0x02
#define L_RUN     0x03

typedef unsigned char byte;

byte Key_Value=0, Buzzer_cnt=0, Buzzer=0, dot_op=0, Time_Cnt1=0, T_100ms_Flag=0,
     Dot_Data=0;

void main(void)
{
    AtMg128DebugInit();

    //ATMEGA128_1WAIT
    MCUCR = 0xC0;  //0x2000~0x7fff : 0 wait
    XMCRA = 0x40;  //0x8000~0xffff : 1 wait
```

```
//Timer 1(16bit) mode set
TCCR1B = 0x0B;      //Clk(16MHz)/64=250KHz
OCR1A = 2500-1;     //16MHz/64/100=>10ms
TIMSK = 0x10;       //Output Compare A Match interrupt enable
TIFR  = 0x10;       //Output Compare A Match Flag

__enable_interrupt();

while(1)
{
    DOT_R = 0xff;
    if(T_100ms_Flag)
    {
        T_100ms_Flag=0;

        switch(dot_op)
        {
            case R_RUN: //SW1
                if(++Dot_Data>=10)    Dot_Data=0;
                break;
            case L_RUN: //SW3
                if(--Dot_Data==0xff)  Dot_Data=9;
                break;
            default:
                break;
        }
        DOT_C = Dot_Data;
    }

    switch(Key_Value)
    {
        case SW1 :
            Buzzer = PI1; //Buzzer on
            dot_op= R_RUN ;
            Key_Value = 0;    //반복동작을 피하기 위해서 0으로 clear
            break;
```

```
            case SW2 :
                Buzzer = PI1;
                dot_op= STOP ;
                Key_Value = 0;
                break;
            case SW3 :
                Buzzer = PI1; //Buzzer on
                dot_op = L_RUN;
                Key_Value = 0;
                break;

            default :
                break;
        }
    }
}

//10msec interrupt routine
#pragma vector = TIMER1_COMPA_vect
__interrupt void TIMER1_int(void)
{
    static char BF_key =0, BFBF_key=0;

    if(++Time_Cnt1 >= 10)
    {
        Time_Cnt1=0;
        T_100ms_Flag=1;
    }

    if(KEY == BF_key)    //Key de-bounce check
    {
        if(BF_key != BFBF_key)    //New key input?
        {
            Key_Value = KEY ^ 0xFF;
                                //SW1~8 : 1,2,4,8,0x10,0x20,0x40,0x80
        }
    }
```

```
    BFBF_key = BF_key;  //이전과거 <= 과거
    BF_key = KEY;       //과거 <= 현재

    //Buzzer driving
    if(++Buzzer_cnt >=5)  //5*10msec
    {
        Buzzer_cnt=0;
        if(Buzzer & 0x01)
        {
            LCD_CONTROL |= 0x80;    //Buzzer ON
        }
        else
        {
            LCD_CONTROL &= ~0x80; //Buzzer OFF
        }
        Buzzer = Buzzer>>1;
    }
}
```

실험 9-4

SW1을 누르면 DOT LED에 '청' 이란 글씨가 디스플레이 되고 SW2를 누르면 '주' 가 디스플레이 되고 SW3을 누르면 '대'가 디스플레이 되고 SW4를 누르면 '청주대'가 좌측으로 100ms 마다 쉬프트 되는 프로그램으로 작성하여 실험하였다.

```
#include <iom128.h>
#include "DebugAtmega128.h"
#include <ina90.h>

#define DOT_R      *(char *) 0x3000
#define DOT_C      *(char *) 0x3001
#define KEY        *(byte *) 0x2000
#define LCD_CONTROL     *(byte *) 0x5000
#define SW1  0x01
#define SW2  0x02
#define SW3  0x04
#define SW4  0x08
#define SW5  0x10
#define SW6  0x20
#define SW7  0x40
#define SW8  0x80
#define PI1  0x02
typedef unsigned char byte;
byte     Key_Value=0, Buzzer_cnt=0, Buzzer=0, dot_op=0, Time_Cnt1=0, Time_Cnt2=0,
         T_2ms_Flag=0,  T_100ms_Flag=0,  dot_data=  0,  dot_col=0,  dot_change=0,
         dot_slide=0 ;

byte dotstr1[10] ={0x00, 0x02, 0x2A, 0x57, 0x5A, 0x52, 0x54, 0x24, 0x1F, 0x00}; //"청"
byte dotstr2[10] ={0x00, 0x11, 0x15, 0x13, 0x71, 0x13, 0x15, 0x11, 0x00, 0x00};  //"주"
byte dotstr3[10] ={0x00, 0x1E, 0x12, 0x12, 0x12, 0x00, 0x7F, 0x08, 0x7F, 0x00}; //"대"
byte dotstr4[30] ={0x00, 0x02, 0x2A, 0x57, 0x5A, 0x52, 0x54, 0x24, 0x1F, 0x00,
          0x00, 0x11, 0x15, 0x13, 0x71, 0x13, 0x15, 0x11, 0x00, 0x00,
          0x00, 0x1E, 0x12, 0x12, 0x12, 0x00, 0x7F, 0x08, 0x7F, 0x00}; //"청주대"

void DOT_Shift(void);
void Switch_Control(void);
```

```
void Dot_Stop(void);

void main(void)
{
    AtMg128DebugInit();
    //ATMEGA128_1WAIT
    MCUCR = 0xC0;  //0x2000~0x7fff : 0 wait
    XMCRA = 0x40;  //0x8000~0xffff : 1 wait

    // Timer 0(8bit) mode set
    TCCR0 = 0x0D;      //CTC, 128분주
    OCR0  = 125-1;     //16MHz/128/125 = 500(2ms)
    TIMSK = 0x02;      //timer0 비교매치 인터럽트 enable

    __enable_interrupt();

    while(1)
    {
        Switch_Control();
        DOT_Shift();
        Dot_Stop();
    }
}

void Dot_Stop(void)
{
    if(dot_op!=0x04)    //SW4가 아닌 경우
    {
        if(T_2ms_Flag)
        {
            T_2ms_Flag=0;

            dot_data = dot_col;
            DOT_C = dot_col;

            if(dot_op==0x01)   dot_change = dotstr1[dot_data];
            if(dot_op==0x02)   dot_change = dotstr2[dot_data];
```

```
            if(dot_op==0x03)    dot_change = dotstr3[dot_data];

            DOT_R = dot_change;
            if(++dot_col >=10)      dot_col=0;
        }
    }
}

void DOT_Shift(void)
{
    if(dot_op==0x04)    //SW4가 신택되면 Shift가 된다.
    {
        if(T_2ms_Flag)
        {
            T_2ms_Flag=0;

            dot_data = dot_col + dot_slide ;
            if( dot_data >= 30)  dot_data -= 30 ;
            //DOT가 30보다 크게 되면 30을 빼줌으로써
            //처음 열이 다시 Display

            DOT_C = dot_col;
            DOT_R = dotstr4[dot_data];

            ++dot_col;
            if(dot_col >=10)        dot_col=0;
            //DOT 10번째 줄이 지나면 다시 처음 줄을 입력한다.
        }
        if(T_100ms_Flag)
        {
            T_100ms_Flag=0;
            if(++dot_slide >= 30)       dot_slide = 0;
            // DOT가 좌측으로 쉬프트 된다.
        }
    }
}
```

```
void Switch_Control(void)
{
    switch(Key_Value)
    {
        case SW1 :
            Buzzer = PI1;
            dot_op=0x01;
            Key_Value = 0;
            break;
        case SW2 :
            Buzzer = PI1;
            dot_op=0x02;
            Key_Value = 0;    //반복동작을 피하기 위해서 0으로 clear
            break;
        case SW3 :
            Buzzer = PI1;
            dot_op = 0x03;
            Key_Value = 0;    //반복동작을 피하기 위해서 0으로 clear
            break;
        case SW4 :
            Buzzer = PI1;
            dot_op = 0x04;
            Key_Value = 0;    //반복동작을 피하기 위해서 0으로 clear
            break;
        default :
            break;
    }
}

//1msec interrupt
#pragma vector = TIMER0_COMP_vect
__interrupt void TIMER0_COMP(void)
{
    static char BF_key =0, BFBF_key=0;

    if(++Time_Cnt1 >= 2)
    {
```

```
        Time_Cnt1=0;
        T_2ms_Flag=1;
    }
    if(++Time_Cnt2 > 100)
    {
        Time_Cnt2=0;
        T_100ms_Flag=1;
    }
    //key control
    if(KEY == BF_key)     //Key de-bounce check
    {
        if(BF_key != BFBF_key)     //New key input?
        {
            Key_Value = KEY ^ 0xFF;
           //SW1~8 : 1,2,4,8,0x10,0x20,0x40,0x80
        }
    }
    BFBF_key = BF_key;  //이전과거 <= 과거
    BF_key = KEY;        //과거 <= 현재

    //Buzzer driving
    if(++Buzzer_cnt >=50)  //5*10msec
    {
        Buzzer_cnt=0;
        if(Buzzer & 0x01)
            LCD_CONTROL |= 0x80;    //Buzzer ON
        else
            LCD_CONTROL &= ~0x80; //Buzzer OFF
        Buzzer = Buzzer>>1;
    }
}
```

실험 9-5

7-Segment에 스톱워치를 만들어 보자. 다음과 같은 조건을 갖는 타이머/카운터를 100ms로 설정하고 SW1을 누르면 카운터가 증가, SW2를 누르면 카운터가 정지, SW3을 누르면 리셋 되는 프로그램으로 작성하여 실험하였다. (단, Segment중간 Dot 는 1초마다 점멸되게 만들어 보자.)

```
#include <iom128.h>
#include <ina90.h>
#include "DebugAtmega128.h"

#define SEG_POS *(char *)0x2001          //7-Segment Position
#define SEG_CLK *(char *)0x2002          //7-Segment Data

#define KEY             *(byte *)0x2000
#define LCD_CONTROL     *(byte *)0x5000    //BZ(7)..BL(4) RW(2) RS(1) EN(0)
#define SW1       0x01
#define SW2       0x02
#define SW3       0x04

#define RUN       1
#define STOP      2
#define CLR       3

#define PI1       0x02      //Buzzer 1회 삐~

typedef unsigned char byte;
typedef unsigned int word;

unsigned char Seg_Data[10] = {0x3F, 0x06, 0x5B, 0x4F, 0x66,
0x6D, 0x7D, 0x07, 0x7F, 0x6F};//0~9번

byte Key_Value=0, Buzzer_cnt=0, Buzzer=0, Dot=0x80 , Seg_com = 0x01,
    Counter_State=CLR,T10m_Sec=0,T100m_Sec=0,T100m_Flag=0,
    DotFlag=0,SegView1=0, SegView2=0, SegView3=0, SegView4=0, Test_Cnt=0;
word     T500m_Sec=0, Counter=0;
```

```
void main(void)
{
    AtMg128DebugInit();

    //ATMEGA128_1WAIT
    MCUCR = 0xC0;  //0x2000~0x7fff : 0 wait
    XMCRA = 0x40;  //0x8000~0xffff : 1 wait

    TCCR0 = 0x0D;   //CTC, 128분주
    OCR0 = 125-1;   //16MHz/128/125 = 1000 (1ms)
    TIMSK = 0x02;   //Timer0 비교매치 인디럽트 enable

    __enable_interrupt();

    while(1)
    {
        Test_Cnt++;
        if(Key_Value) //1msec interrupt에서 만들어짐
        {
            switch(Key_Value)
            {
                case SW1 :
                    Counter_State = RUN;
                    break;
                case SW2 :
                    Counter_State = STOP;
                    break;
                case SW3 :
                    Counter_State = CLR;
                    break;
            }
            Buzzer = PI1;
            Key_Value = 0;   //반복동작을 피하기 위해서 0으로 clear
        }
    }
}
```

```
//1ms interrupt
#pragma vector = TIMER0_COMP_vect
__interrupt void TIMER0_int(void)
{
    static char BF_key =0, BFBF_key=0;
    word temp;
    if(++T10m_Sec >= 10)
    {
        T10m_Sec=0;

        //key scan control
        if(KEY == BF_key)      //Key de-bounce check
        {
            if(BF_key != BFBF_key)      //New key input?
            {
                Key_Value = KEY ^ 0xFF;  //SW1~8: 1,2,4,8,0x10,0x20,0x40,0x80
            }
        }
        BFBF_key = BF_key;  //이전과거 <= 과거
        BF_key = KEY;         //과거 <= 현재
        if(Counter_State==RUN)      //Count at 10msec
        {
            Counter++;
            if(Counter >= 9999)    Counter=0;
        }
        else if(Counter_State==CLR)      Counter=0;

        SegView4 = Counter/1000;  //1234===>1
        temp = Counter%1000;       //234

        SegView3 = temp/100;       //234===>2
        temp = temp%100;           //34
        SegView2 = temp/10;        //3
        SegView1 = temp%10;        //4
    }
    if(Seg_com == 0x08)          SEG_CLK = Seg_Data[SegView1];
    else if(Seg_com == 0x04)    SEG_CLK = Seg_Data[SegView2];
```

```
    else if(Seg_com == 0x02)   SEG_CLK = Seg_Data[SegView3] + Dot;//" . " 표시
    else if(Seg_com == 0x01)   SEG_CLK = Seg_Data[SegView4];
    SEG_POS = Seg_com;

    if(Seg_com == 0x08)   Seg_com = 0x01;
    else             Seg_com <<= 1;
    //Segment의 점표시
    if(Counter_State==RUN)
    {
        if(++T500m_Sec >= 500)
        {
            T500m_Sec=0;
            DotFlag = ~DotFlag;

            if(DotFlag)    Dot = 0x00;
            else           Dot = 0x80;
        }
    }
    else if(Counter_State==STOP)
        Dot = 0x80;
    //Buzzer driving
    if(++Buzzer_cnt >=50)  //50*1msec
    {
        Buzzer_cnt=0;
        if(Buzzer & 0x01)
        {
            //Buzzer ON  BZ(7)..BL(4) RW(2) RS(1) EN(0)
            LCD_CONTROL |= 0x80;
        }
        else
        {
            LCD_CONTROL &= ~0x80;
            //Buzzer OFF BZ(7)..BL(4) RW(2) RS(1) EN(0)
        }
        Buzzer = Buzzer>>1;
    }
}
```

실험 9-6

LCD에 알람시계를 프로그램으로 작성하여 실험하였다.

LCD표시 예:

0	1	2	3	4	5	6	7	8	9	10	11	12	13	14	15
C		H	:	0	0		M	:	0	0		S	:	0	0
A		H	:	1	2		M	:	5	9		S	:	5	9

Key 외형 :

①	②	③	④
⑤	⑥	⑦	⑧

※ 전원투입시 Mode : 0x00

Key 번호	각 Key에 해당하는 프로그램 설명
①	• 시계정지, 시각조정 • Mode가 0x00에서만 PI → 0x80
②	• hour 조정선택 • Mode & 0xc0=1 일 때만 PI → 0x84 또는 0x44
③	• min 조정선택 • Mode & 0xc0=1 일 때만 PI → 0x82 또는 0x42
④	• sec 조정선택 • Mode & 0xc0=1 일 때만 PI → 0x81 또는 0x41
⑤	• 알람설정 • Mode가 0x00에서만 PI → 0x40
⑥	• Mode가 0x84 또는 0x44에서 PI → hour↑ 또는 A_hour↑ • Mode가 0x82 또는 0x42에서 PI → min↑ 또는 A_min↑ • Mode가 0x81 또는 0x41에서 PI → sec↑ 또는 A_sec↑
⑦	• Mode가 0x84 또는 0x44에서 PI → hour↓ 또는 A_hour↓ • Mode가 0x82 또는 0x42에서 PI → min↓ 또는 A_min↓ • Mode가 0x81 또는 0x41에서 PI → sec↓ 또는 A_sec↓
⑧	• 시계나 알람 설정완료, 시계작동 • 알람정지 • Mode=0x00

```
//File Include Section
#include <iom128.h>
#include <ina90.h>
#include "DebugAtmega128.h"

//Define Part
//KEY
#define KEY *(char *)0x2000
#define SW1 0x01
#define SW2 0x02
#define SW3 0x04
#define SW4 0x08
#define SW5 0x10
#define SW6 0x20
#define SW7 0x40
#define SW8 0x80

//LCD
#define LCD_CONTROL      *(char *)0x5000
#define LCD_DATA         *(char *)0x5001
#define LCD_EN_0         LCD_CONTROL &=0xFE   //LCD disenable
#define LCD_EN_1         LCD_CONTROL |=0x01   //LCD enable
#define LCD_RS_0         LCD_CONTROL &=0xFD   //LCD instruction register 선택
#define LCD_RS_1         LCD_CONTROL |=0x02   //LCD Data Register 선택
#define LCD_RW_0         LCD_CONTROL &=0xFB   //LCD write mode
#define LCD_RW_1         LCD_CONTROL |=0x04   //LCD read mode
#define LCD_BL_OFF       LCD_CONTROL &=0xEF   //LCD back light off
#define LCD_BL_ON        LCD_CONTROL |=0x10   //LCD back light on

//BUZZER
#define BUZZER_OFF       LCD_CONTROL &=0x7F   //buzzer off
#define BUZZER_ON        LCD_CONTROL |=0x80   //buzzer on
#define PI     0x02
#define PI4    0xAA

typedef unsigned char  BYTE;
```

```
typedef unsigned int    WORD;

//Define function prototype
void Lcd_init(void);
void Busy_chk(void);
void Lcd_write(BYTE line, BYTE lcd_display_data[]);

BYTE Buzzer=0;
BYTE Mode=0;
BYTE sec=0, min=0, hour=0, A_sec=59, A_min=59, A_hour=12;
BYTE T500ms_flag=0, T150ms_flag=0, T1ms_flag=0, Alram_on_off=0;
BYTE Key_Value=0;
WORD Buz_cnt=0;
WORD T500ms_cnt=0, T1sec_cnt=0, T150ms_cnt=0;

BYTE lcd_init_data[8]        = {0x38, 0x38, 0x38, 0x38, 0x08, 0x01, 0x06, 0x0c};
BYTE lcd_font_data_L1[16] = {"C H:00 M:00 S:00"};
BYTE lcd_font_data_L2[16] = {"A H:00 M:00 S:00"};
BYTE Chattering_cnt=0;

void main(void)
{
    AtMg128DebugInit();
    MCUCR=0xc0;           // 0~7FFF : 0 wait
    XMCRA=0x40;           // 8000~FFFF : 1 wait
    Lcd_init();

    //lED DISPLAY : //1일때 출력, 0일때 입력
    PORTB = 0xFF;
    DDRB = 0x78;     //LED3_LED0
    PORTD = 0xFF;
    DDRD = 0xF0;     //LED7_LED4

    //timer 0(8bit) mode set
    TCCR0 = 0x0D;   //CTC, clk/128
    OCR0 = 125-1;   //16MHz/128/125=1KHz
    TIMSK = 0x02;   //Match interrupt enable
```

```
  __enable_interrupt();    // enable interrupts

  while(1)
  {
      if(Key_Value)
      {
          switch(Key_Value)
          {
              case SW1:    //SW1 : 시계 정지(시계 설정 모드):Time set mode,
                           // Mode=0x80
                  if(Mode == 0)
                  {
                           Buzzer = PI; //정상동작
                           Mode = 0x80;
                  }
                  else
                           Buzzer = PI4;
                  break;

              case SW2:    //SW2 : hour 선택 : Mode=0x04
                  if(Mode == 0)
                           Buzzer = PI4;
                  else if(Mode & 0xC0)
                  {
                           Buzzer = PI;
                           Mode &= 0xC0;
                           Mode |= 0x04;
                  }
                  break;

              case SW3:    //SW3 : min 선택 : Mode=0x02
                  if(Mode == 0)
                      Buzzer = PI4;
                  else if(Mode & 0xC0)
                  {
                      Buzzer = PI;
                      Mode &= 0xC0;
```

```
                Mode |= 0x02;
            }
            break;

        case SW4:    //SW4 : sec 선택 : Mode=0x01
            if(Mode == 0)
                Buzzer = PI4;
            else if(Mode & 0xC0)
            {
                Buzzer = PI;
                Mode &= 0xC0;
                Mode |= 0x01;
            }
            break;

        case SW5:            //SW5 : 시계 계속 감(알람 설정 모드)Alram set
                             //        mode, Mode=0x40
            if(Mode == 0)
            {
                Buzzer = PI;
                Mode = 0x40;
            }
            else
                Buzzer = PI4;
            break;

      case SW6:      //SW6 : 증가 (시, 분, 초 )
            switch(Mode)
            {
            case 0:
                    Buzzer = PI4;
                    break;
            case 0x84:
                    Buzzer = PI;
                    if(++hour >= 24)  hour=0;
                    break;
```

```
                case 0x82:
                        Buzzer = PI;
                        if(++min >= 60)    min=0;
                        break;

                case 0x81:
                        Buzzer = PI;
                        if(++sec >= 60)    sec=0;
                        break;

                case 0x44:
                        Buzzer = PI;
                        if(++A_hour >= 24)    A_hour=0;
                        break;

                case 0x42:
                        Buzzer = PI;
                        if(++A_min >= 60)A_min=0;
                        break;

                case 0x41:
                        Buzzer = PI;
                        if(++A_sec >= 60) A_sec=0;
                        break;
                default :
                        Buzzer = PI4;
                        break;
                }
                break;

        case SW7:    //SW7 : 감소 (시, 분, 초 )
                switch(Mode)
                {
                    case 0:
                        Buzzer = PI4;
                        break;
```

```
        case 0x84:
            Buzzer = PI;
            if(hour==0)    hour=23;
            else           hour--;
            break;

        case 0x82:
            Buzzer = PI;
            if(min==0)     min=59;
            else           min--;
            break;

        case 0x81:
            Buzzer = PI;
            if(sec==0)     sec=59;
            else           sec--;
            break;

        case 0x44:
            Buzzer = PI;
            if(A_hour==0)      A_hour=23;
            else               A_hour--;
            break;

        case 0x42:
            Buzzer = PI;
            if(A_min==0)       A_min=59;
            else               A_min--;
            break;

        case 0x41:
            Buzzer = PI;
            if(A_sec==0)       A_sec=59;
            else               A_sec--;
            break;

        default :
```

```
                    Buzzer = PI4;
                    break;
                }
                break;

            case SW8:   //SW8 : 시계 재 작동( 시계 설정 완료, Alram 설정완
                              료) (Mode == 0)
                if(Mode == 0)
                {
                    if(Alram_on_off == 1)
                    {
                        Alram_on_off = 0;
                        Buzzer = PI;
                    }
                    else
                        Buzzer = PI4;
                }
                else
                {
                    Buzzer = PI;
                    Mode = 0;
                }
                break;

            default :
                break;
        }//switch
            Key_Value = 0;
    }//if

    if(T150ms_flag)//150ms 마다 LCD Display----------------
    {
        T150ms_flag = 0;
        if (Mode & 0x80)//시계 정지후  시계 라인의 'C, H, M, S' font on/off
        {
            if(lcd_font_data_L1[0] == 'C')
                lcd_font_data_L1[0] =' ';
```

```
        else
            lcd_font_data_L1[0]='C';

        if(Mode & 0x04)
        {
            if(lcd_font_data_L1[2] == ' ')
                lcd_font_data_L1[2] = 'H';
            else
                lcd_font_data_L1[2] = ' ';
            lcd_font_data_L1[7]  = 'M';
            lcd_font_data_L1[12] = 'S';
        }
        else if(Mode & 0x02)
        {
            if(lcd_font_data_L1[7] == ' ')
                lcd_font_data_L1[7] = 'M';
            else
                lcd_font_data_L1[7] = ' ';
            lcd_font_data_L1[2]  = 'H';
            lcd_font_data_L1[12] = 'S';
        }
        else if(Mode & 0x01)
        {
            if(lcd_font_data_L1[12] == ' ')
                lcd_font_data_L1[12] = 'S';
            else
                lcd_font_data_L1[12] = ' ';
            lcd_font_data_L1[2]  = 'H';
            lcd_font_data_L1[7]  = 'M';
        }
    }
    else
    {
        lcd_font_data_L1[0]  = 'C';
        lcd_font_data_L1[2]  = 'H';
        lcd_font_data_L1[7]  = 'M';
        lcd_font_data_L1[12] = 'S';
```

```
        }

        if(Mode & 0x40)
        {
            if(lcd_font_data_L2[0] == 'A')
                lcd_font_data_L2[0]=' ';
            else
                lcd_font_data_L2[0]='A';

            if(Mode & 0x04)
            {
                if(lcd_font_data_L2[2] == ' ')
                    lcd_font_data_L2[2] = 'H';
                else
                    lcd_font_data_L2[2] = ' ';
                lcd_font_data_L2[7]  = 'M';
                lcd_font_data_L2[12] = 'S';
            }
            else if(Mode & 0x02)
            {
                if(lcd_font_data_L2[7] == ' ')
                    lcd_font_data_L2[7] = 'M';
                else
                    lcd_font_data_L2[7] = ' ';
                lcd_font_data_L2[2]  = 'H';
                lcd_font_data_L2[12]  = 'S';
            }
            else if(Mode & 0x01)
            {
                if(lcd_font_data_L2[12] == ' ')
                    lcd_font_data_L2[12] = 'S';
                else
                    lcd_font_data_L2[12] = ' ';
                lcd_font_data_L2[2]  = 'H';
                lcd_font_data_L2[7]  = 'M';
            }
        }
```

```
        else
        {
            lcd_font_data_L2[0]  = 'A';
            lcd_font_data_L2[2]  = 'H';
            lcd_font_data_L2[7]  = 'M';
            lcd_font_data_L2[12] = 'S';
        }
    }//end of 150ms 마다 LCD Display----------------

    if(T500ms_flag) //500ms 마다 LCD Display--------
    {
        T500ms_flag = 0;

        {
            if(lcd_font_data_L1[3]  == ':')
            {
                lcd_font_data_L1[3]  = ' ';
                lcd_font_data_L1[8]  = ' ';
                lcd_font_data_L1[13] = ' ';
            }
            else
            {
                lcd_font_data_L1[3]  = ':';
                lcd_font_data_L1[8]  = ':';
                lcd_font_data_L1[13] = ':';
            }
        }

        lcd_font_data_L1[4]  = 0x30+(hour/10);
        lcd_font_data_L1[5]  = 0x30+(hour%10);

        lcd_font_data_L1[9]  = 0x30+(min/10);
        lcd_font_data_L1[10] = 0x30+(min%10);

        lcd_font_data_L1[14] = 0x30+(sec/10);
        lcd_font_data_L1[15] = 0x30+(sec%10);
```

```
            lcd_font_data_L2[4]  = 0x30+(A_hour/10);
            lcd_font_data_L2[5]  = 0x30+(A_hour%10);

            lcd_font_data_L2[9]  = 0x30+(A_min/10);
            lcd_font_data_L2[10] = 0x30+(A_min%10);

            lcd_font_data_L2[14] = 0x30+(A_sec/10);
            lcd_font_data_L2[15] = 0x30+(A_sec%10);

            Lcd_write(1, lcd_font_data_L1);
            Lcd_write(2, lcd_font_data_L2);
            LCD_BL_ON;
        }//--------------------------------------
    }//while();
}//main();

//1ms interrupt
#pragma vector =TIMER0_COMP_vect
__interrupt void TIMER0_COMP(void)
{
    static char BF_key =0, BFBF_key=0;
    if(++T150ms_cnt >= 150)
    {
        T150ms_cnt=0;
        T150ms_flag=1;
    }

    if(++T500ms_cnt >= 500)
    {
        T500ms_cnt=0;
        T500ms_flag=1;
    }

    if(++T1sec_cnt >= 1000)
    {
        T1sec_cnt=0;
```

```
        if(++sec>=60)
        {
            sec=0;
            if(++min>=60)
            {
                min=0;
                if(++hour>=24)
                {
                    hour=0;
                }
            }
        }
        //Alram Part
        if(Mode==0)
        {
            if(hour == A_hour)
            {
                if(min == A_min)
                {
                    if(sec == A_sec)
                    {
                        Alram_on_off=1;
                    }
                }
            }
        }

        if(Alram_on_off==1)
        {
             if(Buzzer==0)
                 Buzzer=PI4;
        }
    }

    //Buzzer driver
    if(++Buz_cnt >= 50)    //50ms
    {
```

```
            Buz_cnt=0;
            if(Buzzer & 0x01)
                BUZZER_ON; //BUZ ON
            else
                BUZZER_OFF;     //BUZ OFF
            Buzzer = Buzzer>>1;
        }

    if(++Chattering_cnt >= 20)
    {
        Chattering_cnt=0;
        if(KEY == BF_key)   //Key de-bounce check
        {
            if(BF_key != BFBF_key)   //New key input?
            {
                Key_Value = KEY ^ 0xFF;      //SW1~8 : 1,2,4,8,0x10,0x20,0x40,0x80
            }
        }
        BFBF_key = BF_key;  //이전과거 <= 과거
        BF_key = KEY;           //과거 <= 현재
    }
}

unsigned long int Busy_cnt;
void Busy_chk()
{
    Busy_cnt=0;
    LCD_RS_0;
    LCD_RW_1;
    LCD_EN_1;

    do
    {
        if(++Busy_cnt >=1000000)      //LCD가 비정상 동작할 경우
            break;
    } while(LCD_DATA & 0x80);
```

```
    LCD_EN_0;
    LCD_RW_0;
    LCD_RS_0;
}

void Lcd_init()
{
    BYTE i;
    for(i=0; i<8; i++)
    {
        Busy_chk();
        LCD_RS_0;
        LCD_RW_0;
        LCD_EN_1;
        LCD_DATA = lcd_init_data[i];
        LCD_EN_0;
    }
}


//line :1 => 첫번째 Line, 2: => 두번째 Line
void Lcd_write(BYTE line, BYTE disp_data[])
{
    BYTE i;
    Busy_chk();
    LCD_CONTROL |= 0x01;     //BZ(7)..BL(4) RW(2) RS(1) EN(0)
    if(line == 1)
        LCD_DATA = 0x80;
    else
        LCD_DATA = 0xc0;
    LCD_CONTROL &= ~0x01;     //BZ(7)..BL(4) RW(2) RS(1) EN(0)

    for(i = 0; i <16; i++)
    {
        Busy_chk();
        LCD_CONTROL |= 0x03;      //BZ(7)..BL(4) RW(2) RS(1) EN(0) : DR write
                                    & enable mode
```

```
          LCD_DATA = disp_data[i];
          LCD_CONTROL &= 0xF0;       //BZ(7)..BL(4) RW(2) RS(1) EN(0) : DR write
                                       & disable mode
     }
}
```

과제 9-1

SW1을 누르면 LED 8개 모두 켜지고, SW2를 누르면 LED 8개가 100ms 마다 깜박 거리고, SW3을 누르면 DOT LED가 모두 켜지고, SW4를 누르면 DOT LED가 모두 꺼지는 프로그램을 작성 하시오.

과제 9-2

SW1을 누르면 DOT LED에 자신의 이름이 좌로 쉬프트 되고, SW2를 누르면 DOT LED에 자신의 학번이 좌로 쉬프트 되고, SW3을 누르면 LCD의 첫줄에는 자신의 영문이름이 표시되고 두 번째 줄에는 자신의 학번이 표시되는 프로그램을 작성하시오.

과제 9-3

SW1을 누르면 DOT LED에 자신의 이름이 좌로 쉬프트 되고, SW2를 누르면 DOT LED에 자신의 학번이 좌로 쉬프트 되고, SW3을 누르면 LCD의 첫줄에는 자신의 영문이름이 좌로 쉬프트 되고, 두 번째 줄에는 자신의 학번이 깜박거리는 프로그램을 작성하시오.

과제 9-4

LCD의 윗줄에는 자신의 영문이름이 표시되고, 아래 줄에는 스톱워치가 디스플레이 되는 디지털 시스템을 설계하시오.

과제 9-5

LCD의 윗줄에는 시계를 디스플레이하고, 아래 줄에는 스톱워치가 디스플레이 되는 디지털 Clock 시스템을 설계하시오.

제 10 장 D/A 변환 이론과 실습

D/A 변환기는 A/D 변환기와 반대의 동작을 하는 것으로 입력된 디지털 코드에 해당하는 아날로그 값을 출력한다. D/A 변환기에는 전류를 출력하는 것과 전압을 출력하는 2 종류가 있는데 본 실험에 사용할 DAC7614는 전압을 출력하는 구조이다. [그림 10.1]에 DAC7614의 내부 블록도를 나타내었다.

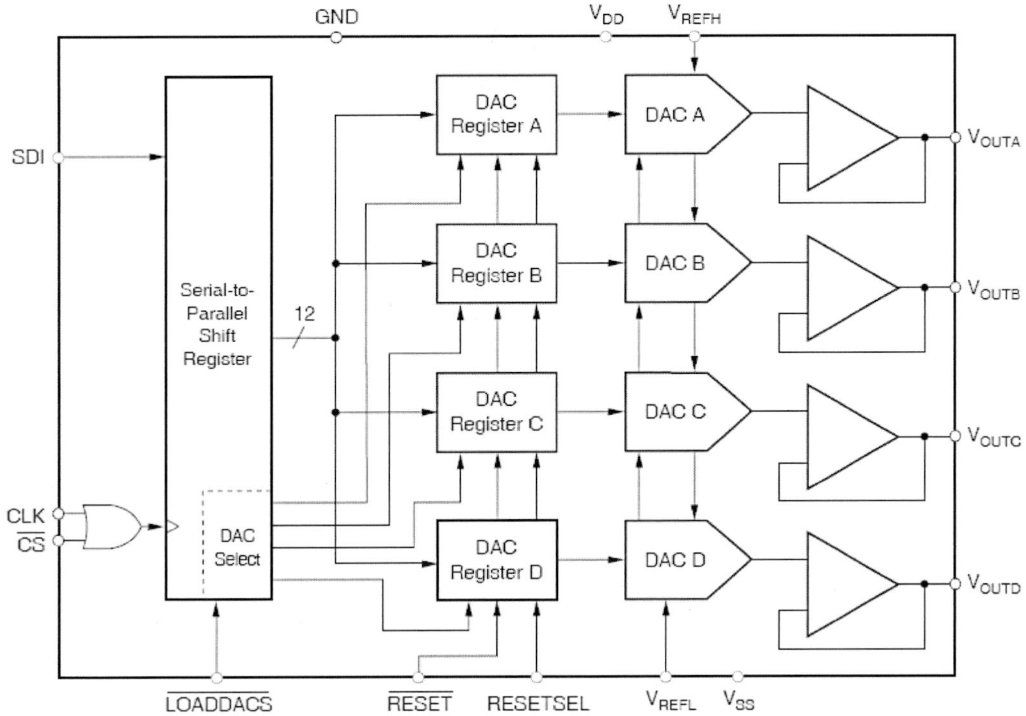

[그림 10.1] DAC7614의 내부 블록도

[그림 10.1]에서 알 수 있듯이 D/A 변환기는 12비트로 각각 독립된 4채널의 D/A가 내장되어있고 또한 각각의 D/A 출력에는 버퍼(buffer)로 동작하는 연산증폭기(Op AMP)가 내장되어있다. 본 D/A 변환기의 동작전압은 +5V와 -5V 두 개의 전압을 공급하여야 한다.

DAC7614의 핀 구성은 [그림 10.2]와 같다.

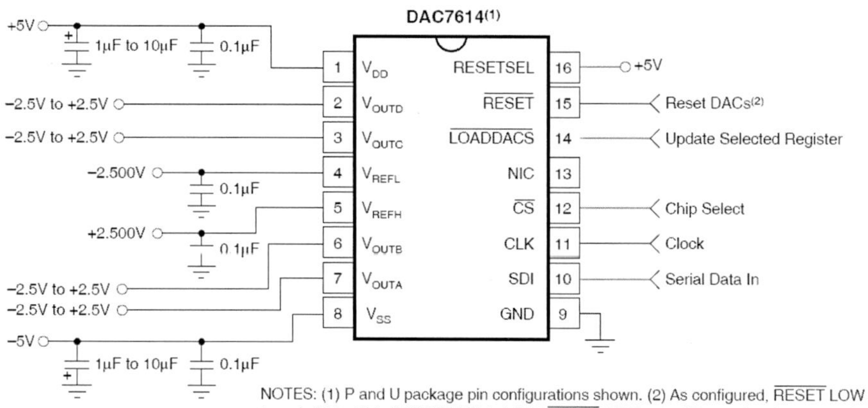

NOTES: (1) P and U package pin configurations shown. (2) As configured, $\overline{\text{RESET}}$ LOW sets all internal register to code 800_H (0V). If RESETSEL is LOW, $\overline{\text{RESET}}$ LOW sets all internal registers to code 000_H (−2.5V).

[그림 10.2] DAC7614의 핀 구성

PIN DESCRIPTIONS—P, U Packages

PIN	LABEL	DESCRIPTION
1	V_{DD}	Positive Analog Supply Voltage, +5V nominal.
2	V_{OUTD}	DAC D Voltage Output
3	V_{OUTC}	DAC C Voltage Output
4	V_{REFL}	Reference Input Voltage Low. Sets minimum output voltage for all DACs.
5	V_{REFH}	Reference Input Voltage High. Sets maximum output voltage for all DACs.
6	V_{OUTB}	DAC B Voltage Output
7	V_{OUTA}	DAC A Voltage Output
8	V_{SS}	Negative Analog Supply Voltage, 0V or −5V nominal.
9	GND	Ground
10	SDI	Serial Data Input
11	CLK	Serial Data Clock
12	$\overline{\text{CS}}$	Chip Select Input
13	NIC	Not Internally Connected.
14	$\overline{\text{LOADDACS}}$	The selected DAC register becomes transparent when $\overline{\text{LOADDACS}}$ is LOW. It is in the latched state when $\overline{\text{LOADDACS}}$ is HIGH.
15	$\overline{\text{RESET}}$	Asynchronous Reset Input. Sets all DAC registers to either zero-scale (000_H) or mid-scale (800_H) when LOW. RESETSEL determines which code is active.
16	RESETSEL	When LOW, a LOW on $\overline{\text{RESET}}$ will cause all DAC registers to be set to code 000_H. When RESETSEL is HIGH, a LOW on $\overline{\text{RESET}}$ will set the registers to code 800_H.

즉, Vdd에 +5V를 그리고 Vss에 -5V를 각각 공급하고 V_{REFH}에는 +2.5V를 입력하며 V_{REFL}에는 -2.5V를 입력함으로써 출력에 -2.5V에서 +2.5V를 출력하게 된다.

이제 D/A 변환기의 동작 방법에 대해 알아보기 위하여 타이밍도를 살펴보도록 한다.

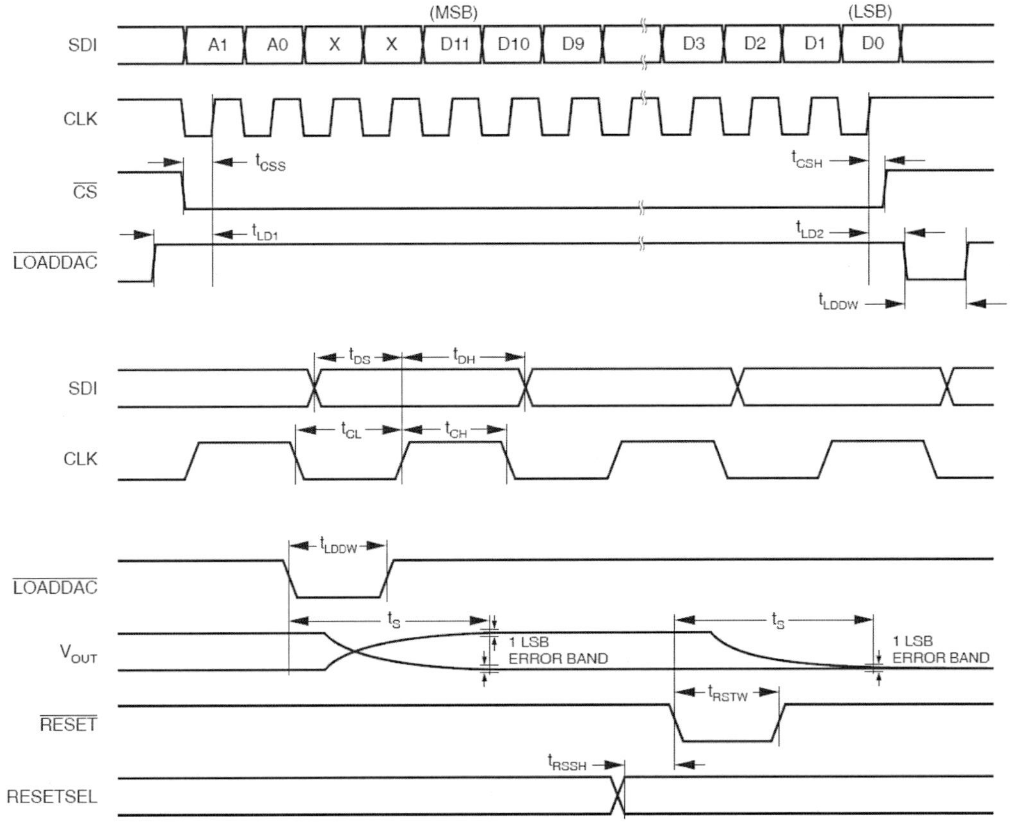

[그림 10.3] DAC7614의 타이밍도

[그림 10.3]에서 DAC의 디지털 입력으로는 SDI, CLK, $\overline{CS}$, $\overline{LOADDACS}$가 각각 사용된다. 이때 $\overline{CS}$, $\overline{LOADDACS}$는 Active low에서 동작하도록 되어있기 때문에 $\overline{CS}$가 Low이고 CLK의 상승에지에서 SDI의 값이 DAC에 입력되는 구조이다.

또한 SDI의 처음 2비트는 DAC의 채널을 나타내고 x라는 임의의 값 2비트와 아날로그로 출력하고자 하는 12비트의 데이터(D11~D0)로 구성된다.

이때 동기를 위한 CLK은 총 16개의 상승에지가 존재하며 마지막 상승에지의

15ns 이후에 $\overline{\text{LOADDACS}}$에 Low 펄스를 입력하면 약 10us 이후에 입력된 디지털 12비트의 값이 아날로그로 출력된다.

[그림 10.3]의 타이밍도를 분석하기 위해서는 각각의 시간을 알아야하는데 이 시간에 대한 정보는 다음 [표 10.1]과 같으며 이에 대한 진리표는 [표 10.2]와 같다.

[표 10.1] DAC7614에 대한 타이밍 시간 사양표

SYMBOL	DESCRIPTION	MIN	TYP	MAX	UNITS
t_{DS}	Data Valid to CLK Rising	25			ns
t_{DH}	Data Held Valid after CLK Rises	20			ns
t_{CH}	CLK HIGH	30			ns
t_{CL}	CLK LOW	50			ns
t_{CSS}	$\overline{\text{CS}}$ LOW to CLK Rising	55			ns
t_{CSH}	CLK HIGH to $\overline{\text{CS}}$ Rising	15			ns
t_{LD1}	$\overline{\text{LOADDACS}}$ HIGH to CLK Rising	40			ns
t_{LD2}	CLK Rising to $\overline{\text{LOADDACS}}$ LOW	15			ns
t_{LDDW}	$\overline{\text{LOADDACS}}$ LOW Time	45			ns
t_{RSSH}	RESETSEL Valid to $\overline{\text{RESET}}$ LOW	25			ns
t_{RSTW}	$\overline{\text{RESET}}$ LOW Time	70			ns
t_S	Settling Time	10			μs

[표 10.2] DAC 제어 로직에 대한 진리표

A1	A0	$\overline{\text{LOADDACS}}$	$\overline{\text{RESET}}$	SELECTED DAC REGISTER	STATE OF SELECTED DAC REGISTER
L(1)	L	L	H	A	Transparent
L	H	L	H	B	Transparent
H	L	L	H	C	Transparent
H	H	L	H	D	Transparent
X(2)	X	H	H	NONE	(All Latched)
X	X	X	L	ALL	Reset(3)

NOTES: (1) L = Logic LOW. (2) X = Don't Care. (3) Resets to either 000H or 800_H, per the RESETSEL state (LOW = 000_H, HIGH = 800_H). When $\overline{\text{RESET}}$ rises, all registers that are in their latched state retain the reset value.

이상의 동작설명을 간략히 정리하면 식 (10-1)과 같다.

$$V_{OUT} = V_{REFL} + \frac{(V_{REFH} - V_{REFL}) \cdot N}{4096} \qquad (10\text{-}1)$$

여기서 N은 디지털 입력값을 나타내고, V_{REFH}은 +2.5V를 그리고 V_{REFL}는 -2.5V를 입력하였기 때문에 식 (10-1)을 다시 정리하면 식 (10-2)와 같다.

$$Vout = -2.5\,V + \frac{2.5\,V - (-2.5\,V) * Digital값}{4096} = -2.5 + \frac{10 * Digital값}{4096}\,[V] \qquad (10\text{-}2)$$

여기서 Digital 값은 0에서 2047까지의 값을 가지며 각각의 Digital 값에 대한 아날로그 출력값은 [표 10.3]과 같다.

[표 10.3] Digital 값에 대응하는 Analog값 환산표

Digital 입력값	Analog 출력값
2047	+2.5 V
1536	+1.25 V
1024	0 V
512	-1.25 V
0	-2.5 V

지금까지 설명한 DAC7614의 출력은 -2.5V에서 +2.5V를 출력하기 때문에 이 출력을 Op AMP인 LM324M을 사용하여 비반전 증폭회로를 구성하였다. 이때 설계된 증폭비는 4배로 증폭되었다.

즉, DAC7614에서 -2.5V~+2.5V 아날로그 출력을 -10V ~ +10V로 출력하는 회로를 설계하여 [그림 10.4]에 나타내었다.

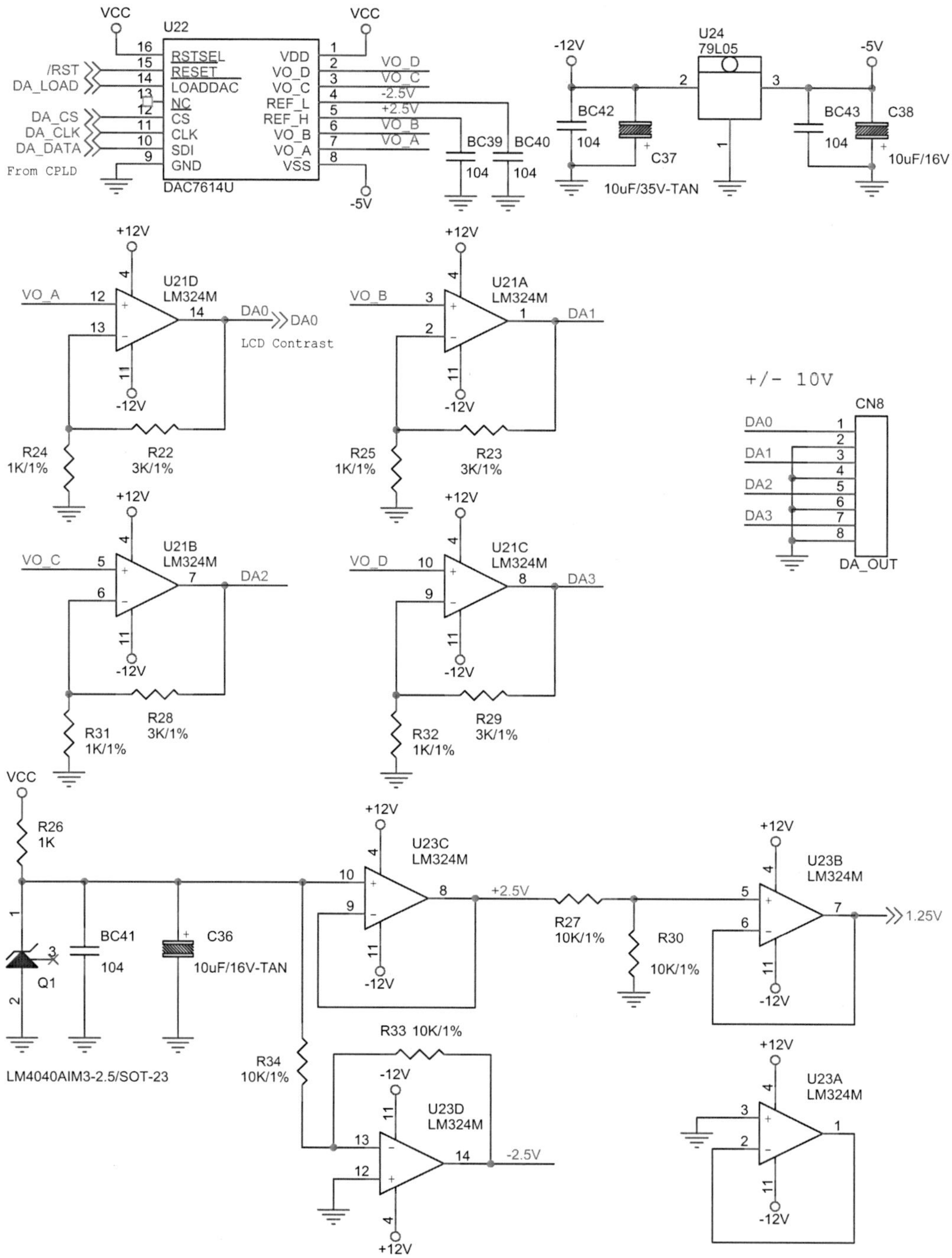

[그림 10.4] DAC7614를 이용한 -10V ~ +10V 출력 회로도

[그림 10.3]에서 나타낸 DAC7614의 타이밍도와 같이 신호를 출력하기 위해서는 마이크로프로세서에 많은 부담을 주게 되므로 CPLD(XC95144XL-TQ100)와 VHDL을 사용하여 간단히 DAC7614를 제어하는 로직을 구성하였다.

```
process(RSTB, WR, DA_L_CS, DA_H_CS, DATA)
begin
        if RSTB = '0' then
                DA_REG <= (others => '0');
        elsif WR = '1' and WR'event then
                if DA_L_CS = '0' then                          --0x4003
                        DA_REG(7 downto 0) <= DATA;
                end if;
                if DA_H_CS = '0' then                          --0x4004
                        DA_REG(15 downto 8) <= DATA;
                end if;
        end if;
end process;

process(RSTB, DA_LOAD, WR, DA_H_CS, DATA)
begin
        if RSTB = '0' or DA_LOAD = '0' then
                WR_Q <= '0';
        elsif WR = '1' and WR'event then
                if DA_H_CS = '0' then                  --0x4004
                        WR_Q <= '1';
                end if;
        end if;
end process;

process(RSTB, CLK_16M, WR_Q, WR_Q1)
begin
        if RSTB = '0' then
                WR_Q1 <= '1';
                WR_Q2 <= '1';
        elsif CLK_16M = '1' and CLK_16M'event then
                WR_Q1 <= WR_Q;
                WR_Q2 <= WR_Q1;
        end if;
end process;
```

```
process(RSTB, cnt, CLK_16M, WR_Q1, WR_Q2)
 begin
        if RSTB = '0' then
                DA_CS <= '1';
        elsif CLK_16M = '1' and CLK_16M'event then
                if WR_Q1='1' then
                        if WR_Q2 = '0' then
                                DA_CS <= '0';
                                cnt <= 33;
                        else
                                cnt <= cnt - 1;
                                if cnt = 2 then
                                        DA_CS <= '1';
                                end if;
                        end if;
                end if;
        end if;
 end process;

 process(DA_CS, CLK_16M, DA_CLK)
 begin
        if DA_CS = '1' then
                DA_CLK <= '1';
        elsif CLK_16M = '0' and CLK_16M'event then
                DA_CLK <= not DA_CLK;    --8MHz
        end if;
 end process;

 process(DA_CS, DA_REG, cnt)
 begin
        if DA_CS = '0' then
                DA_DATA <= DA_REG((cnt/2) -1);
        else
                DA_DATA <= '1';
        end if;
 end process;

 process(RSTB, CLK_16M, cnt)
 begin
        if RSTB = '0' then
                DA_LOAD <= '1';
        elsif CLK_16M = '1' and CLK_16M'event then
                if cnt = 1 then
                        DA_LOAD <= '0';
                else
                        DA_LOAD <= '1';
                end if;
        end if;
 end process;
```

실험 10-1

D/A의 1번 채널에 10Hz의 주파수와 -10V~+10V의 진폭을 갖는 구형 파형을 발생시키는 프로그램을 다음과 같이 작성하여 실험하였다. (Timer1을 사용하여 D/A 변환을 하였다.)

```
#include <iom128.h>
#include <ina90.h>
#include <math.h>
#include "DebugAtmega128.h"

typedef unsigned char   byte;
typedef unsigned int    word;

#define DA_CONTROL      *(byte *)0x4001
#define DA_L_CS         *(byte *)0x4003
#define DA_H_CS         *(byte *)0x4004

unsigned long int main_cnt=0;
byte DA_ch=1, DA_index=0;

void main(void)
{
    AtMg128DebugInit();

    MCUCR = 0xC0;         //0x2000~0x7fff : 0 wait
    XMCRA = 0x40;         //0x8000~0xffff : 1 wait

    //timer 1(16bit) mode set
    TCCR1A = 0x00;
    TCCR1B = 0x0C;        //CTC, clk/256
    OCR1A = 3125-1;       //16M/(256분주 * 20Hz) = 3125
    TIMSK = 0x10;         //Output Compare A Match interrupt enable

    __enable_interrupt();        // enable interrupts

    while(1)
    {
      main_cnt++;
    }
}
```

```
//16MHz/256분주/3125(OCR1A) = 50ms interrupt
#pragma vector = TIMER1_COMPA_vect
__interrupt void Time1_int(void)
{
      if(++DA_index & 0x01) //0xFFF(+10V) out
      {
              DA_L_CS = 0xFF;
              DA_H_CS = (DA_ch<<6) | 0x0F;
      }
      else    //0x0(-10V) out
      {
              DA_L_CS = 0x0;
              DA_H_CS = (DA_ch<<6) | 0x00;
      }
}
```

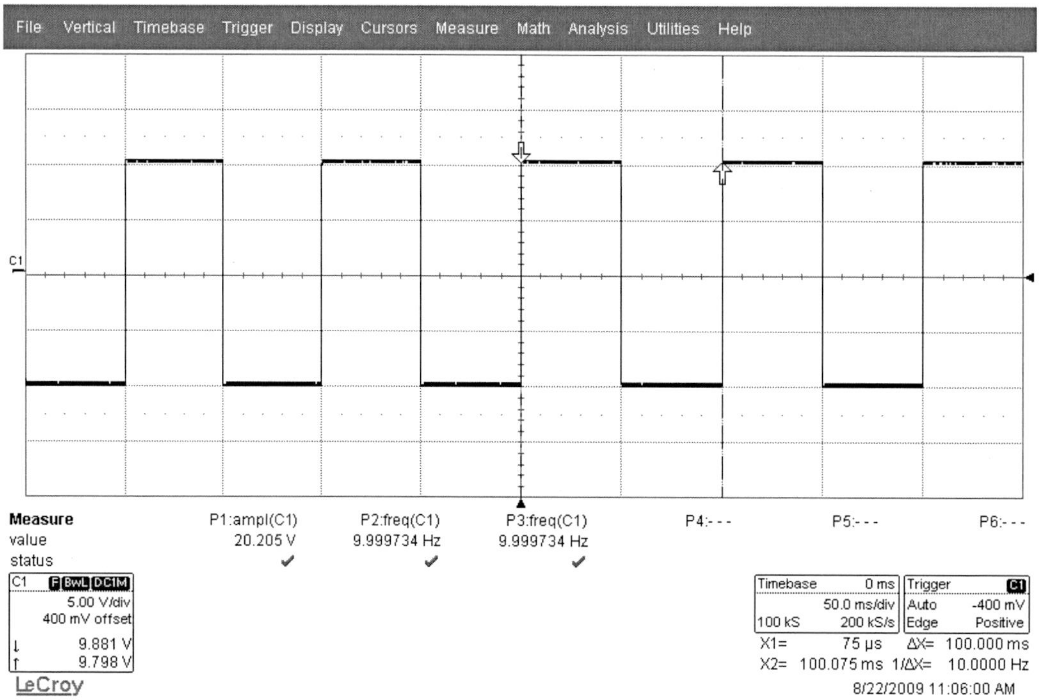

[그림 10.5] DAC7614를 이용한 구형파 발생의 실험결과

실험 10-2

D/A의 0번 채널에 10Hz의 주파수와 -10V~+10V의 진폭을 갖는 톱니 파형을 발생시키는 프로그램을 다음과 같이 작성하여 실험하였다. (Timer0을 사용하여 DA 변환을 하였다.)

```
#include <iom128.h>
#include <ina90.h>
#include <math.h>
#include "DebugAtmega128.h"
typedef unsigned char  byte;
typedef unsigned int   word;
#define DA_CONTROL     *(byte *)0x4001
#define DA_L_CS                 *(byte *)0x4003
#define DA_H_CS                 *(byte *)0x4004
unsigned long int main_cnt=0;
word DA_index=0, DA_out_val=0;
byte DA_ch=0;
void main(void)
{
    AtMg128DebugInit();
    MCUCR = 0xC0;       //0x2000~0x7fff : 0 wait
    XMCRA = 0x40;       //0x8000~0xffff : 1 wait
    //timer 0(8bit) mode set
    TCCR0 = 0x0D;       //CTC, clk/128
    OCR0 = 49-1;        //16M/(128분주 * 10Hz * 256 sample) = 48.8(반올림 49)
    TIMSK = 0x02;       //Match interrupt enable

    __enable_interrupt();       // enable interrupts

    while(1)
    {
     main_cnt++;
    }
}
```

```
//16MHz/128분주/49(OCR0) = 392us interrupt
#pragma vector = TIMER0_COMP_vect
__interrupt void Time0_int(void)
{
    if(++DA_index >= 256)   //256 sample / cycle
    {
        DA_index = 0;
        DA_out_val = 0;
    }
    else    DA_out_val += 16;

    DA_L_CS = DA_out_val & 0xFF;
    DA_H_CS = (DA_ch<<6) | (DA_out_val>>8);
}
```

[그림 10.6]은 대한 주기가 10Hz인 톱니파를 오실로스코프로 관측한 실제 실험 파형이다.

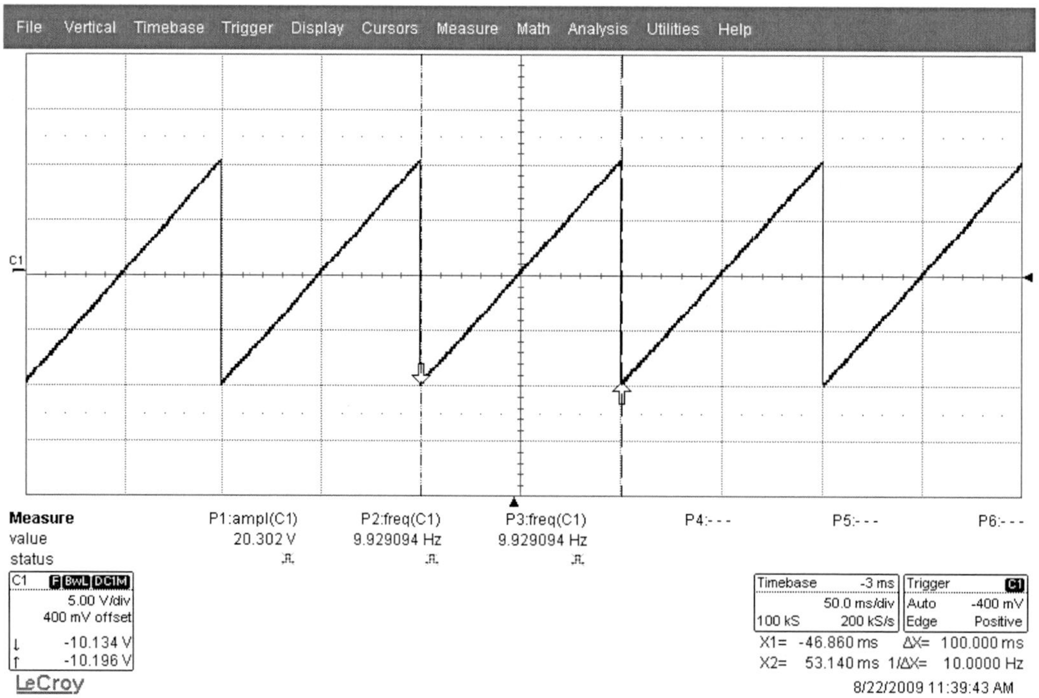

[그림 10.6] DAC7614를 이용한 10Hz의 톱니파 실험 파형

실험 10-3

10Hz의 주파수, 진폭이 -10V～+10V인 삼각파를 발생시키는 프로그램을 다음과 같이 작성하여 실험하였다. (DAC 0번 채널)

```
#include <iom128.h>
#include <ina90.h>
#include <math.h>
#include "DebugAtmega128.h"

typedef unsigned char   byte;
typedef unsigned int    word;

#define DA_CONTROL      *(byte *)0x4001
#define DA_L_CS         *(byte *)0x4003
#define DA_H_CS         *(byte *)0x4004

unsigned long int main_cnt=0;
word DA_index=0, DA_out_val=0;
byte DA_ch=0, Up=1;

void main(void)
{
    AtMg128DebugInit();

    MCUCR = 0xC0;       //0x2000~0x7fff : 0 wait
    XMCRA = 0x40;       //0x8000~0xffff : 1 wait

    //timer 0(8bit) mode set
    TCCR0 = 0x0C;       //CTC, CLK/64
    OCR0 = 49-1;        //16M/(64분주 * 20Hz * 256 sample) = 48.8(반올림 49)
    TIMSK = 0x02;       //Match interrupt enable

    __enable_interrupt();       // enable interrupts

    while(1)
    {
        main_cnt++;
    }
}
```

```
// 1/16MHz*64분주*49(OCR0) = 392us interrupt
#pragma vector = TIMER0_COMP_vect
__interrupt void Time0_int(void)
{
	if(Up)
	{
		if(++DA_index == 256)	//상승하는 순간:256 sample
		{
			Up = 0;
			DA_out_val -= 16;
		}
		else	DA_out_val += 16;
	}
	else
	{
		if(--DA_index == 0)	//하강하는 순간:256 sample
		{
			Up = 1;
			DA_out_val += 16;
		}
		else	DA_out_val -= 16;
	}

	DA_L_CS = DA_out_val & 0xFF;
	DA_H_CS = (DA_ch<<6) | (DA_out_val>>8);
}
```

[그림 10.7]은 주기가 10Hz인 삼각파를 오실로스코프로 관측한 실제 실험 파형이다.

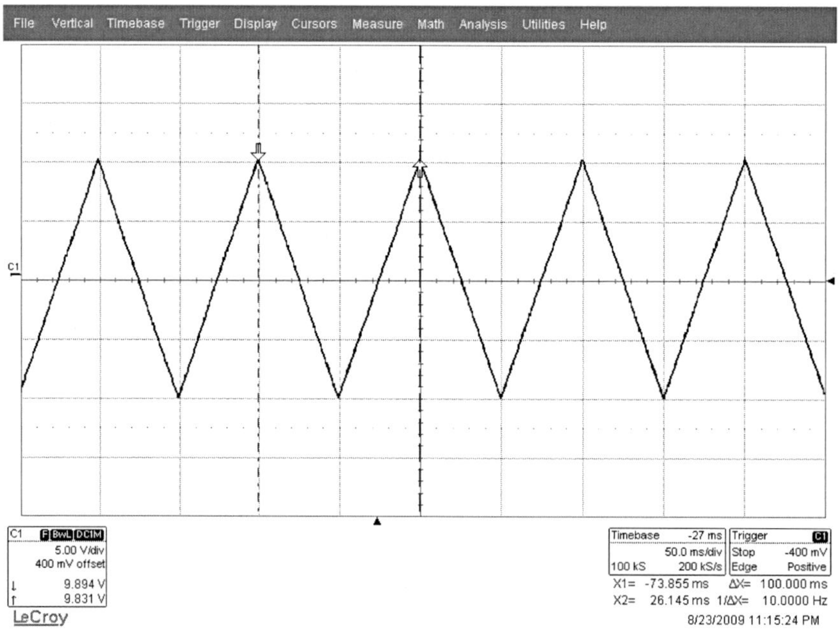

[그림 10.7] 10Hz의 삼각파 발생하는 실험파형

실험 10-4

D/A의 0번 채널에 10Hz의 주기와 -10V~+10V의 진폭을 갖는 사인파형을 발생시키는 프로그램을 다음과 같이 작성하여 실험하였다. (한주기에 250번 sample 하였다.)

```
#include <iom128.h>
#include <ina90.h>
#include <math.h>
#include "DebugAtmega128.h"

typedef unsigned char    byte;
typedef unsigned int     word;

#define DA_CONTROL      *(byte *)0x4001
#define DA_L_CS         *(byte *)0x4003
#define DA_H_CS         *(byte *)0x4004

unsigned long int main_cnt=0;
word Sin_tbl[250];
word DA_index=0;
byte DA_ch=0;

void main(void)
{
    word i;
    AtMg128DebugInit();
    MCUCR = 0xC0;       //0x2000~0x7fff : 0 wait
    XMCRA = 0x40;       //0x8000~0xffff : 1 wait

    //timer 0(8bit) mode set
    TCCR0 = 0x0D;       //CTC, clk/128
    OCR0 = 50-1;        //16M/(128분주 * 10Hz * 250 sample) = 50
    TIMSK = 0x02;       //Match interrupt enable
    __enable_interrupt(); // enable interrupts

      for(i=0;i<250;i++)
              Sin_tbl[i]=(int)(2047.0 * (1.0 + sin(2.0*3.141592*i/250)));

    while(1)
    {
        main_cnt++;
    }
}
```

```
//16MHz/128분주/50(OCR0) = 400us interrupt
#pragma vector = TIMER0_COMP_vect
__interrupt void Time0_int(void)
{
        word out_val;

        out_val = Sin_tbl[DA_index++];

        DA_L_CS = out_val & 0xFF;
        DA_H_CS = (DA_ch<<6) | (out_val>>8);
        if (DA_index >= 250)     DA_index = 0;
}
```

[그림 10.8]은 주파수가 10Hz, 진폭이 -10V～+10V인 사인파 발생에 대한 실험결과 파형이다. 이 실험결과는 1사이클에 250개의 샘플 값을 미리 Sin_tbl[250]에 저장된 값을 어레이 형태의 값을 indexing 하는 방식을 사용하여 출력하였다.

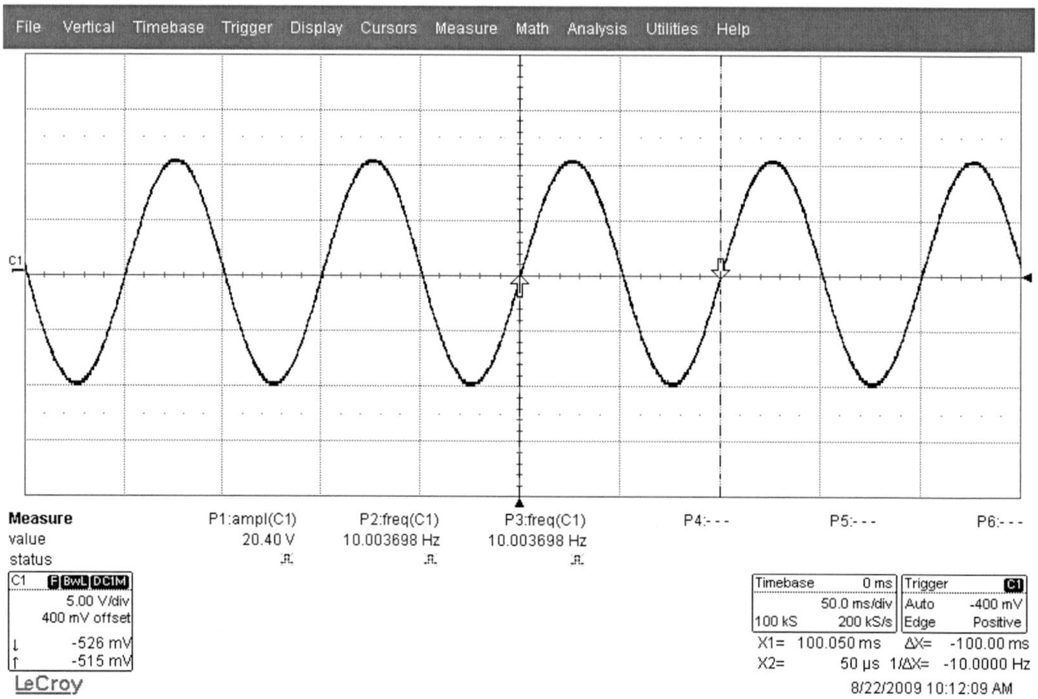

[그림 10.8] 10Hz의 사인파 발생

과제 10-1

5Hz의 주파수와 -5V~+5V의 진폭을 갖는 톱니파, 구형파, 삼각파를 발생시키는 프로그램을 작성하시오.

과제 10-2

1Hz의 주파수와 -5V~+5V의 진폭을 갖는 사인파를 발생시키는 프로그램을 작성하시오.

과제 10-3

DAC7614와 Key를 사용하여 SW1을 누르면 -5V, SW2를 누르면 0V, SW3을 누르면 +3.3V, SW4를 누르면 +5V를 각각 발생시키는 프로그램을 작성하시오.

과제 10-4

기본파 80%, 3고조파 20%를 갖는 정현파형을 발생하도록 프로그램 하시오. 이때 출력전압은 -10V~+10V를 가지며 기본파의 주파수는 60Hz, 샘플링은 250회 할 것.

11장 시리얼 통신과 응용

11.1 직렬통신(Serial communication)의 기본 개념

마이크로프로세서는 주변장치들과 서로 정보를 교환할 수 있으며 일반적으로 정보를 교환하는 방법으로는 크게 병렬통신과 직렬통신 2가지로 나눌 수가 있다.

일반적으로 컴퓨터내의 장치들간 정보교환을 할 때는 고속의 통신 속도를 필요로 하여 한꺼번에 많은 정보를 처리할 수 있는 병렬통신 방식을 주로 쓴다.

이는 대량의 정보를 빠른 시간에 한꺼번에 처리함으로써 컴퓨터의 성능을 향상시킬 수가 있기 때문인데 이러한 방법의 대표적인 것이 마이크로프로세서 자체의 정보 처리량을 증가시키는 것이며 이것은 데이터 비트수로써 나타난다.

80286은 16bit의 외부 데이터 bit, 80386, 80486은 32bit의 외부 데이터 bit, 비록 내부에서는 32bit로 동작되지만 64bit의 외부 데이터 bit를 갖는 펜티엄 계열을 보아도 알 수 있다.

또한 HDD, FDD, VIDEO Card, CD ROM 등이 대표적인 병렬통신 방식을 사용하는 장치이다. 하지만 모든 경우에 병렬통신 방식을 사용할 수는 없다.

그 이유는 통신거리의 제한성, 구현상의 기술적인 어려움과 비용이 너무 비싸다는데 있다. 또한 어플리케이션 자체가 고속의 통신 속도를 필요로 하지 않을 경우도 많다. 이러한 이유로 컴퓨터가 외부와의 통신을 할 때는 직렬통신 방식을 많이 사용한다.

직렬통신 방식이란 데이터 bit를 1개의 비트단위로 외부로 송수신하는 방식으로써 구현하기가 쉽고, 멀리갈 수가 있으며 기존의 통신선로(전화선등)를 쉽게 활용할 수가 있어 비용의 절감이 크다는 장점이 있다.

직렬통신의 대표적인 것으로 모뎀, LAN, RS232C 및 RS485 등이 있다. 하지만 크게 직렬통신을 구분하면 비동기식 방식과 동기식 방식 2가지로 나누어진다. 많은 사람들이 비동기식 통신방식을 RS232C로 알고 있는데 실질적으로 RS232C라는 것은 비동기식 통신 컨트롤러에서 나오는 디지털신호를 외부와 인터페이스 시키는 전기적인 신호 방식의 하나일 뿐이다.

비동기식 통신 컨트롤러를 일반적으로 UART(Universal Asynchronous Receiver/Transmitter)라 부른다. UART에서 나오는 신호는 보통 TTL신호 레벨을 갖기 때문에 노이즈에 약하고 통신거리에 제약이 있다. 이러한 TTL신호를 입력받아 노이즈에 강하고 멀리갈 수 있게 해주는 인터페이스 IC를 LINE DRIVER 및 RECEIVER라 부르며 이중 대표적인 것이 RS232C, RS422 및 RS485등이 있다. 이들 인터페이스 방식의 특성을 [표 11.1]에 나타내었다.

[표 11.1] 인터페이스 방식의 특성표

사 양	RS232C	RS422	RS485
동작 모드	Single-Ended	Differential	Differential
최대 Driver/Receiver수	1 Driver 1 Receiver	1 Driver 10 Receivers	32 Driver 32 Receivers
최대 통신거리	약 15m	약 1.2Km	약 1.2Km
최고 통신속도	20Kb/s	10Mb/s	10Mb/s
지원 전송방식	Full Duplex	Full Duplex	Half Duplex
최대 출력전압	±25V	-0.25V to +6V	-7V to +12V
최대 입력전압	±15V	-7V to +7V	-7V to +12V

[표 11.1]에서 알 수 있듯이 RS232C 통신방식은 RS422와 RS485에 비해서 통신속도가 느리고 통신거리가 짧은 단점이 있으나 동작모드에서 알 수 있듯이 하나의 신호전송에 하나의 전송선로가 필요하기 때문에 비용절감의 장점이 있다. 그러나 RS422인 경우 하나의 신호 전송에 2개의 전송선로가 필요하다. 현재의 RS422 또는 RS485칩의 경우 위의 표에 나와 있는 Driver와 Receiver의 수보다도 훨씬 많이 지

원하고 있으며 RS485인 경우 최대 256의 노드를 갖는 칩도 있다.

기본적인 시리얼 통신 장비의 블록 다이어그램을 보면 PC 등에서 나오는 병렬 신호를 직렬 신호로 바꿔주는 UART가 존재하게 된다. 여기서 나오는 직렬 신호는 TTL 레벨 값을 갖기 때문에 노이즈에 약하고 통신거리에 제약을 받게 된다. 이를 극복하기 위해 [그림 11.1]과 같이 각각의 통신 방식에 따른 Driver IC를 사용한다.

각각의 통신 방식은 고유의 특성이 있으며 통신환경에 맞게 선택하여 적용하게 된다.

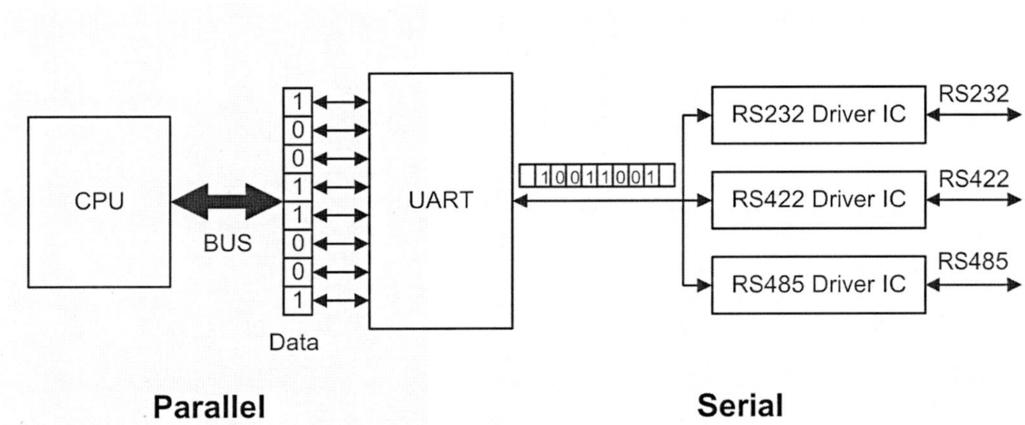

[그림 11.1] 시리얼 통신의 기본 블록 다이어그램

11.1.1 RS232C

RS232C는 직렬 통신방식을 규정하는 권고안으로서, 1969년 미국의 EIA (Electronic Industries Association)에 의해 규정되어 졌으며, “Recommend Standard number 232”의 약어이고, “C”는 표준 규격의 최신판을 나타내는 버전(version)이다.

거의 대부분의 PC의 시리얼 포트는 RS232C의 DSUB 9핀이 표준이다. [그림 11.2]는 RS232C 신호 레벨을 나타낸 것으로 3V 이상의 신호를 논리적으로 0을 나타내며, -3V이하의 전기적 신호가 들어오면 논리적으로 1을 나타내게 된다. 이를 이용하여 디지털적으로 직렬 데이터를 전송 할 수 있다.

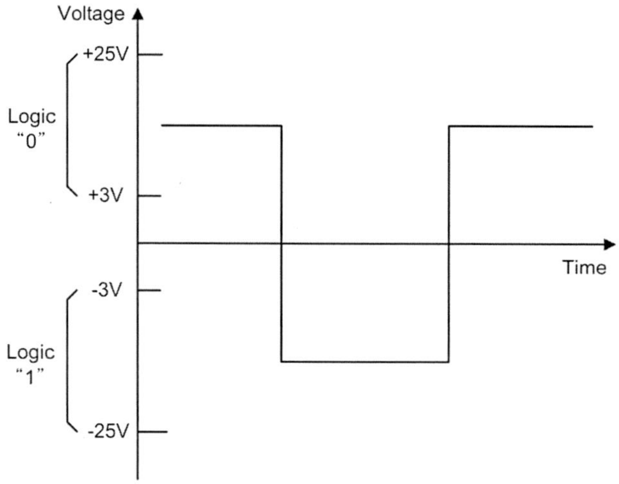

[그림 11.2] RS232C의 신호레벨

RS232C 규약의 내용은 데이터 단말기(DTE: Data Terminal Equipment)와 데이터 통신기(DCE: Data Communication Equipment)사이의 인터페이스에 대한 전기적인 인수, 컨트롤 핸드 쉐이킹, 전송속도, 신호 대기시간, 임피던스 등을 정의하였으나 전송되는 데이터의 포맷과 내용은 지정하지 않으며, DTE간의 인터페이스에 대한 내용도 포함하지 않는다.

RS232C 통신에서 가장 중요한 점은 기준이 필요하다는 것이다. 위에서 말한 3V, -3V 등은 기준 값으로 부터 얼마만큼의 에너지를 갖느냐를 나타내는데, 만약 통신하는 두 장비의 기준점이 다르다면 정상적인 통신을 할 수 없다는 말이 된다. 양단에 기준점을 맞춰주는 것이 GND는 을 연결 하는 것인데 RS232C 통신은 최소한 3가닥(TXD, RXD, GND)이 연결되어야 정상적인 송수신 작업이 이루어 질 수 있다.
그리고 컨넥터의 사양, RS232C 신호선과 케이블 연결 결선도에 대한 내용은 [그림 11.3]과 같다.

(1) 컨넥터(Connecter) 사양

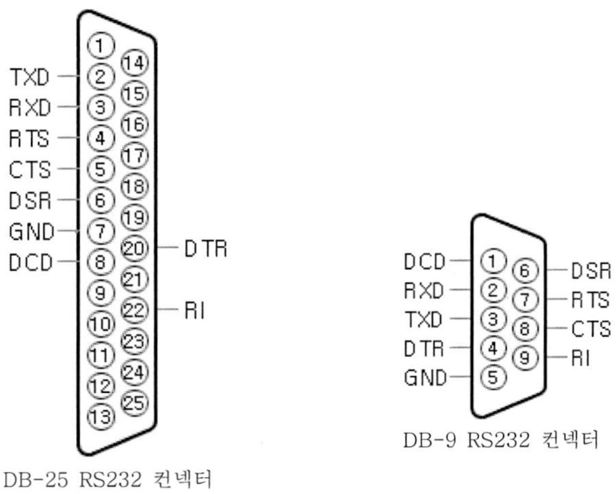

[그림 11.3] RS232C 컨넥터 사양

(가) 신호선에 대한 설명

- TXD : Transmit Data

:비동기식 직렬통신 장치가 외부 장치로 정보를 보낼 때 직렬통신 데이터가 나오는 신호선이다.

- RXD : Receive Data

:외부 장치에서 들어오는 직렬통신 데이터를 입력받는 신호선이다.

- RTS : Ready To Send

:컴퓨터와 같은 DTE장치가 모뎀 또는 프린터와 같은 DCE장치로부터 데이터를 받을 준비가 됐음을 나타내는 신호선이다.

- CTS : Clear To Send

:모뎀 또는 프린터와 같은 DCE장치가 컴퓨터와 같은 DTE장치에게 데

이터를 받을 준비가 됐음을 나타내는 신호선이다.

- DTR : Data Terminal Ready

:컴퓨터 또는 터미널이 모뎀에게 자신이 송수신 가능한 상태임을 알리는 신호선이며 일반적으로 컴퓨터 등이 전원 인가 후 통신 포트를 초기화한 후 이 신호를 출력시킨다.

- DSR : Data Set Ready

:모뎀이 컴퓨터 또는 터미널에게 자신이 송수신 가능한 상태임을 알려주는 신호선이며 일반적으로 모뎀에 전원 인가 후 모뎀이 자신의 상태를 파악한 후 이상이 없을 때 이 신호를 출력시킨다.

- DCD : Data Carrier Detect

:모뎀이 상대편 모뎀과 전화선 등을 통해서 접속이 완료되었을 때 상대편 모뎀이 캐리어신호를 보내오며 이 신호를 검출하였음을 컴퓨터 또는 터미널에 알려주는 신호선이다.

- RI : Ring Indicator

:상대편 모뎀이 통신을 하기 위해서 먼저 전화를 걸어오면 전화벨이 울리게 된다. 이때 이 신호를 모뎀이 인식하여 컴퓨터 또는 터미널에 알려주는 신호선이며 일반적으로 컴퓨터가 이 신호를 받게 되면 전화벨 신호에 응답하는 프로그램을 인터럽트 등을 통해서 호출하게 된다.

(2) 결선도

DTE to DCE 9 Wire Cables

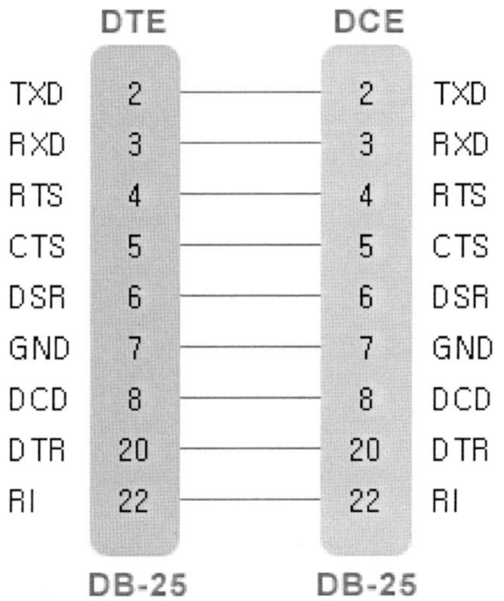

DTE to DCE 8 Wire Cables

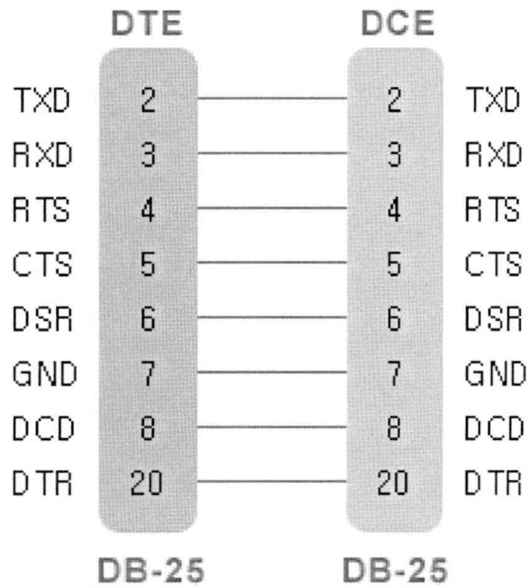

DTE to DTE 3 Wire Cables

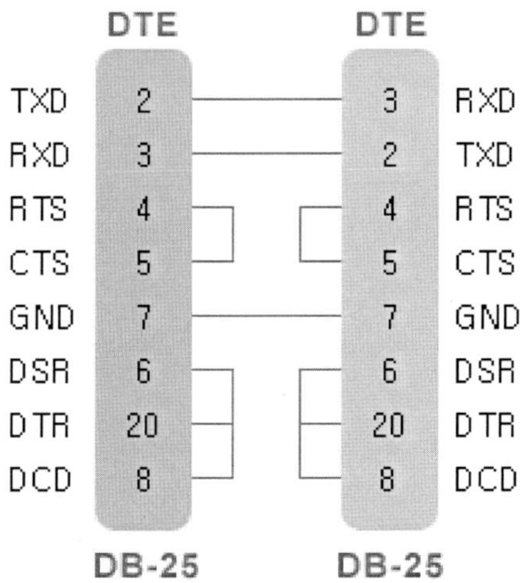

DTE to DTE 7 Wire Cables

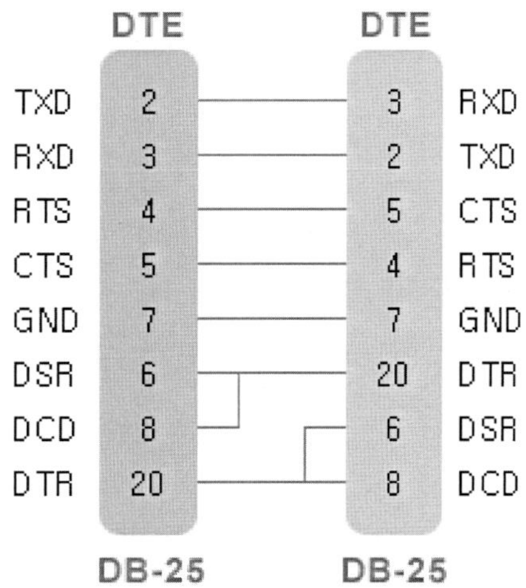

11.1.2 RS422

기본적으로 RS422는 차동모드(differential mode)로 송수신하게 된다.

차동(Differential)이라는 것은 말뜻 그대로 두 선의 전위 차이를 이용하여 데이터를 보내는 것을 말한다. 즉 두 라인의 전위차가 0.2V이상이 되면 논리적으로 1 , -0.2V이하가 되면 논리적으로 0을 의미하게 되는 것이다.

RS422 통신방식에서 가장 중요한 점은 Differential mode로 데이터를 전송한다는 것이다. 이점 때문에 RS232C 통신에 비해 거리 확장이 가능하며 노이즈에 강하다. 또한 GND선 연결 없이도 통신이 가능하여 배선의 비용이 절감된다.

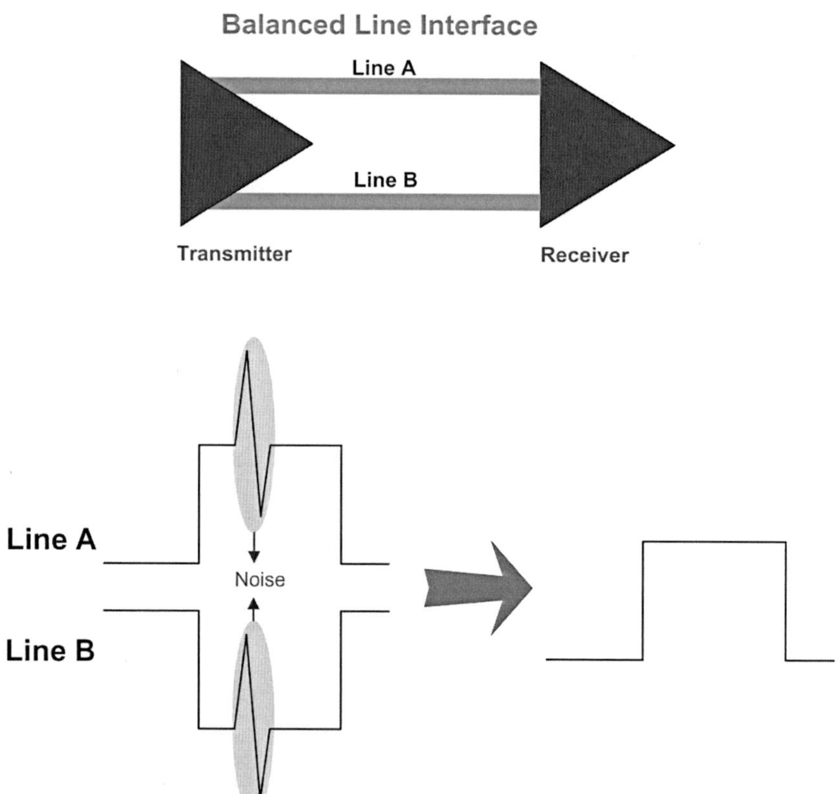

[그림 11.4] RS422의 기본 개념

예를 들어, [그림 11.4]와 같이 통신선로 중간에 노이즈가 발생한다면 Line A, Line B에 동시에 영향을 주게 된다. 하지만 수신기(Receiver)에서 보았을 때 두 선이 동시에 영향을 받았다는 것은 보낼 때의 전위차는 유지된다. 그러므로 수신측에서는 Line에서 노이즈가 발생되더라도 동일한 전위 차이를 수신하므로 아무런 문제없이 데이터 수신이 가능하다.

(1) 컨넥터(Connecter) 사양

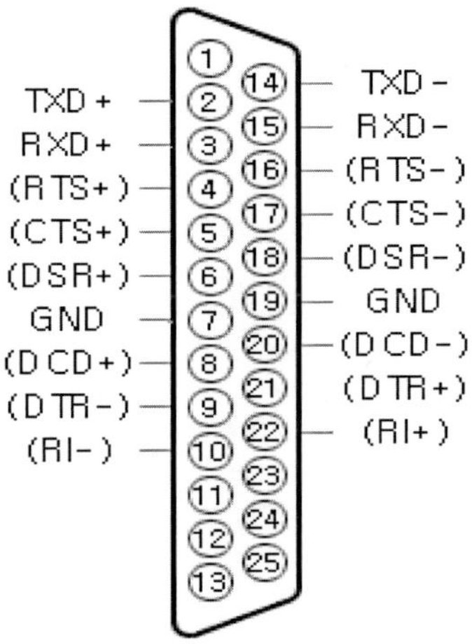

DB-25 RS422 컨넥터

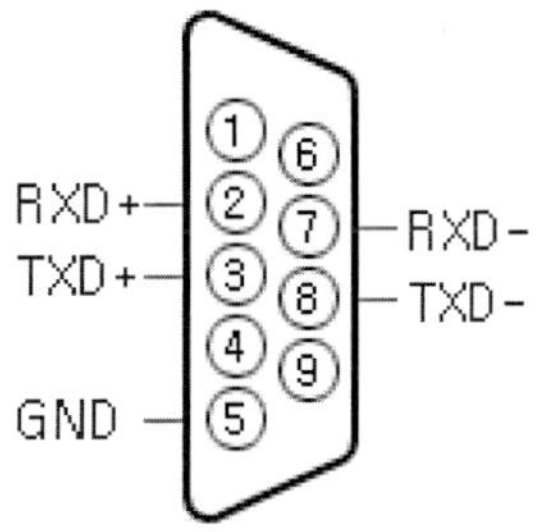

DB-9 RS422 컨넥터

[그림 11.5] RS422 컨넥터 사양

일반적으로 사용되는 신호선은 TXD+, TXD-, RXD+ 및 RXD- 이고 나머지 신호선은 거의 사용되지 않는다.

(2) 신호선에 대한 설명

신호선에 대한 설명은 RS232C와 큰 차이가 없고 다만 물리적으로 하나의 신호선에 두 개의 라인이 필요한데 그들의 표현은 신호선 이름 뒤에 '+'와 '-'로써 구분하여 표기한다. 즉, 예를 들면 RS232C의 TXD 신호선이 RS422에서는 TXD+와 TXD-로 나누어 질 뿐이다.

(3) 결선도

[그림 11.6] RS422 결선도

11.1.3 RS422 Multi Drop

RS232C방식에 비해 RS422와 RS485 통신의 큰 차이점은 RS422와 RS485통신이 통신거리 및 노이즈에 강하다는 것이다. 이에 부가적으로 RS422 및 RS485 통신 방식은 멀티드롭이라는 기능을 지원하는데 이것은 한 번에 여러 대의 장비와 동시 통신이 가능하게 만들어 주는 것이다.

RS422와 RS485 각각에서 지원하는 멀티드롭은 약간의 차이를 갖게 되는데 먼저 RS422를 알아보면 RS422 방식은 1대의 마스터와 여러 대의 슬레이브로 구성된다는 것이다. 마스터에서는 일종의 브로드캐스트(broadcast) 방식으로 데이터를 전송하며 모든 슬레이브는 마스터에서 보내지는 데이터를 수신하게 된다.

대부분의 경우 마스터에서 보내져 오는 데이터는 슬레이브의 국번(station ID)을 수신하게 되어있다. 각각의 슬레이브는 수신된 데이터의 ID의 값을 보고 이에 따라 응답을 하게 된다. 슬레이브에서 가장 주의 깊게 보아야 할 것은 공통 TXD 라인을 이룬다는 것이다. 모든 슬레이브의 TXD라인은 마스터의 RXD라인으로 묶이게 되는데 슬레이브가 동시에 데이터를 보낼 경우 충돌을 일으키게 된다는 것을 의미한다. 즉 슬레이브에서 마스터로 데이터를 보내고자 할 경우 반드시 한대만 송신을 해야 한다는 것이다.

(※ **주의사항** : 슬레이브 간에 통신 안됨)

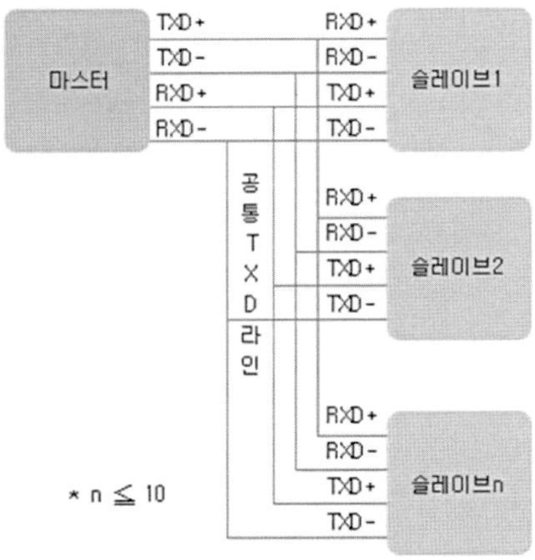

[그림 11.7] RS422 Multi-drop 결선도

11.1.4 RS485

RS485 통신은 전기적 특성에 있어서 RS422 통신 방식과 동일하다. RS485 역시 +선과 -선 두 가닥의 전위차 (differential)를 사용하여 데이터를 전송하게 된다. 다만 RS485와 RS422 통신 방식의 가장 큰 차이는 RS422 통신은 전이중 방식을 사용하여 통신 시 필요한 회선이 4가닥이지만 이와는 달리 RS485 통신은 반 이중 방식의 통신이기 때문에 2가닥의 회선만을 이용하게 된다. RS485는 "TRXD+", "TRXD-" 라는 각각의 회선에서 모두 송신과 수신을 수행 한다는 것이다.

(1) 컨넥디 사양

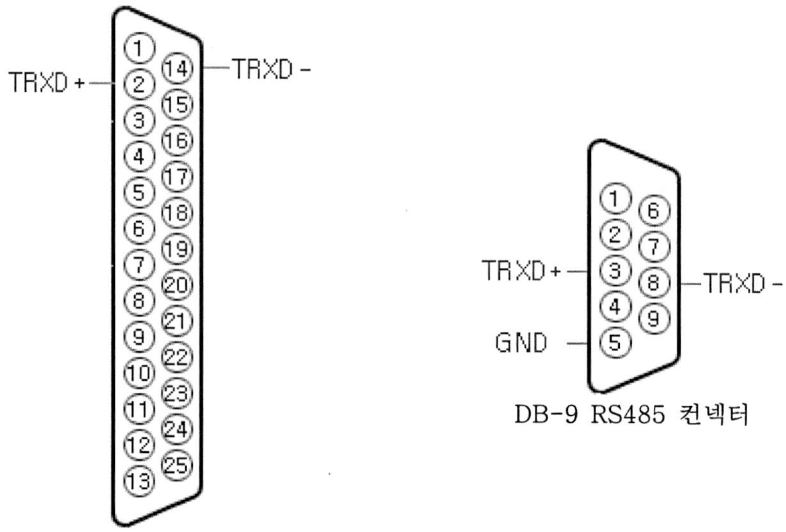

DB-25 RS485 컨넥터

DB-9 RS485 컨넥터

[그림 11.8] RS485 컨넥터 사양

신호선에 할당된 핀번호는 설계자가 결정하여 사용하게 된다.

(2) 신호선에 대한 설명

신호선에 대한 설명은 RS232C와 큰 차이가 없고 다만 물리적으로 하나의 신호선에 두 개의 라인이 필요한데 그들의 표현은 신호선명 뒤에 + 와 - 로써 구분표기 한다. 하지만 UART의 TXD, RXD신호선이 멀티포인트 버스에 의하여 공동으로 사용하게 된다. 즉 하나의 마스터는 멀티포인트 버스를 출력이면 출력, 입력이면 입력으로 구분하여 사용할 수밖에 없다.

(3) 결선도

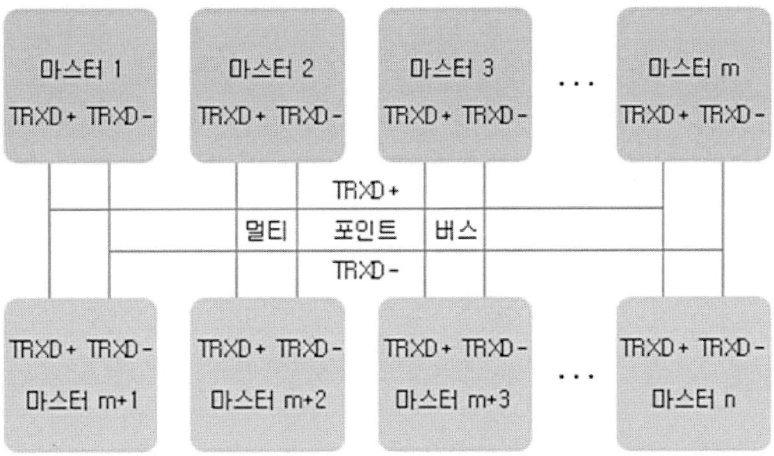

[그림 11.9] RS485 Multi-drop 결선도

11.1.5 Multi-Drop(RS485)

RS485의 가장 큰 특징은 N : N 통신이 가능하며 최대 32개의 노드 연결이 가능하다는 것이다. RS422의 경우 1대의 마스터와 N대의 슬레이브(10대 이하) 구조로 되지만 RS485의 경우 어떠한 장비도 마스터가 될 수 있으며 또한 슬레이브도 될 수 있다.

하나의 장비에서 보내지는 데이터는 모든 장비에서 수신하게 되며 수신 데이터를 판별하여 자신의 동작을 결정하게 된다. RS485 역시 RS422와 마찬가지로 항상 선로에 접근하는 것은 1대의 장비 만이어야 하며 만약 1대 이상 선로에 접근 시 데이터 충돌이 발생하여 정상 통신을 할 수 없다.

11.2 ATmega128의 USART

기기간의 통신이나 컴퓨터와 기기와의 통신에서 시리얼 방식의 통신을 이용하게 되면 적은 수의 선으로 장거리 통신이 가능하게 되며, ATmega128에는 동기 및 비동기 전송모드에서 전이중 통신이 가능한 2개의 USART(Universal Synchronous and Asynchronous Receiver and Transmitter)를 가지며, 아래와 같은 특징을 가진다.

- 동기모드 : Master(내부 클럭), Slave(외부 클럭:XCKn)
- 비동기모드(Full duplex) : 내부 클럭 사용
- 전이중 통신
- 멀티프로세서 통신
- 높은 정밀도의 보레이트 발생기(Baud rate generator) 내장
- 전송데이터 5~9비트 설정
- 스톱비트 1~2 설정
- 패리티비트 설정(사용, 미사용, 짝수패리티, 홀수패리티 선택)
- 에러검출기능(패리티에러, 오버런에러, 프레임에러)
- 노이즈필터링(3번 샘플링 동작)
- 3개의 인터럽트 소스 :

송신 완료, 송신 데이터 레지스터 준비 완료, 수신 완료

11.2.1 USART 인터럽트

① 수신완료 인터럽트

- 데이터가 수신되어 수신시프트 레지스터에서 수신버퍼(UDRn) 레지스터로 전달될 때 인터럽트가 걸린다.
- 이때에는 수신버퍼(UDRn)에 아직 읽지 않은 데이터가 존재하는 상태

② 송신완료 인터럽트

- 송신시프트 레지스터에 있는 송신데이터가 모두 전송되어 비어있고 송

신버퍼(UDRn) 역시 비어있을 때 인터럽트가 발생된다.

- 송신버퍼에(UDRn) 아직 새로운 송신데이터가 라이트 되지 않은 상태

③ 송신데이터 준비완료 인터럽트

- 송신시프트 레지스터로 UDRn값이 전송되어 송신버퍼(UDRn)가 비어있을 때 인터럽트가 발생한다.
- 송신 버퍼가 비어있어서 새로운 송신 데이터를 받을 준비가 된 상태

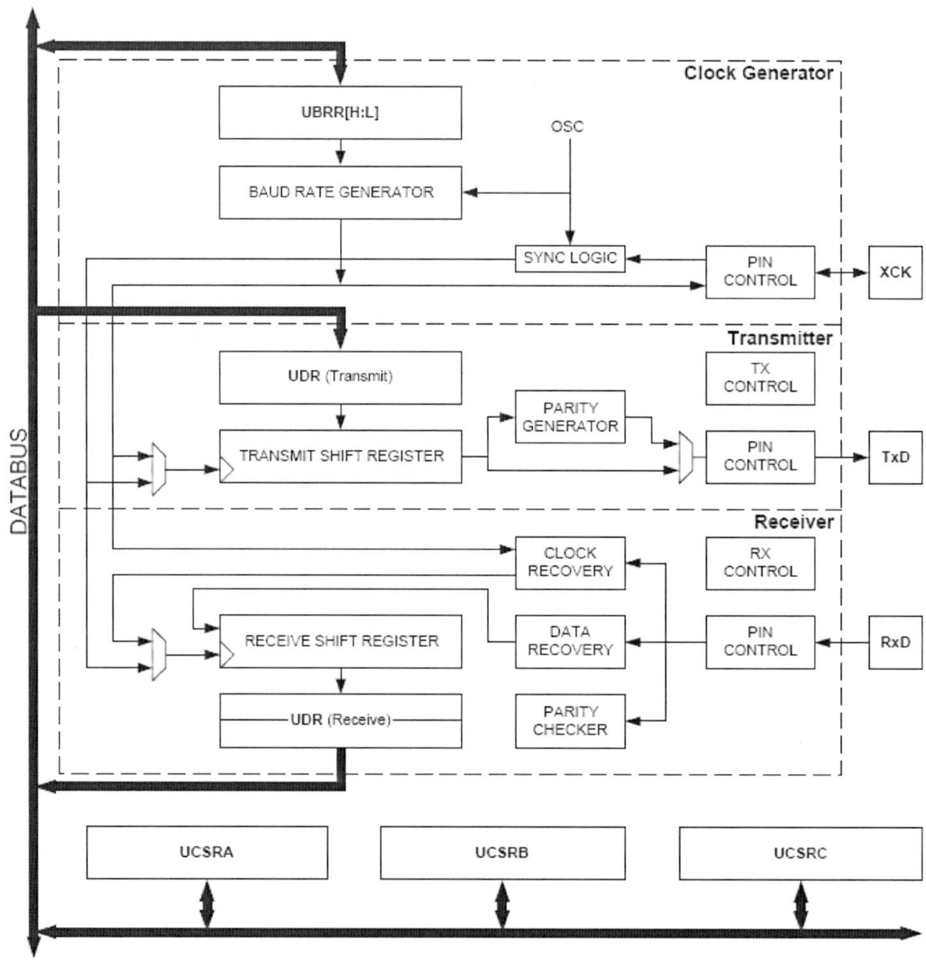

[그림 11.10] USART 구성 블록도

11.2.2 USART 구성

① 클럭 발생부 : 보레이트 발생기, 외부클럭입력 회로
- 비동기 일반모드 : 내부클럭으로 보레이트 발생
- 비동기 2배속모드 : 내부클럭으로 2배의 보레이트 발생
- 동기 마스터 모드
- 동기 슬레이브 모드

② 송신부 : 송신버퍼, 송신 시프트 레지스터, 패리티발생기

③ 수신부 : 수신버퍼, 수신 시프트 레지스터, 패리티검사기

11.2.3 전송 데이터 형식

ATmega128의 USART는 전송데이터의 포맷을 여러 형태로 설정할 수 있도록 되어 있으며, 다음과 같은 값들로 구성된다.

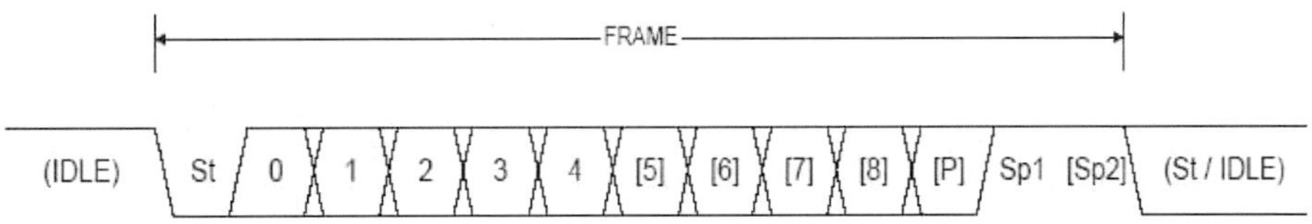

St	Start bit, always low.
(n)	Data bits (0 to 8).
P	Parity bit. Can be odd or even.
Sp	Stop bit, always high.
IDLE	No transfers on the communication line (RxD or TxD). An IDLE line must be high.

[그림 11.11] 시리얼 통신 데이터 포맷

- Start 비트 : 1
- Data 비트 : 5, 6, 7, 8 또는 9
- Parity 비트 : 없음, 짝수패리티, 홀수패리티
- Stop 비트 : 1 또는 2

11.2.4 비동기모드에서의 1비트 샘플링

- 수신데이터의 정확한 검출을 위하여 1비트(Bit n)의 샘플링이 이루어진다.

- 검출을 하기 위해서 1비트당 16배 주파수(2배속모드 : 8배주파수)를 이용한다.

- 16배 주파수중 중앙부(8, 9, 10)에 3번 샘플링하여 2번 이상인 값으로 함. 만약 8, 9, 10번째에 샘플링한 데이터의 값이 1, 1, 0이면, 1로 처리한다.

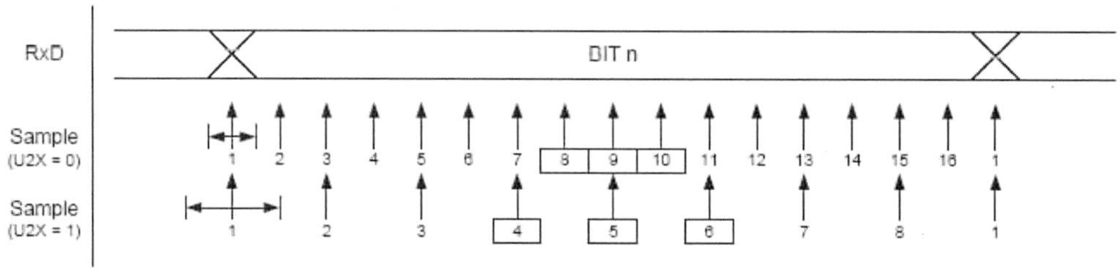

[그림 11.12] 수신 데이터의 샘플링

11.2.5 USART 관련 레지스터

USART 0과 1을 제어하기 위해서는 USART 0 / 1 관련 레지스터(UDRn, UCSRnA, UCSRnB, UCSRnC, UBRRnH, UBRRn)의 사용법을 알아야 한다.

① UDRn(Usart Data Register)

Bit	7	6	5	4	3	2	1	0	
	RXBn[7:0]								UDRn (Read)
	TXBn[7:0]								UDRn (Write)
Read/Write	R/W	R/W	R/W	R/W	R/W	R/W	R/W	R/W	
Initial Value	0	0	0	0	0	0	0	0	

- UDRn 레지스터는 송/수신되는 데이터 값을 저장하는 버퍼역할을 하게 된다.
- UDRn은 TXBn(송신버퍼) / RXBn(수신버퍼) 레지스터로 구성되어 있는데

이는 같은 주소에 공유된 형태로 구성되어 있으며 송/수신 이라는 다른 일을 하게 구성되어 있다.

- 송신할 때는 TXBn의 데이터를 전송한다.
- 수신할 때는 RXBn에 수신된 데이터를 저장하게 된다.

② UCSRnA (USART Control and Status Register A)

Bit	7	6	5	4	3	2	1	0	
	RXCn	TXCn	UDREn	FEn	DORn	UPEn	U2Xn	MPCMn	UCSRnA
Read/Write	R	R/W	R	R	R	R	R/W	R/W	
Initial Value	0	0	1	0	0	0	0	0	

- 이 레지스터는 USART의 송수신 동작을 제어하거나 상태를 저장하는 레지스터이다.
- Bit 7 – RXCn(USART Receive Complete)USART 수신 완료 플래그 비트
  - 1 : UDRn의 수신버퍼에 아직 안 읽은 데이터가 존재하는 상태
  - 0 : UDRn의 수신버퍼를 읽어서 비워져 있는 상태
- Bit 6 – : TXCn(USART Transmit Complete)
  - 1 : 송신 시프트 레지스터에 있는 송신데이터가 모두 전송되고 UDRn의 송신버퍼에 새로운 송신데이터가 라이트되지 않은 상태
- Bit 5 – UDREn(USART Data Register Empty)
  - 1 : 송신 버퍼가 비어있어서 새로운 송신 데이터를 받을 준비가 된 상태
- Bit 4 – FEn(USART Frame Error)
  - 1 : 수신할 때 프레임 에러가 발생한 상태

※ **프레임에러** : 수신문자의 스톱 비트가 0으로 검출되는 것

- Bit 3 – DORn(USART Data Overrun Error)
  - 1 : 수신할 때 오버런 에러가 발생한 상태

※ **오버런에러** : 수신버퍼에 현재 읽지 않은 데이터가 들어있는 상태에서 수신 시프트 레지스터에 새로운 데이터가 수신 완료되고 다시 그 다음 수신 데이터인 3번째 데이터의 스타트 비트가 검출된 것

- Bit 2 – UPEn(USART Parity Error)
  - 1 : 수신할 때 패리티 에러가 발생한 상태

※ **패리티에러** : 정보의 전달 과정에서 오류가 생겼는지를 검사하기 위해 원래의 정보에 덧붙이는 비트를 패리티비트라 하며 데이터비트와 패리티비트를 계산하여 짝수, 홀수를 판별하여 에러인지 아닌지 구분한다.

- Bit 1 – U2Xn(Double the USART Transmission Speed)
  - 1 : 비동기 모드에서만 유효한 것으로서 클럭의 분주비를 16에서 8로 절반만큼 낮추어 전송속도를 2배 높이는 기능을 수행한다.
- Bit 0 – MPCMn(USART Multi-Processor Communication Mode)
  - 1 : 멀티프로세서 통신모드로 설정한다.

③ UCSRnB (USART Control and Status Register B)

Bit	7	6	5	4	3	2	1	0	
	RXCIEn	TXCIEn	UDRIEn	RXENn	TXENn	UCSZn2	RXB8n	TXB8n	UCSRnB
Read/Write	R/W	R/W	R/W	R/W	R/W	R/W	R	R/W	
Initial Value	0	0	0	0	0	0	0	0	

- Bit 7 – RXCIEn(USART RX Complete Interrupt Enable)
  - 1 : 수신완료 인터럽트 활성화
- Bit 6 – TXCIEn(USART TX Complete Interrupt Enable)
  - 1 : 송신완료 인터럽트 활성화
- Bit 5 – UDRIEn(USART Data Register Empty Interrupt Enable)
  - 1 : 송신 데이터 레지스터 준비완료 인터럽트 활성화
- Bit 4 – RXENn(USART Receiver Enable)

- 1 : 수신부 동작 활성화

- Bit 3 – TXENn(USART Transmitter Enable)
  - 1 : 송신부 동작 활성화
- Bit 2 – UCSZn2(USART Character Size)
  - UCSRnC의 UCSZn1~0 비트와 함께 전송 문자의 데이터 비트수를 설정한다.
- Bit 1 – RXB8n(USART Receive Data Bit 8)
  - 전송 데이터수가 9로 설정된 경우 수신된 9번째 데이터를 저장하게 된다.
- Bit 0 – TXB8n(USART Transmit Data Bit 8)
  - 전송 데이터수가 9로 설정된 경우 송신될 9번째 데이터를 저장하게 된다.

④ UCSRnC (USART Control and Status Register C)

Bit	7	6	5	4	3	2	1	0	
	–	UMSELn	UPMn1	UPMn0	USBSn	UCSZn1	UCSZn0	UCPOLn	UCSRnC
Read/Write	R/W	R/W	R/W	R/W	R/W	R/W	R/W	R/W	
Initial Value	0	0	0	0	0	1	1	0	

- Bit 6 – USMSELn(USART Mode Select)
  - 1 : 동기전송모드
  - 0 : 비동기전송모드
- Bit 5, 4 – UPMn1, UPMn0 (USART Parity Mode)
  - 패리티 모드 설정에 대한 비트

UPMn1	UPMn0	Parity Mode
0	0	Disabled
0	1	(Reserved)
1	0	Enabled, Even Parity
1	1	Enabled, Odd Parity

- Bit 3 – USBSn(USART Stop Bit Select)
  - 1 : 스톱비트 2개로 설정
  - 0 : 스톱비트 1개로 설정

- Bit 2, 1 – UCSZn1, UCSZn0 (USART Character Size)
  - UCSRnB의 UCSZn2 비트와 함께 전송 문자의 데이터 비트 수를 설정한다.

UCSZn2	UCSZn1	UCSZn0	Character Size
0	0	0	5-bit
0	0	1	6-bit
0	1	0	7-bit
0	1	1	8-bit
1	0	0	Reserved
1	0	1	Reserved
1	1	0	Reserved
1	1	1	9-bit

- Bit 0 – UCPOLn(USART Clock Polarity)
  - 이 비트는 동기 전송 모드의 슬레이브 동작에서만 사용된다.
  - 1 : 송신데이터는 XCKn 클럭의 하강에지에서 새로운 값이 출력, 수신데이터는 XCKn 클럭의 상승에지에서 검출된다.
  - UCPOLn = 0 : 송신데이터는 XCKn 클럭의 상승에지에서 새로운 값이 출력 수신데이터는 XCKn 클럭의 하강에지에서 검출된다.

⑤ UBBRnH/L (USART Baud Rate Register)

Bit	15	14	13	12	11	10	9	8	
	–	–	–	–	UBRRn[11:8]				UBRRnH
	UBRRn[7:0]								UBRRnL
	7	6	5	4	3	2	1	0	
Read/Write	R	R	R	R	R/W	R/W	R/W	R/W	
	R/W	R/W	R/W	R/W	R/W	R/W	R/W	R/W	
Initial Value	0	0	0	0	0	0	0	0	
	0	0	0	0	0	0	0	0	

- USART의 송/수신 속도를 설정한다.
- 원하는 통신속도 맞추기 위하여 UBRR설정시 [그림 11.13]을 참고하시오.
- 주의) UBRRnH 설정 후 UBRRnL를 나중에 라이트(write) 해야 한다.

Baud Rate (bps)	f_{osc} = 16.0000 MHz			
	U2X = 0		U2X = 1	
	UBRR	Error	UBRR	Error
2400	416	-0.1%	832	0.0%
4800	207	0.2%	416	-0.1%
9600	103	0.2%	207	0.2%
14.4k	68	0.6%	138	-0.1%
19.2k	51	0.2%	103	0.2%
28.8k	34	-0.8%	68	0.6%
38.4k	25	0.2%	51	0.2%
57.6k	16	2.1%	34	-0.8%
76.8k	12	0.2%	25	0.2%
115.2k	8	-3.5%	16	2.1%
230.4k	3	8.5%	8	-3.5%
250k	3	0.0%	7	0.0%
0.5M	1	0.0%	3	0.0%
1M	0	0.0%	1	0.0%
Max [1]	1 Mbps		2 Mbps	

[그림 11.13] 외부 오실레이터 기준 맞춘 보레이트 설정

```
//통신속도 계산 방식(일반모드)
BAUD = fosc / 16 / (UBRR+1)
//Double Baud Rate Mode
 BAUD = fosc / 8 / (UBRR+1)
//관련 용어 정의
BAUD = Baud Rate (Bit Per Second, BPS)
Fosc = System Oscillator Clock frequency
UBRR = UBRR의 값 (0~4095)

//예제 (16MHz, 57600bps 속도의 UBRR구하기)
UBRR = ( fosc / 16 / BAUD ) - 1
       = (16000000 / 16 / 57600 ) -1
       = 17.36111  - 1
       = 16.36111
       ≒ 16
```

```
//예제 (16MHz, double 보드레이트, 57600bps 속도의 UBRR 구하기)

UBRR    =   (fosc / 8 / BAUD) - 1
        =   16000000 / 8 / BAUD - 1
        =   34
```

11.3 ATmega 128을 이용한 시리얼 통신 실습

실험 11-1

ComMaster나 PC의 하이퍼터미널을 사용하여 키보드에서 키를 눌렀을 때 해당 키 값을 수신하여 PC로 재전송 하며 송신되는 해당키의 Key값을 LED에 표시하는 프로그램을 송신, 수신 인터럽트를 사용하여 작성하여 실험하였다. (전송속도는 9600bps, 통신방법은 Asynchronous Mode, 8bit data length, Parity bit 미사용, Stop Bit는 1 Stop Bit)

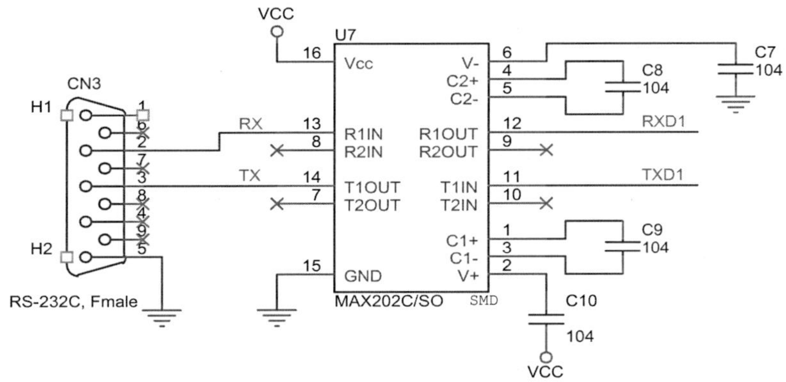

[그림 11.14] MAX202C를 이용한 RS232C의 접속

```
#include <iom128.h>
#include <ina90.h>
#include "DebugAtmega128.h"

typedef unsigned char BYTE;
typedef unsigned int  WORD;

int Rx_Data=0x00, Tx_Data=0x00;
```

```
BYTE Led;
WORD Test_Tx=0, Test_Rx=0;
WORD T10ms_Cnt=0;
int Test=0;

void rs232_init(void);

void main(void)
{
  AtMg128DebugInit();
  MCUCR=0xC0;        // 0~7FFF : 0 wait
  XMCRA=0x40;        // 8000~FFFF : 1 wait
  rs232_init();      // RS232C Initial

  DDRB = 0x78;
  DDRD = 0xf0;

  TCCR0 = 0x0d;   //CTC, 128분주
  OCR0 = 125-1;   //16MHz/128/125 = 1000(1ms)
  TIMSK = 0x02;   //timer0 비교매치 인터럽트 enable

  __enable_interrupt();  // enable interrupts

  while(1)
  {
  }
}

void rs232_init(void)
{
  UCSR1A = 0x02;   //asynchronous mode, double baudrate
  UCSR1B = 0xD8;   //rx/tx interrupt enable, 8bit data, rx/tx enable
  UCSR1C = 0x06;   //asynchronous, no parity, stop bit = 1bit

  /*   BAUD = 16MHz/(8*(UBRR+1))
       UBRR = 16MHz/8/BAUD-1        */

  /*   BAUD = 9600
       16MHz/8/9600-1 = 207         */
```

```
  UBRR1H = 207 >> 8;
  UBRR1L = 207 & 0x00ff;
}

//송신 완료 인터럽트
#pragma vector = USART1_TXC_vect
__interrupt void USART1TxIsr()
{
      Test_Tx++;
}
//수신 인터럽트
#pragma vector = USART1_RXC_vect
__interrupt void Usart1RxIsr()
{
        //수신 버퍼 값을 RX_Data에 저장
        Rx_Data = UDR1;

        //Rx_Data를 Tx_Data에 저장
        Tx_Data = Rx_Data;

        //송신 버퍼에 Tx_Data 값을 저장
        UDR1 = Tx_Data; //echo back(수신을 송신)

        Test_Rx++;
}
#pragma vector = TIMER0_COMP_vect
__interrupt void TIMER0_COMP(void)
{
        if(++T10ms_Cnt >= 10)            //10ms Interrupt
        {
                Test++;
                T10ms_Cnt=0;

                Led = ~Rx_Data;          //수신받은 Data를 Led에 출력
                PORTB = ((Led & 0x0f) << 3);
                PORTD = (Led & 0xf0);
        }
}
```

실험 11-2

송신 인터럽트를 이용하여 SW1을 눌렀을 때에는 'A'를 송신하며, SW2를 눌렀을 때에는 'B'를 SW3을 누르면 'C'를 SW4를 누르면 'D'를 PC로 송신하며, 송신되는 문자를 LED에 표시하는 프로그램을 작성하여 실험하였다. (전송속도는 9600bps, 통신방법은 Asynchronous Mode, 8bit data length, Parity bit 미사용, Stop Bit는 1 Stop Bit)

```
#include <iom128.h>
#include <ina90.h>
#include "DebugAtmega128.h"

#define   KEY           *(BYTE *)0x2000
#define   LCD_CONTROL   *(BYTE *)0x5000   //BZ(7)..BL(4) RW(2) RS(1) EN(0)
#define   SW1     0x01
#define   SW2     0x02
#define   SW3     0x04
#define   SW4     0x08

#define   PI      0x02      //Buzzer 삐~

typedef unsigned char BYTE;
typedef unsigned int  WORD;

int Tx_Data=0x00;
int T20ms_Cnt=0, T10ms_Cnt=0;

BYTE Led, Buzzer_cnt=0, Buzzer=0;
BYTE Key_Value=0;

int Test=0;
```

```
void rs232_init(void);
void rs232_tx(void);
void Key_Scan(void);

void main(void)
{
  AtMg128DebugInit();
  MCUCR=0xc0;             // 0~7FFF : 0 wait
  XMCRA=0x40;             // 8000~FFFF : 1 wait
  rs232_init();

  PORTB = 0xff;
  DDRB = 0xf8;
  PORTD = 0xff;
  DDRD = 0xf0;

  TCCR0 = 0x0d;   //CTC, 128분주
  OCR0 = 125-1;   //16MHz/128/125 = 1000(1ms)
  TIMSK = 0x02;   //timer0 비교매치 인터럽트 enable

  __enable_interrupt();      // enable interrupts

  while(1)
  {
      if(Key_Value)
      {
          switch(Key_Value)
          {
          case SW1 :  Tx_Data = 'A';       //SW1
                      Led=~Tx_Data;
                      Buzzer=PI;
                      break;

          case SW2 :  Tx_Data = 'B';       //SW2
                      Led=~Tx_Data;
```

```
                        Buzzer=PI;
                        break;

            case SW3 :  Tx_Data = 'C';        //SW3
                        Led=~Tx_Data;
                        Buzzer=PI;
                        break;

            case SW4 :  Tx_Data = 'D';        //SW4
                        Led=~Tx_Data;
                        Buzzer=PI;
                        break;
            default : break;
            }
            Key_Value = 0;
            rs232_tx();
        }
    }
}
void rs232_init(void)
{
  UCSR1A = 0x02; //asynchronous mode, double baud rate
  UCSR1B = 0x48; //tx interrupt enable, 8bit data, rx/tx enable
  UCSR1C = 0x06; //asynchronous, no parity, stop bit = 1bit

  /*   BAUD = 16MHz/(8*(UBRR+1))
       UBRR = 16MHz/8/BAUD-1        */

  /*   BAUD = 9600
       16MHz/8/9600-1 = 207         */

  UBRR1H = 207 >> 8;
  UBRR1L = 207 & 0x00ff;
}
```

```
//송신 데이터 함수
void rs232_tx(void)
{
	//전송이 완료될 때 까지 대기
	while((UCSR1A & 0x20) == 0x00);

	//전송이 완료되면 TX_Data를 송신버퍼에 입력
	UDR1 = Tx_Data;

	//Tx_Data 초기화
	Tx_Data=0;
}

#pragma vector = TIMER0_COMP_vect
__interrupt void TIMER0_COMP(void)
{
	 if(++T10ms_Cnt >= 10)		//10ms Interrupt
	 {
		Test++;
		T10ms_Cnt=0;

		PORTB = ((Led & 0x0f) << 3);
		PORTD = (Led & 0xf0);
	 }

	 if(++T20ms_Cnt > 20)		//20ms Interrupt
	 {
		T20ms_Cnt=0;

		Key_Scan();
	 }
	//Buzzer driving
	if(++Buzzer_cnt >=50)		//50*1msec
```

```
        {
            Buzzer_cnt=0;
            if(Buzzer & 0x01)
            {
                //Buzzer ON  BZ(7)..BL(4) RW(2) RS(1) EN(0)
                LCD_CONTROL |= 0x80;   //부저 ON
            }
            else
            {
                LCD_CONTROL &= ~0x80; //부저 OFF
                //Buzzer OFF BZ(7)..BL(4) RW(2) RS(1) EN(0)
            }
            Buzzer = Buzzer>>1;
        }
}

char BF_key =0, BFBF_key=0;
void Key_Scan(void)
{
        if(KEY == BF_key)                //Key de-bounce check
        {
            if(BF_key != BFBF_key)       //New key input?
            {
                Key_Value = KEY ^ 0xFF;  //SW1~8: 1,2,4,8,0x10,0x20,0x40,0x80
            }
        }
        BFBF_key = BF_key;          //이전과거 <= 과거
        BF_key = KEY;               //과거 <= 현재
}
```

실험 11-3

송신 인터럽트를 이용하여, SW1을 눌렀을 때에는 "A~G"를 송신하며, SW2를 누르면 "0~9"를, SW3을 누르면 "자신의 영문 이름"을 그리고 SW4를 누르면 "자신의 ID"를 각각 전송하며, 이 때 누른 스위치의 Hexa값을 LED로 표시하는 프로그램을 작성하여 실험하였다. (전송속도 9600bps, 통신방법은 Asynchronous Mode, 8bit as the data length, Parity bit 미사용, Stop Bit는 1 Stop Bit)

```
#include <iom128.h>
#include <ina90.h>
#include "DebugAtmega128.h"

#define KEY             *(BYTE *)0x2000
#define LCD_CONTROL     *(BYTE *)0x5000       //BZ(7)..BL(4) RW(2) RS(1) EN(0)
#define SW1      0x01
#define SW2      0x02
#define SW3      0x04
#define SW4      0x08

#define PI       0x02      //1번 Buzzer 울림

typedef unsigned char BYTE;
typedef unsigned int  WORD;

int Tx_Data[20], Tx_Cnt, Tx_Index;
int T20ms_Cnt=0, T10ms_Cnt=0;

BYTE alphabet[] = "ABCDEFG";
BYTE number[]= "0123456789";
BYTE name[] = "AMC_LAB";
BYTE ID[] = "2009_343434";
```

```
BYTE Led, Buzzer_cnt=0, Buzzer=0;
BYTE Key_Value=0;

int Test=0, Test_Tx=0;

void rs232_init(void);
void Key_Scan(void);
void Tx_Data_Make(BYTE alphabet[]);

void main(void)
{
   AtMg128DebugInit();
   MCUCR=0xC0;              // 0~7FFF : 0 wait
   XMCRA=0x40;              // 8000~FFFF : 1 wait
   rs232_init();

   PORTB = 0xff;
   DDRB = 0xf8;
   PORTD = 0xff;
   DDRD = 0xf0;

   TCCR0 = 0x0d;    //CTC, 128분주
   OCR0 = 125-1;    //16MHz/128/125 = 1000(1ms)
   TIMSK = 0x02;    //timer0 비교매치 인터럽트 enable

   __enable_interrupt();    // enable interrupts

   while(1)
   {
        if(Key_Value)
        {
             switch(Key_Value)
             {
                  case SW1: Tx_Data_Make(alphabet);  //SW1, Alphabet
                            break;

                  case SW2: Tx_Data_Make(number);    //SW2, Number
```

```
                        break;

                case SW3: Tx_Data_Make(name);         //SW3, Name
                        break;

                case SW4: Tx_Data_Make(ID);           //SW4, ID
                        break;
                default : break;
            }
            Buzzer=PI;
            Led=~Key_Value;
            Key_Value = 0;
        }
    }
}

void Tx_Data_Make(BYTE *out_data)
{
     BYTE i=0;

     while(*out_data)
     {
          Tx_Data[i++] = *(BYTE *)(out_data++);
     }

     Tx_Cnt = i;
     Tx_Index =0;
     UDR1 = Tx_Data[0];
}

void rs232_init(void)
{
   UCSR1A = 0x02; //asynchronous mode, double baud rate
   UCSR1B = 0x48; //tx interrupt enable, 8bit data, rx/tx enable
   UCSR1C = 0x06; //asynchronous, no parity, stop bit = 1bit

   /*   BAUD = 16MHz/(8*(UBRR+1))
```

```
          UBRR = 16MHz/8/BAUD-1          */

    /*    BAUD = 9600
          16MHz/8*9600-1 = 207           */

    UBRR1H = 207 >> 8;
    UBRR1L = 207 & 0x00ff;
}
//송신 인터럽트
#pragma vector = USART1_TXC_vect
__interrupt void USART1TxIsr()
{
    Test_Tx++;
    if(--Tx_Cnt)
          UDR1 = Tx_Data[++Tx_Index];
}

#pragma vector = TIMER0_COMP_vect
__interrupt void TIMER0_COMP(void)
{
          if(++T10ms_Cnt >= 10)              //10ms Interrupt
          {
                    Test++;
                    T10ms_Cnt=0;

                    PORTB = ((Led & 0x0f) << 3);
                    PORTD = (Led & 0xf0);
          }

          if(++T20ms_Cnt >= 20)              //20ms Interrupt
          {
                    T20ms_Cnt=0;

                    Key_Scan();
          }

          //Buzzer driving
```

```
        if(++Buzzer_cnt >=50) //50*1msec
        {
            Buzzer_cnt=0;
            if(Buzzer & 0x01)
            {
                //Buzzer ON  BZ(7)..BL(4) RW(2) RS(1) EN(0)
                LCD_CONTROL |= 0x80;
            }
            else
            {
                LCD_CONTROL &= ~0x80;
                //Buzzer OFF BZ(7)..BL(4) RW(2) RS(1) EN(0)
            }
            Buzzer = Buzzer>>1;
        }
}

char BF_key =0, BFBF_key=0;
void Key_Scan(void)
{
   if(KEY == BF_key)     //Key de-bounce check
   {
       if(BF_key != BFBF_key)          //New key input?
       {
            Key_Value = KEY ^ 0xFF;     //SW1~8: 1,2,4,8,0x10,0x20,0x40,0x80
       }
   }
   BFBF_key = BF_key;          //이전과거 <= 과거
   BF_key = KEY;               //과거 <= 현재
}
```

※ ComMaster 사용방법

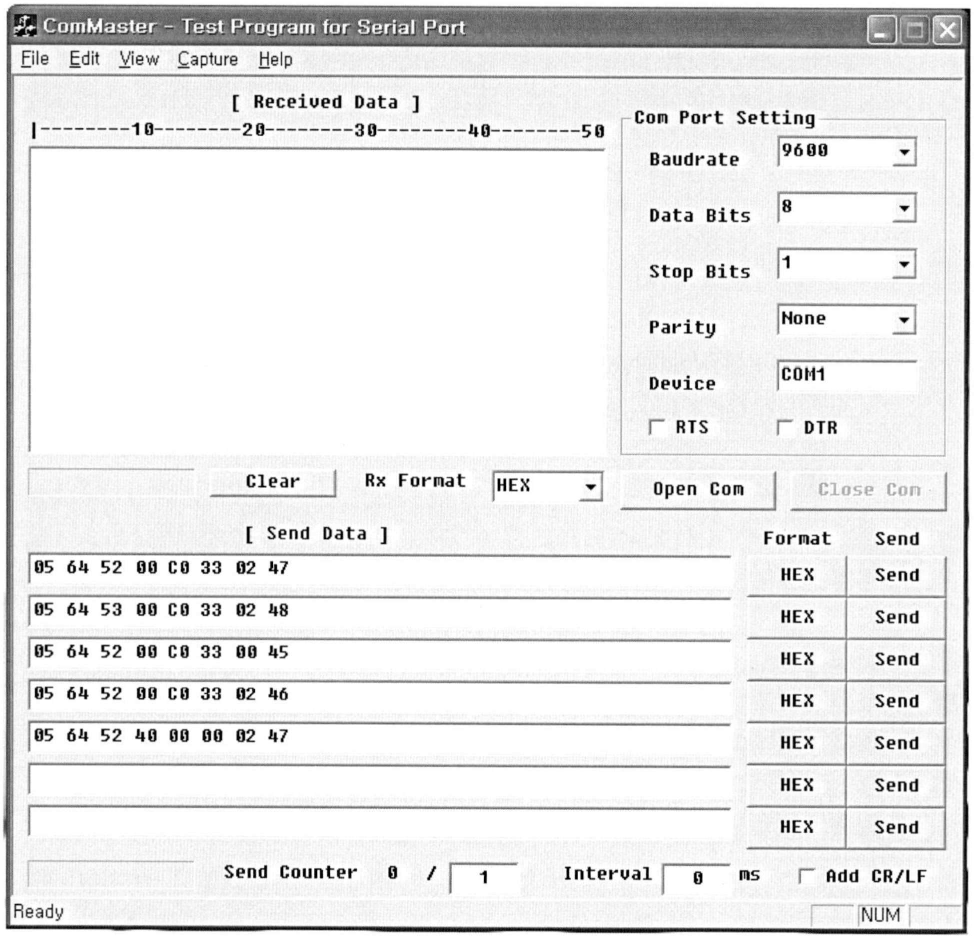

1) Baud Rate 9600 선택

2) Data Bits 8 bit 선택

3) Stop Bits 1 bit 선택

4) Parity None 선택

5) COM1 혹은 COM3 등을 선택

6) Open COM 선택

※ 하이퍼터미널 사용방법

1. 시작 → 모든 프로그램 → 보조프로그램 → 통신 → 하이퍼터미널 실행

2. 연결설명은 아래와 같이 이름(N)에 'ATmega128 Test'라고 입력한 후 확인을 누른다.

3. 연결대상에서 연결에 사용할 모뎀을 COM1 혹은 COM3을 선택한다.

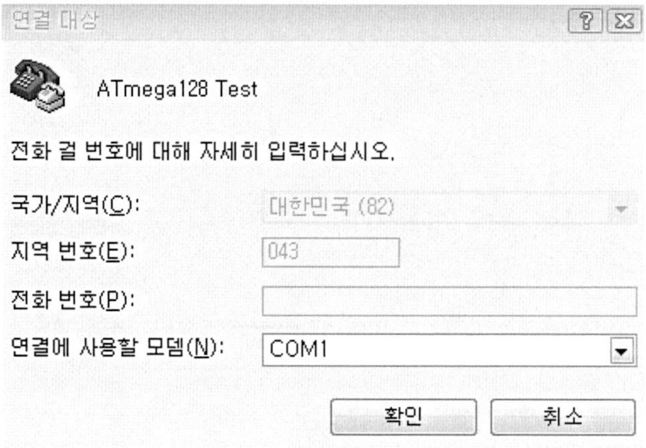

4. 포트를 아래와 같이 설정한 후 적용을 누르고 확인을 누른다.

1) 비트/초 9600 선택
2) 데이터비트 8 bit 선택
3) 패리티 없음 선택
4) 정지 비트 1 bit 선택
5) 흐름제어 없음 선택

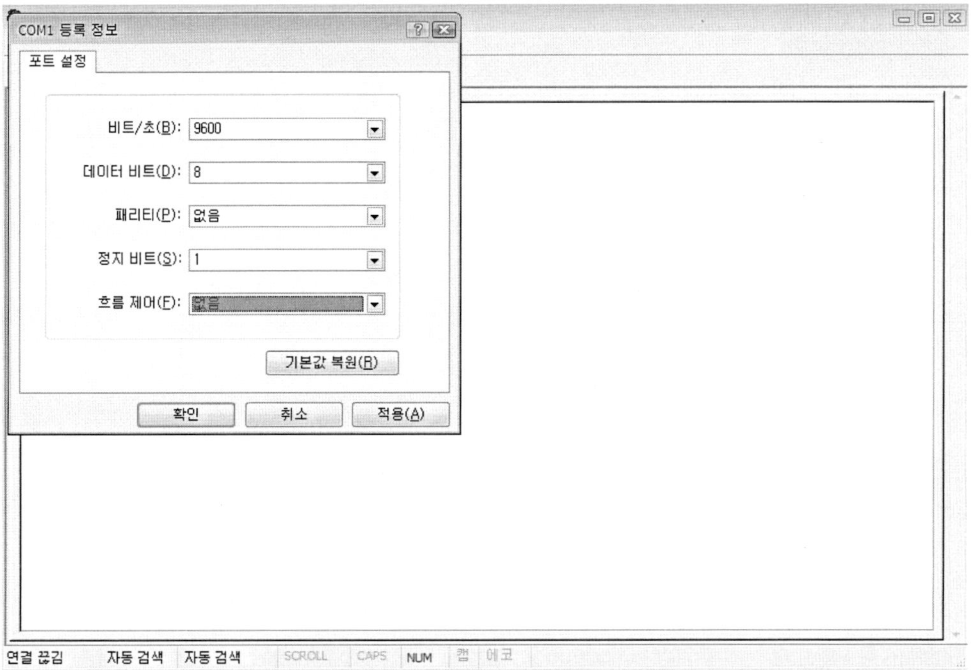
COM1 등록 정보
포트 설정
비트/초(B): 9600
데이터 비트(D): 8
패리티(P): 없음
정지 비트(S): 1
흐름 제어(F): 없음
기본값 복원(R)
확인
취소
적용(A)
연결 끊김
자동 검색
자동 검색
SCROLL
CAPS
NUM
캡
에코

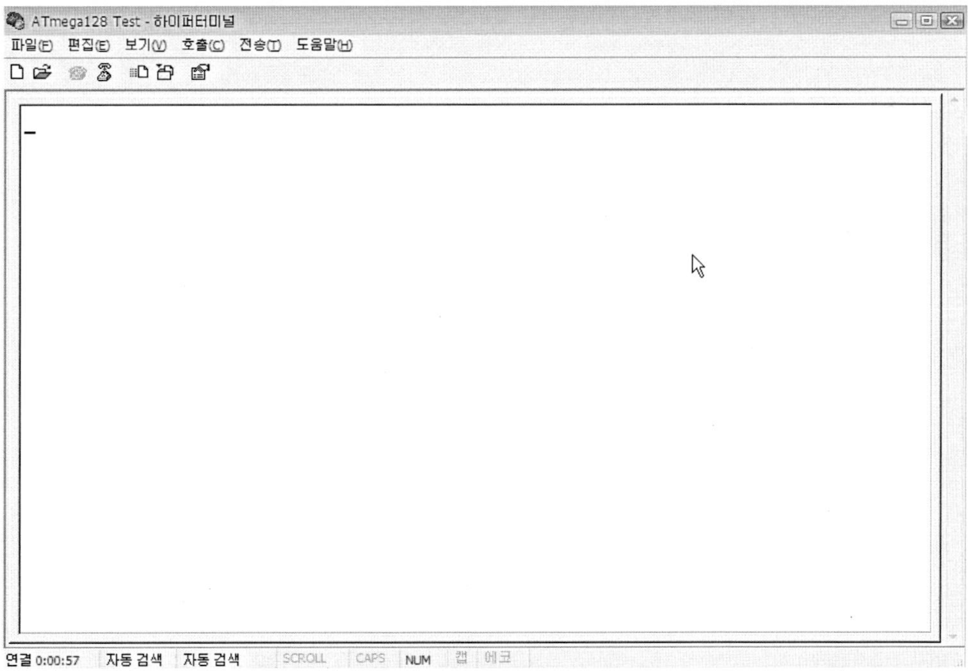
ATmega128 Test - 하이퍼터미널
파일(F)
편집(E)
보기(V)
호출(C)
전송(T)
도움말(H)
연결 0:00:57
자동 검색
자동 검색
SCROLL
CAPS
NUM
캡
에코

과제 11-1

SW1을 누를 때마다 1→2→3→ · · · →9→1→2 · · · 의 동작패턴을 전송하는 프로그램을 작성하시오. 이때 숫자에 해당하는 ASCII 값이 LED에 출력되도록 하시오. 비동기 통신의 전송속도는 19200 BPS로 설정하여 데이터를 전송하시오.

과제 11-2

PC에서 키보드를 치면 해당하는 글자가 LCD에 디스플레이 되도록 하는 프로그램을 작성하시오. 이때 LED에도 키보드의 값에 해당하는 ASCII 값이 출력되도록 작성하시오.

과제 11-3

Digital Clock을 1초마다 다음과 같은 형태로 PC의 모니터에 출력하는 프로그램을 작성하시오. 이때 비동기 통신의 전송속도는 19200 BPS로 설정하여 데이터를 전송하시오. 예) Current time : PM 04 : 23 : 45

제 12 장 시리얼 통신과 프로토콜

지금은 멀티미디어 시대라고 말들 한다. 이러한 멀티미디어 시대에서는 통신이 필수적인 요소이다. 사람과 사람이 대화할 때도 언어가 있고 대화하는 방법도 다양하기 때문에 어느 정도 표준을 가지고 대화를 한다.

즉, 다양한 기기나 컴퓨터 사이에도 표준을 가지고 데이터를 주고받는다. 여러 종류의 기기를 접속하여 네트워크를 구축하기 위해서는 다양한 기기사이의 통신을 위한 일정한 규약이 필요하다. 이 규약을 프로토콜(Protocol)이라 한다.

만약 프로토콜이 없다면 마치 한국말로 말하는 것을 일본 사람이 이해하지 못하는 것처럼 통신장비가 연결되어 있어도 서로 통신할 수 없게 된다. 각 기기들은 같은 프로토콜을 사용함으로써 통신을 할 수 있게 되는 것이다. 네트워크상의 모든 기기는 상호간에 접속하기 위해서 그 네트워크상에서 사용되는 프로토콜이 명확해야 한다. 이를 위해 국제적인 표준이 존재한다. 프로토콜이란 한마디로 말해서 데이터 구성 등 논리적인 것과 신호 레벨 등 물리적인 것에 따라 그 이미지가 상당히 달라지므로 프로토콜이 알기 쉽게 계층화 되어있다.

간단히 말해서 프로토콜이란 서로 대화를 하기 위해 규칙을 정하는 것으로써 전송속도나 데이터의 길이, 정지비트(Stop bit)의 길이 등을 서로 약속하고 이 약속된 규칙에 의해 통신하는 것을 말한다.

즉, 미리 정해진 규칙에 따라 통신을 해야만 정확한 정보를 주고받을 수 있다. 본 장에서는 널리 사용되는 있는 대표적인 프로토콜을 공개함으로써 실제 데이터 통신이 어떻게 이루어지고 있는지를 실험을 통해 알아보기로 한다.

실험 12-1

RS232C 시리얼 통신을 하고자한다. 이때 사용하는 통신프로토콜을 다음과 같은 조건으로 작성하여 실험한다. (Asynchronous통신, 통신속도 9600BPS, Data bit 8bit(Hexa 통신), Parity bit 없음, Stop bit 1bit)

시리얼(RS232C) 통신을 위한 프로토콜은 아래와 같은 방법으로 통신하며 Master는 PC가 되고 Slave는 MPU(ATmega128)가 된다.

▸ Data Read

요청 Protocol : PC → MPU(ATmega128)

ENQ	Command	Address	EOT
05	'R'	2 byte	04

응답 Protocol : PC ← MPU(ATmega128)

· 정상 Data를 수신했을 경우

ACK	Data	EOT
06	Address에 있는 '3'개의 Data (하위 바이트부터 3 byte 전송)	04

· Error Command, Address, 혹은 잘못된 EOT를 수신했을 경우

NAK	EOT
15	04

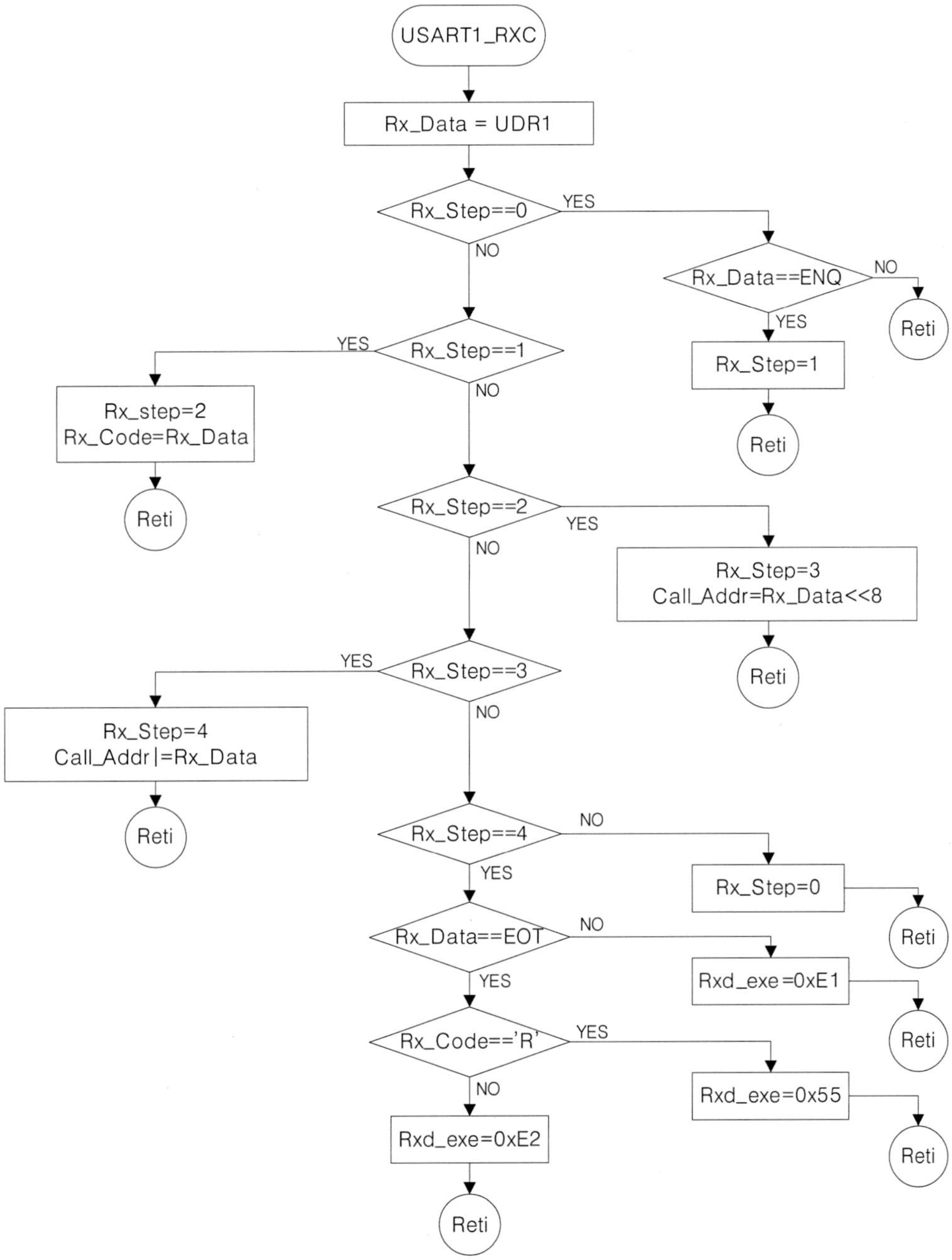

[그림 12.1] 시리얼 인터럽트에 대한 흐름도

```
#include <iom128.h>
#include <ina90.h>
#include "DebugAtmega128.h"

#define   ENQ  0x05
#define   EOT  0x04
#define   ACK  0x06
#define   NAK  0x15

typedef unsigned char BYTE;
typedef unsigned int  WORD;

BYTE Rx_Step=0, Rx_Code=0, Rxd_exe=0;
BYTE Rx_Data=0x00;
BYTE Tx_Buffer[8], Tx_Cnt, Tx_Index;
BYTE Test_Ack=0, Test_Nak=0;

WORD Call_Addr=0x000000;
unsigned long Test_Addr;

void rs232_init(void);
void Tx_Packet(BYTE tx_kind);

void main(void)
{
        Test_Addr=0x012345;
        AtMg128DebugInit();
        MCUCR=0xc0;        // 0~7FFF : 0 wait
        XMCRA=0x40;        // 8000~FFFF : 1 wait
        rs232_init();

        PORTB = 0xff;
        DDRB = 0xf8;
        PORTD = 0xff;
        DDRD = 0xf0;

        TCCR0 = 0x0d;          //CTC, 128분주
        OCR0 = 125-1;          //16Mhz/128/125 = 1000(1ms)
        TIMSK = 0x02;          //timer0 비교매치 인터럽트 enable

        __enable_interrupt(); // enable interrupts
```

```
        while(1)
        {
            if(Rxd_exe & 0xF0)
            {
                Tx_Packet(Rxd_exe);
                Rxd_exe=0;
            }
        }
}
void rs232_init(void)
{
        UCSR1A = 0x02;   //asynchronous mode, double baud rate
        UCSR1B = 0xD8;   //tx, rx interrupt enable, 8bit data, rx/tx enable
        UCSR1C = 0x06;   //asynchronous, no parity, stop bit = 1bit

        // BAUD = 9600
        // 16MHz/8/9600-1 = 207

        UBRR1H = 207 >> 8;
        UBRR1L = 207 & 0x00ff;
}

void Tx_Packet(BYTE tx_kind)
{
    BYTE OK_NG;
    OK_NG = tx_kind & 0xF0;
    if(OK_NG == 0x50)
    {
        Tx_Buffer[0] = ACK;
        Tx_Buffer[1] = *(BYTE *)(Call_Addr);
        Tx_Buffer[2] = *(BYTE *)(Call_Addr + 1);
        Tx_Buffer[3] = *(BYTE *)(Call_Addr + 2);
        Tx_Buffer[4] = EOT;
        Tx_Cnt = 4;
    }
    else if(OK_NG == 0xE0)
    {
        Tx_Buffer[0] = NAK;
        Tx_Buffer[1] = EOT;
        Tx_Cnt=1;
    }
    Tx_Index=1;
```

```
    UDR1 = Tx_Buffer[0];
}

//송신 인터럽트
#pragma vector = USART1_TXC_vect
__interrupt void USART1TxIsr()
{
    if(Tx_Cnt--)
        UDR1 = Tx_Buffer[Tx_Index++];
}
//수신 인터럽트
#pragma vector = USART1_RXC_vect
__interrupt void USART1RxIsr()
{
    Rx_Data = UDR1;

    switch(Rx_Step)
    {
        case 0 :  //Header#1
                  if(Rx_Data==ENQ)
                        Rx_Step=1;
                  break;
        case 1 :  Rx_Step=2;
                  Rx_Code = Rx_Data;
                  break;
        case 2 :  Rx_Step=3;
                  Call_Addr = (WORD)Rx_Data << 8;
                  break;
        case 3 :  Rx_Step=4;
                  Call_Addr |= (WORD)Rx_Data;
                  break;
        case 4 :  if(Rx_Data != EOT)
                        Rxd_exe = 0xE1;
                  else if(Rx_Code == 'R')
                        Rxd_exe = 0x55;
                  else
                        Rxd_exe = 0xE2;
        default :  Rx_Step=0;
                  break;
    }
}
```

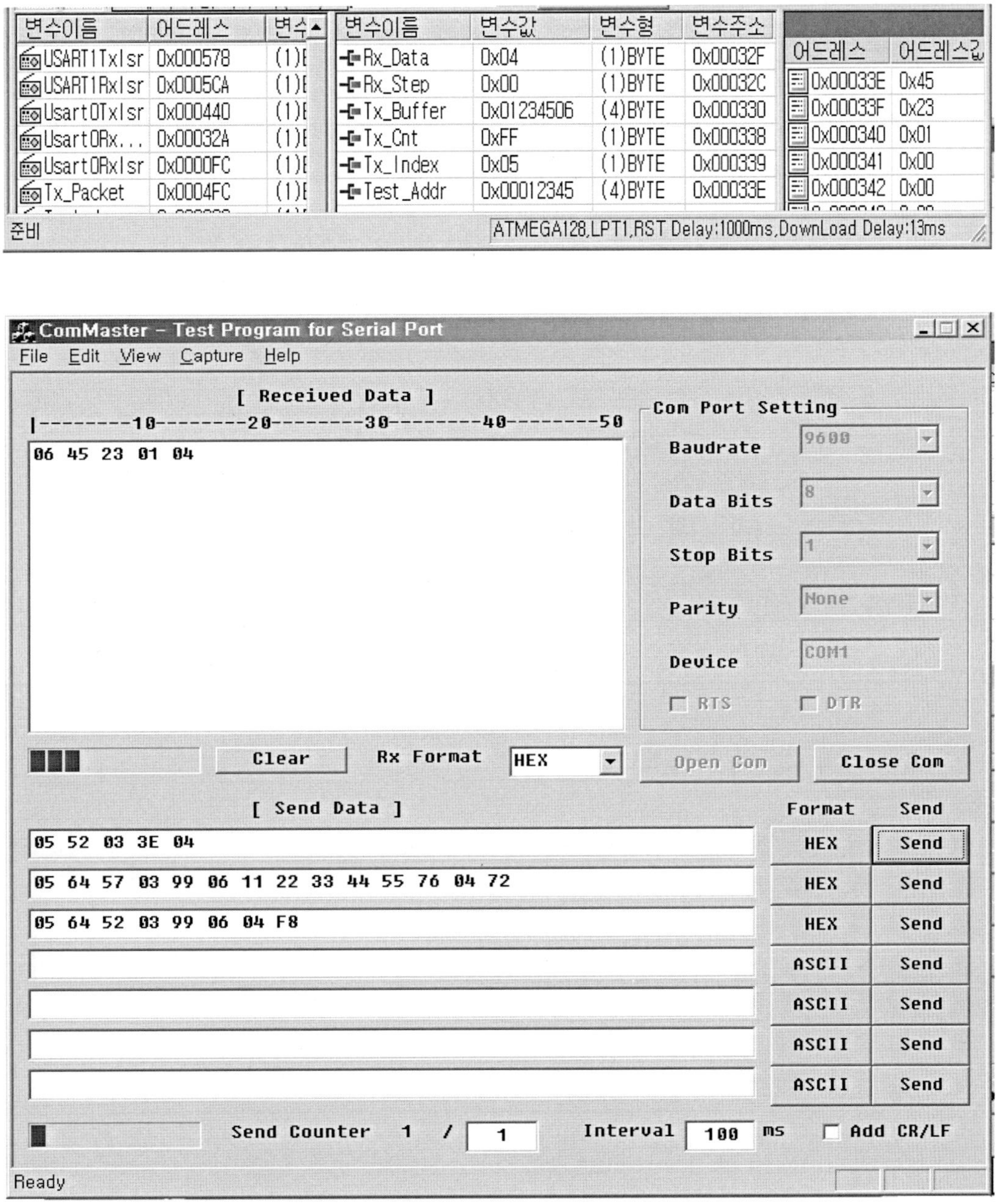

[그림 12.2] 프로토콜에 의한 통신 모니터링 화면

실험 12-2

시리얼(RS232C) 통신 인터페이스를 사용하여 아래와 같은 프로토콜 통신을 다음과 같은 조건으로 데이터를 읽고 쓰는 것을 작성하여 실험한다. (Asynchronous통신, 통신속도 9600BPS, Data bit 8bit(Hexa 통신), Parity bit 없음, Stop bit 1bit)

프로토콜은 아래와 같은 방법으로 통신하며 Master는 PC가 Slave는 AVR이 된다.

▸ Data Read

요청 Protocol : PC → MPU

Header#1	Header#2	Command	Address	Length	EOT	BCC
05	64	'R'	2Byte	Data길이	04	Command~Length 합

응답 Protocol : PC ← MPU

· 정상 Data를 수신했을 경우

ACK	Command	Data	EOT	BCC
06	'R'	'Length'개의 Data	04	Command ~ EOT 합

· 잘못된 EOT, 혹은 잘못된 BCC를 수신했을 경우

NAK	Error	EOT	BCC
15	Error Code	04	Error Code ~ EOT의 합

▶ Data Write

요청 Protocol : PC → MPU

Header# 1	Header# 2	Command	Address	Length	Data	EOT	BCC
05	64	'W'	2Byte	'n'개의 Word	'Length' 개의 Data	04	Command ~ EOT 합

응답 Protocol : PC ← MPU

· 정상 Data를 수신했을 경우

ACK	Command	Data	EOT	BCC
06	'R'	'Length'개의 Data	04	Command ~ EOT 합

· 잘못된 EOT, 혹은 잘못된 BCC를 수신했을 경우

NAK	Error	EOT	BCC
15	Error Code	04	Error Code ~ EOT의 합

▶ Error Code

Error Code	설명
E1	EOT Error
E2	BCC Error

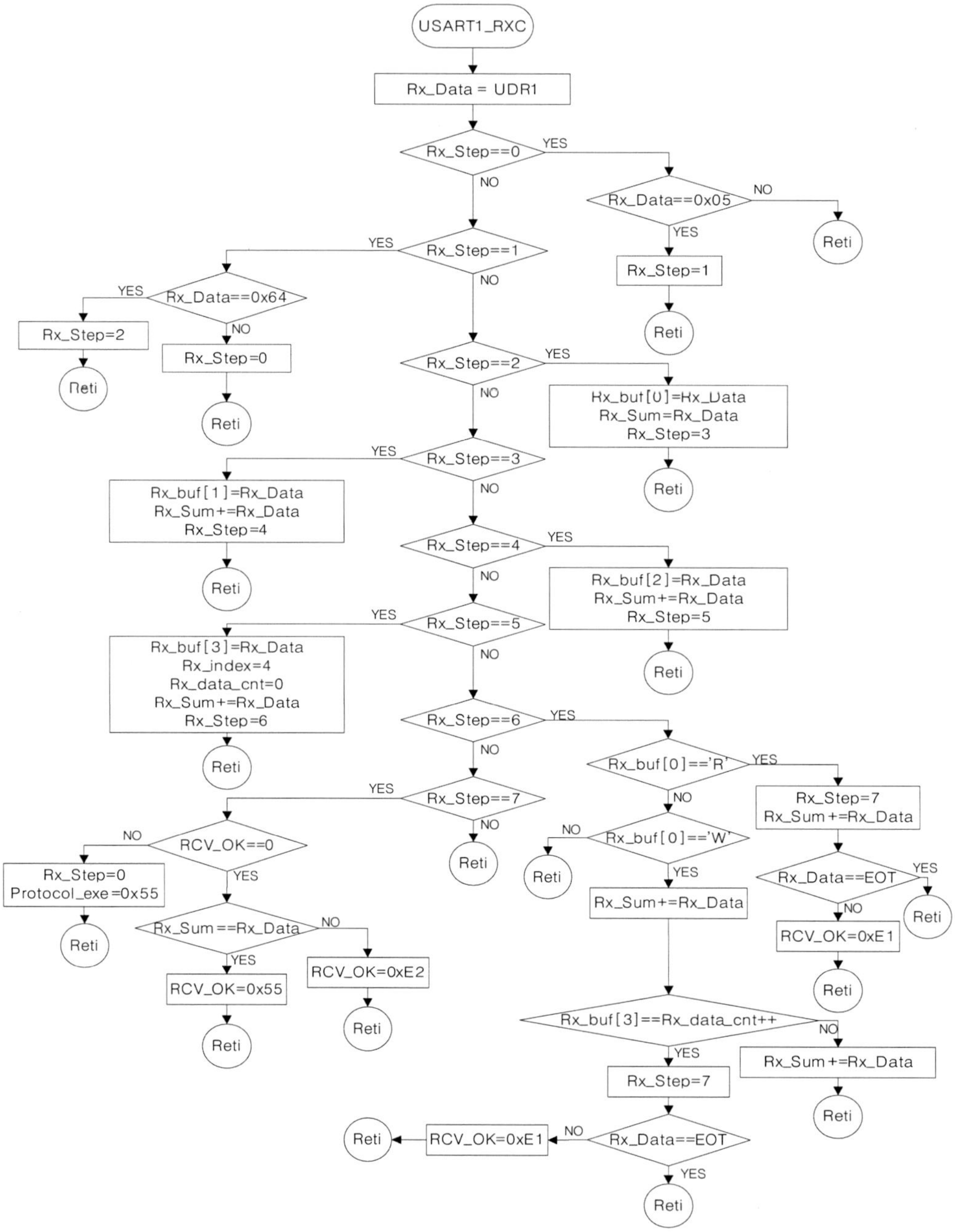

[그림 12.3] 시리얼 인터럽트에 대한 흐름도

```
#include <iom128.h>
#include <ina90.h>
#include "DebugAtmega128.h"

#define   ACK    0x06
#define   EOT    0x04
#define   NAK    0x15

typedef unsigned char BYTE;
typedef unsigned int  WORD;

WORD WR_Addr=0;
BYTE Rx_Step=0, RCV_OK=0, Protocol_exe=0, Rx_number;
BYTE Rx_Sum=0x00, Rx_Data=0x00, Rx_data_cnt=0x00;
BYTE Rx_index=0, Rx_buf[100], Test[100];
BYTE Tx_Buffer[100], Tx_Cnt=0, Tx_Index=0, Tx_Sum=0;
WORD RD_Addr=0x00000000;

void rs232_init(void);
void Send(BYTE kind, BYTE data);

void main(void)
{
        int i;
        AtMg128DebugInit();
        MCUCR=0xc0;          // 0~7FFF : 0 wait
        XMCRA=0x40;          // 8000~FFFF : 1 wait
        rs232_init();

        for(i=0;i<100;i++)  Test[i]=0;    //변수 초기화

        PORTB = 0xff;
        DDRB = 0xf8;
        PORTD = 0xff;
        DDRD = 0xf0;

        TCCR0 = 0x0d;   //CTC, 128분주
        OCR0 = 125-1;   //16Mhz/128/125 = 1000Hz(1ms)
        TIMSK = 0x02;   //timer0 비교매치 인터럽트 enable
```

```
    __enable_interrupt();  // enable interrupts

    while(1)
    {
        if(Protocol_exe)
        {
            Protocol_exe=0;
            if(RCV_OK==0x55)    //정상적인 Data 수신의 경우
            {
                    if(Rx_buf[0] == 'W')
                    {
                            WR_Addr = (WORD)Rx_buf[1];
                            WR_Addr = (WR_Addr <<8) | (WORD)Rx_buf[2];

                            for(i=0; i<Rx_buf[3]; i++)
                            {
                                *(BYTE *)WR_Addr++ = Rx_buf[i+4];
                            }
                            Send(ACK, RCV_OK);    //Send ACK Code
                    }
                    else if(Rx_buf[0] == 'R')
                    {
                            Tx_Buffer[0]=ACK;
                            Tx_Buffer[1]='R';
                            Tx_Sum = 'R';
                            RD_Addr = (WORD)Rx_buf[1];
                            RD_Addr = (RD_Addr << 8) | (WORD)Rx_buf[2];
                            Rx_number = Rx_buf[3];
                            for(i=0; i<Rx_number; i++)
                            {
                                Tx_Buffer[i+2] = *(BYTE *)RD_Addr++;
                                Tx_Sum += Tx_Buffer[i+2];
                            }
                            Tx_Buffer[i+2] = EOT;
                            Tx_Sum += EOT;
                            Tx_Buffer[i+3] = Tx_Sum;
```

```
                                        //ACK 'R' Datan EOT BCC('R'~EOT)
                                        Tx_Cnt = Rx_number + 3;
                                        Tx_Index = 1;
                                        UDR1 = Tx_Buffer[0];
                              }
                    }
                    else if((RCV_OK & 0xF0) == 0xE0)    //Error case=> Send NAK code
                    {
                              Send(NAK, RCV_OK);
                    }
                     RCV_OK=0;
               }
        }
}

void Send(BYTE kind, BYTE data)
{
     Tx_Buffer[0] = kind;
     Tx_Buffer[1] = data;
     Tx_Buffer[2] = EOT;
     Tx_Buffer[3] = Tx_Buffer[1] + Tx_Buffer[2];
     Tx_Cnt=3;
     Tx_Index=1;
     UDR1 = Tx_Buffer[0];
}

void rs232_init(void)
{
          UCSR1A = 0x02; //asynchronous mode, double baud rate
          UCSR1B = 0xD8; //tx, rx interrupt enable, 8bit data, rx/tx enable
          UCSR1C = 0x06; //asynchronous, no parity, stop bit = 1bit
          // BAUD = 9600
          // 16MHz/8/9600-1 = 207
          UBRR1H = 207 >> 8;
          UBRR1L = 207 & 0x00ff;
}

//송신 인터럽트
#pragma vector = USART1_TXC_vect
```

```
__interrupt void USART1TxIsr()
{
    if(Tx_Cnt--)
        UDR1 = Tx_Buffer[Tx_Index++];
}
//수신 인터럽트
#pragma vector = USART1_RXC_vect
__interrupt void USART1RxIsr()
{
    Rx_Data = UDR1;
    switch(Rx_Step)
    {
        case 0 :  //Header#1
            if(Rx_Data==0x05)
                Rx_Step=1;
            break;

        case 1 :  //Header#2
            if(Rx_Data==0x64)   Rx_Step=2;
            else                Rx_Step=0;
            break;

        case 2 :  //Command
            Rx_buf[0] = Rx_Data;
            Rx_Sum = Rx_Data;
            Rx_Step=3;
            break;

        case 3 :  //Address_High
            Rx_buf[1] = Rx_Data;
            Rx_Sum += Rx_Data;
            Rx_Step=4;
            break;

        case 4 :  //Address_Low
            Rx_buf[2] = Rx_Data;
            Rx_Sum += Rx_Data;
            Rx_Step=5;
            break;
```

```
case 5 :  //Length
      Rx_buf[3] = Rx_Data;
      Rx_index=4;
      Rx_data_cnt=0;
      Rx_Sum += Rx_Data;
      Rx_Step=6;
      break;

case 6 :
      if(Rx_buf[0] == 'R')
      {
            Rx_Step=7;        //BCC Check mode
            Rx_Sum += Rx_Data;
            if(Rx_Data != EOT)
            {
                  RCV_OK = 0xE1;       //Not EOT Meet ERROR CODE;
            }
      }
      else if(Rx_buf[0] == 'W')
      {
            Rx_Sum += Rx_Data;
            if(Rx_buf[3]==Rx_data_cnt++)
            {
                  Rx_Step=7;            //BCC Check mode
                  //Not EOT Meet ERROR CODE;
                  if(Rx_Data != EOT)    RCV_OK = 0xE1;
            }
            else
            {
                  Rx_buf[Rx_index++] = Rx_Data;
            }
      }
      break;

case 7 :
      if(RCV_OK==0)  //이전에 Error가 없었는가?
      {
            if(Rx_Sum==Rx_Data)
```

```
                    RCV_OK=0x55;    //정상 데이터 수신
                else
                    RCV_OK=0xE2;    //BCC Error
            }
            Rx_Step = 0;
            Protocol_exe=0x55;  //Protocol 분석지령
            break;
    }
}
```

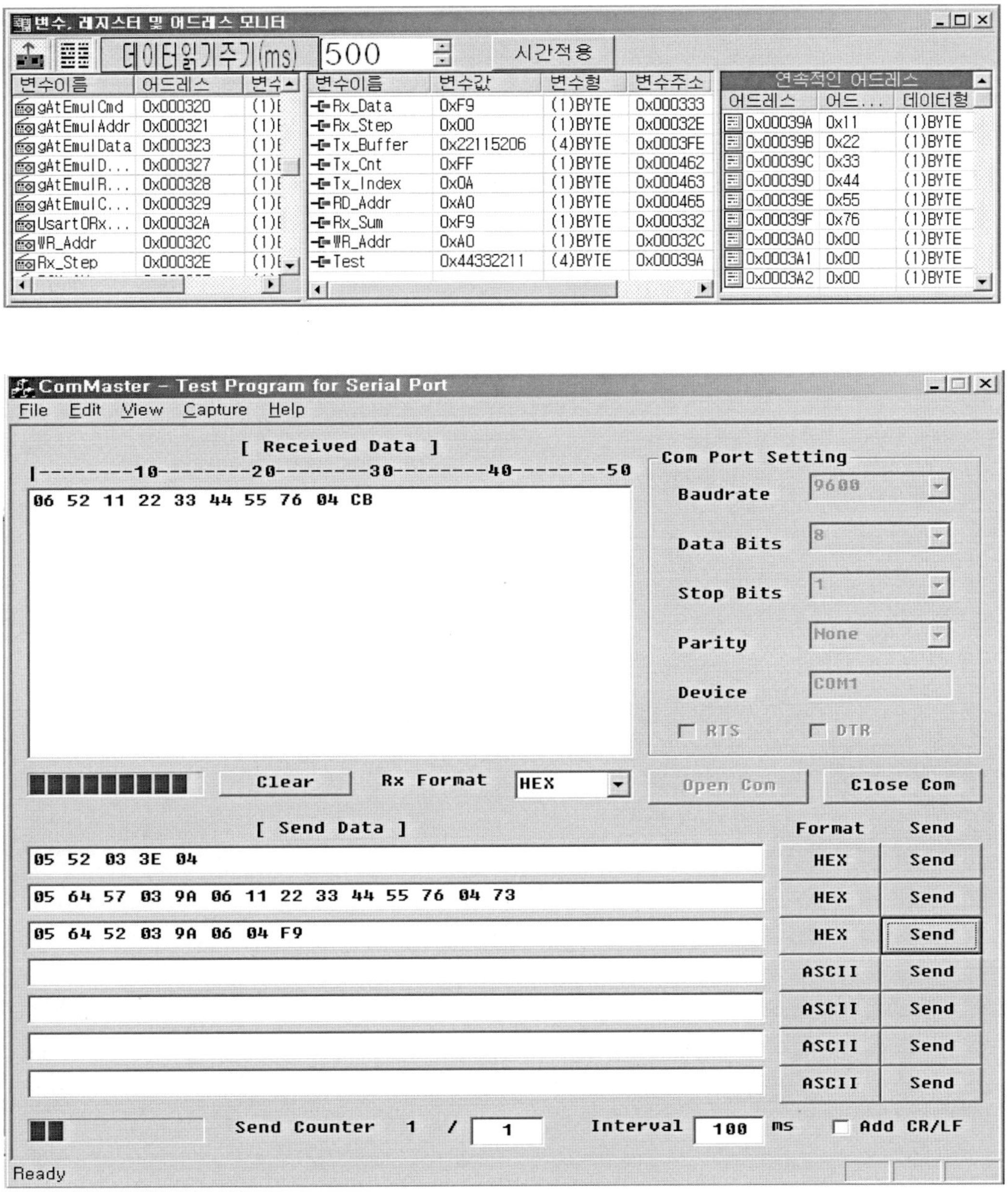

[그림 12.4] Read Command 일 때 통신 모니터링 화면

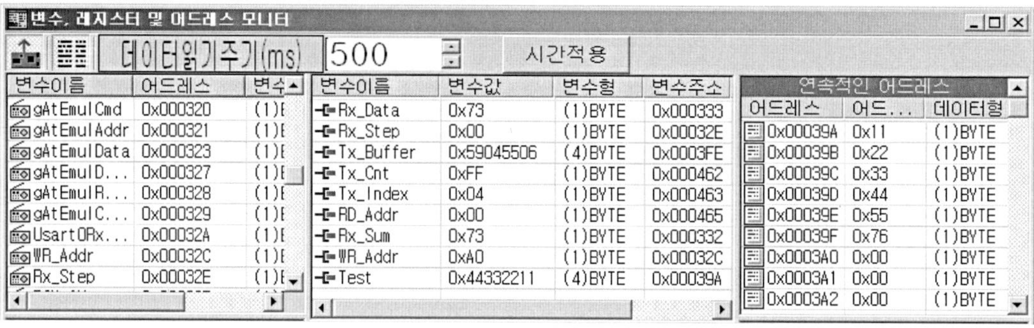

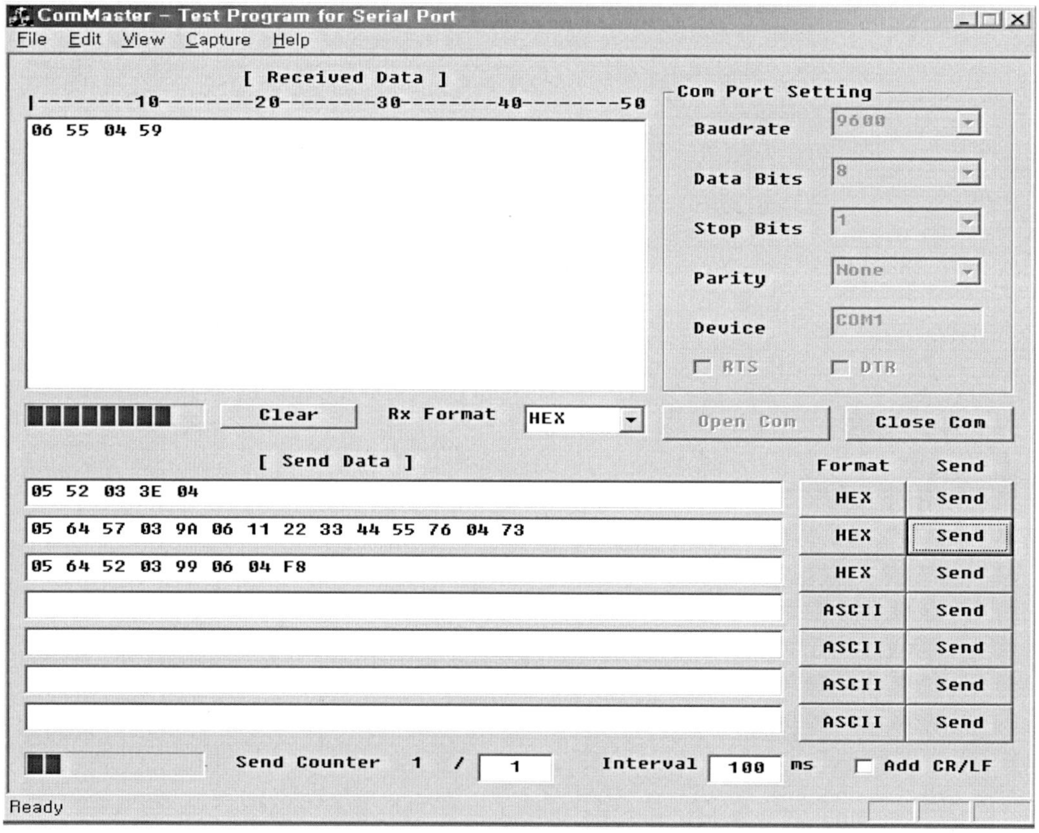

[그림 12.5] Write Command 일 때 통신 모니터링 화면

과제 12-1

예제 12-1과 같은 통신 인터페이스로 프로토콜 통신을 하는 프로그램을 사용하여, 한 프레임을 송신 받을 때 마다 LED를 1씩 감소시키며, 수신된 데이터의 Hexa값을 LED에 표시하는 프로그램을 작성하시오.

과제 12-2

예제 12-1과 같은 통신 인터페이스로 프로토콜 통신을 하는 프로그램을 사용하여, 한 프레임을 송신 받을 때 마다 LED를 1씩 증가시키며, 수신된 데이터의 Hexa값을 LCD에 표시하는 프로그램을 작성하시오.

과제 12-3

예제 12-2와 같은 통신 인터페이스로 프로토콜 통신을 하는 프로그램을 사용하여, 한 프레임을 송신 받을 때 마다 LED를 1씩 감소시키며, Command가 'W'일 때 해당된 데이터의 Hexa값을 LED에 표시하는 프로그램을 작성하시오.

과제 12-4

예제 12-2와 같은 통신 인터페이스로 프로토콜 통신을 하는 프로그램을 사용하여, 한 프레임을 송신 받을 때 마다 LED를 1씩 증가시키며, Command가 'W'일 때 해당된 데이터의 Hexa값을 LCD에 표시하는 프로그램을 작성하시오.

제 13 장 Ethernet 활용과 초고속 통신

이더넷(Ethernet)은 LAN을 위해 개발된 컴퓨터 네트워크 기술로, OSI 모델의 물리 계층에서 신호와 배선, 데이터 링크 계층에서 MAC(media access control) 패킷과 프로토콜의 형식을 정의한다. 이더넷 기술은 대부분 IEEE 802.3 규약으로 표준화 되었다. 현재 가장 널리 사용되고 있으며, 토큰 링, FDDI 등의 다른 표준을 대부분 대체했다.

이더넷은 네트워크에 연결된 각 기기들은 48비트 길이의 고유의 MAC 주소를 가지고 이 주소를 이용해 상호간에 데이터를 주고받을 수 있도록 만들어 졌다. 전송매체로는 BNC 케이블 또는 UTP, STP 케이블을 사용하며, 각 기기를 상호 연결시키는 데에는 허브, 스위치, 리피터 등의 장치를 이용한다.

본 장에서의 실험에 사용된 W5100은 OS없이 인터넷에 쉽게 접속할 수 있도록 설계되어 있기 때문에 이더넷에 대한 초보자도 쉽게 초고속 통신시스템을 구현할 수 있다. W5100은 10/100M Ethernet 컨트롤러로 IEEE 802.3 10BASE-T와 802.3u 100BASE-TX를 지원한다. 시장에서 검증된 TCP/IP 스택과 통합된 이더넷 MAC, PHY를 내장하고 있다. 내장된 TCP/IP 스택은 TCP, UDP, IPv4, ICMP, ARP, IGMP, PPPoE를 지원한다.

또한 16KByte의 내부 버퍼는 데이터 전송을 위해 포함되어 있고 아울러 3가지 방법의 각기 다른 인터페이스의 메모리 접근 방법 즉, Direct, Indirect bus, SPI를 지원한다.

W5100의 특징은 다음과 같다.

=> 하드웨어 내장의 TCP/IP 지원

=> 10BaseT/100BASE TX Ethernet PHY를 내장

=> Support Auto Negotiation (Full-duplex 및 half-duplex 지원)

=> Support Auto MDI/MDIX (cross, direct cable)

=> Support ADSL connection (with support PPPoE Protocol with PAP/CHAP

Authentication mode)

=> 동시에 독립된 4개의 소켓

=> Not support IP Fragmentation

=> Internal 16KByte Memory for TX/RX Buffers

=> 3.3V operation with 5V I/O signal tolerance

=> Support serial Peripheral Interface(SPI MODE 0, 3)

=> Multi-function LED outputs(TX, RX, Full/Half duplex, Collision, Link, Speed)

[그림 13.1]은 W5100의 블록다이어그램과 핀 배열을 나타내고 있다.

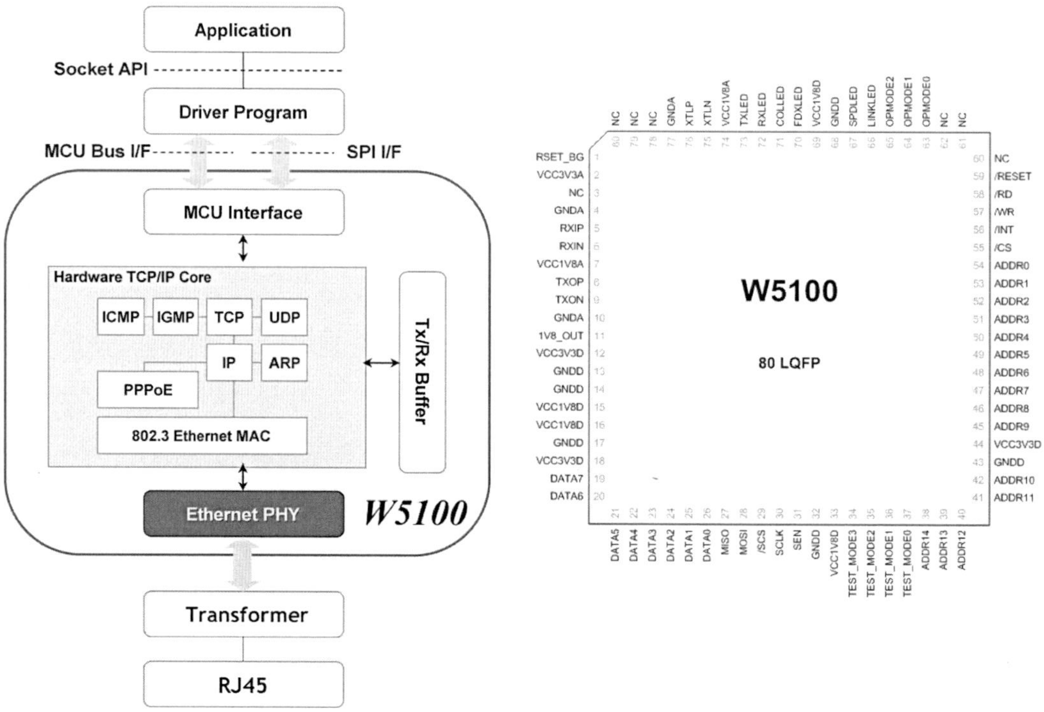

[그림 13.1] W5100 블록다이어그램과 핀 배열

블록다이어그램에서 볼 수 있듯이 W5100은 내부에 MCU Interface, Tx/Rx Buffer, TCP/IP Core, Ethernet PHY를 내장하고 있다. 이를 제어하기 위한 Driver Program과 Application은 외부 인터페이스를 이용하여 연결 한다.

내부 TCP/IP Core가 지원하는 프로토콜에 대하여 알아보면 다음과 같다.

● ICMP(Internet Control Message Protocol)

호스트 서버와 인터넷 게이트웨이 사이에서 메시지를 제어하고 에러를 알려주는 프로토콜이다.

IP 데이터그램을 사용하지만, 메시지는 TCP/IP 소프트웨어에 의해 처리되며 응용프로그램 사용자에게 직접분명하게 보이지는 않는다. 일례로, ping 명령어는 ICMP를 사용한다.

● IGMP(Internet Group Management Protocol)

IP 멀티캐스트를 실현하기 위한 통신 규약이다. LAN 상에서 라우터가 멀티캐스트 통신 기능을 구비한 PC에 대해 멀티캐스트 패킷을 분배하는 경우에 사용된다. 즉, PC가 멀티캐스트로 통신할 수 있다는 것을 라우터에 통지하는 규약이다.

● TCP(Transmission Control Protocol)

OSI 기본 참조 모델의 제 4계층인 전송 계층에 해당되는 프로토콜이다. 인터넷 프로토콜(IP)과 함께 TCP/IP를 구성한다. 패킷의 도착 순서대로 배열이나 오류수정 등이 행해지므로 전송 제어 프로토콜보다 상위층에서 보았을 때 2대의 컴퓨터가 신뢰성이 높은 전용선으로 연결된 것 같이 보인다.

● UDP(User Datagram Protocol)

인터넷 표준 프로토콜 집합인 TCP/IP의 기반이 되는 프로토콜의 하나이다. TCP에서는 세션(접속)을 설정한 후에 통신을 개시하지만, UDP에서는 세션을 설정하지 않고 데이터를 상대의 주소로 송출한다. UDP의 특징은 프로토콜 처리가 고속이라는 점이다. 그러나 TCP와 같이 오류 정정이나 재송신 기능은 없다. 신뢰성보다 고속성이 요구되는 멀티미디어 응용 등에서 사용된다.

● IP(Internet Protocol)

OSI 기본 참조 모델에서 제 3계층인 망 계층에 해당하는 프로토콜이다. IP주소에 따라 다른 네트워크 간 패킷의 전송, 즉 경로 제어를 위한 규약으로 다른 네트워크

간의 데이터 전송을 가능하게 한다. 그러나 패킷이 발신된 순서대로 도착하는 것은 보증하지 않는다. TCP 또는 UDP와 함께 사용한다.

- ARP(Address Resolution Protocol)

인터넷 환경에서 주소를 찾기 위해 제공되는 프로토콜이다. 호스트 상호 간의 통신에서는 망 내에 있는 호스트 주소로 IP 주소가 사용되지만, ARP는 상대방 호스트의 데이터 링크 주소를 필요에 따라 역동적으로 얻기 위한 절차를 제공한다.
따라서 인터넷 환경에서는 상표 간의 데이터 링크 주소의 구성 정보가 불필요하게 되었는데, 이것이 인터넷의 확장성과 접속의 용이성을 고조시키는 특징이다.

- PPPoE(Point-to-Point Protocol over Ethernet)

PPPoE는 모뎀과 같은 고객의 공용 장비를 통해 하나의 이더넷을 이용하여 여러 사용자들을 원격지에 있는 사이트에 연결하기 위한 규격이다. PPPoE는 다이얼업 접속에서 흔히 사용되는 PPP와 근거리 통신망에서 여러 명의 사용자들을 지원하는 이더넷 프로토콜이 결합된 것이다. PPP 프로토콜 정보는 이더넷 프레임 내에 캡슐화 된다.

- MAC

이더넷의 물리적인 주소이다. 이더넷 카드의 ROM에 기록된 것으로써 주소 크기는 48비트인데, IEEE가 전반 24비트를 벤더에 할당하며, 벤더 측은 후반부 24비트에 대해 세부 할당을 한다.

W5100의 전체 메모리맵은 [그림 13.2]와 같다.

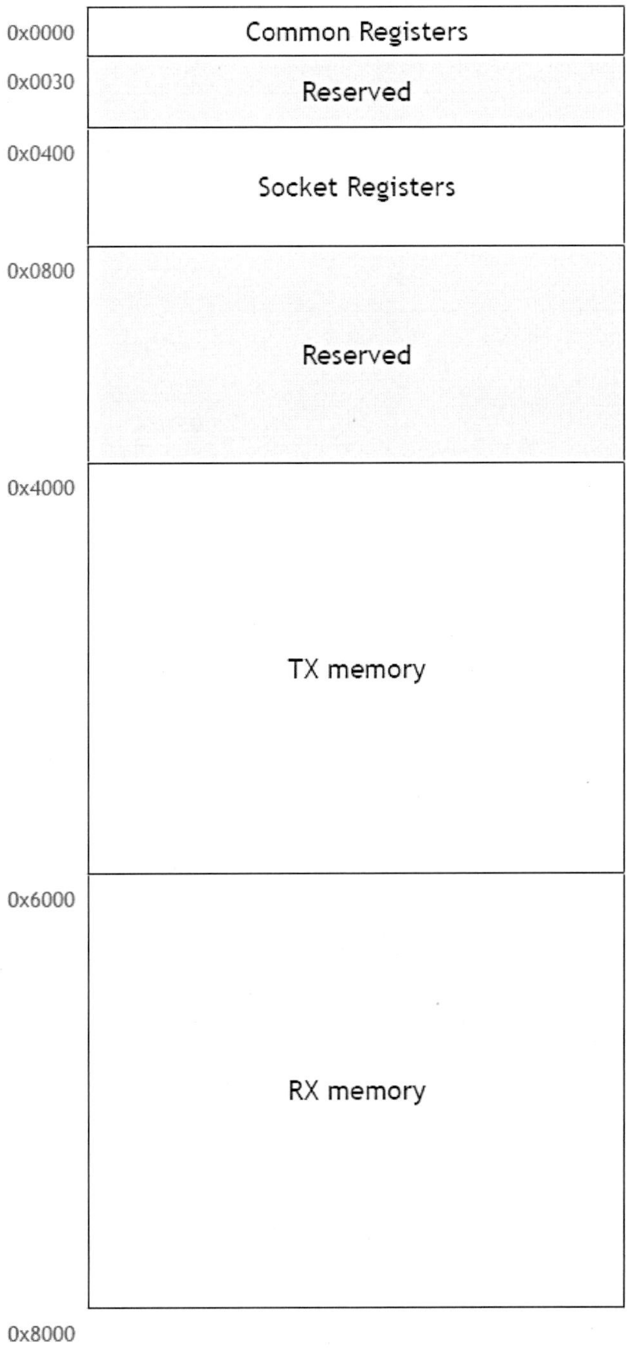

[그림 13.2] W5100 Memory Map

Address	Register
0x0000	Mode (MR)
	Gateway Address
0x0001	(GAR0)
0x0002	(GAR1)
0x0003	(GAR2)
0x0004	(GAR3)
	Subnet mask Address
0x0005	(SUBR0)
0x0006	(SUBR1)
0x0007	(SUBR2)
0x0008	(SUBR3)
	Source Hardware Address
0x0009	(SHAR0)
0x000A	(SHAR1)
0x000B	(SHAR2)
0x000C	(SHAR3)
0x000D	(SHAR4)
0x000E	(SHAR5)
	Source IP Address
0x000F	(SIPR0)
0x0010	(SIPR1)
0x0011	(SIPR2)
0x0012	(SIPR3)
0x0013 0x0014	Reserved
0x0015	Interrupt (IR)
0x0016	Interrupt Mask (IMR)
	Retry Time
0x0017	(RTR0)
0x0018	(RTR1)
0x0019	Retry Count (RCR)

Address	Register
0x001A	RX Memory Size (RMSR)
0x001B	TX Memory Size (TMSR)
	Authentication Type in PPPoE
0x001C	(PATR0)
0x001D	(PATR1)
0x001E ~ 0x0027	Reserved
0x0028	PPP LCP Request Timer (PTIMER)
0x0029	PPP LCP Magic number (PMAGIC)
	Unreachable IP Address
0x002A	(UIPR0)
0x002B	(UIPR1)
0x002C	(UIPR2)
0x002D	(UIPR3)
	Unreachable Port
0x002E	(UPORT0)
0x002F	(UPORT1)
0x0030 ~ 0x03FF	Reserved

[그림 13.3] W5100 Common Registers

● MR (mode register) [R/W][0x0000][0x00]

이 레지스터는 S/W리셋, 메모리 테스트 모드, 핑 블록 모드, PPPoE 모드, Indirect bus I/F용으로 사용한다.

7	6	5	4	3	2	1	0
RST			PB	PPPoE		AI	IND

▫ RST : S/W Reset

만약 이 비트가 1이 되면 초기화가 되고, 리셋 후 자동적으로 클리어 된다.

▫ PB : Ping Block Mode

만약 이 비트가 1이 되면 ping 요청을 거부하게 된다. (ping test를 하기 위해서는 반드시 0으로 해야 한다.)

▫ PPPoE : PPPoE Mode

라우터나 그 외의 다른 장비 없이 ADSL을 사용하고자 할 때 1로 하고 ADSL 서버에 접속한다.

▫ AI : Address Auto-Increment in Indirect Bus I/F

Indirect Bus I/F에서 만약 이 비트가 1이 되면 읽거나 쓸 때 자동적으로 주소가 1씩 증가한다.

▫ IND : Indirect Bus I/F Mode

만약 이 비트가 1이 되면 Indirect bus I/F Mode가 활성화 된다.

● GWR (gateway IP address register)[R/W][0x0001-0x0004][0x00]

기본 gateway address 설정 레지스터

Ex) in case of “192.168.0.1”

0x0001	0x0002	0x0003	0x0004
192 (0xC0)	168 (0xA8)	0 (0x00)	1 (0x01)

● SUBR (subnet mask register)[R/W][0x0005-0x0008][0x00]

subnet mask address 설정 레지스터

Ex) in case of "255.255.255.0"

0x0005	0x0006	0x0007	0x0008
255 (0xFF)	255 (0xFF)	255 (0xFF)	0 (0x00)

- SHAR (source hardware address register)[R/W][0x0009-0x000E][0x00]

MAC address 설정 레지스터

Ex) In case of "00.08.DC.01.02.03"

0x0009	0x000A	0x000B	0x000C	0x000D	0x000E
0x00	0x08	0xDC	0x01	0x02	0x03

- SIPR (source IP address register)[R/W][0x00F-0x0012][0x00]

IP address 설정 레지스터

Ex) in case of "192.168.0.3"

0x000F	0x0010	0x0011	0x0012
192 (0xC0)	168 (0xA8)	0 (0x00)	3 (0x03)

- IR (interrupt register)[R][0x0015][0x00]

이 레지스터는 인터럽트의 원인이 무엇인지 알기 위하여 processor에 의해 access 된다. 모든 Interrupt Mask Register(IMR)에 mask될 수 있다. /INT 신호는 마스크된 신호가 활성화 되어있는 동안에 Low로 유지되고, 마스크된 모든 비트가 클리어 되기 전에는 High가 되지 않는다.

7	6	5	4	3	2	1	0
CONFLICT	UNREACH	PPPoE	Reserved	S3_INT	S2_INT	S1_INT	S0_INT

▫ CONFLICT : IP Conflict

IP 충돌이 일어나면 1이 된다. 해당 비트를 1로 써 넣으면 0으로 클리어 된다.

▫ UNREACH : Destination unreachable

UDP 데이터를 전송하는 동안 존재하지 않는 목적 IP 어드레스가 송신되면 ICMP패킷을 받는다. 이 경우에 IP주소와 포트 번호는 UIPR과 UPORT에 저장된다. 해당 비트를 1로 써 넣으면 0으로 클리어 된다.

▫ PPPoE : PPPoE Connection Close

PPPoE 모드에서, 만약 PPPoE 연결이 종료되면 1이 된다. 해당 비트를 1로 써넣으면 0으로 클리어 된다.

▫ S3_INT : Occurrence of socket 3 Socket Interrupt

socket 3에서 인터럽트가 발생하면 1이 된다. 이 비트는 S3_IR이 0x00으로 클리어 되면 자동적으로 클리어 된다.

▫ S0_INT : Occurrence of socket 00 Socket Interrupt

socket 0에서 인터럽트가 발생하면 1이 된다. 이 비트는 S0_IR이 0x00으로 클리어 되면 자동적으로 클리어 된다.

● IMR (interrupt mask register)[R/W][0x0016][0x00]

인터럽트 마스크에 사용되고, IR 레지스터의 각각의 비트와 일치한다. 만약 인터럽트 마스크 비트가 Set되면, IR내의 상응하는 비트가 1이 될 때 인터럽트가 발생한다. 만약 IMR의 다른 비트가 0으로 설정되면 IR 비트가 1이 되어도 인터럽트는 발생하지 않는다.

7	6	5	4	3	2	1	0
IM_IR7	IM_IR6	IM_IR5	Reserved	IM_IR3	IM_IR2	IM_IR1	IM_IR0

● RTR (retry time-value register)[R/W][0x0017-0x0018][0x07D0]

타임아웃 주기를 설정하는 레지스터이다. 1은 100us를 의미하고 초기 설정 값은 2000 즉 200ms로 설정되어 있다.

Ex) For 400ms configuration, set as 4000(0x0FA0)

0x0017	0x0018
0x0F	0xA0

Remote peer에서 CONNECT, DISCON, CLOSE, SEND, SEND_MAC, SEND_KEEP 명령에 대한 응답이 없거나, 지연되는 경우 재전송 된다.

● RCR (retry count register)[R/W][0x0019][0x08]

재전송 횟수를 설정한다. 만약 재전송이 RCR의 숫자보다 많이 일어나면, 타임아웃 인터럽트가 발생할 것이다.

● PATR (authentication type in PPPoE mode)[R][0x001C-0x001D][0x0000]

PPPoE 서버와 연결하는 인증 방법을 알려준다. PAP와 CHAP 방법을 사용할 수 있다.

Value	Authentication Type
0xC023	PAP
0xC223	CHAP

● PTIMER (PPP link control protocol request timer register)[R/W][0x0028]

[0x28]PPP는 NCP와 LCP로 구성, LCP는 데이터링크를 연결하는데 사용한다. 이 레지스터는 LCP 에코 요청의 지속시간을 나타내는 레지스터이다.

Ex) in case that PTIMER is 200,

200 * 25(ms) = 5000(ms) = 5 seconds

● PMAGIC (PPP link control protocol magic number register)[R/W][0x0029][0x00]

에러 검출에 사용된다.

● RMSR (RX memory size register)[R/W][0x001A][0x55]

8kByte의 메모리를 각 소켓에 할당하는 레지스터이다.

S1과 S0의 값에 의하여, 각 소켓에 메모리를 할당하고, 할당할 메모리가 충분하지 않으면 소켓은 사용되지 않는다. 초기 값은 0x55이고, 4개의 소켓에 각각 2kByte의 메모리가 할당된다. 소켓 0부터 우선순위를 갖는다.

7	6	5	4	3	2	1	0
Socket 3		Socket 2		Socket 1		Socket 0	
S1	S0	S1	S0	S1	S0	S1	S0

The memory size according to the configuration of S1, S0, is as below.

S1	S0	Memory size
0	0	1KB
0	1	2KB
1	0	4KB
1	1	8KB

● TMSR (TX memory size register)[R/W][0x001B][0x55]

RMSR과 같음.

● UPIR (unreachable IP address register)[R][0x002A-0x002D][0x00]

UDP를 사용하여 데이터를 전송하는 경우에, 만약 현재 존재하지 않는 IP로 전송하고 있다면, ICMP 패킷이 수신될 것이다. 이 경우에 그 IP주소와 포트 번호는 UIPR과 UPORT에 각각 저장된다.

Ex) in case of "192.168.0.11",

0x002A	0x002B	0x002C	0x002D
192 (0xC0)	168 (0xA8)	0 (0x00)	11 (0x0B)

● UPORT (unreachable port register)[R][0x002E-0x002F][0x0000]

ICMP 패킷이 수신될 경우 포트번호가 저장된다.

Ex) In case of 5000(0x1388),

0x002E	0x002F
0x13	0x88

[그림 13.4]는 소켓 레지스터를 보여주고 있다.

Address	Register
0x0400	Socket 0 Mode (S0_MR)
0x0401	Socket 0 Command (S0_CR)
0x0402	Socket 0 Interrupt (S0_IR)
0x0403	Socket 0 Status (S0_SR)
	Socket 0 Source Port
0x0404	(S0_PORT0)
0x0405	(S0_PORT1)
	Socket 0 Destination Hardware Address
0x0406	(S0_DHAR0)
0x0407	(S0_DHAR1)
0x0408	(S0_DHAR2)
0x0409	(S0_DHAR3)
0x040A	(S0_DHAR4)
0x040B	(S0_DHAR5)
	Socket 0 Destination IP Address
0x040C	(S0_DIPR0)
0x040D	(S0_DIPR1)
0x040E	(S0_DIPR2)
0x040F	(S0_DIPR3)
	Socket 0 Destination Port
0x0410	(S0_DPORT0)
0x0411	(S0_DPORT1)
	Socket 0 Maximum Segment Size
0x0412	(S0_MSSR0)
0x0413	(S0_MSSR1)
	Socket 0 Protocol in IP Raw mode
0x0414	(S0_PROTO)

Address	Register
0x0415	Socket 0 IP TOS (S0_TOS)
0x0416	Socket 0 IP TTL (S0_TTL)
0x0417 ~ 0x041F	Reserved
	Socket 0 TX Free Size
0x0420	(S0_TX_FSR0)
0x0421	(S0_TX_FSR1)
	Socket 0 TX Read Pointer
0x0422	(S0_TX_RD0)
0x0423	(S0_TX_RD1)
	Socket 0 TX Write Pointer
0x0424	(S0_TX_WR0)
0x0425	(S0_TX_WR1)
	Socket 0 RX Received Size
0x0426	(S0_RX_RSR0)
0x0427	(S0_RX_RSR1)
	Socket 0 RX Read Pointer
0x0428	(S0_RX_RD0)
0x0429	(S0_RX_RD1)
0x042A 0x042B	Reserved
0x042C ~ 0x04FF	Reserved

[그림 13.4] W5100 Socket Registers

소켓 레지스터는 소켓 3번 까지 0x0100씩 Address만 증가할 뿐 내용은 동일하다.

● S0_MR (socket 0 mode register)[R/W][0x0400][0x00]

각 소켓의 옵션이나 프로토콜을 설정하는 레지스터이다.

7	6	5	4	3	2	1	0
MULTI		ND / MC		P3	P2	P1	P0

▫ MULTI : Multi casting

UDP의 경우에만 적용된다. 멀티캐스팅에 사용되고, OPEN 명령 전에 멀티캐스팅 그룹 주소를 Socket n Destination IP에 쓰고, 멀티캐스팅 그룹 포트 번호를 Socket n Destination Port Register에 쓴다.

▫ ND/MC : Use No Delayed ACK

TCP의 경우에만 사용된다. 만약 이 비트가 1로 설정되면, Peer로부터 데이터 패킷을 받을 때면 언제나 ACK 패킷이 전송된다. 만약 이 비트가 0으로 클리어되면 내부 타임아웃 메커니즘에 따라 ACK 패킷이 전송된다.

P3 ~P0 : Protocol

대응되는 소켓의 TCP, UDP, IP RAW 모드를 설정한다.

P3	P2	P1	P0	Meaning
0	0	0	0	Closed
0	0	0	1	TCP
0	0	1	0	UDP
0	0	1	1	IPRAW

소켓 0의 경우에 MACRAW와 PPPoE 모드도 있다.

P3	P2	P1	P0	Meaning
0	1	0	0	MACRAW
0	1	0	1	PPPoE

● S0_CR (socket 0 command register) [R/W][0x0401][0x00]

0x21 : SEND_MAC

7	6	5	4	3	2	1	0
	RECV	SEND	CIOSE	DISCON	CONNECT	LISTEN	OPEN

0x22 : SEND_KEEP

이 레지스터는 소켓의 초기화, Close, Connection, Establishment, Termination, data transmission, Command receipt에 사용된다. 명령을 실행한 후에 레지스터 값은 자동적으로 0x00으로 클리어 된다.

▫ OPEN

소켓의 초기화에 사용한다. Sn_MR의 값에 따라 Sn_SR의 값이 SOCK_INIT, SOCK_UDP, SOCK_IPRAW, SOCK_MACRAW로 변화된다.

▫ LISTEN

TCP 모드에서만 사용한다. Sn_SR을 SOCK_LISTEN으로 바꾼다. 어떤 원격의 peer(TCP Client)로 부터 접속 요청을 기다리기 위하여 사용한다.

▫ CONNECT

TCP 모드에서만 사용한다. 접속요청을 원격peer(TCP Server)로 보낸다. 만약 연결이 실패하면, 타임아웃 인터럽트가 실행된다.

▫ DSICON

TCP 모드에서만 사용한다. 연결 종료 요청을 보낸다. 만약 연결 종료가 실패하면, 타임아웃 인터럽트가 발생할 것이다. DISCON 대신에 CLOSE 명령을 사용하는 경우, Sn_SR의 값은 연결 종료 실행 없이 SOCK_CLOSED로만 변한다.

▫ COLSE

소켓을 닫을 때 사용한다. Sn_SR이 SOCK_CLOSED로 바뀐다.

▫ SEND

Sn_TX_WR이 전송된 데이터만큼 늘어난다.

▫ SEND_MAC

UDP 모드에서 사용한다. 일반적으로 SEND 명령은 목적지 하드웨어 어드레스를 필요로 하고 그것은 ARP처리로 수신된다. SEND__MAC는 목적 하드웨어 주소를 사용하고 이것이 ARP 처리 없이 사용자가 기록한다.

▫ SEND_KEEP : TCP모드에서만 사용한다. 연결 상태 체크 1 바이트를 보내서, 만약 연결이 이미 끊어졌거나 상대편에서 반응이 없을 경우에 타임아웃 인터럽트가 발생할 것이다.

▫ RECV : 수신은 Sn_RX_RD의 값과 함께 처리된다.

● S0_IR (socket 0 interrupt register)[R][0x0402][0x00]

이 레지스터는 연결의 성립과 종료, 데이터 수신과 타임아웃을 알리는데 사용한다. Sn_IR은 1을 써서 반드시 클리어 해야한다.

7	6	5	4	3	2	1	0
Reserved	Reserved	Reserved	SEND_OK	TIMEOUT	RECV	DISCON	CON

▫ SEND_OK

1이 되면 SEND 동작 완료.

▫ TIMEOUT

1이 되면 연결 성립이나 종료, 데이터 전송 중에 타임아웃이 발생한다.

▫ RECV

W5100이 데이터를 수신 할 때는 언제나 1이다. 또한 데이터 수신 후에도 1이 계속되면 CMD_RCV 명령을 실행한다.

▫ DISCON

1이 되면 연결 종료 요청을 하거나 끝낸다.

▫ CON

1이 되면 연결이 성립 된 것이다.

● S0_SR (socket 0 status register)[R][0x0403][0x00]

소켓의 상태를 나타내는 레지스터이다.

value	description	value	description	value	description
0x00	SOCK_CLOSED	0x17	SOCK_ESTABLISHED	0x32	SOCK_IPRAW
0x13	SOCK_INIT	0x1C	SOCK_CLOSE_WAIT	0x42	SOCK_MACRAW
0x14	SOCK_LISTEN	0x22	SOCK_UDP	0x5F	SOCK_PPPoE

▫ SOCK_CLOSED

CLOSE 명령을 Sn_CR에 주거나 타임아웃 인터럽트 혹은 연결이 끊어지면 보여진다. SOCK_CLOSED 상태에선, 작동을 하지 않고 연결을 위한 모든 리소스가 해제된다.

▫ SOCK_INIT

Sn_MR이 TCP로 설정되고 Sn_CR에 OPEN 명령이 주어지면 보여진다. 이것은 소켓의 TCP 연결성립을 위한 처음 단계이다. SOCK_INIT 상태에서, Sn_CR의 명령 타입(LISTEN이나 CONNECT)은 실행형태를 결정 한다. - TCP 서버모드와 클라이언트 모드.

▫ SOCK_LISTEN

SOCK_INIT상태에서 Sn_CR에 LISTEN 명령을 주었을 때 보여진다. 소켓은 TCP 서버모드로 동작하고, 연결 요청이 수신되면 ESTABLISHED 상태로 된다.

▫ SOCK_ESTABLISHED

이것은 연결이 성립되면 보여진다. 이 상태에서 TCP 데이터가 송·수신된다.

▫ SOCK_CLOSE_WAIT

상대 호스트에서 연결종료 요청이 수신되면 보여진다.
이 상태에서 Acknowledge 메시지가 상대방으로부터 수신되지만, 연결이 끊기지는 않는다. 이것은 DICON이나 CLOSE 명령을 수신하여야 닫힌다.

▫ SOCK_UDP

Sn_MR이 UDP로 설정되었을 때 Sn_CR에 OPEN 명령을 주면 보여준다. 이 상태에서는 상대방과이 연결과정이 필요하지 않고, 데이터를 직접 주고받을 수 있다.

▫ SOCK_IPRAW

Sn_MR이 IPRAW로 설정되었을 때 Sn_CR에 OPEN 명령을 주면 보여진다. 이 IPRAW 상태에서 IP 헤더가 처리되지 않는 프로토콜을 따른다.

▫ SOCK_MACRAW

S0_MR이 MACRAW로 설정되었을 때 S0_CR에 OPEN 명령을 주었을 때 보여진다. MACRAW 상태에서, 패킷을 위한 프로토콜처리를 하지 않는다.

▫ SOCK_PPPOE

S0_MR이 PPPOE로 설정되었을 때 S0_CR에 OPEN 명령을 주면 보여진다.

다음은 상태가 바뀔 때 보여지는 것이다.

<table>
<tr><th>value</th><th>description</th><th>value</th><th>description</th><th>value</th><th>description</th></tr>
<tr><td>0x15</td><td>SOCK_SYNSENT</td><td>0x18</td><td>SOCK_FIN_WAIT</td><td>0x11</td><td rowspan="3">SOCK_ARP</td></tr>
<tr><td>0x16</td><td>SOCK_SYNRECV</td><td>0x1A</td><td>SOCK_CLOSING</td><td>0x21</td></tr>
<tr><td></td><td></td><td>0x1B</td><td>SOCK_TIME_WAIT</td><td>0x31</td></tr>
<tr><td></td><td></td><td>0x1D</td><td>SOCK_LAST_ACK</td><td></td><td></td></tr>
</table>

▫ SOCK_SYNSENT

SOCK_INIT 상태일 때 Sn_CR에 CONNECT명령을 주면 보여진다. 이것은 연결이 성립되면 자동적으로 SOCK_ESTABLISH로 바뀐다.

▫ SOCK_SYNRECV

상대방(클라이언트)로부터 연결 요청이 수신되면 보여진다. 이것은 일반적으로 요청에 반응하고 SOCK_ESTABLISH로 바뀐다.

▫ SOCK_FIN_WAIT, SOCK_CLOSING, SOCK_TIME_WAIT, SOCK_LAST_ACK

연결 종료가 처리될 때 보여진다. 만약 종료가 일반적으로 처리되거나 타임아웃 인터럽트가 인정되면 이것은 자동적으로 SOCK_CLOSED로 바뀐다.

▫ SOCK_ARP

TCP 모드로 연결 요청을 보내거나 UDP 모드로 데이터를 보낼 때 상대방의 하드웨어 주소를 획득하기 위해 ARP요청을 보내면, SOCK_ARP가 보여진다. 만약 ARP 응답이 수신되면 다음 동작을 위해 SOCK_SYNSENT, SOCK_UDP, SOCK_ICMP로 상태가 변경된다.

● **S0_PORT** (socket 0 source port register)[R/W][0x0404-0x0405][0x00]

이 레지스터는 TCP나 UDP 모드를 사용할 때 각 소켓을 위한 소스 포트 넘버를 설정하고, OPEN 명령을 실행하기 전에 서정을 할 필요가 있다.

Ex) In case of Socket 0 Port = 5000(0x1388), configure as below,

0x0404	0x0405
0x13	0x88

● S0_DHAR (socket 0 destination hardware address register)[R/W] [0x0406-0x040B] [0xFF]
목적 하드웨어 주소(MAC)

Ex) In case of Socket 0 Destination Hardware address = 08.DC.00.01.02.10, configuration is as below,

0x0406	0x0407	0x0408	0x0409	0x040A	0x040B
0x08	0xDC	0x00	0x01	0x02	0x0A

● S0_DIPR(socket 0 destination IP address register)[R/W][0x040C-0x040F][0x00]
TCP 연결 설정에 사용하기 위해 목적 IP주소를 설정한다. active 모드에선 IP주소는 연결 명령을 실행하기 전에 설정해야 한다. passive 모드에서는, W5100이 연결을 셋업하고 내부적으로 상대 IP가 업데이트 된다.

UDP 모드에서, 이 레지스터의 값은 사용자가 기록한 값 다음에 수신한 상대방의 ARP 응답을 결정한다. 상대방의 ARP 응답을 받기 전에, 이 레지스터는 리셋 값을 갖는다.

Ex) In case of Socket 0 Destination IP address = 192.168.0.11, configure as below.

0x040C	0x040D	0x040E	0x040F
192 (0xC0)	168 (0xA8)	0 (0x00)	11 (0x0B)

● S0_DPORT (socket 0 destination port register)[R/W][0x0410-0x0411][0x00]
TCP 연결 설정에 사용하기 위한 목적 포트 넘버를 설정한다. active 모드에서 연결 명령 실행 전에 포트 넘버를 설정해야 한다. passive 모드에서는 W5100이 연결을 셋업하고 내부적으로 상대방의 포트 넘버가 업데이트 된다.

UDP 모드에서, 상대 ARP 응답 후에 사용자가 쓰는 값을 가리킨다. 상대방의 ARP응답을 수신하기 전에, 이 레지스터 값은 리셋 값을 가진다.

Ex) In case of Socket 0 Destination Port = 5000(0x1388), configure as below,

0x0410	0x0411
0x13	0x88

● S0_MSS (socket 0 maximum segment size register)[R/W][0x0412-0x0413][0x0000]
TCP의 MMS를 위해 사용되고, TCP가 passive 모드에서 활성화 됐을 때 상대방

에 의해서 설정된 MSS를 나타낸다.

Ex) In case of Socket 0 MSS = 1460(0x05B4), configure as below,

0x0412	0x0413
0x05	0xB4

- S0_PROTO (socket 0 IP protocol register)[R/W][0x0414][0x00]

이 IP 프로토콜 레지스터는 IP 헤더의 프로토콜 필드를 설정하는데 사용된다. IANA에 등록해서 미리 정의된 몇몇 프로토콜 번호가 있다. 상위 레벨의 프로토콜 확인 번호의 전반적인 목록은 IP가 사용하고 있다.

- S0_TOS (socket 0 IP type of service register) [R/W][0x0415][0x00]

IP 헤더의 TOS 영역을 설정한다.

- S0_TTL (socket 0 IP time to live register)[R/W][0x0416][0x80]

IP 헤더의 TTL영역을 설정한다.

- S0_TX_FSR (socket 0 TX free size register)[R][0x0420-0x0421][0x0800]

이 레지스터는 사용자가 전송할 수 있는 데이터 크기 정보를 알려준다. 데이터 전송을 위해서, 사용자는 이 값을 체크 한 후에 전송할 데이터의 크기를 조절해야 한다. 이 레지스터를 체크 할 때, 사용자는 상위 바이트를 먼저 읽고 하위 바이트를 읽어 값을 얻어야 한다.

Ex) In case of 2048(0x0800) in S0_TX_FSR,

0x0420	0x0421
0x08	0x00

총 사이즈는 TX 메모리 사이즈 레지스터의 값에 따라 결정된다. 전송과정 중에 이 값이 전송되는 데이터에 의해서 감소되면, 전송 종료 후 자동적으로 증가하게 된다.

● S0_TX_RR (socket 0 TX read pointer register)[R/W][0x0424][0x0000]

TX 메모리상에서 전송이 종료된 주소를 보여준다. Socket n command(Sn_CR) 레지스터의 SEND 명령으로 전송이 끝나면 현재의 Sn_TX_RR이 Sn_TX_WR로 데이터가 자동적으로 보내진다. 그러므로 전송이 완료되면 Sn_TX_RR과 Sn_TX_WR의 값은 같을 것이다. 이 레지스터를 읽을 때, 사용자는 상위 바이트를 먼저 읽고 하위 바이트를 읽어서 값을 얻어야 한다.

● S0_TX_WR (socket 0 TX write pointer register)[R/W][0x0424-0x0425][0x0000]

전송할 데이터를 쓸 장소의 정보를 제공한다. 이 레지스터를 읽을 때, 사용자는 상위 바이트를 먼저 읽고 하위 바이트를 읽어서 값을 얻어야 한다.

Ex) In case of 2048(0x0800) in S0_TX_WR,

0x0424	0x0425
0x08	0x00

● S0_RX_RSR (RX received size register)[R][0x0426-0x0427][0x0000]

RX메모리에 수신된 데이터의 사이즈를 알려준다. 이 값은 내부적으로 Sn_RX_RD와 Sn_RX_WR의 값으로 계산하고, 이것은 자동적으로 Sn_CR의 RECV명령과 remote peer로부터 받은 데이터에 의해서 바뀐다. 이 레지스터를 읽을 때, 사용자는 상위 바이트 먼저 읽고 하위 바이트를 읽어서 값을 얻어야 한다.

Ex) In case of 2048(0x0800) in S0_RX_RSR,

0x0426	0x0427
0x08	0x00

● S0_RX_RD (socket 0 RX read pointer register)[R/W][0x0428-0x0429][0x0000]

수신된 데이터를 읽는 위치의 정보를 제공한다. 이 레지스터를 읽을 때 사용자는 상위바이트를 먼저 읽고, 하위 바이트를 읽는다.

Ex) In case of 2048(0x0800) in S0_RX_RD,

0x0428	0x0429
0x08	0x00

TCP는 IP address와 Port number를 사용하여 먼저 연결을 성립한 후에 데이터를 주고받는 연결 기반의 통신이다. 연결하는 방법으로는 첫 번째 SERVER mode(passive open)로 연결 요청을 기다리는 것이고, 두 번째 CLIENT mode(active open)는 서버에 연결 요청을 보내는 클라이언트 모드이다. [그림 13.5]는 서버모드와 클라이언트 모드의 개념도를 보여준다.

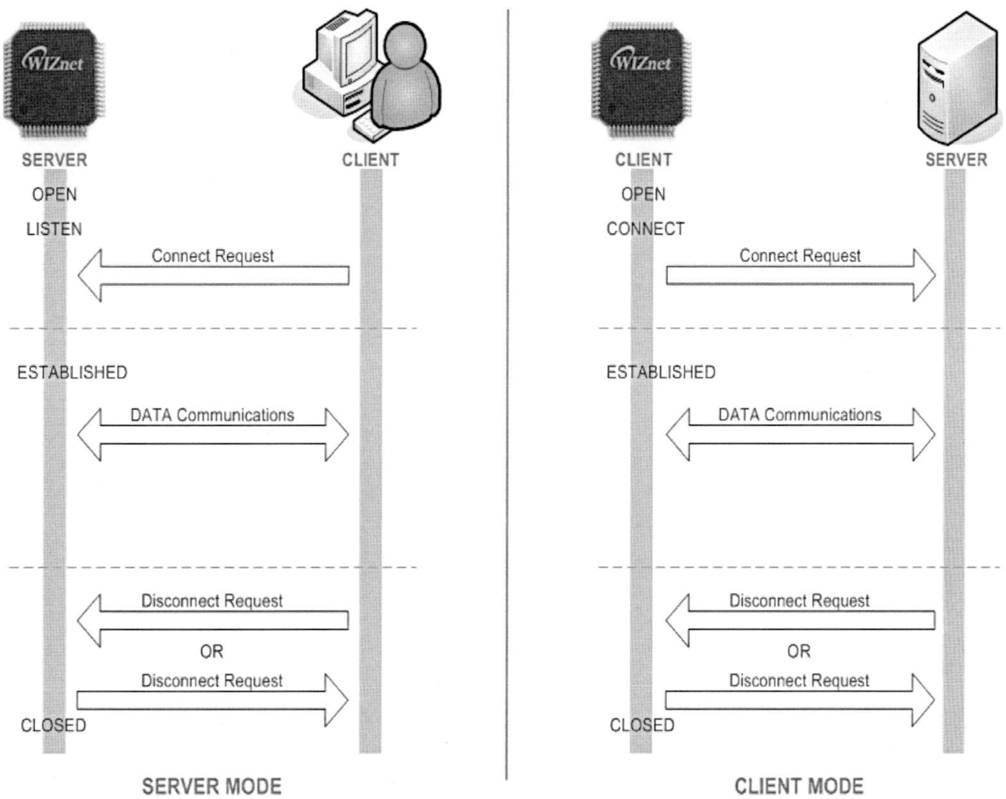

[그림 13.5] 서버모드와 클라이언트 모드에 대한 개념도

[그림 13.6]은 서버모드 동작 전체에 대한 흐름도이다. '서버모드'란 데이터의 처리를 요청 받는 동작이고 반대의 경우는 '클라이언트 모드'라고 한다.

이 경우에는 서버에 데이터를 요청하는 모드를 나타낸다. [그림 13.7]은 클라이언트모드 동작 전체에 대한 흐름도이다.

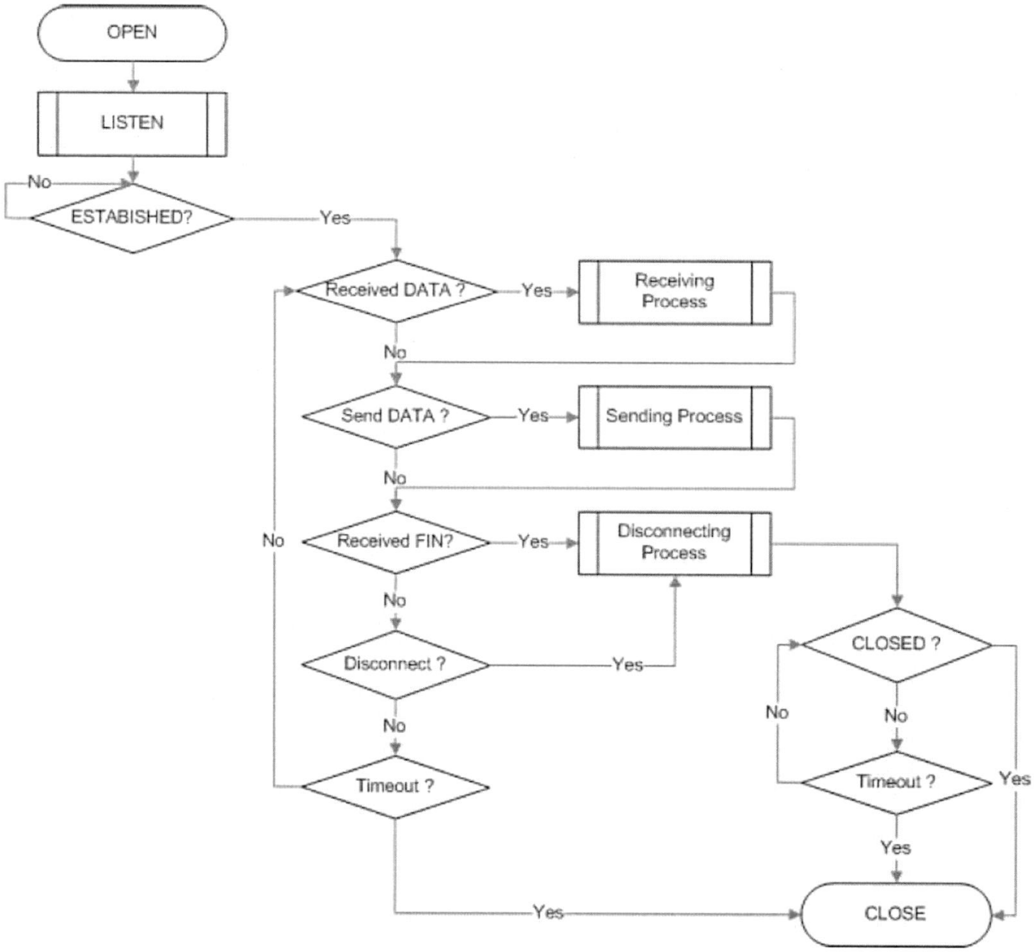

[그림 13.6] 서버모드 동작 전체에 대한 흐름도

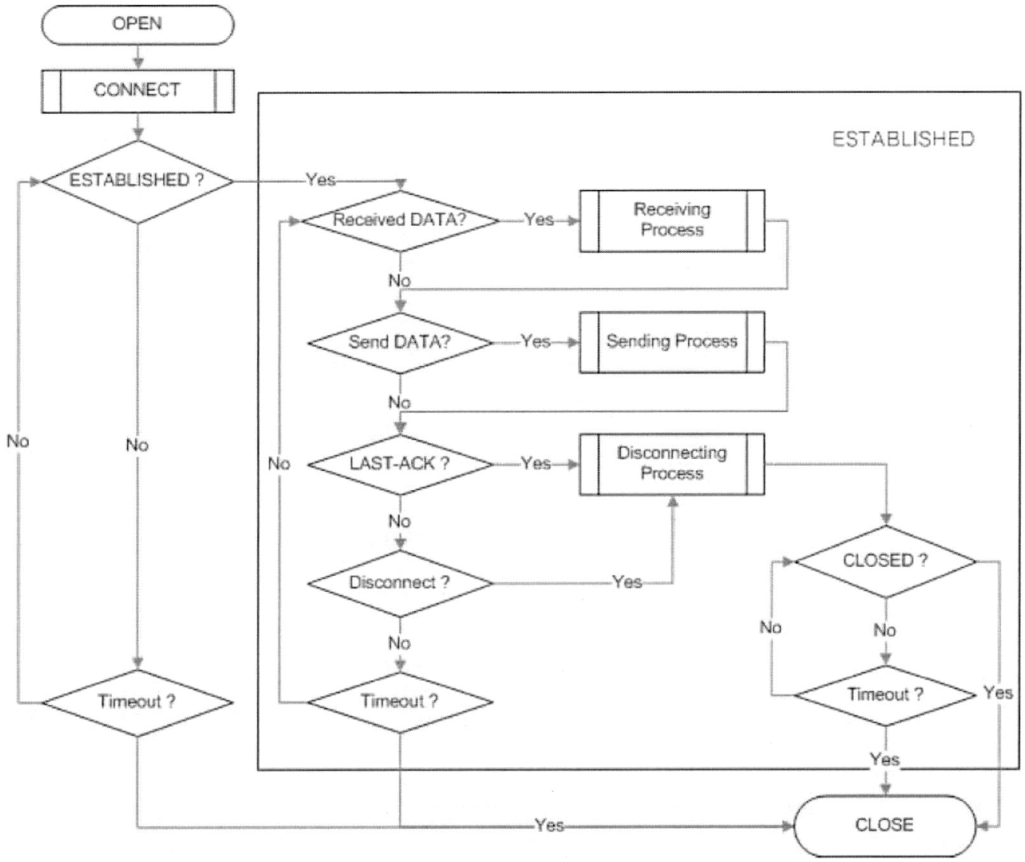

[그림 13.7] 클라이언트모드 동작 전체에 대한 흐름도

TCP와는 달리 UDP는 신뢰할 수 없는 연결 및 데이터그램 전송 구조를 제공한다. 연결 설정 없이 데이터를 처리하고, 따라서 UDP message를 손실, 중복되거나 그 반대가 될 수 있다. 하지만 다수의 사용자에게 패킷이 빠르게 전달될 수 있는 장점을 가지므로 다량의 데이터를 반복적으로 전송하거나 수신할 때 주로 사용된다.

UDP 프로토콜의 데이터 전송은 [그림 13.8]과 같이 처리되어진다.

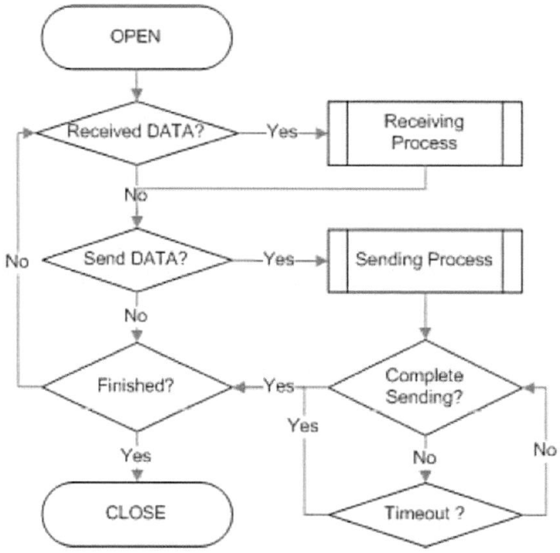

[그림 13.8] UDP 동작에 대한 흐름도

UDP 데이터의 패킷 구조는 [그림 13.9]와 같다.

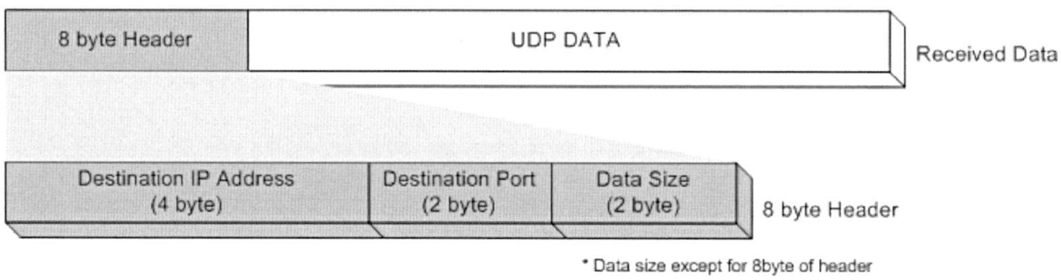

[그림 13.9] UDP Packet 구조

UDP 데이터에 8 바이트의 헤더가 붙게 된다. 헤더는 위 그림과 같이 4 바이트의 목적지 IP Address와 2 바이트의 목적지 Port number, 마지막으로 2 바이트의 Data Size로 이루어져 있다.

[그림 13.10]은 트레이닝 키트 어플리케이션 블록 다이어그램이다.

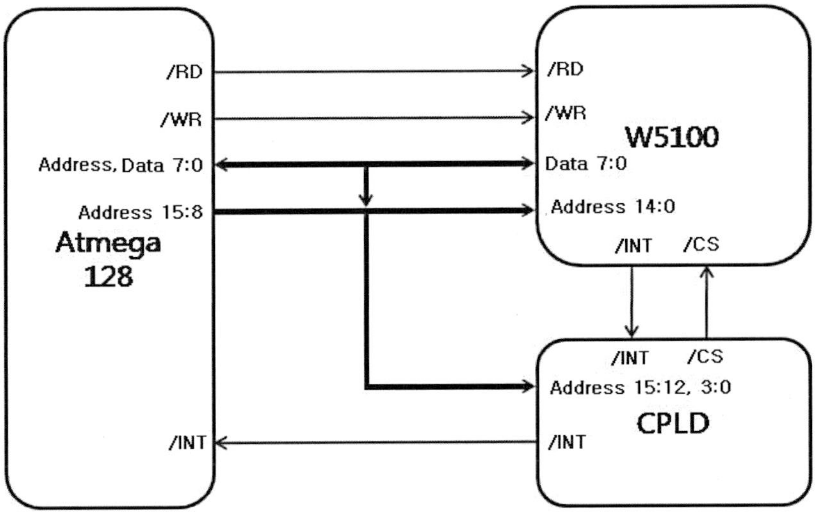

[그림 13.10] W5100 Application Block diagram

Direct Bus Interface 방식으로 연결이 되어있기 때문에 15bit의 Address와 8bit의 데이터, /RD, /WR, /INT, /CS로 이루어진다.

VHDL 소스는 다음과 같이 작성되어 있으며 Lan controller에 대한 어드레스 공간은 0x8000에서부터 0xFFFF까지 사용할 수 있다.

```
elsif A15_A12 (3) = '1' then -- 0x8000 ~ 0xFFFF
      vLAN_CS := '0';
end if;
```

W5100에는 15비트의 address가 들어가기 때문에 16번째 bit는 W5100에서 don't care가 된다. 그러므로 ATmega128에서 address의 최상위 비트를 '1'로 하면 CPLD에서 W5100의 Chip Select(/CS)가 Low가 되어서 W5100을 사용할 수 있게 된다. 따라서 프로그램 코딩 시 W5100을 제어하기 위해서는 '0x8000 + 실제 레지스터 주소'로 프로그램을 하여야 한다.

트레이닝 키트를 이용하여 Ethernet 통신을 하기 위해서는 소스가 길어지기 때문에 기능별로 소스를 나누어 사용 하였다. 실습을 할 때는 각 기능별 소스 프로그램은 그대로 사용하고 main.c 소스만을 코딩하여 실습한다. 프로젝트에 포함되는 파일은 다음과 같다.

w3150a.h

```
#ifndef    _W3150A_H_
#define    _W3150A_H_

#include "iinchip_conf.h"
#include "types.h"

#define MR          __DEF_IINCHIP_MAP_BASE__
#define IDM_OR ((__DEF_IINCHIP_MAP_BASE__ + 0x00))
#define IDM_AR0 ((__DEF_IINCHIP_MAP_BASE__ + 0x01))
#define IDM_AR1 ((__DEF_IINCHIP_MAP_BASE__ + 0x02))
#define IDM_DR ((__DEF_IINCHIP_MAP_BASE__ + 0x03))

// Maxmium number of socket
#define    MAX_SOCK_NUM            1

//Gateway IP Register address
#define GAR0                        (COMMON_BASE + 0x0001)

//Subnet mask Register address
#define SUBR0                       (COMMON_BASE + 0x0005)

//Source MAC Register address
#define SHAR0                       (COMMON_BASE + 0x0009)

//Source IP Register address
#define SIPR0                       (COMMON_BASE + 0x000F)

//Interrupt Register
#define IR                          (COMMON_BASE + 0x0015)

//Interrupt mask register
#define IMR                         (COMMON_BASE + 0x0016)

//Timeout register address : 1 is 100us
#define RTR0                        (COMMON_BASE + 0x0017)
```

```
 * \brief Retry count register
 */
#define RCR                        (COMMON_BASE + 0x0019)
/**
 * \brief Receive memory size register
 */
#define RMSR                       (COMMON_BASE + 0x001A)
/**
 * \brief Transmit memory size register
 */
#define TMSR                       (COMMON_BASE + 0x001B)
/**
 * \brief Authentication type register address in PPPoE mode
 */
#define PATR0                      (COMMON_BASE + 0x001C)
//#define PPPALGO (COMMON_BASE + 0x001D)
#define PTIMER (COMMON_BASE + 0x0028)
#define PMAGIC (COMMON_BASE + 0x0029)

/**
 * \brief Unreachable IP register address in UDP mode
 */
#define UIPR0                      (COMMON_BASE + 0x002A)
/**
 * \brief Unreachable Port register address in UDP mode
 */
#define UPORT0                     (COMMON_BASE + 0x002E)

/* socket register */
#define CH_BASE                    (COMMON_BASE + 0x0400)
/**
 * size of each channel register map
 */
#define CH_SIZE              0x0100
/**
 * \brief socket Mode register
 */
#define Sn_MR(ch)            (CH_BASE + ch * CH_SIZE + 0x0000)
/**
 * \brief channel Sn_CR register
 */
#define Sn_CR(ch)            (CH_BASE + ch * CH_SIZE + 0x0001)
/**
 * \brief channel interrupt register
 */
#define Sn_IR(ch)            (CH_BASE + ch * CH_SIZE + 0x0002)
```

```
/**
 * \brief channel status register
 */
#define Sn_SR(ch)           (CH_BASE + ch * CH_SIZE + 0x0003)
/**
 * \brief source port register
 */
#define Sn_PORT0(ch)        (CH_BASE + ch * CH_SIZE + 0x0004)
/**
 * \brief Peer MAC register address
 */
#define Sn_DHAR0(ch)        (CH_BASE + ch * CH_SIZE + 0x0006)
/**
 * \brief Peer IP register address
 */
#define Sn_DIPR0(ch)        (CH_BASE + ch * CH_SIZE + 0x000C)
/**
 * \brief Peer port register address
 */
#define Sn_DPORT0(ch)       (CH_BASE + ch * CH_SIZE + 0x0010)
/**
 * \brief Maximum Segment Size(Sn_MSSR0) register address
 */
#define Sn_MSSR0(ch)        (CH_BASE + ch * CH_SIZE + 0x0012)
/**
 * \brief Protocol of IP Header field register in IP raw mode
 */
#define Sn_PROTO(ch)        (CH_BASE + ch * CH_SIZE + 0x0014)

/* \brief IP Type of Service(TOS) Register
 */
#define Sn_TOS(ch)          (CH_BASE + ch * CH_SIZE + 0x0015)
/**
 * \brief IP Time to live(TTL) Register
 */
#define Sn_TTL(ch)          (CH_BASE + ch * CH_SIZE + 0x0016)

//not support
//#define RX_CH_DMEM_SIZE         (COMMON_BASE + 0x001E)
//#define TX_CH_DMEM_SIZE         (COMMON_BASE + 0x001F)

/**
 * \brief Transmit free memory size register
 */
#define Sn_TX_FSR0(ch)      (CH_BASE + ch * CH_SIZE + 0x0020)
/**
```

```
 * \brief Transmit memory read pointer register address
 */
#define Sn_TX_RD0(ch)      (CH_BASE + ch * CH_SIZE + 0x0022)
/**
 * \brief Transmit memory write pointer register address
 */
#define Sn_TX_WR0(ch)      (CH_BASE + ch * CH_SIZE + 0x0024)
/**
 * \brief Received data size register
 */
#define Sn_RX_RSR0(ch)     (CH_BASE + ch * CH_SIZE + 0x0026)
/**
 * \brief Read point of Receive memory
 */
#define Sn_RX_RD0(ch)      (CH_BASE + ch * CH_SIZE + 0x0028)
/**
 * \brief Write point of Receive memory
 */
#define Sn_RX_WR0(ch)      (CH_BASE + ch * CH_SIZE + 0x002A)
/** @} */


/* MODE register values */
#define MR_RST                 0x80 // reset
#define MR_PB                  0x10 // ping block
#define MR_PPPOE               0x08 // enable pppoe
#define MR_LB                  0x04 // little or big endian selector in indirect
                                  mode
#define MR_AI                  0x02 // auto-increment in indirect mode
#define MR_IND                 0x01 // enable indirect mode

/* IR register values */
#define IR_CONFLICT            0x80 // check ip conflict
#define IR_UNREACH             0x40 // get the destination unreachable
                                   message in UDP sending
#define IR_PPPoE               0x20 // get the PPPoE close message
#define IR_SOCK(ch)            (0x01 << ch) // check socket interrupt

/* Sn_MR values */
#define Sn_MR_MULTI            0x80      // support multi-casting
//#define Sn_MR_MF             0x40
#define Sn_MR_ND               0x20      // No Delayed Ack(TCP) flag
//#define Sn_MR_ZC             0x10

#define Sn_MR_CLOSE            0x00      // unused socket
#define Sn_MR_TCP              0x01      // TCP
```

```
#define Sn_MR_UDP               0x02    // UDP
#define Sn_MR_IPRAW             0x03    // IP LAYER RAW SOCK
#define Sn_MR_MACRAW            0x04    // MAC LAYER RAW SOCK
#define Sn_MR_PPPOE             0x05    // PPPoE


/* Sn_CR values */
#define Sn_CR_OPEN              0x01    // initialize or open socket
#define Sn_CR_LISTEN            0x02    // wait connection request in tcp
                                        mode(Server mode)
#define Sn_CR_CONNECT           0x04    // send connection request in tcp
                                        mode(Client mode)
#define Sn_CR_DISCON            0x08    // send closing request in tcp mode
#define Sn_CR_CLOSE             0x10    // close socket
#define Sn_CR_SEND              0x20    // updata txbuf pointer, send data
#define Sn_CR_SEND_MAC          0x21    // send data with MAC address, so
                                        without ARP process
#define Sn_CR_SEND_KEEP         0x22    // send keep alive message
#define Sn_CR_RECV              0x40    // update rxbuf pointer, recv data

#ifdef __DEF_IINCHIP_PPP__
        #define Sn_CR_PCON              0x23
        #define Sn_CR_PDISCON           0x24
        #define Sn_CR_PCR               0x25
        #define Sn_CR_PCN               0x26
        #define Sn_CR_PCJ               0x27
#endif

/* Sn_IR values */
#ifdef __DEF_IINCHIP_PPP__
        #define Sn_IR_PRECV             0x80
        #define Sn_IR_PFAIL             0x40
        #define Sn_IR_PNEXT             0x20
#endif
#define Sn_IR_SEND_OK                   0x10    // complete sending
#define Sn_IR_TIMEOUT                   0x08    // assert timeout
#define Sn_IR_RECV                      0x04    // receiving data
#define Sn_IR_DISCON                    0x02    // closed socket
#define Sn_IR_CON                       0x01    // established connection

/* Sn_SR values */
#define SOCK_CLOSED                     0x00    // closed
#define SOCK_INIT                       0x13    // init state
#define SOCK_LISTEN                     0x14    // listen state
#define SOCK_SYNSENT                    0x15    // connection state
#define SOCK_SYNRECV                    0x16    // connection state
```

```
#define SOCK_ESTABLISHED                    0x17     // success to connect
#define SOCK_FIN_WAIT                       0x18     // closing state
#define SOCK_CLOSING                        0x1A     // closing state
#define SOCK_TIME_WAIT                      0x1B     // closing state
#define SOCK_CLOSE_WAIT                     0x1C     // closing state
#define SOCK_LAST_ACK                       0x1D     // closing state
#define SOCK_UDP                            0x22     // udp socket
#define SOCK_IPRAW                          0x32     // ip raw mode socket
#define SOCK_MACRAW                         0x42     // mac raw mode socket
#define SOCK_PPPOE                          0x5F     // pppoe socket

/* IP PROTOCOL */
#define IPPROTO_IP             0        /* Dummy for IP */
#define IPPROTO_ICMP           1        /* Control message protocol */
#define IPPROTO_IGMP           2        /* Internet group management protocol */
#define IPPROTO_GGP            3        /* Gateway^2 (deprecated) */
#define IPPROTO_TCP            6        /* TCP */
#define IPPROTO_PUP            12       /* PUP */
#define IPPROTO_UDP            17       /* UDP */
#define IPPROTO_IDP            22       /* XNS idp */
#define IPPROTO_ND             77       /* UNOFFICIAL net disk protocol */
#define IPPROTO_RAW            255      /* Raw IP packet */

/*********************************************************
* iinchip access function
*********************************************************/
uint8 IINCHIP_READ(uint16 addr);
void IINCHIP_WRITE(uint16 addr,uint8 data);
void wiz_read_buf(uint16 addr, uint8* buf,uint16 len);
void wiz_write_buf(uint16 addr,uint8* buf,uint16 len);

void iinchip_init(void); // reset iinchip
void sysinit(uint8 tx_size, uint8 rx_size); // setting tx/rx buf size
uint8 getISR(uint8 s);
void putISR(uint8 s, uint8 val);
uint16 getIINCHIP_RxMAX(uint8 s);
uint16 getIINCHIP_TxMAX(uint8 s);
uint16 getIINCHIP_RxMASK(uint8 s);
uint16 getIINCHIP_TxMASK(uint8 s);
uint16 getIINCHIP_RxBASE(uint8 s);
uint16 getIINCHIP_TxBASE(uint8 s);
void setGAR(uint8 * addr); // set gateway address
void setSUBR(uint8 * addr); // set subnet mask address
void setSHAR(uint8 * addr); // set local MAC address
void setSIPR(uint8 * addr); // set local IP address
void setRTR(uint16 timeout); // set retry duration for data transmission, connection,
```

```
                                 closing ...
void setRCR(uint8 retry); // set retry count (above the value, assert timeout
                                interrupt)
void setIMR(uint8 mask); // set interrupt mask.
void getGAR(uint8 * addr);
void getSUBR(uint8 * addr);
void getSHAR(uint8 * addr);
void getSIPR(uint8 * addr);

void setSn_MSS(SOCKET s, uint16 Sn_MSSR0); // set maximum segment size
void setSn_PROTO(SOCKET s, uint8 proto); // set IP Protocol value using IP-Raw
mode
uint8 getSn_IR(SOCKET s); // get socket interrupt status
uint8 getSn_SR(SOCKET s); // get socket status
uint16 getSn_TX_FSR(SOCKET s); // get socket TX free buf size
uint16 getSn_RX_RSR(SOCKET s); // get socket RX recv buf size
void setSn_DHAR(SOCKET s, uint8 * addr);
void setSn_DIPR(SOCKET s, uint8 * addr);
void setSn_DPORT(SOCKET s, uint8 * addr);
void getSn_DHAR(SOCKET s, uint8 * addr);
void getSn_DIPR(SOCKET s, uint8 * addr);
void getSn_DPORT(SOCKET s, uint8 * addr);
void setSn_TTL(SOCKET s, uint8 ttl);
void setMR(uint8 val);

#ifdef __DEF_IINCHIP_PPP__
   uint8 pppinit(uint8 *id, uint8 idlen, uint8 *passwd, uint8 passwdlen);
   uint8 pppterm(uint8 *mac,uint8 *sessionid);
#endif

void send_data_processing(SOCKET s, uint8 *data, uint16 len);
void recv_data_processing(SOCKET s, uint8 *data, uint16 len);
void read_data(SOCKET s, vuint8 * src, vuint8 * dst, uint16 len);
void write_data(SOCKET s, vuint8 * src, vuint8 * dst, uint16 len);

#endif
```

```
#include "w3150a.h" //p.499참고
//#include "delay.h" // for wait function

uint8 I_STATUS[MAX_SOCK_NUM];
uint16 SMASK[MAX_SOCK_NUM]; /* Variable for Tx buffer MASK in each channel
*/
uint16 RMASK[MAX_SOCK_NUM]; /* Variable for Rx buffer MASK in each channel
*/
uint16 SSIZE[MAX_SOCK_NUM]; /* Max Tx buffer size by each channel */
```

```
uint16 RSIZE[MAX_SOCK_NUM]; /* Max Rx buffer size by each channel */
uint16 SBUFBASEADDRESS[MAX_SOCK_NUM]; /* Tx buffer base address by each
channel */
uint16 RBUFBASEADDRESS[MAX_SOCK_NUM]; /* Rx buffer base address by each
channel */

uint8 getISR(uint8 s)
{
    return I_STATUS[s];
}

void putISR(uint8 s, uint8 val)
{
    I_STATUS[s] = val;
}

uint16 getIINCHIP_RxMAX(uint8 s)
{
    return RSIZE[s];
}
uint16 getIINCHIP_TxMAX(uint8 s)
{
    return SSIZE[s];
}
uint16 getIINCHIP_RxMASK(uint8 s)
{
    return RMASK[s];
}
uint16 getIINCHIP_TxMASK(uint8 s)
{
    return SMASK[s];
}
uint16 getIINCHIP_RxBASE(uint8 s)
{
    return RBUFBASEADDRESS[s];  //0xe000
}
uint16 getIINCHIP_TxBASE(uint8 s)
{
    return SBUFBASEADDRESS[s];
}

/*
**************************************************************
This function writes the data into W3150A registers.
**************************************************************
 */
```

```
void IINCHIP_WRITE(uint16 addr, uint8 data)
{
        IINCHIP_ISR_DISABLE();
        *((vuint8 *)(addr)) = data;
        IINCHIP_ISR_ENABLE();
}

/**************************************************
This function reads the value from W3150A registers.
***************************************************/
uint8 IINCHIP_READ(uint16 addr)
{
        uint8 data;
        IINCHIP_ISR_DISABLE();
        data = *((vuint8 *)(addr));
        IINCHIP_ISR_ENABLE();
        return(data & 0xFF);        //32bit cpu를 위해 masking
}

/**********************************************
This function writes into W3150A memory(Buffer)
***********************************************/
void wiz_write_buf(uint16 dst_addr, uint8 *src_addr, uint16 len)
{
        uint16 i;
        IINCHIP_ISR_DISABLE();   //DI_INT0

        //memcpy((uint8 *)dst_addr, buf, len);
        for(i=0; i<len; i++)
        {
                *(uint8 *)dst_addr++ = *src_addr++;
        }
        IINCHIP_ISR_ENABLE();   //EI_INT0
}

/*********************************************
This function reads from W3150A memory (Buffer)
**********************************************/
void wiz_read_buf(uint16 src_addr, uint8 *dst_addr, uint16 len)
{
        uint16 i;
        IINCHIP_ISR_DISABLE();   //DI_INT0

        //memcpy(buf, (uint8 *)src_addr, len);
        //memcpy(dst_addr, (uint8 *)src_addr, len);
        for(i=0; i<len; i++)
```

```
        {
         *dst_addr++ = 0xFF & *(uint8 *)src_addr++; //32bit cpu를 위해 masking
        }

        IINCHIP_ISR_ENABLE();    //EI_INT0
}

/*
*******************************************************
Socket interrupt routine
*******************************************************
*/
void iinchip_irq(void)
{
#ifdef __DEF_IINCHIP_INT__
        uint8 int_val;
        IINCHIP_ISR_DISABLE();
        int_val = IINCHIP_READ(IR);

        if (int_val & IR_SOCK(0))
        {
                I_STATUS[0] = IINCHIP_READ(Sn_IR(0));
                IINCHIP_WRITE(Sn_IR(0), I_STATUS[0]&0xf);
        }

        if (int_val & IR_SOCK(1))
        {
                I_STATUS[1] = IINCHIP_READ(Sn_IR(1));
                IINCHIP_WRITE(Sn_IR(1), I_STATUS[1]&0xf);
        }

        if (int_val & IR_SOCK(2))
        {
                I_STATUS[2] = IINCHIP_READ(Sn_IR(2));
                IINCHIP_WRITE(Sn_IR(2), I_STATUS[2]&0xf);
        }
        if (int_val & IR_SOCK(3))
        {
                I_STATUS[3] = IINCHIP_READ(Sn_IR(3));
        IINCHIP_WRITE(Sn_IR(3), I_STATUS[3]&0xf);
        }

        IINCHIP_WRITE(IR, int_val);

        IINCHIP_ISR_ENABLE();
```

```
#endif
}

/***********************************************************************
 Initializes the iinchip to work in whether DIRECT or INDIRECT mode
 This function is for resetting of the iinchip.
***********************************************************************/
void iinchip_init(void)
{
        *((volatile uint8 *)(MR)) = MR_RST;//0x80:reset
}

/*
*******************************************************************************
******
This function set the transmit & receive buffer size as per the channels is used
tx_size Tx memory size (00 - 1KByte, 01- 2KBtye, 10 - 4KByte, 11 - 8KByte)
rx_size Rx memory size (00 - 1KByte, 01- 2KBtye, 10 - 4KByte, 11 - 8KByte)
Note for TMSR and RMSR bits are as follows
bit 1-0 : memory size of channel #0 \n
bit 3-2 : memory size of channel #1 \n
bit 5-4 : memory size of channel #2 \n
bit 7-6 : memory size of channel #3 \n
Maximum memory size for Tx, Rx in the W3150 is 8K Bytes,
In the range of 8KBytes, the memory size could be allocated dynamically by each
channel.
Be attentive to sum of memory size shouldn't exceed 8Kbytes
and to data transmission and receiption from non-allocated channel may cause some
problems.
If the 8KBytes memory is already  assigned to centain channel,
other 3 channels couldn't be used, for there's no available memory.
If two 4KBytes memory are assigned to two each channels,
other 2 channels couldn't be used, for there's no available memory.
*******************************************************************************
*******/
void sysinit(uint8 tx_size, uint8 rx_size)        //0x55, 0x55
{
    int16 i;
    int16 ssum, rsum;

    ssum = 0;
    rsum = 0;

    IINCHIP_WRITE(TMSR, tx_size);          /* Set Tx memory size for each
channel */
    IINCHIP_WRITE(RMSR, rx_size);          /* Set Rx memory size for each
```

```
channel */

    SBUFBASEADDRESS[0] = (uint16)(__DEF_IINCHIP_MAP_TXBUF__);/* Set base
address of Tx memory for channel #0:0x4000*/
    RBUFBASEADDRESS[0] = (uint16)(__DEF_IINCHIP_MAP_RXBUF__);/* Set base
address of Rx memory for channel #0:0x6000*/

    //MAX_SOCK_NUM:4
    for (i = 0 ; i < MAX_SOCK_NUM; i++)  //  Set  the  size,  masking  and  base
address of Tx & Rx memory by each channel
    {
         SSIZE[i] = (int16)(0);
         RSIZE[i] = (int16)(0);
         if(ssum < 8192)
         {
              switch((tx_size >> i*2) & 0x03) // Set Tx memory size
             {
                 case 0:
                      SSIZE[i] = (int16)(1024);
                      SMASK[i] = (uint16)(0x03FF);
                      break;
                 case 1:
                      SSIZE[i] = (int16)(2048);
                      SMASK[i] = (uint16)(0x07FF);
                      break;
                 case 2:
                      SSIZE[i] = (int16)(4096);
                      SMASK[i] = (uint16)(0x0FFF);
                      break;
                 case 3:
                      SSIZE[i] = (int16)(8192);
                      SMASK[i] = (uint16)(0x1FFF);
                      break;
             }
        }

        if (rsum < 8192)
        {
             switch((rx_size >> i*2) & 0x03)       // Set Rx memory size
             {
                 case 0:
                      RSIZE[i] = (int16)(1024);
                      RMASK[i] = (uint16)(0x03FF);
                      break;
                 case 1:
                      RSIZE[i] = (int16)(2048);
```

```
                    RMASK[i] = (uint16)(0x07FF);
                    break;
                case 2:
                    RSIZE[i] = (int16)(4096);
                    RMASK[i] = (uint16)(0x0FFF);
                    break;
                case 3:
                    RSIZE[i] = (int16)(8192);
                    RMASK[i] = (uint16)(0x1FFF);
                    break;
            }
        }
        ssum += SSIZE[i];
        rsum += RSIZE[i];

        if(i != 0)  // Sets base address of Tx and Rx memory for channel #1,#2,#3
        {
            SBUFBASEADDRESS[i] = SBUFBASEADDRESS[i-1] + SSIZE[i-1];
            RBUFBASEADDRESS[i] = RBUFBASEADDRESS[i-1] + RSIZE[i-1];
        }
    }
}

void setMR(uint8 val)
{
   IINCHIP_WRITE(MR, val);
}

/*
***********************************************************************
This function sets up gateway IP address.
"addr" is a pointer to a 4 -byte array responsible to set the Gateway IP address.
***********************************************************************
*/
void setGAR(uint8 *addr)
{
  IINCHIP_WRITE((GAR0 + 0),addr[0]);
  IINCHIP_WRITE((GAR0 + 1),addr[1]);
  IINCHIP_WRITE((GAR0 + 2),addr[2]);
  IINCHIP_WRITE((GAR0 + 3),addr[3]);
}

void getGWIP(uint8 *addr)
{
  addr[0] = IINCHIP_READ((GAR0 + 0));
  addr[1] = IINCHIP_READ((GAR0 + 1));
```

```
  addr[2] = IINCHIP_READ((GAR0 + 2));
  addr[3] = IINCHIP_READ((GAR0 + 3));
}

/***************************************************************************
It sets up SubnetMask address
"addr" is a pointer to a 4 -byte array responsible to set the SubnetMask address
***************************************************************************/
void setSUBR(uint8 *addr)
{
        IINCHIP_WRITE((SUBR0 + 0),addr[0]);
        IINCHIP_WRITE((SUBR0 + 1),addr[1]);
        IINCHIP_WRITE((SUBR0 + 2),addr[2]);
        IINCHIP_WRITE((SUBR0 + 3),addr[3]);
}

/***************************************************************************
This function sets up MAC address.
"addr" is a pointer to a 6 -byte array responsible to set the MAC address.
***************************************************************************/
void setSHAR(uint8 *addr)
{
        IINCHIP_WRITE((SHAR0 + 0), addr[0]);
        IINCHIP_WRITE((SHAR0 + 1), addr[1]);
        IINCHIP_WRITE((SHAR0 + 2), addr[2]);
        IINCHIP_WRITE((SHAR0 + 3), addr[3]);
        IINCHIP_WRITE((SHAR0 + 4), addr[4]);
        IINCHIP_WRITE((SHAR0 + 5), addr[5]);
}

/***************************************************************************
This function sets up Source IP address.
"addr" is a pointer to a 4 -byte array responsible to set the Source IP address.
***************************************************************************/
void setSIPR(uint8 *addr)
{
  IINCHIP_WRITE((SIPR0 + 0),addr[0]);
  IINCHIP_WRITE((SIPR0 + 1),addr[1]);
  IINCHIP_WRITE((SIPR0 + 2),addr[2]);
  IINCHIP_WRITE((SIPR0 + 3),addr[3]);
}

uint8 getIR()
{
   return IINCHIP_READ(IR);
}
```

```
/***********************************************************************
This function sets up Retransmission time.
If there is no response from the peer or delay in response then retransmission
will be there as per RTR (Retry Time-value Register)setting
***********************************************************************/
void setRTR(uint16 timeout)
{
	IINCHIP_WRITE(RTR0, (uint8)((timeout & 0xff00) >> 8));
	IINCHIP_WRITE((RTR0 + 1), (uint8)(timeout & 0x00ff));
}

/***********************************************************************
This function set the number of Retransmission.
If there is no response from the peer or delay in response then recorded time
as per RTR & RCR register seeting then time out will occur.
***********************************************************************/
void setRCR(uint8 retry)
{
	IINCHIP_WRITE(RCR, retry);		//offset+0x19
}

/***********************************************************************
This function set the interrupt mask Enable/Disable appropriate Interrupt.
('1' : interrupt enable)
If any bit in IMR is set as '0' then there is not interrupt signal though the bit is
set in IR register.
***********************************************************************/
void setIMR(uint8 mask)
{
	IINCHIP_WRITE(IMR, mask);		// must be setted 0x10.
}

/***********************************************************************
These below functions are used to get the Gateway, SubnetMask
and Source Hardware Address (MAC Address) and Source IP address
***********************************************************************/
void getGAR(uint8 *addr)
{
	addr[0] = IINCHIP_READ(GAR0);
	addr[1] = IINCHIP_READ(GAR0+1);
	addr[2] = IINCHIP_READ(GAR0+2);
	addr[3] = IINCHIP_READ(GAR0+3);
}

void getSUBR(uint8 *addr)
```

```
{
        addr[0] = IINCHIP_READ(SUBR0);
        addr[1] = IINCHIP_READ(SUBR0+1);
        addr[2] = IINCHIP_READ(SUBR0+2);
        addr[3] = IINCHIP_READ(SUBR0+3);
}

void getSHAR(uint8 *addr)
{
        addr[0] = IINCHIP_READ(SHAR0);
        addr[1] = IINCHIP_READ(SHAR0+1);
        addr[2] = IINCHIP_READ(SHAR0+2);
        addr[3] = IINCHIP_READ(SHAR0+3);
        addr[4] = IINCHIP_READ(SHAR0+4);
        addr[5] = IINCHIP_READ(SHAR0+5);
}

void getSIPR(uint8 *addr)
{
        addr[0] = IINCHIP_READ(SIPR0);
        addr[1] = IINCHIP_READ(SIPR0+1);
        addr[2] = IINCHIP_READ(SIPR0+2);
        addr[3] = IINCHIP_READ(SIPR0+3);
}

/***********************************************************************
These below functions are used to get the Destination Hardware Address (MAC
Address),
Destination IP address and Destination Port.
***********************************************************************/
void getSn_DHAR(SOCKET s, uint8 *addr)
{
        addr[0] = IINCHIP_READ(Sn_DHAR0(s));
        addr[1] = IINCHIP_READ(Sn_DHAR0(s)+1);
        addr[2] = IINCHIP_READ(Sn_DHAR0(s)+2);
        addr[3] = IINCHIP_READ(Sn_DHAR0(s)+3);
        addr[4] = IINCHIP_READ(Sn_DHAR0(s)+4);
        addr[5] = IINCHIP_READ(Sn_DHAR0(s)+5);
}

void setSn_DHAR(SOCKET s, uint8 *addr)
{
        IINCHIP_WRITE((Sn_DHAR0(s) + 0),addr[0]);
        IINCHIP_WRITE((Sn_DHAR0(s) + 1),addr[1]);
        IINCHIP_WRITE((Sn_DHAR0(s) + 2),addr[2]);
        IINCHIP_WRITE((Sn_DHAR0(s) + 3),addr[3]);
```

```
        IINCHIP_WRITE((Sn_DHAR0(s) + 4),addr[4]);
        IINCHIP_WRITE((Sn_DHAR0(s) + 5),addr[5]);
}

void getSn_DIPR(SOCKET s, uint8 *addr)
{
        addr[0] = IINCHIP_READ(Sn_DIPR0(s));
        addr[1] = IINCHIP_READ(Sn_DIPR0(s)+1);
        addr[2] = IINCHIP_READ(Sn_DIPR0(s)+2);
        addr[3] = IINCHIP_READ(Sn_DIPR0(s)+3);
}

void setSn_DIPR(SOCKET s, uint8 *addr)
{
    IINCHIP_WRITE((Sn_DIPR0(s) + 0),addr[0]);
    IINCHIP_WRITE((Sn_DIPR0(s) + 1),addr[1]);
    IINCHIP_WRITE((Sn_DIPR0(s) + 2),addr[2]);
    IINCHIP_WRITE((Sn_DIPR0(s) + 3),addr[3]);
}

void getSn_DPORT(SOCKET s, uint8 *addr)
{
    addr[0] = IINCHIP_READ(Sn_DPORT0(s));
    addr[1] = IINCHIP_READ(Sn_DPORT0(s)+1);
}

void setSn_DPORT(SOCKET s, uint8 *addr)
{
    IINCHIP_WRITE((Sn_DPORT0(s) + 0),addr[0]);
    IINCHIP_WRITE((Sn_DPORT0(s) + 1),addr[1]);
}

/*********************************************************************
This sets the maximum segment size of TCP in Active Mode),
while in Passive Mode this is set by peer
*********************************************************************/
void setSn_MSS(SOCKET s, uint16 Sn_MSSR0)
{
    IINCHIP_WRITE(Sn_MSSR0(s),(uint8)((Sn_MSSR0 & 0xff00) >> 8));
    IINCHIP_WRITE((Sn_MSSR0(s) + 1),(uint8)(Sn_MSSR0 & 0x00ff));
}

void setSn_TTL(SOCKET s, uint8 ttl)
{
    IINCHIP_WRITE(Sn_TTL(s), ttl);
}
```

```
/***********************************************************************
These below function is used to setup the Protocol Field of IP Header when
executing the IP Layer RAW mode.
***********************************************************************/
void setSn_PROTO(SOCKET s, uint8 proto)
{
    IINCHIP_WRITE(Sn_PROTO(s),proto);
}

/***********************************************************************
These below functions are used to read the Interrupt & Soket Status register
***********************************************************************/
uint8 getSn_IR(SOCKET s) // get socket interrupt status
{
    return IINCHIP_READ(Sn_IR(s));
}

uint8 getSn_SR(SOCKET s) // get socket status
{
    return IINCHIP_READ(Sn_SR(s));
}

/**************************************************
This gives free buffer size of transmit buffer.
This is the data size that user can transmit.
User shuold check this value first and
control the size of transmitting data
**************************************************/
uint16 getSn_TX_FSR(SOCKET s) // get socket TX free buf size
{
    uint16 val=0, val1=0;
    do
    {
        val1 = IINCHIP_READ(Sn_TX_FSR0(s));
        val1 = (val1 << 8) + IINCHIP_READ(Sn_TX_FSR0(s) + 1);
        if(val1 != 0)
        {
            val = IINCHIP_READ(Sn_TX_FSR0(s));
            val = (val << 8) + IINCHIP_READ(Sn_TX_FSR0(s) + 1);
        }
    } while(val != val1);
    return val;
}

/***********************************************************************
```

```
This gives size of received data in receive buffer.
***********************************************************************/
uint16 getSn_RX_RSR(SOCKET s) // get socket RX recv buf size
{
    uint16 val=0, val1=0;
    do
    {
        val1 = IINCHIP_READ(Sn_RX_RSR0(s));                    //수신데이터 상위값
        val1 = (val1 << 8) + IINCHIP_READ(Sn_RX_RSR0(s) + 1);       //하위값
        if(val1 != 0)        //한번더 확인, 신뢰성 위해
        {
            val = IINCHIP_READ(Sn_RX_RSR0(s));
            val = (val << 8) + IINCHIP_READ(Sn_RX_RSR0(s) + 1);
        }
    } while (val != val1);
    return val;
}

/***********************************************************************
This function is being called by send() and sendto() function also.
This function read the Tx write pointer register and
after copy the data in buffer update the Tx write pointer
register. User should read upper byte first and
lower byte later to get proper value.
***********************************************************************/
void send_data_processing(SOCKET s, uint8 *data, uint16 len)
{
    uint16 ptr;
    ptr = IINCHIP_READ(Sn_TX_WR0(s));    //TXD upper pointer
    ptr = ((ptr & 0x00ff) << 8) + IINCHIP_READ(Sn_TX_WR0(s) + 1);  / / T X D
upper pointer|lower pointer
    write_data(s, data, (uint8 *)(ptr), len);
    ptr += len;
    IINCHIP_WRITE(Sn_TX_WR0(s), (uint8)((ptr & 0xff00) >> 8));       //송신 데이
터의 읽을 상위포인터 저장
    IINCHIP_WRITE((Sn_TX_WR0(s) + 1), (uint8)(ptr & 0x00ff));        //송신 데이
터의 읽을 상위포인터 저장

//  IINCHIP_WRITE(Sn_CR(s), Sn_CR_SEND);          //0x20:updata txbuf pointer,
send data
}

/**********************************************************************
********
This function is being called by recv() also.
This function read the Rx read pointer register and
```

```
after copy the data from receive buffer update the Rx write pointer register.
User should read upper byte first and lower byte later to get proper value.
********************************************************************************
********/
void recv_data_processing(SOCKET s, uint8 *data, uint16 len)
{
    uint16 ptr;

    //test_ptr1 = IINCHIP_READ(Sn_RX_RD0(s));         //수신 데이터의 읽을 상위포인터
    //test_ptr2 = IINCHIP_READ(Sn_RX_RD0(s) + 1);  //상위pointer | 하위pointer

    //ptr = (uint16)test_ptr1;
    //test_ptr = ptr = (ptr<<8) + (uint16)test_ptr2;

    ptr = IINCHIP_READ(Sn_RX_RD0(s));        //수신 데이터의 읽을 상위포인터
    ptr = ((ptr & 0x00ff) << 8) + IINCHIP_READ(Sn_RX_RD0(s) + 1);//상위pointer |
하위pointer

    read_data(s, (uint8 *)ptr, data, len); // ptr에서 읽어 data에 저장
    ptr += len;
    IINCHIP_WRITE(Sn_RX_RD0(s), (uint8)((ptr & 0xff00) >> 8));          //수신 데이
터의 읽을 상위포인터 저장
    IINCHIP_WRITE((Sn_RX_RD0(s) + 1), (uint8)(ptr & 0x00ff));           //수신 데이
터의 읽을 상위포인터 저장

//  IINCHIP_WRITE(Sn_CR(s), Sn_CR_RECV); //0x40:update rxbuf pointer, recv data
}

/*************************************************************************
This function is being used for copy the data form Receive buffer of the chip to
application buffer. It calculate the actual physical address where one has to read
the data from Receive buffer. Here also take care of the condition while it exceed
the Rx memory uper-bound of socket.
*************************************************************************/
void read_data(SOCKET s, vuint8 *src, vuint8 *dst, uint16 len)
{
    uint16 size;
    uint16 src_mask;
    uint8 *src_ptr;

    src_mask = (uint16)src & getIINCHIP_RxMASK(s);        //0x07FF(2047)
    src_ptr = (uint8 *)(getIINCHIP_RxBASE(s) + src_mask);
    //getIINCHIP_RxBASE:0xe000

    if( (src_mask + len) > getIINCHIP_RxMAX(s) )      //getIINCHIP_RxMAX:2048
    {
```

```
        size = getIINCHIP_RxMAX(s) - src_mask;     //2048 - src_mask
        wiz_read_buf((uint16)src_ptr, (uint8*)dst, size);
        dst += size;
        size = len - size;
        src_ptr = (uint8 *)(getIINCHIP_RxBASE(s));
        wiz_read_buf((uint16)src_ptr, (uint8*) dst, size);
    }
    else
    {
        wiz_read_buf((uint16)src_ptr, (uint8 *)dst, len);
    }
}

/***********************************************************************
This function is being used for copy the data form application buffer to Transmite
buffer of the chip. It calculate the actual physical address where one has to write
the data in transmite buffer. Here also take care of the condition while it exceed
the Tx memory uper-bound of socket.
***********************************************************************/
uint16 test_addr;
void write_data(SOCKET s, vuint8 *src, vuint8 *dst, uint16 len)
{
    uint16 size;
    uint16 dst_mask;
    uint8 *dst_ptr;

    dst_mask = (uint16)dst & getIINCHIP_TxMASK(s);
    dst_ptr = (uint8 *)(getIINCHIP_TxBASE(s) + dst_mask);

    test_addr=(uint16)((uint8 *)dst_ptr);

    if(dst_mask + len > getIINCHIP_TxMAX(s))
    {
        size = getIINCHIP_TxMAX(s) - dst_mask;
        wiz_write_buf((uint16)dst_ptr, (uint8*)src, size);
        src += size;
        size = len - size;
        dst_ptr = (uint8 *)(getIINCHIP_TxBASE(s));
        wiz_write_buf((uint16)dst_ptr, (uint8*)src, size);
    }
    else
    {
        wiz_write_buf((uint16)dst_ptr, (uint8 *)src, len);
    }
}
```

w3150a.c(p.484참고)

socket.h

```
#ifndef    _SOCKET_H_
#define    _SOCKET_H_

#include "types.h"
#include "w3150a.h"

/**********************************************************
*
* define function of socket API
*
**********************************************************/
uint8 socket(SOCKET s, uint8 protocol, uint16 port, uint8 flag); // Opens a socket(TCP or UDP or IP_RAW mode)
void close(SOCKET s); // Close socket
// Establish TCP connection (Active connection)
uint8 connect(SOCKET s, uint8 * addr, uint16 port);
void disconnect(SOCKET s); // disconnect the connection
uint8 listen(SOCKET s);    // Establish TCP connection (Passive connection)
uint16 send(SOCKET s, uint8 * buf, uint16 len); // Send data (TCP)
uint16 recv(SOCKET s, uint8 * buf, uint16 len);         // Receive data (TCP)
// Send data (UDP/IP RAW)
uint16 sendto(SOCKET s, uint8 * buf, uint16 len, uint8 * addr, uint16 port);
// Receive data (UDP/IP RAW)
uint16 recvfrom(SOCKET s, uint8 * buf, uint16 len, uint8 * addr, uint16  *port);
uint16 igmpsend(SOCKET s, uint8 * buf, uint16 len); // Send data (multicasting)
#endif
/* _SOCKET_H_ */
```

socket.c

```
#include "socket.h"

uint16 local_port;
/**
* Internal Functions
*/

/*
*********************************************************************
This Socket function initialize the channel in perticular mode, and set the port
and wait for W3150A+ done it.
And the Parameters "s" is for socket number, "protocol" is for socket protocol,
port is the source port for the socket and flag is the option for the socket.
This function return 1 for sucess else 0.
*********************************************************************
*/

uint8 socket(SOCKET s, uint8 protocol, uint16 port, uint8 flag)
{
        uint8 ret;
        if ((protocol == Sn_MR_TCP) || (protocol == Sn_MR_UDP) || (protocol ==
Sn_MR_IPRAW) || (protocol == Sn_MR_MACRAW) || (protocol == Sn_MR_PPPOE))
        {
                close(s);
                IINCHIP_WRITE(Sn_MR(s),protocol | flag);
                if (port != 0) {
                     IINCHIP_WRITE(Sn_PORT0(s),(uint8)((port & 0xff00) >> 8));
                     IINCHIP_WRITE((Sn_PORT0(s) + 1),(uint8)(port & 0x00ff));
                }
                else
                {
                        local_port++; // if don't set the source port, set local_port
number.
                        IINCHIP_WRITE(Sn_PORT0(s),(uint8)((local_port          &
0xff00) >> 8));
                        IINCHIP_WRITE((Sn_PORT0(s)  +  1),(uint8)(local_port  &
0x00ff));
                }
                IINCHIP_WRITE(Sn_CR(s),Sn_CR_OPEN); // run sockinit Sn_CR
                ret = 1;
        }
        else
        {
                ret = 0;
        }
```

```
        return ret;
}

/*
***********************************************************************
This function close the socket and parameter is "s" which represent the socket
number
***********************************************************************
*/

void close(SOCKET s)
{
        IINCHIP_WRITE(Sn_CR(s),Sn_CR_CLOSE);
}

/*
***********************************************************************
This function established  the connection for the channel in passive (server) mode.
This function waits for the request from the peer. The parameter "s" is the socket
number
This function return 1 for success else 0.
***********************************************************************
*/

uint8 listen(SOCKET s)
{
        uint8 ret;
        if (IINCHIP_READ(Sn_SR(s)) == SOCK_INIT)
        {
                IINCHIP_WRITE(Sn_CR(s),Sn_CR_LISTEN);
                ret = 1;
        }
        else
        {
                ret = 0;
        }
        return ret;
}


/*
***********************************************************************
This function established  the connection for the channel in Active (client) mode.
This function waits for the untill the connection is established. The parameter "s" is
the socket number
This function return 1 for success else 0.
```

```
*************************************************************************
*/

uint8 connect(SOCKET s, uint8 * addr, uint16 port)
{
        uint8 ret;
        if(
                ((addr[0] == 0xFF) && (addr[1] == 0xFF) && (addr[2] == 0xFF)
&& (addr[3] == 0xFF)) ||
                ((addr[0] == 0x00) && (addr[1] == 0x00) && (addr[2] == 0x00)
&& (addr[3] == 0x00)) ||
                (port == 0x00) )
        {
                ret = 0;
        }
        else
        {
                ret = 1;
                // set destination IP
                IINCHIP_WRITE(Sn_DIPR0(s),addr[0]);
                IINCHIP_WRITE((Sn_DIPR0(s) + 1),addr[1]);
                IINCHIP_WRITE((Sn_DIPR0(s) + 2),addr[2]);
                IINCHIP_WRITE((Sn_DIPR0(s) + 3),addr[3]);
                IINCHIP_WRITE(Sn_DPORT0(s),(uint8)((port & 0xff00) >> 8));
                IINCHIP_WRITE((Sn_DPORT0(s) + 1),(uint8)(port & 0x00ff));
                IINCHIP_WRITE(Sn_CR(s),Sn_CR_CONNECT);
                // wait for completion
                while (IINCHIP_READ(Sn_CR(s)))
                {
                        if (IINCHIP_READ(Sn_SR(s)) == SOCK_CLOSED)
                        {
                                ret = 0; break;
                        }
                }
        }
        return ret;
}

/*
*************************************************************************
This function used for disconnect the socket and parameter is "s" which represent the
socket number
*************************************************************************
*/

void disconnect(SOCKET s)
```

```
{
        IINCHIP_WRITE(Sn_CR(s),Sn_CR_DISCON);
}

/*
**********************************************************************
This function used to send the data in TCP mode and the parameter "s" represents
the socket number and "buf" a pointer to data and "len" is the data size to be send.
This function return 1 for success else 0.
**********************************************************************
*/
extern unsigned int Send_meet_cnt;
uint16 send(SOCKET s, uint8 * buf, uint16 len)
{
        uint8 status=0;
        uint16 ret=0;
        uint16 freesize=0;

        if (len > getIINCHIP_TxMAX(s))
                ret = getIINCHIP_TxMAX(s); // check size not to exceed MAX
size.
        else
                ret = len;

   // if freebuf is available, start.
        do
        {
                freesize = getSn_TX_FSR(s);
                status = IINCHIP_READ(Sn_SR(s));
                if ((status != SOCK_ESTABLISHED) && (status !=
SOCK_CLOSE_WAIT)){ret = 0; break;}
        } while (freesize < ret);

        // copy data
        Send_meet_cnt++;
        send_data_processing(s, (uint8 *)buf, ret);
        IINCHIP_WRITE(Sn_CR(s),Sn_CR_SEND);
        while( (IINCHIP_READ(Sn_IR(s)) & Sn_IR_SEND_OK) != Sn_IR_SEND_OK
)
        {
                status = IINCHIP_READ(Sn_SR(s));
                if (status == SOCK_CLOSED)
                {
                        ret = 0;
                        break;
                }
```

```
          }
          putISR(s, getISR(s) & (~Sn_IR_SEND_OK));
          IINCHIP_WRITE(Sn_IR(s), Sn_IR_SEND_OK);
          return ret;
}


/*
*********************************************************************
This function is an application I/F function which is used to receive the data in TCP
mode.
It continues to wait for data as much as the application wants to receive and the
parameter "s" represents the socket number and "buf" a pointer to copy the data
to be received and "len" is the data size to be read. This function return received
data size
for success else -1.
*********************************************************************
*/

uint16 recv(SOCKET s, uint8 * buf, uint16 len)
{
          uint16 ret=0;

          if ( len > 0 )
          {
                    recv_data_processing(s, buf, len);
                    IINCHIP_WRITE(Sn_CR(s),Sn_CR_RECV);
                    ret = len;
          }
          return ret;
}

/*
*********************************************************************
This function is an application I/F function which is used to send the data for other
then
TCP mode. Unlike TCP transmission, The peer's destination address and the port is
needed.
and the parameter "s" represents the socket number and "buf" a pointer to the data
and "len" is the data size to send and addr is the peer's Destination IP address and
port is
the peer's destination port number. This function return send data size for success
else -1.
*********************************************************************
*/
```

```
uint16 sendto(SOCKET s, uint8 * buf, uint16 len, uint8 * addr, uint16 port)
{
	uint8 status=0;
	uint8 isr=0;
	uint16 ret=0;

	if (len > getIINCHIP_TxMAX(s))
		// check size not to exceed MAX size.
		ret = getIINCHIP_TxMAX(s);
	else
		ret = len;

	if(((addr[0] == 0x00) && (addr[1] == 0x00) && (addr[2] == 0x00) &&
(addr[3] == 0x00)) || ((port == 0x00)) ||(ret == 0))
	{
	   ;
	}
	else
	{
		IINCHIP_WRITE(Sn_DIPR0(s),addr[0]);
		IINCHIP_WRITE((Sn_DIPR0(s) + 1),addr[1]);
		IINCHIP_WRITE((Sn_DIPR0(s) + 2),addr[2]);
		IINCHIP_WRITE((Sn_DIPR0(s) + 3),addr[3]);
		IINCHIP_WRITE(Sn_DPORT0(s),(uint8)((port & 0xff00) >> 8));
		IINCHIP_WRITE((Sn_DPORT0(s) + 1),(uint8)(port & 0x00ff));

		// copy data
		send_data_processing(s, (uint8 *)buf, ret);
		IINCHIP_WRITE(Sn_CR(s),Sn_CR_SEND);
		while(	(IINCHIP_READ(Sn_IR(s))	&	Sn_IR_SEND_OK)	!=
Sn_IR_SEND_OK )
		{
		status = IINCHIP_READ(Sn_SR(s));
	#ifndef __DEF_IINCHIP_INT__
		isr = IINCHIP_READ(Sn_IR(s));
	#endif;
			if	((status	==	SOCK_CLOSED)	||	(isr	&
Sn_IR_TIMEOUT) || (getISR(s) & Sn_IR_TIMEOUT))
			{
				ret = 0; break;
			}
		}
		putISR(s, getISR(s) & (~Sn_IR_SEND_OK));
		IINCHIP_WRITE(Sn_IR(s), Sn_IR_SEND_OK);
	}
	return ret;
```

```
}

/*
*******************************************************************
This function is an application I/F function which is used to receive the data in other
then
TCP mode. This function is used to receive UDP, IP_RAW and MAC_RAW mode,
and handle
the header as well.
The parameter "s" represents the socket number and "buf" a pointer to copy the data
to be
received and "len" is the data size to read and and addr is a pointer to store the
peer's
IP address and port is a pointer to store the peer's port number.
This function return received data size for success else -1.
*******************************************************************
*/

uint16 recvfrom(SOCKET s, uint8 * buf, uint16 len, uint8 * addr, uint16 *port)
{
        uint8 head[8];
        uint16 data_len=0;
        uint16 ptr=0;

        if ( len > 0 )
        {
                ptr = IINCHIP_READ(Sn_RX_RD0(s));
                ptr = ((ptr & 0x00ff) << 8) + IINCHIP_READ(Sn_RX_RD0(s) + 1);
                switch (IINCHIP_READ(Sn_MR(s)) & 0x07)
                {
                        case Sn_MR_UDP :
                                read_data(s, (uint8 *)ptr, head, 0x08);
                                ptr += 8;
                                // read peer's IP address, port number.
                                addr[0] = head[0];
                                addr[1] = head[1];
                                addr[2] = head[2];
                                addr[3] = head[3];
                                *port = head[4];
                                *port = (*port << 8) + head[5];
                                data_len = head[6];
                                data_len = (data_len << 8) + head[7];

                                read_data(s, (uint8 *)ptr, buf, data_len);
                                ptr += data_len;
```

```
                              IINCHIP_WRITE(Sn_RX_RD0(s),(uint8)((ptr   &
0xff00) >> 8));

                              IINCHIP_WRITE((Sn_RX_RD0(s) + 1),(uint8)(ptr
& 0x00ff));

                              break;

                    case Sn_MR_IPRAW :
                              read_data(s, (uint8 *)ptr, head, 0x06);
                              ptr += 6;

                              addr[0] = head[0];
                              addr[1] = head[1];
                              addr[2] = head[2];
                              addr[3] = head[3];
                              data_len = head[4];
                              data_len = (data_len << 8) + head[5];

                              read_data(s, (uint8 *)ptr, buf, data_len);
                              ptr += data_len;

                              IINCHIP_WRITE(Sn_RX_RD0(s),(uint8)((ptr   &
0xff00) >> 8));

                              IINCHIP_WRITE((Sn_RX_RD0(s) + 1),(uint8)(ptr
& 0x00ff));

                              break;

                    case Sn_MR_MACRAW :
                              read_data(s,(uint8*)ptr,head,2);
                              ptr+=2;
                              data_len = head[0];
                              data_len = (data_len<<8) + head[1] - 2;

                              read_data(s,(uint8*) ptr,buf,data_len);
                              ptr += data_len;
                              IINCHIP_WRITE(Sn_RX_RD0(s),(uint8)((ptr   &
0xff00) >> 8));

                              IINCHIP_WRITE((Sn_RX_RD0(s) + 1),(uint8)(ptr
& 0x00ff));

                              break;

                    default :
                              break;
          }
          IINCHIP_WRITE(Sn_CR(s),Sn_CR_RECV);
     }
     return data_len;
```

```
}

uint16 igmpsend(SOCKET s, uint8 * buf, uint16 len)
{
	uint8 status=0;
	uint8 isr=0;
	uint16 ret=0;

	if (len > getIINCHIP_TxMAX(s))
		ret = getIINCHIP_TxMAX(s); // check size not to exceed MAX
size.
	else
		ret = len;

	if(ret == 0)
	{

	}
	else
	{
		// copy data
		send_data_processing(s, (uint8 *)buf, ret);
		IINCHIP_WRITE(Sn_CR(s),Sn_CR_SEND);
		while ( (IINCHIP_READ(Sn_IR(s)) & Sn_IR_SEND_OK) !=
Sn_IR_SEND_OK )
		{
			status = IINCHIP_READ(Sn_SR(s));
			isr = IINCHIP_READ(Sn_IR(s));
			if ((status == SOCK_CLOSED) || (isr &
Sn_IR_TIMEOUT) || (getISR(s) & Sn_IR_TIMEOUT))
			{
				ret = 0;
				break;
			}
		}
		putISR(s, getISR(s) & (~Sn_IR_SEND_OK));
		IINCHIP_WRITE(Sn_IR(s), Sn_IR_SEND_OK);
	}
	return ret;
}
```

scancode.h

```
//------------------------------------------
// 스캔코드를 아스키 코드로 변환하기 위한 헤더 파일 이다.
//scancode.h 파일 내용

unsigned char asc_dat[47][2] =
{
	//스캔코드, 아스키코드
	0x45,0x30,  // 0
	0x16,0x31,  // 1
	0x1e,0x32,  // 2
	0x26,0x33,  // 3
	0x25,0x34,  // 4
	0x2e,0x35,  // 5
	0x36,0x36,  // 6
	0x3d,0x37,  // 7
	0x3e,0x38,  // 8
	0x46,0x39,  // 9
	0x1c,0x61,  // a
	0x32,0x62,  // b
	0x21,0x63,  // c
	0x23,0x64,  // d
	0x24,0x65,  // e
	0x2b,0x66,  // f
	0x34,0x67,  // g
	0x33,0x68,  // h
	0x43,0x69,  // i
	0x3b,0x6a,  // j
	0x42,0x6b,  // k
	0x4b,0x6c,  // l
	0x3a,0x6d,  // m
	0x31,0x6e,  // n
	0x44,0x6f,  // o
```

```
        0x4d,0x70,  // p
        0x15,0x71,  // q
        0x2d,0x72,  // r
        0x1b,0x73,  // s
        0x2c,0x74,  // t
        0x3c,0x75,  // u
        0x2a,0x76,  // v
        0x1d,0x77,  // w
        0x22,0x78,  // x
        0x35,0x79,  // y
        0x1a,0x7a,  // z
        0x29,0x20,  //빈칸
        0x41,0x2c,  // ,
        0x49,0x2e,  // .
        0x4a,0x2f,  // /
        0x4c,0x3b,  // ;
        0x52,0x27,  // '
        0x54,0x5b,  // [
        0x5b,0x5d,  // ]
        0x4e,0x2d,  // -
        0x55,0x3d,  // =
        0x5d,0x5c   // (₩)
};

//shifted characters
unsigned char shifted_dat[47][2] =
{
        //스캔코드, 아스키코드
        0x45,0x30,  // 0
        0x16,0x31,  // 1
        0x1e,0x32,  // 2
        0x26,0x33,  // 3
        0x25,0x34,  // 4
        0x2e,0x35,  // 5
```

```
0x36,0x36,  // 6
0x3d,0x37,  // 7
0x3e,0x38,  // 8
0x46,0x39,  // 9
0x1c,0x41,  // A
0x32,0x42,  // B
0x21,0x43,  // C
0x23,0x44,  // D
0x24,0x45,  // E
0x2b,0x46,  // F
0x34,0x47,  // G
0x33,0x48,  // H
0x43,0x49,  // I
0x3b,0x4a,  // J
0x42,0x4b,  // K
0x4b,0x4c,  // L
0x3a,0x4d,  // M
0x31,0x4e,  // N
0x44,0x4f,  // O
0x4d,0x50,  // P
0x15,0x51,  // Q
0x2d,0x52,  // R
0x1b,0x53,  // S
0x2c,0x54,  // T
0x3c,0x55,  // U
0x2a,0x56,  // V
0x1d,0x57,  // W
0x22,0x58,  // X
0x35,0x59,  // Y
0x1a,0x5a,  // Z
0x29,0x20,  //빈칸
0x41,0x2c,  // ,
0x49,0x2e,  // .
0x4a,0x2f,  // /
```

```
        0x4c,0x3b,  // ;
        0x52,0x27,  // '
        0x54,0x5b,  // [
        0x5b,0x5d,  // ]
        0x4e,0x2d,  // -
        0x55,0x3d,  // =
        0x5d,0x5c    // (₩)
};
```

실험 13-1

이더넷에 연결된 트레이닝 키트에 client 프로그램을 이용하여 "LED1~7"의 문자열을 보내어 해당 LED를 점등시킨다. 트레이닝 키트에 "LED1~7"의 문자열이 수신되면 "LED_OK"를 컴퓨터로 보내고, 그 이외의 문자열은 "NAK_NG"를 보내게 되는 프로그램을 작성하여 실험한다.

```
//File Include Section
#include <iom128.h>
#include <ina90.h>
#include <math.h>
#include "DebugAtmega128.h"
#include "socket.h"

typedef unsigned char byte;
typedef unsigned int word;

void init_sock(SOCKET s, uint16 port, uint8 flag, uint8 udp_mode, uint8 client_mode);
byte Ascii_check(byte asc_data);
void Led_out(byte led_data);
void Nak_out(void);

//Define Part
#define   MAX_BUF_SIZE  2048       /* maximum size of Rx buffer. */

uint8 rx_buf[1024];      /* Rx buffer for Application */
uint8 tx_buf[1024];      /* Tx buffer for Application */

unsigned char MAC[6]       = {0x00, 0x01, 0x45, 0x67, 0x89, 0xAB};
unsigned char GateWay[4]   = {203,  252,  233,   1};
unsigned char Subnet[4]    = {255,  255,  255,   0};
unsigned char IP[4]        = {203,  252,  233, 180};

unsigned char MAC_chk[6];
unsigned char GateWay_chk[4];
unsigned char Subnet_chk[4];
unsigned char IP_chk[4];

unsigned char led_data=0xFF;
unsigned int Rcv_data_no=0, Send_data_no=0, Rcv_meet_cnt=0, Send_meet_cnt=0;
```

```
//****************************************
//* main() Function Implementation Part    *
//****************************************

void main(void)
{
    byte temp;
    SOCKET i;              //unsigned char i; 와 동일
    uint16 check_rx, dummy;

    AtMg128DebugInit();
    MCUCR=0xc0;              // 0~7FFF : 0 wait
    XMCRA=0x40;              // 8000~FFFF : 1 wait

    //LED Display
    PORTB = 0xFF;
    DDRB = 0x78;     //LED3~LED0
    PORTD = 0xFF;
    DDRD = 0xF0;     //LED7~LED4

    __enable_interrupt();    /* enable interrupts */
    iinchip_init();          // Internal register reset

    setSHAR(MAC);            //MAC Setting
    setGAR(GateWay);         //Gate_way Setting
    setSUBR(Subnet);         //Subnet Mask Setting
    setSIPR(IP);             //IP Setting

    getSHAR(MAC_chk);        //MAC read
    getGAR(GateWay_chk);     //Gate_way read
    getSUBR(Subnet_chk);     //Subnet Mask read
    getSIPR(IP_chk);         //IP read

    setRCR(0x05);            // timeout count is 5
    sysinit(0x55, 0x55);     // set 2K memory each socket(각각의 소켓의 송수신버퍼
                             2Kbyte)

    for (i = 0 ; i < MAX_SOCK_NUM ; i++ )          //MAX_SOCK_NUM:4
    {
        init_sock(i, 7000+i, 0, 0, 0);  //소켓번호가 7000, 7001, 7002, 7003, 0:TCP
        //init_sock(i, 7000+i, 0, 1, 0); //소켓번호가 7000, 7001, 7002, 7003, 1:UDP
    }

    while(1)
    {
```

```
//for (i = 0 ; i < MAX_SOCK_NUM ; i++ )
for (i = 0 ; i < 1 ; i++ )
{
    switch( getSn_SR(i) )    //[0x8403,0x8503,0x8603,0x8703]
    {
        //0x17:if connection is established(접속이 성공인 상태)
        case SOCK_ESTABLISHED:
            check_rx = getSn_RX_RSR(i);
            if(check_rx > 0)// check Rx data(수신된 데이터의 크기)
            {
                // if Rx data size is lager than MAX_BUF_SIZE,
                if(check_rx > MAX_BUF_SIZE)          //2048 byte
                    check_rx = MAX_BUF_SIZE;

                Rcv_meet_cnt++;

                // read the received data
                Rcv_data_no = recv(i, rx_buf, check_rx);

                if(rx_buf[0]=='L'&& rx_buf[1]=='E'&& rx_buf[2]=='D')
                {
                   temp = Ascii_check(rx_buf[3]);        //0 ~ 7
                   if(temp < 8)
                   {
                           led_data = 1<<temp;
                           Led_out(~led_data);
                           tx_buf[0]='L';
                           tx_buf[1]='E';
                           tx_buf[2]='D';
                           tx_buf[3]='O';
                           tx_buf[4]='K';
                           tx_buf[5]= 0;
                           Send_data_no = send(0, tx_buf, 6);
                   }
                   else
                         Nak_out();
                }
                else
                      Nak_out();
            }
            break;

        case SOCK_CLOSE_WAIT:   //0x1C: If the client request to close
            disconnect(i);            // try to disconnect the socket
            break;
```

```
                case SOCK_CLOSED: //0x00: if a socket is already closed
                    //init_server(i, 7000+i, Sn_MR_ND); // reinitialize the socket
                    init_sock(i, 7000+i, 0, 0, 0);                    //TCP
                    //init_sock(i, 7000+i, 0, 1, 0);                  //UDP
                    break;

                case SOCK_UDP :  /*0x22: if connection is established */
                    check_rx = getSn_RX_RSR(i);
                    if(check_rx > 0) // check Rx data(수신데이터가 있으면)
                    {
                        if(check_rx > MAX_BUF_SIZE)
                            check_rx = MAX_BUF_SIZE;
                          /* if Rx data size is lager than MAX_BUF_SIZE(2048), */
                          /* the data size to read is MAX_BUF_SIZE. */

                        Rcv_data_no = recvfrom(i, rx_buf, check_rx, IP, &dummy);
                        Send_data_no = sendto(i, rx_buf, Rcv_data_no, IP, dummy);
                    }
                    break;

                default :
                    break;
            }
        }
    }
}

byte Ascii_check(byte asc_data)
{
        if(asc_data >= '0')
        {
                if(asc_data <= '9')
                        return (asc_data - '0');
                else if(asc_data <= 'F')
                        return (asc_data - '7');        //A~F
                else
                        return(0xFF);        //Error
        }
        else
                return(0xFF);        //Error
}

void Nak_out()
{
        tx_buf[0]='N';
        tx_buf[1]='A';
```

```
          tx_buf[2]='K';
          tx_buf[3]='_';
          tx_buf[4]='N';
          tx_buf[5]='G';
          tx_buf[6]= 0;
          tx_buf[7]= 0;
          Send_data_no = send(0, tx_buf, 8);
}

void Led_out(byte led_data)
{
          PORTB = (led_data<<3);
          PORTD = led_data;
}

/*****************************************************************
* Re-initialization function for the disconnected channel.
* Description: Waits in the server mode after re-initialization
* for the disconnected channel.
*****************************************************************/
uint8 test_socket=0;
void init_sock(SOCKET s, uint16 port, uint8 flag, uint8 udp_mode, uint8 client_mode)
{
          if(udp_mode == 1)
          {         //Sn_MR_UDP:0x02
                    test_socket = socket(s, Sn_MR_UDP, port, flag);
                    /* Create a new UDP socket */
          }
          else
          {
                    //Sn_MR_TCP:0x1--->TCP
                    test_socket = socket(s, Sn_MR_TCP, port, flag);
                    /* Create a new TCP socket */
                    if(client_mode == 1)
                    {
                    }
                    else
                    {
                              listen(s); /* Server Mode */
                    }
          }
}
```

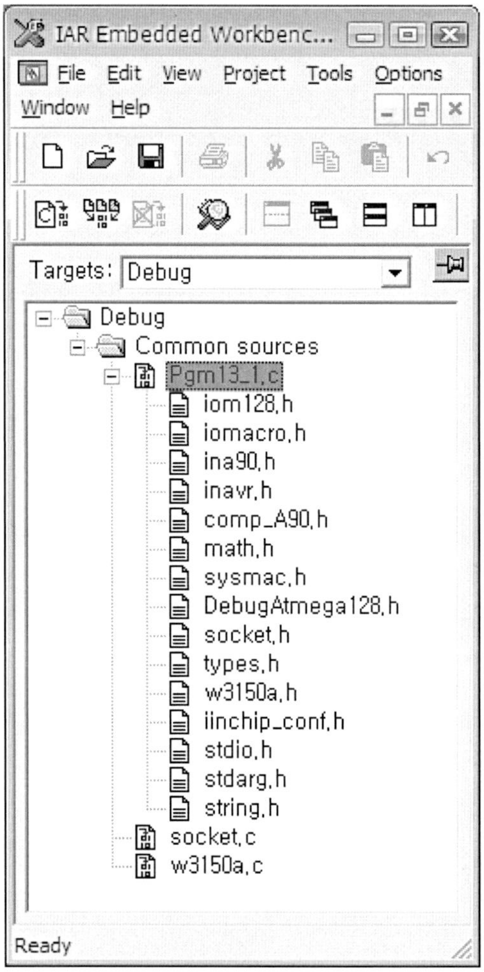

[그림 13.11] 실험13_1의 Project File 구조

실험 13-2

키보드와 이더넷 데이터 통신 시스템을 프로그램으로 작성하여 실험하였다.

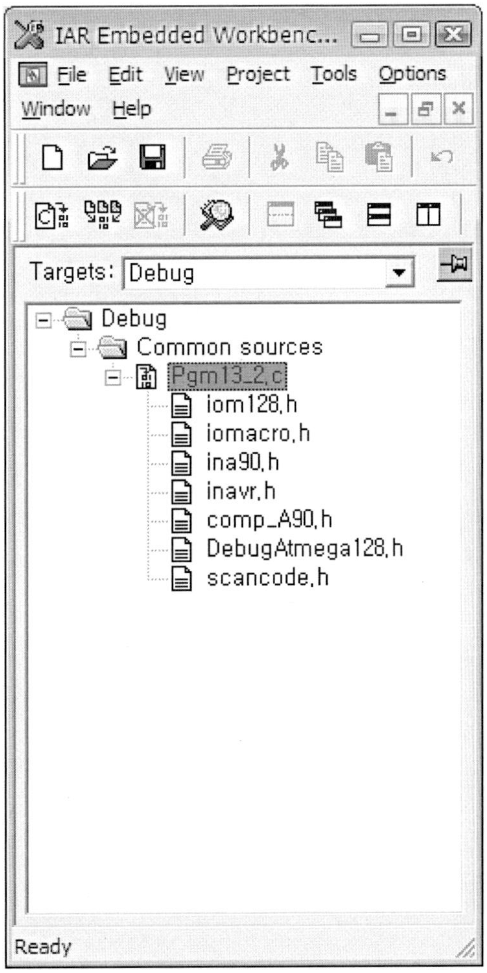

[그림 13.12] 실험13_2의 Project File 구조

```
//헤더파일 선언
#include <iom128.h>
#include <ina90.h>
#include "DebugAtmega128.h"
#include "scancode.h"            //스캔코드와 아스키코드 헤더

//함수 선언
void uart_send(char data);
char scan_to_ascii(char shift_kind);
void decode(void);

//키보드 변수 설정-----------------
unsigned char bitcount=0;
unsigned char edge=0;
unsigned char keyupdn=0;
char key_data;                 // 키보드 스캔코드 저장
unsigned char conv_data=0;  // 아스키코드로 변환
int Scan_cnt=0;

//****************************************
//* main() Function Implementation Part  *
//****************************************
void main(void)
{
//------키보드변수 초기화---------
    bitcount =11;
    edge = 0;
//-----------------------------

        AtMg128DebugInit();      //ATmega128 디버그 설정 초기화

        MCUCR = 0xC0;//0x2000~0x7fff : 0 wait
        XMCRA = 0x40;//0x8000~0xffff : 1 wait
```

```
        EIMSK = 0x01; //INT0 interrupt Enable
        EICRA = 0x02; //INT0 하강 에지
        EIFR = 0x01;   //INTF0 클리어

        // Usart1 Set--------------------------
        UCSR1A = 0x00;
        UCSR1B = 0x00;
        // UCSR1B |= 0x80; // B7:수신 인터럽트 설정
        UCSR1B |= 0x10; // B4:수신 설정
        UCSR1B |= 0x08; // B3:송신 설정

        UCSR1C = 0x00;
        UCSR1C |= 0x06; // 데이터 비트 8비트
        UBRR1H = 0;
        UBRR1L = 25;    // 38400Bps..에러율 +0.2%

        __enable_interrupt();      // 글로벌 인터럽트 설정

        while(1)
        {
                Scan_cnt++;
        }
}

// UART1 데이터 송신--------------------------
void uart_send(char data)
{
    // 이전 데이터 송신 완료될대까지 대기
    while(!(UCSR1A & 0x20));
        UDR1 = data;
}
//------------------------------------------
```

```
// 키보드 스캔코드 아스키코드 변환--------
char scan_to_ascii(char shift_kind)
{
    unsigned char cnt=47, num=0;

    while(cnt--)
    {
        if(shift_kind==0)
        {
                // 스캔코드와 아스키 코드 비교해서 찾아냄
                if(asc_dat[num][0] == key_data)
                {
                    //스캔 코드를 아스키 코드로 변환하여 저장
                    conv_data = asc_dat[num][1];
                    return 1;
                }
                else
                {
                    num++;
                }
        }
        else
        {
                // 스캔코드와 아스키 코드 비교해서 찾아냄
                if(shifted_dat[num][0] == key_data)
                {
                    //스캔 코드를 아스키 코드로 변환하여 저장
                    conv_data = shifted_dat[num][1];
                    return 1;
                }
                else
                {
                    num++;
                }
```

```
            }
        }
        return 0;
}
//-----------------------------------------

// 외부인터럽트0 (키보드 입력)-----
#pragma vector = INT0_vect
__interrupt void INT0_interrupt(void)
{
        if (!edge)
        {       //  비트3~10 데이터비트
                if(bitcount < 11 && bitcount > 2)
                {
                    // 시작비트와 정지비트 무시한다.
                    key_data = (key_data >> 1);
                    // 키보드 데이터 신호가 High 이면 1 저장
                    if(PIND & 2) key_data = key_data | 0x80;
                }
                // 외부 인터럽트 상승 에지에도 동작
                EICRA = 0x03;
                edge = 1;
        }
        else
        {     // 외부 인터럽트 하강 에지에도 동작
                EICRA = 0x02;
                edge = 0;
                if(--bitcount == 0)          // 모든 데이터 비트 수신
                {
                    decode();
                    bitcount = 11;
                }
        }
}
```

```
unsigned char is_up=0, shift = 0, mode = 0;
void decode(void)
{
    char rtn=0;
        //static unsigned char is_up=0, shift = 0, mode = 0;
        if(!is_up)          //Last data received was the up_key identifier
        {
                switch (key_data)
                {
                        case 0xf0 :                 // 키보드 Brake코드 수신
                                is_up = 1;          // 키 입력 disable
                                break;
                        case 0x12 :                 //Left shift
                                shift = 1;
                                break;
                        case 0x59 :                 //Right shift
                                shift = 1;
                                break;
                        case 0x05 :                 //F1
                                if(mode==0)
                                    mode = 1;
                                if(mode==2)
                                    mode = 3;
                                break;

                        default :
                                if(mode==0 || mode==3)
                                {
                                        rtn = scan_to_ascii(shift);
                                        if(rtn !=0)  //아스키 코드롤 변환 되었으면
                                                uart_send(conv_data);
                                        else
                                        shift = 0; //키 입력 enable
```

```
                        }
                        break;
                }
        }
        else
        {
                is_up = 0;// Two 0xF0 in a row not allowed
                switch (key_data)
                {
                        case 0x12 :// Left SHIFT
                                shift = 0;
                                break;
                        case 0x59 :// Right SHIFT
                                shift = 0;
                                break;
                        case 0x05 :// F1
                                if(mode == 1) mode = 2;
                                if(mode == 3) mode = 0;
                                break;
                }
        }

}
```

[그림 13.13]은 클라이언트 프로그램을 이용하여 Ethernet 통신을 실험한 그림이다. 클라이언트 프로그램은 프로그램을 실행 한 후 '서버연결...'버튼을 눌러 상대 IP를 입력하고 확인을 누르면 연결이 되어 메시지를 주고받을 수 있다.

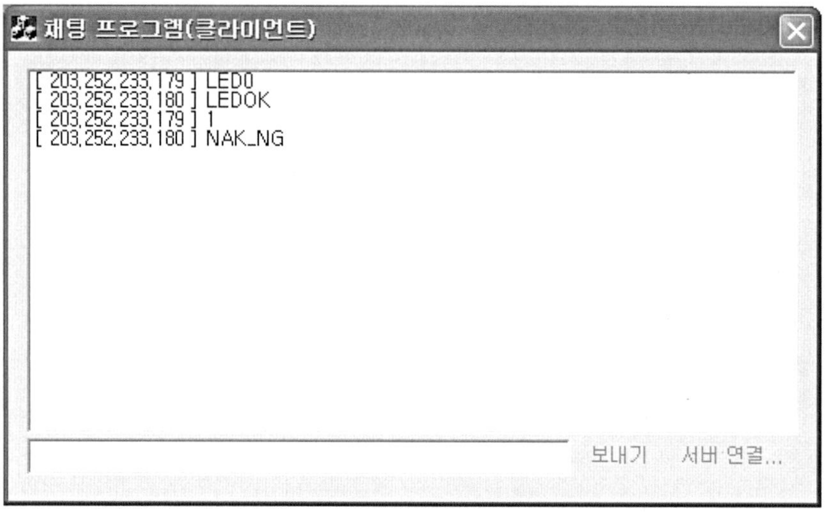

[그림 13.13] Client program

인터넷에 연결되어 있을 때 DOS 명령어로 ping 명령을 사용하여 이더넷 통신 준비가 되어있는지 여부를 확인해야 한다.

즉, 데이터 전송을 위해 LAN Cable의 접속 여부 및 동작 상태를 확인할 수 있다. ping은 시작 → 실행 → cmd입력 후 확인 → ping 255.255.255.255(해당 IP)를 입력 후 Enter를 누르면 ping을 확인할 수 있다.

아래 [그림13.14]는 ping을 확인한 모습이다.

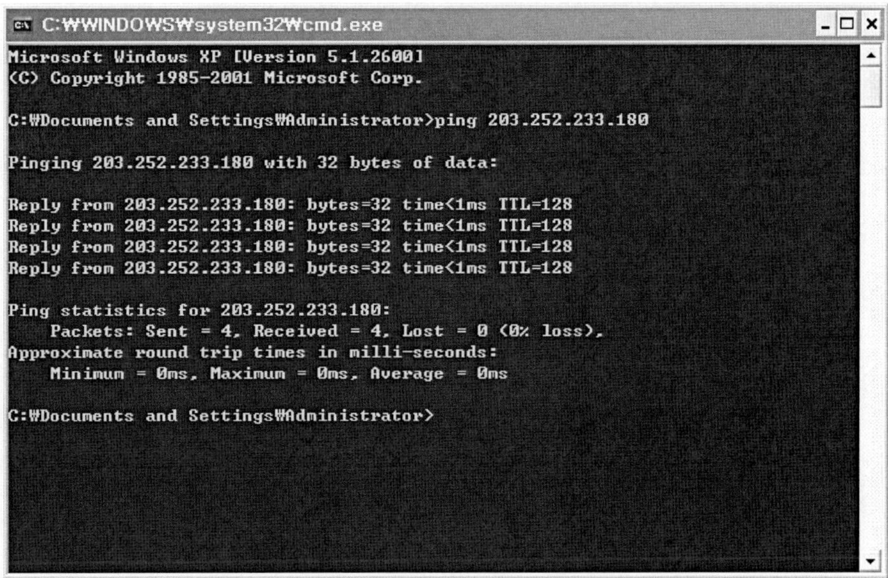

[그림 13.14] ping test 결과

또한 Ethereal이라는 프로그램을 사용하여 트레이닝 키트와 주고받는 패킷의 내용을 보고 분석할 수 있다. [그림 13.16]는 Ethereal을 실행한 후의 화면이다.

프로그램 실행 후 검은 상자 안의 버튼을 클릭하면 [그림 13.15]과 같은 창이 나온다. 패킷을 확인할 LAN card의 Capture를 선택한다.

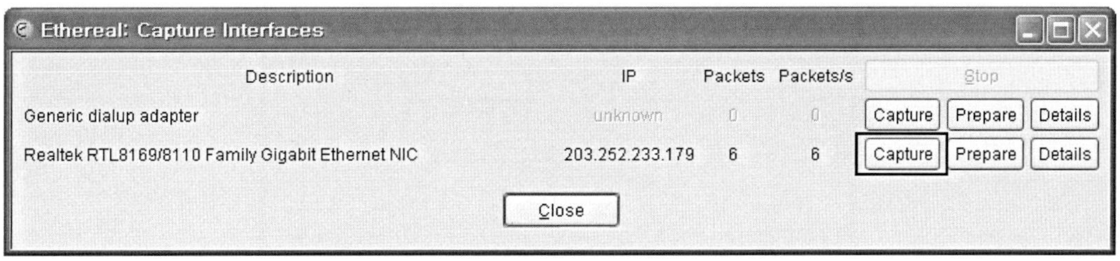

[그림 13.15] LAN card 선택 화면

Capture를 선택하면 [그림 13.17]과 같은 창을 볼 수 있다. 이는 현재 선택한 네트워크 어댑터를 통하여 오고가는 데이터들의 상태와 Capture를 시작한 시점부터 모니터링된 패킷의 양을 볼 수 있다.

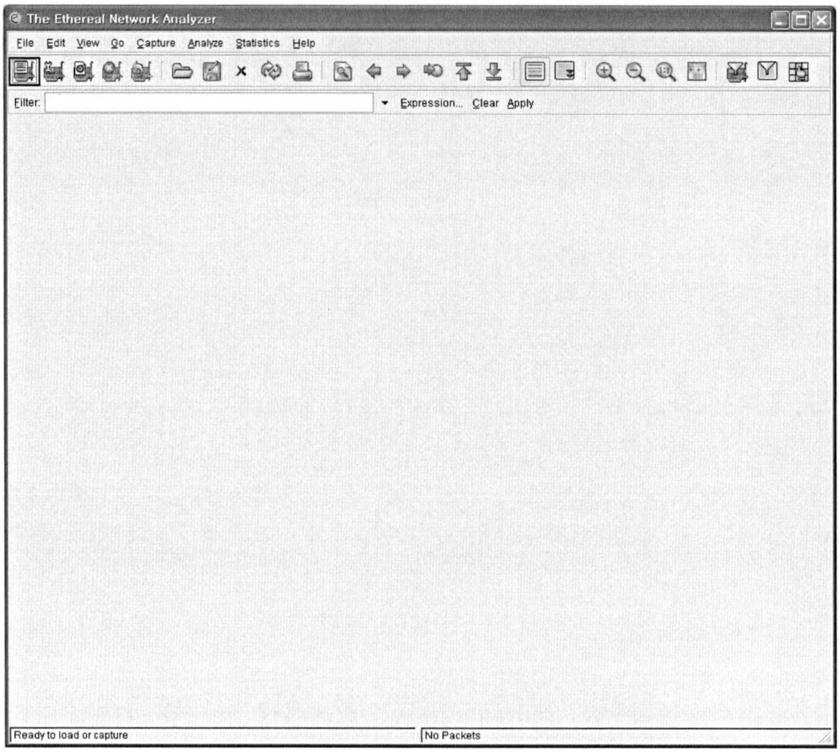

[그림 13.16] Ethereal을 실행한 초기화면

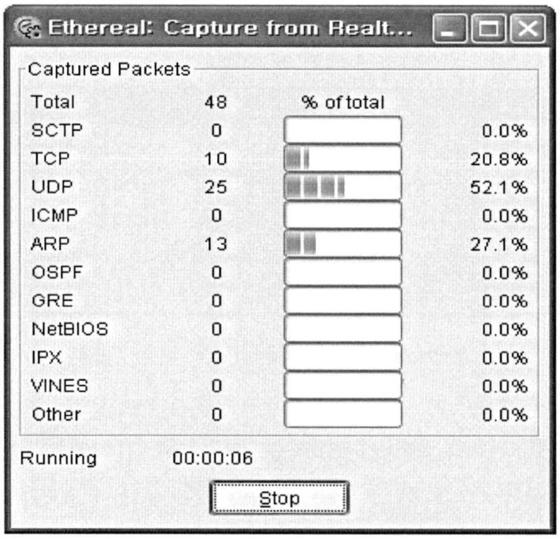

[그림 13.17] Captured Packets

Stop버튼을 누르게 되면 Capture를 시작한 시점부터 Stop을 선택한 시점까지의 패킷을 [그림 13.18]과 같이 표시하여 준다.

Ethereal의 화면은 [그림 13.18]에서 보는바와 같이 크게 세 가지로 나눌 수 있다. 첫 번째 화면은 패킷의 번호와 시간, 패킷을 보낸 IP와 받은 IP, 프로토콜, 그 외의 정보들을 보여준다. 이곳에서 패킷을 선택한다. 두 번째 화면은 선택한 패킷의 상세 정보를 보여준다. 패킷을 분석하여 IP, 프로토콜 등으로 세분화 하여 표시된다.

마지막으로 세 번째 화면은 실제 오고간 데이터들을 보여주게 되고 두 번째 화면에서 선택한 항목에 대한 실제 데이터가 선택되어 쉽게 알아볼 수 있다.

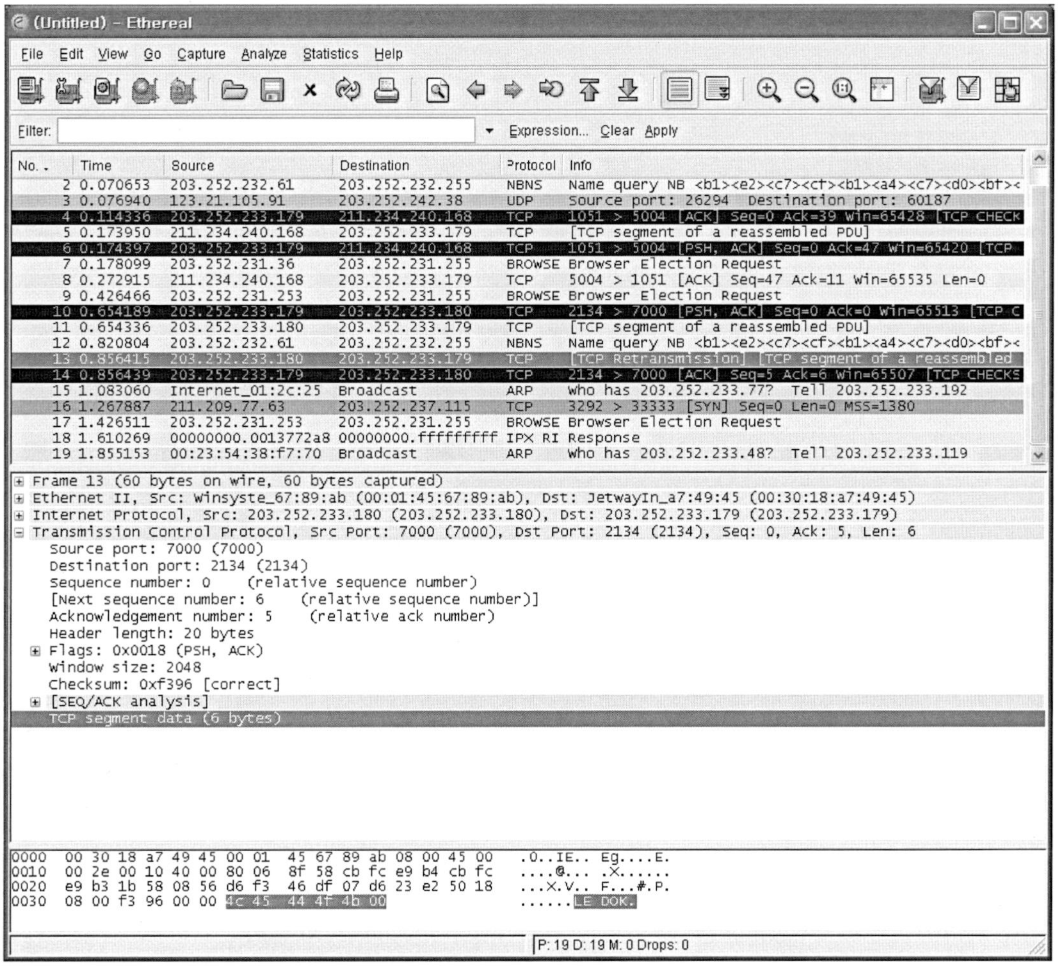

[그림 13.18] Ethereal을 사용한 패킷 분석화면

과제 13-1

Ethernet 통신을 이용하여 PC에서 LED 전체를 ON/OFF 할 수 있는 프로그램을 작성하시오.

과제 13-2

Ethernet 통신을 이용하여 PC에서 도트LED 전체를 ON/OFF 할 수 있는 프로그램을 작성하시오.

과제 13-3

Ethernet 통신을 이용하여 PC에서 7-Segment에 4자리 숫자를 표시하는 프로그램을 작성하시오.

제 14 장 RS232C와 이더넷 통신

14.1 W5100 초기화 및 설정 순서

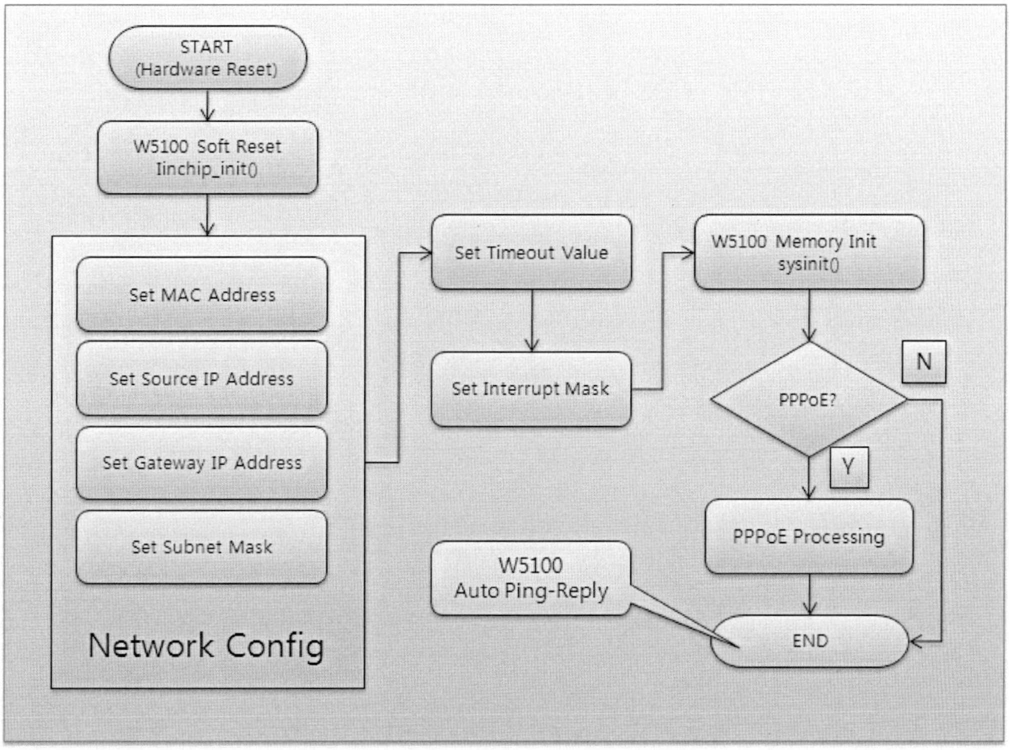

[그림 14.1] 초기화 블록 다이어그램

1. 하드웨어 초기화
2. W5100칩 리셋(reset)
3. 맥(MAC) 주소 세팅
4. 아이피 주소 세팅(ip address setting)

5. 게이트웨이 세팅
6. 서브넷 마스크 세팅
7. 타임아웃 설정
8. 인터럽트 설정
9. W5100 메모리 초기화

※ 위 기본적인 설정을 완료하면 핑(Ping)테스트가 가능하다.

14.2 W5100 제어를 위한 Function Set

W5100 초기화	-	sysinit()
Socket 생성	-	socket()
TCP 연결 설정 및 대기	-	listen()
Data 통신	-	send()
Socket 해제	-	close()
Socket 모니터링	-	getSn_SR()

- void sysinit(u_char sbufsize, u_char rbufsize)
  sbufsize - 채널별 TX Buffer Size
  rbufsize - 채널별 RX Buffer Size
  Ch의 Bit Value에 따른 메모리 크기

  '00' : 1 KB
  '01' : 2 KB
  '10' : 4 KB
  '11' : 8 KB

※ TX ,RX Memory 설정에서 4개 Channel의 Memory 합은 8KB을 초과 할 수 없다.

- char socket(SOCKET s, u_char protocol, u_int port, u_char flag)
  TCP, UDP, IP RAW Socket을 생성 한다.
  s - Channel 번호
  protocol - TCP, UDP 설정
  SOCK_STREAM : TCP
  SOCK_DGRAM : UDP
  SOCK_IPL_RAW : IP RAW
  port - 채널 Source Port
  flag - 0x00
  Return - 성공 시 : 생성된 Channel 번호(0~3)
  실패시 : -1

- void listen(SOCKET s) TCP Socket을 Server Mode로대기시킨다
  s - Socket 번호

- char connect(SOCKET s, u_char * addr, u_int port)
  해당 Destination으로 접속을 한다
  s - Socket 번호
  addr - Destination IP (4Byte : Big-Endian)
  port - Destination Port
  Return - 성공 시 : 1
  실패시 : -1

◉ TCP에서의 Data 통신 - Connect - Oriented, Stream

- int send(SOCKET s, u_char * buf, u_int len)
  연결된 TCP Socket을 통해 Data를 전송 한다.
  s - Socket 번호
  buf - 전송할 Data buffer Pointer

len - 전송할 Data 크기

Return - 성공 시 : 전송한 Data 크기

실패 시 : -1

- int recv(SOCKET s, u_char * buf, u_int len)

  연결된 TCP Socket을 통해 Data를 수신한다.

  s - Socket 번호

  buf - 수신된 Data를 저장 할 buffer Pointer

  len - 수신할 Data 크기

  Return - 성공 시 : 수신한 Data 크기

  실패시 : -1

◉ UDP, IP 에서의 Data 통신 - Connection-less, Datagram

- int sendto(SOCKET s, const u_char * buf, u_int len, u_char * addr, u_int port)

  해당 IP RAW, UDP Socket을 통해 지정된 Destination 으로 Data를 전송 한다.

  s - Socket 번호

  buf - 전송할 Data buffer Pointer

  len - 전송할 Data 크기

  addr - Destination IP Address(4Byte : Big-Endian)

  port - Destination Port

  Return - 성공 시 : 전송한 Data 크기

  실패 시 : -1

- int recvfrom(SOCKET s, u_char * buf, u_int len, u_char * addr, u_int * port)

  해당 IP RAW, UDP Socket을 통해 수신한 Data와 Destination 정보를 알려 준다.

  s - Socket 번호

  buf - 수신된 Data를 저장 할 buffer Pointer

len - 수신할 Data 크기

addr - Data를 수신한 Destination IP Address

Port - Data를 수신한 Destination Port

Return - 성공 시 : 수신한 Data 크기

실패 시 : -1

- int getSn_SR(SOCKET s, u_char func)

Socket의 상태나 송수신 상태를 감시한다. 이 함수는 Send나 Recv와 같은 Blocked 함수를 호출하기 전에 유용하게 쓰인다.

s - Socket 번호

func - Monitoring Parameter

SEL_CONTROL : Socket Status 관찰

SEL_RECV : 수신된 Data 크기관찰

SEL_SEND : 전송 가능한 Data 크기관찰

- void close(SOCKET s)

해당 Socket을 해제한다.

s - Socket 번호

실험 14-1

이더넷 통신을 통하여 전송받은 데이터를 시리얼통신을 통해 전송하는 프로그램을 작성하시오. (조건: 전송속도는 38400bps, 통신방법은 Asynchronous Mode, 8bit 데이터, Parity bit 미사용, Stop Bit는 1비트)

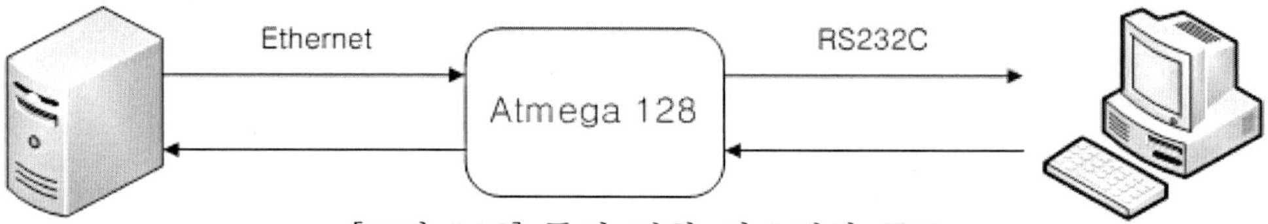

[그림 14.2] 통신 변환 시스템의 구조

```
//File Include Section
#include <iom128.h>
#include <ina90.h>
#include "DebugAtmega128.h"
#include "socket.h"

//함수 선언부
void init_sock(SOCKET s, uint16 port, uint8 flag, uint8 udp_mode, uint8 client_mode);

void uart_send(char data);

//버퍼 크기 선언
#define   MAX_BUF_SIZE  2048      // maximum size of Rx buffer.

//이더넷 수신 데이터 버퍼 설정
uint8 rx_buf[2048];      // Rx buffer for Application
uint8 *rx_ptr;
```

```
//이더넷 설정을 위한 변수 선언
unsigned char MAC[6]       = {0x00, 0x01, 0x45, 0x67, 0x89, 0xAB};
unsigned char GateWay[4]  = {203, 252, 233, 1};
unsigned char Subnet[4]    = {255, 255, 255, 0};
unsigned char IP[4]        = {203, 252, 233, 190};  //Server IP
unsigned char ConnIP[4]    = {203, 252, 233, 192};  //Client IP

unsigned char MAC_chk[6];
unsigned char GateWay_chk[4];
unsigned char Subnet_chk[4];
unsigned char IP_chk[4];
unsigned char connect_state=0;

//*****************************************
//* main() Function Implementation Part        *
//*****************************************
void main(void)
{
     SOCKET i;                  // 소켓 번호를 위한 변수
     uint16 check_rx;

     AtMg128DebugInit();      //ATmega128 Debug 함수
     MCUCR=0xc0;             // 0~7FFF : 0 wait
     XMCRA=0x40;             // 8000~FFFF : 1 wait

     //Usart1 송신, 수신, 인터럽트 설정
     UCSR1A = 0x00;
     UCSR1B = 0x00;
     UCSR1B |= 0x80;            // RX Interrupt Enable
     UCSR1B |= 0x10;            // RX Enable
     UCSR1B |= 0x08;            // TX Enable

     UCSR1C = 0x00;
     UCSR1C |= 0x06;            // 데이터 비트:8Bit
```

```
    UBRR1H = 0;
    UBRR1L = 25;                    // X-TAL 16MHz일 때,
                                    // BAUD38400, Error +0.2%

    __enable_interrupt();           // 인터럽트 허용
    iinchip_init();                 // W5100 레지스터 초기화

    setSHAR(MAC);                   //MAC Setting
    setGAR(GateWay);                //Gate_way Setting
    setSUBR(Subnet);                //Subnet Mask Setting
    setSIPR(IP);                    //IP Setting

    getSHAR(MAC_chk);               //MAC read
    getGAR(GateWay_chk);            //Gate_way read
    getSUBR(Subnet_chk);            //Subnet Mask read
    getSIPR(IP_chk);                //IP read

    setRCR(0x05);                   // timeout count is 5
    sysinit(0x55, 0x55);            // (Each SOCKET Buffer Size 2Kbyte)

    init_sock(0, 7000, 0, 0, 0);    //SOCKET No. 7000 :TCP

    // Loop-back Service
    while(1)
    {
        // Socket Status Check
        for (i = 0 ; i < MAX_SOCK_NUM ; i++ )
        {
            switch( getSn_SR(i) )
            {
                //getSn_SR(i)값이 0x17일때 연결 성공!
                case SOCK_ESTABLISHED:
                    connect_state = 1;
                    check_rx = getSn_RX_RSR(i);
```

```
                if(check_rx > 0)     // 수신 데이터가 0보다 크면
                {
                    if(check_rx > MAX_BUF_SIZE)  //2048 byte
                        check_rx = MAX_BUF_SIZE;

                    // 데이터 수신
                    recv(i, rx_buf, check_rx);

                    rx_ptr = rx_buf;
                    // 이더넷으로 받은 데이터를 USART로 전송
                    while(check_rx--) uart_send(*rx_ptr++);

                }
                break;

            //0x1C: 클라이언트에서 소켓 종료했을 때
            case SOCK_CLOSE_WAIT:
                connect_state =0;
                disconnect(i);   // 소켓 연결 해제
                break;

            //0x00: 소켓이 종류
            case SOCK_CLOSED:
                connect_state =0;
                //TCP 소켓 다시 초기화
                init_sock(i, 7000, 0, 0, 0);
                break;

            default :
                break;
        }
    }
  }
}
```

```
// 소켓 초기화
uint8 test_socket=0;
void init_sock(SOCKET s, uint16 port, uint8 flag, uint8 udp_mode, uint8 client_mode)
{
	if(udp_mode == 1)
	{	//Sn_MR_UDP:0x02
		// Create a new UDP socket
		test_socket = socket(s, Sn_MR_UDP, port, flag);
	}
	else //TCP mode
	{
		//Sn_MR_TCP:0x1--->TCP
		// Create a new TCP socket
		test_socket = socket(s, Sn_MR_TCP, port, flag);
		if(client_mode == 1)
		{
			connect(s, ConnIP, 7000);	// 클라이언트 모드
		}
		else
		{
			listen(s);			// 서버모드
		}
	}
}

// UART1 데이터 송신 함수
void uart_send(char data)
{
	while(!(UCSR1A & 0x20));		//송신버퍼가 비어있는가?
	UDR1 = data;
}
```

```
// UART1 수신 인터럽트
#pragma vector = USART1_RXC_vect
__interrupt void Usart1RxIsr()
{
    uint8 rx_temp=0;
    char txstring[] = " Ethernet No Ready...!";
    char *ptxt;
    ptxt = txstring;

    rx_temp = UDR1;
    rx_ptr = &rx_temp;
    if(connect_state==1)
    {
        send(0, rx_ptr, 1);    //Socket 0번, RS232C수신데이터, 1개 전송
    }
    else
    {
        while(*ptxt) uart_send(*ptxt++);
    }
}
```

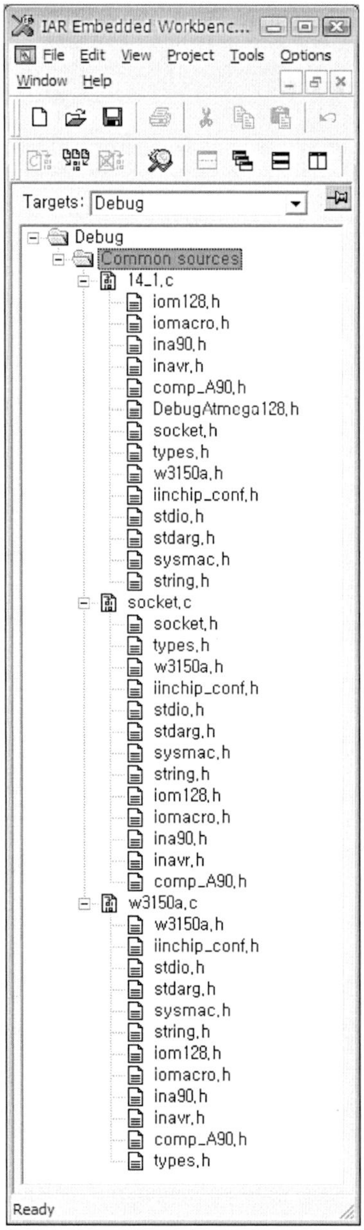

[그림 14.3] 실험14_1의 Project File 구조

※ iinchip_conf.h, socket.c, soket.h, types.h File등은 제13장을 참고하도록 한다.

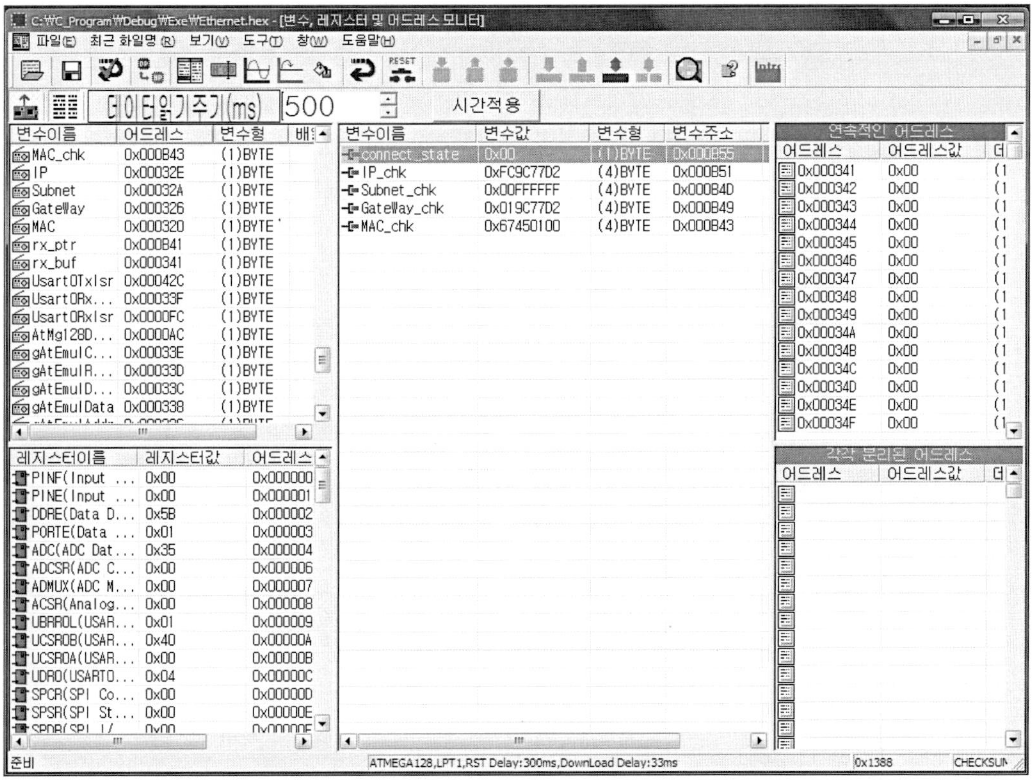

[그림 14.4] AMC_EMUL을 이용한 Ethernet 변수 모니터링

[그림 14.4]에서 보는 것과 같이 변수 rx_buf를 모니터링 하면 이더넷에서 실습 키트로 보낸 데이터가 정상적인 데이터인지 확인을 할 수가 있다.

◎ 이더넷으로 데이터 송수신

- EthernetHose.exe 파일을 실행하여 위 그림과 같이 설정을 하고 접속 버튼을 누르면 준비가 되었다는 메시지가 표시되며 보내고 싶은 데이터를 입력하고 Send 버튼을 누르면 데이터가 전송된다. 아이피와 포트는 소스설정에 있는 값을 넣어 주어야 한다.

[그림 14.5] 클라이언트 접속 화면

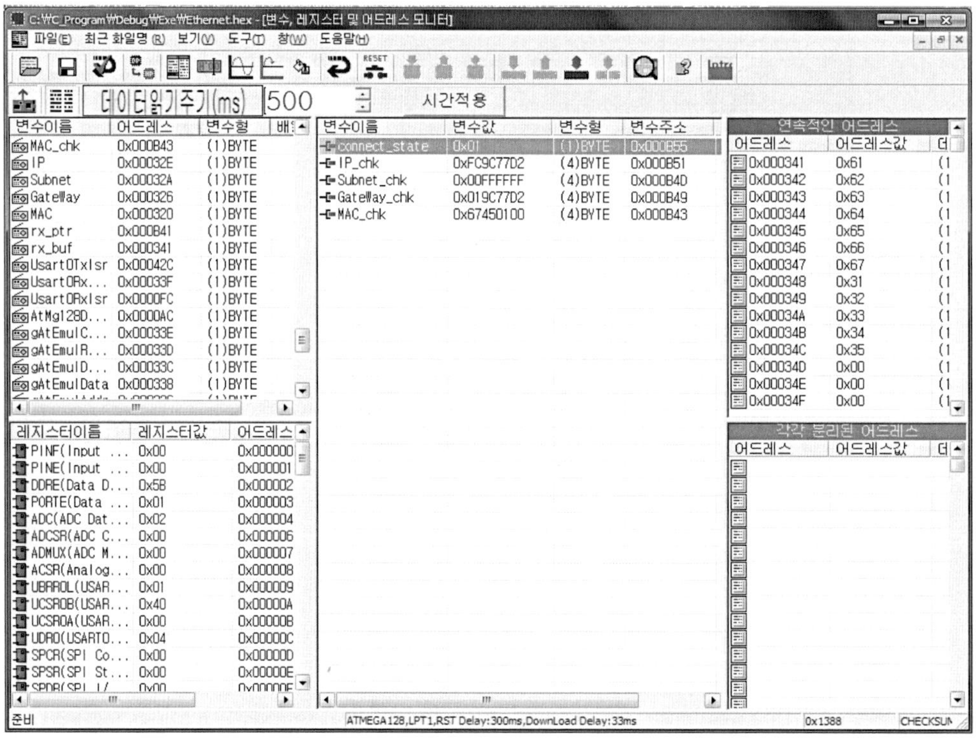

[그림 14.6] Ethernet Data 모니터링

※ AMC 에뮬레이터 오른쪽 상단에 0x341 번지부터 보낸 데이터를 16진수 아스키 값으로 보여주고 있다.

◎ RS232C로 데이터 송수신

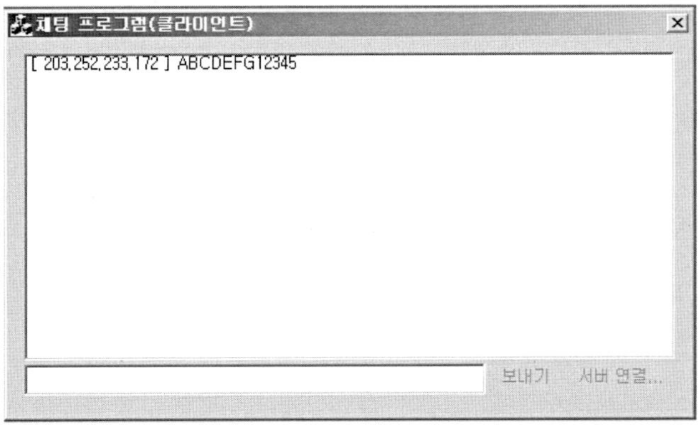

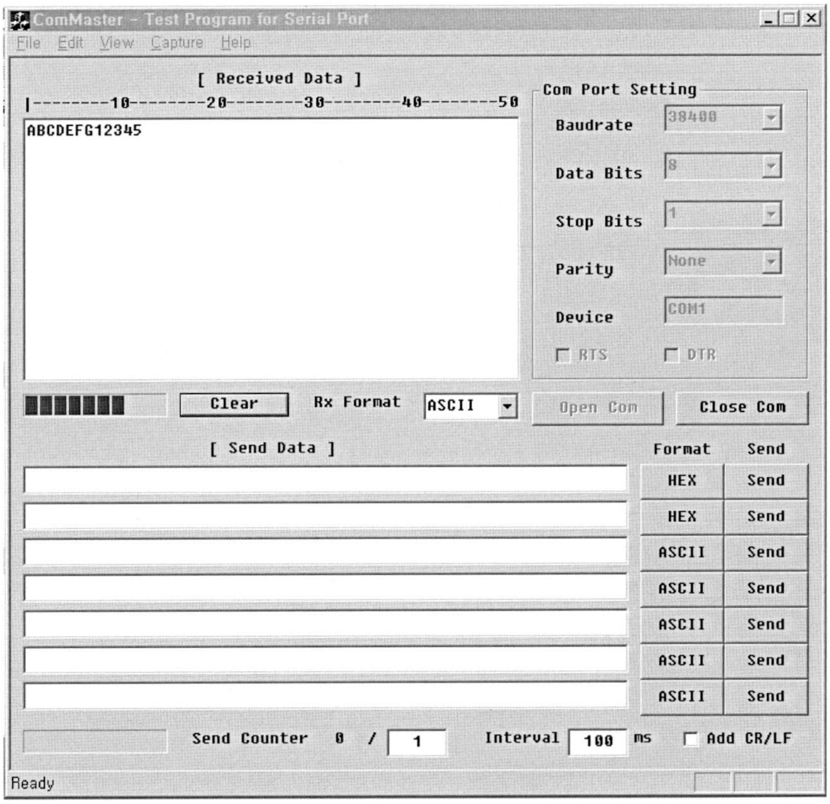

[그림 14.7] Ethernet Data를 RS232C로 변환한 결과

과제 14-1

이더넷 통신을 통하여 전송받은 데이터가 차례로 'A', 'B', 'C' 일때 시리얼 통신을 통해 'ACK'를 전송하고, 'A', 'B', 'C'가 아닐 때 에는 'NAK'를 전송하는 프로그램을 작성하시오. (이때 전송속도는 38400bps, 통신방법은 Asynchronous Mode, 8bit 데이터, Parity bit 미사용, Stop Bit는 1 Stop Bit로 하시오.)

과제 14-2

RS232C로 수신된 데이터를 이더넷 통신으로 전송하는 프로그램을 작성하시오. (RS232C의 전송속도 38400bps, 통신방법 Asynchronous Mode, 8bit 데이터, Parity bit 미사용, Stop Bit는 1비트이며 이더넷은 클라이언트로 동작하고 수신된 데이터는 서버프로그램을 실행하여 시리얼 통신을 모니터링 한다.)

제 15 장 RF 무선통신 이론과 실습

우리 주변에 RF가 가장 널리 사용되고 있는 의미로는 무선(wireless)의 의미로 가장 많이 사용되고 있다. 무선의 의미는 어떤 정보나 신호를 전송함에 있어서 선(wire)을 사용하지 않고 무선으로 주고받는 것을 의미하고, 우리 주변에도 많은 제품과 시스템들이 무선을 사용하고 있다.

디지털의 경우, 많은 특성을 미리 예상해서 거의 적중시킬 수 있지만 고주파 아날로그 RF에서는 파장이 짧아지고, 그 때문에 선로 사이의 간섭도 심해지며 선로 길이 하나하나가 회로소자로 동작해 버리면서 설계가 매우 까다로워진다.

따라서 본 실험키트에서는 저가, 저전력 무선응용에 사용되도록(1GHz이하의 주파수에서 사용) 디자인된 TI사의 CC1101 Transceiver를 사용한다.

본 실험키트에 사용된 CC1101 chip은 313, 433, 868, 915MHz의 주파수 영역에서 주로 사용되는 ISM(Industrial, Scientific and Medical)과 SRD(Short Range Device)에 사용될 수 있으며, 또한 315~348MHz, 400~464 MHz, 800~928 MHz 영역에서도 동작하도록 쉽게 프로그램 할 수 있다.

[그림 15.1]과 [표 15.1]은 CC1101의 핀 번호와 핀 구성을 보여주고 있다.

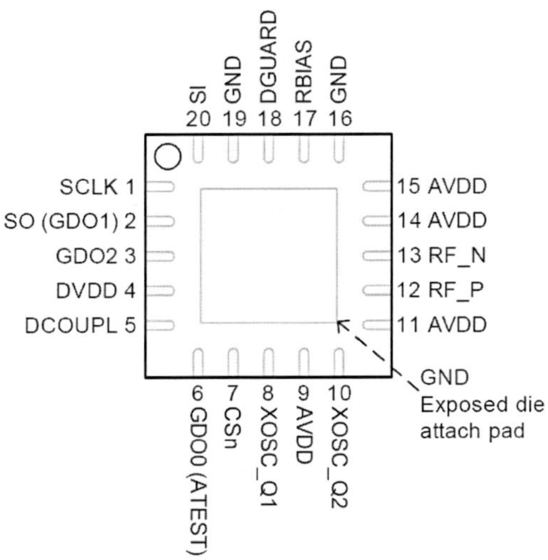

[그림 15.1] 핀 번호

[표 15.1] CC1101의 핀 구성

핀 번호	Pin Name	Pin type	Description
1	SCLK	Digital Input	SPI, clock 입력.
2	SO (GDO1)	Digital Output	SPI, data 출력. CSn이 High일 때 일반적인 출력으로 사용
3	GDO2	Digital Output	일반적인 digital 출력.
4	DVDD	Power (Digital)	디지털 I/O와 Digital core용 1.8 - 3.6 V 전원
5	DCOUPL	Power (Digital)	decoupling을 위한 1.6 - 2.0 V digital 전원 출력
6	GDO0	Digital I/O	일반적은 digital 출력
7	CSn	Digital Input	SPI, chip select
8	XOSC_Q1	Analog I/O	Crystal oscillator pin 1, 또는 외부clock 입력
9	AVDD	Power (Analog)	1.8 - 3.6 V analog 전원 연결
10	XOSC_Q2	Analog I/O	Crystal oscillator pin 2
11	AVDD	Power (Analog)	1.8 - 3.6 V analog 전원 연결
12	RF_P	RF I/O	Positive RF 입/출력
13	RF_N	RF I/O	Negative RF 입/출력
14	AVDD	Power (Analog)	1.8 - 3.6 V 전원 연결
15	AVDD	Power (Analog)	1.8 - 3.6 V 전원 연결
16	GND	Ground (Analog)	Analog 접지 연결
17	RBIAS	Analog I/O	Reference 전류용 외부 Bias 저항
18	DGUARD	Power (Digital)	Digital 노이즈 차단을 위한 전원
19	GND	Ground (Digital)	Digital 노이즈 차단을 위한 접지
20	SI	Digital Input	SPI, data 출력

C1101의 중요한 특징은 Low-IF 수신기로 수신된 신호는 Low-Noise Amplifier(LNA)에 의해 증폭되고, 직교검파기에서 down-convert되어 중간주파수(Intermediate Frequency)가 된다. IF에서 I/Q(본위상/직교위상)신호는 ADC에 의해서 디지털화 된다. 자동 게인 컨트롤(AGC), 채널 필터링, 복조 bit/packet 동기화는 디지털로 동작한다.

CC1101의 전송파트는 RF 주파수의 direct synthesis를 기반으로 한다. 주파수 synthesizer는 LC VCO와 90° phase shifter를 한 칩에 넣었다.

RF Transceiver는 세세한 조정이 가능한 모뎀을 내장하고, 이 모뎀은 다양한 변조 방식과 최대 500 KBaud data rate까지 조정할 수 있도록 지원한다.

[그림 15.2]는 CC1101의 블록 다이어그램을 보여주고 있다.

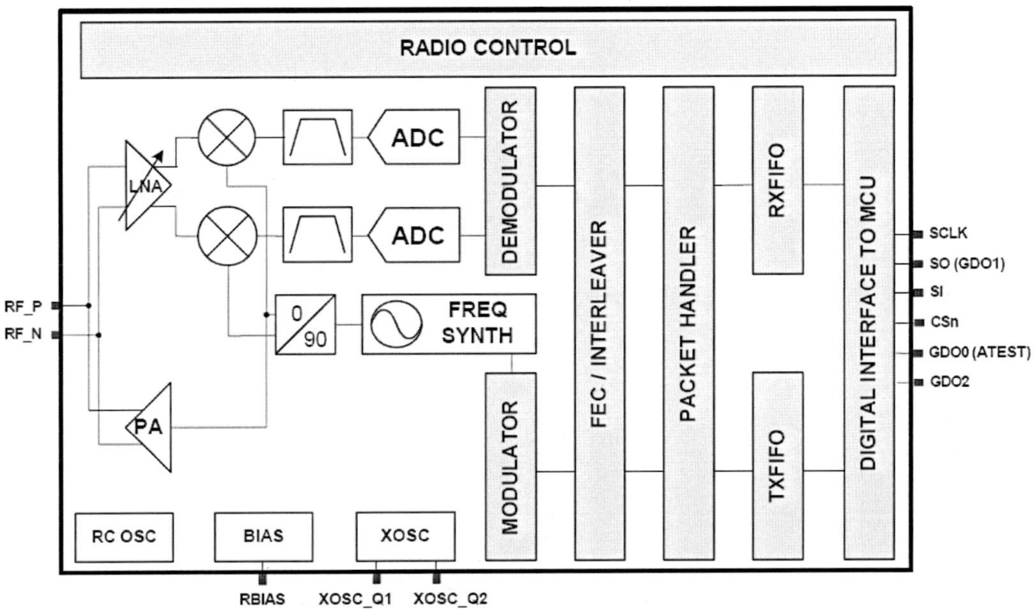

[그림 15.2] CC1101 블록 다이어그램

여러 종류의 어플리케이션에서 최적의 성능을 내기 위하여 CC1101을 설정해 주어야 하고, SPI인터페이스를 사용하여 다음의 파라미터를 프로그램 한다.

=> Power-down / power up mode

=> Crystal oscillator power-up / power-down

=> Receive / transmit mode

=> RF channel selection

=> Data rate

=> Modulation format

=> RX channel filter bandwidth

=> RF output power

=> Data buffering with separate 64Byte receive and transmit FIFOs

=> Packet radio hardware support

=> Forward Error Correction(FEC) with interleaving

=> Data whitening

=> Wake-On-Radio(WOR)

CC1101의 설정과 데이터 버퍼의 액세스를 SPI(Serial Peripheral Interface)를 통하여 간단하게 할 수 있다. SPI는 4-wire의 통신 인터페이스(SI, SO, SCLK, CSn)로 이루어져 있다. SPI를 통하여 전송되는 데이터는 MSB부터 전송된다.

SPI 인터페이스에서의 모든 전송은 Header 바이트로 시작한다. Header 바이트에는 R/W bit, Burst access bit(B), 6 bit(A5 - A0)의 어드레스가 포함된다.

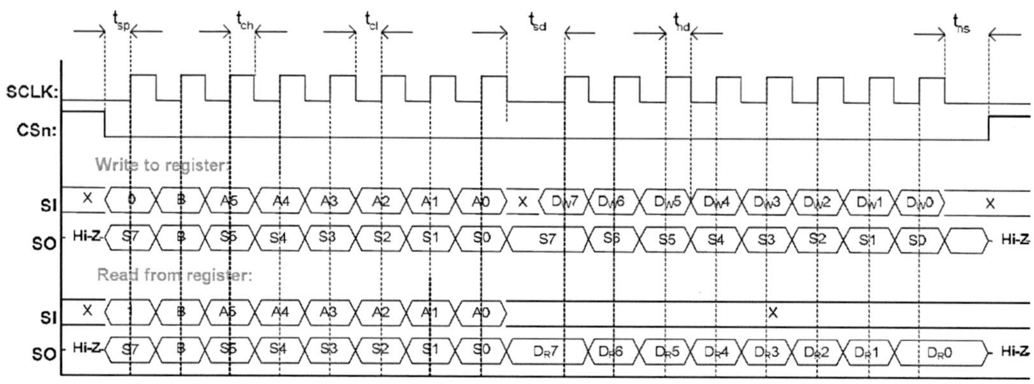

[그림 15.3] SPI를 이용한 레지스터 설정 동작의 타이밍도

CSn 핀은 SPI 버스에서 데이터가 전송이 되는 동안에는 LOW로 유지되어야 한다. 만약 CSn이 Header 바이트나 레지스터를 읽고 쓰는 동안에 HIGH가 된다면 전송은 취소된다. CSn이 pulled low일 때 MCU는 반드시 CC1101의 SO 핀이 LOW가 될 때 까지 Header 바이트의 전송을 시작해서는 안 된다. CC1101이 SLEEP이나 XOFF 상태가 아닌 한 SO 핀은 항상 CSn이 low가 되는 즉시 low가 된다. [그림 15.3]은 SPI를 통하여 설정 레지스터에 읽고 쓰는 동작 타이밍도를 보여주고,

[그림 15.4]는 타이밍에 대한 조건을 나타낸다.

Parameter	Description		Min	Max	Units
f_{SCLK}	SCLK frequency 100 ns delay inserted between address byte and data byte (single access), or between address and data, and between each data byte (burst access). SCLK frequency, single access No delay between address and data byte SCLK frequency, burst access No delay between address and data byte, or between data bytes		- - -	10 9 6.5	MHz
$t_{sp,pd}$	CSn low to positive edge on SCLK, in power-down mode		150	-	μs
t_{sp}	CSn low to positive edge on SCLK, in active mode		20	-	ns
t_{ch}	Clock high		50	-	ns
t_{cl}	Clock low		50	-	ns
t_{rise}	Clock rise time		-	5	ns
t_{fall}	Clock fall time		-	5	ns
t_{sd}	Setup data (negative SCLK edge) to positive edge on SCLK (t_{sd} applies between address and data bytes, and between data bytes)	Single access Burst access	55 76	- -	ns
t_{hd}	Hold data after positive edge on SCLK		20	-	ns
t_{ns}	Negative edge on SCLK to CSn high.		20	-	ns

[그림 15.4] SPI 타이밍 조건표

SPI상으로 Header 바이트, Data 바이트, Command strobe가 전송될 때 chip status 바이트는 CC1101의 SO 핀에서 보내진다. Status 바이트는 CC1101을 제어하기에 유용한 신호를 포함한다. 첫 번째 비트 s7은 CHIP_RDYn signal이고, 6, 5, 4는 STATE값을 의미한다. STATE값은 CC1101의 상태를 나타낸다. 주파수와 채널의 설정은 오직 CC1101이 IDLE상태일 때만 업데이트 된다.

Status 바이트의 마지막 4비트(3:0)는 FIFO_BYTES_AVAILABLE를 나타낸다. Read 동작(Header 바이트의 R/W 비트가 '1')에서 FIFO_BYTES_AVAILABLE는 RX FIFO로부터 읽어 들일 수 있는 바이트의 개수를 의미한다. Write 동작(Header 바이트의 R/W 비트가 '0')에서 FIFO_BYTES_AVAILABLE는 TX FIFO에 쓸 수 있는 바이트의 개수를 의미한다. FIFO_BYTES_AVAILABLE가 '15'일 때 15 바이트 혹은 그 이상을 읽거나 쓰는 것이 가능하다.

[그림 15.5]는 Status 바이트의 기능을 요약하여 보여준다.

<table>
<tr><th>Bits</th><th>Name</th><th colspan="3">Description</th></tr>
<tr><td>7</td><td>CHIP_RDYn</td><td colspan="3">Stays high until power and crystal have stabilized. Should always be low when using the SPI interface.</td></tr>
<tr><td rowspan="10">6:4</td><td rowspan="10">STATE[2:0]</td><td colspan="3">Indicates the current main state machine mode</td></tr>
<tr><td>Value</td><td>State</td><td>Description</td></tr>
<tr><td>000</td><td>IDLE</td><td>IDLE state
(Also reported for some transitional states instead of SETTLING or CALIBRATE)</td></tr>
<tr><td>001</td><td>RX</td><td>Receive mode</td></tr>
<tr><td>010</td><td>TX</td><td>Transmit mode</td></tr>
<tr><td>011</td><td>FSTXON</td><td>Fast TX ready</td></tr>
<tr><td>100</td><td>CALIBRATE</td><td>Frequency synthesizer calibration is running</td></tr>
<tr><td>101</td><td>SETTLING</td><td>PLL is settling</td></tr>
<tr><td>110</td><td>RXFIFO_OVERFLOW</td><td>RX FIFO has overflowed. Read out any useful data, then flush the FIFO with SFRX</td></tr>
<tr><td>111</td><td>TXFIFO_UNDERFLOW</td><td>TX FIFO has underflowed. Acknowledge with SFTX</td></tr>
<tr><td>3:0</td><td>FIFO_BYTES_AVAILABLE[3:0]</td><td colspan="3">The number of bytes available in the RX FIFO or free bytes in the TX FIFO</td></tr>
</table>

[그림 15.5] Status 바이트 요약

CC1101의 설정 레지스터는 SPI 어드레스 0x00에서 0x2E에 위치해 있다. 모든 설정 레지스터는 모두 읽고 쓰는 것이 가능하다. 레지스터를 읽거나 쓰려고 할때는 R/W비트를 제어하여야 한다. 레지스터와 함께 연속되는 주소는 Header 바이트의 Burst bit(B)를 제어함으로써 효과적으로 접근할 수 있다. 어드레스 비트 (A5-A0)는 내부 어드레스 카운터의 시작 어드레스를 설정하고, 매 1 바이트(8 bit)마다 어드레스 카운트가 증가한다. Read나 Write access에서 Burst access를 사용하고, 반드시 CSn을 '1'로 만들어서 종료하여야 한다.

[설정 레지스터의 자세한 설명은 Data sheet의 Section 33.1과 33.2를 참조하시오.]

Command strobe는 CC1101에 보내는 1 바이트의 명령어로 보여 지는데 Command strobe의 addressing에 의해 내부적으로 시퀀스가 시작 된다. 이 명령들은 crystal oscillator를 disable 하고, 수신 모드, wake-on-radio등을 enable 하는데 사용된다. [그림 15.6]은 Command strobe를 나타낸다.

Address	Strobe Name	Description
0x30	SRES	Reset chip.
0x31	SFSTXON	Enable and calibrate frequency synthesizer (if MCSM0.FS_AUTOCAL=1). If in RX (with CCA): Go to a wait state where only the synthesizer is running (for quick RX / TX turnaround).
0x32	SXOFF	Turn off crystal oscillator.
0x33	SCAL	Calibrate frequency synthesizer and turn it off. SCAL can be strobed from IDLE mode without setting manual calibration mode (MCSM0.FS_AUTOCAL=0)
0x34	SRX	Enable RX. Perform calibration first if coming from IDLE and MCSM0.FS_AUTOCAL=1.
0x35	STX	In IDLE state: Enable TX. Perform calibration first if MCSM0.FS_AUTOCAL=1. If in RX state and CCA is enabled: Only go to TX if channel is clear.
0x36	SIDLE	Exit RX / TX, turn off frequency synthesizer and exit Wake-On-Radio mode if applicable.
0x38	SWOR	Start automatic RX polling sequence (Wake-on-Radio) as described in Section 19.5 if WORCTRL.RC_PD=0.
0x39	SPWD	Enter power down mode when CSn goes high.
0x3A	SFRX	Flush the RX FIFO buffer. Only issue SFRX in IDLE or RXFIFO_OVERFLOW states.
0x3B	SFTX	Flush the TX FIFO buffer. Only issue SFTX in IDLE or TXFIFO_UNDERFLOW states.
0x3C	SWORRST	Reset real time clock to Event1 value.
0x3D	SNOP	No operation. May be used to get access to the chip status byte.

[그림 15.6] Command strobes의 예

Command strobe 레지스터는 1바이트의 header에 의해 access된다. header는 R/W 비트, burst access 비트('0'으로 설정), 어드레스 비트 6비트(0x30 - 0x3D)를 write할 수 있다. 만약 CSn이 High가 되지 않는다면 Command strobe외에 다른 SPI access가 따라서 전송 될 것이다. 하지만 만약 SRES strobe가 전송되면 그와 동시에 SO 핀은 High가 되었다가 다음의 헤더 바이트가 출력이 되기 전에 다시 Low가 될 것이다. [그림 15.7] Command strobe는 즉시 실행되고 SPWD와 SXOFF strobe는 CSn이 High가 되면 실행된다.

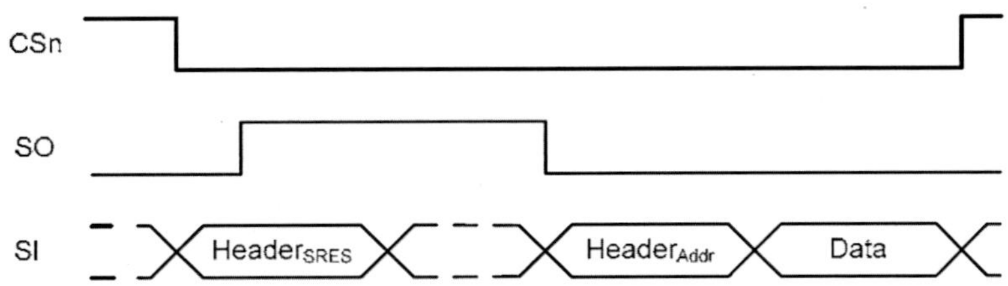

[그림 15.7] SRES Command strobe 타이밍도

64 바이트의 TX FIFO와 64 바이트의 RX FIFO는 어드레스 0x3F에서부터 access할 수 있다. R/W비트가 ‘0’일 때 TX FIFO, '1'일 때 RX FIFO가 각각 access된다. TX FIFO는 쓰기 전용, RX FIFO는 읽기 전용이다.

Burst 비트는 FIFO access가 1 바이트 access인지 burst access 인지 결정하는데 사용한다.

1 바이트 access는 burst 비트가 ‘0’인 header 바이트와 하나의 데이터 바이트를 갖는다. burst access는 1 바이트의 header 바이트와 CSn이 high가 되어 access가 종료 될 때 까지 연속되는 데이터 바이트를 갖는다.

FIFO의 header 바이트 access는 다음과 같다.

- 0x3F : TX FIFO 1 바이트 access
- 0x7F : TX FIFO burst access
- 0xBF : RX FIFO 1 바이트 access
- 0xFF : RX FIFO burst access

TX FIFO가 쓰여 지고 있을 때, status 바이트는 새로운 데이터 바이트 마다 SO로 전송 된다. status 바이트는 TX FIFO에 데이터가 쓰여 지는 동안 TX FIFO의 underflow를 찾아내는데 사용한다. status 바이트는 TX FIFO에 기록을(Byte) 하기 전의 비어있는 바이트의 개수를 포함한다.

TX FIFO는 SFTX command strobe가 발생함으로 인해서 비워진다. 비슷한 형식으로, SFRX command strobe는 RX FIFO를 비우게 한다. SFTX나 SFRX command strobe는 오직 IDLE, TXFIFO_UNDERFLOW, RXFIFO_OVERFLOW상태 에서만 발생할 수 있다.

두 개의 FIFO의 데이터가 전부 전송이 된 후에는 SLEEP상태가 된다. [그림 15.8]은 레지스터 접근 형태를 보여주고 있다.

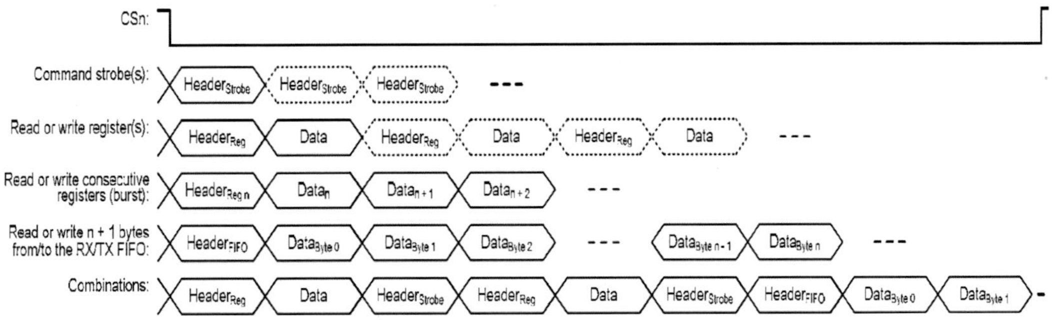

[그림 15.8] 레지스터 접근 형태의 타이밍도

MDMCFG3.DRATE_M과 MDMCFG4.DRATE_E 레지스터를 설정하여 송신과 수신 Data rate를 결정한다. Data rate는 식 (15-1)로 구할 수 있다.

$$R_{DATA} = \frac{(256 + DRATE\_M) \cdot 2^{DRATE\_E}}{2^{28}} \cdot f_{XOSC} \qquad (15\text{-}1)$$

위의 식에서 보여주듯이 프로그램 되는 Data rate는 crystal 주파수의 영향을 받는다. 다음의 식 (15-2)와 같이 원하는 통신 Data rate를 얻을 수 있다.

$$\begin{aligned} DRATE\_E &= \left\lfloor \log_2\left(\frac{R_{DATA} \cdot 2^{20}}{f_{XOSC}}\right)\right\rfloor \\ DRATE\_M &= \frac{R_{DATA} \cdot 2^{28}}{f_{XOSC} \cdot 2^{DRATE\_E}} - 256 \end{aligned} \qquad (15\text{-}2)$$

만약 DRATE_M이 256이 되면, DRATE_E는 증가하고 DRATE_M은 '0'이 된다. Data rate는 1.2 KBbaud에서 500 KBaud까지 설정 가능하고, 최소 및 최대값의 크기는 [그림 15.9]와 같다.

Min Data Rate [kBaud]	Typical Data Rate [kBaud]	Max Data Rate [kBaud]	Data rate Step Size [kBaud]
0.8	1.2 / 2.4	3.17	0.0062
3.17	4.8	6.35	0.0124
6.35	9.6	12.7	0.0248
12.7	19.6	25.4	0.0496
25.4	38.4	50.8	0.0992
50.8	76.8	101.6	0.1984
101.6	153.6	203.1	0.3967
203.1	250	406.3	0.7935
406.3	500	500	1.5869

[그림 15.9] Data rate step size

CC1101은 데이터 패킷의 구성을 설정할 수 있고, 다음의 항목들로 이루어진다.

=> Preamble
=> Synchronization word
=> Optional length byte
=> optional address byte
=> Payload
=> Optional 2 byte CRC

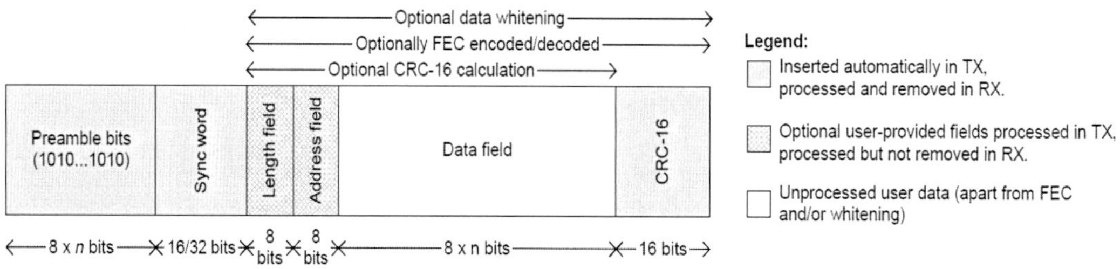

[그림 15.10] Packet Format

Preamble은 '0'과 '1'이 차례대로 교차되는 형태(010101010101...)이고, 최소 길이는 프로그램 가능하다. TX가 enable 되었을 때, 변조기는 프리앰블을 전송하기 시작한다. 프로그램 된 개수(Byte)만큼 프리앰블이 전송 되었을 때, 변조기는 TX FIFO에 보낼 데이터가 있으면 sync word다음에 데이터를 보낸다. 만약 TX FIFO가 비어 있으면, 변조기는 TX FIFO에 첫 번째 바이트가 쓰일 때 까지 계속해서 프리앰블을 보낸다. 프리앰블 바이트의 개수는 MDMCFG1.NUM_PREAMBLE 값으로 정할 수 있다.

Sync word는 SYNC1과 SYNC0의 2 바이트로 설정할 수 있다. Sync word는 들어오는 패킷의 바이트의 동기화에 사용된다.

CC1101은 constant packet length(고정) 프로토콜과 variable length(가변) 프로토콜 양쪽 다 지원한다. 가변이나 고정 패킷 모드에서는 패킷의 길이가 255바이트 까지 사용 가능하다. 더 긴 패킷을 사용하기 위해서는 infinite packet length(무한)모드를 사용하여야 한다.

고정 패킷은 PKTCTRL0.LENGTH_CONFIG = 0으로 설정하여 선택하고, PKTLEN 레지스터로 패킷의 길이를 설정한다. PKTLEN 레지스터는 최대 패킷 길이를 RX에서 허용해 놓기 위해서 사용하고 패킷의 길이가 PKTLEN 레지스터의 값보다 더 큰 값으로 들어오면 데이터는 버려진다. 가변 패킷 모드는 PKTCTRL0.LENGTH_CONFIG = 1로 설정하고, 패킷의 길이는 Sync word의 첫 바이트 다음에 설정된다. 패킷의 길이는 payload data에 정의되고, Length 바이트와 CRC옵션이 포함된다. PKTCTRL0.LENGTH_CONFIG = 2로 설정하면 패킷의 길이는 무한이 되고, 송신과 수신은 수동으로 종료 할 때 까지 계속 된다.

지원되는 최소한의 패킷 길이는 1 바이트의 payload data까지(Length 바이트 옵션, CRC 제외)이다.

CC1101에서 라디오 프로토콜 패킷을 생성할 때, MCU는 패킷이 언제 송/수신 되는지 알 필요가 있다. 또한, 64바이트 보다 긴 패킷을 RX인 동안 RX FIFO에서 읽을 필요가 있고, TX FIFO를 TX인 동안 다시 채워 넣을 필요가 있다. 이것은 RX FIFO로부터 읽거나 TX FIFO에 쓰려면 MCU가 바이트들의 번호를 알아야 할 필요가 있다는 것을 의미하고, 이에 대한 상태 정보를 얻는 방법은 2 가지 방법이 있다.

- Interrupt Driven Solution

RX와 TX는 여러 가지 모두에서 Sync word가 송/수신 됐을 때 혹은 패킷의 송/수신이 완료되었을 때 인터럽트를 주기 위하여 GDO 핀을 사용할 수 있다.

- SPI Polling

PKSTATUS 레지스터는 주어진 비율로 각각 현재 GDO2와 GDO0 값에 관한 정보를 얻기 위하여 Poll(검사)할 수 있다. RXBYTES와 TXBYTES 레지스터는 주어지는 비율로 각각 RX FIFO와 TX FIFO에 있는 바이트들의 번호의 정보를 얻기 위하여 Poll(검사)할 수 있다.

또한 RX FIFO와 TX FIFO에 들어있는 바이트들의 번호는 Header 바이트, 데이터 바이트, Command strobe가 SPI 버스에 보내질 때 마다 MISO으로 돌려보내지는 Chip status 바이트에서 읽을 수 있다.

고속의 SPI Polling은 RX 감도를 감소시키기 때문에 인터럽트 구동방법(Interrupt driven solution)을 권장한다. 또한 SPI Polling을 사용할 때 제한적이지만 PKTSTATUS, RXBYTES, TXBYTES에서 읽을 때 데이터의 오염이 발생할 수 있다. Chip status byte에서도 마찬가지이다.

전원이 켜지면 시스템은 반드시 리셋 되어야 한다. 이것은 Power-On Reset(POR)이나 Manual reset중 하나의 방법을 사용하여야 한다.

- Automatic POR

내부 power up 시퀀스는 CHIP_RDYn이 low가 될 때 완료된다. CHIP_RDYn은 CSn이 0이 된 다음에 SO 핀을 관찰하면 되며 [그림 15.5] 참조하면 된다.

CC1101의 리셋이 완료된 후에는 IDLE상태가 되고 crystal oscillator 또한 동작하게 된다. 만약 chip이 POR이 완료된 후 crystal oscillator가 안정될 때 까지 충분한 시간이 지났다면 CSn이 Low가 되면 SO 또한 즉시 Low가 될 것이다. 만약 리셋이 완료되기 전에 CSn이 low가 된다면 SO 핀은 처음에 High가 된다. 이것은 crystal oscillator이 정정되지 않았다는 것을 의미하며, crystal oscillator이 안정된 후에 SO 핀은 low가 될 것이며 [그림 15.11]을 참조하면 된다.

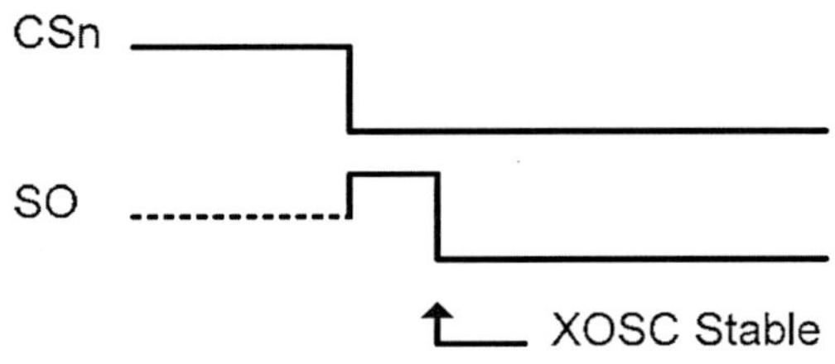

[그림 15.11] Reset완료 전에 CSn이 low가 된 경우의 타이밍도

- Manual Reset

CC1101에서 다른 여러 리셋 가능성에 대해서는 SRES Command strobe를 사용한다. SRES strobe가 실행되면 모든 내부 레지스터는 초기화 되고, state는 IDLE이 된다. Manual power-up 시퀀스는 다음 [그림 15.12]와 같다.

=> SCLK = 1, SI = 0
=> Strobe CSn Low / High
=> CSn을 CSn이 Low가 된 후 40us가 될 때 까지 High로 고정
=> CSn을 Low로 만들고 SO가 Low가 될 때 까지 대기(CHIP_RDYn)
=> SI 선으로 SRES strobe 보냄
=> SO가 다시 Low가 되면 리셋 완료, IDLE state.

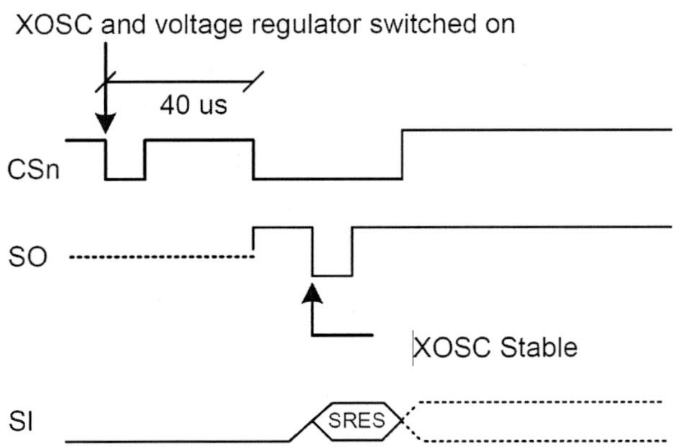

[그림 15.12] SRES를 사용한 Power-on 리셋

위의 리셋은 단지 전원이 켜진 다음에 필요한 절차이다. 만약 리셋이 된 다음에 CC1101을 리셋하려면 SRES Command strobe를 사용하는 방법 밖에 없다.

Address	Strobe Name	Description
0x30	SRES	Reset chip.
0x31	SFSTXON	Enable and calibrate frequency synthesizer (if MCSM0.FS_AUTOCAL=1). If in RX (with CCA): Go to a wait state where only the synthesizer is running (for quick RX / TX turnaround).
0x32	SXOFF	Turn off crystal oscillator.
0x33	SCAL	Calibrate frequency synthesizer and turn it off. SCAL can be strobed from IDLE mode without setting manual calibration mode (MCSM0.FS_AUTOCAL=0)
0x34	SRX	Enable RX. Perform calibration first if coming from IDLE and MCSM0.FS_AUTOCAL=1.
0x35	STX	In IDLE state: Enable TX. Perform calibration first if MCSM0.FS_AUTOCAL=1. If in RX state and CCA is enabled: Only go to TX if channel is clear.
0x36	SIDLE	Exit RX / TX, turn off frequency synthesizer and exit Wake-On-Radio mode if applicable.
0x38	SWOR	Start automatic RX polling sequence (Wake-on-Radio) as described in Section 19.5 if WORCTRL.RC_PD=0.
0x39	SPWD	Enter power down mode when CSn goes high.
0x3A	SFRX	Flush the RX FIFO buffer. Only issue SFRX in IDLE or RXFIFO_OVERFLOW states.
0x3B	SFTX	Flush the TX FIFO buffer. Only issue SFTX in IDLE or TXFIFO_UNDERFLOW states.
0x3C	SWORRST	Reset real time clock to Event1 value.
0x3D	SNOP	No operation. May be used to get access to the chip status byte.

[그림 15.13] Command strobes

Address	Register	Description	Details on page number
0x30 (0xF0)	PARTNUM	Part number for ***CC1101***	84
0x31 (0xF1)	VERSION	Current version number	84
0x32 (0xF2)	FREQEST	Frequency Offset Estimate	84
0x33 (0xF3)	LQI	Demodulator estimate for Link Quality	84
0x34 (0xF4)	RSSI	Received signal strength indication	84
0x35 (0xF5)	MARCSTATE	Control state machine state	85
0x36 (0xF6)	WORTIME1	High byte of WOR timer	85
0x37 (0xF7)	WORTIME0	Low byte of WOR timer	85
0x38 (0xF8)	PKTSTATUS	Current GDOx status and packet status	86
0x39 (0xF9)	VCO_VC_DAC	Current setting from PLL calibration module	86
0x3A (0xFA)	TXBYTES	Underflow and number of bytes in the TX FIFO	86
0x3B (0xFB)	RXBYTES	Overflow and number of bytes in the RX FIFO	86
0x3C (0xFC)	RCCTRL1_STATUS	Last RC oscillator calibration result	86
0x3D (0xFD)	RCCTRL0_STATUS	Last RC oscillator calibration result	87

[그림 15.14] Status 레지스터

Address	Register	Description	Preserved in SLEEP State	Details on Page Number
0x00	IOCFG2	GDO2 output pin configuration	Yes	63
0x01	IOCFG1	GDO1 output pin configuration	Yes	63
0x02	IOCFG0	GDO0 output pin configuration	Yes	63
0x03	FIFOTHR	RX FIFO and TX FIFO thresholds	Yes	64
0x04	SYNC1	Sync word, high byte	Yes	64
0x05	SYNC0	Sync word, low byte	Yes	64
0x06	PKTLEN	Packet length	Yes	65
0x07	PKTCTRL1	Packet automation control	Yes	65
0x08	PKTCTRL0	Packet automation control	Yes	66
0x09	ADDR	Device address	Yes	66
0x0A	CHANNR	Channel number	Yes	66
0x0B	FSCTRL1	Frequency synthesizer control	Yes	67
0x0C	FSCTRL0	Frequency synthesizer control	Yes	67
0x0D	FREQ2	Frequency control word, high byte	Yes	67
0x0E	FREQ1	Frequency control word, middle byte	Yes	67
0x0F	FREQ0	Frequency control word, low byte	Yes	67
0x10	MDMCFG4	Modem configuration	Yes	68
0x11	MDMCFG3	Modem configuration	Yes	68
0x12	MDMCFG2	Modem configuration	Yes	69
0x13	MDMCFG1	Modem configuration	Yes	70
0x14	MDMCFG0	Modem configuration	Yes	70
0x15	DEVIATN	Modem deviation setting	Yes	71
0x16	MCSM2	Main Radio Control State Machine configuration	Yes	72
0x17	MCSM1	Main Radio Control State Machine configuration	Yes	73
0x18	MCSM0	Main Radio Control State Machine configuration	Yes	74
0x19	FOCCFG	Frequency Offset Compensation configuration	Yes	75
0x1A	BSCFG	Bit Synchronization configuration	Yes	76
0x1B	AGCTRL2	AGC control	Yes	77
0x1C	AGCTRL1	AGC control	Yes	78
0x1D	AGCTRL0	AGC control	Yes	79
0x1E	WOREVT1	High byte Event 0 timeout	Yes	79
0x1F	WOREVT0	Low byte Event 0 timeout	Yes	80
0x20	WORCTRL	Wake On Radio control	Yes	80
0x21	FREND1	Front end RX configuration	Yes	81
0x22	FREND0	Front end TX configuration	Yes	81
0x23	FSCAL3	Frequency synthesizer calibration	Yes	81
0x24	FSCAL2	Frequency synthesizer calibration	Yes	82
0x25	FSCAL1	Frequency synthesizer calibration	Yes	82

[그림 15.15] Configuration Registers 1

0x27	RCCTRL1	RC oscillator configuration	Yes	82
0x28	RCCTRL0	RC oscillator configuration	Yes	82
0x29	FSTEST	Frequency synthesizer calibration control	No	83
0x2A	PTEST	Production test	No	83
0x2B	AGCTEST	AGC test	No	83
0x2C	TEST2	Various test settings	No	83
0x2D	TEST1	Various test settings	No	83
0x2E	TEST0	Various test settings	No	83

[그림 15.16] Configuration Registers 2

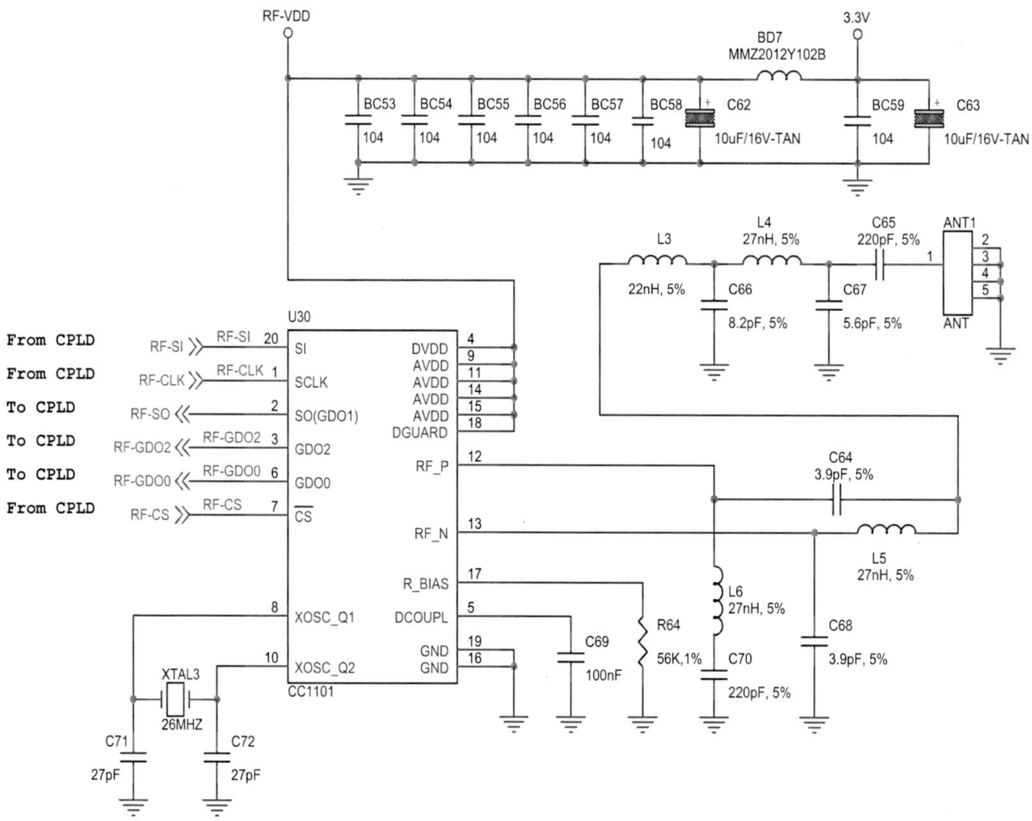

[그림 15.17] 트레이닝 키트에 사용된 RF 회로도

트레이닝 키트를 이용하여 RF 통신을 하기 위해서는 소스가 길어지기 때문에 기능별 소스를 사용 하였다. 실습을 할 때는 각 기능별 소스 프로그램은 그대로 사용하고 main.c 소스만을 코딩하여 실습한다. 프로젝트에 포함되는 파일은 다음과 같다.

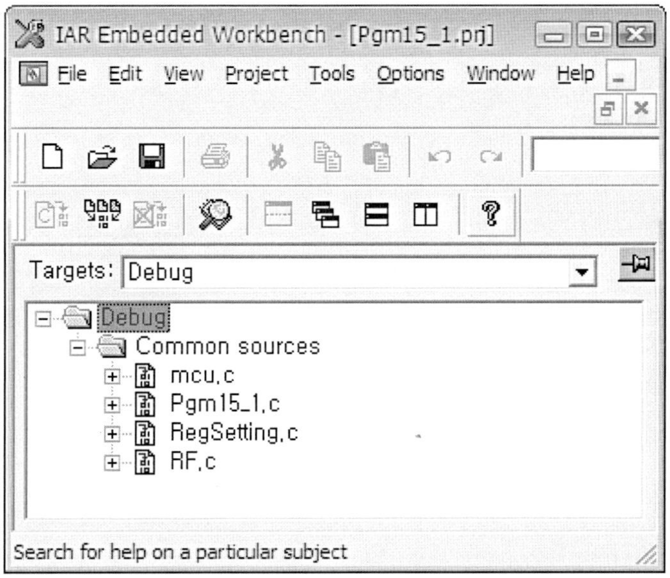

● 마이크로프로세서의 기본 설정을 하는 mcu.c 소스코드이다.

```
#include <iom128.h>
#include <ina90.h>

#define   ATMEGA128_1WAIT

#define _4800bps   0
#define _9600bps   1
#define _14Kbps    2
#define _19Kbps    3

unsigned char BAUD_16M[4] = {207, 103, 68, 51};

union un_baud
{
        unsigned int WORD;
        struct
```

```
        {
                unsigned char H:8;
                unsigned char L:8;
        } BYTE;
} BAUDRATE;

void mcu_init(void)
{
#ifdef ATMEGA128_0WAIT
        MCUCR = 0x80;
        XMCRA = 0x40;
#endif
#ifdef ATMEGA128_1WAIT
        MCUCR = 0xc0;           //0x2000~0x7fff : 0 wait
        XMCRA = 0x40;           //0x8000~0xffff : 1 wait
#endif
#ifdef ATMEGA128_2WAIT
        MCUCR = 0x80;
        XMCRA = 0x42;
#endif
#ifdef ATMEGA128_3WAIT
        MCUCR = 0xc0;
        XMCRA = 0x42;
#endif
        TIMSK = 0x00;

// Timer0 Set
        TCCR0 = 0x0F;

        OCR0 = 156-1;           //10msec interrupt
        TIMSK |= 0x02;
        TIFR  = 0x02;
        ETIMSK = 0x00;

// Timer1 Set
        TCCR1A = 0;
        TCCR1B = 0x0B;
        TCCR1C = 0;

        OCR1A = 10000-1;        //40msec interrupt
        TIMSK |= 0x10;
        TIFR  = 0x10;
        ETIMSK = 0x00;
}
```

● CC1101의 레지스터 설정을 하는 RegSetting.c 소스코드이다.

```
#include "srf04.h"
RF_SETTINGS rfSettings = {
    0x0A,  // FSCTRL1    Frequency synthesizer control.
    0x00,  // FSCTRL0    Frequency synthesizer control.
    0x10,  // FREQ2      Frequency control word, high byte.
    0xA7,  // FREQ1      Frequency control word, middle byte.
    0x62,  // FREQ0      Frequency control word, low byte.
    0x2D,  // MDMCFG4    Modem configuration.
    0x3B,  // MDMCFG3    Modem configuration.
    0x73,  // MDMCFG2    Modem configuration.
    0x22,  // MDMCFG1    Modem configuration.
    0xF8,  // MDMCFG0    Modem configuration.
    0x00,  // CHANNR     Channel number.
    0x00,  // DEVIATN    Modem deviation setting
    0xB6,  // FREND1     Front end RX configuration.
    0x10,  // FREND0     Front end TX configuration.
    0x18,  // MCSM0      Main Radio Control State Machine configuration.
    0x1D,  // FOCCFG     Frequency Offset Compensation Configuration.
    0x1C,  // BSCFG      Bit synchronization Configuration.
    0xC7,  // AGCCTRL2   AGC control.
    0x00,  // AGCCTRL1   AGC control.
    0xB0,  // AGCCTRL0   AGC control.
    0xEA,  // FSCAL3     Frequency synthesizer calibration.
    0x2A,  // FSCAL2     Frequency synthesizer calibration.
    0x00,  // FSCAL1     Frequency synthesizer calibration.
    0x1F,  // FSCAL0     Frequency synthesizer calibration.
    0x59,  // FSTEST     Frequency synthesizer calibration.
    0x88,  // TEST2      Various test settings.
    0x31,  // TEST1      Various test settings.
    0x09,  // TEST0      Various test settings.
    0x29,  // IOCFG2     GDO2 output pin configuration.
    0x06,  // IOCFG0D    GDO0 output pin configuration
    0x04,  // PKTCTRL1   Packet automation control.
    0x05,  // PKTCTRL0   Packet automation control.
    0x00,  // ADDR       Device address.
    0xFF   // PKTLEN     Packet length.
};

BYTE paTable = 0xC0;
```

● 무선 송·수신을 하는 RF.c 소스코드이다.

```
#include <iom128.h>
#include <ina90.h>
#include "srf04.h"

#define RF_CS0              PORTB &= 0x7F
#define RF_CS1              PORTB |= 0x80

#define RF_DOUT_CS          *(unsigned char *)0x3002
#define RF_DIN_CS           *(unsigned char *)0x3003
#define RF_CHK              *(unsigned char *)0x4000

#define RF_RDY              (RF_CHK & 0x80)          //1이면 wait할 것
#define RF_SO               (RF_CHK & 0x40)
#define RF_GDO2             (RF_CHK & 0x20)
#define RF_GDO0             (RF_CHK & 0x10)

#define CRC_OK               0x80
#define RSSI                 0
#define LQI                  1
#define BYTES_IN_RXFIFO         0x7F

extern void delay(unsigned long int wait);
extern unsigned char led_data;

byte Power_on_SR;
void POWER_UP_RESET_CCxxx0()
{
        RF_CS1;
        delay(1);       //1us
        RF_CS0;
        delay(1);       //1us
        RF_CS1;
        delay(50);       //41us

        RF_CS0;
        while(RF_SO);
```

```
        RF_DOUT_CS = CCxxx0_SRES;      //0x30: Reset chip
        while(RF_RDY);
        Power_on_SR = RF_DIN_CS;
        RF_CS1;
}

void RF_Strobe(BYTE strobe)
{
        RF_CS0;
        while(RF_SO);
        RF_DOUT_CS = strobe;
        while(RF_RDY);
        RF_CS1;
}

void RF_WriteReg(BYTE addr, BYTE value)
{
        RF_CS0;
        while(RF_SO);
        RF_DOUT_CS = addr;
        while(RF_RDY);
        RF_DOUT_CS = value;
        while(RF_RDY);
        RF_CS1;
}

byte RF_set_data[100], RF_read_data[100], RF_power;
void RfWriteRfSettings(RF_SETTINGS *pRfSettings)
{
    // Write register settings
    RF_WriteReg(CCxxx0_FSCTRL1,  pRfSettings->FSCTRL1);
    RF_WriteReg(CCxxx0_FSCTRL0,  pRfSettings->FSCTRL0);
    RF_WriteReg(CCxxx0_FREQ2,    pRfSettings->FREQ2);
    RF_WriteReg(CCxxx0_FREQ1,    pRfSettings->FREQ1);
    RF_WriteReg(CCxxx0_FREQ0,    pRfSettings->FREQ0);
    RF_WriteReg(CCxxx0_MDMCFG4,  pRfSettings->MDMCFG4);
    RF_WriteReg(CCxxx0_MDMCFG3,  pRfSettings->MDMCFG3);
```

```
    RF_WriteReg(CCxxx0_MDMCFG2,  pRfSettings->MDMCFG2);
    RF_WriteReg(CCxxx0_MDMCFG1,  pRfSettings->MDMCFG1);
    RF_WriteReg(CCxxx0_MDMCFG0,  pRfSettings->MDMCFG0);
    RF_WriteReg(CCxxx0_CHANNR,   pRfSettings->CHANNR);
    RF_WriteReg(CCxxx0_DEVIATN,  pRfSettings->DEVIATN);
    RF_WriteReg(CCxxx0_FREND1,   pRfSettings->FREND1);
    RF_WriteReg(CCxxx0_FREND0,   pRfSettings->FREND0);
    RF_WriteReg(CCxxx0_MCSM0 ,   pRfSettings->MCSM0 );
    RF_WriteReg(CCxxx0_FOCCFG,   pRfSettings->FOCCFG);
    RF_WriteReg(CCxxx0_BSCFG,    pRfSettings->BSCFG);
    RF_WriteReg(CCxxx0_AGCCTRL2, pRfSettings->AGCCTRL2);
    RF_WriteReg(CCxxx0_AGCCTRL1, pRfSettings->AGCCTRL1);
    RF_WriteReg(CCxxx0_AGCCTRL0, pRfSettings->AGCCTRL0);
    RF_WriteReg(CCxxx0_FSCAL3,   pRfSettings->FSCAL3);
    RF_WriteReg(CCxxx0_FSCAL2,   pRfSettings->FSCAL2);
    RF_WriteReg(CCxxx0_FSCAL1,   pRfSettings->FSCAL1);
    RF_WriteReg(CCxxx0_FSCAL0,   pRfSettings->FSCAL0);
    RF_WriteReg(CCxxx0_FSTEST,   pRfSettings->FSTEST);
    RF_WriteReg(CCxxx0_TEST2,    pRfSettings->TEST2);
    RF_WriteReg(CCxxx0_TEST1,    pRfSettings->TEST1);
    RF_WriteReg(CCxxx0_TEST0,    pRfSettings->TEST0);
    RF_WriteReg(CCxxx0_IOCFG2,   pRfSettings->IOCFG2);
    RF_WriteReg(CCxxx0_IOCFG0,   pRfSettings->IOCFG0);
    RF_WriteReg(CCxxx0_PKTCTRL1, pRfSettings->PKTCTRL1);
    RF_WriteReg(CCxxx0_PKTCTRL0, pRfSettings->PKTCTRL0);
    RF_WriteReg(CCxxx0_ADDR,     pRfSettings->ADDR);
    RF_WriteReg(CCxxx0_PKTLEN,   pRfSettings->PKTLEN);
    RF_WriteReg(CCxxx0_PATABLE, 0xC0);  //0xc0:10mw

    // Write register settings
    RF_set_data[0]=(pRfSettings->FSCTRL1);
    RF_set_data[1]=(pRfSettings->FSCTRL0);
    RF_set_data[2]=(pRfSettings->FREQ2);
    RF_set_data[3]=(pRfSettings->FREQ1);
    RF_set_data[4]=(pRfSettings->FREQ0);
    RF_set_data[5]=(pRfSettings->MDMCFG4);
    RF_set_data[6]=(pRfSettings->MDMCFG3);
```

```
RF_set_data[7]=(pRfSettings->MDMCFG2);
RF_set_data[8]=(pRfSettings->MDMCFG1);
RF_set_data[9]=(pRfSettings->MDMCFG0);
RF_set_data[10]=(pRfSettings->CHANNR);
RF_set_data[11]=(pRfSettings->DEVIATN);
RF_set_data[12]=(pRfSettings->FREND1);
RF_set_data[13]=(pRfSettings->FREND0);
RF_set_data[14]=(pRfSettings->MCSM0 );
RF_set_data[15]=(pRfSettings->FOCCFG);
RF_set_data[16]=(pRfSettings->BSCFG);
RF_set_data[17]=(pRfSettings->AGCCTRL2);
RF_set_data[18]=(pRfSettings->AGCCTRL1);
RF_set_data[19]=(pRfSettings->AGCCTRL0);
RF_set_data[20]=(pRfSettings->FSCAL3);
RF_set_data[21]=(pRfSettings->FSCAL2);
RF_set_data[22]=(pRfSettings->FSCAL1);
RF_set_data[23]=(pRfSettings->FSCAL0);
RF_set_data[24]=(pRfSettings->FSTEST);
RF_set_data[25]=(pRfSettings->TEST2);
RF_set_data[26]=(pRfSettings->TEST1);
RF_set_data[27]=(pRfSettings->TEST0);
RF_set_data[28]=(pRfSettings->IOCFG2);
RF_set_data[29]=(pRfSettings->IOCFG0);
RF_set_data[30]=(pRfSettings->PKTCTRL1);
RF_set_data[31]=(pRfSettings->PKTCTRL0);
RF_set_data[32]=(pRfSettings->ADDR);
RF_set_data[33]=(pRfSettings->PKTLEN);

// Read from register settings
RF_read_data[0]=RF_ReadReg(CCxxx0_FSCTRL1);
RF_read_data[1]=RF_ReadReg(CCxxx0_FSCTRL0);
RF_read_data[2]=RF_ReadReg(CCxxx0_FREQ2);
RF_read_data[3]=RF_ReadReg(CCxxx0_FREQ1);
RF_read_data[4]=RF_ReadReg(CCxxx0_FREQ0);
RF_read_data[5]=RF_ReadReg(CCxxx0_MDMCFG4);
RF_read_data[6]=RF_ReadReg(CCxxx0_MDMCFG3);
RF_read_data[7]=RF_ReadReg(CCxxx0_MDMCFG2);
```

```
    RF_read_data[8]=RF_ReadReg(CCxxx0_MDMCFG1);
    RF_read_data[9]=RF_ReadReg(CCxxx0_MDMCFG0);
    RF_read_data[10]=RF_ReadReg(CCxxx0_CHANNR);
    RF_read_data[11]=RF_ReadReg(CCxxx0_DEVIATN);
    RF_read_data[12]=RF_ReadReg(CCxxx0_FREND1);
    RF_read_data[13]=RF_ReadReg(CCxxx0_FREND0);
    RF_read_data[14]=RF_ReadReg(CCxxx0_MCSM0);
    RF_read_data[15]=RF_ReadReg(CCxxx0_FOCCFG);
    RF_read_data[16]=RF_ReadReg(CCxxx0_BSCFG);
    RF_read_data[17]=RF_ReadReg(CCxxx0_AGCCTRL2);
    RF_read_data[18]=RF_ReadReg(CCxxx0_AGCCTRL1);
    RF_read_data[19]=RF_ReadReg(CCxxx0_AGCCTRL0);
    RF_read_data[20]=RF_ReadReg(CCxxx0_FSCAL3);
    RF_read_data[21]=RF_ReadReg(CCxxx0_FSCAL2);
    RF_read_data[22]=RF_ReadReg(CCxxx0_FSCAL1);
    RF_read_data[23]=RF_ReadReg(CCxxx0_FSCAL0);
    RF_read_data[24]=RF_ReadReg(CCxxx0_FSTEST);
    RF_read_data[25]=RF_ReadReg(CCxxx0_TEST2);
    RF_read_data[26]=RF_ReadReg(CCxxx0_TEST1);
    RF_read_data[27]=RF_ReadReg(CCxxx0_TEST0);
    RF_read_data[28]=RF_ReadReg(CCxxx0_IOCFG2);
    RF_read_data[29]=RF_ReadReg(CCxxx0_IOCFG0);
    RF_read_data[30]=RF_ReadReg(CCxxx0_PKTCTRL1);
    RF_read_data[31]=RF_ReadReg(CCxxx0_PKTCTRL0);
    RF_read_data[32]=RF_ReadReg(CCxxx0_ADDR);
    RF_read_data[33]=RF_ReadReg(CCxxx0_PKTLEN);
    RF_power=RF_ReadReg(CCxxx0_PATABLE);
}

BYTE RF_ReadReg(BYTE addr)
{
        unsigned char x;

        RF_CS0;
        while(RF_SO);
        RF_DOUT_CS = addr | READ_SINGLE;        //0x80
        while(RF_RDY);
```

```
        RF_DOUT_CS=0xFF;        //RF data를 읽기 위한 Clock을 만든다.
        while(RF_RDY);
        x = RF_DIN_CS;
        RF_CS1;
        return x;
}

BYTE RF_ReadStatus(BYTE addr)
{
        unsigned char x;

        RF_CS0;
        while(RF_SO);
        RF_DOUT_CS = addr | READ_BURST;        //0xC0
        while(RF_RDY);

        RF_DOUT_CS=0xFF;        //RF data를 읽기 위한 Clock을 만든다.
        while(RF_RDY);
        x = RF_DIN_CS;
        RF_CS1;
        return (x);
}

void RF_WriteBurstReg(BYTE addr, BYTE *buffer, BYTE count)
{
        BYTE i;

        RF_CS0;
        while(RF_SO);
        RF_DOUT_CS = addr | WRITE_BURST;        //0x40
        while(RF_RDY);

        for(i=0; i<count; i++)
        {
                RF_DOUT_CS = buffer[i];
                while(RF_RDY);
```

```
        }
        RF_CS1;
}

unsigned int GDO_cnt1=0, GDO_cnt2=0, TX_send_err_cnt=0, RX_rcv_err_cnt=0;
void RfSendPacket(BYTE *txBuffer, UINT8 size)
{
    RF_WriteBurstReg(CCxxx0_TXFIFO, txBuffer, size);  //CCxxx0_TXFIFO: 0x3F
    RF_Strobe(CCxxx0_STX);                             //0x35

// Wait for GDO0 to be set -> sync transmitted
// RF_GDO0가 1일때까지 wait
        GDO_cnt1=0;
        while(1)
        {
                if(RF_GDO0)        break;
                GDO_cnt1++;
                if(GDO_cnt1==0)
                {
                        RF_Strobe(CCxxx0_SFTX);     //0x3B
                        TX_send_err_cnt++;
                        break;
                }
        }

// while (GDO0); // Wait for GDO0 to be cleared -> end of packet
// RF_GDO0가 0일 때까지 wait
        GDO_cnt2=0;
        while(1)
        {
                if(RF_GDO0==0)    break;
                GDO_cnt2++;
                if(GDO_cnt2==0)
                {
                        RF_Strobe(CCxxx0_SFTX); // 0x3B
                        TX_send_err_cnt++;
                        break;
```

```
                }
        }
}

void RF_ReadBurstReg(BYTE addr, BYTE *buffer, BYTE count)
{
        BYTE i;

        RF_CS0;
        while(RF_SO);

        RF_DOUT_CS = addr | READ_BURST;         //0xC0
        while(RF_RDY);

        for(i=0; i<count; i++)
        {
                RF_DOUT_CS=0xFF;        //RF data를 읽기 위한 Clock을 만든다.
                while(RF_RDY);
                buffer[i] = RF_DIN_CS;
        }
        RF_CS1;
}

UINT8 packetLength;
BYTE RX_status;
unsigned long int GDO_cnt11=0, GDO_cnt22=0;
BYTE status[2];
BYTE RfReceivePacket(BYTE *rxBuffer, UINT8 *length)
{
        RF_Strobe(CCxxx0_SRX);  //0x34

        //Wait for GDO0 to be set -> sync received
        //RF_GDO0가 1일때 까지 wait.
        GDO_cnt11=0;
        while(1)
        {
                if(RF_GDO0)        break;
```

```
                GDO_cnt11++;
                if(GDO_cnt11==0)
                {
                        RF_Strobe(CCxxx0_SFRX);         //0x3A
                        RX_rcv_err_cnt++;
                        break;
                }
        }

//Wait for GDO0 to be cleared -> end of packet
//RF_GDO0가 0일때 까지 wait.
        GDO_cnt22=0;
        while(1)
        {
                if(RF_GDO0==0)   break;
                GDO_cnt22++;
                if(GDO_cnt22==0)
                {
                        RF_Strobe(CCxxx0_SFRX);         //0x3A
                        RX_rcv_err_cnt++;
                        break;
                }
        }

        RX_status = RF_ReadStatus(CCxxx0_RXBYTES);
        //CCxxx0_RXBYTES:0x3B
        if(RX_status & BYTES_IN_RXFIFO)
        //BYTES_IN_RXFIFO:0x7F
        {
            // CCxxx0_RXFIFO: 0x3F
            packetLength = RF_ReadReg(CCxxx0_RXFIFO);


           if(packetLength <= *length)      // RX FIFO Read and store in rxBuffer
           {
              RF_ReadBurstReg(CCxxx0_RXFIFO, rxBuffer, packetLength);
              *length = packetLength;
```

```
        // Read the 2 appended status bytes (status[0] = RSSI, status[1] = LQI)
            RF_ReadBurstReg(CCxxx0_RXFIFO, status, 2);

            return (status[LQI] & CRC_OK);    // MSB of LQI is the CRC_OK bit
        }
        else
        {
            *length = packetLength;
            // for test RF_Strobe(CCxxx0_SIDLE);
            RF_Strobe(CCxxx0_SFRX);
            return FALSE;
        }
    }
        else
                return FALSE;
}
```

실험 15-1

TX 쪽의 Key1과 Key2를 사용하여 "chong-ju"와 "university"를 RX 쪽의 LCD에 표시하도록 하는 프로그램을 다음과 같이 작성하여 실험하였다. (main.c)

```
//File Include Section
#include <iom128.h>
#include <ina90.h>
#include "DebugAtmega128.h"
#include "srf04.h"

//Define function prototype
void mcu_init(void);
void rs232_init(void);
void write(unsigned char line, unsigned char display_data[]);
void delay(unsigned long int wait);
void init_lcd(void);
void busy(void);
void KEY_SCAN();
void lcd_clear(unsigned char lcd_line);

//Define Part
#define   MAX_BUF_SIZE  2048      /* maximum size of Rx buffer. */

#define KEY              *(unsigned char *)0x2000
#define SEG_POS          *(unsigned char *)0x2001
#define SEG_CLK          *(unsigned char *)0x2002
#define DOT_CLK          *(unsigned char *)0x3000
#define DOT_POSITION     *(unsigned char *)0x3001
#define DA_CONTROL       *(unsigned char *)0x4001
#define LCD_CONTROL      *(unsigned char *)0x5000
#define LCD_DATA         *(unsigned char *)0x5001

#define LCD_RS_0 LCD_CONTROL &= 0xFD  //LCD control register 선택
#define LCD_RS_1 LCD_CONTROL |= 0x02   //LCD data register 선택
```

```
#define LCD_RW_0          LCD_CONTROL &= 0xFB  //LCD write mode set
#define LCD_RW_1          LCD_CONTROL |= 0x04  //LCD read mode set
#define LCD_EN_0          LCD_CONTROL &= 0xFE  //LCD disable
#define LCD_EN_1          LCD_CONTROL |= 0x01  //LCD enable
#define LCD_LED_ON        LCD_CONTROL |= 0x10  //LCD back-light ON
#define LCD_LED_OFF       LCD_CONTROL &= 0xEF  //LCD back-light OFF

#define TX        0x11
#define RX        0x22

#define SW1       (KEY&0x01)
#define SW2       ((KEY>>1)&0x01)
#define SW3       ((KEY>>2)&0x01)
#define SW4       ((KEY>>3)&0x01)
#define SW5       ((KEY>>4)&0x01)
#define SW6       ((KEY>>5)&0x01)
#define SW7       ((KEY>>6)&0x01)
#define SW8       ((KEY>>7)&0x01)

#define numSW1  0x11
#define numSW2  0x22
#define numSW3  0x33
#define numSW4  0x44
#define numSW5  0x55
#define numSW6  0x66
#define numSW7  0x77
#define numSW8  0x88

void LedOut(byte led)
{
        byte temp;
        temp = PORTB;   //LED3~0:PB6~3
        temp &= 0x87;
        PORTB = temp | ((led & 0x0F)<<3);

        temp = PORTD;   //LED7~4:PD7~4
        temp &= 0x0F;
```

```
        PORTD = temp | (led & 0xF0);
}

extern    RF_SETTINGS rfSettings;
extern    BYTE paTable;

extern unsigned char glKeyCode, KeyHit;

unsigned char    lcd_init[8] = {0x38, 0x38, 0x38, 0x38, 0x08, 0x01, 0x06, 0x0f};
unsigned char      LCD_BUFF[2][16]={" Rx data :        ",
                                    "                  "};
unsigned char      LCD_DISP[2][16]={" MODE : TX        ",
                                    " TX DATA :        "};
unsigned char led_data=0xFF;

unsigned char T10ms_flag=0, T10ms_cnt=0;
unsigned char Sec=0x00, Min=40, Hour=19;

//****************************************
//* main() Function Implementation Part        *
//****************************************
unsigned char getKeyCode, MODE=0, length = 4;
unsigned char Dot_font = 0x7F;
unsigned char Dot_sel = 0x00;
unsigned char Seg1000, Seg100, Seg10, Seg1, Seg_position=1, Lcd_pos_change=1;
int Seg_count=0;
const unsigned char SEG_FONT[10] = {0x3F,0x06,0x5B,0x4F,0x66,0x6D,0x7D,0x27,0x7F,0x6F};
unsigned char BF_SW1=0, BF_SW2=0, BF_SW3=0, BF_SW4=0, BF_SW5=0, BF_SW6=0,
BF_SW7=0, BF_SW8=0;
unsigned char KeyCheck=0, Key_Value=0;
unsigned char ReadData = 0, TestCNT=0;

BYTE txBuffer[64];
BYTE rxBuffer[64];
byte mode = TX;
byte Send_ON = 0;
```

```
BYTE Uart_rx_data,tUart_rx_data;

int packet_Received = 0;
int Send_number = 0;
long int main_cnt=0, Send_time=100000;
byte RF_status=0, step=0, go=1, Received_byte=0, RCV_fail=0;
byte RF_power_wr=0xC0;   //10mW
byte RF_power_rd;
void main(void)
{
    BYTE i;
    AtMg128DebugInit();
    mcu_init();

    rs232_init();

    step=0;
    //LED Display
    PORTB = 0xFF;
    DDRB = 0xF8;            //RF_CS, LED3~LED0
    PORTD = 0xFF;
    DDRD = 0xF0;            //LED7~LED4
    PORTE = 0x0F;
    DDRE = 0x38;            //PE5~PE3
    step=1;
    init_lcd();             // lcd initialize
    if(mode==TX)
            LCD_BUFF[0][1]= 'T';
    else
            LCD_BUFF[0][1]= 'R';

    write(1, LCD_BUFF[0]);   //첫째 줄 쓰기

    LCD_LED_ON;
    DOT_CLK = 0;

    __enable_interrupt();   /* enable interrupts */
```

```
    step=2;
    POWER_UP_RESET_CCxxx0();
    step=3;
    RfWriteRfSettings(&rfSettings);
    step=4;

    step=5;
    while(1)
    {
        main_cnt++;
        switch(mode)
        {
            case TX:
                if(Uart_rx_data)
                {
                    UDR1=Uart_rx_data;          // return to pc
                    txBuffer[0]=1;
                    txBuffer[1]=Uart_rx_data;
                    Uart_rx_data=0;
                    RfSendPacket(txBuffer, 2);  //sizeof(txBuffer));

                    lcd_clear(1);               // 1 : lcd 둘째 줄

                    for(i=0;i<txBuffer[0];i++)
                            LCD_BUFF[1][i]=txBuffer[i+1];

                    write(2, LCD_BUFF[1]);      //둘째 줄 쓰기
                }
                break;

            case RX:
                length = 17;//sizeof(rxBuffer);
                if (RfReceivePacket(rxBuffer, &length))
                {
                    UDR1 = rxBuffer[0];         // to pc
                    lcd_clear(1);               // 1 : lcd 둘째 줄
```

```
                    for(i=0;i<length;i++)
                        LCD_BUFF[1][i]=rxBuffer[i];

                    write(2, LCD_BUFF[1]);      //둘째 줄 쓰기
                }
                else
                        RCV_fail++;
                break;
            }
        }
}

/***************************************************************
* Re-initialization function for the disconnected channel.
* Description: Waits in the server mode after re-initialization
* for the disconnected channel.
***************************************************************/

void delay(unsigned long int wait)
{
        while(wait--);
}

void init_lcd()
{
        unsigned char i;
        for(i=0; i<8; i++)
        {
                busy();
                LCD_RS_0;           //control register set
                LCD_RW_0;           //write mode
                LCD_EN_1;           //enable
                LCD_DATA = lcd_init[i];
                LCD_EN_0;           //disable
        }
}
```

```
//usart 초기화
void rs232_init(void)
{
        UCSR1A = 0x02; //asynchronous mode, double baudrate
        UCSR1B = 0x98; //rx interrupt enable, 8bit data, rx/tx enable
        UCSR1C = 0x06; //asynchronous, no parity, stop bit = 1bit

        /*  BAUD = 16MHz/(8*(UBRR+1))
            UBRR = 16MHz/8/BAUD-1       */

        /*  BAUD = 19200
            16MHz/8/19200-1 = 103       */

        UBRR1H = 103 >> 8;
        UBRR1L = 103 & 0x00ff;
}

long int LCD_check_cnt;
void busy()
{
        unsigned char ck;
        LCD_check_cnt=0;
        while(1)
        {
                LCD_RS_0;       //LCD control register 선택
                LCD_RW_1;       //Read mode set
                LCD_EN_1;       //LCD Enable
                ck = LCD_DATA & 0x80; //ck = IO.PDR5.BIT.B7;
                LCD_EN_0;       //LCD disable
                if(ck==0) break;
                if(++LCD_check_cnt > 100000)
                        break;
        }
}

void write(unsigned char line, unsigned char display_data[])
{
```

```
        unsigned char i;
        busy();
        LCD_RS_0; LCD_RW_0; LCD_EN_1;
        if(line == 1)
                LCD_DATA = 0x80;          // First line write
        else
                LCD_DATA = 0xC0;          // Second line write
        LCD_EN_0;                         // clock generate
        for(i=0; i<16; i++)
        {
                busy();
                LCD_RS_1; LCD_RW_0; LCD_EN_1;
                LCD_DATA = display_data[i];        // user data write
                LCD_EN_0;                          // clock generate
        }
}

void lcd_clear(unsigned char lcd_line)
{
    BYTE i;
    for(i=0;i<16;i++)
        LCD_BUFF[lcd_line][i]=0x20;
}

unsigned char T0_CNT=0, T1_CNT=0, T2_CNT=0, T3_CNT=0;
//10ms interrupt
#pragma vector = TIMER0_COMP_vect
__interrupt void Time0_ISR(void)
{
        T0_CNT++;
        if(T0_CNT>=100)
        {
                T0_CNT=0;
                Send_ON=1;
        }
        T10ms_flag=1;
```

```
        LedOut( led_data );
}

//40ms interrupt
#pragma vector = TIMER1_COMPA_vect
__interrupt void Time1_ISR(void)
{
        T1_CNT++;
        KEY_SCAN();
}

//10ms interrupt
#pragma vector = TIMER3_COMPA_vect
__interrupt void Time3_int(void)
{
        T3_CNT++;
}

//수신 완료 인터럽트
#pragma vector = USART1_RXC_vect
__interrupt void USART1_RXC(void)
{
        Uart_rx_data = UDR1;
}

void KEY_SCAN()      //20ms Key Scan
{
        if(!SW1)
        {
                if(SW1 == BF_SW1)
                {
                        if(KeyCheck)
                        {
                                KeyCheck = 0;
                                Key_Value = numSW1;
                        }
                }
```

```
}
else if(!SW2)
{
        if(SW2 == BF_SW2)
        {
                if(KeyCheck)
                {
                        KeyCheck = 0;
                        Key_Value = numSW2;
                }
        }
}
else if(!SW3)
{
        if(SW3 == BF_SW3)
        {
                if(KeyCheck)
                {
                        KeyCheck = 0;
                        Key_Value = numSW3;
                }
        }
}
else if(!SW4)
{
        if(SW4 == BF_SW4)
        {
                if(KeyCheck)
                {
                        KeyCheck = 0;
                        Key_Value = numSW4;
                }
        }
}
else
{
        KeyCheck=1;
```

```
                    Key_Value=0;
          }
          BF_SW1 = SW1;
          BF_SW2 = SW2;
          BF_SW3 = SW3;
          BF_SW4 = SW4;
}
```

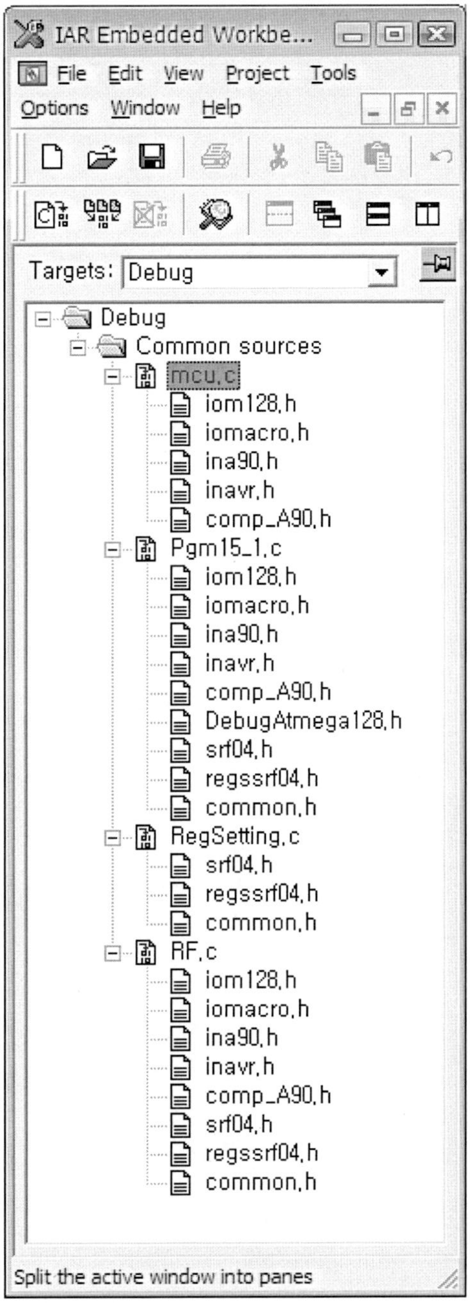

[그림 15.18] 실험15_1의 Project File 구조

실험 15-2

TX 쪽에 RS232통신을 이용하여 PC와 연결하고 PC에서 입력한 1Byte의 데이터를 RX 쪽에 같은 방식으로 연결된 PC의 화면과 LCD에 표시하는 프로그램을 다음과 같이 작성하여 실험하였다.

```
//File Include Section
#include <iom128.h>
#include <ina90.h>
#include "DebugAtmega128.h"
#include "srf04.h"

//Define function prototype
void mcu_init(void);
void rs232_init(void);
void write(unsigned char line, unsigned char display_data[]);
void delay(unsigned long int wait);
void init_lcd(void);
void busy(void);
void KEY_SCAN();
void lcd_clear(unsigned char lcd_line);

//Define Part
#define MAX_BUF_SIZE     2048      /* maximum size of Rx buffer. */
#define KEY              *(unsigned char *)0x2000
#define SEG_POS          *(unsigned char *)0x2001
#define SEG_CLK          *(unsigned char *)0x2002
#define DOT_CLK          *(unsigned char *)0x3000
#define DOT_POSITION     *(unsigned char *)0x3001
#define DA_CONTROL       *(unsigned char *)0x4001
#define LCD_CONTROL      *(unsigned char *)0x5000
#define LCD_DATA         *(unsigned char *)0x5001
#define LCD_RS_0         LCD_CONTROL &= 0xFD  //LCD control register 선택
#define LCD_RS_1         LCD_CONTROL |= 0x02  //LCD data register 선택
#define LCD_RW_0         LCD_CONTROL &= 0xFB  //LCD write mode set
#define LCD_RW_1         LCD_CONTROL |= 0x04  //LCD read mode set
```

```
#define LCD_EN_0          LCD_CONTROL &= 0xFE  //LCD disable
#define LCD_EN_1          LCD_CONTROL |= 0x01  //LCD enable
#define LCD_LED_ON        LCD_CONTROL |= 0x10  //LCD back-light ON
#define LCD_LED_OFF       LCD_CONTROL &= 0xEF  //LCD back-light OFF
#define TX        0x11
#define RX        0x22
#define SW1       (KEY&0x01)
#define SW2       ((KEY>>1)&0x01)
#define SW3       ((KEY>>2)&0x01)
#define SW4       ((KEY>>3)&0x01)
#define SW5       ((KEY>>4)&0x01)
#define SW6       ((KEY>>5)&0x01)
#define SW7       ((KEY>>6)&0x01)
#define SW8       ((KEY>>7)&0x01)
#define numSW1  0x11
#define numSW2  0x22
#define numSW3  0x33
#define numSW4  0x44
#define numSW5  0x55
#define numSW6  0x66
#define numSW7  0x77
#define numSW8  0x88

void LedOut(byte led)
{
        byte temp;
        temp = PORTB;   //LED3~0:PB6~3
        temp &= 0x87;
        PORTB = temp | ((led & 0x0F)<<3);

        temp = PORTD;   //LED7~4:PD7~4
        temp &= 0x0F;
        PORTD = temp | (led & 0xF0);
}
extern   RF_SETTINGS rfSettings;
extern   BYTE paTable;
```

```
extern unsigned char glKeyCode, KeyHit;

unsigned char   lcd_init[8] = {0x38, 0x38, 0x38, 0x38, 0x08, 0x01, 0x06, 0x0f};
unsigned char     LCD_BUFF[2][16]={" Rx data :          ",
                                   "                    "};
unsigned char     LCD_DISP[2][16]={" MODE : TX        ",
                                   " TX DATA :        "};
unsigned char led_data=0xFF;
unsigned char T10ms_flag=0, T10ms_cnt=0;
unsigned char Sec=0x00, Min=40, Hour=19;

//****************************************
//* main() Function Implementation Part        *
//****************************************
unsigned char getKeyCode, MODE=0, length = 4;
unsigned char Dot_font = 0x7F;
unsigned char Dot_sel = 0x00;
unsigned char Seg1000, Seg100, Seg10, Seg1, Seg_position=1, Lcd_pos_change=1;
int Seg_count=0;
const unsigned char SEG_FONT[10] = {0x3F,0x06,0x5B,0x4F,0x66,0x6D,0x7D,0x27,0x7F,0x6F};
unsigned char BF_SW1=0, BF_SW2=0, BF_SW3=0, BF_SW4=0, BF_SW5=0, BF_SW6=0,
BF_SW7=0, BF_SW8=0;
unsigned char KeyCheck=0, Key_Value=0;
unsigned char ReadData = 0, TestCNT=0;

BYTE txBuffer[64];
BYTE rxBuffer[64];
byte mode = TX;
byte Send_ON = 0;
BYTE Uart_rx_data,tUart_rx_data;
int packet_Received = 0;
int Send_number = 0;
long int main_cnt=0, Send_time=100000;
byte RF_status=0, step=0, go=1, Received_byte=0, RCV_fail=0;
byte RF_power_wr=0xC0;    //10mW
byte RF_power_rd;
```

```
void main(void)
{
    BYTE i;
    AtMg128DebugInit();
    mcu_init();
    rs232_init();
    step=0;
    //LED Display
    PORTB = 0xFF;
    DDRB = 0xF8;              //RF_CS, LED3~LED0
    PORTD = 0xFF;
    DDRD = 0xF0;              //LED7~LED4
    PORTE = 0x0F;
    DDRE = 0x38;              //PE5~PE3
    step=1;
    init_lcd();               // lcd initialize
    if(mode==TX)
            LCD_BUFF[0][1]= 'T';
    else
            LCD_BUFF[0][1]= 'R';

    write(1, LCD_BUFF[0]);    //첫째 줄 쓰기

    LCD_LED_ON;
    DOT_CLK = 0;

    __enable_interrupt();   /* enable interrupts */
    step=2;
    POWER_UP_RESET_CCxxx0();
    step=3;
    RfWriteRfSettings(&rfSettings);
    step=4;
    step=5;
    while(1)
    {
        main_cnt++;
        switch(mode)
```

```
{
    case TX:
        if(Uart_rx_data)
        {
            UDR1=Uart_rx_data;          // return to pc
            txBuffer[0]=1;
            txBuffer[1]=Uart_rx_data;
            Uart_rx_data=0;
            RfSendPacket(txBuffer, 2);  //sizeof(txBuffer));

            lcd_clear(1);               // 1 : lcd 둘째 줄

            for(i=0;i<txBuffer[0];i++)
                    LCD_BUFF[1][i]=txBuffer[i+1];

            write(2, LCD_BUFF[1]);      //둘째 줄 쓰기
        }
        break;

    case RX:
        length = 17;//sizeof(rxBuffer);
        if (RfReceivePacket(rxBuffer, &length))
        {
            UDR1 = rxBuffer[0];           // to pc

            lcd_clear(1);               // 1 : lcd 둘째 줄

            for(i=0;i<length;i++)
                LCD_BUFF[1][i]=rxBuffer[i];

            write(2, LCD_BUFF[1]);      //둘째 줄 쓰기

        }
        else
                RCV_fail++;
        break;
}
```

```
    }
}

/**************************************************************
* Re-initialization function for the disconnected channel.
* Description: Waits in the server mode after re-initialization
* for the disconnected channel.
**************************************************************/

void delay(unsigned long int wait)
{
        while(wait--);
}

void init_lcd()
{
        unsigned char i;
        for(i=0; i<8; i++)
        {
                busy();
                LCD_RS_0;          //control register set
                LCD_RW_0;          //write mode
                LCD_EN_1;          //enable
                LCD_DATA = lcd_init[i];
                LCD_EN_0;          //disable
        }
}

//usart 초기화
void rs232_init(void)
{
        UCSR1A = 0x02; //asynchronous mode, double baudrate
        UCSR1B = 0x98; //rx interrupt enable, 8bit data, rx/tx enable
        UCSR1C = 0x06; //asynchronous, no parity, stop bit = 1bit

        /*  BAUD = 16MHz/(8*(UBRR+1))
            UBRR = 16MHz/8/BAUD-1      */
```

```
        /*  BAUD = 19200
            16MHz/8/19200-1 = 103          */

        UBRR1H = 103 >> 8;
        UBRR1L = 103 & 0x00ff;
}

long int LCD_check_cnt;
void busy()
{
        unsigned char ck;
        LCD_check_cnt=0;
        while(1)
        {
                LCD_RS_0;           //LCD control register 선택
                LCD_RW_1;           //Read mode set
                LCD_EN_1;           //LCD Enable
                ck = LCD_DATA & 0x80;  //ck = IO.PDR5.BIT.B7;
                LCD_EN_0;           //LCD disable
                if(ck==0) break;
                if(++LCD_check_cnt > 100000)
                        break;
        }
}

void write(unsigned char line, unsigned char display_data[])
{
        unsigned char i;
        busy();
        LCD_RS_0; LCD_RW_0; LCD_EN_1;
        if(line == 1)
                LCD_DATA = 0x80;          // First line write
        else
                LCD_DATA = 0xC0;          // Second line write
        LCD_EN_0;                         // clock generate
        for(i=0; i<16; i++)
```

```
        {
                busy();
                LCD_RS_1; LCD_RW_0; LCD_EN_1;
                LCD_DATA = display_data[i];         // user data write
                LCD_EN_0;                           // clock generate
        }
}

void lcd_clear(unsigned char lcd_line)
{
    BYTE i;
    for(i=0;i<16;i++)
        LCD_BUFF[lcd_line][i]=0x20;
}

unsigned char T0_CNT=0, T1_CNT=0, T2_CNT=0, T3_CNT=0;
//10ms interrupt
#pragma vector = TIMER0_COMP_vect
__interrupt void Time0_ISR(void)
{
        T0_CNT++;
        if(T0_CNT>=100)
        {
                T0_CNT=0;
                Send_ON=1;
        }
        T10ms_flag=1;

        LedOut( led_data );
}

//40ms interrupt
#pragma vector = TIMER1_COMPA_vect
__interrupt void Time1_ISR(void)
{
        T1_CNT++;
        KEY_SCAN();
```

```
}

//10ms interrupt
#pragma vector = TIMER3_COMPA_vect
__interrupt void Time3_int(void)
{
        T3_CNT++;
}

//수신 완료 인터럽트
#pragma vector = USART1_RXC_vect
__interrupt void USART1_RXC(void)
{
        Uart_rx_data = UDR1;
}

void KEY_SCAN()//20ms Key Scan
{
        if(!SW1)
        {
                if(SW1 == BF_SW1)
                {
                        if(KeyCheck)
                        {
                                KeyCheck = 0;
                                Key_Value = numSW1;
                        }
                }
        }
        else if(!SW2)
        {
                if(SW2 == BF_SW2)
                {
                        if(KeyCheck)
                        {
                                KeyCheck = 0;
                                Key_Value = numSW2;
```

```
                        }
                }
        }
        else if(!SW3)
        {
                if(SW3 == BF_SW3)
                {
                        if(KeyCheck)
                        {
                                KeyCheck = 0;
                                Key_Value = numSW3;
                        }
                }
        }
        else if(!SW4)
        {
                if(SW4 == BF_SW4)
                {
                        if(KeyCheck)
                        {
                                KeyCheck = 0;
                                Key_Value = numSW4;
                        }
                }
        }
        else
        {
                KeyCheck=1;
                Key_Value=0;
        }
        BF_SW1 = SW1;
        BF_SW2 = SW2;
        BF_SW3 = SW3;
        BF_SW4 = SW4;
}
```

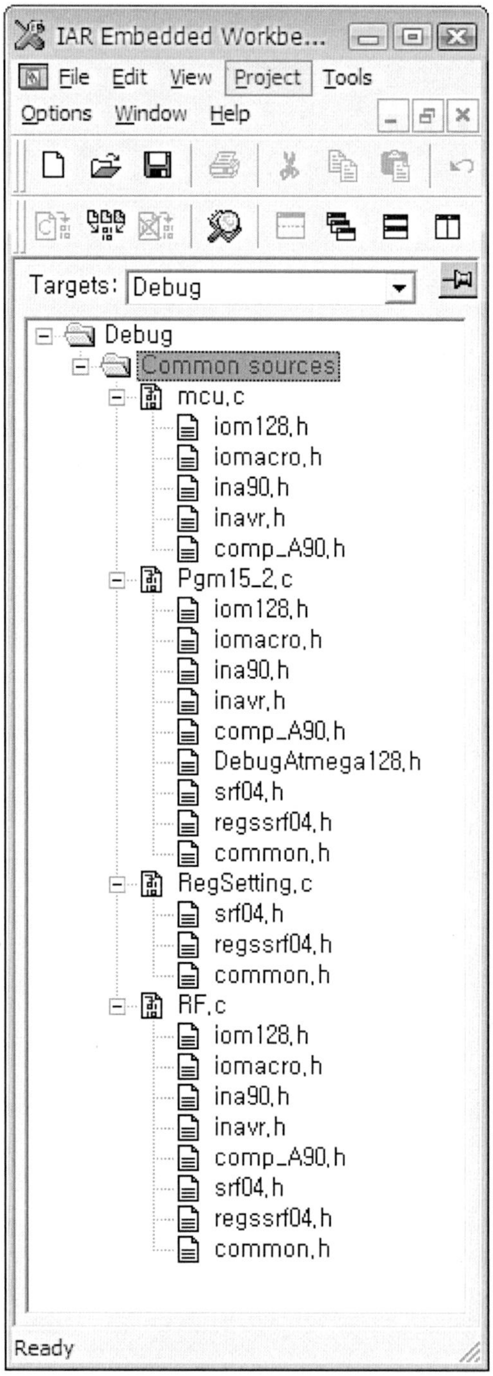

[그림 15.19] 실험15_2의 Project File 구조

학습정리

- 우리가 RF라 말하는 '기술적 영역'은 무선 송수신부 전체를 의미하게 되고, 신호를 고주파로 올려서 각종 증폭, 필터링 등의 과정을 거쳐 보내고 받는 정밀한 아날로그 회로단이다. 안테나와 그 안테나로 전파를 쏘고 받기 위한 각종 회로, 구조물, 주변장치 전반이 바로 RF라 불리는 분야이다.

- RF(Radio frequency) 시스템이 IF(Intermediate frequency)단이라는 중간주파수를 쓰고 있다. 실제로 통신 시스템에서 정보를 담은 주파수는, 원래 보내야 할 음성이나 데이터, 화상을 표현한 아주 낮은 기저대역(baseband) 주파수이고, 음성은 수 KHz, 화상이나 데이터는 MHz 단위까지 베이스밴드 주파수가 분포하게 된다.

- 고주파가 된다면 회로나 시스템 자체를 만들기가 어렵긴 하지만, 주파수가 높기 때문에 파장이 짧은 점을 이용하여 안테나나 회로를 좀 더 작게 만들 수 있으며, 또한 고주파에선 어쩔 수 없이 넓은 대역폭을 사용하게 되는데, 그 때문에 부수적으로 더 많은 양의 데이터를 전송할 수 있는 능력도 겸하게 된다.

- RF는 어떤 무선장비분야를 통칭하는 기술 분야이고, 그에 반해 Microwave는 특정한 주파수 대역을 일컫는 주파수 명칭이다. 통상 고주파라 많이 불리는 Microwave는 300MHz ~ 300GHz의 주파수 대역을 부르는 학문적 용어이다.

- IF(Intermediate frequency)단을 사용하면 필터의 특성향상, 민감도(Sensitivity) 향상, 안정도(Stability) 향상, 그리고 반복성 (Repeatability)의 향상 등의 이점을 얻을 수 있다.

과제 15-1

TX에서 SW1을 누를 때 마다 RX LED 증가, SW2를 누를 때 마다 RX LED가 감소하는 프로그램을 작성하시오.

과제 15-2

TX의 온도센서에서 측정된 온도를 RX의 LCD에 표시하는 프로그램을 작성하시오.

부록 1.1 MPU(ATmega128) 회로도

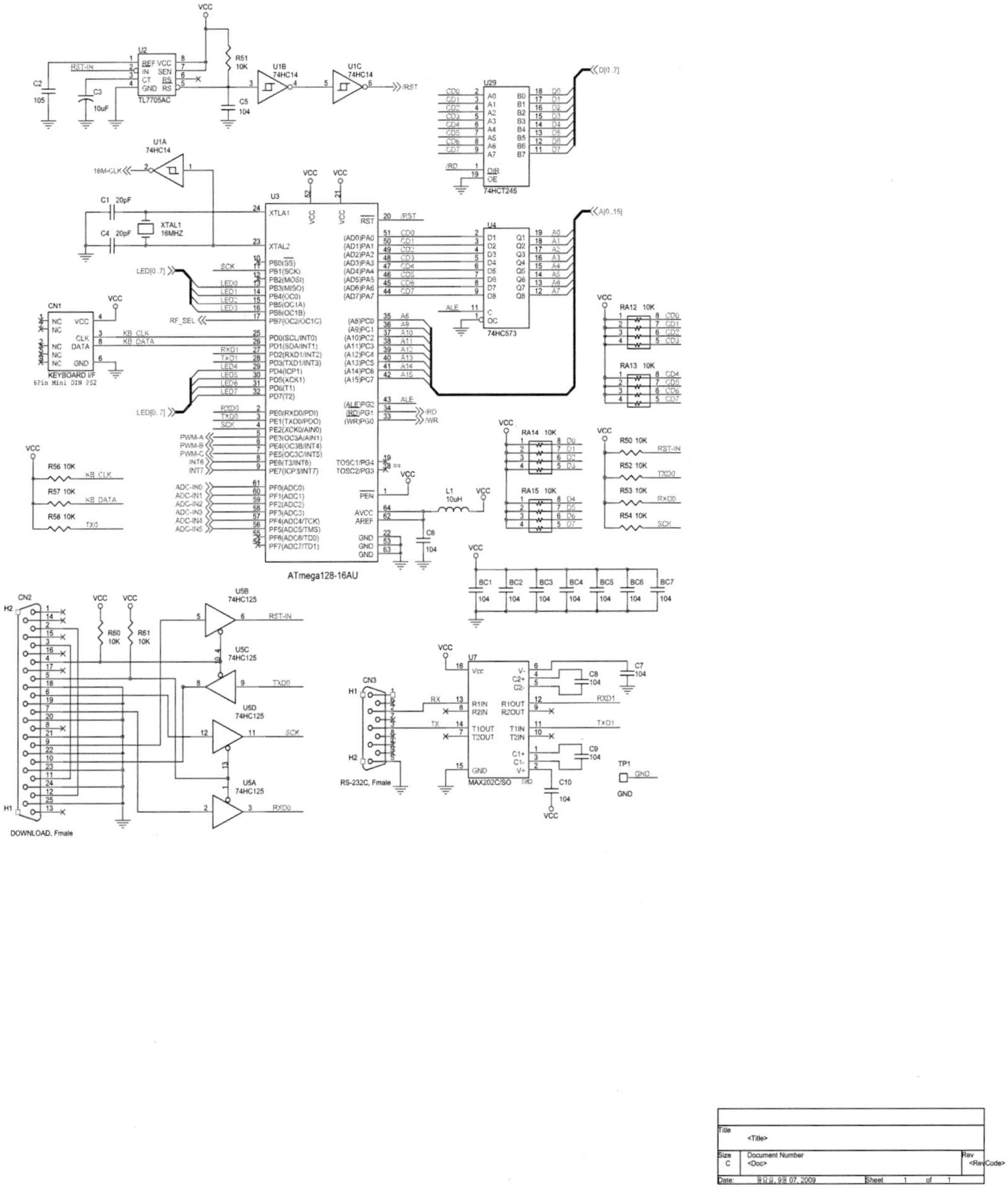

부록 1.2 CPLD(XC95144XL) Interface 회로도

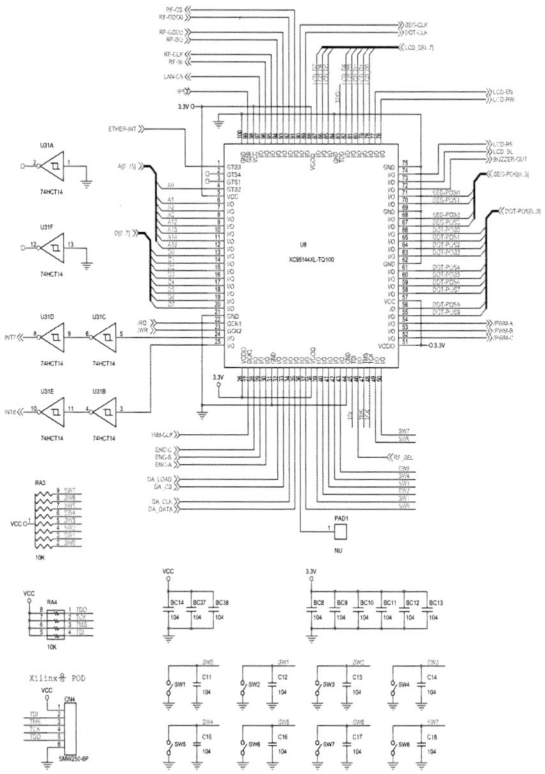

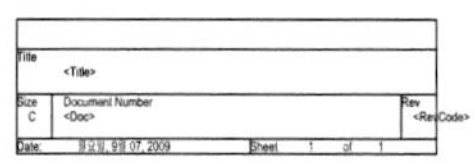

부록 1.3 Ethernet 통신 회로도

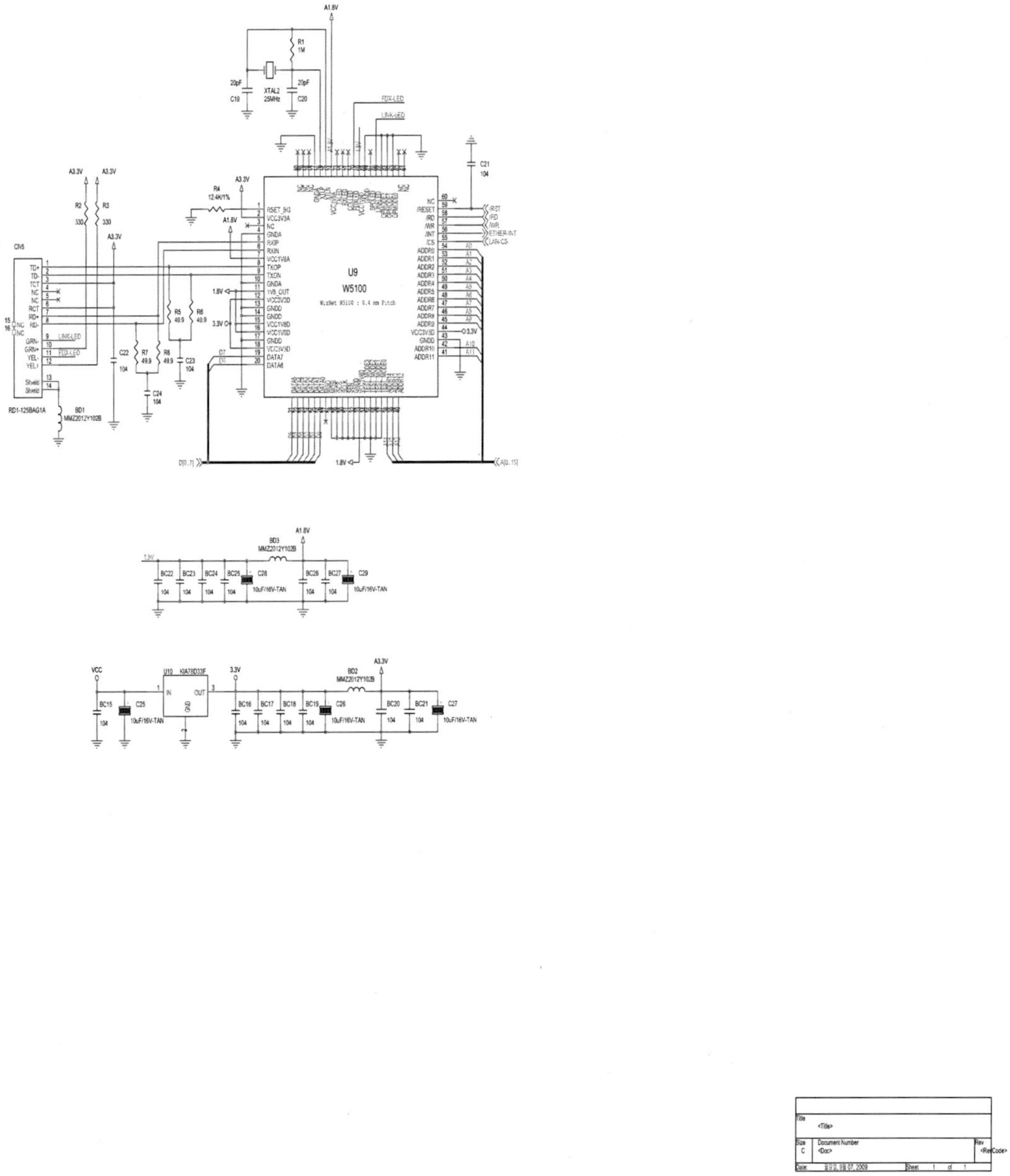

부록 1.4 Display Interface 회로도

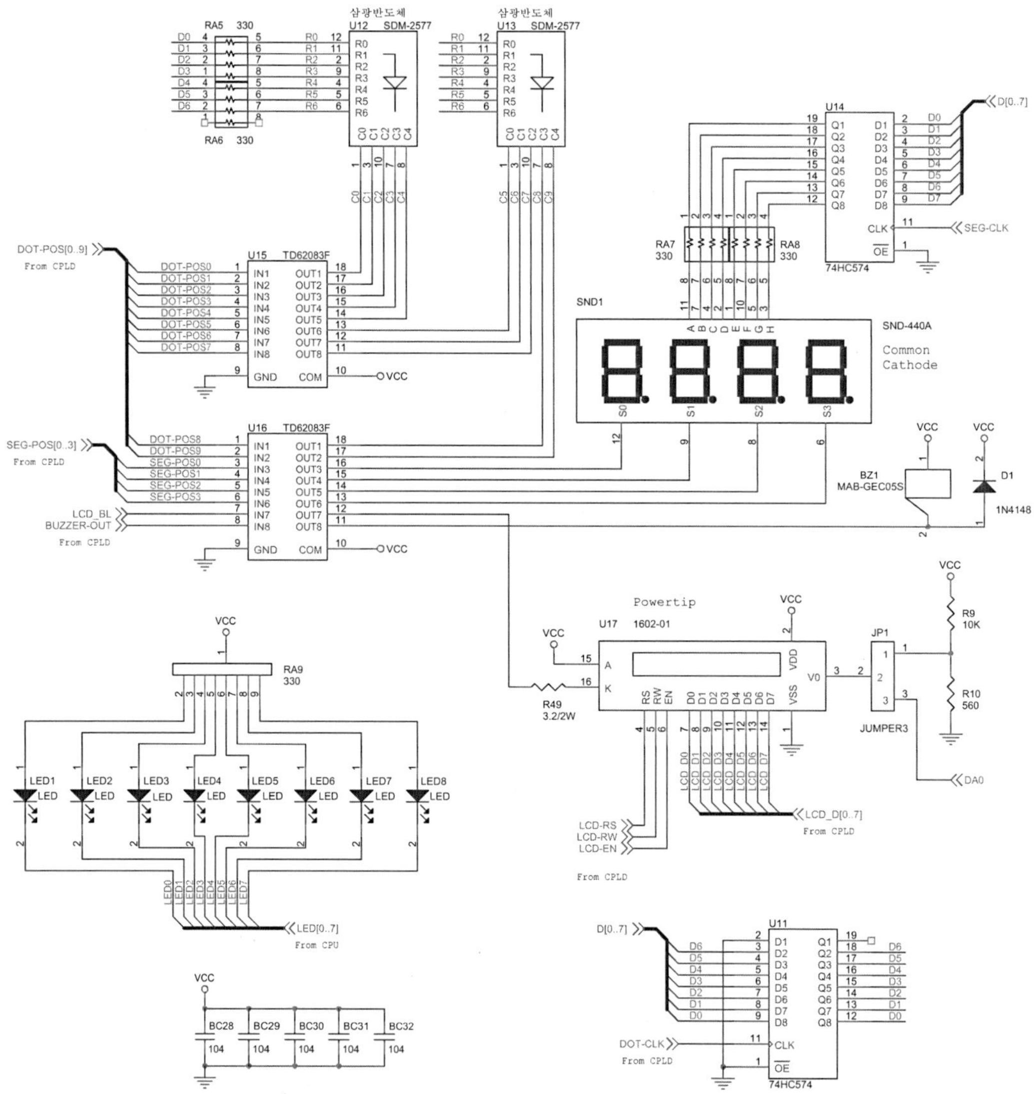

부록 1.5 AD Interface 회로도

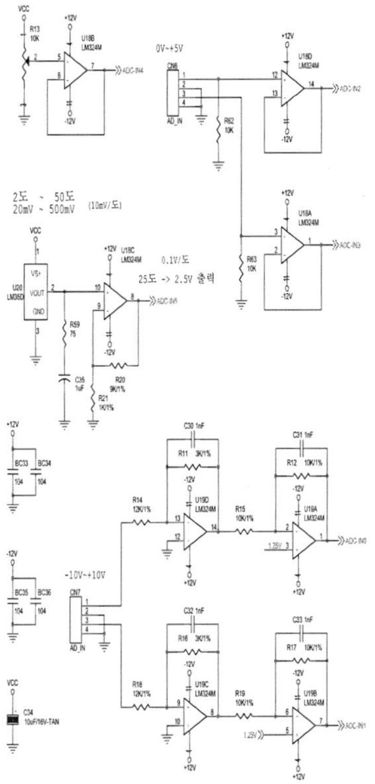

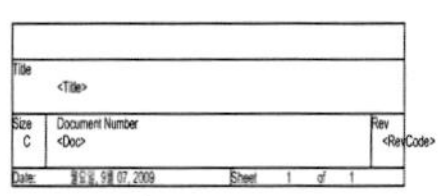

부록 1.6 DA 변환 회로도

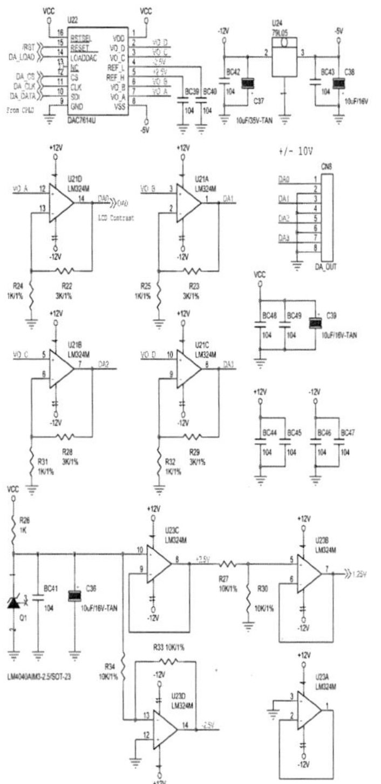

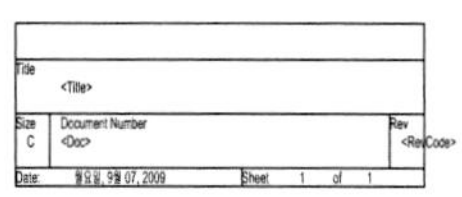

부록 1.7 PWM_ENC Interface 회로도

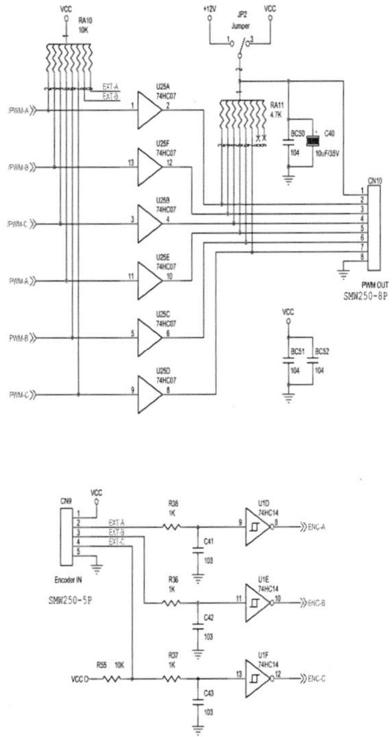

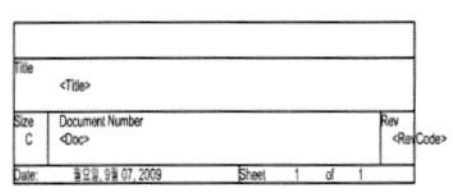

부록 1.8 POWER 회로도

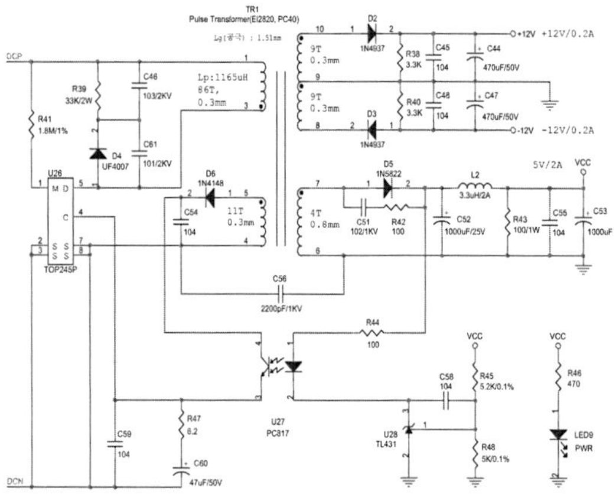

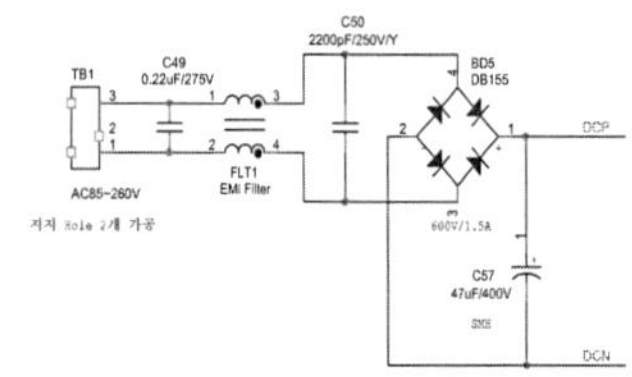

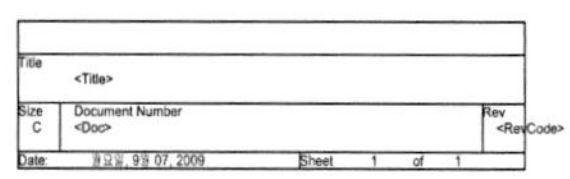

부록 1.9 RF 통신 회로도

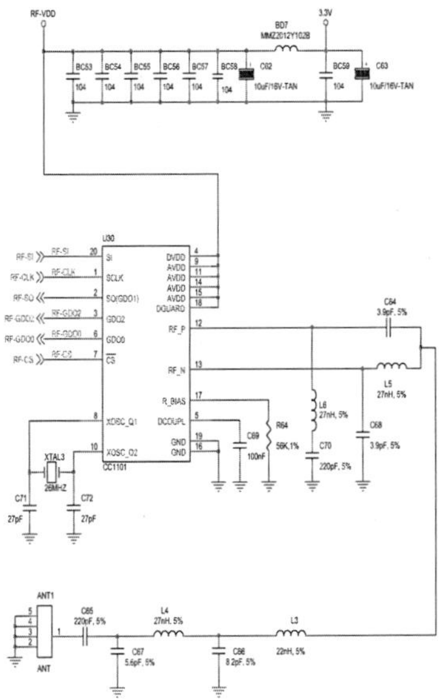

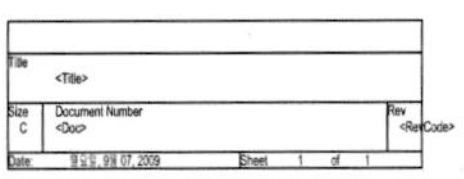

```
-- Density option
library ieee;
use ieee.std_logic_1164.all;
use IEEE.STD_LOGIC_ARITH.all;
use IEEE.STD_LOGIC_UNSIGNED.all;
entity MEGA_TK is
        port (
        RSTB                    : in std_logic;      --Active low

        A0, A1, A2, A3          : in std_logic;
        A12, A13, A14, A15      : in std_logic;
        RD, WR                  : in std_logic;
        ETHER_INT               : in std_logic;
        LAN_CS                  : out std_logic;
        DATA                    : inout std_logic_vector(7 downto 0);

        CLK_16M                 : in std_logic;
        TEST                    : out std_logic;

        DA_LOAD, DA_CS          : inout std_logic;
        DA_CLK                  : inout std_logic;
        DA_DATA                 : inout std_logic;

        SW                      : in std_logic_vector(7 downto 0);

        ENC_A, ENC_B, ENC_C     : in std_logic;
        PWM_A, PWM_B, PWM_C     : inout std_logic;

        LCD_BL, BUZZER          : inout std_logic;

        DOT_POS                 : out std_logic_vector(9 downto 0);
        SEG_POS                 : inout std_logic_vector(3 downto 0);

        LCD_RS, LCD_RW          : inout std_logic;
        LCD_EN                  : inout std_logic;

        LCD_D                   : inout std_logic_vector(7 downto 0);

        DOT_CLK, SEG_CLK        : out std_logic;

        RF_SEL                  : in std_logic;
        INT6, INT7              : out std_logic;
```

```
            RF_GDO0, RF_GDO2              : in std_logic;
            RF_SO                         : in std_logic;

            RF_CS, RF_SI                  : out std_logic;
            RF_CLK                        : inout std_logic    );
end MEGA_TK;

architecture MEGA_TK_arch of MEGA_TK is
            signal A15_A12                : std_logic_vector(3 downto 0);
            signal A3_A0                  : std_logic_vector(3 downto 0);

            signal SEG_CLK_CS             : std_logic;
            signal DOT_CLK_CS             : std_logic;
            signal PWM_CS                 : std_logic;
            signal ENC_CS                 : std_logic;
            signal SEG_CS                 : std_logic;
            signal DOT_CS                 : std_logic;
            signal DOT_POSITION           : std_logic_vector(3 downto 0);
            signal SW_CS                  : std_logic;

            signal LCD_CONTROL            : std_logic;
            signal LCD_DATA_CS            : std_logic;

            signal DA_L_CS, DA_H_CS       : std_logic;
            signal DA_REG                 : std_logic_vector(15 downto 0);
            signal cnt                    : integer range 0 to 36;
            signal WR_Q, WR_Q1, WR_Q2     : std_logic;

            signal CLK_TOG                : std_logic;
            signal RF_Q1, RF_Q2           : std_logic;

            signal CLK_cnt                : integer range 0 to 15;
            signal RF_DOUT, RF_DIN        : std_logic_vector(7 downto 0);
            signal RF_DOUT_CS             : std_logic;
            signal RF_DIN_CS              : std_logic;

begin

            TEST    <= CLK_16M;      --CPLD의 정성동작을 확인하기 위하여 출력함.

            RF_CS   <= RF_SEL;
            INT6    <= RF_GDO0;
```

```
INT7    <= RF_GDO2;

A15_A12 <= A15 & A14 & A13 & A12;
A3_A0   <= A3 & A2 & A1 & A0;

SEG_CLK  <= SEG_CLK_CS or WR;     --0x2002
DOT_CLK <= DOT_CLK_CS or WR;      --0x3000

process(A15_A12, A3_A0)

variable vSEG_CLK_CS          : std_logic;
variable vDOT_CLK_CS          : std_logic;
variable vPWM_CS              : std_logic;
variable vENC_CS              : std_logic;
variable vSEG_CS              : std_logic;
variable vDOT_CS              : std_logic;
variable vSW_CS               : std_logic;

variable vLCD_CONTROL         : std_logic;
variable vLCD_DATA_CS         : std_logic;

variable vDA_L_CS, vDA_H_CS : std_logic;

variable vLAN_CS              : std_logic;
variable vRF_DOUT_CS          : std_logic;
variable vRF_DIN_CS           : std_logic;

begin

        vSEG_CLK_CS       := '1';
        vDOT_CLK_CS       := '1';
        vPWM_C            := '1';
        vENC_CS           := '1';
        vSEG_CS           := '1';
        vDOT_CS           := '1';
        vSW_CS            := '1';

        vLCD_CONTROL      := '1';
        vLCD_DATA_CS      := '1';

        vDA_L_CS          := '1';
        vDA_H_CS          := '1';
```

```
vLAN_CS          := '1';
vRF_DOUT_CS      := '1';
vRF_DIN_CS       := '1';

if A15_A12(3 downto 0) = "0010" then      --0x2000 ~ 0x2FFF
        if A3_A0 = "0000" then            --0x2000
                vSW_CS := '0';
        elsif A3_A0 = "0001" then         --0x2001
                vSEG_CS := '0';

        elsif A3_A0 = "0010" then         --0x2002
                vSEG_CLK_CS := '0';
        end if;

elsif A15_A12(3 downto 0) = "0011" then --0x3000 ~ 0x3FFF
        if A3_A0 = "0000" then            --0x3000
                vDOT_CLK_CS := '0';
        elsif A3_A0 = "0001" then         --0x3001
                vDOT_CS := '0';
        elsif A3_A0 = "0010" then         --0x3002
                vRF_DOUT_CS := '0';
        elsif A3_A0 = "0011" then         --0x3003
                vRF_DIN_CS := '0';
        end if;

elsif A15_A12(3 downto 0) = "0100" then --0x4000 ~ 0x4FFF
        if A3_A0 = "0000" then            --0x4000
                vPWM_CS := '0';
        elsif A3_A0 = "0010" then         --0x4002
                vENC_CS := '0';
        elsif A3_A0 = "0011" then         --0x4003
                vDA_L_CS := '0';
        elsif A3_A0 = "0100" then         --0x4004
                vDA_H_CS := '0';
        end if;

elsif A15_A12(3 downto 0) = "0101" then --0x5000 ~ 0x5FFF
        if A3_A0 = "0000" then            --0x5000
                vLCD_CONTROL := '0';
        elsif A3_A0 = "0001" then         --0x5001
                vLCD_DATA_CS := '0';
```

```
                    end if;

            elsif A15_A12(3) = '1' then      --0x8000 ~ 0xFFFF
                    vLAN_CS := '0';

            end if;

            --Variable을 Signal로 출력한다.
            SEG_CLK_CS          <= vSEG_CLK_CS;

            DOT_CLK_CS          <= vDOT_CLK_CS;

            PWM_CS              <= vPWM_CS;
            ENC_CS              <= vENC_CS;
            SEG_CS              <= vSEG_CS;

            DOT_CS              <= vDOT_CS;
            SW_CS               <= vSW_CS;

            LCD_CONTROL         <= vLCD_CONTROL;
            LCD_DATA_CS         <= vLCD_DATA_CS;

            DA_L_CS             <= vDA_L_CS;
            DA_H_CS             <= vDA_H_CS;

            LAN_CS              <= vLAN_CS;
            RF_DOUT_CS          <= vRF_DOUT_CS;
            RF_DIN_CS           <= vRF_DIN_CS;
    end process;

--<< DOT LED Control >>--
    process(RSTB, WR, DOT_CS, DATA, DOT_POSITION)
    begin
            if RSTB = '0' then
                    DOT_POSITION <= "1111";
            elsif WR = '1' and WR'event then
                    if DOT_CS = '0' then            --0x3001
                            DOT_POSITION <= DATA(3 downto 0);
                    end if;
            end if;

            if DOT_POSITION = "0000" then
```

```
                    DOT_POS <= "0000000001";     --0
            elsif DOT_POSITION = "0001" then
                    DOT_POS <= "0000000010";     --1
            elsif DOT_POSITION = "0010" then
                    DOT_POS <= "0000000100";     --2
            elsif DOT_POSITION = "0011" then
                    DOT_POS <= "0000001000";     --3
            elsif DOT_POSITION = "0100" then
                    DOT_POS <= "0000010000";     --4
            elsif DOT_POSITION = "0101" then
                    DOT_POS <= "0000100000";     --5
            elsif DOT_POSITION = "0110" then
                    DOT_POS <= "0001000000";     --6
            elsif DOT_POSITION = "0111" then
                    DOT_POS <= "0010000000";     --7
            elsif DOT_POSITION = "1000" then
                    DOT_POS <= "0100000000";     --8
            elsif DOT_POSITION = "1001" then
                    DOT_POS <= "1000000000";     --9
            else
                    DOT_POS <= "1111111111";     --ALL OFF
            end if;
        end process;

--<< PWM Control >>--
        process(RSTB, WR, PWM_CS, DATA)
        begin
            if RSTB = '0' then
                    PWM_A <= '1';
                    PWM_B <= '1';
                    PWM_C <= '1';

            elsif WR = '1' and WR'event then
                    if PWM_CS = '0' then          --0x4000
                            PWM_A <= DATA(0);
                            PWM_B <= DATA(1);
                            PWM_C <= DATA(2);
                    end if;
            end if;
        end process;

--<< 7-Segment Control >>--
```

```
        process(RSTB, WR, SEG_CS, DATA)
        begin
                if RSTB = '0' then
                        SEG_POS <= "0000";

                elsif WR = '1' and WR'event then
                        if SEG_CS = '0' then            --0x2001
                                SEG_POS <= DATA(3 downto 0);
                        end if;
                end if;
        end process;

--<< LCD Control >>--
        process(RSTB, WR, LCD_CONTROL, DATA)
        begin
                if RSTB = '0' then
                        LCD_EN  <= '0';
                        LCD_RS  <= '0';
                        LCD_RW  <= '0';
                        BUZZER  <= '0';
                        LCD_BL  <= '0';
                elsif WR = '1' and WR'event then
                        if LCD_CONTROL = '0' then  --0x5000
                                LCD_EN  <= DATA(0);
                                LCD_RS  <= DATA(1);
                                LCD_RW  <= DATA(2);
                                LCD_BL  <= DATA(4);
                                BUZZER  <= DATA(7);
                        end if;
                end if;
        end process;

        process(LCD_RW, WR, LCD_DATA_CS, DATA)
        begin
                if LCD_RW = '1' then            --읽을때 1, LCD에 쓸때는 LCD_RW가 0이다.
                        LCD_D <= (others => 'Z');
                elsif WR = '1' and WR'event then
                        if LCD_DATA_CS = '0' then  --0x5001
                                LCD_D <= DATA;
                        end if;
                end if;
        end process;
```

```
--<< DATA RD Control by MPU>>--
        process(RD, DOT_CS, DOT_POSITION, SEG_CS, SEG_POS,
                DA_CLK, DA_DATA, DA_CS, DA_LOAD,
                SW_CS, SW, LCD_CONTROL, LCD_RW, LCD_RS, LCD_EN,
                PWM_CS, ENC_A, ENC_B, ENC_C, PWM_A, PWM_B, PWM_C,
                ETHER_INT, CLK_TOG, RF_DOUT_CS, RF_DOUT,
                RF_DIN_CS, RF_DIN, RF_SO, RF_GDO2, RF_GDO0,
                ENC_CS, LCD_DATA_CS, LCD_D, BUZZER, LCD_BL)
        begin
                if RD = '0' then
                        if DOT_CS = '0' then            --4 bit    --0x3001
                                DATA <= "0000" & DOT_POSITION;
                        elsif SW_CS = '0' then          --8 bit    --0x2000
                                DATA <= SW;
                        elsif SEG_CS = '0' then         --4 bit    --0x2001
                                DATA <= "0000" & SEG_POS;
                        elsif RF_DOUT_CS = '0' then --8 bit    --0x3002
                                DATA <= RF_DOUT;
                        elsif RF_DIN_CS = '0' then      --8 bit    --0x3003
                                DATA <= RF_DIN;
                        elsif PWM_CS = '0' then         --3 bit    --0x4000
                                DATA <= CLK_TOG & RF_SO & RF_GDO2 &
RF_GDO0 & '0' & PWM_C & PWM_B & PWM_A;
                        elsif ENC_CS = '0' then         --3 bit    --0x4002
                                DATA <= '0' & '0' & ETHER_INT &'0' & '0' &
ENC_C & ENC_B & ENC_A;
                        elsif LCD_CONTROL = '0' then               --0x5000
                                DATA <= BUZZER & "00" & LCD_BL & '0' &
LCD_RW & LCD_RS & LCD_EN;
                        elsif LCD_DATA_CS = '0' then --8 bit  --0x5001
                                DATA <= LCD_D;
                        else
                                DATA <= (others => 'Z');
                        end if;
                else
                        DATA <= (others => 'Z');
                end if;
        end process;

--New
        process(RSTB, WR, DA_L_CS, DA_H_CS, DATA)
```

```
begin
        if RSTB = '0' then
                DA_REG <= (others => '0');
        elsif WR = '1' and WR'event then
                if DA_L_CS = '0' then           --0x4003
                        DA_REG(7 downto 0) <= DATA;
                end if;
                if DA_H_CS = '0' then           --0x4004
                        DA_REG(15 downto 8) <= DATA;
                end if;
        end if;
end process;

process(RSTB, DA_LOAD, WR, DA_H_CS, DATA)
begin
        if RSTB = '0' or DA_LOAD = '0' then
                WR_Q <= '0';
        elsif WR = '1' and WR'event then
                if DA_H_CS = '0' then           --0x4004
                        WR_Q <= '1';
                end if;
        end if;
end process;

process(RSTB, CLK_16M, WR_Q, WR_Q1)
begin
        if RSTB = '0' then
                WR_Q1 <= '1';
                WR_Q2 <= '1';
        elsif CLK_16M = '1' and CLK_16M'event then
                WR_Q1 <= WR_Q;
                WR_Q2 <= WR_Q1;
        end if;
end process;

process(RSTB, cnt, CLK_16M, WR_Q1, WR_Q2)
begin
        if RSTB = '0' then
                DA_CS <= '1';
        elsif CLK_16M = '1' and CLK_16M'event then
                if WR_Q1='1' then
                        if WR_Q2 = '0' then
```

```
                                                DA_CS <= '0';
                                                cnt <= 33;
                                        else
                                                cnt <= cnt - 1;
                                                if cnt = 2 then
                                                        DA_CS <= '1';
                                                end if;
                                        end if;
                                end if;
                        end if;
        end process;

        process(DA_CS, CLK_16M, DA_CLK)
        begin
                if DA_CS = '1' then
                        DA_CLK <= '1';
                elsif CLK_16M = '0' and CLK_16M'event then
                        DA_CLK <= not DA_CLK;      --8MHz
                end if;
        end process;

        process(DA_CS, DA_REG, cnt)
        begin
                if DA_CS = '0' then
                        DA_DATA <= DA_REG((cnt/2) -1);
                else
                        DA_DATA <= '1';
                end if;
        end process;

        process(RSTB, CLK_16M, cnt)
        begin
                if RSTB = '0' then
                        DA_LOAD <= '1';
                elsif CLK_16M = '1' and CLK_16M'event then
                        if cnt = 1 then
                                DA_LOAD <= '0';
                        else
                                DA_LOAD <= '1';
                        end if;
                end if;
        end process;
```

```
--RF New
        process(RSTB, WR, RF_DOUT_CS, DATA)
        begin
                if RSTB = '0' then
                        RF_DOUT <= (others => '0');
                elsif WR = '1' and WR'event then
                        if RF_DOUT_CS = '0' then     --0x3002 write
                                RF_DOUT(7 downto 0) <= DATA;
                        end if;
                end if;
        end process;

        process(RSTB, CLK_16M, RF_DOUT_CS, WR, RF_Q1)
        begin
                if RSTB = '0' then
                        RF_Q1 <= '1';
                        RF_Q2 <= '1';
                elsif CLK_16M = '1' and CLK_16M'event then
                        RF_Q1 <= RF_DOUT_CS or WR;
                        RF_Q2 <= RF_Q1;
                end if;
        end process;

        process(RSTB, CLK_16M, RF_Q1, RF_Q2, CLK_cnt)
        begin
                if RSTB = '0' then
                        CLK_cnt  <= 0;
                        CLK_TOG<='0';
                elsif CLK_16M = '1' and CLK_16M'event then
                        if RF_Q1='1' and RF_Q2 = '0' then
                                CLK_TOG <= '1';
                                CLK_cnt <= 15;
                        elsif CLK_cnt = 0 then
                                CLK_TOG <= '0';
                        else
                                CLK_cnt <= CLK_cnt - 1;
                        end if;
                end if;
        end process;

        process(CLK_TOG, CLK_16M, RF_CLK)
```

```
        begin
                if CLK_TOG = '0' then
                        RF_CLK <= '0';
                else
                        if CLK_16M = '1' and CLK_16M'event then
                                RF_CLK <= not RF_CLK;
                        end if;
                end if;
        end process;

        process(CLK_TOG, RF_CLK, RF_DIN, RF_SO)
        begin
              if CLK_TOG = '1' then
                  if RF_CLK = '1' and RF_CLK'event then
                      RF_DIN(7 downto 0) <= RF_DIN(6 downto 0) & RF_SO;
                  end if;
              end if;
        end process;

        process(CLK_TOG, RF_DOUT, CLK_cnt)
        begin
                if CLK_TOG = '1' then
                        RF_SI <= RF_DOUT(CLK_cnt/2);
                else
                        RF_SI <= '0';
                end if;
        end process;

end MEGA_TK_arch;
```

저자 약력

양 오 (梁 吾)

한양대학교 전기공학과 공학박사
LG 산전 연구소 책임 연구원 (1985 . 1 ~ 1997. 8)
IDEC Working Group 참여 교수
현재 청주대학교 전자정보공학부 교수
E-mail Address : ohyang@cju.ac.kr

저 서 :

1. 디지털 시스템 설계 및 응용
2. 프로그램어블 로직 콘트롤러(PLC)의 이론과 실습
3. 마이크로프로세서 시스템 설계 및 응용
4. AT89C51(8031)의 기초와 응용
5. 16비트 마이크로프로세서 기초와 응용

정가 29,000원

ATmega128 마이크로프로세서 기초 및 응용

2010년 3월 1일 초판 인쇄
2010년 3월 5일 초판 발행
저 자 : 양 오
발행자 : 우 명 찬 · 송 준
발행처 : 홍릉과학출판사
주 소 : 서울시 강북구 인수동 455-60
142-885
등 록 : 1976년 10월 21일 제5-66호
전 화 : (02)999-2274 ~ 5, 996-8341, 903-7037
팩 스 : (02)905-6729
ISBN : 978-89-7283-816-6
e-mail: hongpub@hongpub.co.kr
http://www.hongpub.co.kr

저자와의 협의하에 인지생략